HEYNE BIOGRAPHIEN

W0171702

In der Reihe »Heyne Biographien« sind bereits erschienen:

Ronald W. Clark

ALBERT EINSTEIN

Leben und Werk

Wilhelm Heyne Verlag
München

Titel der englischen Originalausgabe
Einstein, the Life and Times
Deutsche Übersetzung von Monika Raeithel-Thaler
Lektorat und Verlagsredaktion Dr. phil. Georg Niebling

2. Auflage
Genehmigte, ungekürzte Taschenbuchausgabe
Copyright © 1973 by Ronald W. Clark
Copyright © 1974 der deutschen Übersetzung by Bechtle Verlag, München
Printed in Germany 1978
Umschlagfoto: Interfoto Friedrich Rauch, München
Bildnachweis: Archiv für Kunst und Geschichte, Berlin
Umschlaggestaltung: Atelier Heinrichs, München
Gesamtherstellung: Presse-Druck Augsburg

ISBN 3-453-55030-7

»Ich habe wenig Geduld mit Wissenschaftlern, die ein Brett dahernehmen, sich die dünnste Stelle aussuchen und dort einen Haufen Löcher bohren, wo es sich mühelos bohren läßt.«

Albert Einstein auf eine Frage von Philipp Frank. Zitiert aus »Einstein's Philosophy of Science« *Reviews of Modern Physics*, Vol. 21, Nr. 3, Juli 1949

Inhalt

Vorwort

Die Geschichte Albert Einsteins zu erzählen – des Wissenschaftlers, des Philosophen, des Gewissens seiner Zeit in seiner ganzen Bedeutung und seinem ganzen Einfluß –, erforderte eher die Regalreihen einer Bibliothek als den Raum zwischen den Deckeln eines einzelnen Buches. Denn Einstein war weit mehr als ein Wissenschaftler, der überzeugt war und behauptete, Raum und Zeit seien nicht das, was alle Leute dachten, einschließlich der gelehrten Erben Newtons, und der einfach mit den Achseln zuckte, als sich erwies, daß er recht hatte. In seiner Terminologie war das Universum vierdimensional, während die Menschen in ihrer Fehlbarkeit noch glaubten, sie hätten nur das Recht auf drei Dimensionen. Er war ein leidenschaftlicher Pazifist, eine Haltung, die er entschlossen aufgab, als sich herausstellte, daß Hitler mit dem, was er über die Juden und die Herrenrasse gesagt hatte, tatsächlich Ernst machte. Und schließlich folgte er zu jeder Zeit seiner Lebensaufgabe, der Natur weitere Geheimnisse zu entreißen.

Es wird noch lange dauern, bis alle Facetten vom Leben und Werk Albert Einsteins erforscht sind. Immer tiefgründigere Abhandlungen werden über immer kleinere Teile seiner Wissenschaft geschrieben werden. So wird eines Tages das ganze Ausmaß seines Engagements für den Pazifismus in der Zeit zwischen den beiden Weltkriegen ebenso eine notwendige und desillusionierende Analyse erfahren wie die Auswirkungen jener aufrichtigen Begeisterung für den Zionismus, die Einstein lange Zeit glauben ließ, in das gelobte Land könne man ohne Waffengewalt gelangen. Auf theologischem Gebiet gilt seine Einstellung als einigermaßen rätselhaft auch bei jenen, die seine kosmische Religion nie sehr ernst nahmen. Als Vorwand zu Debatten über das Verhältnis zwischen Wissenschaft und Regierung gibt Einstein weniger her als man vielleicht erwarten möchte; daran ändert auch nichts die Bedeutung seines berühmten Briefs an Roosevelt im Jahr 1939 oder die weniger bekannten Aktionen im Winter 1944. Dem Philosophen Einstein werden mit Sicherheit in jenem Maße mehr kritische Studien gewidmet werden, in dem die verborgeneren tieferen Sinngehalte seines Werkes erschlossen werden. Und schließlich kann kaum einer Einsteins Briefwechsel, dessen Veröffentlichung längst überfällig ist, ohne das Gefühl lesen, daß Einsteins witzige Einfälle eine eigene kleine Veröffentlichung wert wären. All das wird eines Tages geschehen.

Doch noch mehr Aufschlüsse als diese Einzeluntersuchungen, versprechen ein konsequentes Eindringen in die Dokumente und eine kritische Bewertung des

Mythos und der Erinnerungen, die in den vergangenen zwei oder drei Jahrzehnten sich um Einsteins Person gerankt haben. Sie liefern das Bild eines Mannes, der ohne Übertreibung eine der großen tragischen Gestalten unserer Zeit genannt werden kann; das Bild eines Mannes, der schon als Jüngling mit der Leidenschaft des überzeugten Mönchs auf alles verzichtete, was das Leben zu bieten hatte und der nur zurückgeworfen wurde in das Getriebe der Zeit, weil es der Lauf der Geschichte so wollte. So kehrte der Jugendliche, der mit sechzehn Jahren seine Nationalität abgelegt hatte, in späteren Jahren in seine Gemeinde zurück – doch nur, um in der Mitte seines Lebens ein zweitesmal auf die deutsche Staatsbürgerschaft zu verzichten. Noch als alter Mann, als eine gewisse Versöhnung eingetreten war, weigerte er sich, in »das Land der Massenmörder« zurückzukehren. Der überzeugte Pazifist, den man nach seinem Sinneswechsel als Abtrünnigen verhöhnte, glaubte sich selbst zu denen gehörig, die bei der Zerstörung von Hiroshima und Nagasaki auf den Knopf gedrückt hatten. Der Zionist, der den Frieden mit den Arabern als erste Notwendigkeit herausstellte, mußte zum Schluß zustimmen, daß der Kampf notwendig war. Und auf wissenschaftlichem Gebiet fand sich der bedeutendste Physiker seit dreihundert Jahren oder gar aller Zeiten nach der Mitte seines Lebens durch die Fortschritte auf dem Gebiet der Quantentheorie aufs Abstellgleis gedrängt. Er wurde ein, wie er selbst sagte, »altes Museumsstück«.

Diese Ironien des Schicksals ließen Einstein im Laufe seines Lebens nicht nur persönlich sehr schmerzliche Erfahrungen machen, sie sorgten auch dafür, daß er im Licht der öffentlichen Aufmerksamkeit blieb. Tatsächlich wandelte er sich in den Augen dieser Öffentlichkeit allmählich zu einem Delphischen Orakel, wobei der Kranz weißen Haares, die großen leuchtenden Augen sowie sein mutiges Eintreten für bürgerliche und akademische Freiheit wesentlichen Anteil hatten. Nach seinem Tod trug dies alles zu einer Stilisierung des Biographischen bei, die seinem Genie in Wahrheit nicht gerecht werden konnte. Es verhält sich eben nicht so, daß alle Menschen, wie Einstein einmal sagte, nach einer unsichtbaren Pfeife tanzen. Sir George Thompson erklärte einmal: »Immer wenn ein geistiges oder gesellschaftliches System wirklich kompliziert ist, entsteht Indeterminiertheit, und zwar nicht notwendigerweise wegen h (der Planckschen Konstanten), sondern weil so viele Dinge für eine Voraussage bekannt sein müssen, daß bereits falsche Folgerungen während des Beobachtungsvorganges den status quo stören, der darum nie erforscht werden kann. Geschichte ist nicht determiniert und wird es nie sein. Höchstens *können* die angenommenen Ursachen die erwarteten Ergebnisse hervorbringen.«*

---

* In einem Brief an den Autor v. 16. 2. 70

X

Dieser Satz läßt sich auf niemand besser anwenden als auf Albert Einstein, dessen Denken und Handeln in der Wissenschaft wie im täglichen Leben sich auf geradezu dramatische Weise gegenseitig bedingten. Seine außerordentliche Lebensgeschichte trägt selbst ein gutes Stück jener Indeterminiertheit in sich, die er auf physikalischem Gebiet nur mit Widerwillen akzeptierte. Das wäre ihm sicher gegen den Strich gegangen, doch er hätte die Situation verstanden; und vielleicht sogar über sie gelacht.

RONALD W. CLARK

Danksagung

Ich bin dankbar dafür, daß ich das Einstein-Archiv in Princeton habe einsehen können. Weiter bin ich Dank schuldig: Dr. Jagdish Mehra von der Universität von Texas, Austin, Texas, er las das Manuskript; Professor Norman Bentwich, Josef Fraenkel, Professor N. Kemmer, Professor Sir Bernard Lovell, Dr. R. E. W. Maddison, Professor C. W. McCombie, Dr. David Mitrany, Heinz Norden, Dr. Peter Plesch, Sir George Thomson sowie Lancelot Law Whyte, sie alle lasen Teile des Manuskripts. Zahlreiche Persönlichkeiten in den Vereinigten Staaten, Europa und im Nahen Osten stellten großzügigerweise Dokumente und Erinnerungen zur Verfügung. Ich kann sie leider an dieser Stelle nicht namentlich aufführen. Doch folgende Persönlichkeiten und Institutionen möchte ich besonders nennen, wobei die Verantwortung für alle wiedergegebenen Fakten und Meinungen allein bei mir liegt:

Sir Walter Adams, Direktor der London School of Economics and Political Science; Professor Aage Bohr; Dr. Vannevar Bush; Dr. C. H. Collie; Professor A. Vibert Douglas; Eidgenössisches Amt für Geistiges Eigentum, Bern; Dr. H. A. Einstein; Churchill Eisenhart; Dr. Elizabeth Eppler vom Institute of Jewish Affairs; Professor I. Estermann; Mme. M. Fawtier von der UNESCO; Frau Käte Freundlich; Professor Dennis Gabor; Mrs. Barbara Gamow; Dr. Judith R. Goodstein vom California Institute of Technology; Dr. Max Gottschalk; Kurt R. Grossmann; Sir Roy Harrod; Drs. J. van Herwaarden, Rijksuniversiteit te Utrecht, Universiteitsmuseum, Utrecht; Dr. Max J. Herzberger; Richard G. Hewlett, Chief Historian der U.S. Atomic Energy Commission; Professor Banesh Hoffmann; Alvin E. Jaeggli von der Bibliothek der Eidgenössischen Technischen Hochschule, Zürich; Bernard Jaffe; Miss Suzanne Christine Kennedy vom Nuffield College, Oxford; Oscar Kocherthaler; Professor C. Lanczos vom Dublin Institute for Advanced Studies; Dr. W. Lanzer vom Verein für die Geschichte der Arbeiterbewegung, Wien; Colonel Charles A. Lindbergh; Dr. Jacob R. Marcus von den American Jewish Archives; Julian L. Meltzer, Weizmann Archives; Professor Ashley Montagu; Mrs. B. Mulholland; Dr. John N. Nagy; Professor Linus Pauling; Professor J. Pelseneer von der Université Libre de Bruxelles; Y. Perotin von der League of Nations Archives in Genf; Dr. Peter Plesch; Professor William Ready, McMaster University, Hamilton, Ontario; Professor Nathan Rosen; Professor Leonora Cohen Rosenfield; Professor J. Rotblat; Dr. Alexander Sachs; Mrs. Esther Salaman; Mrs. Alice Kimball Smith; Dr. P. van der Star vom Rijksmuseum voor de Geschiedenis der Naturwetenschappen, Leiden; Dr. Gertrud Weiss-Szilard; U.S. Department of the Navy; U.S. National Archives and Records Service; E. Vandewoude, Cabinet du Roi, Brüssel; Dr. Charles Weiner und Mrs. Joan Warnow vom American Institute of Physics, sie halfen mit Rat und Tat bei der Benutzung des in der Niels Bohr Library for History and Philosophy of Physics liegenden Materials; Jeremy Weston, The Royal Institution; Dr. G. J. Whitrow; Professor Eugene P. Wigner; E. T. Williams, The Rhodes Trust.

Zum Schluß möchte ich den zahlreichen jüdischen Organisationen in den Vereinigten Staaten, in Großbritannien und Israel Dank sagen, die bei der Lösung besonderer Probleme halfen. Weiter gebührt Dank den zahlreichen deutschen Behörden, die Auskunft über Einsteins Nationalität gaben, ferner den Bibliothekaren und Archivaren der Universitäten und anderen Quellen, die meine Arbeit erleichtert haben.

Für die Abdruckerlaubnis von Textstellen und Zitaten danke ich: Algemeen Rijksarchief, Den Haag (H. A. Lorentz-Korrespondenz): *American Journal of Physics* (R. S. Shanklands »Gespräche mit Albert Einstein«); König Baudouin von Belgien (Briefe an Einstein, von Seiner Majestät König Albert von Belgien); Professor Aage Bohr (Briefe von Professor Niels Bohr); Burndy Library (Ehrenhaft-Manuskript); The California Institute of Technology Archives, Pasadena (Zitate aus den Hale und Millikan Papers); Cambridge University Press (Lord Rayleighs *The Life of Sir J. J. Thomson*; Einsteins und Infelds *The Evolution of Physics*; Hermann Bondis *Assumption and Myth in Physical Theory*; Sir James Jeans' *The New Background of Science*); Jonathan Cape Ltd. und Alfred Knopf (Philipp Franks *Einstein*); Columbia University (Korrespondenz mit Einstein 1912); Thomas Y. Crowell Co. (Barbara Lovett Cline, *The Questioners*); Deutsche Verlagsanstalt Stuttgart, und Dr. H. Tramer (Blumenfelds *Erlebte Judenfrage*); Eyre & Spottiswoode (Publishers) Ltd. (Anton Reisers *Albert Einstein: Ein biographisches Porträt*); Frau Käte Freundlich (Freundlich-Korrespondenz); Victor Gollancz Ltd. (Leopold Infelds *Quest: The Evolution of a Scientist*); Institute for Advanced Study, Princeton (Briefe von Dr. Frank Aydelotte und Dr. Abraham Flexner); Lady Jeans (Sir James Jeans' Brief); Martin J. Klein (*Paul Ehrenfest*); Mrs. Henry R. Labouisse (Korrespondenz von Madame Curie); Dr. Wanda Lanzer (Adler-Korrespondenz); den Testamentsvollstreckern des verstorbenen Lord Cherwell (Lord Cherwells-Korrespondenz); McGraw-Hill Book Company (Max Talmeys *The Relativity Theory Simplified*); Mrs. B. Mulholland (Commander Locker-Lampsons Briefe); North Holland Publishing Company und Dr. Abraham Pais (*Niels Bohr*, ed. L. Rosenfeld); North Holland Publishing Company (*Niels Bohr*: *An Essay*, von L. Rosenfeld); Oxford University Press (Robert Oppenheimers *The Flying Trapeze*: *Three Crises for Physicists*, the Whidden Lectures, 1962); Dr. Peter Plesch (*Janos*, von Janos Plesch); *Punch* (für Gedicht, »Einstein and Epstein Are Wonderful Men . . .«); Dr. Nesca Robb (Dr. A. A. Robbs Gedicht); Mme. Romain Rolland und Editions Albin Michel (Romain Rollands *Journal des Années de Guerre* 1914–1919); Professor Peggie Sampson (R. A. Sampsons Brief); The Hon. Godfrey Samuel und The House of Lords (Samuel-Material); Charles Scribners Sons (Harlow Shapleys *Through Rugged Ways to the Stars*); *The Scientific American* (»An Interview with Albert Einstein«, von I. Bernard Cohen); Raglan Squire (Sir John Squires Ergänzung zu Alexander Popes Gedicht auf Sir Isaac Newton); Staples Press und Miss Joyce Weiner (Carl Seeligs *Albert Einstein*); Dr. Gertrud Weiss-Szilard (Dr. Leo Szilards Briefe und *Erinnerungen*); The Master and Fellows of Trinity College, Cambridge (die Aufzeichnungen von Sir Arthur Eddington); United Nations (Völkerbund-Archiv-Material); University Museum, Utrecht (Korrespondenz Professor Julius); Mrs. G. W. Watters (Aufzeichnungen von Dr. Leon L. Watters); George Weidenfield & Nicolson Ltd. (Antonina Vallentins *Einstein*); den Treuhändern der Weizmann Archives (Briefe von Chaim Weizmann).

R. W. C.

Der BECHTLE VERLAG dankt den Autoren und Verlagen für Zitate aus der angeführten wissenschaftlichen Literatur, um deren sorgfältige Quellenvermerke der Verlag bemüht war. Die Zitate in diesem Werk wurden gewissenhaft überprüft und wenn nur irgend möglich nach dem Wortlaut der jeweils in den Anmerkungen nachgewiesenen Originalquellen wiedergegeben. Sonstige Zitate wurden wort- und sinngetreu rückübersetzt. Insbesondere haben uns der Europa-Verlag, Zürich, der Verlag Rütten u. Loening, Berlin und der List-Verlag, München unterstützt, aber auch viele andere deutsche und ausländische Verlage wie Editions Albin Michel Paris, ferner in- und ausländische Zeitungen und Zeitschriften-Redaktionen, die uns Fotokopien früher erschienener Aufsätze zur Verfügung stellten. Ein besonderer Dank gebührt der Bibliothek des Deutschen Museums in München und ihren unermüdlichen Helfern, die uns bei genauen deutschen Zitatwiedergaben behilflich waren, ferner der Bayerischen Staatsbibliothek in München. Vor allem aber ist der Verlag Herrn Professor Dr. ARMIN HERMANN, Inhaber des Lehrstuhls für Geschichte der Naturwissenschaften und Technik an der Universität Stuttgart, zu dauerndem Dank verpflichtet für ständige Beratung bei der Vorbereitung der deutschen Ausgabe dieses Buchs und für die fachliche Durchsicht des deutschen Manuskripts.

1. Teil

Die Lehrjahre

1. KAPITEL

JUGENDJAHRE IN DEUTSCHLAND

Das Leben Albert Einsteins weist dramatische Aspekte auf, die nicht nur mit seiner Entdeckung der Relativitätstheorie in Zusammenhang stehen. Denn durch den außergewöhnlichen Verlauf der Geschichte wurde er mit drei revolutionären Ereignissen konfrontiert: mit der Entstehung des modernen Deutschlands, der Entwicklung der nuklearen Waffen und der Entfaltung des Zionismus. Das Ergebnis dieser Konstellation hätte ihn auch dann zu einer einzigartigen geschichtlichen Persönlichkeit reifen lassen, wenn er das physikalische Weltbild des Menschen nicht so radikal verändert hätte. Denn er war weit mehr – und ganz anders – als das von einem wilden Haarkranz umgebene delphische Orakel. Die Augen des großen Mannes funkelten nicht nur vor Respektlosigkeit, wenn er es mit Autoritäten zu tun hatte; sie erfaßten auch jede Erscheinung von Lächerlichkeit; sie konnte ihm ein solch dröhnendes Gelächter entlocken, daß Fensterscheiben zitterten. Diese Eigenschaften, die in einem tiefen Moralempfinden wurzelten, machten ihn zu jenem seine wissenschaftlichen Leistungen weit überragenden Menschen.

Einstein wurden drei Gaben in die Wiege gelegt: die deutsche Nationalität, die jüdische Rassenzugehörigkeit und ein nonkonformistischer Geist. Mit 16 Jahren warf er seine deutsche Staatsangehörigkeit über Bord, doch 20 Jahre später – inzwischen war er Schweizer geworden – ließ er sich in Berlin nieder und blieb dort während des ganzen Ersten Weltkriegs. Nach der Niederlage Deutschlands 1918 wurde er wieder deutscher Staatsbürger – später nannte er dies eine der Torheiten in seinem Leben[1] –, um seinem Vaterland erneut den Rücken zu kehren, als Hitler an die Macht kam. Sein Eintreten für den Zionismus legte seine Stellung als Jude fest; doch erregte er mehr als einmal durch die wiederholte Feststellung Ärgernis, daß Juden vor allem Angehörige des Menschengeschlechts seien. Zuweilen geriet sein Zionismus auch mit seiner pazifistischen Anschauung in Konflikt. Die freidenkerischen Ideale seiner

Jugend bewahrte er sich auch im Alter; doch sie schlossen den Glauben an eine Grundordnung des Universums ein. Das widersprach der Vorstellung vom Vorhandensein eines Gottes in keiner Weise – wenn auch das, was Einstein unter Gott verstand, für ihn und eine kleine Gruppe anderer eine besondere Bedeutung hatte. Die Person Einsteins weist also viele Widersprüche auf: er war ein Deutscher, der die Deutschen haßte; ein Pazifist, der seine Mitbürger zu den Waffen rief und an der Entwicklung der Atombombe bedeutenden Anteil hatte; ein Zionist, der die Aussöhnung mit den Arabern herbeiwünschte; und schließlich ein Physiker, der im Jahre 1905 die richtungweisende Behauptung aufstellte, das Licht könne sowohl Welle als auch Teilchen sein. Doch Einstein lüftete sein Geheimnis zumindest teilweise selbst. Man müsse dem Absoluten mißtrauen, sowohl im täglichen Leben wie auch in der geheimnisvollen Welt der Physik; Ereignisse stünden zu den Umständen sehr oft in einem relativen Verhältnis.

Einstein wurde in Ulm geboren, der alten Stadt an der Donau mit ihren schmalen, verwinkelten Gassen und dem imposanten Münster, dem zu jener Zeit gerade die höchste Turmspitze Europas aufgesetzt wurde. Als im Jahre 1871 im Spiegelsaal von Versailles das Deutsche Reich gegründet wurde, griff die preußische Disziplin von der norddeutschen Ebene bald auf die gemütlichen Schwaben über. Die Einsteins waren typische Vertreter dieses schwäbischen Schlages.

Sie stammten aus Buchau, einer hübsch und behaglich am Federsee liegenden kleinen Stadt zwischen Bodensee und Ulm. In dieser Gegend bildeten die Juden seit 1577 eine angesehene Gemeinde, die jahrhundertelang wuchs und gedieh. Die Juden hielten sich in Buchau bis 1968, trotz Synagogenbrand von 1938 und allem, was folgte. Erst dann meldeten die Lokalzeitungen den Tod des letzten Juden von Buchau. Sein Name lautete Siegbert Einstein – ein Verwandter des berühmtesten Juden der modernen Geschichte.

Die Einsteins, fleißig und einigermaßen wohlhabend, lebten mindestens seit 1750 in Buchau[2]. Der Urgroßvater Albert Einsteins wurde 1759 in dieser Stadt geboren. Das jüdische Familienregister verzeichnet seine Heirat mit Rebekka Obernauer, die Geburt des Sohnes Abraham 1808 und Abrahams Heirat mit Helene Moos. Beider Sohn, Hermann Einstein, der Vater Albert Einsteins, wurde am 30. August 1847 in Buchau geboren. 19 Jahre später zog Abraham mit seiner Familie nach Ulm, wo im Jahre 1876 Hermann Einstein Pauline Koch aus Cannstatt bei Stuttgart heiratete.

Wie die Einsteins gehörten die Kochs schon länger als ein Jahrhundert zur jüdischen Gemeinde in Württemberg; die Familie war in Göppingen, Jeben-

4

hausen und Cannstatt beheimatet. Pauline Koch sprach wie ihr Ehemann den weichen schwäbischen Dialekt.

Obwohl Einstein nicht von Bauern abstammte, war seine Familie fast ebenso stark mit der Scholle verbunden. Die bissige Bemerkung seiner zweiten Frau »Mein ›mystischer‹ Mann«[3] ist nicht wörtlich zu nehmen, macht aber doch den Zwiespalt zwischen dem rein philosophischen Einstein, als den ihn seine Bewunderer gern sahen, und dem wesentlich praktischer veranlagten Menschen deutlich, als der er sich sehr oft erwies. Natürlich war er ein geistesabwesender Wissenschaftler. Das entsprach durchaus der Realität und war keine Heuchelei. Einstein spielte nie fürs Publikum, obwohl er von dessen Existenz mehr Notiz nahm als man bisweilen annimmt. Doch er war nur unwichtigen Dingen gegenüber zerstreut oder wenn er wußte, daß sich jemand an seiner Statt erinnerte.

Der Vater wird als jovialer, lebensfroher Mann dargestellt: Er liebte Bier und gutes Essen, Schiller und Heine. Das entspricht der Beschreibung, die Albert Einstein seinem Freund Philipp Frank gab, der über Hermann schrieb: »Seine Lebensweise und seine Weltanschauung unterschieden sich in nichts von der des Durchschnittsbürgers einer süddeutschen Mittelstadt. Nach der Arbeit machte er gern mit seiner ganzen Familie Ausflüge in die schöne Umgebung Münchens bis an die romantischen Seen und in die Berge. Gern kehrte er in den gemütlichen bayerischen Wirtshäusern ein mit ihrem guten Bier, dem Rettich und den Weißwürsten[4].« Mehr als ein halbes Jahrhundert später erinnerte sich Einstein noch gern an diese sonntäglichen Exkursionen, an die Diskussionen zwischen seinen Eltern, wohin es gehen sollte, und wie sein Vater sorgfältig eine Reiseroute wählte, die gewöhnlich dort endete, wo seine Frau hinwollte. »Außergewöhnlich freundlich, sanft und weise«[5], so urteilte er über seinen Vater, als er selbst schon auf die 70 zuging. Der gutmütige und nicht leicht aus der Ruhe zu bringende Hermann Einstein hätte es bestimmt für leicht vermessen gehalten, ein Genie gezeugt zu haben.

Pauline Koch, eine Frau mit regelmäßigen Gesichtszügen und dichtem schwarzem Haar, steuerte zur ehelichen Gemeinschaft mehr bei als den relativ großen Einfluß einer Frau, deren Vater ein Stuttgarter Getreidehändler und Hoflieferant war. Sie brachte auch einen Hauch echter Kultur mit, die Begeisterung für Musik, die ja später mit der Arbeit ihres Sohnes unauflöslich verflochten war, und ein wenig von jener Rücksichtslosigkeit, mit der er seinem Stern folgte. Sie scheint umfassendere Kenntnisse der deutschen Literatur besessen zu haben als ihr Mann. Von Pauline Koch erbte Einstein wohl die schöpferische Phantasie, durch die er so viel mehr wurde als ein bloßer Wissenschaftler.

Er selber hatte allerdings eine andere Meinung. Fragte man ihn später, von wem er seine Begabung geerbt hätte, antwortete er gewöhnlich, er besitze gar keine besondere Begabung, sondern sei nur leidenschaftlich neugierig. Und damit sah er die Frage nach der Erbschaft als erledigt an[6].

Ein Jahr lang wohnten die jungen Einsteins in Buchau. 1877 zogen sie zurück nach Ulm, wo Hermann Einstein in einem Haus auf der Südseite des Münsterplatzes eine kleine elektrotechnische Werkstatt eröffnete. Nur wenige hundert Meter davon entfernt wohnte er mit seiner Frau in einer Wohnung des Hauses Nr. 135, einem unauffälligen vierstöckigen Gebäude, das im Jahre 1880 in Bahnhofstraße 20 umbenannt und 64 Jahre später bei einem Luftangriff der Alliierten zerstört wurde[7]. Hier, in der Stadt, deren Bürger mit Stolz den Satz »Ulmenses sunt mathematici« für sich beanspruchten, wurde Albert Einstein am 14. März 1879 geboren.

Noch im selben Jahr ging Hermanns kleines Geschäft bankrott. Daraufhin zog er nach München und machte dort gemeinsam mit seinem Bruder Jakob eine kleine elektrotechnische Handlung auf. Ulm blieb nur in schwacher Erinnerung, dennoch als eine Stadt, in der die Juden zwar in ihrer Gemeinschaft, aber dennoch mit den übrigen Bürgern in Frieden lebten.

Der Umzug nach München versetzte die Einsteins aus der ländlichen Umgebung in die Hauptstadt Bayerns, die damals schon über eine Viertelmillion Einwohner zählte.

Im Jahre 1880 hatte sich ein Mann an der Münchner Universität habilitiert, der einen anhaltenden, entscheidenden und letztlich doch rätselhaften Einfluß auf Einstein ausübte. Das war Max Planck, damals gerade 22 Jahre alt. Max Planck wurde in Kiel als Sohn eines Juristen und Universitätsprofessors geboren, der 1867 einem Ruf an die Universität München gefolgt war. Max Planck studierte an den Universitäten München und Berlin, promovierte 1879 in München, wo er von 1880 an fünf Jahre lang als Privatdozent tätig war. Zwei Jahrzehnte später sollte Einstein Plancks Quantentheorie um einen revolutionären Beitrag bereichern. Und noch zehn Jahre später sollte Einstein von Planck so fasziniert sein, daß er seine geliebte Schweiz verließ und in das verabscheute Deutschland übersiedelte. Planck sollte ihn überreden, ein zweitesmal deutscher Staatsbürger zu werden, und ihn mehr als einmal während der zwanziger Jahre davon abbringen, das Vaterland zu verlassen. Auf diese ironische Weise war das Leben der beiden miteinander verflochten.

In München wohnten die Einsteins zuerst in einem kleinen Haus zur Miete. Fünf Jahre später war das Familienunternehmen so erfolgreich geworden, daß sie in ein größeres Haus im Stadtteil Sendling umziehen konnten. Es war von hohen Bäumen und einem weitläufigen Garten umgeben, der es von der

Hauptstraße abschirmte. Nicht weit entfernt standen einige Gebäude, die bald in eine Fabrik zur Herstellung elektrischer Geräte umgewandelt wurden. Hermann kümmerte sich dort um das Kaufmännische, während sein technisch versierterer Bruder Jakob die Fabrikation übernahm.

Die Einsteins lebten ein Jahr in München, als Alberts Schwester Maja zur Welt kam. Die zwei Jahre Jüngere wurde sein bester Kamerad und seine zuverlässige Vertraute. Einstein stand dem Tod gleichgültig gegenüber. So trug er den Verlust seiner beiden Ehefrauen mit Fassung. Doch als seine Schwester im Alter von 70 Jahren starb, brach der Schutzwall, hinter dem er seine persönlichen Gefühle verbarg, zusammen.

Die Einsteins galten in der überwiegend katholischen Gegend (84% in München) als abtrünnige Juden. Ihr Familienstammbaum zeigt sehr deutlich, daß sie der jüdischen Tradition gemäß untereinander heirateten und ein enges Gemeinschaftsleben pflegten. Einstein trug selbst dazu bei, als er nach seiner Scheidung eine Cousine heiratete. Auch zollte die Familie jeder Art Gelehrsamkeit gebührenden Respekt. Einstein lieferte ein weiteres Beispiel, welche entscheidende Rolle die Juden bei revolutionären Entdeckungen innerhalb der Naturwissenschaften spielten. Er gehörte also zu einer Gemeinschaft, deren Zusammengehörigkeitsgefühl sich über Grenzen und Meere erstreckte, die den Mitgliedern jederzeit Beistand leistete, und von ihren Feinden als internationale Verschwörung hingestellt wurde.

Trotz allem aber fehlte der Familie ein wesentliches Merkmal des Judentums: sie ging nicht in die Synagoge. Sie bestand nicht auf der rituellen Schächtung von Schlachtvieh und duldete, daß Fleisch und Milchprodukte zusammen gegessen wurden. Dies alles war ebenso wie andere Bräuche und Traditionen des Judentums für Hermann Einstein lediglich »Aberglaube aus früheren Zeiten«. In der Familie lebte übrigens ein Onkel, der eingefleischter Agnostiker – ein Verfechter der philosophischen Lehre von der Unerkennbarkeit des übersinnlichen Seins – war. Einstein beschrieb immer mit großem Vergnügen, wie er diesen Onkel eines Tages überraschte, als er sich gerade für die Synagoge ankleidete. Der Onkel soll auf die erstaunte Frage des Neffen warnend gesagt haben: »Ach, man kann nie wissen«.

So wuchs Einstein in einer Familientradition auf, die sich von der Autorität freigemacht hatte, Unabhängigkeit suchte und bewußt ihre eigenen Wege ging. Dies und die humanitäre Tradition jüdischer Selbsthilfe wiesen Einstein zweifellos jenen Weg, den er einschlug. Manchmal erinnerte er darin sogar stark an J. B. S. Haldane, der die Überzeugung vertrat, jede Autorität und die Regierung müßten von Natur aus schlecht sein. Einstein wurde zunächst auf eine katholische Volksschule geschickt, offenbar aus Bequemlichkeit. Dort war er ein Jude unter Christen; unter Juden war er, wie seine ganze Familie, ein Außenseiter. Diese Konstellation sollte sich fast sein ganzes Leben lang wiederholen.

Die bloßen Tatsachen seiner Jugendjahre sind hinreichend bekannt, doch hat sich um die meisten Details ein Mythengewebe gesponnen. Weder seine Schwester noch seine Ehefrauen lieferten wesentlichen Stoff für seine Biographie. Bis auf ein Kapitel in einem wenig bekannten Buch, das von jenem Mann stammt (Max Talmey), der Einstein als Dreizehnjährigen in das Reich der Wissenschaft einführte, stammt alles mehr oder minder von Einstein selbst, und zwar aus seinen mittleren und späten Jahren, als sich nicht nur seine Erinnerungen verklärten, sondern er auch die historische Perspektive miteinbeziehen konnte. Allerdings wollte er die Möglichkeit eines Irrtums in dieser Sache nicht ausschließen.

Dieses Eingeständnis machte er in hohem Alter, als ihn Dr. Janos Plesch, der Einstein mindestens seit 1919 kannte, um einen Kommentar zu dem Material bat, das er in seine eigene Autobiographie einbauen wollte. Plesch schreibt: »Es kam mir immer sehr ungewöhnlich vor, daß Einsteins vorzügliches Gedächtnis für wissenschaftliche Dinge sich nicht auch auf andere Bereiche erstreckt. Ich glaube nicht, daß Einstein irgend etwas vergessen konnte, das ihn wissenschaftlich interessierte; aber Dinge, die seine Kindheit, seine wissenschaftlichen Anfänge und seine Entwicklung betreffen, gehören in eine andere Kategorie.«[8] Einstein stimmte dem zu. Die Details, die aus seiner Jugend berichtet werden, sollte man darum mehr auf der Ebene von Treu und Glauben akzeptieren und weniger als zuverlässige Zeugnisse ansehen. Dies gilt – in etwas geringerem Maß – auch für sein späteres Leben, um das sich ein Dickicht von Verzerrungen, Erfindungen und bewußten Lügen gebildet hat. Eine Biographie, die auf dem Umschlag eine Zeichnung trägt, die »Einstein beim ersten Test der Atombombe" zeigt – dabei wußte er zu jener Zeit nichts von solch einem Test –, bildet da keine Ausnahme, sondern soll hier nur zur Illustration angeführt werden.

Nichts in Einsteins Jugend deutete auf das in ihm schlummernde Genie hin. Ganz im Gegenteil. Keinen Zweifel gibt es, daß er sehr spät sprechen lernte. Selbst im Alter von neun Jahren konnte er noch nicht fließend sprechen. Seine Eltern befürchteten sogar, daß er nicht normal sei. Man behauptete, er habe im Säuglingsalter an einer Form von Dyslexie – einer organisch oder seelisch bedingten Störung der Lesefähigkeit – gelitten. »Leonardo da Vinci, Hans Christian Andersen, Einstein und Niels Bohr sind Genies« – so die Dyslexie-Gesellschaft –, »die das Handicap der Dyslexie überwunden haben«. Weit plausibler scheint die Erklärung von Einsteins Sohn Hans Albert zu sein, die er abgab, als er von Bela Kornitzer für dessen Untersuchung über «Väter und Söhne» interviewt wurde: »Mein Vater ... war schon damals schüchtern, einsam und von der Welt zurückgezogen. Er hat mir erzählt, daß seine Lehrer seinem Vater berichtet hätten, er sei geistig unbeweglich, ungesellig und immer in törichten Träumereien befangen.« Das entspricht dem, was man sich in der Familie erzählte, daß nämlich der Oberlehrer Einsteins auf die Frage von Hermann Einstein, welchen Beruf sein Sohn ergreifen solle, ganz einfach antwortete: »Das ist ganz egal, der wird nirgends erfolgreich sein.«

Einstein erinnerte sich im Rückblick, daß diese Spätentwicklung auch ihr Gutes hatte, sie führte ihn indirekt auf sein späteres Gebiet. »Wenn ich mich frage,« meinte Einstein zu Franck, »woher es kommt, daß gerade ich die Relativitätstheorie gefunden habe, so scheint es an folgendem Umstand zu liegen: Der normale Erwachsene denkt nicht über die Raum–Zeit-Probleme nach. Alles, was darüber nachzudenken ist, hat er nach seiner Meinung bereits in der frühen Kindheit getan. Ich dagegen habe mich derart langsam entwickelt, daß ich erst anfing, mich über Raum und Zeit zu wundern, als ich bereits erwachsen war. Naturgemäß bin ich dann tiefer in die Problematik eingedrungen als ein gewöhnliches Kind.[9]«

Einstein besuchte zwischen seinem 5. und 10. Lebensjahr eine katholische Schule, dann wechselte er auf das Luitpold-Gymnasium über. Die Wahl einer katholischen Schule war nicht so eigenartig wie es erscheint. Die Volksschulen in Bayern waren konfessionell. Die nächstgelegene jüdische Schule lag vom Haus der Einsteins ziemlich weit entfernt, überdies kostete sie hohes Schulgeld. Für eine Familie mit wenig religiösen Bindungen wurden die Gefahren einer katholischen Beeinflussung durch den soliden Unterricht aufgewogen, den die Schule vermittelte.

Einige Quellen geben an, daß Einstein in der Schule zum erstenmal mit seinem Judentum konfrontiert wurde. Ein Lehrer brachte eines Tages einen großen Nagel zum Vorschein und sagte: »Die Nägel, mit denen Christus ans Kreuz geschlagen wurde, sahen aus wie dieser da.« Fast 60 Jahre später bestätigte Einstein die Geschichte: »Eine wahre Begebenheit[10].« Frank, dem Einstein die Geschichte anscheinend erzählte, weist allerdings darauf hin, daß der Lehrer «nicht hinzugefügt hat, wie es auch manchmal geschieht, daß die Kreuzigung das Werk der Juden war.« Offenbar hat keiner der Knaben von dem Kreuzesnagel sonderlich Notiz genommen. Später in seinem Leben wiederholte Einstein dann mehr als einmal, daß er sich seines Judentums erst bewußt wurde, als er wenige Monate vor Ausbruch des Ersten Weltkrieges in Berlin eintraf.

Bevor Einstein die katholische Volksschule verließ und auf das strengere Luitpold-Gymnasium überwechselte, bekam sein Verstand anscheinend den ersten Anstoß. Das Wörtchen »anscheinend« ist notwendig. Denn es handelt sich hier um den berühmt gewordenen Vorfall mit dem Taschenkompaß, über dessen Bedeutung sich Einstein – obwohl die Sache tatsächlich passiert ist – später lustig machte.

Als der Junge fünf Jahre alt war und krank im Bett lag, zeigte ihm sein Vater einen Taschenkompaß. Das Kind beeindruckte folgender Umstand: da die Nadel immer in dieselbe Richtung zeigte, wie immer man das Gehäuse auch drehte, mußte irgend etwas, das im Raum existierte, auf sie einwirken – aus einem Raum, der bisher immer als leer galt. Dieser Vorfall wird immer wieder in den Beschreibungen von Einsteins Jugend erwähnt. Einstein selbst rückte 1953 im Gespräch den Vorfall in die richtige Perspektive, als die Frage an ihn gestellt wurde, ob ihn der Kompaß und das Buch über die Euklidische Geometrie, das er wenige Jahre darauf las, tatsächlich beeinflußt haben. »Mir selber erscheint es so, als ob diese äußeren Einflüsse einen erheblichen Einfluß auf meine Entwicklung gehabt hätten. Aber der Mensch hat wenig Einblick in das, was in seinem Inneren vorgeht. Auf einen jungen Hund mag es keine ähnliche Wirkung haben, wenn er zum ersten Mal einen Kompaß sieht, auch auf manches Kind nicht. Was ist es also, das die besondere Reaktion eines Individuums bedingt? Man mag darüber mehr oder weniger plausible Theorien aufstellen. Aber zu einer tieferen Einsicht gelangt man nicht[11].«

Bald danach wurde ein anderer Einfluß auf Einsteins Leben wirksam. Einstein begann mit sechs Jahren Geige zu spielen. Dahinter stand allerdings mehr Drill als Trieb. Erst sieben Jahre später ging ihm bei Mozart die mathematische Struktur der Musik auf. Seine Begeisterung für das Instrument nahm täglich zu. Sie wurde zu einem psychologischen Sicherheitsventil für ihn. Später wurde die Geige ein Attribut des berühmtesten Naturwissenschaftlers der Welt.

Wie Hermann durch seinen Kompaß, so wirkte Pauline Einstein durch ihre Musikstunden auf den Sohn ein. Ein dritter Einfluß ging von seinem Onkel Jakob aus. Jakob Einstein war eine relativ blasse Figur. Die Erinnerung an ihn beschränkt sich auf eine Anekdote, die Einstein seinem ersten Biographen erzählte. Einstein erhielt von Onkel Jakob den ersten Begriff von Algebra. »Das ist eine lustige Wissenschaft«, sagte er zu dem Knaben, »Wenn man das gesuchte Tier nicht erjagen kann, so gibt man ihm vorläufig den Namen ›x‹ und jagt so lange, bis es zur Strecke gebracht ist[12].« Onkel Jakob trug möglicherweise wesentlich dazu bei, ihm die Mathematik schmackhaft zu machen. Sein Einfluß scheint jedenfalls sehr nachhaltig gewesen zu sein. Als Einstein später versuchte, die Relativitätstheorie Nichtmathematikern zu erklären, griff er oft zu Analogien wie Fahrstühlen, Zügen und Schiffen. Dies legt die Vermutung nahe, daß ihm Onkel Jakobs »kleines Tier, dessen Namen wir nicht wissen« im Gedächtnis geblieben war.

Es gab jedoch einen Verwandten, der noch wichtiger war als Vater, Mutter und Onkel Jakob. Das war Cäsar Koch aus Stuttgart, der Bruder von Pauline Koch. Im Januar 1885 kam Cäsar Koch von Rußland nach Deutschland zurück und brachte Albert als Geschenk eine Spielzeug-Lokomotive mit. Cäsar – ein wohlhabender Getreidehändler – besaß offenbar wenig intellektuelle Neigungen, dennoch entstand zwischen Onkel und Neffen ein Vertrauensverhältnis. Der 16jährige Einstein schickte Cäsar einen Entwurf jener phantasiereichen Ideen, die er später speziell zur Relativitätstheorie entwickelte.

Im Jahre 1889 kam Einstein auf das Luitpold-Gymnasium. Er war immer noch etwas zurückgeblieben und introvertiert. Die vagen Anflüge von Interesse für seine Umwelt behielt er für sich. Bis jetzt waren noch keine Anzeichen vorhanden, daß er sich von der Mehrheit der Kinder in irgendeiner Weise unterschied. Das sollte sich während der nächsten sechs Jahre auf dem Gymnasium ändern.

Wenn man die damalige Zeit berücksichtigt, scheint das Luitpold-Gymnasium nicht besser und nicht schlechter gewesen zu sein als die meisten anderen Institute dieser Art. Freilich sollte das Gymnasium in mehrfacher Hinsicht einen entscheidenden Einfluß auf Einstein ausüben. Einmal weckte die Disziplin in der Schule in ihm ein tiefes Mißtrauen gegenüber der Autorität. Dieses Gefühl verließ ihn in seinem ganzen Leben nicht mehr. Das Gymnasium brachte ihm auch die Tugend der Skepsis bei. Er lernte, zu fragen und in Frage zu stellen, Eigenschaften, die für einen Wissenschaftler immer sehr wertvoll sind, besonders aber in dem Stadium, in dem sich die Geschichte der Naturwissenschaften damals befand. Der tiefverwurzelte Konservativismus stellte ein großes Hindernis für Diskussionen dar, ganz zu schweigen von der Annahme neuer Ideen. Wäre Einstein auf dem Luitpold-Gymnasium nicht in eine Oppositionshaltung gedrängt worden, die er sein ganzes Leben lang beibehalten sollte, dann hätte er vielleicht nicht so schnell und nicht so viele jener Thesen angezweifelt, die von den meisten als erwiesen betrachtet wurden, noch hätte er zu einem so frühen Zeitpunkt die spezielle Relativitätstheorie entwickeln können.

Zweifellos haßte Einstein die pädagogische Disziplin, und dies nährte wiederum den Trieb in ihm, der alles radikal in Frage stellt und so wichtig für jeden Wissenschaftler ist. Doch erst viele Jahre später faßte er seinen tiefen Abscheu vor der »Erziehungsmaschine« des Gymnasiums in Worte. Vorher »konnte er nicht einmal sagen, daß er sie verabscheute. Nach Familienberichten beklagte sich das wortkarge Kind kaum, schien auch nicht allzu unglücklich. Erst viel

später identifizierte er Ton und Atmosphäre des Gymnasiums mit denen der Kasernenhöfe, welche in seinen Augen die Negation des Menschlichen waren[13].«
Auf dem Luitpold-Gymnasium herrschte, wie Einstein rückblickend feststellte, dieselbe erbarmungslose Disziplin. Und das Luitpold-Gymnasium war deutsch. Die bösen Erfahrungen der Jugendzeit wurden für ihn zum Symbol all dessen, was im deutschen Charakter am schlechtesten war. Ein Jahrzehnt nach Belsen war dessen Grauen bei Einstein immer noch in der Vorstellung geblieben. So wird seine fast paranoide Reaktion verständlich, wenn er in seinem späteren Leben über seine Landsleute sprach. Im Alter von 69 Jahren fragte man ihn: »Gibt es irgendeinen deutschen Menschen, vor dem Sie Achtung haben, und welcher Deutsche war ein enger Freund von Ihnen?« »Respekt für Planck[14]«, antwortete Einstein. »Keine Freundschaft für irgendeinen richtigen Deutschen. Max von Laue stand mir noch am nächsten.« Das Luitpold-Gymnasium gibt demnach im Rückblick auf vieles eine Antwort. Es brachte Einstein zu der Überzeugung, daß die Preußen eine doppelte Portion Erbsünde mit auf den Weg bekommen haben.
Nur ein Lehrer des Gymnasiums unterschied sich anscheinend von den anderen, er hieß Reuss. Er versuchte, seinen Schülern selbständiges Denken beizubringen, während die meisten seiner Kollegen wenig mehr taten – so sah es Einstein später – als einen akademischen Kadavergehorsam heranzuzüchten. Einstein erinnerte sich oft daran, wie Reuss versucht hatte, ein wirkliches Interesse für die Kulturen des Altertums und ihre Einflüsse zu wecken, die damals noch immer in Süddeutschland sichtbar waren. Hierzu eine Randbemerkung aus Einsteins Erinnerungen: Als seine erste Arbeit der Naturwissenschaft einen empfindlichen plötzlichen Schock versetzt hatte, reiste Einstein selbst nach München und besuchte seinen alten Lehrer, der inzwischen pensioniert war. Reuss konnte sich an Einsteins Namen nicht mehr erinnern, und es stellte sich heraus – Einstein trug einen alten verbeulten Anzug –, daß er der Meinung war, sein Besucher käme als Bittsteller. Einstein verließ ihn fluchtartig.
Der eigentliche Anstoß, der Einstein auf seinen endgültigen Weg brachte, kam nicht vom Luitpold-Gymnasium, sondern von Max Talmey, einem jungen jüdischen Medizinstudenten, der 1889 an der Münchner Universität immatrikuliert war und in Einsteins Familie verkehrte. Dieser Talmey war in späteren Jahren von der Idee besessen, eine universelle Sprache zu erfinden, ein Esperanto, das besonders der Wissenschaft dienen sollte. Er wollte Einstein für seine Idee gewinnen, begann sich für die Relativitätstheorie zu interessieren und versuchte dann wie so viele andere, sie zu erklären. Was aber an dieser Stelle viel wichtiger ist: In einem kleinen, wenig bekannten Buch über diesen

Gegenstand berichtet er u. a. über den Eindruck, den der zwölfjährige Einstein auf ihn gemacht hatte. Sein Bericht ist die einzige zuverlässige Quelle, die es gibt:

»Er war ein hübscher, dunkelhaariger Junge ... eine gute Illustration ... gegen die Theorie von Houston Stewart Chamberlain und anderen, die zu beweisen versuchen, daß nur die blonde Rasse Genies hervorbringt«, schrieb Talmey. »Er zeigte eine besondere Neigung für die Physik und hatte Vergnügen daran, über physikalische Phänomene zu diskutieren. Ich gab ihm deshalb als Lesestoff A. Bernsteins ›Naturwissenschaftliche Volksbücher‹ und L. Büchners ›Kraft und Stoff‹, zwei Werke, die damals in Deutschland ziemlich populär waren ... Besonders Bernsteins Buch, das physikalische Phänomene klar und anschaulich beschreibt, machte auf Albert großen Eindruck und steigerte sein Interesse für die Naturwissenschaften ganz beträchtlich[15].«

Bald darauf begann er sich für Mathematik zu interessieren, und Talmey gab ihm ein Exemplar von Spiekers verbreitetem »Lehrbuch der ebenen Geometrie«. Von da an zeigte ihm Einstein immer die Aufgaben, die er in der Woche zuvor gelöst hatte. »Nach kurzer Zeit, einigen Monaten, hatte er das ganze Buch von Spieker durchgearbeitet. Danach wandte er sich der höheren Mathematik zu und studierte ganz allein Lubsens ausgezeichnete Werke über dieses Gebiet. Diese hatte ich ihm auch empfohlen, wenn ich mich recht erinnere. Bald war der Flug seines mathematischen Genies so hoch, daß ich ihm nicht mehr folgen konnte. Von da an war die Philosophie oft das Thema unserer Unterhaltung. Ich empfahl ihm, Kant zu lesen. Zu jener Zeit war er immer noch ein Kind, erst 13 Jahre alt ... Kant wurde Alberts Lieblingsphilosoph, nachdem er dessen ›Kritik der reinen Vernunft‹ und die Werke anderer Philosophen gelesen hatte.[16]« Er las auch Darwin, doch nichts deutet darauf hin, daß ihn die Lektüre besonders beeindruckt hätte. Das liegt unter anderem daran, daß der Kampf für die Evolution zu jener Zeit bereits durchgefochten und gewonnen war. Vielleicht auch war Einstein schon in seiner Jugend der Meinung, wie er einige Jahre später schreiben sollte: »lebendiger Inhalt und Klarheit sind Antipoden[17].« Die gleiche Überzeugung[18] hat in ihm eine lebenslange Skepsis gegenüber der Medizin hervorgerufen. Sie hat auch gewiß dazu beigetragen, daß sich Einsteins Interesse auf nicht-biologische Themen konzentrierte. Diese Einstellung, fast ein Gefühl des Ärgers dem Schöpfer gegenüber, weil dieser Dinge schuf, die sich nicht messen lassen, erklärt zumindest zu einem Teil die unsichtbare Barriere, die so oft den einfühlsamen, gütigen und freundlichen Einstein von dem Einstein trennt, der sein tägliches Leben strikt ordnet.

Die Beschaffenheit der physikalischen Welt zu erforschen, war für einen einzigen Mann schon Aufgabe genug. Dennoch: welche Entwicklung hätte wohl die Biologie im 20. Jahrhundert genommen, wenn Einstein sein Genie der beseelten und nicht der unbeseelten Welt zugewandt hätte?

Im Alter von 12 Jahren war Einstein nach seinen eigenen Worten von tiefer Frömmigkeit erfüllt. Daß er diesen Terminus in seiner »Autobiographie« verwendete, ist bedeutsam; denn Frömmelei – im Wörterbuch als »geheuchelte oder übertriebene Religiosität« bezeichnet – scheint genau die Ergebnisse des von ihm so genannten »traditionellen Erziehungsapparats« zu bezeichnen. Einstein, immer empfänglich für Schönheit und außergewöhnlich aufgeschlossen für Musik, war zweifellos von dem Prunk des bayerischen Katholizismus jener Tage tief beeindruckt. Seine Gefühle mögen ihn überwältigt haben, doch der Kopf blieb klar: Durch die Lektüre populärer wissenschaftlicher Bücher gelangte er bald zu der Überzeugung, daß viele der biblischen Geschichten nicht wahr sein konnten.

Seit Jahrhunderten geben Kinder im empfänglichen Alter die offenbarte Religion auf und wenden sich statt dessen den Naturgesetzen zu. Es gibt keinen Grund, sich über diesen Vorgang sonderlich zu wundern. Bei Einstein war lediglich anders, daß dieser an sich bekannte Vorgang so außergewöhnliche Resultate zeitigte. Das Bedürfnis, die Lücke irgendwie zu füllen, das übermächtige Bedürfnis, Ordnung in einer chaotischen Welt zu finden, ist vielleicht ein spezifisch jüdisches Bedürfnis. Abba Eban sagte nach Einsteins Tod: »Der hebräische Geist war jahrhundertelang von einem Konzept der Ordnung und Harmonie im Aufbau des Universums besessen. Das Forschen nach bisher unbekannten Gesetzen, die die kosmischen Kräfte lenken, der Lehrsatz von einer relativen Harmonie in der Natur, die Vorstellung von einem errechenbaren Verhältnis zwischen Energie und Materie – dies alles entspringt wohl weit mehr einer im Grunde hebräischen Philosophie und Denkweise als irgendeiner anderen[19].« Das mag im Nachhinein gesagt sein und wie ein einseitiges Plädoyer klingen. Doch wird es plausibel durch die lange Reihe jüdischer Physiker des 19. Jahrhunderts und die noch längere Liste derjenigen, die später nach der grundlegenden Einheit der subatomaren Welt forschten. Da es weder Ordnung noch Logik in den auf der offenbarten Religion basierenden Weltbildern der Menschen gab, mußten Ordnung und Logik eben in der Welt entdeckt werden. Der junge Einstein griff auf die Wissenschaft zurück, wo die Religion am Ende zu sein schien. Später hielt er Religion und Wissenschaft für die zwei Seiten derselben Münze – eine ebenso komplementäre Ansicht wie die Vorstellung, daß das Licht aus Teilchen und Wellen besteht. Allerdings entwickelte sich diese Weltanschauung erst in den Jahrzehnten nach seiner Konversion.

Diese war also nicht über Nacht gekommen, sondern hatte schon in seiner frühen Jugend begonnen.

Als Einstein über den »Lügen« brütete, die man ihm im Luitpold-Gymnasium vorgesetzt hatte, entschied er sich für die Arbeit, der er alles zu opfern bereit war. Dies tat er mit einer eisernen Entschlossenheit, die ihn von anderen Menschen unterschied. Bei zwei Anlässen erklärte er in einfachen Worten, wie diese Arbeit aussah. Das erstemal während einer einstündigen Zusammenkunft mit dem jüdischen Philosophen Martin Buber, der ihm »mit einer versteckten Frage über seinen Glauben« hart zusetzte. Endlich brach es – nach Bubers Worten – aus Einstein hervor: »›Was wir erstreben‹, rief er (und mit diesem ›wir‹ meinte er uns Physiker), ›ist, seinen Plan nachzuzeichnen.‹ Nachzeichnen – so wie man eine geometrische Linie nachfährt[20].« Jahre später beschrieb Einstein diese Aufgabe noch einmal detaillierter. Er habe kein Interesse, eine neue Sprache zu erlernen, noch bedeute ihm Essen oder Kleidung irgend etwas. »Ich mache mir nicht viel aus Leuten«, fuhr er fort, »und ich bin kein häuslicher Mensch. Ich will meinen Frieden haben. Ich will wissen, wie Gott diese Welt erschaffen hat. Ich bin nicht an dieser oder jener Erscheinung interessiert, am Spektrum dieses oder jenes Elements. Ich möchte Seine Gedanken kennen, das übrige sind Details[21].«

Dieses Streben wurde von dem Glauben begleitet: »Raffiniert ist der Herrgott, aber boshaft ist er nicht[22].« Mit diesen Worten faßte er seine Überzeugung zusammen, daß die Naturgesetze vom menschlichen Verstand erfaßt werden können. Wenn ein Mensch nur auf das Gesetz hinter dem Gesetz stößt, dann können die Antworten entdeckt werden. Gott mag vielleicht schwierige Aufgaben stellen, aber keine unlösbaren: »Jedenfalls bin ich überzeugt, daß *der* nicht würfelt[23].«

Doch war Einsteins Gott nicht der Gott der meisten anderen Menschen. Wenn er über Religion schrieb, machte er sich gern den Glauben der Roten Königin aus ›Alice im Wunderland‹ zu eigen, daß nämlich »Worte das zum Inhalt haben, was man selbst in sie hineinlegt«, um das mit verschiedenen Namen zu umschreiben, was dem gewöhnlich Sterblichen wie eine Variation ganz simplen Unglaubens vorkommt. Angeblich soll Einstein Jahre später auf eine Frage Ben Gurions, ob er an Gott glaube, eingestanden haben, daß – »sogar er, mit seinen großartigen Formeln über Energie und Masse, zugebe, daß es irgend etwas hinter der Energie geben müsse[24]«. Doch die meisten seiner Schriften rufen den Eindruck eines Gottes hervor, der noch weit unfaßbarer und unpersönlicher ist als ein himmlischer Maschinist. Einsteins Gott war offenbar die physikalische Welt selbst, mit ihrer unendlich großartigen Grundstruktur, die auf dem atomaren Gebiet wie eine schöne handwerklich gearbeitete Uhr funktioniert und im Universum majestätisch wie ein riesiges Zyklotron. Das war ihm Glaube genug, ein Glaube, der früh in ihm heranreifte und tiefe Wurzeln schlug und erst später als kosmische Religion bezeichnet wurde. Mit diesem Begriff erklärte man die Weltanschauung eines Mannes auf schickliche Weise, der nicht an ein Leben nach dem Tode glaubte und der der Meinung war, daß – wenn sich Tugend im irdischen Dasein bezahlt mache – dies eher das Ergebnis von Ursache und Wirkung sei als eine himmlische Belohnung.

Einstein hatte noch drei Jahre Gymnasium vor sich. Die klassische Literatur interessierte ihn nicht, in der Mathematik trat seine Begabung immer deutlicher zutage, und in philosophischen Fragen zeigte er sich frühreif. Die Zeit in München hätte sich noch länger hingezogen, wenn das väterliche Geschäft nicht wieder in die Brüche gegangen wäre. Denn nun entschlossen sich die Einsteins, über die Alpen zu gehen und in Mailand Fuß zu fassen. Anscheinend kamen ihnen dabei die Kochs erneut zu Hilfe. Ein reicher Zweig dieser Familie lebte in Genua, und diese Verwandten sorgten vielleicht dafür, daß das neue Unternehmen dort begann, wo sie ein wachsames Auge auf den sorglosen Optimismus Hermann Einsteins werfen konnten.

Die Familie verließ München im Jahre 1894. Sie nahm die Tochter Maja mit und ließ Albert unter der Obhut eines entfernten Verwandten in einer Pension zurück. Man erwartete, daß er in angemessener Zeit seine Schulzeit beenden und das Reifezeugnis erwerben würde. Dann sollte er Elektroingenieur werden, ein Beruf, der seinem Vater vorschwebte. Der Sohn hatte andere Vorstellungen. Er folgte seinen Eltern innerhalb von sechs Monaten über die Alpen.

Die Details über seinen Schulabgang werden unterschiedlich dargestellt. Sicher ist jedenfalls, daß er das Gymnasium ohne das benötigte Zeugnis verließ. Es heißt, daß ihm in einem ärztlichen Gutachten empfohlen wurde, wegen eines Nervenzusammenbruches seine Eltern aufzusuchen; beigefügt war eine Bestätigung seines Mathematiklehrers über seine Fähigkeiten. Doch noch bevor ihm dieses medizinische Gutachten ausgehändigt werden konnte, wurde er von der Schule ausgeschlossen mit der Begründung, sein Betragen wirke sich störend auf die anderen Schüler aus. Diese Darstellung hat den Anschein der Wahrheit.

Einstein jedenfalls war froh, das Gymnasium hinter sich zu haben, aber das Gefühl beruhte auf Gegenseitigkeit.

Über die Zeit des jungen Einstein in Italien ist wenig bekannt, doch bezeichnete er sie rückblickend als überaus glücklich.

Einer von Einsteins Schwiegersöhnen behauptet in einem Buch, von dem Einstein klugerweise nichts wissen wollte: »Er ging in die Kunstgalerien, und wo immer er einen Michelangelo fand, blieb er am längsten.« Das entspricht vielleicht nicht direkt der Wahrheit, doch gibt es wenig Zweifel, daß er die Menschen und die Atmosphäre der Freiheit genoß. Als das Geschäft seines Vaters – wie zu erwarten war – wieder scheiterte und in Pavia neu aufgebaut wurde, bereiste er die Umgebung von Padua, Pisa, Siena und Perugia.

Verschiedentlich heißt es, Einstein hätte auf der Schweizer Schule in Mailand studiert, doch existieren dort keine Urkunden über ihn. Dagegen wurden seine Schwester Maja und sein Cousin Robert in den Akten geführt. Einstein war fünfzehn Jahre alt, als er in die Stadt kam; die Schweizer Schule nahm nur Kinder bis zu 13 Jahren auf.

Seine Freiheit konnte jedoch nicht ewig dauern, da die prekäre finanzielle Lage der Familie die Vorbereitung auf einen Beruf notwendig machte. Der einzige Bericht, wie man ihm das beibrachte, stammt aus zweiter Hand, nämlich von seinem Sohn: »Mit 16 Jahren bat sein Vater ihn dringend, den ›philosophischen Unsinn‹ aufzugeben und sich auf das ›vernünftige Gewerbe‹ der Elektrotechnik zu verlegen[25].« Doch jetzt machte sich das fehlende Abgangszeugnis bemerkbar, ohne das der Zugang zur Universität versperrt war.

In Zürich gab es das Polytechnikum, später Eidgenössische Technische Hochschule (E.T.H.) genannt, außerhalb Deutschlands die beste technische Hochschule in Europa und von Mailand aus gut erreichbar. Das Polytechnikum verlangte damals kein Abiturzeugnis, die Bewerber mußten lediglich eine Aufnahmeprüfung absolvieren.

Bevor Einstein dorthin ging, schickte er seinem Onkel Cäsar in Stuttgart einen Aufsatz als Vorboten dessen, was kommen sollte. Darin erklärte der 16jährige, er wolle eines der umstrittensten naturwissenschaftlichen Themen angehen, nämlich die Beziehung zwischen Elektrizität, Magnetismus und dem Äther – dieser angenommenen, nicht-stofflichen Wesenheit –, die angeblich den Raum erfüllte und elektromagnetische Wellen weiterleitete.

Weder der Aufsatz noch der zugehörige Brief[26] tragen ein Datum; doch erinnerte sich Einstein 1950, daß beides in den Jahren 1894 oder 1895 geschrieben wurde.

Der beigefügte Essay – in schräger Sütterlinschrift auf fünf Seiten liniertem Papier – trägt die Überschrift: »Über die Untersuchung des Aetherzustandes im magnetischen Felde.« Er beginnt mit einer Beschreibung elektromagnetischer Erscheinungen und verweist darauf, wie wenig damals über deren Beziehung zum Äther bekannt war. Dem könne aber durch Experimente abgeholfen werden.

Insgesamt ist der Aufsatz bemerkenswert für einen 16jährigen Jungen. Es wäre zu weit hergeholt, darin die Anfänge der speziellen Relativitätstheorie zu erblicken, doch wird recht deutlich auf das Thema hingewiesen, das Einstein

ein Jahrzehnt lang beschäftigen sollte. Im hohen Alter schrieb er, daß er als 16jähriger ein Paradoxon entdeckt habe, als er überlegte, was passieren würde, wenn man einem Lichtstrahl mit Lichtgeschwindigkeit folgen könnte.

2. KAPITEL

STAATENLOS

Einstein ging im Herbst 1895 nach Zürich. Die Stadt bildete ein Zentrum für Nonkonformisten, zu denen in den folgenden Jahren auch Lenin, Rosa Luxemburg und James Joyce gehörten. Auch Einstein, für den die Schönheit Zürichs nie ihren Reiz verlor, sollte dazugehören.

Bei seinem ersten Besuch wohnte er, erst $16^1/_2$ Jahre alt, bei der Familie von Gustav Meier, einem alten Freund seines Vaters, der früher auch in Ulm gelebt hatte. Einstein unterzog sich bald der vorgeschriebenen Aufnahmeprüfung an der E.T.H. Er fiel durch. Ursache soll gewesen sein, daß er zwar ganz außergewöhnliche Kenntnisse der Mathematik besaß, dafür den verlangten Standard in modernen Sprachen, Zoologie und Botanik aber nicht erreichte.

Doch das ist nicht die ganze Wahrheit. Auch daß die Prüfung gewöhnlich erst ab 18 Jahren abgenommen wurde und Einstein zwei Jahre jünger war, gab keineswegs den Ausschlag. Viel wesentlicher ist, daß Einstein die Entscheidung seines Vaters, daß er einen technischen Beruf ergreifen müsse, schwer auf direktem Wege umgehen konnte. Er gab denn auch zu, daß der Mißerfolg »ganz allein sein eigener Fehler war, weil er in keiner Weise den Versuch gemacht hatte, sich vorzubereiten[1].« Als man ihn in späteren Jahren fragte, ob er dazu gezwungen worden sei, einen »einträglichen Beruf« zu ergreifen anstatt einen wissenschaftlichen, gab er unumwunden zu: »Ich sollte einen praktischen Beruf wählen, aber das war mir einfach unerträglich[2].« Der Rektor der E.T.H., Albin Herzog, war von Einsteins mathematischer Begabung sehr beeindruckt. Mit der Unterstützung Meiers wurde arrangiert, daß der Junge die Kantonalschule in Aarau besuchen sollte. Ein einjähriges Studium würde ihn befähigen, die Aufnahmeprüfung an der E.T.H. zu bestehen.

Aarau konnte mit Recht auf seine Kantonalschule stolz sein, die von Prof.

Winteler geleitet wurde. Doch wo man Einstein in der Schweiz auch hingeschickt hätte, auf jeden Fall hätte ihn der Kontrast zum Münchner Gymnasium beeindruckt. Praktizierte Demokratie war schon seit Jahrhunderten ein tiefverwurzeltes Merkmal dieses Landes. Er war glücklich in Aarau und bei den Wintelers, wo er während seines Schulaufenthaltes lebte. Winteler – als Lehrer etwas lässig, doch jederzeit bereit, sowohl mit Schülern als auch mit Lehrern über Arbeit oder Politik zu diskutieren – war ein freundlicher und liberal gesinnter Mann. Der Unterricht glich eher dem einer Universität als dem einer Oberschule. Einstein wurde in die höheren Geheimnisse der Physik durch einen erstklassigen Lehrer eingeweiht, durch August Tuchschmid. Der Unterricht war gut, Autorität wurde mit leichter Hand ausgeübt, verständlich, daß Einstein in einer solch freundlichen Atmosphäre aufzutauen begann. Als ein Lehrer während einer Exkursion fragte: »Nun, Einstein, wie verlaufen hier die Schichten: von unten nach oben oder von oben nach unten?«, antwortete Einstein unerwartet: »Das ist mir ziemlich egal, Herr Professor«[3].

Die Anekdote spiegelt eine Eigenschaft wider, die hinter der einschmeichelnden Liebenswürdigkeit sichtbar wurde und sich mit den Jahren verstärkte. Die Beschreibung, die sein Schulkamerad Hans Byland vom »frechen Schwaben« gibt, stammt aus jener Zeit: »Den grauen Filz auf die Seidenfülle des schwarzen Haares zurückgeschoben, schritt er energisch und sicher daher, im schnellen, ich möchte fast sagen reißenden Tempo des rastlosen Geistes, der eine Welt in sich trägt. Nichts entging dem scharfen Blick der großen, braunen, sonnenhellen Augen. Wer ihm nahte, der stand im Bann einer überlegenen Persönlichkeit. Ein spöttischer Zug um den schwellenden Mund mit der vorstehenden Unterlippe ermutigte den Philister nicht, mit ihm anzubinden[4].« Diese etwas zu arroganten Züge schliffen sich allmählich ab, so daß er sich später zum Beispiel eine Bemerkung verkniff, die ihm selber natürlich erschien, auf andere aber verletzend gewirkt hätte. Doch die grundlegende Haltung blieb, nämlich eine intellektuelle Abneigung, sich um andere auch nur einen Deut zu scheren.

Diese unnahbare Arroganz trat während seiner Studienjahre immer häufiger zutage. Er wäre das Musterbeispiel eines Bilderstürmers gewesen, hätte er nicht im Innersten um die Geheimnisse aller Dinge gewußt. Doch konnte er diese Demut in jenem Alter noch gut verbergen.

Einstein gefiel Aarau, er hatte nicht nur Freude am Lernen, was für ihn eine ungewöhnliche Erfahrung nach seinen Erlebnissen in München war. Ihm gefielen auch die Schweizer mit ihrer Mischung aus ernstem Verantwortungsgefühl und sorgloser Demokratie, ihrer Weigerung, in das Kräftespiel hineingezogen zu werden, das Europa bereits spaltete, und ihrer Neigung zu persönlicher und politischer Neutralität. Noch in seinen letzten Lebensjahrzehnten war Einstein – von der Zukunft Amerikas fasziniert – von Heimweh nach Europa erfüllt. Das Gefühl meldete sich in den späten 40er Jahren verstärkt, als das liberale Image der USA zu schwinden begann. Er neigte damals dazu, auf ein goldenes Zeitalter zurückzublicken, mit der Schweiz der Vorkriegszeit als geographischem Zentrum.

Das Leben in Aarau sollte sich in einer Richtung besonders nachhaltig auswirken. Denn der Antagonismus gegen alles Deutsche, der jahrelang in Einstein geschwelt hatte, trat nun mit einer für einen Jungen erstaunlichen Heftigkeit zutage. Gewöhnlich wird erzählt, daß Einstein bereits, als er von München in Mailand eintraf, seinem Vater mitteilte, er wolle nicht länger Deutscher sein. Gleichzeitig erklärte er, er beabsichtige, alle formalen Bindungen an den jüdischen Glauben zu lösen. In dieser Hinsicht gab es allerdings weder damals noch später viel, wovon er sich hätte lösen müssen. Als Sprecher der Zionisten bezeigte er zwar große Ehrfurcht vor der jüdischen Kultur, doch seine Gefühle für den jüdischen Glauben wechselten zwischen freundlicher Toleranz und der Überzeugung, daß dieser auch nicht mehr Schaden anrichte als andere Offenbarungsreligionen.

Mit dem Problem der deutschen Nationalität stand es anders. Zunächst erscheint die Idee eines Sechzehnjährigen, sich von seinem Land loszusagen, ein wenig bizarr, da heutzutage allein der technische Ablauf einer solchen Aktion ziemlich kompliziert wäre. Er ist sogar so kompliziert, daß man diese Geschichte nicht ganz ernst nahm. André Mercier zum Beispiel, Leiter der Abteilung für Theoretische Physik an der Universität Bern, berichtet, daß Einstein, als er in der Schweiz ankam, »der Nationalität nach Deutscher war und das auch geblieben ist, bis er volljährig wurde[5].« Es wurde auch darauf hingewiesen, daß, wenn der junge Einstein »seinen Paß im Alter von 15 Jahren abgegeben hat«[6], wie von Walter Jens aus Tübingen gesagt wird, dieser Akt dann ohne rechtliche Folgen geblieben wäre.

Tatsächlich spielte der Paß keine Rolle. Einstein war von Geburt Württemberger und damit Deutscher. Einem Brief zufolge, der im Archiv in Princeton aufbewahrt wird, bat Einstein seinen Vater, schon bevor dieser nach Mailand zog, darum, die deutsche Nationalität seinetwegen aufzugeben. Doch scheint nichts dergleichen erfolgt zu sein. Zu Beginn des Jahres 1896 schrieb Hermann Einstein endlich – wahrscheinlich auf das erneute Drängen seines Sohnes hin – an die württembergischen Behörden. Diese genehmigten den Antrag und hoben am 28. Januar 1896 Einsteins deutsche Staatsbürgerschaft auf[7]. Zwei am 30. Januar und 5. Februar von den Behörden nach Ulm gesandte Mitteilungen bestätigen das. Einstein führte also seine Ausbildung in der Schweiz als Staatenloser zu Ende, als »Sohn deutscher Eltern«, wie er in amtliche Formulare eintrug.

Der Haß auf Deutschland, der sich in diesem Schritt offenbart, mag in seinem Ursprung auf strenge Bestrafung zurückgehen. Verstärkend mag noch die Verachtung gewirkt haben, mit der man ihn vom Gymnasium wies, bevor er sich selbst zurückziehen konnte. Ergebnis war eine Haltung, die sich später zu einem Deutschenhaß ausweitete, der krankhafte Züge trug.

Während der ersten Wochen in Aarau waren keine dieser dunklen Untertöne erkennbar. Nun war er von Deutschland frei. Er würde in angemessener Zeit und mit einigem Glück die schweizerische Staatsbürgerschaft erlangen, an der sein ganzes Herz hing. Außerdem wurde nun vereinbart, daß er sich auf das Lehrerexamen vorbereiten sollte. Es steht fest, daß die recht wohlhabende Familie seiner Mutter sein Studium finanzierte. Man kann sich leicht vorstellen, wie die liebevolle Mutter durch die Argumente des Sohnes auf seine Seite gezogen wurde, und wie sie dann ihre Verwandten überredete, in seine Zukunft zu investieren. Es kann kaum Zweifel geben, daß Einstein in seiner Jugend mit Frauen umzugehen wußte.

Einstein unterzog sich der Aufnahmeprüfung an der E.T.H. im Sommer 1896. Er bestand, reiste zu seinen Eltern nach Italien und verließ sie im Oktober neuerlich in Richtung Schweiz, wo er ein vierjähriges Studium vor sich hatte, das ihn nach glücklichem Abschluß für einen Posten auf der untersten Stufe der Lehrerhierarchie qualifizieren würde.

Am 29. Oktober 1896 ließ er sich in Zürich nieder, zuerst im Logierhaus der Frau Kaegi in der Unionstraße 4. Dort blieb er zwei Jahre, dann zog er zu Frau Markwalder, Klosbach 87. Nach 12 Monaten kehrte er zu Frau Kaegi zurück, die inzwischen umgezogen war. Am Ende jedes Semesters besuchte er seine Familie in Mailand oder später in Pavia, während er sich sonst in Zürich unter dem wachsamen, aber diskreten Auge der Familie Karr befand, wohlhabender Leute, die mit Einsteins Mutter entfernt verwandt waren. Andere Verwandte stellten monatlich 100 Franken für seinen Lebensunterhalt zur Verfügung.

Oberflächlich betrachtet bot Einsteins Studienzeit ein reichlich konventionelles Bild. Er wechselte häufig »die Bude« und nahm bescheidene Mahlzeiten in Restaurants und Cafés ein, dann und wann ergänzt durch ein Stück Kuchen aus der Bäckerei oder kleine Leckerbissen von den freundlichen Schweizer Zimmerwirtinnen. An den Wochenenden machte er meist Ausflüge zu den nicht sehr hohen Berggipfeln rund um den Zürichsee. Häufig besuchte er auch seine Schwester in Aarau, die dort das erste von drei Jahren auf einem Lehrerinnenseminar verbrachte.

Einstein kleidete sich nachlässig, trug ein unkonventionelles Benehmen zur

Schau und war von der gleichgültigen Geistesabwesenheit eines Mannes, der sich auf andere Dinge konzentriert. Diese Haltung behielt er sein ganzes Leben lang bei. »Als ich noch ein ganz junger Mann war«, vertraute er einem alten Freund an, »blieb ich einmal über Nacht bei Freunden. Am nächsten Morgen ging ich und vergaß meinen Koffer. Mein Gastgeber sagte zu meinen Eltern: ›Dieser junge Mann wird es niemals zu etwas bringen, weil er nichts im Gedächtnis behalten kann‹[8].« Oft vergaß er auch seinen Schlüssel und mußte seine Wirtin spät in der Nacht aufwecken, wobei er rief: »Hier ist Einstein – ich habe wieder mal den Schlüssel vergessen.«

Er vergnügte sich wie alle Studenten, begeisterte sich am Zürichsee für das Segeln, eine Begeisterung, die anhielt, und unternahm gelegentlich Spaziergänge in den Bergen. Auf dem Wasser führte er immer ein kleines Notizbuch bei sich.

Ein beinahe prosaisches Bild. Doch ein Hinweis auf die Zukunft ist in der schlecht verhüllten arroganten Ungeduld zu sehen, die sich sogar während der Musikabende bemerkbar machte, zu denen er oft von den Eltern seiner Schweizer Freunde eingeladen wurde. Wenn seiner Darbietung keine angemessene Aufmerksamkeit gezollt wurde, hörte er einfach auf, manchmal sogar mit einer groben Bemerkung. Eine Gruppe älterer Damen, die weiterstrickten und ihn dann fragten, warum er die Noten zuklappe und die Geige wieder einpacke, speiste er mit dem Hinweis ab, er dürfe sie doch nicht bei der Arbeit stören. Und als man ihn einmal bei einem öffentlichen Konzertabend in der Kirche höflich fragte, ob er denn auch den Takt mitzähle, soll er umgehend gekontert haben, »I wo, das liegt mir halt im Blut[9].« Es war eben immer ein wenig riskant, Einstein Fragen zu stellen. Schon als junger Mann besaß Einstein, der sich von seinen Kameraden launisch absonderte, eine Wesensart, die ebenso anziehend wie abstoßend wirken konnte. Später drehten sich alle Köpfe nach ihm um, wenn er einen Raum betrat, und das nicht nur, weil er der Begründer der Relativitätstheorie war. Wenn das Wort Charisma heute noch außerhalb des Fachs »Public Relations« eine Bedeutung hat, dann besaß Einstein Charisma.

Es ist bemerkenswert, daß Einstein in der Gesellschaft von Frauen anscheinend besonders glücklich war. Dies Gefühl beruhte oft auf Gegenseitigkeit. Der gutgebaute junge Mann mit dem pechschwarzen gewellten Haar, den großen leuchtenden Augen und der lässigen Miene wirkte besonders anziehend. Mehr als ein junges Züricher Mädchen, mehr als eine Schweizer Dame war entzückt, daß der junge Herr Einstein so ein guter Geigenspieler und bereit war, sie auf abendlichen Gesellschaften zu begleiten. Er verkehrte oft im Haus der Frau Bachtold, wo einige Studentinnen wohnten und aufmerksam dem Klavierspiel von Mileva Maric lauschten. Jahre später sagte Antonina Vallentin, eine enge Freundin von Einsteins zweiter Frau: »Als junger und selbst als reifer Mann hatte Einstein regelmäßige Züge, volle Wangen, rundes Kinn. Er war von jener männlichen Schönheit, die besonders zu Anfang des Jahrhunderts Unheil anrichtete[10].«

Einsteins Vergnügen an weiblicher Gesellschaft hielt ein ganzes Leben lang an. Wie die meisten berühmten Männer zog er die Kletten an, die Bewunderer und die Scharlatane. In mindestens zwei Fällen bezeichneten Frauen ihn als den Vater ihrer Kinder, in einem Fall erwies sich die Behauptung jedoch als unsinnig, und auch der andere Fall ließ sich nicht beweisen. Sein Arzt und Freund Janos Plesch sprach in einem Brief nach Einsteins Tod die Vermutung aus, Einstein sei während des Ersten Weltkriegs möglicherweise eine Liaison eingegangen, nachdem ihn seine Frau verlassen hatte. Laut Vera Weizmann, der Frau des großen Zionisten Chaim Weizmann, hatte Einsteins zweite Frau nichts dagegen, daß Einstein mit ihr flirtete, weil »intellektuelle Frauen ihn nicht anzogen; aus Mitleid fühlte er sich zu Frauen hingezogen, die körperliche Arbeit leisteten[11].« Das gleiche behaupteten in ähnlichen Worten mehrere seiner Freunde, die auf die Tatsache aufmerksam machten, daß er lieber Frauen als Männer um sich hatte. All das entspricht der Wahrheit. Doch sollte man daraus keine voreiligen Schlüsse ziehen. Als junger Mann neigte Einstein dazu, seine weiblichen Bekannten auf Armlänge von sich zu halten, weil er seine Energie hauptsächlich auf die Wissenschaft richten wollte. Später sah er immer noch gern Frauen um sich, aber in einer eher altjüngferlichen Weise. Schließlich hatte er sich auf folgende Prioritäten festgelegt: zuerst die Forschung, dann Einstein. Diese Reihenfolge machte es zunächst leicht, Mitleid für ihn zu empfinden – Mitleid für einen Mann, der sich selbst von so vielen Dingen ausschloß, die das Leben lebenswert machen. Doch Mitleid wäre fehl am Platz. Einstein, der seiner Berufung bedingungslos folgte, empfand in seiner Arbeit jene Befriedigung, die die Mehrzahl der Menschen in anderen Bereichen findet. Diese lebenslange Hingabe ließ ihn in mehrfacher Hinsicht zu etwas Besonderem werden. Bertrand Russell schrieb einmal, »persönliche Dinge wurden in die hintersten Winkel seiner Gedankenwelt verdrängt[12].«

Andere Menschen ließen sich in die Wirren des Lebens hineinziehen, indem sie sich einmal wissentlich mit den Bagatellen des Daseins abgaben, um dann wieder von den gewohnten Leidenschaften aus der Bahn geworfen zu werden. Um nicht unnötig Energie zu verschwenden, vermied Einstein solche Komplikationen, wo er nur konnte. In dieser Hinsicht wurde er durch seine selbstauferlegte Pflicht, vorrangigen Dingen die Priorität zu geben, zur Aufgabe menschlicher Annehmlichkeiten gezwungen. Einstein fühlte eine intuitive Sympathie für seine Mitmenschen insgesamt; viele seiner Briefe, vor allem jene an seine Freunde Max und Hedi Born – verraten einen Menschen voll tiefen Mitgefühls. Dennoch fand Einstein in seinem Leben selten die Zeit, dieser Empfindsamkeit Ausdruck zu verleihen, da seine eigene Isolierung vom normalen Ablauf menschlicher Gefühle eine Äußerung derselben weder leichter noch häufiger machte. Denn Einstein blieb von den meisten Dingen, die andere Menschen berühren, unberührt. »Ihm fehlten die menschlichen Empfindungen, die Kummer und Leid verursachen können«, schrieb der Sohn von Dr. Bucky, den Einstein fast ein Vierteljahrhundert lang kannte. »In den 23 Jahren unserer Freundschaft sah ich ihn nie Eifersucht, Eitelkeit, Bitterkeit, Zorn, Ressentiments oder persönlichen Ehrgeiz an den Tag legen. Diesen Emotionen gegenüber schien er immun zu sein[13].« Diese naturgegebene Tatsache erleichterte sicherlich seine persönliche Bürde; doch sie schuf auch eine Kluft, die er überspringen mußte, wollte er die Gefühle anderer voll verstehen.

Der Drang, die physikalische Welt zu erforschen und zu verstehen, ergriff schon sehr früh von Einstein Besitz. Er folgte ihm, wie André Mercier sagte, als Resultat zweier Erfahrungen: »der Erfahrung der äußeren Welt, die ihm materielle Fakten enthüllte, zahllos und numerisch; und der Offenbarung einer inneren oder geistigen Welt, die ihm den Weg wies, dem er folgen sollte[14].« Ein großer Teil seines Genies war seine Vorstellungskraft, die ihm den Mut gab, allgemein gültige Anschauungen in Frage zu stellen. Diese Eigenschaft wurde mit vollem Recht immer wieder hervorgehoben. Sein alter Freund Morris Cohen ging sogar so weit, zu behaupten, daß »(Einstein) nicht, wie so viele junge Männer, die die Physik in unserer Zeit revolutioniert haben, durch zu große Beschäftigung mit der Vergangenheit verwirrt worden ist[15].« Aber »zu groß« ist hier ein relativer Begriff.

Als sich Einstein auf den Beruf eines Lehrers für Physik vorbereitete, mußte er sich sowohl mit Mathematik als auch mit Naturwissenschaften befassen. Er studierte Mathematik bei sechs Professoren, vor allem bei Hermann Minkowski, der eine wichtige Rolle spielen sollte, als es darum ging, der speziellen Relativitätstheorie die mathematische Form zu geben. Zu diesem Studium gehörten: Differential- und Integralrechnung, darstellende und analytische Geometrie, Funktionentheorie und Differentialgleichungen. Zwei Professoren, Weber und Pernet, beschäftigten sich mit Physik, während Professor Wolfer über Astrophysik und Astronomie las. Theorie des wissenschaftlichen Denkens und Kantsche Philosophie studierte er bei Professor Stadler. Zu diesen Pflichtfächern gesellte sich eine bunte Mischung von Wahlfächern, die nicht nur »Zentralprojektion« und »Äußere Ballistik« umfaßten, sondern auch »Urgeschichte des Menschen« und »Geologie der Gebirge« bei dem berühmten Albert Heim, »Bank- und Börsengeschäfte«, »Schweizerische Politik« und, bei einem Privatdozenten, Goethes Werke und Weltanschauung[16].

Trotz seiner Begeisterung für die Mathematik wurde Einstein doch mehr zu den Naturwissenschaften hingezogen. Ein Grund war, daß er die Mathematik in zu viele einzelne Spezialgebiete aufgeteilt sah[17], von denen jedes ein ganzes Forscherleben in Anspruch nehmen konnte. Die getroffene Wahl zeitigte jedoch Schwierigkeiten, als sich Einstein zwischen 1905 und 1915 um die Erweiterung der speziellen Relativitätstheorie bemühte. Ihm dämmerte, daß er sich mit der Mathematik befassen mußte[18]. So aber wandte er sich der Physik zu und verbrachte den größten Teil seiner Zeit im physikalischen Laboratorium[18]. In seltsamem Kontrast zu jener Lebensperiode stand, als er auf Fragen nach seinem Labor auf seinen Kopf deutete, und auf Fragen nach dem Arbeitsmaterial auf seinen Füllfederhalter.

Im Juni 1899 verletzte sich Einstein in einem Züricher Labor ernsthaft an der Hand – bezeichnenderweise, nachdem er einen kleinen Zettel zerrissen hatte, auf dem stand, wie das Experiment durchzuführen sei. Er hielt sich nicht daran. Und es ist merkwürdig, daß eine Biographie die folgenden Sätze enthält: »Er wollte einen Apparat konstruieren, der die Erdbewegungen im Äther genau messen sollte ... Er wollte ziemlich empirisch vorgehen, um seinen wissenschaftlichen Ehrgeiz jener Zeit zu befriedigen, und glaubte, daß ein Apparat, wie er ihm vorschwebte, ihn zu der Lösung eines Problems mit weitreichenden Perspektiven führen würde, die er schon dunkel ahnte. Aber es bot sich keine Gelegenheit, diesen Apparat zu bauen. Die Skepsis seiner Lehrer war zu groß, der Unternehmungsgeist zu klein[19].«

Von Anfang an war Einstein von der theoretischen Physik fasziniert, doch auf diesem Gebiet hatte er kein Glück. Später berichtete er von seinen vortrefflichen Lehrern wie z. B. Hurwitz, Minkowski[20] aus der Züricher Zeit. Beachtung verdient, daß er Heinrich Weber, der den Physikunterricht abhielt, mit keinem Wort erwähnte. Den Angaben seines Kommilitonen Louis Kollross zufolge waren dessen Vorlesungen primär für Ingenieure gedacht. Man hörte überhaupt nichts über Maxwell, dessen Theorie über Elektromagnetismus gerade das physikalische Weltbild zu verändern begann und darüber hinaus auch die praktische Anwendung der Physik auf die Welt in einem ganz neuen Licht erscheinen ließ.

Die Wissenschaft der Physik schien vor der Lösung ihrer letzten Probleme zu stehen. Fast ein Jahrhundert zuvor hatte Laplace stolz geschrieben: »Ein Geist, der für einen Augenblick alle Kräfte, die die Natur beleben und die Lage aller Dinge, aus denen sie besteht, kennen würde – ein Geist, der genügend groß ist, alle diese Daten einer Analyse zu unterziehen –, könnte in derselben Formel die

Bewegungen der größten Körper des Weltalls und die des kleinsten Atoms einschließen. Für ihn würde nichts unbestimmt sein, und die Zukunft wie die Vergangenheit würde offen vor ihm liegen[21].«

Diese Prophezeiung schien sich erfüllen zu wollen. Nicht nur auf Grund der Fortschritte, die während des 19. Jahrhunderts erzielt worden waren, sondern auf Grund der Leichtigkeit, mit der sie als verständliche Teile eines großen, aber begrenzten Wissens-Corpus erkennbar waren, dessen endgültiges Verständnis nur eine Frage weniger Jahre sein konnte. Mechanik, Akustik und Optik ruhten in diesem heroischen Zeitalter der klassischen Physik auf festen Grundlagen. Faradays Arbeiten über Elektromagnetismus – von 1831 an – brachten die Dynamomaschine hervor und die ersten Knospen der zukünftigen Elektro-Industrie. Die ersten wissenschaftlichen Erkenntnisse über die Elektrizität führten zum elektrischen Telegraphen. Und schließlich trat in den 1860er Jahren Maxwell auf, der all diese Erkenntnisse in das System seiner elektromagnetischen Gleichungen zusammenfaßte. Er erklärte alle bekannten Phänomene und sagte die Existenz von Radiowellen voraus, die Heinrich Hertz 25 Jahre später entdeckte.

Der Äther war das Problem – durch ihn sollten sich die Maxwellschen elektromagnetischen Wellen fortpflanzen wie Bewegungen in einer unsichtbaren Gallertmasse –, der in der letzten Hälfte des Jahrhunderts die Grundpfeiler der klassischen Naturwissenschaft zum Schwanken brachte und die elektromagnetische Theorie zu einer revolutionären Theorie machte. Das eindrucksvolle, auf der Newtonschen Mechanik aufgebaute Gebäude, das solide Gerüst des Wissens, das so vielen Wissenschaften zugrunde lag, dies Gebäude, von dem man geglaubt hatte, der Mensch füge ihm nur noch die letzten Bausteine hinzu, wurde in Wahrheit von einer Gruppe experimentierender Physiker unterminiert, die alle ihren eigenen Weg gegangen waren, ausgehend von einem Dutzend verschiedener Ansatzpunkte. Die Arbeit dieser Physiker ging weiter, und die Auswirkungen waren schon spürbar.

Im Gefüge der Newtonschen Physik wollte sich ein störrischer Planet nicht in die Berechnungen fügen; es war nämlich erwiesen, daß sich die Merkurumlaufbahn, diese Ellipse, wenig, aber regelmäßig im Raume drehte. Die Newtonsche Hypothese bot dafür keine Erklärung. Aus Wien meldete sich der Häretiker Ernst Mach, der die Grundpfeiler des Newtonschen Universums anzweifelte, nämlich den absoluten Raum und die absolute Zeit. In den Vereinigten Staaten hatten Albert Michelson und Edward Morley ein Experiment durchgeführt, das die Wissenschaftler zu einer unbequemen und gefürchteten Entscheidung nötigte. Michelson und Morley hatten versucht, die Existenz des Äthers nachzuweisen, mit negativem Ergebnis. Die Wissenschaft stand danach vor der Alternative, entweder den Schlüssel über Bord zu werfen, mit dem es gelungen war, die Phänomene der Elektrizität, des Magnetismus und des Lichts zu erklären, oder sich dafür zu entscheiden, daß die Erde sich in Wirklichkeit überhaupt nicht bewege. Der Physiker Wilhelm Wien arbeitete in Berlin daran, jene Widersprüche in der Wärmestrahlung zu untersuchen, die sich nicht durch die Begriffe der klassischen Physik erklären ließen. In Leiden hatte der große niederländische Physiker Hendrik Lorentz seine neue Theorie von der Materie aufgestellt, derzufolge die Atome elektrisch geladene Teilchen enthielten. J. J. Thomson zeigte, daß diese außergewöhnlichen Elektrizitätsteilchen oder Elektronen nicht nur tatsächlich existierten, sondern auch meßbare Masse und elektrische Ladung besaßen. Den letzten Stoß versetzte den geltenden Vorstellungen die Entdeckung Becquerels. Er fand in Paris heraus, daß zumindest ein Element, nämlich das Metall Uran, radioaktive Strahlen aussendet, eine verwirrende Tatsache, die alle geltenden Anschauungen als Unsinn erscheinen ließ. Es ist daher nicht verwunderlich, daß in dieser Atmosphäre »Maxwells elektromagnetische Feldtheorie ... kein Bestandteil des üblichen Lehrplans einer deutschen Universität war[22]«, wie Max Born angedeutet hat.

Das Widerstreben der konservativeren Wissenschaftler, dieses revolutionäre Konzept zu akzeptieren, liegt daher auf gleicher Ebene wie die bekannte menschliche Schwäche, die Dinge so zu belassen wie sie sind. Denn die Newtonsche Mechanik hatte so treue Dienste geleistet und schien so fest verankert, daß alle, denen die fundamentale Unvereinbarkeit der Maxwellschen Theorie mit diesen festgefügten Vorstellungen einleuchtete, einer Diskussion über dies möglicherweise höchst unbequeme Thema lieber aus dem Weg gingen. In einem solchen Zustand präsentierte sich die Physik Einstein und seinen Kommilitonen, und so wurde sie von allen akzeptiert, außer von den wenigen, die das Glück hatten, in den Einflußbereich der paar Geister in Berlin, Leiden, Paris oder Cambridge zu geraten, die weiterfragten.

Einstein betrat als Student zu einem Zeitpunkt die Szene, als die Physik vor einer Revolution stand, die Studenten aber noch kaum ermutigt wurden, Revolutionäre zu sein. Ohne seinen nonkonformistischen Geist wäre er nicht viel weitergekommen. So jedoch beschränkte er sich mit der formalen Arbeit auf das Notwendigste. Die gründlicheren physikalischen Kenntnisse erwarb er sich in seiner Freizeit. Die sturen Paukmethoden von Weber und dessen Kollegen veranlaßten ihn, für sich allein zu lesen und zu arbeiten. Auch die Werke von Kirchhoff, Helmholtz, Hertz und anderen studierte er in seiner freien Zeit zu Hause[23], neben denen von Maxwell. Währenddessen besuchte sein Freund Marcel Grossmann für ihn Vorlesungen, machte für ihn Notizen, so daß Einstein, als er Examensfragen beantworten mußte, ausreichend vorbereitet war. Dazu kam Henri Poincaré, »der Letzte, der praktisch die ganze Mathematik, die reine wie die angewandte, überblickte[24].« Poincarés Einfluß auf Einstein wurde verschiedentlich überschätzt. Doch wie groß er – in Zürich oder danach – tatsächlich war, über den Einfluß eines anderen Mannes gibt es keinen Zweifel, nämlich von Ernst Mach, diesem enttäuschten Mann, der in Einsteins Wertschätzung an zweiter Stelle direkt hinter Maxwell rangierte. Der Physiker, Philosoph und Wissenschaftshistoriker – heute vor allem durch die Machsche Zahl, Geschwindigkeit in Einheiten der Schallgeschwindigkeit bekannt – war sehr stark von Gustav Fechner beeinflußt, der erfolglos versucht hatte, eine Wissenschaft der Psycho-Physik zu begründen. Fechner war von sehr einfachen Voraussetzungen ausgegangen: Jedes Wissen ist das Resultat von Erfahrungen; folglich sei alles, was die Menschen irrtümlicherweise »Naturgesetze« nennen, lediglich eine Ansammlung von Erfahrungen, die von den eigenen – trügerischen – Sinnen übermittelt werden. Einsteins Ansichten über die bloß beobachtbaren Faktoren änderten sich mit den Jahren beträchtlich. Die Formulierung seiner speziellen Relativitätstheorie – das betonte er immer wieder – »war in ihrem Ursprung nicht spekulativ; sie verdankt ihre Entstehung einzig dem Wunsch, die physikalische Theorie so gut wie möglich den beobachteten Tatsachen anzupassen[25].« Mit den Jahren schien er jedoch mehr Gewicht auf rein spekulatives Denken zu legen, objektiv und losgelöst von Äußerlichkeiten.

Einstein sagte sich erst in der Mitte seines Lebens von fast allen Lehren Ernst Machs los. Damit erreichte er die letzte Etappe einer langen philosophischen Pilgerfahrt[26]. Während seines ersten und zweiten Studienjahres in Zürich bekundete er ganz respektvolle Begeisterung, als seine Aufmerksamkeit auf Machs »Wissenschaft der Mechanik« gelenkt wurde.

Ein Beispiel für die Unabhängigkeit Machs ist seine Analyse der Newtonschen Mechanik und die Folgerung, daß diese keine Grundgedanken enthalte, die dem menschlichen Verstand sofort einleuchteten. Kern der Machschen Kritik war, daß Newton Begriffe benutzt habe, die bloße Gedankendinge seien und »in der Erfahrung nicht aufgezeigt werden« könnten: über den »absoluten Raum« und die »absolute Zeit« (so Mach) kann niemand etwas aussagen. Als Ergebnis vertrat Mach die Ansicht, die Newtonschen Gesetze müßten noch einmal geschrieben werden, und zwar in verständlicheren Begriffen, wobei er z. B. beim Trägheitsgesetz »relativ zum absoluten Raum« durch »relativ zu den Fixsternen« ersetzt haben wollte. Diese kritische Stellungnahme dem gesamten Newtonschen Gedankengebäude gegenüber, wie es mehr als zwei Jahrhunderte lang verwendet worden war, wirkte sich positiv auf Einsteins eigene Denkprozesse aus. Die Erkenntnis, daß es durchaus möglich war, festgefügte Anschauungen in Frage zu stellen, kam dem Studenten wie eine Offenbarung. Er fühlte intuitiv, daß die Vorstellung von der Welt, so durchschaubar sie im wissenschaftlichen Unterricht zu sein schien, bestenfalls unvollständig und schlimmstenfalls falsch war.

Diese Einstellung brachte unvermeidbare Auswirkungen mit sich: Einstein wurde zu einem unbequemen Schüler, der in jedem Fall Schwierigkeiten machte, gleich ob er einen akademischen Grad erwerben würde oder nicht. Aus dieser Situation heraus ist es nur zu verständlich, daß ihn Professor Pernet (angewandte Physik) fragte, warum er statt Physik nicht Medizin, Jura oder Philologie studiere. Und als der junge Mann entgegnete, er habe für die Physik eine natürliche Begabung, antwortete wiederum Pernet: »Das können Sie machen, wie Sie wollen, junger Mann! In Ihrem eigenen Interesse wollte ich Sie ja nur warnen[27].« Auch Weber konnte den jungen Mann nicht leiden, weil ihn Einstein immer »Herr Weber« ansprach statt »Herr Professor Weber«. Weber ergänzte sein Eingeständnis, Einstein sei intelligent, mit der Bemerkung: »Aber Sie haben einen Fehler: Sie lassen sich nichts sagen.«

Die Situation während seiner vier Jahre an der E.T.H. – von 1896 bis 1900 – wurde auch durch seine Einstellung gegenüber den Examina nicht zum Positiven verändert. Nach dem Abschlußexamen kehrte er für ein ganzes Jahr aller wissenschaftlichen Arbeit den Rücken[28]. Einstein glaubte, daß man ihm nach dem Examen, wie damals üblich, eine Assistentenstelle in der physikalischen Fakultät der E.T.H. anbieten würde. Doch es kam anders, Einstein erhielt die Quittung für seine Unbeliebtheit. Weber übernahm die Abteilung für Maschinenbau und überging Einstein bei der Besetzung der Assistentenstelle. Für den schwierigen Absolventen konnte überhaupt keine Stelle gefunden werden.

Die Weigerung der E.T.H., ihn einzustellen, verletzte seinen Stolz zutiefst. Ebenso tief ging das Zerwürfnis mit seinen Professoren. Doch kann das alles nicht aus heiterem Himmel gekommen sein, und es war alles andere als unverständlich. Im Herbst 1900 war Albert Einstein ein junger Akademiker, der der Autorität nicht nur trotzte, sondern sie schlicht leugnete und ständig darauf aus war, allerlei Häresien aufzustöbern und zu unterstützen. Bei vielen Bürgern stand er in dem Ruf eines »arbeitsunfähigen« jungen Mannes.

Einsteins mißlungener Versuch, auf der E.T.H. eine Anstellung zu bekommen, zog zunächst nach sich, daß er von den Kochschen Verwandten in Genua keine finanzielle Unterstützung mehr erhielt. Er war volljährig, also sollte er auch auf eigenen Füßen stehen. Er kehrte nach Mailand zu seinen Eltern zurück und schrieb von dort aus im September 1900 den ersten von zahlreichen Bewerbungsbriefen.

Noch im selben Herbst ging er wieder nach Zürich, um bei Professor Alfred Wolfer zu arbeiten, seinem früheren Lehrer für Astrophysik und Astronomie. Wolfer war jetzt Direktor der Eidgenössischen Sternwarte. Die Arbeit – obgleich auf eine bestimmte Zeit begrenzt – erfüllte ihren Zweck, wie aus Einsteins erstem Brief an den Züricher Professor Adolf Hurwitz hervorgeht. Darin offenbarte Einstein, daß er um das Züricher Bürgerrecht nachsuchte, daß er aber dafür eine feste Anstellung haben müsse[29].

Die Schweizer Staatsbürgerschaft war seit den ersten Wochen des Jahres 1896 Einsteins angestrebtes Ziel. Fast ein halbes Jahrhundert später erinnerte er sich, daß er »in der Schweiz glücklich (war), weil ihre Bürger in Ruhe gelassen werden und das Privatleben respektiert wird[30].« Während seines ganzen Studiums legte er jeden Monat 20 Franken auf die hohe Kante, um die Gebühren, mit denen die Schweizer Staatsbürgerschaft verbunden war, bezahlen zu können. Jetzt endlich besaß er das erforderliche Bargeld, den festen Wohnsitz und den festen Arbeitsplatz. Im Herbst des Vorjahres, am 19. Oktober 1899, hatte er bei den Züricher Behörden einen formalen Antrag gestellt und ein Leumundszeugnis sowie den Nachweis beigefügt, daß Zürich seit dem 29. Oktober 1896 sein ständiger Wohnsitz war. Doch die Räder der Züricher Behörden mahlten so langsam wie die Mühlen Gottes; erst im folgenden Sommer forderte man von seinem Vater die nötige Erklärung. Hermann Einstein gab sie am 4. Juli ab, indem er formal bestätigte, daß er »mit dem Gesuch seines Sohnes Albert Einstein, betreffend dessen Einwanderung in die Schweiz beziehungsweise ... des Bürgerrechtes in der Stadt Zürich, vollkommen einverstanden ist[31].«

Einstein erwähnte später die Formalitäten nur beiläufig. Die Biographie seines Schwiegersohns Anton Reiser dagegen enthält Details, die nur von Einstein selbst stammen können. »Der Ablauf ist nicht ganz einfach gewesen«, schreibt Reiser. »Die Züricher Stadtväter mißtrauten dem weltfremden, träumerischen jungen Gelehrten deutscher Abstammung ganz entschieden, der so versessen darauf war, ein Bürger der Schweiz zu werden. Sie konnten nicht allzu sicher sein, ob er nicht vielleicht der Anlaß zu Beanstandungen sei. Sie beschlossen, den jungen Mann persönlich zu prüfen und ihn kräftig auszufragen. Neigte er zum Alkohol, war sein Großvater syphilitisch gewesen, führte er selbst ein ordentliches Leben? Der junge Einstein mußte alle diese Fragen beantworten. Endlich merkten die Beamten, wie harmlos und unerfahren der junge Mann war. Sie lachten ihn aus, neckten ihn wegen seiner Unerfahrenheit und belohnten ihn schließlich damit, daß sie ihm das Recht auf die Schweizer Staatsbürgerschaft zuerkannten[32].«

Am 21. Februar 1901 verlieh man ihm die dreifachen Bürgerrechte der

Schweiz – von Stadt, Kanton und Staat. Damit unterlag er auch, wie alle jungen Männer in der Schweiz, der dreimonatigen Wehrpflicht. Dreißig Jahre später sollte er sich unter denjenigen befinden, die eine Resolution gegen dieses System unterzeichneten. Aber im Jahre 1901 dachte er anders darüber und meldete sich pflichtbewußt bei den Behörden, die ihn vom Militärdienst wegen Plattfüßen und Krampfadern zurückstellten. Zeitgenossen berichteten, er sei schockiert und unglücklich gewesen.

Einstein war jetzt hundertprozentiger Schweizer, ein Status, den er Zeit seines Lebens behielt und auf den er immer stolz war. Er fühlte sich der Schweiz und ihren Bürgern tief verbunden, ein Gefühl, das sich im selbstgewählten Exil in den USA zu einer wehmütigen Anhänglichkeit entwickelte. Die Gründe sind offenkundig.

Die Schweiz war menschenfreundlich, dazu kamen ihre pazifistische politische Geschichte und ihre Toleranz[33]. In der Schweiz würde er mit einem Minimum an Unterbrechungen sein Ziel verfolgen können. Doch diese Vorstellung wurde nicht gleich Wirklichkeit. Seine Hoffnung, möglichst bald eine feste Stellung zu finden, erfüllte sich zunächst nicht.

Einstein verlor den Mut nicht. Im Jahre 1901 waren wie heute Publikationen die Sprossen, auf denen man als Wissenschaftler die Leiter zum Erfolg bestieg. Im Dezember des Vorjahres hatte Einstein den ersten Schritt getan. Am 13. Dezember 1900 erschien in den »Annalen der Physik« seine Arbeit »Folgerungen aus den Kapillaritätserscheinungen«. Kurz darauf schickte er eine Kopie an Wilhelm Ostwald, den deutschen Physiker und Chemiker, der gerade sein Werk über die Vorgänge bei der Katalyse abschloß. Einstein war durch Ostwalds Arbeit zu seinem Aufsatz inspiriert worden. Jetzt fragte er an, ob in Ostwalds Labor eine Stelle frei wäre. Anscheinend bekam er weder auf seinen ersten Brief eine Antwort, noch auf den zweiten, der ohne sein Wissen von einem Bittgesuch seines Vaters begleitet war.

Er schrieb auch an den niederländischen Physiker Kamerlingh-Onnes, der in Leiden das Verhalten von Stoffen bei Tiefsttemperaturen untersuchte. Er hatte von einem befreundeten Studenten gehört, daß an der Leidener Universität eine Assistentenstelle frei war[34]. Einstein umriß seine Fähigkeiten und fügte hinzu, daß er mit gleicher Post eine Kopie seiner Abhandlung in den »Annalen der Physik« abschicken würde. Die Karte – sie befindet sich jetzt im naturwissenschaftlichen Museum in Leiden – war sein erster Kontakt mit dieser Universitätsstadt. Zwanzig Jahre später sollte Einstein ein angesehener Gastprofessor der Universität werden. In ihrem großen Saal hielt er seine ersten Vorlesungen über die allgemeine Relativitätstheorie. Seine erste Erfahrung mit Leiden war anderer Art. Kamerlingh-Onnes gab keine Antwort. Doch die

Rettung nahte, und am 3. Mai teilte er von Mailand aus Professor Alfred Stern die gute Nachricht mit. Von Mitte Mai bis Mitte Juli sollte er am Technikum in Winterthur[35] Mathematik unterrichten: der dortige Professor leistete in dieser Zeit seine Militärzeit ab.

Die Zeit in Winterthur verlief ohne Ereignisse. Der Professor kehrte von seiner militärischen Übung zurück und Einstein mußte wieder gehen. Niemand sah sich veranlaßt, ihn weiterzubeschäftigen. Wieder war er in Zürich und hielt nach einer Stelle Ausschau.

In einer Züricher Zeitung las er, daß ein Internat in Schaffhausen einen Lehrer suchte. In Schaffhausen lebte Conrad Habicht, ein früherer Kommilitone von der E.T.H., der das richtige Wort am richtigen Platz fallen ließ. Mit Habichts Hilfe bekam Einstein den Posten, der – wie sich herausstellte – zum größten Teil darin bestand, einen englischen Jungen namens Louis Cohen, zu unterrichten. Einstein blieb nur wenige Monate. Seine Vorstellungen über ein Minimum an Routine und Disziplin unterschieden sich zu stark von denen seines Arbeitgebers. Ende des Jahres kehrte er neuerlich arbeitslos in seine alte Züricher »Bude« zurück.

Doch zeigten sich nun Hoffnungsschimmer am Horizont. Bevor Einstein Schaffhausen verließ, hatte er seine Doktorarbeit über die kinetische Gastheorie fertiggestellt und der Universität von Zürich eingereicht. Gleichzeitig hatte er sich um einen Posten am Schweizer Patentamt beworben.

Das ›Eidgenössische Amt für geistiges Eigentum‹ war erst im Jahr 1888 gegründet worden und stand noch unter der Leitung seines ersten Direktors, Friedrich Haller. Haller war ein beleibter, freundlicher, rauhbeiniger Mann, ein Ingenieur, der sich seine beruflichen Sporen während der 70er und 80er Jahre verdient hatte, als die Schweiz durch ihre durch die Bergstöcke getriebenen Eisenbahntunnel berühmt wurde. Nur der Erfolg zählte, und wenn Erfolg dadurch erreicht werden konnte, daß man den Schlendrian durch exakte wissenschaftliche Arbeit ersetzte, so hatte Haller nichts dagegen. Er leitete das Patentamt nach seinen eigenen unkonventionellen Richtlinien, und das war auch der Hauptgrund, daß Einstein als einfacher Staatsbeamter in die Schweizer Hauptstadt kam.

Zu Hallers persönlichen Freunden zählte der Vater von Einsteins ehemaligem Studienkollegen an der E.T.H., Marcel Grossmann. Es besteht kein Zweifel, daß sich die Grossmanns für Einstein eingesetzt hatten. Allem Anschein nach versprach Haller während eines Gesprächs zwischen den beiden alten Männern großzügig, daß man Marcels Freund berücksichtigen werde, falls eine Stelle frei würde. Einstein erfuhr von einer solchen Stelle im Dezember 1901 und gehörte wenige Monate nach seiner Bewerbung zu den Leuten, die sich vorstellen sollten. Dann reiste er von Mailand nach Bern zu der so wichtigen Begegnung mit Haller. Offenbar war es für Einstein eine mühselige Angelegenheit. Von Haller selbst gibt es keine Aufzeichnungen über diesen Punkt. Der einzige aufschlußreiche Hinweis ist ein kurzer Paragraph in Reisers Biographie: »Albert Einstein wurde zwei volle Stunden geprüft. Der Direktor legte ihm Unterlagen von neuen Patenten vor, über die er sich sofort eine Meinung bilden sollte. Bei der Prüfung kam leider seine mangelhafte technische Ausbildung deutlich zum Vorschein[36].« Doch bedeutete dieses kleine Handicap für einen Mann wie Haller kein Hindernis: Er war fest entschlossen, seinem alten Freund einen Gefallen zu erweisen. Am 16. Juni wurde Einstein formell zum Technischen Sachbearbeiter ernannt, mit einem Gehalt von 3500 Franken pro Jahr. Der Posten, für den Einstein sich beworben hatte, war der eines »technischen Experten II. Klasse«. Einstein wurde »technischer Experte III. Klasse«.

Über Einsteins Anstellung kursieren zwei Legenden; nach der einen nahm man ihn, weil man die Kenntnis der Maxwellschen Gleichungen für wesentlich erachtete und Einstein als einziger Bewerber diese Gleichungen kannte. Nach der anderen Legende waren die Züricher Behörden zu der Ansicht gelangt, Einstein sei ein Genie, und sie hatten dies bei Haller verlauten lassen.

Die erste Legende läßt sich auf einen Blick als unwahrscheinlich abtun. Für die freie Stelle im Patentamt, die in der Schweizer Zeitung »Gazette« ausgeschrieben war, wurden allein folgende Fähigkeiten verlangt: »Gründliche Hochschulbildung in mechanisch-technischer oder speziell physikalischer Richtung, Beherrschung der deutschen und Kenntnis der französischen Sprache oder Beherrschung der französischen und Kenntnis der deutschen Sprache, wenn möglich auch Kenntnis der italienischen Sprache[37].«

Das Entstehen der zweiten Legende läßt sich leicht nachvollziehen. Für die Behörden muß es in späteren Jahren eine ärgerliche Vorstellung gewesen sein, ein ganz gewöhnliches, wenn nicht gar häßliches Entlein unter die Fittiche genommen zu haben, ohne vorauszusehen, daß es sich zum hochgerühmten Schwan der wissenschaftlichen Welt entwickeln würde . . .

Die Grossmanns, Vater und Sohn, waren zweifellos der Meinung, einem guten Freund eine sichere Lebensstellung verschafft zu haben. Einstein selbst sah das Patentamt nur als nützliche Ausgangsbasis an, von der aus er mit seiner selbstgestellten Aufgabe beginnen konnte, die Beschaffenheit der physikalischen Welt zu erforschen.

3. KAPITEL

SCHWEIZER BEAMTER

Einstein nahm seine Arbeit als technischer Beamter im Patentamt, das in den oberen Stockwerken des Schweizer Telegraphenamts in der Speichergasse untergebracht war, am 23. Juni 1902 auf. Die Einzelheiten seiner siebenjährigen Amtszeit stehen ziemlich fest. Er wurde zunächst auf Probe eingestellt. Man vereinbarte, daß bei Bestätigung seines Amts auch sein Gehalt »so reguliert (werden sollte), daß es seiner derzeitigen Arbeit entsprach«. Die Bestätigung kam erst am 4. September 1904, als Haller an den Bundesrat schrieb, daß Einstein »sich als sehr brauchbar erwiesen«[1] habe, und den Vorschlag machte, sein Gehalt von 3500 auf 3900 Franken zu erhöhen, »mit dem Bemerken, daß Herr Einstein, abgesehen davon, daß er sich noch nicht völlig ins Maschinenbauwesen eingelebt hat (er ist seinem Bildungsgange nach nämlich Physiker), wohl die Beförderung zum Experten II. Klasse verdienen würde«.

Im Jahr 1906 wurde er schließlich befördert und erhielt eine weitere Gehaltsaufbesserung von 600 Franken. Haller schrieb damals, daß Einstein sich seit dem Herbst 1904 »immer mehr in die Technik eingearbeitet« habe und daß er »zu den geschätztesten Experten des Amtes gehört«.

Drei Dinge sind aus diesem Zeitabschnitt interessant. Erstens verdiente sich Einstein 1905 die ersten akademischen Sporen. Er hatte bei der Universität von Zürich eine 21 Seiten umfassende Arbeit über das Thema »Eine neue Bestimmung der Moleküldimensionen« eingereicht. Nach den noch vorhandenen Unterlagen zu urteilen, stand es auf Messers Schneide, ob er den Doktortitel bekommen würde. Professor Alfred Kleiner, Direktor des Züricher Physikalischen Instituts, sprach sich für die Annahme der Dissertation aus. Allerdings: »Da die Hauptleistung der Einsteinschen Arbeit in der Behandlung von Differentialgleichungen besteht, also mathematischer Natur ist«, gehört sie »in die analytische Mechanik . . .«[2] Kleiner empfahl, zwei weitere Gutachten einzuholen. Das Urteil Professor Burckhardts scheint dann entscheidend gewesen zu sein: trotz eines ungeschickten Stils und Schreibfehlern in den Formeln befand er, Einsteins Arbeit zeige »eine gründliche Beherrschung der in Frage kommenden mathematischen Methoden[3].«

Zweitens verrät eine Bemerkung Hallers über seinen jungen technischen Beamten, daß Einstein sich zu jener Zeit schon nach einem anderen Posten umsah und seinen Arbeitgeber auch davon unterrichtete.

Drittens ist es von Bedeutung, daß der Direktor des Patentamts jene drei Arbeiten des jungen Mannes überhaupt nicht erwähnte, die damals schon als Beiträge in einer einzigen Ausgabe der »Annalen der Physik« erschienen waren. Eine dieser Arbeiten war bedeutend genug, um ihn in den Geschichtsbüchern erscheinen zu lassen, die zweite verhalf ihm 16 Jahre später zum Nobelpreis, die dritte schließlich enthielt die Hauptgedanken der speziellen Relativitätstheorie.

Einstein wohnte in Bern zunächst in einem kleinen Zimmer in der Gerechtigkeitsgasse. Einer seiner ersten Besucher war Max Talmey, der ihn zehn Jahre zuvor in das Reich der Naturwissenschaft eingeführt hatte und erst kürzlich bei Einsteins Eltern in Mailand gewesen war. Talmey erzählte, sie seien, auf ihren Sohn angesprochen, »ziemlich schweigsam« gewesen. Der Grund trat in Bern klar zutage: »Ich fand meinen Freund dort und verbrachte einen Tag mit ihm«, schrieb Talmey. »Seine Umgebung verriet ein ziemlich großes Maß an Armut. Er lebte in einem kleinen, kaum möblierten Raum. Ich erfuhr, daß er einen harten Lebenskampf führte, mit dem niedrigen Gehalt eines Beamten am Patentamt. Seine Not wurde durch die Hindernisse noch vergrößert, die neidische Leute ihm in den Weg legten[4].« Diese »Hindernisse« dürfen nicht zu ernst genommen werden. Einstein, der geborene Schulmeister und schon mit einer Veröffentlichung in den »*Annalen der Physik*« vertreten, war seinen Kollegen in intellektueller Hinsicht weit überlegen. Noch immer trug er jene selbstbewußte Arroganz zur Schau, die in seinen früheren Briefen anklingt. Es ist durchaus begreiflich, daß ihn seine alltäglicheren Kollegen von Zeit zu Zeit in die Schranken wiesen.

Die Arbeit des Patentamts um die Jahrhundertwende unterschied sich sehr wesentlich von der in späteren Jahren. Ein Beispiel soll das verdeutlichen: bis 1907 wurden nur Erfindungen patentiert, die durch ein Modell dargestellt wurden. Das Modell war also genauso wichtig wie die Beschreibung der Leistung, die der Apparat vollbringen sollte. Bei den Erfindungen und Ideen, die dem Patentamt eingereicht wurden, handelte es sich hauptsächlich um Vorschläge, wie die Technik praktisch und nützlich im Alltag angewendet werden konnte. Sie waren im Grunde recht einfach und oft für den Gebrauch im Haushalt bestimmt. Auf den ersten Blick hatten diese Dinge mit Einsteins spezieller Begabung nichts zu tun. Das stimmt aber nicht. So theoretisch seine Überlegungen waren, auf die sich sein Ruhm gründet – ihnen liegt die Beobachtung von Fakten zugrunde sowie die Folgerungen, die aus diesen Fakten gezogen werden konnten, das betonte Einstein immer wieder. Um aus Fakten Schlüsse zu ziehen, braucht es aber einen intuitiven Blick für das Wesentliche, und eben dieser Blick schärfte sich bei Einstein während der Zeit im Patentamt. Denn im Rahmen seiner Arbeit mußte er oft die unklaren Patentbeschreibungen des Erfinders neu formulieren, um ihnen Rechtsschutz verleihen zu können. Dazu mußte er wiederum in der Lage sein, die grundsätzlichen Ideen zu erkennen, auf denen die ganze Patentanmeldung basierte. »Es ist keine Übertreibung«, berichtete ein ehemaliger Kollege, »wenn man sagt, daß Einsteins Tätigkeit zumindest in den ersten Monaten buchstäblich ein Lehrgang darin war, die technischen Spezifikationen kritisch zu lesen und die beigefügten Zeichnungen zu verstehen«.

Durch die Arbeit beim Patentamt entwickelte Einstein in erstaunlicher Weise die Fähigkeit, die wesentlichen Gedanken einer wissenschaftlichen These zu erfassen. Darüber hinaus war es eine anspruchslose Tätigkeit, die seinen Geist für schöpferische Arbeit auf ganz anderer Ebene freigab. Bescheiden trottete er jeden Morgen von der Gerechtigkeitsgasse zum Patentamt, aß meistens sein Mittagessen am Schreibtisch und kehrte jeden Abend wie ein braver Beamter in seine Unterkunft zurück, wo er sich dann in eine stille Ecke setzte und die Gesetze der Natur entdeckte.

Seine ersten eigentlichen Abhandlungen hatten mit der Relativitätstheorie, die ihn später berühmt machte, nichts zu tun. Sie befaßten sich mit der Natur der Kräfte, die die Moleküle einer Flüssigkeit zusammenhalten. Eine ganze Anzahl bekannter Wissenschaftler – besonders hervorzuheben sind Mach und Ostwald – glaubte nicht an die reale Existenz von Atomen. Es war typisch für Einstein, daß er sich mit Anfang der Zwanzig daranmachte, diese Wissenschaftler zu belehren.

Die ersten fünf Arbeiten in diesem Zusammenhang wurden zwischen 1901 und 1904 veröffentlicht. Eine sechste folgte 1905, in Einsteins *annus mirabilis*. Die beiden ersten Arbeiten[5] befaßten sich mit Kapillarität und Potentialdifferenz. Keine war besonders erfolgreich, doch zeigte sich Einsteins intensives Interesse an beiden Themen, bei denen es um die Bindeglieder zwischen intermolekularen und anderen Kräften geht, deutlich in einem im April 1901 an Grossmann gerichteten Brief[6].

Seine erste Arbeit beschäftigt sich mit der ungeheuren Zahl von Teilchen, aus denen sich Flüssigkeiten oder Gase zusammensetzten. Es sei nicht möglich, sich mit den Bewegungen einzelner Teilchen zu befassen, darum müßten – so Einstein – statistische Methoden angewendet werden, um die durchschnittlichen Bewegungen einer großen Zahl von Teilchen erfassen zu können. Hätte man genug Zeit und die erforderlichen hochempfindlichen Geräte, dann wäre es möglich, die Bewegung jedes einzelnen Moleküls und jedes Atoms zu berechnen, da diese Bewegungen das Ergebnis von Ursache und Wirkung sind.

In seinen ersten beiden Arbeiten bediente er sich der Methoden der Thermodynamik. Als er sie abgeschlossen hatte, wandte er sich den statistischen Grundlagen des Problems zu und versuchte, in drei weiteren Arbeiten[7] den zweiten Hauptsatz der Thermodynamik aus den allgemeinen Gleichungen der Mechanik und der Wahrscheinlichkeitstheorie herzuleiten. Er war der Meinung, seine Methoden seien neu, tatsächlich waren sie bereits, was ihm nicht bekannt war, von dem Amerikaner Josiah Willard Gibbs* benutzt worden, es kann jedoch behauptet werden, daß seine Untersuchungen in mancherlei Hinsicht tiefschürfender sind als die von Gibbs.

In der Zeit zwischen diesen Arbeiten – die erste wurde in Zürich geschrieben, – die letzten in Bern – änderten sich seine Lebensverhältnisse wesentlich. Er wurde Mittelpunkt einer kleinen Gruppe von Studenten, die ein Leben lang seine Freunde blieben. Und kurz nachdem sich der Kreis zusammengefunden hatte, heiratete er Mileva Maric, seine Freundin aus den Züricher Tagen.

Der Kreis bildete sich bald nach seinem Eintreffen in Bern. Einstein war ein paar Wochen vor Beginn seiner Tätigkeit am Patentamt nach Bern gereist und bezweifelte, ob seine Ersparnisse bis zum ersten Zahltag reichen würden. Bern war Universitätsstadt, und darum war es das natürlichste von der Welt, sich als Privatlehrer für Physik gegen Stundenhonorar zu betätigen.

Sein erster Schüler war Maurice Solovine, ein junger Rumäne. Dieser erinnerte sich: »Als ich eines Tages im Jahre 1902 während der Osterferien in den Straßen von Bern spazierenging, kaufte ich eine Zeitung und stieß auf eine Notiz, wonach Albert Einstein, ein früherer Schüler der Züricher Technischen Hochschule, Physikunterricht für drei Franken je Stunde erteile[8].« Solovine suchte das Haus auf, stieg in den ersten Stock und klingelte. »Ich vernahm ein kräftiges: Herein! und sogleich erschien Einstein. Da seine Wohnung an einem dunklen Gang lag, fiel mir sofort der ungewöhnliche Glanz seiner großen Augen auf. Nachdem ich eingetreten war und Platz genommen hatte, erklärte

---

* Gibb's Hauptwerke wurden zwischen 1876 und 1878 geschrieben und veröffentlicht in „Transactions in the Connecticut Academy of Sciences". Erst 1892 wurden sie ins Deutsche übersetzt.

ich ihm, daß ich Philosophie studiere, daß ich aber auch meine physikalischen Studien gern vertiefen möchte . . . Er gestand mir, daß auch er in jüngeren Jahren eine große Neigung zur Philosophie gehabt habe, aber die dort herrschende Unklarheit und Willkür habe ihn davon abgebracht, so daß er sich jetzt nur mit Physik beschäftige. So plauderten wir etwa zwei Stunden lang miteinander über alle möglichen Fragen, stellten eine weitgehende Übereinstimmung unserer Gedanken fest und fühlten uns voneinander angezogen.«

Auf Solovines Vorschlag hin beschlossen die beiden, einige Standardwerke zu lesen und die auftauchenden Probleme zu besprechen. Einstein hielt es für das beste, mit Karl Pearsons »The Grammar of Science« zu beginnen. Bald folgten Mill, Hume, Spinoza, Mach, Henri Poincaré und Riemann, dessen nicht-euklidische Geometrie zehn Jahre später in Einsteins allgemeiner Relativitätstheorie Verwendung fand.

Den beiden Männern schloß sich bald Conrad Habicht an, ein Freund Einsteins aus der Züricher Zeit, der nach Bern gekommen war, um seine Mathematikstudien fortzusetzen. Die kaum vorhandene Distanz zwischen Lehrer und Schüler verschwand bald ganz; die Unterrichtsstunden lösten sich in Diskussionen auf, die über Wochen und Monate fortgesetzt wurden.

Einstein war der natürliche Anführer, und dies nicht nur, weil er das Vorrecht des Älteren genoß. Schon in seinen frühen zwanziger Jahren machte sich die starke Ausstrahlung seiner Persönlichkeit bemerkbar, von der seine Anhänger später so sehr beeindruckt waren. Etwas von dieser Ausstrahlung ist sogar in der sachlichen Beschreibung zu spüren, die der junge Elektrotechniker Lucien Chavan – ein gelegentliches Mitglied dieser »Olympia-Akademie«, wie sie sich später selbst benannte – von ihm gibt. »Einstein ist 1.76 Meter groß«, schrieb er unter ein Bild von Einstein, das nach Chavans Tod an die Schweizer Postbibliothek ging, »breitschultrig und etwas nach vorn gebeugt. Sein kurzer Schädel wirkt ungemein breit. Der Teint ist von mattem Hellbraun. Über dem großen, sinnlichen Mund sproßt ein schmächtiger, schwarzer Schnurrbart. Die Nase hat leichte Adlerform. Die sehr braunen Augen strahlen tief und weich. Die Stimme ist einnehmend, wie ein vibrierender Celloton. Einstein spricht korrekt französisch mit einem leichten fremdländischen Akzent.[9]«

Die Diskussion war der Magnet, der die Gruppe zusammenhielt. Solovine hat beschrieben, wie er kurz vor Einsteins Geburtstag an einem Laden vorbeiging, wo Kaviar zu haben war. Er kannte Kaviar aus seiner Zeit in Rumänien, und er und Habicht beschlossen, für Einstein Kaviar als teuren Geburtstagsschmaus zu kaufen. Als er auf den Tisch kam, sprach Einstein gerade über das Galileische Trägheitsgesetz. Er machte weiter[10], ohne den Kaviar zu bemerken. Für ihn zählte nur das Gespräch. Die gedankliche Auseinandersetzung, das

Hin und Her beim Argumentieren trugen viel dazu bei, Einsteins intellektuelle Waffen zu schärfen, mit denen er der klassischen Physik den Todesstoß versetzen sollte. Während dieser nächtelangen Diskussionen der Akademie über Physik und Philosophie, während langer Spaziergänge durch die verlassenen Straßen Berns oder in den Bergen, begannen sich Einsteins Gedanken zu klären; die besonderen Probleme, denen er sich widmen mußte, traten ihm deutlicher vor Augen. Der Debattierclub diskutierte zwar auf einem besonders hohen Niveau, doch bestand er andererseits aus munteren, aktiven und streitbaren jungen Leuten, die begierig auf anregende Gespräche waren wie die meisten ihrer Generationsgenossen und ansonsten ein lustiges Leben führen wollten.

Das sorglose Dasein änderte sich indes grundlegend, als Einstein im Januar 1903 Mileva Maric heiratete. Sie war die Tochter eines slawischen Bauern und vier Jahre älter als er. Anfang 1919 willigte sie in eine Scheidung ein, nachdem ihre und die Zukunft ihrer Söhne durch die Aussicht auf 10 000 Kronen gesichert schien, die Einstein ihr überlassen wollte, falls er den Nobelpreis – und damit diese Summe – gewann. Sie hatte ihn schon im Sommer des Jahres 1914 verlassen. Die Frage, ob Mileva ihrem Mann half, die Leiter des Erfolgs zu erklettern oder ob sie ihn bremste, blieb ungeklärt, teils, weil Einstein sich weigerte, Details aus seinem Privatleben preiszugeben – »nach 300 Jahren sollte das Privatleben eines Mannes immer noch privat bleiben«[11], zitierte er einmal Newton –, teils, weil Mileva erst 1948 starb, und letztlich wohl auch, weil Einsteins Nachlaßverwalter eine ganze Anzahl von Briefen zurückbehalten haben. Doch geht dieser Teil seiner Lebensgeschichte aus vielen Briefen hervor, die Einstein an Michele Besso richtete. Ihnen zufolge handelte es sich zwischen den Eheleuten mehr um Kontaktarmut, als um einen offenen Konflikt. Das läßt die intellektuellen Leistungen dieses Mannes um so bemerkenswerter erscheinen – eines Mannes, der sich geistig und physisch verbraucht hätte, wenn er seine Frau nicht auf eine gewisse Distanz hätte halten können.

Dies vertraute Einstein im Jahr 1916 seinem Freund Besso an, als die Beziehung zwischen ihm und Mileva auf dem Nullpunkt angelangt war. Besso war sechs Jahre älter. Er war von Rom gekommen, um an der physikalischen Fakultät der E. T. H. zu studieren. Doch die Verbindung der beiden Männer ging über das Berufliche hinaus. Einsteins Schwester Maja, die in Aarau studiert hatte, heiratete Paul Winteler. Wintelers Schwester Anna wiederum wurde Bessos Frau. Im Jahr 1904, ein Jahr nach seiner Heirat mit Mileva, verhalf Einstein Besso zur Position eines Prüfers am Berner Patentamt. Übrigens wird Besso als einziger in der berühmten Arbeit über die Relativitätstheorie in Dankbarkeit erwähnt.

Einigen Berichten zufolge verlobten sich Albert und Mileva, als beide noch Studenten waren, ein Ereignis, das von Hermann Einstein mißbilligt wurde. Er hat Mileva offensichtlich bis zu seinem Tod im Jahr 1902 nie zu Gesicht bekommen. Sicher ist, daß Einstein nach Mailand fuhr, um an seines Vaters Sterbebett zu sein, und daß er Mileva einige Monate nach seiner Rückkehr in Bern heiratete. Die von ihr erhalten gebliebenen Photographien zeigen sie als recht attraktive Frau mit angenehmen Gesichtszügen. Sie hinkte leicht, doch müssen ihre Mängel ganz woanders gelegen haben, richtet man sich nach den meist abwertenden Beschreibungen. Carl Seelig, der wie Mileva den größten Teil seines Lebens in Zürich verbrachte, schrieb: »Ihre grüblerische Schwerblütigkeit machte ihr das Studium und das Leben oft sauer. Auf ihre Umgebung wirkte Mileva leicht düster, wortkarg und mißtrauisch. Wer sie jedoch näher kannte, begann ihre slawische Gastfreundlichkeit und ungezierte Bescheidenheit, mit der sie den oft lebhaften Debatten aus dem Hintergrund folgte, zu schätzen[12].« Er fügt hinzu, sie war »nicht gerade das Muster einer deutschschweizerischen Hausfee, deren Ehrgeiz im Kampf gegen den Staub, die Motten und den Schmutz gipfelt[13].«

Einstein nannte verschiedene Gründe, warum er Mileva tatsächlich heiratete. Ein Freund, mit dem er darüber sprach, sagte: »Wie es dazu kam, scheint er selbst nicht zu wissen.« Einem anderen erzählte er, daß er gegen den entschiedenen Widerstand seiner Eltern geheiratet habe, aber aus einem Pflichtgefühl heraus. Im hohen Alter versuchte Einstein, den Heiratsentschluß durch die Behauptung zu rationalisieren, diese Tragödie seines Lebens würde schon erklären, warum er sich so tief in seine Arbeit vergraben habe.

In vieler Hinsicht wäre Einstein im Jahre 1903 glücklicher gewesen, hätte er nur eine treue Haushälterin gehabt. Stattdessen stolperte er fast unbeabsichtigt in eine Ehe. Und obwohl er weder Zeit noch Neigung hatte, ein häuslicher Mensch zu sein, gab er sein Bestes.

Das Verhältnis zwischen den Ehegatten wurde mit den Jahren immer schlechter, besonders nach 1905, als Einstein durch die spezielle Relativitätstheorie allmählich berühmt wurde. Seine Bekannten gaben nur zu gern zu, daß die Relativitätstheorie über ihren Horizont ging. Aber bei Mileva war die Situation anders. War sie nicht selbst Physikerin? Hatte sie sich nicht genügend Wissen angeeignet, um die neue Welt betreten zu können, die ihr Mann geschaffen hatte? Mußte er ihr nicht nur gelegentlich alles erklären? In Wahrheit konnte sie ihn nicht verstehen, aber das wollte sie nie glauben.

Noch ein anderer Faktor spielte eine große Rolle. Als Einstein heiratete, glaubte er, er werde von nun an mehr Zeit zum Arbeiten haben. Er glaubte, er könne sich von allen Haushaltsproblemen eines Junggesellen befreien. Der

Physiker, der in seinem späteren Leben auf Socken verzichtete, weil er sie für unnötige Komplikationen hielt, und der darauf bestand, Waschen und Rasieren mit derselben Seife mache das Leben um vieles einfacher, hegte einen sehnlichen Wunsch: er wollte die ermüdenden Pflichten, die wichtigeren Dingen Zeit stahlen, auf andere Schultern abwälzen. Einstein konnte sich zwar vor den ihn umgebenden trivialen Dingen mit beneidenswerter Leichtigkeit verschließen, dennoch wäre es für ihn vorteilhaft gewesen, wenn ihm durch eine Heirat der Wirrwarr der täglichen Pflichten und Ablenkungen abgenommen worden wäre. Daß dies nicht der Fall war, geht deutlich aus den Beschreibungen über seine erste Ehezeit hervor.

»Er saß in seinem Arbeitszimmer vor einem Haufen Papier, auf dem mathematische Formeln standen. Mit der rechten Hand schreibend, im linken Arm seinen jüngeren Sohn haltend, gab er dazwischen seinem älteren Sohn Albert Antwort, wenn ihn dieser, mit Bauklötzchen spielend, etwas fragte. Mit den Worten ›Einen Augenblick, ich bin gleich fertig‹, übertrug er mir für einige Minuten das Hüteramt und arbeitete weiter[14].« David Reichinstein, der später an der Universität Zürich Privatdozent war, zeichnete ein ganz ähnliches Bild: »Die Wohnungstür stand offen, denn der vor kurzem gewaschene Boden im Korridor sowie die im Korridor aufgehängte Wäsche mußten trocknen. Ich betrete Einsteins Zimmer. Mit einer Hand schaukelt er den Kinderwagen, in dem das Kind philosophisch ruhig liegt . . ., im Munde hatte Einstein eine schlechte, sehr schlechte Zigarre, und in der anderen Hand ein offenes Buch. Der Ofen rauchte fürchterlich. Wie konnte Einstein das nur aushalten[15]?«

Einstein heiratete Mileva Maric am Dienstag den 6. Januar 1903. Trauzeugen der schlichten Hochzeit waren die beiden ersten Mitglieder der Olympia-Akademie, Maurice Solovine und Conrad Habicht. Es gab keine Flitterwochen, und nach dem Hochzeitsessen in einem kleinen Restaurant in der Stadt bezog das Paar sein neues Heim, eine kleine Wohnung in der Kramgasse 49. Hier kam es zu einem Zwischenfall. Viele Geschichten wurden später über den zerstreuten Professor kolportiert oder erfunden – an seinem Hochzeitstag mußte Einstein vor der Wohnungstür tatsächlich feststellen, daß er den Schlüssel vergessen hatte.

Oberflächlich betrachtet, nahm von nun an sein Leben den gewohnten Lauf aller kleinen Schweizer Staatsbeamten. Die Gehaltserhöhung 18 Monate nach seiner Heirat konnte gerade die zusätzlichen Kosten auffangen, die durch die Geburt seines Sohnes Hans Albert Ende des Jahres 1903 entstanden. Das ferne Ziel eines Technischen Experten erster Klasse mußte dem verschlossenen jungen Mann auf den ersten Blick als das Endziel aller menschlichen Hoffnung und allen Ehrgeizes erschienen sein. Jeden Tag ging er zur Arbeit, an den Eingangssäulen vorbei, wo heute eine Plakette angebracht ist: »In diesem Haus schuf Albert Einstein in den Jahren 1903 bis 1905 seine grundlegende Abhandlung über die Relativitätstheorie.«

Im März 1905 wurde Einstein 26 Jahre alt. Nur seine Aufsätze über die intermolekularen Kräfte hoben ihn über die vielen hundert anderen jungen Männer hinaus, die in Ämtern und Behörden Dienst taten. Als er Anfang 1905 seine Arbeiten mit einer Dissertation an der Züricher Universität abschloß, konnte er insgesamt sechs Abhandlungen vorzeigen, die er in den fünf Jahren seit seinem Abgang von der E. T. H. geschrieben hatte.

Bis zu diesem Zeitpunkt besaß Einstein noch keinen akademischen Grad. Er hatte freien Zugang zur Bibliothek des Patentamts und las dort die führenden deutschsprachigen Zeitschriften über Physik. Aber viel mehr stand ihm nicht offen. Er konnte weder in einem Universitätsinstitut mit seinem stimulierenden Forschungsklima arbeiten, noch dort reden oder diskutieren. Die Olympia-Akademie war dafür kein Ersatz. Zwar korrespondierte er mit seinen früheren Kommilitonen aus Zürich und besuchte sie gelegentlich. Doch dabei blieb es. Einstein arbeitete von 1902 bis 1905 ganz allein, wissenschaftlich isoliert, und hatte kaum Zugang zur damaligen physikalischen Welt. Diese Isolation erklärt seinen großen Überblick über ganz spezielle wissenschaftliche Probleme, erklärt aber auch, warum er die detaillierten Argumente anderer ignorierte: ganz einfach, weil er nichts von ihnen wußte.

Jedes einzelne seiner vier Hauptwerke, die er 1905 veröffentlichte, hätte ihm einen Platz in den Schulbüchern gesichert. Allein drei erschienen in einer einzigen Ausgabe, dem berühmten Band 17 der *»Annalen der Physik«*. Alle Arbeiten sind kurz, und jede enthält die grundsätzlichen Gedanken der neuen Theorien, wenn auch noch nicht in ausgereifter Form.

Im Frühjahr 1905 gab Einstein seinem Freund Conrad Habicht eine Übersicht über die Dinge, die da kommen sollten. Bald würde er imstande sein, ihm vier verschiedene Arbeiten[16] zu zeigen, die erste sei sehr revolutionär und handele über die Strahlung und die energetischen Eigenschaften des Lichts. Die folgende setze sich mit verschiedenen Möglichkeiten auseinander, die tatsächliche Größe von Atomen ausfindig zu machen. Die dritte befasse sich mit der Brownschen Molekularbewegung, die schon früher von einem schottischen Biologen entdeckt worden war. Die vierte Arbeit schließlich sei eine Elektrodynamik bewegter Körper unter Zugrundelegung einer Modifikation der Lehre von Raum und Zeit.

Die angekündigten Arbeiten waren eine seltsame Mischung. Das »zweite Werk« bildete Einsteins Dissertation für die Züricher Universität, die er in

Bern drucken ließ; sie war für sich allein interessant, doch im Vergleich zu den drei anderen ein weniger wesentliches Nebenwerk. Die Abhandlung über die Brownsche Bewegung ging offensichtlich auf frühere Arbeiten zurück. Schon in seiner Dissertation hatte Einstein verschiedene Methoden der statistischen Thermodynamik diskutiert. In dieser Arbeit zog er die seinerzeitigen Ergebnisse zu der Behauptung heran, daß unter bestimmten Umständen die Auswirkungen der Molekularbewegung tatsächlich unter dem Mikroskop beobachtet werden konnten. Dieselbe Methodik wandte er auch an, um Masse und Anzahl der Moleküle in allen möglichen Volumina zu bestimmen.

Die Molekularbewegungen waren schon vor 70 Jahren von Robert Brown, einem schottischen Naturforscher, beschrieben worden, der herausgefunden hatte, daß, wenn man Pollenstaub in Wasser gab und unter dem Mikroskop betrachtete, die einzelnen Teilchen fortlaufende, offensichtlich unregelmäßige Zick-Zackbewegungen ausführten. »Diese Bewegungen«, schrieb er, »waren dergestalt, daß ich nach häufiger Beobachtung zu der Überzeugung kam, daß sie weder durch die Strömung in der Flüssigkeit noch durch deren graduelle Verdunstung zustande kamen, sondern durch das Teilchen selbst entstanden[17].« Brown wiederholte sein Experiment mit dem Pollenstaub einer ganzen Reihe von Pflanzen. Er beobachtete bei allen eine ähnliche »schwärmende« Bewegung und glaubte zunächst, »das primitive Molekül« gefunden zu haben. Doch dann erzielte er den gleichen Effekt mit den Staubteilchen anorganischer Stoffe. Als Einstein später selbst diese Bewegungen durch das Mikroskop beobachtete, war er fasziniert.

Einstein erläuterte das Zustandekommen dieser Zitterbewegung in seiner Abhandlung »Über die von der molekularkinetischen Theorie der Wärme geforderte Bewegung von in ruhenden Flüssigkeiten suspendierten Teilchen[18].« Die unregelmäßige Bewegung der sichtbaren Teilchen war auf die kinetische Energie der unsichtbaren Moleküle zurückzuführen, mit denen sie fortwährend zusammenstießen. Von diesem Punkt an benützte er seine neue statistische Methode, um Masse und Anzahl der beteiligten Moleküle zu bestimmen. Das wesentliche Ergebnis seiner Theorie war, daß die mittlere kinetische Energie der sichtbaren Teilchen genau der mittleren kinetischen Energie der Gasmoleküle gleich war.

»Um die Bedeutung dieses Schritts zu würdigen«, schrieb Max Born über Einsteins erfolgreichen Versuch, die Brownsche Bewegung quantitativ zu bestimmen, »muß man daran denken, daß zu jener Zeit (um 1900) Atome und Moleküle immer noch weit davon entfernt waren, als so real zu gelten, wie heute – es gab damals immer noch Physiker, die nicht an sie glaubten.« Zu letzteren gehörten sowohl Mach wie auch Ostwald[19].

Einsteins Arbeit hatte für die wissenschaftliche Methodik im allgemeinen bedeutende Auswirkungen. »Die Meßgenauigkeit« – so Max Born – »hängt von der Empfindlichkeit der Instrumente ab, und diese wiederum von Größe und Gewicht der beweglichen Teile, und der Rückstellkraft, die auf sie einwirkt. Vor Einsteins Arbeit war stillschweigend angenommen worden, daß ein Fortschritt in dieser Richtung nur durch die Art des experimentellen Vorgehens behindert würde. Jetzt zeigte sich jedoch, daß das nicht stimmte. Wenn ein Indikator, z. B. die Nadel eines Galvanometers, zu klein wurde oder die Ausschlagfiber zu dünn, würde er sich nie in einer Ruhelage befinden, sondern eine Art Brownscher Bewegung ausführen. Dies ist in der Tat beobachtet worden. Ähnliche Phänomene spielen in der modernen Elektrotechnik eine große Rolle, wo die Brownsche Bewegung der Elektronen im Metall als ›Rauschen‹ im Lautsprecher hörbar gemacht werden kann. Dem Beobachtungsvermögen sind durch die Naturgesetze selbst Schranken gesetzt[20].«

Einsteins tatsächlicher Nachweis der Existenz von Molekülen, die mit bloßem Auge nicht sichtbar sind und mehr durch Theorie postuliert waren als durch den experimentellen Augenschein erbracht, war symptomatisch für die Art und Weise, wie er in seiner soeben begonnenen Laufbahn vorging.

Einstein war überzeugt, daß Theorien, die man erst später mit Fakten untermauerte, die Bewährungsprobe der Zeit eher bestünden als vollständig aus experimentellen Ergebnissen konstruierte Theorien. Dies traf ganz bestimmt auf seine erste Abhandlung zu, die er in dem Brief an Habicht erläutert hatte. Sie sollte ihm 16 Jahre später zum Nobelpreis verhelfen. Darüber hinaus spielte sie eine Schlüsselrolle bei der Entwicklung der modernen Technik, denn der photoelektrische Effekt, dessen Gesetzmäßigkeiten sie aufdeckte, wurde zum Grundstein des Fernsehens. Die Abhandlung enthielt Einsteins erstes stillschweigendes Eingeständnis des Dualismus der Natur, der ihn sein ganzes Leben verfolgte, sowie einen frühen Hinweis auf das Problem des Determinismus, das ihn – wie de Broglie es ausdrückte – dazu brachte, »sein wissenschaftliches Leben in trauriger Isolation zu beschließen und – paradox genug – anscheinend weit zurück hinter den Vorstellungen seiner Zeit[21].« Darüber hinaus verknüpfte sie die wissenschaftliche Arbeit des 26jährigen mit zwei Männern, deren nicht-wissenschaftliche Anschauungen und Verhaltensweisen ihn mehr als 40 Jahre lang beeinflussen, in einigen Fällen sogar über ihn dominieren sollten: Max Planck und Philipp Lenard.

Diese berühmte Abhandlung »Über einen die Erzeugung und Verwandlung des Lichtes betreffenden heuristischen Gesichtspunkt«[22] erklärte ein spezielles Phänomen, nämlich den photoelektrischen Effekt, der den Wissenschaftlern jahrelang ein Rätsel geblieben war. Darüber hinaus gab sie auf eine ganze Reihe anderer ungelöster, doch weniger wichtiger wissenschaftlicher Probleme eine Antwort. Obwohl sie meist als Einsteins »photoelektrische Arbeit« bekannt ist, verdankt sie diesem spezifischen Problem nicht ihr Entstehen. Denn beim Grübeln über seine frühere Arbeit über Thermodynamik und statistische Mechanik stieß Einstein auf einen Widerspruch im damaligen wissenschaftlichen Denken und überlegte, wie man ihn auflösen konnte: das photoelektrische Rätsel war nur besonders einfach; es mußte sich leicht lösen lassen, wenn man den Widerspruch auf revolutionäre Weise erklärte. Um die Bedeutung all dessen zu verstehen, müssen wir kurz auf die Vorstellungen eingehen, die man zu Beginn des 20. Jahrhunderts von der Natur des Lichtes hatte.

Erst im 19. Jahrhundert hatten Fresnel und später Maxwell durch ihre Arbeiten eine Wellentheorie des Lichts aufgestellt, die zumindest ein paar Jahre lang eine befriedigende Erklärung für alle experimentellen Erscheinungen darstellte. Doch dann trat gegenüber der Maxwellschen Erklärung des Lichts durch die elektromagnetischen Gleichungen eine neue und ihr offensichtlich widersprechende Entwicklung ein. Während nämlich festzustehen schien, daß Licht in Form elektromagnetischer Wellen ausgestrahlt wurde, hatten andere Wissenschaftler herausgefunden, daß das, was man nur als Teilchen bezeichnen konnte, nämlich die negativ-geladenen Elektronen, eine entscheidende Rolle bei der Bildung elektrisch geladener Materie spielen. Jetzt trat Lenard in Erscheinung, ein bedeutender Experimentalphysiker, der später in Einsteins Leben eine unheilvolle Rolle spielen sollte. Lenards Verzweiflung über Deutschlands Niederlage 1918 trieb ihn in die offenen Arme der Nazipartei. Schon 1920 hatte er sich aus paranoidem Haß auf die Juden einer Bewegung angeschlossen, die den Versuch unternahm, Einsteins Arbeiten und Ansehen in Mißkredit zu bringen.

Um 1900 trat Lenard mit einer einfachen Erklärung des photoelektrischen Effekts hervor. Sie besagte, daß die Photo-Elektronen oder negativen Ladungen durch auftreffendes Licht aus dem Metall herausgeschlagen werden. Bald darauf beschrieb Lenard noch ein anderes, weniger leicht erklärbares Phänomen. Da die Elektronen anscheinend nur als Resultat des auftreffenden Lichts aus dem Metall geschleudert wurden, mußte man zwangsläufig annehmen, daß eine Verstärkung des Lichts eine Erhöhung der Geschwindigkeit zur Folge haben würde, mit der die Elektronen aus dem Metall heraustraten. Das war jedoch nicht der Fall. Wenn man die Intensität des Lichts verstärkte, wurde zwar eine größere Anzahl von Elektronen aus dem Metall freigesetzt, die Geschwindigkeit jedoch blieb die gleiche. Veränderte man – und das war noch unerklärlicher – die Farbe des Lichts, oder mit anderen Worten, die

Frequenz, so veränderte sich auch die Geschwindigkeit, mit der die Elektronen ausgestoßen wurden; je höher die Frequenz, desto höher war die Geschwindigkeit der Elektronen.

Während Lenard die jedem Wissenschaftler wohlbekannte Erfahrung machte, mit der Lösung eines Rätsels gleich auf ein neues zu stoßen, war Max Planck – damals Professor für theoretische Physik an der Universität Berlin – mit einem Problem beschäftigt, das nur indirekt mit dem photoelektrischen Effekt zu tun hatte. Planck hatte nach Kirchhoffs Tod 1887 dessen Lehrstuhl übernommen; bei der Fortführung von Kirchhoffs Arbeit entwickelte er eine Theorie, die das Verständnis des Menschen für die Gesetze des Mikrokosmos ebenso radikal ändern sollte, wie Einsteins Relativitätstheorie jene von Raum und Zeit.

Schon Kirchhoff hatte erforschen wollen, wie sich die Energie der von hocherhitzten Körpern ausgesandten Wärmestrahlung bei verschiedenen Temperaturen auf die einzelnen Spektralbereiche (d. h. Wellenlängen) verteilt. Man wußte bereits, daß die Emission nicht auf das sichtbare Gebiet beschränkt ist, sondern daß auch einerseits ultrarote, andererseits ultraviolette Strahlung auftritt. Erhöht man die Temperatur des strahlenden Körpers (z. B. einer elektrischen Kochplatte), so geht der Körper von Rotglut über Gelbglut in Weißglut und schließlich in Blauglut über: Es wächst mit steigender Temperatur vor allem der Anteil der kurzen Wellen (d. h. des violetten und ultravioletten Lichtes). Grundsätzlich wichtig ist nun, daß die Eigenschaften der Strahlung nur wenig von der Art des erhitzten Metalls abhängen und Kirchhoff einen »schwarzen Körper« definieren konnte, dessen Strahlung ein besonderes, grundsätzliches Interesse verdient. Realisieren ließ sich später dieser Idealkörper näherungsweise durch einen Hohlraum aus Metall, der, innen geschwärzt, Strahlung aus einer kleinen Öffnung emittiert.

Das gestellte Problem hatte Kirchhoff nicht lösen können; erst Wilhelm Wien gelang es um 1895, eine Formel anzugeben, die die Energieverteilung auf die einzelnen Wellenlängen (Farben) einigermaßen zutreffend wiedergab; um die Jahrhundertwende stellte sich durch die Messungen von Rubens und Kurlbaum heraus, daß die Wiensche Formel im Bereich des Ultraroten, bei den langen Wellen, falsch sein mußte. Das entsprechende Gesetz wurde dann nach Lord Rayleigh benannt, der eine theoretische Herleitung lieferte[23].

Das Gesetz von Wien und das von Rayleigh widersprachen einander. Mit dieser Diskrepanz beschäftigte sich Planck und im Herbst 1900 glaubte er das Problem gelöst zu haben. Am 19. Oktober 1900 las er vor der Deutschen Physikalischen Gesellschaft zu Berlin seine Arbeit »Ueber eine Verbesserung der Wienschen Spectralgleichung«. Die hier vorgelegte Plancksche Strahlungsformel genügte dem Wienschen Verschiebungsgesetz (wie es sein mußte), und ging bei kurzen Wellen (und nicht zu hohen Temperaturen) in das Wiensche, und bei langen Wellen und hohen Temperaturen in das Rayleighsche Strahlungsgesetz über.

Doch nun fehlte noch die Ableitung dieses zunächst nur »glücklich erratenen« Planckschen Strahlungsgesetzes. »Nach einigen Wochen der angespanntesten Arbeit seines Lebens«, sagte Planck, »lichtete sich das Dunkel und eine neue ungeahnte Fernsicht begann aufzudämmern[24].« Auf eine Frage von Robert Williams Wood erklärte er genauer die »psychologische Seite« seines Vorgehens: »Ich hatte mich nun schon seit 6 Jahren (von 1894 an) mit dem Problem des Gleichgewichts zwischen Strahlung und Materie herumgeschlagen, ohne einen Erfolg zu erzielen, ich wußte, daß dies Problem von fundamentaler Bedeutung für die Physik ist, ich kannte die Formel, welche die Energieverteilung im normalen Spektrum wiedergibt; eine theoretische Deutung *mußte* daher um jeden Preis gefunden werden, und wäre er noch so hoch. Die klassische Physik reichte nicht aus, das war mir klar . . .[25]«

Einige Wochen später fand Planck die Erklärung. Am 14. Dezember 1900 trat er erneut vor die Physikalische Gesellschaft. Nun konnte er sein Strahlungsgesetz aus den Prinzipien der Physik herleiten, mußte aber dabei von der Relation $\varepsilon = h \cdot v$ Gebrauch machen, was eigentlich nach eben diesen klassischen Prinzipien gar nicht statthaft war. Die Relation bedeutete, daß elektromagnetische Strahlung nicht stetig, sondern nur portionsweise, in Quanten, von den sogenannten Resonatoren aufgenommen und abgegeben werden konnte. Die Größe v bedeutete dabei die Frequenz des Resonators und h das (bald berühmte) Plancksche Wirkungsquantum $h = 6,6 \cdot 10^{-27}$ erg . sec. Die Größe ε ist dann die Größe des »Energiequants«. Das »Energiequant« ist also keine feste Größe, sondern hängt von der Frequenz der (absorbierten oder emittierten) Strahlung ab.

Der Plancksche Quantenansatz sollte der herrschenden Überzeugung, daß das Licht eine Wellenerscheinung und nichts als eine Wellenerscheinung sei, den Dolchstoß versetzen. Aber vorerst erkannte nicht einmal Planck selbst diese Konsequenz. Seine Theorie, so betonte er in den folgenden Jahren, setze sich mit der Wechselwirkung von Strahlung und Materie auseinander und nicht mit der Beschaffenheit der Strahlung selbst.

1903 sprach J. J. Thomson in Vorlesungen an der Yale-Universität die Vermutung aus, daß irgendeine Form von lokalisierter Strahlungsenergie für eine Reihe von unerklärten experimentellen Fakten verantwortlich sei, dazu gehöre die Art und Weise, wie ultraviolettes Licht Elektronen aus einer Metalloberfläche auslöse. Doch diese Vorstellung wurde nicht weiter verfolgt und die Wellentheorie des Lichts beibehalten. Einstein stand der Weg offen. Denn wie Niels

Bohr später die Quantentheorie benutzte, um die Struktur der Atome zu erklären, so verwendete sie Einstein nun für die Rechtfertigung der Vorstellung, daß das Licht Charakteristika sowohl von Wellen als auch von Teilchen aufweise. Bis 1905 hatte er sich in seinen gedruckten Abhandlungen fast ausschließlich mit Thermodynamik und statistischer Mechanik befaßt; es waren im wesentlichen Überlegungen, in welchen mit der Vorstellung von Bewegungen einer riesigen Zahl von Einzelteilchen Naturgesetze hergeleitet wurden, wobei die Teilchen so genau wie die Planeten am Himmel den Newtonschen Gesetzen gehorchen. Aber es gab auch Gedanken Einsteins, die noch nicht publiziert waren und die intensiv darauf gerichtet waren, das wirkliche Wesen des Lichtes und der elektromagnetischen Wellen zu erfassen, einer Naturrealität, die von den Physikern nicht in den Begriffen der Newtonschen Teilchenphysik, sondern mit dem von Faraday konzipierten und von Maxwell entwickelten Feldbegriff beschrieben wurde. Niemand war bisher auf den Gedanken gekommen, die unbequemen Fragen zu stellen, zu welchen dieser Widerspruch herausforderte, oder falls doch jemand auf diese Fragen gekommen war, so hatte er jedenfalls nicht gewagt, sie auszusprechen. Einstein dachte und wagte.

Der tiefgreifende formale Unterschied zwischen den Vorstellungen, die die Physiker sich über Gase und andere ponderable Körper gebildet haben, und der Maxwellschen Theorie der elektrodynamischen Prozesse im sogenannten leeren Raume, kann überwunden werden, wenn man das Licht als eine Ansammlung von unabhängigen Teilchen betrachtet, die sich wie Gasmoleküle verhalten – was man in der Tat tun müsse, um gewisse Phänomene wie den Photoeffekt zu verstehen. Das ist der »heuristische Gesichtspunkt«, von dem schon im Titel der Arbeit, der berühmten Einsteinschen Arbeit, die Rede ist.

Wie läßt sich nun der Photoeffekt durch die Lichtquantenvorstellung erklären? Die Größe der Planckschen Quanten hängt von der Frequenz des jeweiligen Lichtes ab; die kleinen Quanten des Lichtes mit niedriger Frequenz (d. h. großer Wellenlänge) werden deshalb, wenn man sie als voneinander unabhängige Energiepakete betrachtet, den Elektronen, auf die sie treffen, eine relativ geringe Geschwindigkeit erteilen. Die größeren Energiepakete, d. h. die Quanten höherfrequenten Lichtes, werden dann notwendigerweise den von ihnen getroffenen Elektronen eine höhere Geschwindigkeit mitgeben. Diese Vorstellung erklärte auch zwanglos, warum mit abnehmender Intensität des Lichtes die Zahl der emittierten Elektronen zurückging, weil nämlich mit abnehmender Lichtintensität einfach weniger Lichtquanten zur Verfügung stehen.

Einsteins Arbeit enthält mehr als nur eine Theorie, die »sich in voller Übereinstimmung mit der Beobachtung« befindet. So berechnete er die maximale kinetische Energie eines durch Photoeffekt emittierten Elektrons durch die Formel $^1/_2\,mv^2 = h \cdot v$. Dabei ist v die Geschwindigkeit des Elektrons, m seine Masse, h die Plancksche Konstante und v die Frequenz des Lichtes. Einsteins Konzept des aus Lichtquanten – später Photonen genannt – konstituierten Lichtes schloß in sich ein Paradoxon, vor dem Menschen geringerer geistiger Größe vielleicht zurückgeschreckt wären. Einerseits ging Einsteins Lichttheorie von der Annahme aus, Licht sei aus Energiepaketen zusammengesetzt, die ebenso unteilbar seien, wie man sich damals die Atome vorstellte – eine Vorstellung, die, wenn überhaupt etwas, der Korpuskulartheorie aus den Tagen Newtons entsprach. Andererseits arbeitete die Theorie mit dem Begriff der Frequenz, einem Grundmerkmal der Wellentheorie. Die Physik wurde, wie Bohr später schrieb, »mit einer neuartigen komplementären Beziehung zwischen den Anwendungsbereichen verschiedenartiger Grundbegriffe der klassischen Physik konfrontiert[26].«

Die Physiker gingen nun daran, diese widersprüchlichen Vorstellungen näher zu untersuchen, die als einzige die nachweisbaren Fakten zu erklären schienen. In den 1920er Jahren begannen sie allmählich die Grenzen der deterministischen Beschreibung zu sehen. Auf der Ebene simpler atomarer Prozesse konnte die Natur nur in Form einer statistischen Wahrscheinlichkeit beschrieben werden – das, was Einstein als »Gott, der mit der Welt Würfel spielt« bezeichnete und nie akzeptieren konnte.

Einstein mußte sich mit dem verwirrenden Widerspruch auseinandersetzen, dem Planck aus dem Weg zu gehen versucht hatte: aus bestimmten Gründen mußte Licht als ein Strom von Teilchen verstanden werden, wie Newton das getan hatte. Anderen Gründen zufolge mußte es als Wellenbewegung angesehen werden. Doch glaubte Einstein, daß sich irgendwann eine befriedigende Lösung dieses Widerspruchs finden würde. 20 Jahre später war dies tatsächlich der Fall, als de Broglie und Schrödinger, Born und Heisenberg eine Konzeption von der physikalischen Welt aufstellten, die sowohl in den Begriffen der Wellen- als auch in denen der Partikeltheorie betrachtet werden konnte. In Wirklichkeit ist das Licht weder Welle noch Korpuskel, sondern ein merkwürdiger Zwitter, den ein Humorist »Wellikel« genannt hat.

Planck zögerte, Einsteins Weiterentwicklung seiner eigenen Theorie zu akzeptieren und lehnte noch im Jahre 1913 die Vorstellung ab, Licht wandere in Form lokalisierter Energiebündel durch den Raum. Der Nobelpreisträger Robert Millikan sagte: »Ich glaube, es ist zutreffend, wenn man sagt, daß Einsteins Theorie der Lichtquanten, oder, wie wir sie jetzt nennen, Photonen, die in Form lokalisierter Lichtimpulse durch den Raum schießen, praktisch keine Anhänger vor etwa 1915 hatte, zu welchem Zeitpunkt ein überzeugender experimenteller Beweis gefunden worden war[27].«

Einstein hatte Plancks revolutionäre Theorie mit sichtbarem Erfolg auf ein physikalisches Phänomen angewandt, das die klassische Physik nicht erklären konnte. Er war revolutionärer als seine Vorgänger, die ihm für das Erreichte keine Anerkennung zollten. Es hatte Mut erfordert; aber Mut konnte bei einem Mann vorausgesetzt werden, der – in derselben Ausgabe der »*Annalen der Physik*« – eine Bombe hochgehen ließ, nämlich seine neue Relativitätstheorie.

2. Teil

Die Entdeckungsreise

4. KAPITEL

EINSTEINS RELATIVITÄTSTHEORIE

Die Spezielle Relativitätstheorie, die Einstein zu seiner einzigartigen Stellung in der Geschichte verhelfen sollte, lag im Umriß mit jener Arbeit vor, die er 1905 für die »*Annalen der Physik*« verfaßte. Sie trug den schlichten Titel »Zur Elektrodynamik bewegter Körper«[1], stellt jedoch in vieler Hinsicht eine der bemerkenswertesten naturwissenschaftlichen Arbeiten dar, die je geschrieben wurden. Auch in Form und Stil ist sie recht ungewöhnlich: Fußnoten und Belege, Kennzeichen der meisten wissenschaftlichen Arbeiten, fehlten ganz. Trotzdem kehrte diese Abhandlung von rund 9000 Wörtern das Zeit- und Raumverständnis der Menschheit völlig um und veränderte die klassische Konzeption der Physik in drastischer Weise. Sie stellt einen logisch so präzisen Entwurf vom Aufbau der physikalischen Welt dar, daß schon nach einer Generation die Relativitätstheorie im Physikunterricht ebensowenig übergangen werden konnte wie die Grammatik im Sprachunterricht.

Inzwischen sind rund 65 Jahre vergangen, in denen eine immense Vielfalt an Büchern und Untersuchungen über diese Abhandlung, ihre Theorie und ihre Geschichte erschien. Diese Sekundärliteratur beschreibt, erklärt und kritisiert nicht nur, was Einstein schrieb, sie versucht auch mehr oder minder erfolgreich, Einsteins Theorie dem Laien nahezubringen. Außerdem streiten sich die Gelehrten darüber, wieviel Einstein seinen Vorgängern verdankte. Die meisten revolutionären Theorien – wissenschaftliche wie politische – reichen mit ihren Wurzeln weit in die Vergangenheit zurück, über ihren genauen Ursprung debattieren die Historiker und schreiben die Gelehrten ihre wissenschaftlichen Abhandlungen. Wenn die Zeit schließlich die Details zu verwischen beginnt, wird es immer schwieriger, die Entstehung einer wissenschaftlichen Theorie anders als nur Gelehrten verständlich zu beschreiben.

Die Relativitätstheorie steht nicht außerhalb dieser Regel. Die Kontroverse, wieviel Einstein seinen Vorgängern verdankte, macht es noch schwieriger, Laien den komplizierten Gegenstand verständlich zu machen.

Im Hintergrund der naturwissenschaftlichen Welt Anfang des 20. Jahrhunderts stand immer noch die einflußreiche und kühne Gestalt Sir Isaac Newtons[2]. Wie Einstein hatte er in einem einzigen Sommer dreimal zum Schlag gegen die Fundamente der damaligen Wissenschaft ausgeholt. Der erste Schlag, die Formulierung des Gravitationsgesetzes, brachte die größte Erschütterung. Das Gravitationsgesetz bewies, daß der Fall eines Apfels und der Umlauf des Mondes in seiner Bahn von denselben Naturgesetzen gelenkt werden. Newton schuf die erste moderne Synthese der physikalischen Welt, eine logische Erklärung des Universums.

In den Augen seiner Zeitgenossen war sein Universum ein einfacher und tröstlicher Ort, durch den sich Planeten und Sterne, Menschen und Tiere, die kleinsten Teilchen der Materie und sogar die Korpuskeln, aus denen nach damaliger Vorstellung das Licht bestand, nach denselben mathematischen Gesetzen bewegten. Auf den ersten Seiten seiner »Philosophiae naturalis principia mathematica« gebrauchte Newton[3] zwei Begriffe, die nicht nur die Grundlage seines ganzen Systems darstellten, sondern von allem, was darauf aufgebaut wurde – zwei Begriffe, die gemeinsam das Fundament des Gebäudes bildeten, das die Wissenschaft seither in zweieinhalb Jahrhunderten errichtet hat. Einer davon war »Zeit«, der andere »Raum«. »Die absolute, wahre und mathematische Zeit«, so Newton, »verfließt an sich und vermöge ihrer Natur gleichförmig und ohne Beziehung auf einen äußeren Gegenstand. Sie wird auch mit dem Namen Dauer belegt«. Der Raum konnte sein »absoluter Raum«, der »vermöge seiner Natur und ohne Beziehung auf einen äußeren Gegenstand stets gleich und unbeweglich bleibt«, oder relativer Raum, der »ein Maß oder ein beweglicher Teil« des absoluten Raumes ist.

Von diesen Definitionen ging Newton aus, um das Additionstheorem der Geschwindigkeiten darzustellen: »Die absolute Bewegung ist die Übertragung des Körpers von einem absoluten Orte nach einem andern absoluten Orte; die relative Bewegung die Übertragung von einem relativen Orte nach einem anderen relativen Orte.«

»In einem segelnden Schiffe ist der relative Ort eines Körpers die Gegend des Schiffes, in welcher der letztere sich befindet, oder derjenige Teil des ganzen innern Raumes, welchen der Körper ausfüllt und welcher daher gleichzeitig mit dem Schiffe fortbewegt wird. Relative Ruhe ist das Verharren des Körpers in derselben Gegend des Schiffes oder demselben Teile des ganzen innern Raumes. Wahre Ruhe hingegen ist das Verharren des Körpers in demselben

Teile jenes unbewegten Raumes, in welchem das Schiff selbst mit seinem hohlen Raume und all seinem Inhalt sich bewegt. Wenn daher die Erde ruhete, so würde der Körper, welcher relativ im Schiffe ruht, sich wirklich und absolut mit derselben Geschwindigkeit bewegen, mit welcher das Schiff sich bewegt. Bewegt sich hingegen die Erde auch, so entsteht die wahre und absolute Bewegung des Körpers teils aus der relativen Bewegung des Schiffes auf der Erde, teils aus der wahren Bewegung der Erde im unbewegten Raume, teils aus den relativen Bewegungen des Schiffes auf der Erde und des Körpers im Schiffe, und aus den beiden letzteren Bewegungen ergibt sich die relative Bewegung des Körpers auf der Erde.

Bewegt sich z. B. der Teil der Erde, in welchem das Schiff sich befindet, gegen Osten mit einer Geschwindigkeit von 10010 Teilen, das durch Wind und Segel angetriebene Schiff hingegen gegen Westen mit einer Geschwindigkeit von 10 Teilen; geht endlich der Seemann im Schiffe gegen Osten mit einer Geschwindigkeit von 1 Teile: so bewegt sich der letztere wirklich und absolut im unbewegten Raume gegen Osten mit einer Geschwindigkeit von 10001 Teilen und relativ auf der Erde gegen Westen mit einer Geschwindigkeit von 9 Teilen . . .«

Für Newtons Seemann gibt es ein modernes Gegenstück: den Mann, der im Zug mit einer Geschwindigkeit von 90 Kilometern pro Stunde fährt, dessen Gepäck in einem anderen Zug mit 100 Kilometern vorbei fährt und dem sich ein Mann im schnelleren Zug mit 10 Kilometern pro Stunde entgegen bewegt.

Newtons Seemann und das Zugbeispiel des 20. Jahrhunderts entsprechen einander noch in einem anderen wichtigen Punkte. Newton selber gibt darüber Aufschluß: »Körper, welche in einem gegebenen Raum eingeschlossen sind, haben dieselbe Bewegung unter sich; dieser Raum mag ruhen oder sich gleichförmig und geradlinig . . . fortbewegen.« Mit anderen Worten: Die auf in Ruhe sich befindenden Schiffe oder Züge anwendbaren mechanischen Gesetze gelten auch, wenn sich Schiff oder Zug gleichförmig bewegen.

In der zweiten Hälfte des 19. Jahrhunderts wurde diese mechanische Auffassung der Welt von verschiedenen Seiten angegriffen. Einwände kamen gegen die erkenntnistheoretische Grundlegung, andere erklärten, daß die scheinbar solide mechanische Struktur des Universums nichts anderes sei als eine bequeme Illusion. Gustav Kirchhoff, dessen Arbeiten die Quantentheorie vorbereiteten, betrachtete die Auffassungen Newtons lediglich als eine bequeme Erklärung für verschiedene, nicht miteinander zusammenhängende Erscheinungen, die beobachtet worden waren, und die es gar nicht erforderlich machten, eine einzige zusammenfassende Erklärung der physikalischen Welt zu ersinnen.

Ernst Mach ging noch einen Schritt weiter. In seinem Werk »Die Mechanik in ihrer Entwicklung, historisch-kritisch dargestellt« bezweifelte Mach kühn die Thesen Newtons von einem absoluten Raum und einer absoluten Zeit, indem er behauptete, daß Newton »gegen seine Absicht, nur das Tatsächliche zu untersuchen, handelt . . . Über den absoluten Raum und die absolute Bewegung kann niemand etwas aussage, sie sind bloße Gedankendinge, die in der Erfahrung nicht aufgezeigt werden können[4]«. Und Henri Poincaré, »der Letzte, der praktisch die ganze Mathematik, die reine wie die angewandte, überblickte«[5], ging sogar noch weiter. Er warf nicht nur die absolute Zeit und den absoluten Raum über Bord, sondern bestand darauf, daß selbst die Naturgesetze lediglich freie Erfindungen des menschlichen Verstandes seien. Newton hielt das Licht für einen Strom von Teilchen, die sich mechanischen Gesetzen gemäß bewegen. Sein Zeitgenosse Christian Huygens war dagegen der Auffassung, Licht könne eine Schwingung in einem nicht spezifizierten Medium sein, entsprechend wie der Schall in der Luft. Das Problem schien gelöst zu sein, als der französische Physiker Dominique Arago, gefolgt von Jean Foucault, Versuchsergebnisse vorlegte, die die Wellentheorie unterstützten. Maxwells theoretische Berechnungen zeigten dann, daß die Schwingungen des Lichts auf sehr schnelle Oszillationen elektrischer und magnetischer Felder zurückzuführen waren. Zwanzig Jahre später schien Hertz mit seiner Demonstration elektromagnetischer Radiowellen die endgültige Bestätigung dafür gefunden zu haben.

Doch Maxwells Elektromagnetismus verhielt sich in einem speziellen Punkt gänzlich entgegen der Newtonschen Mechanik. Newton hatte sein Gravitationsgesetz vor allem auf der Vorstellung einer Fernwirkung aufgebaut, d. h. er glaubte, daß die Schwerkraft zwischen Apfel und Boden, Mond und Erde, Erde und Sonne, zwischen allen einzelnen Bestandteilen des Universums als unerklärliche und sofort wirkende Kraft durch einen leeren Raum hindurch wirkte. Maxwell benützte statt dessen Faradays »Feld«-Begriff und meinte damit jenen Bereich eines Raumes, in dem bestimmte physikalische Zustände erzeugt und durch den Kräfte geleitet werden. Dabei pflanzen sich die elektromagnetischen Wellen des Lichts geradlinig und mit endlicher Geschwindigkeit durch das Feld fort; die Anziehungskraft des Magneten auf Eisenspäne ist eine Eigenschaft des Feldes, das der Magnet selbst erzeugt hat.

Diesem Feldbegriff war es größtenteils zuzuschreiben, daß man gegen Ende des 19. Jahrhunderts glaubte, die elektromagnetischen Wellen erforderten ein Medium, durch das sie wandern könnten, so wie der Ton die Luftmoleküle brauchte, um hörbar zu sein, und seismische Wellen das Medium Erde, bevor sie meßbar wurden. Die Wissenschaftler entschieden sich für ein Medium namens Äther. Doch das Vorhandensein von Äther wurde nie nachgewiesen, und man zweifelte, ob es ihn überhaupt gab. Diese Zweifel wurden durch den berühmten, ja fast legendären, Michelson-Morley-Versuch 1887 beseitigt. Was Einstein vor dem Jahr 1905 darüber wußte, liegt im Dunkeln. Noch weniger weiß man, welchen Einfluß sein Wissen auf sein Denken ausübte. Die verwirrenden Ergebnisse des Experiments hatten sich jedenfalls in den 1890er Jahren unter den Naturwissenschaftlern herumgesprochen, und die Folgerungen mußten selbst Einstein im Berner Patentamt zu Ohren gekommen sein. Das Experiment bildete später sogar eine der wesentlichen Grundlagen der ganzen Relativitätstheorie. Einstein sagte Jahre später zu Sir Herbert Samuel: »Wenn Michelson-Morley falsch ist, dann ist die Relativität falsch.«[6]

Als Einstein die Szene betrat, hatten bereits verschiedene Experimente zum Nachweis des Äthers stattgefunden, und zwar versuchte man zu diesem Zweck festzustellen, welche Auswirkungen der Äther auf den Erdumlauf nahm. Trouton und Noble[7] hatten versucht, das Drehmoment zu entdecken, das sich bei der Aufladung eines Kondensators eigentlich zeigen mußte, der an einem feinen Draht hing und dessen Platten zur Ätherströmung hin geneigt waren. Lord Rayleigh und Brace[8] suchten nach der Doppelbrechung in einem transparenten Körper, die erfolgen mußte, wenn Äther durch diesen hindurchströmte. Doch alle Experimente hatten keinen Nachweis für die Existenz von Äther erbringen können. Erst der Michelson-Morley-Versuch füllte die naturwissenschaftliche Lücke.

Michelsons und Morleys Absicht war es zunächst, die Auswirkungen zu untersuchen, die der Erdumlauf durch den postulierten Äther auf die – bekannte – Lichtgeschwindigkeit nahm. Doch die Lichtgeschwindigkeit ist so groß – ungefähr 300000 km/sec –, daß die technischen Probleme den Versuch zur damaligen Zeit undurchführbar gemacht hätten. Andererseits sind die mathematischen Grundlagen des Experiments nicht kompliziert.

Um sie zu verstehen, muß man sich zwei Ruderer vorstellen, die bei gleicher Strömung 400 Meter quer durch den Fluß bzw. 400 Meter stromauf und stromabwärts rudern. Beide Ruderer haben dieselbe Geschwindigkeit, nehmen wir einmal willkürlich 500 Meter pro Minute an, bei einer angenommenen Flußströmung von 300 Meter pro Minute. Der erste Ruderer startet von einer Uferseite aus mit dem Ziel, das andere Ufer am direkt gegenüberliegenden Punkt zu erreichen, also genau 400 Meter entfernt. Wenn es keine Strömung gäbe, würde er diesen Punkt in 4/5 Minuten erreichen. Da aber eine Strömung vorhanden ist, muß er sein Boot stromaufwärts gerichtet halten. Ein Beobachter, der nun vom selben Punkt aus startet wie der Ruderer, sich aber einfach stromabwärts treiben läßt, wird finden, daß der sogenannte Zielpunkt auf dem gegenüberliegenden Ufer sich zurückbewegt, und zwar mit einer Geschwindigkeit von 300 Meter pro Minute (die Flußgeschwindigkeit), während der Ruderer sich von ihm mit einer Geschwindigkeit von 500 Meter pro Minute entfernt (das Tempo, mit dem er rudert). Wenn man danach ein einfaches rechtwinkeliges Dreieck aufzeichnet und den Satz des Pythagoras anwendet, kommt man zu dem Ergebnis, daß der Ruderer eine Strecke von 500 Meter zurückgelegt hat, wenn er das andere Ufer erreicht, und zwar in einer Zeit von 1 Minute für den einfachen Weg, 2 Minuten für den Hin- und Rückweg.

Jetzt zu dem Ruderer, der auch 400 Meter, aber stromaufwärts rudern und dann zum selben Ausgangspunkt zurückkehren soll. In der ersten Minute wird er 500 minus 300, gleich 200 Meter zurückgelegt haben. Er braucht also zwei Minuten für seine Strecke gegen den Strom. Auf der Rückfahrt kommt zu seiner Geschwindigkeit von 500 Meter pro Minute noch die Strömungsgeschwindigkeit von 300 Meter pro Minute hinzu, so daß er für die 400 Meter nur eine halbe Minute braucht. Das heißt also, daß man für die Fahrt stromaufwärts und stromabwärts mehr Zeit braucht, als für die Hin- und Rückfahrt quer durch den Fluß. Dies kann beliebig wiederholt werden, es sei, der Fluß hat keine Strömung. Weiß man die Zeit, die beide Ruderer brauchen, dann kann man die Rudergeschwindigkeit jedes einzelnen und die Strömungsgeschwindigkeit ausrechnen. Michelson und Morley glaubten, es müßte auf ähnliche Weise möglich sein, die Existenz des Äthers nachzuweisen.

In ihrem Experiment sollte die Strömung durch den Äther dargestellt werden, der, so nahm man an, mit einer Geschwindigkeit von 30 Kilometer in der Sekunde an der Erde vorbeifließt, während sich die Erde gleichzeitig auf ihrer Bahn um die Sonne bewegt. Ein in zwei Hälften gespaltener Lichtstrahl sollte die Ruderer darstellen. Diese zwei Lichtstrahlen sollten auf zwei Bahnen geleitet werden, die zwar die gleiche Länge hatten, aber rechtwinkelig zueinander standen. Dann sollten die Strahlen zum Ausgangspunkt des Versuchs zurück reflektiert werden, sie hatten dann eine Strecke »quer« bzw. »auf« und »ab« der angenommenen Äther-Strömung durchlaufen. Wirkte sich die »Ätherströmung« den normalen mechanischen Effekten vergleichbar auf das Licht aus, dann mußte bei den zwei zurückkehrenden Lichtstrahlen eine Phasenverschiebung vorliegen, erkennbar an Interferenz-Rändern oder Streifen von entweder dunkler oder heller Farbe. Nach dem Grad der Phasenverschiebung war es dann möglich, die Geschwindigkeit des Ätherwinds im Verhältnis zur Erdbewegung zu berechnen.

Der große Unterschied zwischen der Lichtgeschwindigkeit und dem Lauf der Erde um die Sonne mit seinen nur 30 Kilometer in der Sekunde verursachte beträchtliche Schwierigkeiten. Ein von Michelson im Jahr 1881 allein durchgeführter Versuch war fehlgeschlagen. Doch dann wurden alle technischen Schwierigkeiten gelöst und die »reine« Wissenschaft konnte wieder einmal auf einem Gefährt, das die Technik geschaffen hatte, einen Schritt voran tun.

Ein massives Testbett aus Stein von fast 1,50 qm Fläche wurde in ein Gefäß mit Quecksilber gelegt, damit Vibrationen vermieden wurden. Die Lichtstrahlen des Versuches wurden durch ein Spiegelsystem auf geniale Weise verlängert. Schließlich wurden die Versuche zu verschiedenen Tageszeiten durchgeführt, um Irrtümer so weit wie möglich auszuschließen. Doch die Ergebnisse zeigten unbestreitbar: der Lichtstrahl, der quer durch den Ätherstrom hin- und zurücklief, brauchte ebensoviel Zeit wie der Lichtstrahl, der die Strecke in Richtung der Ätherströmung auf- und ablief.

Die Naturwissenschaften standen damit vor einem verwirrenden Problem. Offenbar gab es drei Alternativen. Die erste: die Erde bewegt sich nicht; doch das hätte die ganze kopernikanische Theorie über den Haufen geworfen und war undenkbar. Die zweite: Die Erde trägt den Äther bei ihrem Lauf durch den Weltraum mit sich; doch diese Möglichkeit war durch eine Reihe früherer Experimente ausgeschieden worden. Die dritte Lösung: Äther existierte überhaupt nicht; diese Vorstellung war für viele Wissenschaftler des 19. Jahrhunderts gleichbedeutend mit einem Angriff auf die damaligen Anschauungen von Licht, Elektrizität und Magnetismus und mit einem totalen Neubeginn.

Schließlich blieb nur noch eine Erklärung übrig, daß nämlich den Wissenschaftlern ein Wesensmerkmal der physikalischen Welt verborgen geblieben war, das es jetzt zu finden galt. Dies versuchten in den folgenden Jahren besonders drei Männer: George Fitzgerald vom Trinity College, Dublin; Hendrik Antoon Lorentz aus Leiden, von dem Einstein schrieb, daß er »mir persönlich ... mehr bedeutet hat als all die anderen, die ich auf meiner Lebensreise getroffen habe«[9]; und der französische Mathematiker Henri Poincaré.

Die erste Erklärung gab Fitzgerald. Er wollte nicht glauben, daß die Lichtgeschwindigkeit unabhängig von der Geschwindigkeit ihrer Quelle war. Darum stellte er die These auf, alle in Bewegung sich befindenden Objekte verkürzten sich in ihrer Bewegungsachse. Ein Zollstock, der sich fortbewege, sei etwas kürzer als ein ruhender Zollstock; je schneller er sich bewegte, desto kürzer werde er. Nur die Geschwindigkeit der Erdbewegung sei dabei im Spiel, deshalb sei die Verkürzung ganz minimal. Sie werde erst dann merklich zunehmen, wenn sich die besagte Geschwindigkeit steigerte und der Lichtgeschwindigkeit annäherte. Doch nicht aus diesem Tatbestand allein konnte Fitzgeralds Theorie weder bewiesen noch widerlegt werden. Jedes Meßinstrument mußte sich verkürzen, wenn man es in Richtung der Erdbewegung durch den Äther drehte. Man hielt denn auch die Theorie ein paar Jahre lang für nichts anderes als einen einleuchtenden Trick.

Lorentz stellte als erster die Theorie vom Elektron auf, jenem negativ geladenen Teilchen, dessen Existenz später von J. J. Thompson in Cambridge nachgewiesen wurde. Er hielt es für möglich, daß die besagte Verkürzung ein direktes Ergebnis elektromagnetischer Kräfte war, die durch die Bewegung eines elektrisch geladenen Körpers durch den Äther erzeugt wurden. Die elektrischen Ladungen mußten das Gleichgewicht des Körpers stören, und seine einzelnen Partikel würden sich neu einander zuordnen. Ergebnis mußte eine Formveränderung des Körpers sein, der in seiner Bewegungsrichtung kürzer wurde. Die Verkürzung konnte, wie Philipp Frank es ausdrückte, »als logische Konsequenz einiger simultaner Hypothesen« erklärt werden, »nämlich der Gültigkeit der elektromagnetischen Feldgleichungen und Kräftegesetze und der Hypothese, daß alle Körper aus elektrischen Ladungen bestehen«[10].

Endlich gab es eine glaubhafte Erklärung, warum ein Zollstock in Bewegung eine andere Länge besaß als ein Zollstock in Ruhe. Ein Problem war gelöst, doch sogleich tauchten neue auf. Völlig unklar wurde jetzt der Begriff der Transformation, der bis dahin verwendet worden war, um Erscheinungen, die sich in einem bestimmten Bezugsrahmen ereigneten, von einer anderen Perspektive aus zu beschreiben. Wenn Lorentz' Hypothese richtig war, konnte nicht länger an der einfachen Addition von Geschwindigkeiten festgehalten werden. Verkürzten sich nämlich Entfernungen bei relativer Geschwindigkeit, dann mußten die Meter, die Newtons Seemann auf dem Schiffsdeck zurücklegte, etwas kürzer sein als die relativ dazu ruhenden Meter an der Küste, an der das Schiff vorübersegelte. Wie gering der Unterschied ist – nämlich so winzig, daß er für praktische Überlegungen außer acht gelassen werden kann – wird deutlich, wenn man die einfachen Gleichungen oder ›Transformationen‹ der Newtonschen Welt mit den von Fitzgerald festgesetzten vergleicht, die durch Lorentz wieder an Bedeutung gewannen. Der Galilei-Transformation zufolge wird der neue Standort des Seemanns auf dem Deck folgendermaßen errechnet: alte Position plus oder minus Fortbewegungsgeschwindigkeit, multipliziert mit der Zeit, die er schon in Bewegung ist. In mathematischen Formeln ausgedrückt: die Position x plus oder minus vt. Wendet man jetzt die Lorentzschen Transformationsgleichungen an, dann lautet die Position des Seemanns: $x \pm vt$ geteilt durch $\sqrt{1 - (v^2/c^2)}$. Wenn der Seemann mit einer Geschwindigkeit von 3 Kilometern pro Stunde marschiert, dann ist $v^2 = 9$; bei den meisten anderen Beispielen aus dem täglichen Leben wird eine ähnlich kleine Zahl herauskommen. «c» ist die Lichtgeschwindigkeit in Kilometern pro Sekunde und beträgt im Vakuum 300000 Kilometer pro Sekunde, c^2 ist also eine ungeheuer große Zahl. Die Lorentzschen Transformationsgleichungen werden also erst bedeutungsvoll, wenn man sie bei Geschwindigkeiten anwendet, die in der Nähe der Lichtgeschwindigkeit liegen.

Während Fitzgerald und Lorentz diese Theorien im Hinblick auf physikalische Experimente aufzustellen versuchten, ging Henri Poincaré die Probleme von einer anderen Seite an. »Nehmen wir einmal an«, argumentierte er, »daß sich alle Dimensionen des Universums in einer einzigen Nacht um einige Tausende vergrößern. Die Welt wird trotzdem in sich gleich bleiben, wenn wir dem Wort ›Gleichheit‹ die Bedeutung beimessen, die es im dritten Buch von Euklid hat . . . Besitzen wir überhaupt das Recht zu behaupten, daß wir die Entfernung zwischen zwei Punkten kennen?« Poincaré verneinte die Frage, da der Begriff des Raums relativ zu dem Bezugsrahmen stehe, in dem seine Entfernungen gemessen werden.

Poincaré stand im Jahre 1900 auf dem Höhepunkt seines Ruhmes. 1904 befand er sich unter den Gästen eines Kongresses der Künste und Wissenschaften, der während der Weltausstellung in St. Louis 1904 stattfand. Er sprach dort über die gegenwärtige Krise in der Physik: »Vielleicht sollten wir eine ganz neue Mechanik konstruieren, von der wir nur einen flüchtigen Blick erhaschen können und wo, wenn die träge Masse mit der Geschwindigkeit zunimmt, die Lichtgeschwindigkeit die oberste Grenze darstellen wird.« Die Lorentz-Transformation mußte natürlich in dieser neuen Struktur enthalten sein, sie konnte leicht Teil eines neuen Grundbegriffs der Relativität werden, der den alten, beschränkten Relativitätsbegriff – in der Galileischen Transformationsgleichung kurz dargestellt – entweder ersetzte oder ergänzte. Poincaré betonte jedoch, daß er sein möglichstes tun wolle, die notwendig gewordenen neuen Vorstellungen in die bestehenden klassischen Grundbegriffe einzufügen. »Und bis jetzt«, schloß er seinen Vortrag in St. Louis, »beweist noch nichts, daß diese Grundbegriffe nicht siegreich und intakt aus dem Kampf hervorgehen werden«.

Während Fitzgerald, Lorentz und Poincaré versuchten, die Physik aus der Sackgasse herauszuführen, in die sie durch den Michelson-Morley-Versuch hineingeraten schien, dachte Einstein über die Welt im allgemeinen nach und erwarb sich an der E.T.H. gründliche physikalische Kenntnisse. Sein besonderes Interesse galt dabei den – wie er schon früh erkannte – revolutionären Folgerungen aus der elektromagnetischen Theorie von Maxwell, die auf der Annahme kontinuierlicher Felder beruhte. Sie enthielt eine völlig neue Vorstellung, wie die Welt zustande gekommen war und beschäftigte Einstein noch während eines ganzen Jahrzehnts.

Schon mit 16 Jahren hatte er sich überlegt, was er wohl sehen würde, wenn er einem Lichtstrahl mit dessen eigener Geschwindigkeit durch den Raum folgen könnte. Was würde wohl jemand beobachten, der sich genauso schnell wie die elektromagnetischen Schwingungen fortbewegen könnte, die – wie man um die Jahrhundertwende herum annahm – das Lichtphänomen verursachten. Die Antwort lautete nach Einstein ein räumlich oszillierendes elektromagnetisches Feld in Ruhe[11]. Das war aber ein Widerspruch in sich, für dessen Lösung Maxwells Gleichungen keinen Hinweis enthielten. Eine weitere wichtige Überlegung: Wenn eine solche Konzeption durchführbar war, bedeutete das, daß die elektromagnetischen Gesetze für einen in Ruhe befindlichen Beobachter anders lauteten als für einen in Bewegung befindlichen – zumindest für einen, der sich mit Lichtgeschwindigkeit fortbewegte. Es schien jedoch unbestreitbar festzustehen, daß die mechanischen Gesetze des Newtonschen Universums für alle Beobachter gleich galten, und Einstein sah keinen Grund anzunehmen, daß die elektromagnetischen Gesetze für einen sich in Ruhe befindenden Beobachter anders lauteten als für einen sich bewegenden – zumindest für einen, oder irgend etwas mit Lichtgeschwindigkeit bewegt. Doch barg diese Vorstellung wiederum ihre eigenen Probleme in sich. In der mechanischen Welt Newtons war es nämlich jederzeit möglich, noch etwas mehr Kraft anzuwenden, um die Geschwindigkeit der Billard- oder auch der Kanonenkugel weiter zu erhöhen. Was sollte die Addition von Kräften, die die Geschwindigkeit über die Lichtgeschwindigkeit hinaus steigerten, verhindern?

Einstein sagte im Jahr 1915 zu Alexander Moszkowski: »Allerdings muß ich erwähnen, daß ich in der allererstern Zeit, als die spezielle Relativität in mir aufging, von allerhand nervösen Konflikten heimgesucht wurde; ich ging wochenlang wie verwirrt umher, als ganz junger Mensch, wie gesagt, der wohl in solcher Lage erst einmal das Stadium der Betäubung durchlaufen mußte[12].« Noch als alter Mann äußerte Einstein gegenüber Professor R. S. Shankland vom Case Institute of Technology in Cleveland/Ohio, daß ihn das Thema über zehn Jahre lang geradezu verfolgt habe. Er unternahm zahlreiche vergebliche Anläufe, bis ihm schließlich aufging, daß der Zeitbegriff fragwürdig war.

Er arbeitete ganz für sich allein oder fast immer allein. Seine früheren Abhandlungen hatten ihn mit anderen Physikern in Kontakt gebracht, genauer gesagt, in brieflichen Kontakt. Aber die Anregungen des Universitätslebens fehlten ihm, auch gehörte er keiner wissenschaftlichen Gruppe oder Gesellschaft an. Er war faktisch ein wissenschaftlicher Einzelgänger, der seine Ideen nicht am scharfen Verstand ebenbürtiger Akademiker ausprobierte, sondern an den stumpfen Schneiden des Schweizer Staatsdienstes. Seine einzigen Vertrauten waren zwei Kollegen, Josef Sauter und Michelangelo Besso, dem er im Vorjahr zu einem Posten im Patentamt verholfen hatte.

Einstein gab dem acht Jahre älteren Sauter seine Notizen zu kritischer Stellungnahme, als sie eines Abends gemeinsam vom Büro nach Hause gingen und Einstein seine Ideen darlegte. Sauter schrieb: »Ich plagte ihn einen ganzen Monat lang mit allen erdenklichen Einwänden, ohne daß er nur im geringsten ungeduldig wurde, bis ich mich schließlich überzeugte, daß meine Einwendungen nur auf den in der damaligen Physik üblichen Vorurteilen beruhten . . .«[13] »Ich kann nicht vergessen, wie geduldig und gutgelaunt er mir zuhörte und mir entweder zustimmte oder widersprach. Er erklärte mir alles so lange, bis er merkte, daß ich seine Ideen verstanden hatte. ›Sie sind der zweite, dem ich meine Entdeckung erzählt habe‹, sagte er[14].«

Sauter nimmt an, daß sich Einstein als erstem Maurice Solovine anvertraute. Sehr wahrscheinlich war es aber Besso, mit dem Einstein seine Ideen diskutierte und den er für den besten Resonanzboden in ganz Europa hielt[15]. Besso ist jedenfalls der einzige Mensch, der in der berühmten Abhandlung über die Grundlagen der speziellen Relativitätstheorie erwähnt wurde und damit in die Geschichte einging.

Wahrscheinlich war es die wichtigste wissenschaftliche Abhandlung des 20. Jahrhunderts überhaupt, und in mancherlei Hinsicht ein typisches Beispiel jener Arbeiten, von denen Hermann Bondi schrieb: »Sie sollen«, so sagte er, »ein Schriftstück darstellen, das so unpersönlich und abstrakt gehalten ist, wie es überhaupt noch jemand zu lesen gewillt ist, in dem Bewußtsein, daß die anderen es lesen müssen, wenn sie wissen wollen, was erreicht worden ist. In der Abhandlung ist fast nichts darüber zu finden, wie man zu den Resultaten überhaupt gekommen ist[16].«

Einstein ging genau vor wie damals, als er sich mit dem photoelektrischen Effekt beschäftigt hatte: er entdeckte zunächst einen Widerspruch in den wissenschaftlichen Auffassungen, der schon jahrelang offenlag, aber geflissentlich übersehen wurde. Im Zusammenhang mit der ersten Arbeit war ihm der Widerspruch zwischen Newtons Welt der Teilchen und Maxwells Welt der Felder aufgefallen. Hier nun handelte es sich um noch wesentlich Fundamentaleres: um den implizierten Widerspruch im Faradayschen Induktionsgesetz, das seit vielen Jahren als unverrückbar hingenommen wurde. Es anzuzweifeln war gleichbedeutend mit Kirchenschändung. Einstein wies jedoch darauf hin, daß der zwischen einem Leiter und einem Magneten induzierte Strom Beobachtungsergebnissen zufolge nur von der relativen Bewegung von Leiterschleife und Magnet abhängt, während der geltenden Stromtheorie nach ein scharfer Trennungsstrich zu ziehen ist, d. h. entweder befindet sich der eine oder der andere Körper in Bewegung. Faraday hatte das Induktionsgesetz im Jahre 1831 entdeckt, und – so Born – »jedermann wußte, daß der Effekt nur von der Relativbewegung abhängt, aber niemand hatte daran Anstoß genommen, daß die Theorie diesem Umstand nicht Rechnung trug«[17]. Selbst wenn, hätte niemand Einsteins Kühnheit besessen, daraus die Konsequenzen zu ziehen.

Im Elektromagnetismus, der durch die Feldtheorie von Faraday und Maxwell bestimmt wurde, breitete sich das Licht mit einer konstanten Geschwindigkeit aus, die nicht überschritten werden konnte. Dabei schien es kaum Berührungspunkte mit der Newtonschen Mechanik zu geben, nach der die Geschwindigkeit eines Objekts unendlich gesteigert werden konnte, indem man immer mehr Energie zuführte. Einstein stellte nun die These auf, die Lichtgeschwindigkeit sei eine Konstante und ein Maximum in der elektromagnetischen sowie in der mechanischen Welt. Darum mußte sich das Licht unabhängig von den empfangenden oder emittierenden Körpern mit konstanter Geschwindigkeit fortbewegen. Mit dieser Theorie ließ sich auch erklären, warum die Erdbewegung durch den Äther nicht feststellbar war; und auch das Rätsel aus Einsteins Jugendzeit, wie wohl ein Lichtstrahl aussah, wenn man sich mit derselben Geschwindigkeit wie dieser fortbewegte, fand eine Lösung. Sie lautete: es ist unmöglich, denn nur Licht kann die Geschwindigkeit von Licht erreichen.

Die Einbeziehung der mechanischen Welt Newtons in die des Maxwellschen Elektromagnetismus ist schwer vorstellbar. Sie bedeutet nämlich folgendes: Wird ein Ball, der mit einer Geschwindigkeit von x km/h aus einem mit y km/h fahrenden Zug in Fahrtrichtung hinausgeworfen, so bewegt er sich mit einer Geschwindigkeit von $x + y$ Kilometer pro Stunde vorwärts. Mit Licht verhält sich das jedoch ganz anders. Denn Licht breitet sich unabhängig von der Geschwindigkeit des Zuges, von dem es ausgestrahlt wird, mit immer derselben konstanten Geschwindigkeit von ca. 300000 km/sec aus. Ebenso trifft es mit der konstanten Geschwindigkeit auf, ganz gleich wie groß die Geschwindigkeit des Körpers ist, auf den es trifft. Das wäre genauso, wie wenn der aus dem fahrenden Zug geworfene Ball mit einer gewissen Geschwindigkeit am Ziel auftreffen würde, die unabhängig davon wäre, ob er stillsteht, sich in Fahrtrichtung des Zuges oder dieser entgegen bewegt.

Eine scheinbar lächerliche Situation. Bertrand Russell[18] sagte einmal: »Jeder weiß, daß man, wenn man sich auf einer Rolltreppe befindet, schneller oben ankommt, wenn man dabei geht, als wenn man stillsteht. Bewegte sich die Rolltreppe aber mit Lichtgeschwindigkeit, dann langte man in genau demselben Zeitpunkt oben an, egal, ob man zusätzliche Schritte macht oder stehen bleibt.« Doch Einstein machte sich daran, diese Hypothese mit seiner ursprünglichen Idee zu verbinden, daß nämlich alle Naturgesetze für diejenigen Beobachter gleich sind, die sich mit gleichförmiger Geschwindigkeit relativ zueinander bewegen. Die Fähigkeit der Intuition ist bei Physikern häufiger anzutreffen als man gemeinhin annimmt. Einstein gab immer bereitwillig zu, daß Erfindungsgabe, Vorstellungskraft und intuitives Vorgehen eine ganz wesentliche Rolle bei seinen Arbeiten spielten.

Die Probleme, die entstehen, wenn man die beiden Thesen Einsteins miteinander verknüpft – die Naturgesetze sind für alle Beobachter identisch; die Lichtgeschwindigkeit ist in der mechanischen wie auch in der elektromagnetischen Welt konstant – werden deutlich, wenn man sich auf Newtons Beispiel vom Seemann zurückbesinnt. Dieser steht an Deck, während sein Schiff parallel an einem langen Kai vorüberfährt. An den beiden Enden des Kais befindet sich jeweils eine Signallampe, in der Mitte steht ein Beobachter. Sobald der Seemann den Beobachter passiert, werden Lichtsignale von beiden Lampen ausgestrahlt. Sie werden, was den unbeweglichen Beobachter oder den Kai betrifft, genau gleichzeitig ausgestrahlt. Die Lichtstrahlen, die von den Enden des Kais kommen, müssen bis zum Beobachter die gleiche Entfernung zurücklegen, sie treffen zum selben Zeitpunkt auf ihn. So weit, so gut. Jetzt zu dem Seemann auf dem Schiff, der von beiden Lampen gleich weit entfernt war, als sie ihre Lichtsignale ausstrahlten. Er weiß, daß sich beide Lichtstrahlen mit der gleichen Geschwindigkeit fortsetzen. Diese Geschwindigkeit ist zwar sehr groß, aber endlich. Da der Seemann sich von der einen Lampe wegbewegt und der anderen nähert, empfängt er die Lichtsignale zu verschiedenen Zeitpunkten. Ihm kommt es also so vor, als seien die beiden Signale nicht gleichzeitig ausgestrahlt worden.

Das ist das erste ungewöhnliche Resultat aus der Verknüpfung der beiden Thesen Einsteins. Wenn die Thesen zutreffen, und daran ist kein Zweifel mehr, ist die alte Auffassung von der Gleichzeitigkeit hinfällig. Denn die Erscheinungen, die für den Beobachter auf dem Kai simultan sind, kommen dem Seemann auf Deck nicht simultan vor.

Trotz des offensichtlichen Chaos, das diese Erkenntnis zu verursachen scheint, gibt es einen stabilen Faktor: die konstante Größe der Lichtgeschwindigkeit. Damit ließen sich von nun an alle natürlichen Phänomene mit Begriffen umschreiben, die für jedes Bezugssystem gültig sind, das sich in konstanter relativer Bewegung zu einem anderen befindet. Alles was man dazu brauchte – führte Einstein weiter aus – waren die Lorentz-Transformationsgleichungen. Benützte man sie statt der älteren und einfacheren Newtonschen Gleichungen, so war es immer noch möglich, Erscheinungen zweier beliebiger Bezugssysteme miteinander zu verknüpfen, ungeachtet ob die Differenz ihrer relativen

Geschwindigkeiten nun die zwischen einem Seemann und dem Deck, zwischen einem Schiff und der Küste oder zwischen einem Physiker im Labor und den Elektronen von Atomversuchen war, von denen man inzwischen wußte, daß sie sich mit einer Geschwindigkeit, die der des Lichtes annähernd entspricht, bewegen.

Doch einen Preis forderte die Bereinigung des Unterschieds zwischen den zwei Auffassungen von Gleichzeitigkeit: Akzeptierte man, daß die Konstanz der Lichtgeschwindigkeit wieder Ordnung in das Chaos brachte, dann mußte man zugeben, daß nicht nur einer, sondern zwei Faktoren in den Gleichungen sich von den einfachen, unveränderlichen Dingen unterschieden, die der Mensch sich immer vorgestellt hatte. Denn die Geschwindigkeit errechnet sich aus der Entfernung dividiert durch die Zeit; wenn die Newtonsche Welt der Mechanik und Maxwells Welt des Elektromagnetismus einer unveränderlichen Lichtgeschwindigkeit unterlagen, dann war beides, Entfernung – der Raum – und Zeit nicht mehr absolut.

An diesem Punkt der Überlegung beginnt sich nun der Unterschied zu zeigen, der zwischen den Thesen Fitzgeralds, Lorentz' oder auch Poincarés und den Thesen Einsteins besteht. Für seine Vorgänger war die Lorentzsche Transformation ein Hilfsmittel, um Objekte in relativer Bewegung miteinander zu verknüpfen; für Einstein war sie eine Offenbarung der Natur selbst.

Den Unterschied zwischen der früheren Auffassung und der Einsteins kennzeichnete, nach Max Born, »jene berüchtigte Streitfrage, ob die Kontraktion ›wirklich‹ oder nur ›scheinbar‹ ist«[19]. Lorentz vertrat erstere Ansicht.

Er sagte: »Wenn ich gefragt würde, ob ich diese ›Kontraktion‹ als eine ›wirkliche‹ ansehe, würde ich mit ›ja‹ antworten[20].« Sir Arthur Eddington war anderer Auffassung: »Wenn ein Stab aus der Ruhelage in Bewegung gebracht wird, passiert mit dem Stab überhaupt nichts. Wir behaupten, daß er sich verkürzt; aber die Länge ist keine Eigenschaft des Stabes; sie ist ein Verhältnis zwischen dem Stab und dem Beobachter. *Solange der Beobachter nicht bestimmt wird, ist die Länge des Stabes ziemlich unbestimmt*[21].«

Aber nicht nur die Entfernung, sondern auch die Zeit müßte jetzt relativ betrachtet werden. Voigt hatte im Jahre 1887 angenommen, daß es mathematisch gesehen günstiger wäre, bei in Bewegung sich befindenden Bezugssystemen eine Ortszeit zu verwenden[22]. Einstein stellte mit seiner speziellen Theorie nicht eigentlich eine Idee vor; er deckte vielmehr eine Wahrheit der Natur auf, die bislang übersehen worden war. Und bezüglich der Zeit bestand diese Wahrheit darin, daß eine Uhr, die an einem Körper befestigt war, der sich in relativer Bewegung befand, langsamer lief als eine Uhr in Ruhelage. Das war in keiner Weise ein mechanisches Phänomen, es hatte auch nichts mit den physikalischen Eigenschaften der Uhr zu tun. Man konnte das Phänomen bei Uhren feststellen, die durch atomare Schwingungen angetrieben wurden, ebenso wie bei Uhren anderer Antriebsart.

Wenn man einmal akzeptiert, wie das in den Jahren nach 1905 geschah, daß Raum und Zeit bei in Bewegung sich befindenden Systemen relativ anders sind als bei Systemen in Ruhelage, und daß beide durch die Lorentz-Transformationen zusammengebracht werden können, dann wird die Position klar, die die Lichtgeschwindigkeit als die Grenzgeschwindigkeit des Universums einnimmt. Denn der unbewegliche Maßstab, der mit zunehmender Geschwindigkeit immer kleiner wird und schließlich bei $^9/_{10}$ der Lichtgeschwindigkeit die Hälfte seiner ursprünglichen Länge erreicht hat, muß sich bei Lichtgeschwindigkeit zu einem Nichts verkürzen. Auf ähnliche Weise müssen die Zeiger einer Uhr langsam zum Stillstand kommen, wenn sie Lichtgeschwindigkeit erreichen.

In diesem Zusammenhang stellen sich drei Fragen. Die erste fragt nach der »wirklichen« Dimension und der »wirklichen« Zeit. Die zweite betrifft das Rätsel, warum diese merkwürdige Eigenschaft des Universums, die durch die spezielle Theorie aufgedeckt wurde, sich der Kenntnisnahme des Menschen so lange entziehen konnte. Und drittens: was ändert die spezielle Theorie an der Welt? Die Beantwortung der ersten Frage ist einfach. Die ›wirkliche‹ Dimension und die ›wirkliche‹ Zeit sind Dimension und Zeit des Beobachters; die in Ruhe sich befindenden oder sich bewegenden Beobachter haben es jeweils mit ihrer eigenen Realität zu tun. Doch selbst bei der Relativitätstheorie gibt es einen Vorbehalt. Die Zeit, in der etwas geschieht, ist zwar relativ, doch mit einer Einschränkung. Wenn nämlich zwei Ereignisse an verschiedenen Orten stattfinden, so daß z. B. ein Lichtsignal, das vom ersten Ereignis ausgeht, den Ort des zweiten erreichen würde, bevor dieses überhaupt stattfindet, dann ändert auch die Anwendung der Lorentz-Transformationen nichts daran, daß das erste Ereignis nach dem zweiten stattfindet. Das beeinträchtigt jedoch das berühmte Gedanken-Experiment mit dem Zwilling-Paradoxon nicht. Diesem zufolge altern Zwillinge unterschiedlich, von denen der eine ›zu Hause bleibt‹, während der andere mit großer Geschwindigkeit durch das Universum reist – ein Ergebnis, das immer noch von manchen bestritten wird, die das Nichtzuständigsein des ›gesunden Menschenverstandes‹ nicht akzeptieren wollen, was aber – wie Einstein zeigte – notwendig ist.

Nun die Antwort auf die zweite Frage: Der physiologische Apparat des Menschen ist zu wenig empfindlich, als daß er die extrem kleinen Veränderungen von Raum und Zeit feststellen könnte, die nur bei außergewöhnlich hohen Geschwindigkeiten entstehen. Anders und verständlicher ausgedrückt: die fünf Sinne haben ihre Grenzen. Wie wenig man sich auf den Tastsinn verlassen kann, zeigt die Erfahrung, daß kaltes Metall bei Berührung »brennen« kann. Der Geschmackssinn ist nicht nur, wie allgemein bekannt, subjektiv, sondern auch bis zu einem gewissen noch nicht erforschten Grad von Erbfaktoren abhängig. Auch der Geruchssinn ist bei den Menschen höchst mangelhaft ausgebildet, und mit dem Gehörsinn steht es nicht viel besser. Das, was der Mensch »als Wirklichkeit« hört, wird vom Hund zum Beispiel ganz anders gehört; in der »wirklichen« Welt der fast blinden Fledermaus werden die »wirklichen« Objekte durch Ultraschallwellen »gesehen« und vermieden, die in der menschlichen Welt überhaupt keine Rolle spielen.

Das Sehvermögen, eine Reizung der Netzhaut durch gewisse elektromagnetische Wellen, gehört vielleicht zu den trügerischsten Sinnen. »Sehen heißt glauben«, und deshalb ist es so schwer einzusehen, daß das tägliche Licht nur durch einen schmalen Schlitz in einem breiten Vorhang kommt. An einem Ende des Vorhangs liegen die kosmischen Strahlen mit einer Wellenlänge von einem Trillionstel Zentimeter; auf der anderen Seite die Infrarot- und Wärmestrahlen und die noch längeren Wellen, die für Radar, Radio und Fernsehen verwendet werden. Dazwischen liegt das schmale Band des sichtbaren Spektrums, das lange Zeit hindurch die einzige Quelle des unvollständigen visuellen Bildes des Menschen war und das erst allmählich verbessert wurde, als er Instrumente benutzte, die seine eigene beschränkte Sehkraft verbesserten.

Wenn die Menschen ihre physikalische Umwelt beschreiben, tun sie das unbewußt und, zwangsläufig selektiv. Wenn man das einmal erkannt hat, gewinnen die Konsequenzen der Einsteinschen speziellen Theorie an Bedeutung. Denn sein Werk zeigte, daß es noch eine Schranke gibt: der Mensch besitzt keine Erfahrung mit Geschwindigkeiten, die der Lichtgeschwindigkeit vergleichbar wären. Solange man derartige Geschwindigkeiten nicht erreichen kann, sind die Veränderungsmöglichkeiten von Raum und Zeit das Ergebnis der relativen Bewegung und unbeobachtbar klein. So kommt es, wie Professor Lindemann darlegte, »daß – eben deshalb, weil die alten Vorstellungen fast richtig sind, weil wir im täglichen Leben nie die persönliche Erfahrung machen, daß sie unrichtig sind –, sich unser sogenannter gesunder Menschenverstand sträubt, wenn wir sie aufgeben sollen, und daß wir dazu neigen, ihnen eine Bedeutung beizulegen, die weit über ihre wahren Verdienste hinausgeht.«[23]

Tatsächlich war das menschliche Konzept vom absoluten Raum und der absoluten Zeit nur durch die oberflächliche Beobachtung unzähliger Generationen von Menschen entstanden, die die Realität nicht besser erfassen konnten, weil sie sich eines zu groben physiologischen Apparates bedienten. Die spezielle Relativitätstheorie hat deshalb nicht »Newton gestürzt«, sondern vielmehr gezeigt, daß die Newtonschen Vorstellungen nur unter begrenzten Umständen gültig sind, obgleich sie im täglichen Leben tatsächlich anwendbar erscheinen. Wie Oppenheimer schrieb, »schließen die scheinbaren Widersprüche der Relativitätstheorie keinerlei Widersprüche der Natur ein; was sie tatsächlich mit sich bringen, ist eine große Änderung, eine ziemlich schmerzhafte Korrektur dessen, was Fachleute und die Allgemeinheit die letzten Jahrhunderte hindurch geglaubt haben, was sie schon so lange geglaubt haben, wie sie überhaupt über etwas nachgedacht haben«[24].

Einsteins Entdeckung war dergestalt, daß nur sehr wenige Menschen hoffen konnten, sie experimentell im Labor zu beweisen; sie wird immer außerhalb des Erfahrungsbereichs der meisten Menschen bleiben. In den Augen der Nichtwissenschaftler – und auch mancher Physiker – hatte Einstein den gesunden Menschenverstand beleidigt, diesen begrenzten Maßstab, mit dem die Menschen die äußere Welt beurteilen. Nur Einstein konnte bewirken, daß sich die belustigte Skepsis, mit der man seiner Theorie gegenüberstand, in tiefe Bewunderung für ihren Urheber verwandelte. Niemand bedauerte das übrigens mehr als Einstein selbst.

Auch wenn man davon ausgeht, daß die spezielle Relativitätstheorie kein metaphysisches Konzept ist, sondern eine Erklärung bestimmter beobachtbarer Charakteristika des Universums, und wenn man begriffen hat, warum diese Erklärung bislang dem menschlichen Verständnis entzogen war, dann bleibt immer noch die dritte Frage zur Beantwortung offen. Auf den ersten Blick scheint sich diese Theorie mit Problemen zu befassen, die außerhalb des menschlichen Erfahrungsbereiches liegen. Dennoch gibt es auf die Frage, welche Bedeutung die spezielle Relativitätstheorie für die Welt hat, zwei Antworten, eine allgemeine und eine spezifische.

Die prägnanteste allgemeine Antwort stammt von dem britischen Astronomen Eddington: »Länge und Zeit sind die grundlegenden Termini in der Physik; Geschwindigkeit, Beschleunigung, Kraft, Energie usw. hängen alle von ihnen ab. Wir können in der Physik fast keine Behauptung aufstellen, ohne auf diese beiden Begriffe direkt oder indirekt Bezug zu nehmen. In der Physik hat die Entdeckung, daß ein Meter kein absolutes Raummaß ist – für einen Beobachter ist es ein Meter, für einen anderen sind es vielleicht nur 98 Zentimeter – ungefähr die gleiche Bedeutung wie in der Wirtschaft die Entdeckung, daß ein Pfund Sterling keinen absoluten Reichtum, sondern unter Umständen nur Pfennigbeträge ausmacht[25].«

Die Unterschiede in diesen wechselnden Werten von Zeit und Raum sind aber so klein, daß sie erst bei Geschwindigkeiten bedeutsam werden, die über den menschlichen Erfahrungsbereich hinausgehen. Wie können sie dann eine Wirkung auf die Welt haben? Diese Frage führt uns zu der spezifischen Antwort und zu dem, was im Licht der Geschichte entweder als ein außergewöhnlicher Zufall oder als Teil der natürlichen Entwicklung der Wissenschaft gesehen werden kann.

Einsteins spezielle Relativitätstheorie entstand zu einer Zeit, als die Physiker mit ihren Forschungen in den Bereich des Atomkerns vordrangen und die Astronomen zum erstenmal einen Blick über unser Planetensystem hinaus – in dem die Erde nur ein winziger Punkt ist – in die Unendlichkeit des Weltraums warfen. Man wußte bereits, daß es in der atomaren Welt Teilchen wie das Elektron gab, die sich annähernd lichtschnell bewegten. Bald sollte man entdecken, daß es auch außerhalb unseres Planetensystems Teilchen im Weltraum gab, die sich mit ähnlicher Geschwindigkeit bewegten.

So nahm in den beiden Bereichen, die sich zu Anfang des 20. Jahrhunderts auftaten, nämlich in Mikrokosmos und Makrokosmos, die Entdeckung der Relativität einen bedeutsamen Platz ein.

Es stellt sich nun die Frage, welchen Anteil Einsteins Vorgänger an diesen Entdeckungen hatten. Inzwischen dürfte klar sein, daß er einen anderen Problemkreis anschnitt als Fitzgerald und Lorentz und in vieler Beziehung auch Poincaré, dessen Problemstellung eher philosophischer Natur war. Einstein interessierten besondere Experimente oder philosophische Fragen nicht sonderlich, er hatte sich ein höheres Ziel gesteckt: er wollte den Schleier durchdringen und die Prinzipien, auf denen die materielle Welt beruht, deutlich erkennen. »Die Relativitätstheorie«, sagte er einmal, »war nichts anderes als eine konsequente Fortführung der Feldtheorie[26].« Auf die Frage Hans Reichenbachs, wie er zur Relativitätstheorie gekommen sei, antwortete Einstein, daß er sie deshalb entdeckt habe, weil er von der Harmonie des Universums so fest überzeugt gewesen sei[27].

Aber Einstein sprach auch wiederholt davon, wieviel er Lorentz verdanke – »Galilei, Newton, Maxwell und Lorentz sind die vier, die die Grundlagen der Physik gelegt haben, auf denen ich meine Theorie aufbauen konnte«, sagte er 1921 während seines Besuchs in den USA. Er beteuerte: »In der Wissenschaft . . . ist das Werk des einzelnen so sehr mit dem seiner Vorgänger und Zeitgenossen verknüpft, daß es fast ein unpersönliches Produkt seiner Generation zu sein scheint[28].« Wir müssen also herausfinden, wieviel Einzelarbeiten Einstein kannte, und was er von dem Michelson-Morley-Versuch wußte.

Einstein konnte sogar behaupten: »Meine Theorie ist ihrem Ursprung nach nicht spekulativ; sie verdankt ihre Entstehung einzig dem Wunsch, die physikalische Theorie den beobachteten Tatsachen so gut wie möglich anzupassen[29].« In der Columbia-Universität bemerkte er: »Es störte mich, daß die Elektrodynamik *einen* bestimmten Bewegungszustand anderen vorzog, ohne diese Bevorzugung irgendwie experimentell zu rechtfertigen. So entstand die spezielle Relativitätstheorie . . .« Beide Aussagen lassen den Schluß zu, daß Einstein zu einem guten Teil vom Michelson-Morley-Versuch beeinflußt wurde.

Spätere Aussagen Einsteins stehen dazu im Widerspruch, was wahrscheinlich daran liegt – wie Maitland sich ausdrückt –, daß »die Ereignisse, die heute weit in der Vergangenheit liegen, damals noch der Zukunft vorbehalten waren«. R. S. Shankland, der Einstein 1950 besuchte, berichtet: »Als ich ihn fragte, wie er von dem Michelson-Morley-Versuch erfahren habe, sagte er: ›durch die Schriften von H. A. Lorentz, allerdings erst nach 1905. Sonst‹, fügte er hinzu, ›hätte ich ihn in meiner Arbeit erwähnt[30].‹« Weiter – so Shankland – habe Einstein erzählt, daß die experimentellen Ergebnisse, die ihn am meisten beeinflußt hätten, die Beobachtungen der Aberration der Gestirne und Fizeaus Messungen über die Lichtgeschwindigkeit in bewegtem Wasser gewesen seien. »Das war genug«, habe er dazu gesagt. Als Shankland ihn 1952 noch einmal in Princeton besuchte, war Einstein allerdings nicht mehr so sicher. Shankland zitiert Einstein: »Das ist nicht so einfach. Ich weiß nicht mehr so genau, wann ich zum erstenmal von dem Michelson-Experiment gehört habe. Es war mir nicht bewußt, daß es mich direkt während der sieben Jahre, in denen die Relativität quasi mein Leben war, beeinflußt hat. Ich glaube, ich hielt es einfach für selbstverständlich, daß es richtig war.« Doch gab Einstein zu, daß er in den Jahren 1905 bis 1909 sehr viel über den Michelson-Versuch nachdachte. Shankland schreibt, Einstein sei dann klar geworden, daß er auch schon vor 1905 von Michelsons Ergebnis gewußt habe, teils durch die Schriften von Lorentz, vor allem aber, weil er überzeugt gewesen sei, daß die Resultate von Michelson richtig sein mußten.

Doch 1954 meinte Einstein in einem Interview für »Die Kunst des Wissens« von Michael Polanyi, daß das Michelson-Morley-Experiment nur von nebensächlicher Bedeutung für die Entdeckung der Relativitätstheorie gewesen sei. Nach einer Notiz von N. Balazs, der im Sommer 1953 mit Einstein zusammen in Princeton arbeitete, sagte Einstein: »Das Michelson-Morley-Experiment spielte bei der Begründung der Theorie keine Rolle[31].«

Als Einstein von Ben Gurion gefragt wurde, ob die Relativitätstheorie ausschließlich eine gedankliche Konzeption gewesen sei, bestätigte er dies, fügte aber hinzu: »Natürlich hatte ich die experimentellen Arbeiten meiner Vorgänger vor mir liegen. Diese lieferten das Material für meine Überlegungen und Studien[32].« Schließlich besitzen wir Einsteins Brief an Carl Seelig, der zwei Monate nach Einsteins Tod veröffentlicht wurde. Darin äußert er sich, daß die Zeit um 1905 reif für die Entdeckung der Relativitätstheorie gewesen sei[33].

Aus dieser nicht ganz zufriedenstellenden Aussage wurden zwei Schlüsse gezogen. Einmal die weitverbreitete Ansicht seiner Anhänger, daß Einstein ein Genie voller Eingebungen gewesen sei und in einem intellektuellen Vakuum gearbeitet habe. Zum anderen die von Sir Edmund Whittaker vertretene Ansicht, Einstein habe Poincarés Prinzip der Relativität[34] als eine neue Grundlage der Physik übernommen und dabei Poincarés Namen benützt.

Die Wahrheit liegt wahrscheinlich in der Mitte. Es ist wohl eher so gewesen, daß Einstein merkte, daß Lorentz' Arbeit auch für seine eigenen, ganz anders gearteten Probleme benutzt werden konnte. Als nach jener schöpferischen Nacht des Jahres 1905 der Tag anbrach, gewann auch der Michelson-Morley-Versuch, von dem er schon gehört hatte, für seine Arbeit Bedeutung, aber nur insofern, als dieser Versuch ein interessantes Beweisstück und eine weitere Bestätigung für seine Theorie darstellte, von der er schon vorher überzeugt war, daß sie ein genaueres Bild von der materiellen Welt vermitteln werde als die Newtonsche Mechanik. 1919 schrieb er in »The Times«, daß er »nur eine systematische Erweiterung der Elektrodynamik von Clerk-Maxwell und Lorentz« geschaffen habe.

Wenn in seiner Arbeit überhaupt ein Hinweis auf Personen fehlt, denen er zu Dank verpflichtet war, dann betrifft das nicht Michelson-Morley, Lorentz, Fitzgerald oder Poincaré, sondern August Föppl. Föppl war Professor an der Technischen Hochschule München, der eine »Einführung in Maxwellsche Theorie der Elektrizität« geschrieben hatte, die Einstein ganz sicher kannte. Einsteins berühmte Arbeit über die Relativität ist in Stil und Argumentation dem sehr ähnlich, was bei Föppl über die »relative und absolute Bewegung im Raume« im § 114 seines Buches steht. Föppl spricht sogar davon, daß »die uns aus den vorhergehenden Entwicklungszeiten menschlichen Denkens überkommenen Raumvorstellungen einer durchgreifenden Revision« unterzogen werden müßten, was »vielleicht die wichtigste Aufgabe der Naturforschung unserer Zeit« bilde[35].

Föppl kann deshalb genau wie die Lorentz-Gleichungen als ein gerade zur Hand gewesenes Hilfsmittel betrachtet werden, das Einstein wohl zu benutzen wußte.

Das »umfassende Schema« von 1905 hatte gezeigt, daß Raum und Zeit – noch vor kurzem absolute Größen – in Wirklichkeit von der relativen Bewegung abhingen. Doch sind sie nur zwei von drei Maßstäben, mit denen die Beschaffenheit der physikalischen Welt gemessen wurde. Der dritte ist die Masse. Nun tauchte die Frage auf, ob auch die Masse in einer bislang unbekannten Beziehung zur Lichtgeschwindigkeit stand. Einstein beschäftigte sich mit diesem Gedanken.

Als Resultat erschien im Herbst 1905 ein kurzer Aufsatz[36] in den »Annalen der Physik«, sozusagen als Fußnote zu seiner vorhergehenden Arbeit über die Relativitätstheorie. In diesem wurde die Frage gestellt, ob nicht die träge Masse eines Körpers von dessen Energie abhänge. Der Aufsatz schloß mit dem Hinweis, daß die Theorie an Stoffen wie Radiumsalze erprobt werden könne, und daß Strahlung anscheinend träge Masse zwischen emittierenden und absorbierenden Körpern befördere. Doch die unmittelbar wichtige Schlußfolgerung war, daß die Masse von der Geschwindigkeit abhängen muß. Es gab bereits Beispiele aus dem Labor für diesen seltsamen Umstand. Sowohl J. J. Thomson in Cambridge wie später W. Kaufmann in Göttingen hatten die Methode entwickelt, mit der schnelle Kathodenstrahlen, d. h. Bündel von Elektronen (Teilchen, deren Existenz von Lorentz postuliert und von Thomson bestätigt worden war), elektromagnetisch abgelenkt werden können; beide hatten herausgefunden, daß die Masse des Teilchens von der Geschwindigkeit abzuhängen schien. Einige Jahre später zeigte F. Hasenöhrl, daß in einem Gefäß eingeschlossene Lichtstrahlen den Widerstand dieses Gefäßes gegenüber Beschleunigung verstärkten – und daß sich dessen Masse während des Vorgangs änderte. Schließlich, im Jahre 1900, hatte Poincaré gemutmaßt, daß diese Trägheit oder der Widerstand gegen Beschleunigung eine Eigenschaft jeder Energie und nicht nur der elektromagnetischen Energie war.

Nun machte Einstein einen großen Schritt vorwärts, indem er die rätselhaften experimentellen Einzelresultate ignorierte und mit einer einfachen, allgemeinen Erklärung hervortrat, die man – fast offenkundig – für zu einfach gehalten hatte, um wahr zu sein. Masse war einfach verfestigte Energie; jede Energie setzte einfach Stoff frei. Somit waren die Photonen oder Lichtquanten des photoelektrischen Effekts einfach Teilchen, die ihre Masse abgelegt hatten und mit Lichtgeschwindigkeit in der Form von Energie reisten; wogegen Energie unterhalb der Lichtgeschwindigkeit durch die Verlangsamung umgeformt worden war, eine Umformung, die die Wirkung hatte, sie zu Stoff gerinnen zu lassen. Newton hatte einen Wink zu dieser Idee gegeben, als er in seiner *Optik* fragte: »Lassen sich nicht dichte Körper und Licht gegenseitig ineinander verwandeln, und empfangen nicht die Körper viel von ihrer Wirksamkeit durch die in ihre Zusammensetzung eintretenden Lichtteilchen?« Die augenscheinliche Richtigkeit dieser Annahme wurde ein paar Zeilen weiter durch folgende Anmerkung unterstrichen: »Die Umwandlung von Körpermaterie in Licht und umgekehrt ist der Vernunft und der Natur, die sich an Verwandlungen dieser Art gleichsam zu ergötzen scheint, ganz angemessen[37].«

Der Kern dieser Offenbarung – die zwei verschiedene Dinge beinhaltete, den Unterschied zwischen der Masse eines Körpers in Ruhe und seiner Masse in

Bewegung und die Umwandlung eines stofflichen Körpers in Energie – verband die vormals getrennten Auffassungen von der Erhaltung der Energie und von der Erhaltung der Masse und ließ sich in zwei Gleichungen ausdrücken. Die eine zeigte, daß die Masse eines mit einer bestimmten Geschwindigkeit bewegten Körpers die Masse in Ruhe geteilt durch $\sqrt{1 - \dfrac{v^2}{c^2}}$ beträgt. Dies liefert rasch einen Schlüssel dafür, warum man den Unterschied zwischen der Masse eines Körpers in Ruhe und in Bewegung so lange nicht bemerkt hatte; denn der Unterschied ist sehr klein, solange es sich nicht um Geschwindigkeiten handelt, die viel größer sind als sie im Alltagsleben vorkommen und sich der Lichtgeschwindigkeit annähern. Was Raum und Zeit anbetrifft, so sind die Änderungen für die unzureichenden Sinne des Menschen zu klein, um von ihm wahrgenommen zu werden. Die zweite Gleichung ergibt sich aus der Tatsache, daß die Bewegung, deren Steigerung die Masse eines Körpers vermehrt, eine Form von Energie ist. Dies ist das berühmte $E = mc^2$, was in wissenschaftlicher Kurzschrift besagt, daß die in der Materie enthaltene Energie – in erg – gleich der Masse – in Gramm – mal der Lichtgeschwindigkeit – in Zentimetern pro Sekunde – im Quadrat ist.

Einsteins Weiterentwicklung der speziellen Relativitätstheorie erklärt also, warum bewegte Elektronen mehr wiegen als ruhende, denn dies ist das natürliche Resultat ihrer Geschwindigkeit. Dies half erklären, warum Stoffe wie Radium, dessen Radioaktivität den Leuten, die damit experimentierten, immer noch Rätsel aufgab, Teilchen mit großer Geschwindigkeit abstoßen können und warum dies über so lange Zeit hinweg geschehen kann, denn die Erzeugung vergleichsweise großer Energiemengen wird mit dem Verlust von einem Minimum an Masse erreicht. Es wurde verständlich, warum Sonne und Sterne fortwährend große Mengen Licht und Wärme ausstrahlen, ohne dabei viel Masse zu verlieren.

Vierzig Jahre später wurden die Erscheinungen der Natur, wie sie in Einsteins Gleichung eingefangen waren, noch auf andere Weise demonstriert. Inzwischen hatte man nämlich entdeckt, daß nach der Spaltung eines schweren Atomkerns die einzelnen Teile insgesamt weniger Masse besitzen als der ursprüngliche Kern. Die fehlende Masse war in Energie umgewandelt worden; der Masse-Unterschied ist minimal, doch die freigewordene Energie setzt sich aus diesem minimalen Betrag, multipliziert mit der Lichtgeschwindigkeit im Quadrat zusammen – die Energie, die, aus vielen Atomen bei der Kernspaltung freigeworden, Hiroshima und Nagasaki zerstörte.

Im Jahr 1905 erschien die Spaltung eines Atomkerns noch unmöglich. Doch die entsprechende Gleichung war vorhanden. Und für Schriftsteller und

Spinner, für Visionäre und solche, die an den Grenzen der Vernunft hausen, wurde ein neuer Tagtraum möglich. Ein paar Naturwissenschaftler dachten ähnlich, und 1921 bemerkte Hans Thirring: ». . . es müßte einen bei dem Gedanken schwindeln, wenn man sich vorstellte, was geschehen könnte, wenn in einer Stadt bloß die in einem einzigen Ziegelstein schlummernde Energie etwa in Form einer Explosion frei würde. Sie genügte, um eine Millionenstadt dem Erdboden gleichzumachen[38].« Die meisten seiner Kollegen gingen mit ihren Spekulationen nicht so weit.

Als sich 1921 in Prag ein junger Mann, der nach der Formel $E = mc^2$ eine Waffe aus Kernenergie herstellen wollte, an Einstein wandte, wurde ihm bedeutet, er möge sich wieder beruhigen. »Sie haben nichts verloren, wenn ich Ihre Arbeit nicht ausführlicher mit Ihnen bespreche. Die Unmöglichkeit ist auf den ersten Blick klar. Mehr können Sie durch eine längere Besprechung auch nicht erfahren[39].«

Die praktische Anwendung der Masse-Energie-Beziehung bei der Zerstörung von Hiroshima und Nagasaki rückte ein Nebenprodukt der speziellen Relativitätstheorie in den Mittelpunkt. Übrigens wurde die Kernspaltung, die nukleare Waffen überhaupt erst möglich machte, von anderen Männern »erfunden«, die in ganz anderer Richtung als Einstein forschten. Die Kernspaltung beweist zwar Einsteins Masse-Energie-Beziehung, doch sie basiert in keiner Weise auf ihr.

Erst vierzig Jahre nach der Relativitätstheorie kam die Atombombe.

Die Relativitätstheorie veränderte das Verhältnis des Menschen zu seiner physikalischen Umwelt in drei Punkten. Zunächst verhalf sie ihm dazu, einige Erscheinungen zu verstehen, die ihm sonst unbegreiflich geblieben wären. Das Verhalten von Elementarteilchen und Atomkernen ist dafür das augenfälligste Beispiel. Oppenheimer sagte über die spezielle Relativitätstheorie: »Wir benützen sie praktisch in fast jedem Zweig der Kernphysik und in vielen Bereichen der Atomphysik, und ebenso in allen Bereichen der Physik, die sich mit den Elementarteilchen befassen. Sie wurde immer wieder auf jede mögliche Weise überprüft und ist ein sehr wertvoller Teil unseres Erbes[40].«

Die Relativitätstheorie hat uns aber nicht nur praktisches Arbeitsmaterial in die Hand gegeben; sie befähigte darüber hinaus den Menschen, seine Welt genauer und anschaulicher zu beschreiben als je zuvor.

Der dritte und wichtigste Wandel durch Einsteins Theorie liegt in den erkenntnistheoretischen Konsequenzen. Andererseits ist unbestreitbar, daß die Theorie, obgleich sie den Menschen in die Lage versetzte, seine Position im Universum genauer zu beschreiben, ihm auch gleichzeitig die Grenzen seiner persönlichen Erfahrung viel deutlicher aufzeigte: »Die Wissenschaft der Physik«, so

James Jeans, »will uns natürlich nicht weismachen, daß wir die intuitiven Begriffe des Raumes und der Zeit aufgeben, die wir aus der individuellen Erfahrung gewonnen haben. Diese mögen im Hinblick auf die Natur von geringer Bedeutung sein, doch sie bedeuten uns immer noch sehr viel. Ganz egal, zu welchen Schlüssen die Mathematiker gelangen, unsere Journalisten, Historiker und Schriftsteller werden ganz sicherlich ihre Wahrheiten und Fiktionen immer noch in das Gitter von Raum und Zeit setzen. Sie werden weiterhin sagen: dieses Ereignis passierte zu einem Zeitpunkt des ewig fließenden Stroms der Zeit, jenes zu einem weiter zurückliegenden, und so weiter. Ein solches Schema genügt für den einzelnen oder für eine Gruppe von Menschen vollkommen, deren Erfahrung von Raum und Zeit etwa dieselbe ist. Im Verhältnis zur Weite der Natur gehören alle Bewohner der Erde in diese Gruppe. Die Relativitätstheorie zeigt nur, daß ein solches Schema ausschließlich für den persönlichen Gebrauch eines einzelnen oder einer kleinen Gruppe von Individuen bestimmt ist: es ist eine beschränkte Meßmethode und deshalb nicht für die Natur insgesamt geeignet. Sie kann alle Tatsachen und Phänomene der Natur darstellen, aber alle nur mit dem Makel der Subjektivität. Nichts in unserer Erfahrung und unseren Experimenten würde rechtfertigen, daß wir dieses oder ein anderes beschränktes Schema auf die Natur als Ganzes anwenden, in der Annahme, es vermittele ein objektives Bild der Wirklichkeit[41].«
Die Relativitätstheorie war den Menschen behilflich, ihren Platz in der physikalischen Welt zu erkennen. Interessanterweise stammt eine der realistischsten Bemerkungen, die nach Einsteins Tod über seine Theorie gemacht wurden, aus einer religiösen Zeitschrift. Die Theorie habe gezeigt – so »The Tablet« –, »daß für den Physiker Raum und Zeit durch die Methoden bestimmt sind, die zu ihrer Messung angewandt werden, und daß jede diesbezügliche Theorie diese Methoden unbedingt mit einbeziehen muß. Die moderne Wissenschaft betrachtet deshalb die Natur vom Standpunkt des Menschen aus, nicht von dem eines Engels[42].«

5. KAPITEL

FRÜCHTE DES ERFOLGS

Einsteins Arbeiten von 1905 zeigten den wenigen weitblickenden Physikern Europas, daß ein potentieller Führer in ihrer Mitte war; ob sich dieses Potential auch verwirklichte, das sollte sich erst im nächsten Jahrzehnt erweisen. Denn trotz verheißungsvoller Ansätze konnte das Schicksal Einstein noch Knüppel zwischen die Beine werfen oder seine vielversprechende Zukunft ganz zunichte machen. Doch wurde bald deutlich, daß seine Arbeiten – nämlich die statistische zur Abhandlung über die Brownsche Bewegung, seine Konzeption der Photonen und seine abenteuerliche Relativitätstheorie – mehr als nur voneinander isolierte Leistungen darstellten. Im Gegenteil, sie erwiesen sich als logische, konsequente Unternehmungen, deren jede einzelne so weiterentwickelt werden konnte, daß auf bestehende Probleme der Physik ein neues Licht fiel. Das Klima der damaligen Zeit half ihm dabei. Von 1905 bis 1914 konnte Einstein inmitten einer kosmopolitischen Gesellschaft denken, lesen und sich bewegen; einer Gesellschaft, die mit Ausbruch des Ersten Weltkrieges zerschlagen und erst nach fast einem halben Jahrhundert halbwegs wiederhergestellt wurde. Wenn er von Bern oder Zürich nach Leiden oder Salzburg, nach Brüssel oder Wien reiste, dann überschritt er zwar politische, aber keine kulturellen Grenzen. Er sprach mit Lorentz in Holland, mit Mach in Österreich, mit Rutherford, der aus England kam, in Belgien, mit Madame Curie und Langevin in Paris, mit Planck und Nernst in Berlin; damit gehörte er als anerkanntes Mitglied einer kleinen wahrhaft internationalen Gruppe an, deren Arbeit sich auf die einzige Aufgabe konzentrierte, die Natur der physikalischen Welt zu entdecken. Und nicht anders stellte sich Einstein im Jahre 1905 die Zukunft vor. Ihn bedrängte noch kein jüdisches Problem, das später seine Energie so stark beanspruchen sollte, und auch um einen Krieg in Europa machte er sich keine Sorgen. Er meinte, Europa habe von einem derart unnützen Unternehmen Abstand genommen, und er ahnte nicht, daß seine Arbeit mit Hirn, Stift und Papier irgendeine Wirkung außerhalb seines wissenschaftlichen Bereichs haben könnte.

Während des nächsten Jahrzehnts drehte sich sein Leben um die wissenschaftliche Konsolidierung, dann um die wissenschaftliche Erforschung. Sein Kontakt mit den Männern und Frauen, die die wissenschaftliche Revolution im 20. Jahrhundert eingeleitet hatten, vertiefte sich. Die Mitglieder seiner Familie und die alltäglichen Dinge nahmen dagegen keinen großen Platz in seinem Leben ein. Er war freundlich, aber auf eine etwas gleichgültige Weise. Er war liebenswürdig, solange man ihn nicht von seiner Arbeit abhielt. Und er war total desinteressiert an allem, was er für Belanglosigkeiten hielt.

Im Sommer des Jahres 1905 ging Einstein mit Mileva nach Belgrad. Sie wohnten bei Verwandten und Freunden und verbrachten eine Woche in dem am See gelegenen Ferienparadies Kijevo. Von dort reisten sie weiter nach Novi Sad, wo er endlich die Eltern seiner Frau kennenlernte. Es war eine der vielen Ferienreisen nach Jugoslawien, das damals ein Teil des österreich-ungarischen Kaiserreichs war. Einstein vergaß seine serbischen Gastgeber nie. Fast ein halbes Jahrhundert korrespondierte er mit ihnen und erwähnte dabei, so erinnerten sie sich nach seinem Tod, nur beiläufig, daß er den Nobelpreis gewonnen hatte.

Oft auch verbrachten die Einsteins ihre Ferien im nahegelegenen Oberland, manchmal in Mürren, das damals noch nicht so sehr in Mode war. Es waren die bescheidenen Ferien eines unteren Staatsbeamten. Ab und zu fuhr Einstein nach Antwerpen, um Cäsar Koch zu besuchen. Mit seinen früheren Kollegen aus Aarau und Zürich blieb er in Verbindung. Freunden und Verwandten pflegte er Postkarten in seiner typischen Krakelschrift zu schicken, die später ein Objekt für Sammler wurden. So sah damals der wahre Einstein aus, ein ärmlicher, etwas bohémien wirkender Familienvater in einer ziemlich heruntergekommenen Wohnung. Zweifellos war das potentielle Genie, das Planck und andere berühmte Namen in Berlin schon zu ahnen begannen, nur eine Traumfigur.

Der einzige Hinweis, daß das potentielle Genie der wahre Einstein sein könnte, war der eisernen Konzentration zu entnehmen, mit der Einstein die selbstgestellte Aufgabe verfolgte, und der Entschlossenheit, sich durch nichts ablenken zu lassen[1].

Gewiß, er hatte seine Musik. Doch sie war, wie er einmal erklärte, in gewisser Weise eine Fortführung seiner Gedankenarbeit, eine Methode, die es seinem Unterbewußtsein ermöglichte, besonders schwierige Probleme zu lösen.

»Wenn er merkte, daß er in eine Sackgasse oder in eine schwierige Situation mit seinem Werk geraten war«, bemerkte sein ältester Sohn, »so flüchtete Einstein in die Musik, denn sie würde all seine Schwierigkeiten lösen[2].« Dasselbe gilt auch für das Segeln. Seine Frau sagte dazu: »Er ist so viel auf dem Wasser, damit die Leute ihn nicht so leicht erreichen können.« Auf dem Zürichsee, dem Thuner See oder irgendeinem anderen kleinen See der Schweiz konnte er sich ungestört mit seinen Gedanken beschäftigen. Die Umgebung wirkte sich sogar sehr positiv aus. »Er braucht diese Art der Erholung von seiner intensiven Arbeit«, meinte sein ältester Sohn.

Was die Außenwelt betraf, so war er bis 1912, als einige Aspekte der Relativitätstheorie in Österreich erste Schlagzeilen machten, völlig unbekannt; und nur wenigen bekannt blieb er bis 1919. In der wissenschaftlichen Welt erkannte man dagegen die Bedeutung seiner Abhandlungen über die Relativitätstheorie sehr bald.

Vermutlich der erste, der die Wichtigkeit der Einsteinschen Arbeit erkannte, war Max Planck. Sein Schüler Max von Laue hat das bestätigt. Laue, wenige Monate nach Einstein in Koblenz geboren, hatte in Berlin bei Planck promoviert und wurde nach weiteren Studien in Göttingen im Herbst 1905 Plancks Assistent. In seiner Autobiographie berichtete er: »Als ich 1905 nach Berlin zurückkehrte, hörte ich in einem der ersten physikalischen Kolloquien des Wintersemesters – oder war es das allererste? – Plancks Referat über die im September erschienene Arbeit Einsteins: Zur Elektrodynamik bewegter Körper. Fremdartig mutete mich die Transformation von Raum und Zeit an, welche die darin verkündete Relativitätstheorie vornahm ... «[3] Im folgenden Sommer fuhr Laue eigens nach Bern, um Albert Einstein kennenzulernen.

Auch Professor Witkowski aus Polen erfaßte die Bedeutung der Relativitätstheorie sehr rasch. Nachdem er den berühmten Band 17 der »*Annalen der Physik*« gelesen hatte, sagte er zu seinem Freund, Professor Loria in Krakau: »Ein neuer Kopernikus ist geboren: lies Einsteins Abhandlung![4]« Von Loria hörte zwei Jahre später Max Born von Einsteins Arbeit. Er las sie sofort, und sie erschien ihm, nach seiner eigenen Aussage, als eine Offenbarung[5].

Die spezielle Relativitätstheorie begann sich auf die gesamte Physik auszuwirken. Doch nicht überall wurde sie sogleich anerkannt: als frühe Reaktion kam eine unqualifizierte Ablehnung von W. Kaufmann in Form eines Aufsatzes über die Gestalt des bewegten Elektrons. Sie enthielt die vernichtende Behauptung, daß die Meßergebnisse über die Ablenkung von Elektronenstrahlen in elektrischen und magnetischen Feldern mit den fundamentalen Lorentz-Einsteinschen Thesen nicht vereinbar seien[6]. Diese Ergebnisse waren in Kaufmanns Labor experimentell erzielt worden. Sie stimmten überein mit anderen Theorien, die eine plausible Erklärung für die Charakteristika der Elektronen gaben, ohne den Begriff der Relativität zu verwenden.

Die wissenschaftliche Welt war auf Einsteins Antwort gespannt. Sie erfolgte im nächsten Jahr im ersten von zwei Artikeln, die im »*Jahrbuch der Radioaktivität und Elektronik*« erschienen. Einstein gab zu, daß Kaufmanns Ergebnisse kein Irrtum sein konnten[7], hielt das allein aber noch nicht für ausschlaggebend. Alle wirklich großen und bedeutungsvollen Theorien, so meinte er, erklärten den Plan der Natur, wie er sich in großen Zügen dartat. Erst dann wurde untersucht, ob die Theorie auch durch einzelne, unbedeutende Details gestützt wurde. Einstein vertrat dabei nicht die Auffassung *tant pis pour les faits*; für einige seiner Kritiker mag es allerdings gefährlich danach ausgesehen haben.

Seine Haltung überraschte um so mehr, als sie ein junger Mann ohne akademischen Rang vertrat. Einstein war immer noch ein bescheidener Patentamtsangestellter, obgleich bereits junge Physiker persönlich oder schriftlich mit dem Wunsch an ihn herantraten, mit ihm über grundsätzliche Fragen der theoretischen Physik zu diskutieren.

Die Relativitätstheorie blieb das zentrale wissenschaftliche Problem, mit dem sich Einstein beschäftigte. Er betrachtete die Relativität als einen Faktor, der dadurch, daß er nicht beachtet worden war, sämtliche Ideen quer durch das ganze Spektrum des physikalischen Wissens verzerrt hatte. Doch es gab noch eine gleichermaßen bedeutende Theorie, die Quantentheorie. Planck hatte sie als eine Erklärung für gewisse Charakteristika der Strahlung angesehen. Von Einstein war sie mit Hilfe der Lichtquanten oder Photonen kühn weiterentwickelt worden. Das Thema, das zahlreiche und schier unlösbare Probleme zu stellen schien, beschäftigte ihn auch weiterhin. Denn die Photonentheorie machte zwar Wärme, Strahlung und den photoelektrischen Effekt verständlich, hatte aber keinerlei Erklärung für Interferenz, Lichtbrechung oder andere Erscheinungen parat. Irgend etwas an der Theorie, so wie sie zu diesem Zeitpunkt bestand, war, wenn nicht gerade falsch, so doch unvollständig, und Einstein arbeitete in jenen Berner Jahren sehr hart, um diese Mängel auszumerzen.

Einer von Einsteins Vertrauten war der junge Laub, Wiens Schüler, der in seiner Doktorarbeit die Relativitätstheorie erwähnt hatte. Wien war mit einigen seiner Behauptungen nicht einverstanden gewesen und hatte ihm geraten, mit Einstein darüber zu sprechen. Laub reiste deshalb Anfang 1907 nach Bern und wurde wie alle anderen, die Einstein als Wissenschaftler kennenlernten, in eine hitzige Diskussion verwickelt, die bald alles andere beiseite drängte. Der Briefwechsel zwischen beiden vermittelt einen guten Einblick in Einsteins Arbeitsgebiet und die Bedingungen, unter denen er in diesen Jahren arbeitete. »Er traf diesen vor dem Ofen kniend und ein Feuer anschürend, allein in seiner frostigen Wohnung . . .«, sagt Seelig. »Zwischen ihnen gab es bald so viel zu diskutieren, daß Laub den neuen Gesprächspartner während vielen Wochen mittags und abends vom Patentamt abholte und die nächsten Jahre seine Besuche bei Einstein fortsetzte[8].« Ihr Kontakt ließ drei gemeinsame Arbeiten entstehen, die sich mit dem Elektromagnetismus befaßten. Als studierter Mathematiker übernahm Laub dabei den komplizierten mathematischen Teil der Arbeit, während sich Einstein auf die physikalischen Implikationen konzentrierte.

In ihren Briefen taucht immer wieder das Problem der Strahlung auf, das Einstein auch weiterhin sehr stark beschäftigte. Die Notwendigkeit, das Strahlungsproblem zu lösen, schien immer noch dringlich zu sein, denn sowohl Planck als auch Lorentz wiesen immer wieder darauf hin, daß die reine Korpuskel-Theorie des Lichts, die das Problem zu postulieren schien, viele zu beobachtende Erscheinungen nicht erklären konnte. Einstein grübelte weiter nach, von der dualen Natur des Lichts genauso gefesselt wie seine Zeitgenossen, ohne daß er oder die anderen es bis zu diesem Zeitpunkt zu lösen vermochten. Doch gelang es ihm damals wenigstens, Plancks Quantengesetz auf die Schwingungen der Atome, Moleküle und festen Körper anzuwenden, wodurch er die Abweichungen in der spezifischen Wärme von Körpern von den klassischen Gesetzen erklären konnte. Die Tatsache, daß verschiedene Wärmemengen nötig waren, um verschiedene Körper um die gleiche Anzahl von Graden zu erwärmen, war bisher nicht befriedigend erklärt worden. Aber in dem Aufsatz »Die Plancksche Theorie der Strahlung und die Theorie der spezifischen Wärme«[9] bereitete Einstein den Weg zu einer Lösung.

In der Zwischenzeit hatte er sich in zunehmendem Maß mit einem anderen Thema befaßt, das sowohl in die Physik als auch in die Philosophie gehörte, und zwar mit dem Problem der Kausalität, das die Mehrzahl der Wissenschaftler jahrhundertelang für gelöst gehalten hatten. Es schien festzustehen, daß jedes Ereignis aus den vorausgegangenen Bedingungen erklärt werden konnte. Demnach hätte man die Bewegungen von Atomen und ihren Komponenten, wie extrem klein sie auch waren, bestimmen können, wenn es einmal gelungen wäre, die auf sie wirkenden Kräfte zu messen. Doch das traf nicht zu. Zweifel kamen auf, als man das Phänomen der Radioaktivität entdeckte und sah, wie die Atome, die ein Element bildeten, zerfielen. Sie taten das ohne sichtbaren Grund und auf eine Weise, die es dem Statistiker zwar ermöglichte, das zukünftige Verhalten einer Gruppe von Atomen vorauszusagen, nicht aber das eines einzelnen Atoms. Zunächst hatte man angenommen, daß diese statistische Vorherbestimmung der Voraussage ähnelt, auf welche Seite eine hochgeworfene Münze fällt. Man nahm dieses Modell zu Hilfe, weil zu viele Faktoren nur ungenau bekannt waren. Wußte man einmal genug, dann mußte es möglich sein, nicht nur das Ergebnis einer ganzen Reihe von Münzwürfen statistisch vorherzubestimmen, sondern auch das Resultat jedes einzelnen Wurfs gemäß dem Gesetz von Ursache und Wirkung. Der große Ablauf der Natur, so argumentierte man, ist immer kausal begreifbar, wenn man nur über die Ursachen ausreichend informiert ist.

In dieser Frage, deren Bedeutung mit den Jahren zunahm, entfernte sich Einstein immer mehr von der Mehrzahl seiner Kollegen. Während diese immer weitergingen, blieb er seiner Auffassung treu, zu der er schon 1907 gelangt war und die er noch im selben Jahr Philipp Frank, einem jungen Österreicher, dargelegt hatte. Frank hatte in einer Arbeit mit dem Titel »*Kausalgesetz und Erfahrung*« aufzuzeigen versucht, daß das Kausalgesetz »durch die Erfahrung weder bestätigt noch entkräftigt werden kann; aber nicht deshalb, weil es eine a priori bekannte Wahrheit, sondern weil es eine willkürlich festgesetzte Definition ist[10].« Einstein schrieb daraufhin an Frank: »Er billigte die Logik meines Arguments«, sagte Frank, »aber er wandte dagegen ein, daß es nur demonstriere, daß ein willkürliches Element in dem Kausalgesetz enthalten sei . . . Er stimmte mit mir nur darin überein, daß man, was immer in der Natur geschehe, niemals beweisen könne, daß eine Verletzung des Kausalgesetzes stattgefunden hat. Man kann immer willkürlich eine Terminologie erfinden, durch die das Gesetz erhalten bleibt. Es könnte jedoch passieren, daß auf diese Weise unsere Terminologie höchst kompliziert und lästig wird[11].«

Einstein meinte folgendes: Wenn alle Details einer Münze, Geschwindigkeit, Masse, Trägheitsmoment und andere wesentliche Faktoren bekannt sind, sobald diese in die Luft geworfen wird, und wenn es dann immer noch unmöglich ist, zu berechnen, wie sie fallen wird, dann kann man das nicht auf einen Fehler des Kausalgesetzes zurückführen. Es gibt einfach noch einen zusätzlichen kausativen Faktor, der nicht berücksichtigt worden ist. Dasselbe trifft auf die Naturgesetze zu. Daß die atomare Welt zu jener Zeit nur in statistischen Begriffen verstanden wurde, lag an der damaligen wissenschaftlichen Unkenntnis. Erst ein Jahrzehnt später hatte sich die Physik so weit entwickelt, daß man allmählich begriff, daß das Gesetz von Ursache und Wirkung im atomaren Bereich dem Wahrscheinlichkeitsgesetz weichen mußte. Einstein blieb gelassen. Er wußte, daß seine Arbeit der vergangenen Jahre zu dieser neuen Situation geführt hatte, und er vertraute weiter darauf: »Gott spielt mit der Welt nicht Würfel.«

Doch all dies lag noch in weiter Ferne, als Einstein, der Wissenschaftler, seine Kontakte zu den führenden Physikern Europas aufbaute, und Einstein, der

Patentamtsangestellte, die Rolle eines kleinen Staatsbeamten spielte. Tatsächlich wurde die Situation immer widersinniger. Das lag jedoch weniger an Einstein als an dem System, das offensichtlich keinen Platz in der akademischen Welt für ihn finden konnte. Die ersten Schritte, dies zu ändern, wurden 1907 unternommen – vor allem auf Betreiben von Professor Kleiner, der im Jahr 1905 Einsteins Dissertation in Zürich durchgeboxt hatte. Kleiner wollte Einstein in seinem Lehrkörper sehen. Aber in der Schweiz, wie in den meisten europäischen Ländern, konnte niemand zum Professor berufen werden, der nicht vorher eine Zeitlang als Privatdozent tätig gewesen war. Wer einen solchen Posten bekleidete, konnte so viel oder wenig unterrichten, wie er wollte. Normalerweise erhielt er nur Nominalsummen von den Studenten, denen er Unterricht erteilte.

Kleiner machte im Jahre 1907 den Vorschlag, Einstein solle sich an der Universität Bern als Privatdozent habilitieren, für einen Posten, den er auf Grund der sehr lose gehaltenen Verpflichtungen leicht mit dem am Patentamt verbinden konnte. Einstein reichte als Qualifikationsnachweis ein gedrucktes Exemplar seiner Züricher Dissertation ein. Er sollte jedoch eine Überraschung erleben. Sein Antrag wurde abgelehnt: teils, weil man fand, sie sei zu kurz – ein Beispiel für den akademischen Zopf[12], wie er später bemerkte –, teils, weil Professor Forster keinen Privatdozenten neben sich haben wollte. Wahrscheinlich gab es aber noch andere Gründe. Einstein war damals nicht nur ein Wissenschaftler mit unzureichenden akademischen Qualifikationen, der eine obskure Theorie in die Welt gesetzt hatte. Er war auch ein Mann, der sich nicht einfügen, nicht anpassen wollte. Ein Mann, der keinen Respekt vor Professoren hatte und, obwohl er schon auf die Dreißig zuging, immer noch die Gesellschaft von Studenten vorzog. Die Entscheidung wurde aber kurz darauf revidiert und Einstein zum Privatdozenten ernannt.

So begann Einstein mit 29 Jahren seine akademische Laufbahn. Seine ersten Vorlesungen in Bern hielt er im Wintersemester 1908/09 über das Thema »Die Theorie der Strahlung«. Er hatte nur vier Studenten, und im darauffolgenden Semester nur noch einen.

Zwei Ereignisse verhalfen Einstein zu neuem Erfolg: seine Formulierung des Äquivalenzprinzips, Grundpfeiler der allgemeinen Relativitätstheorie, und zwei Arbeiten von Hermann Minkowski – der 1902 von Zürich nach Göttingen gegangen war –, die der speziellen Relativitätstheorie eine bestechend durchsichtige mathematische Gestalt gaben.

Das Äquivalenzprinzip erschien zum erstenmal als »Relativitätsprinzip und die aus demselben gezogenen Folgerungen«, veröffentlicht im »Jahrbuch der

Radioaktivität und Elektronik«, Ausgabe 1907. Es entsprang einem Problem, das Einstein seit der Formulierung der speziellen Relativitätstheorie im Jahr 1905 Kopfzerbrechen bereitet hatte.

In seiner speziellen Theorie hatte er gezeigt, daß es keinen Platz für das Wort »absolut« gibt, wenn es sich um einen Bewegungszustand handelt. Jede Bewegung ist relativ, ob es nun die Bewegung der Sterne in ihrer Bahn oder der Elektronen im Physik-Labor ist. Doch die betrachtete Gruppe von Bewegungen war sehr begrenzt, deshalb der Zusatz »speziell« bei der Beschreibung seiner Theorie. Denn er hatte sich nur mit einer geradlinigen Bewegung bei konstanter Geschwindigkeit befaßt. Im alltäglichen Leben, auf das er sich mit solcher Entschiedenheit immer wieder berief, verdeutlichte dies ein Zug, der sich mit konstanter Geschwindigkeit fortbewegt, und dessen Bewegung von innen unmöglich zu erkennen ist, es sei denn, man schaut aus dem Fenster und bringt den Zug mit einem anderen Objekt in Zusammenhang. Doch dies ändert sich grundlegend, wenn sich die Geschwindigkeit des Zuges ändert. Bei Erhöhung der Geschwindigkeit wird der Fahrgast, der in Fahrtrichtung blickt, in seinen Sitz zurückgeworfen, bei Geschwindigkeitsabnahme fliegt er nach vorn, während die leblosen Dinge im Zug – z. B. ein Glas Wasser – deutlich zeigen, daß eine Geschwindigkeitsänderung stattfindet. Ähnlich verhält es sich bei einer Kreisbewegung mit konstanter Geschwindigkeit; hier mußte der Drang des Körpers nach außen ein Maß für die betreffende Geschwindigkeit sein. »Wir fühlen uns«, sagte Einstein, als er beschrieb, wie sich seine Beweisführung von der speziellen zur allgemeinen Relativitätstheorie entwickelt hatte, »daher zunächst genötigt, ... der ungleichförmigen Bewegung eine Art absolute physikalische Realität zuzusprechen . . .[13]«

Die Diskrepanz zwischen der Relativität der gleichförmigen Bewegung und der offensichtlichen Nicht-Relativität der ungleichförmigen Bewegung, zwischen der Tatsache, daß erstere keine Bedeutung hat, wenn sie nicht mit etwas anderem verglichen wird, während die letztere innerhalb ihres eigenen Systems selbstverständlich ist, machte Einstein zu schaffen. Er war zu der speziellen Theorie gekommen, indem er die empirische Äquivalenz aller der Trägheit unterworfenen Systeme in bezug auf Licht untersucht hatte. Jetzt warf er jedoch die rein erkenntnistheoretische Frage auf: Warum sollte die Relativität nur bei der gleichförmigen Bewegung eine Rolle spielen? Einstein wollte diese Diskrepanz nicht unaufgeklärt lassen. Was, so fragte er sich, lag der Trägheit zugrunde, dieser Tendenz des Körpers, sich einer Beschleunigung zu widersetzen?

Zuerst erinnerte er sich an Ernst Mach. Mach, der die Bewegung aller Erdenkörper dem Einfluß der Sterne zuschrieb, hatte den Gedanken von Bischof

Berkley aufgegriffen, daß alle Zentrifugalkräfte von derselben Kraft gelenkt werden. Einstein gelangte auf einem völlig anderen Weg zu einem recht ähnlichen Schluß. Doch zuvor hatte er sich über eine besondere Kraft Gedanken gemacht, die immer als selbstverständlich angenommen worden war, nämlich die Gravitation.

Er kam zunächst auf Newtons Konzeption von der Trägheit zurück, die im Sinnesapparat eine Erfahrung auslöst – die sich als Wissen mitteilt –, wenn der Zug plötzlich einen Ruck nach vorn macht, oder wenn ein Körper aus seiner geradlinigen Bewegung herausgerissen wird, oder auf einem Karussell. Erstens: »Jeder Körper beharrt in seinem Zustande der Ruhe oder der gleichförmigen, geradlinigen Bewegung, wenn er nicht durch einwirkende Kräfte gezwungen wird, seinen Zustand zu ändern[14]«. Zweitens: Je größer die Masse eines Körpers ist, desto größer muß die Kraft sein, die man braucht, um ihn zu beschleunigen oder seine Richtung zu ändern. Diese Formulierungen waren die Quintessenz der täglichen Erfahrung. Es gab jedoch eine Ausnahme von dieser sonst so zuverlässigen Regel, daß unterschiedliche Kräfte nötig sind, um Objekte mit unterschiedlicher Masse zu bewegen. Diese Ausnahme war die Schwerkraft, diese geheimnisvolle Kraft, die den Raum zu durchdringen scheint und die Tendenz hat, alles zu Boden zu ziehen. Drei Jahrhunderte zuvor hatte Simon Steven gezeigt, daß verschieden schwere Gewichte mit derselben Geschwindigkeit zu Boden fallen. Einige Jahre darauf hatte Galilei das Experiment wiederholt und verfeinert und war dabei zu folgender revolutionärer Schlußfolgerung gekommen: die Gravitationskraft hat auf alle Gegenstände, unabhängig von ihrer Größe oder Masse, dieselbe Wirkung. Nur der Luftwiderstand verhindert, daß eine Kanonenkugel und eine Feder mit gleicher Geschwindigkeit zu Boden fallen; wird dieser Widerstand jedoch ausgeschaltet, z. B. durch ein vollständiges Vakuum, dann mußten Kanonenkugel und Feder den Boden zum gleichen Zeitpunkt erreichen, vorausgesetzt, daß sie von derselben Höhe aus fallen gelassen werden – eine These, die sich als richtig erwies.

Newton gab dafür folgende Erklärung: die Schwerkraft, die sich bis in den Himmel hinauf erstreckt und Objekte aus irdischer Materie wieder zur Erde zurückzieht, übt ihre Kraft genau im Verhältnis zu der betreffenden Masse aus. Bei Objekten mit geringer Masse ist die Anziehung relativ gering; bei solchen mit größerer Masse verstärkt sich die Anziehung – um genau so viel, wie nötig ist, um sie alle zum Boden zurückzubringen. Auf diese Weise bildet die Schwerkraft immer ein Gegengewicht zur Trägheit – eine Tatsache, die Einstein nicht als bloßen Zufall hinnehmen konnte.

Es gab aber noch einen Aspekt in Newtons Erklärung, den Einstein nicht hinnehmen wollte. Denn die Gravitation wirkte nach Newtons Auffassung augenblicklich durch den Raum, was in krassem Widerspruch zu Einsteins Annahme in der speziellen Relativitätstheorie stand, daß die Lichtgeschwindigkeit eine Grenzgeschwindigkeit im Universum darstellt. Je länger er darüber nachdachte, daß zwischen dem Gravitationseffekt und dem Trägheitseffekt ein augenblicklicher und anscheinend zufälliger Ausgleich stattfinden sollte, desto weniger gefiel ihm diese Vorstellung. Ein solcher Zufall in der Natur war zu eigenartig, um wirklich zufällig zu sein.

Für Einstein wiederholte sich die Situation, die zu seiner photoelektrischen Arbeit und zur speziellen Relativitätstheorie geführt hatte. Wieder war er einem zweifelhaften Tatbestand auf die Spur gekommen, den die Wissenschaft entweder nicht bemerkt oder geflissentlich übersehen hatte.

Einstein reagierte auf für ihn typische Weise. Er stellte sich die Situation ganz konkret vor, am Beispiel des Problems »Mann in einer Kiste«, das in verschiedenen Verkleidungen immer wieder in den Diskussionen über die allgemeine Relativitätstheorie auftaucht. Einstein veranschaulichte das Problem auf ziemlich einfache Art und Weise – allerdings verstehen wir sein Beispiel heute leichter als die Menschen vor fünfzig Jahren, als die Erdanziehung noch unüberwindlich und die Raumfahrt ein theoretisches Hirngespinst war.

Zunächst stellte sich Einstein eine Kiste vor, die einen ausreichend tiefen Schacht hinunterfällt. Ein Mann, der sich im Inneren der Kiste befindet und Geld und Schlüssel aus der Tasche herausnimmt, würde feststellen, daß diese Gegenstände nicht zu Boden fallen. Mann, Kiste und Objekte befänden sich alle in einem Feld der Schwerelosigkeit und im freien Fall. Ihre physikalische Situation jedoch – und das war der wesentliche Punkt – mußte identisch mit der im Weltraum sein, weit entfernt von jedem Gravitationsfeld. Nun setzte Einstein in seinem Gedankengebäude die Kiste und den darin befindlichen Mann an jenen Punkt im Weltraum, wo die Gravitationsgesetze überhaupt nicht mehr wirken. Hier mußte zunächst alles sein wie vorher. Dann stellte er sich jedoch vor, daß die Kiste beschleunigt wird. Wie, spielte keine Rolle, da es nur auf das Resultat ankam. Geld und Schlüssel mußten nun auf den Boden der Kiste fallen. Dasselbe Resultat wäre jedoch erzielt worden, hätte sich die Kiste in Ruhelage in einem Gravitationsfeld befunden. Die Wirkung der Schwerkraft auf die Kiste in Ruhe war also identisch mit der Wirkung der Beschleunigung außerhalb des Gravitationsbereiches. Es ergab sich sogar offensichtlich dasselbe Resultat, wenn eine Zentrifugalkraft die Beschleunigung ersetzte.

Die logische Beweisführung hatte also gezeigt, daß der Gravitationseffekt äquivalent dem Trägheitseffekt war, und daß man die Beschleunigung oder die

Zentrifugalkraft von der Gravitation nicht unterscheiden konnte. Das mußte zumindest bei Schlüsseln, Geld oder anderen materiellen Objekten zutreffen. Was geschah jedoch, wenn man sich das Ganze im Hinblick auf Licht vorstellte? Dafür mußte das Gedankenexperiment verändert werden. Wieder nahm man eine geschlossene Kiste zu Hilfe. Aber anstelle von Schlüsseln und Geld mußte man sich einen Lichtstrahl vergegenwärtigen, der die Kiste von einer Seite zur anderen durchquerte, während sie beschleunigt wurde. Die rückwärtige Seite der Kiste mußte sich zwangsläufig nach oben bewegt haben, bevor der Lichtstrahl sie erreichte. Der Lichtstrahl mußte also näher am Boden auf der Wand auftreffen und nicht genau gegenüber seinem Ausgangspunkt. Mit anderen Worten: dem Mann in der Kiste mußte es so vorkommen, als krümmte sich der horizontale Lichtstrahl.

Und das war das Wesentliche an Einsteins Konzeption, daß nämlich beide Situationen – die eine hervorgerufen durch eine ungleichförmige Bewegung, die andere durch die Gravitation – nicht zu unterscheiden waren, ganz gleich, ob man nur mechanische Methoden anwandte oder die der Elektrodynamik. Im Jahr 1905 hatte Einstein der Vorstellung neue Nahrung gegeben, daß das Licht nicht aus Wellen, sondern aus einem Strom von winzigen Kügelchen besteht, den Lichtquanten, die später in Photonen umgetauft wurden. Nun stellte sich die Frage, ob diese Lichtquanten nicht auch, wie alles andere, von der Gravitation beeinflußt wurden.

Während er diese Überlegung noch genauer durchdachte, wurden ihre Folgerungen immer schwerwiegender. Der Weg eines Lichtstrahls ist eine Gerade; die Zeit, die der Lichtstrahl benötigt, um von einem Punkt zum anderen zu gelangen, ist das zugrundeliegende Zeitmaß. Wurde das Licht tatsächlich von der Schwerkraft beeinflußt, dann mußten Raum und Zeit zwei verschiedene Strukturen haben – eine, von innerhalb des Gravitationsfeldes betrachtet, die andere von außerhalb. Ist die Gravitation nicht im Spiel, dann ist die kürzeste Entfernung zwischen A und B – dem Weg, den ein Lichtstrahl von A zu B nimmt – eine Gerade. Tritt die Schwerkraft jedoch in Aktion, dann ist die Linie, auf der sich das Licht fortsetzt, keine Gerade mehr im üblichen geometrischen Sinn. Andererseits kann nichts schneller von A zu B gelangen als das Licht. Die »Lichtlinie« ist also eine geodätische Linie. Dies mag keine große Rolle spielen, wenn die Erdanziehungskraft praktisch eine Konstante ist. Doch für diejenigen, die damals von der Erde aus das Sonnensystem betrachteten, bedeutete das Äquivalenzprinzip, daß sie bis jetzt durch verzerrte Gläser geblickt hatten.

Einstein wußte immer noch nicht, was Gravitation war. Nur zwei Dinge schienen ihm klar. Einmal, daß die Schwerkraft nicht so wirkte, wie sich

Newton das vorgestellt hatte; zum anderen war jetzt eindeutig, daß eine vernünftige Theorie[15] über die Gravitation nur aufgestellt werden konnte, wenn man das Prinzip der Relativität verallgemeinerte. So wie die »spezielle« Relativitätstheorie eine Erklärung für Erscheinungen in einem System lieferte, das sich im Verhältnis zum Beobachter gleichförmig bewegte, konnte die allgemeine Version dieser Theorie dasselbe für ein System tun, das sich mit beschleunigten Geschwindigkeiten bewegte. Und eine solche Theorie mußte zwangsläufig auch Bewegungen im Gravitationsfeld beschreiben können.

Deshalb begann Einstein nun, über die Erde hinauszublicken, wie er zuvor ins Innere, auf Moleküle und Atome, geschaut hatte. Diese Arbeit beanspruchte viel Zeit, und es vergingen weitere acht Jahre, bis er die allgemeine Relativitätstheorie formuliert hatte, deren Eckpfeiler das Äquivalenzprinzip ist. Die Verzögerung lag nicht etwa daran, daß Einstein sich nebenbei mit anderen Problemen beschäftigt hatte; vielmehr lag es an der Kompliziertheit der mit dieser Theorie verbundenen Probleme. Andere Männer trugen zu ihrer Lösung bei, u. a. Hermann Minkowski, der im Jahre 1909 Einsteins frühere spezielle Theorie zu einem brauchbaren mathematischen Werkzeug umformte.

Während Einstein in Bern an der Arbeit gewesen war, hatten sich in Göttingen wichtige Dinge ereignet. Hermann Minkowski hatte Einstein, den »richtigen Faulpelz«, der sich »überhaupt nicht um die Mathematik kümmerte«, ursprünglich an der E.T.H. unterrichtet. Er war damals in Zürich Anfang dreißig gewesen, ein durchschnittlicher Lehrer, der jedoch mit 18 Jahren einen Preis der Pariser Akademie gewonnen hatte. Im Jahr 1902 war er nach Göttingen gegangen, das für ihn ebensoviel Anziehungskraft besaß wie für die Physiker das Cavendish-Labor in Cambridge in seinen großen Tagen unter Thomson und Rutherford.

Minkowskis Beitrag zur Entwicklung der speziellen Relativitätstheorie bestand aus einer einzigen Abhandlung, »*Grundlegende Gleichungen für die elektromagnetischen Erscheinungen in sich bewegenden Körpern*«, 1907 in den *Göttinger Nachrichten* publiziert. Dazu kam – in der Wirkung noch weitreichender – »*Raum und Zeit*«, ein populär-wissenschaftlicher Vortrag über das Thema, den er am 21. September 1908 vor der Gesellschaft Deutscher Naturforscher und Ärzte in Köln hielt. Aufsatz und Vortrag zusammengenommen, hatten eine ungeheure Wirkung. Denn Minkowski gab der speziellen Relativitätstheorie nicht nur die mathematische Gestalt, einigen Gewährsleuten zufolge ermöglichte er es Einstein überdies, die Probleme der Gravitation mittels der allgemeinen Theorie zu lösen. Dazu E. Cunningham: ». . . ob er es je ohne den genialen Verstand von Minkowski geschafft hätte, können wir nicht sagen[16].« Auf der anderen

Seite hat Minkowski alten, gebräuchlichen Wörtern eine neue, spezifische Bedeutung unterlegt, was in den an sich schon schwierigen Stoff ein neues und verwirrend esoterisches Element hineinbrachte.

Einstein selbst beschrieb Minkowskis Beitrag dahingehend, daß »die den Forderungen der (speziellen) Relativitätstheorie genügenden Naturgesetze mathematische Formen an(nehmen), in denen die Zeitkoordinate genau dieselbe Rolle spielt wie die drei räumlichen Koordinaten«[17]. Noch wichtiger war jedoch in gewisser Hinsicht die Sprache, in die Minkowski sein Werk kleidete. So nannte er z. B. ein Ereignis, das im dreidimensionalen Raum zu einem bestimmten Zeitpunkt stattfand, einen »Weltpunkt«, während er eine Reihe von zusammenhängenden Ereignissen als »Weltlinie« bezeichnete. Und noch bedeutungsvoller (und verwirrender): die Zeit bezeichnete er als »vierte Dimension«. Einstein war sich sehr wohl bewußt, welche Verwirrung eine derartige Sprache stiften mußte. »Ein mystischer Schauer«, schrieb er, »ergreift den Nichtmathematiker, wenn er von ›vierdimensional‹ hört, ein Gefühl, das dem vom Theatergespenst erzeugten nicht unähnlich ist. Und doch gibt es keine allgemeinere Aussage darüber als die, daß unsere gewohnte Welt ein vierdimensionales zeiträumliches Kontinuum ist[18].«

Welchen Wandel Minkowski herbeiführte, liegt offen zutage. Einstein drückte es so aus: »Das physikalisch Reale (ist nun) als ein vierdimensionales Sein zu denken statt wie bisher als das Werden eines dreidimensionalen Seins[19].« Oder, wie Jeans über Einsteins ursprüngliche Arbeit schrieb: »Die Studie über die inneren Zusammenhänge der Natur ging vom Ingenieur-Wissenschaftler zum Mathematiker über[20].« Einstein war sich über die Schwierigkeiten im klaren, die in der nicht-mathematischen Welt entstehen mußten. »Seit die Mathematiker die Relativitätstheorie aufgegriffen haben, verstehe ich sie selbst nicht mehr«, sagte er ironisch. Bei anderen Gelegenheiten ließ er verlauten: »Die Leute in Göttingen kommen mir manchmal vor, als wollten sie einem nicht helfen, etwas übersichtlich zu formulieren, sondern als wollten sie uns Physikern nur beweisen, um wieviel gescheiter sie sind als wir[21].«

Aber diese Spöttereien waren nur äußerliche Schnörkel. Einstein wußte sehr wohl und betonte es auch immer wieder, daß Minkowski die spezielle Relativitätstheorie nicht nur umformte, sondern auch außerhalb der relativ kleinen Welt der theoretischen Physik bekanntmachte. Im September 1908 traf sich die »Versammlung Deutscher Naturforscher und Ärzte« in Köln. Dort hielt Minkowski seinen populär-wissenschaftlichen Vortrag über *»Raum und Zeit«*; sogar nach einem halben Jahrhundert haben seine Eröffnungsworte noch einen besonderen Klang: »Meine Herren! Die Anschauungen von Raum und Zeit, die ich Ihnen entwickeln möchte, sind auf experimentell-physikalischem

Boden erwachsen. Darin liegt ihre Stärke. Ihre Tendenz ist eine radikale. Von Stund an sollen Raum für sich und Zeit für sich völlig zu Schatten herabsinken und nur eine Art Union der beiden soll Selbständigkeit bewahren[22].«

Für Minkowski war die Relativitätstheorie zum Mittelpunkt seines Lebens geworden. Er stand erst im 44. Lebensjahr, und es war nicht zu gewagt, über die Aussichten einer zukünftigen, langanhaltenden Zusammenarbeit zwischen Einstein in Bern und Minkowski in Göttingen zu spekulieren. Da wurde Minkowski gegen Ende des Jahres krank. Er kam ins Krankenhaus und starb dort am 12. Januar 1909 an einer Bauchfellentzündung.

Der wachsende Ruhm, den Minkowski Einstein in einem größeren Kreis von deutschen Wissenschaftlern verschafft hatte, erscheint heute weniger überraschend als damals im Jahre 1908. Im Rückblick können Einsteins Abhandlung von 1905, die fast ebenso dramatische Arbeit von 1907 und Minkowskis entscheidender Abschluß von 1908 gemeinsam als Bausteine zum stetig wachsenden Ruhm Einsteins angesehen werden, einem Ruhm, für den die vier Wände des Patentamts schließlich zu klein wurden.

Der Bruch erfolgte bereits 1909, ebenso die erste Ehrendoktorwürde, die erste Berufung und sein erster großer Gastvortrag auf dem Jahreskongreß eben jener Naturforscherversammlung, deren Teilnehmer zwölf Monate zuvor Minkowski gelauscht hatten. Tatsächlich war das Jahr 1909 der Zeitpunkt, zu dem der Professor der theoretischen Physik in die Öffentlichkeit trat, dessen Exzentrizitäten nun als Merkmale des Genius galten.

Das erste wichtige Ereignis in diesem Jahr war eine Einladung nach Genf zur 350-Jahr-Feier der von Calvin gegründeten Universität. Einstein sollte die Ehrendoktorwürde verliehen werden. Fast vierzig Jahre später erinnerte er sich daran, daß er den Brief aus Genf erst für ein Rundschreiben hielt und in den Papierkorb warf. Erst als Genf nachfragte, warum er nicht antwortete, wurde die zerknüllte Einladung wieder herausgefischt und angenommen.

Einstein reiste Anfang Juli nach Genf und wurde zusammen mit Marie Curie, dem belgischen Chemiker Ernest Solvay und Wilhelm Ostwald gebührend gefeiert.

Berichte aus erster Hand über Einsteins Genfbesuch sind offenbar nicht erhalten, und die Berichte aus zweiter Hand sind nicht frei von Mythenbildung. Doch die folgende Anekdote könnte Einsteins Art durchaus gerecht werden. Es heißt, er habe sich während des kostspieligen Universitätsbanketts an einen Tischnachbar gewandt und gesagt: »Wissen Sie, was Calvin gemacht hätte, wenn er noch da wäre? Er würde einen großen Scheiterhaufen errichtet und uns alle wegen sündhafter Schlemmerei verbrannt haben[23].«

Im Sommer des Vorjahrs hatte Einstein in Bern von Rudolf Ladenburg Besuch erhalten, einem Physiker aus Berlin, der eine Einladung überbrachte, auf der Jahrestagung der Naturforscher und Ärzte 1909 einen Vortrag zu halten. Im September fuhr Einstein nach Salzburg.

Dort hielt er seinen ersten großen Vortrag, mit dem er sich einem informierten und kritischen Publikum vorstellte, dem prüfenden Blick der Säulen der Wissenschaft. Aber auch er konnte sie seinerseits einer eingehenden Prüfung unterziehen. Unter denen, die er kennenlernte, befanden sich Planck, Wien, Rubens und Sommerfeld. In Salzburg traf er auch zum erstenmal den jungen Ludwig Hopf, seinen zukünftigen Assistenten in Zürich und Prag; außerdem den Physiker Max Born aus Breslau, der Minkowskis Vortrag über »*Raum und Zeit*« in Köln voller Begeisterung zugehört hatte und diesem dann nach Göttingen gefolgt war.

Nach dem zu urteilen, was folgte, war Einstein wahrscheinlich vor allem von Planck beeindruckt, denn für Planck empfand er später einen an Verehrung grenzenden Respekt. Die zwei Männer standen schon seit 1906 in einem zunächst nur gelegentlichen Briefwechsel. Planck war jedoch zunehmend von dem jungen Mann beeindruckt, der seine Quantentheorie so kühn in neue Gefilde übertragen hatte. Erst in Salzburg lernten sich die beiden Männer persönlich kennen. Die Einstellung, die Einstein sein Leben lang Planck gegenüber hatte, trat zwanzig Jahre später zutage, als Einstein gebeten wurde, ein Vorwort zur englischen Auflage des Planckschen Buches »Wege zur physikalischen Erkenntnis« zu verfassen. Einstein schrieb, er fände es anmaßend, Max Planck beim Publikum einzuführen, denn der Erfinder der Quantentheorie habe es nicht nötig, von dem Licht einer viel kleineren Leuchte bespiegelt und vorgestellt zu werden[24].

In Salzburg hielt auch Max Born einen Vortrag über »Die Dynamik des Elektrons im System des Relativitätsprinzips«. In der Erinnerung schrieb er: »Dies scheint mir amüsant. Einstein war bereits über die spezielle Relativitätstheorie hinaus vorgedrungen, die er kleineren Propheten überließ, während er selbst über neue Rätsel grübelte, die mit der Quantentheorie des Lichts zusammenhingen, und natürlich auch über Gravitation und allgemeine Relativität, welche damals allerdings für allgemeine Diskussionen noch nicht reif waren[25].«

Einstein war erst dreißig. Es wäre angesichts dieses kompetenten Publikums nicht verwunderlich gewesen, hätte er für seinen Vortrag ein weniger angreifbares Thema gewählt. Das war aber nicht Einsteins Art. Sein Aufsatz trug den Titel »*Über die Entwicklung unserer Anschauungen über das Wesen und die Konstitution der Strahlung*« und wurde später von Wolfgang Pauli als »einer der Wendepunkte in der Entwicklung der theoretischen Physik«[26] bezeichnet. Der Anspruch, den diese Arbeit stellte, trat sogleich zutage: Einstein legte am Anfang dar, daß man einige Tatsachen über die Strahlung leichter im Rahmen von Newtons Korpuskulartheorie des Lichts als mit der geläufigen Wellentheorie erklären könne. Was deshalb nötig sei, fuhr er fort, war ein grundlegender Wandel in der zeitgenössischen Auffassung[27] von der Natur des Lichts – durch eine Kombination der beiden Modelle.

Der junge Mann – immer noch bloß Privatdozent, nicht Professor – verlangte also von seiner Zuhörerschaft, daß sie ihre Vorstellung von Licht radikal änderte und akzeptierte, daß Licht beides sein konnte, Welle und Teilchen. Als die Diskussion eröffnet wurde, erhob sich Planck als erster und sprach wohl für die Mehrheit, als er sagte: »Das scheint mir ein Schritt, der in meiner Auffassung noch nicht als notwendig geboten ist[28].«

Doch Einsteins Vortrag hielt, was er versprach. Denn er beschwor das $E = mc^2$ seiner zweiten Relativitätsabhandlung von 1905 und zeigte damit, daß die Ausstrahlung von Energie in Form von Licht eine Änderung der Masse verursachte. Das stützte die Korpuskulartheorie. Er argumentierte weiter, daß der elementare Ausstrahlungsprozeß nicht als sphärische Welle stattfand, wie von der klassischen Physik gefordert, sondern als gerichtete Strahlung oder Nadelstrahlung. Damit hatte er an Planck Rache genommen.

Unter den Zuhörern befand sich Lise Meitner, eine junge Frau von 31 Jahren, die bei Planck in Berlin studierte. »Zu jener Zeit habe ich bestimmt die ganzen Konsequenzen seiner Relativitätstheorie noch nicht voll begriffen«, schrieb sie später, »und auch nicht das Ausmaß, in dem sie zu einer revolutionären Umformung unserer Begriffe von Raum und Zeit beitragen würde. Im Verlauf seines Vortrags nahm er sich jedoch die Relativitätstheorie vor und leitete daraus die Gleichung ab: Energie = Masse multipliziert mit der Lichtgeschwindigkeit im Quadrat, und zeigte, daß zu jeder Strahlung auch eine träge Masse gehört. Diese zwei Fakten waren so überwältigend neu und erstaunlich, daß ich mich an diesen Vortrag bis heute sehr gut erinnere[29].« Fast genau drei Jahrzehnte später stieß Lise Meitner auf die Erklärung dessen, was Otto Hahn gerade in Berlin entdeckt hatte: die Kernspaltung, die, zusammen mit Einsteins Masse–Energie-Beziehung, den Schlüssel zu den Atomwaffen lieferte.

Einstein kehrte nach Bern zurück, um seinen ersten hauptberuflichen Universitätsposten zu übernehmen. 1908 war an der Universität Zürich ein Extraordinariat für theoretische Physik eingerichtet worden, und Professor Kleiner, der Einstein zur Privatdozentur in Bern verholfen hatte, schlug ihn dafür vor. Doch war Kleiners frühere Begeisterung inzwischen abgeklungen. Philipp Frank zufolge hatte der Professor eine Vorlesung von Einstein in Bern besucht und war zu dem Schluß gekommen, daß sie für das Begriffsvermögen der

Studenten nicht geeignet war. »Ich verlange ja auch gar nicht, daß man mich als Universitätsprofessor nach Zürich beruft[30]«, lautete die scharfe Entgegnung Einsteins. Vielleicht richtete er seinen Blick dabei auf etwas Höheres als diese Universität. Denn sie war nur eine kantonale Institution, während die E.T.H., an der Einstein promoviert hatte, eine Einrichtung des Bundes war und ein höheres Bildungsniveau aufwies.

Kleiners Assistent war Friedrich Adler, der Sohn Viktor Adlers, des Gründers der Sozialdemokratischen Partei Österreichs. Jetzt spielte die Politik in die akademische Welt hinein. Bei der kantonalen Schulbehörde lag nämlich die letzte Entscheidung, wer auf den neu eingerichteten Lehrstuhl berufen würde, und die Mehrheit dort bestand aus Sozialdemokraten. Der Lehrstuhl wurde Adler angeboten.

Einstein machte das offenbar nicht viel aus[31], doch die Sache war noch nicht zu Ende. Der junge Adler war ein Mann von übergroßer Ehrlichkeit. Als er erfuhr, daß Einstein im Falle einer Berufung angenommen hätte, setzte er sich nicht nur bei der Schulbehörde für ihn ein, sondern sprach auch mit Kleiner und empfahl dringend, Einstein zu einem Lehrstuhl zu verhelfen. In der Zwischenzeit hielt Einstein offenbar nach einer Stelle außerhalb der Universität Ausschau. Er bat bei Marcel Grossmann brieflich um Rat, ob er sich an der Ingenieurschule in Winterthur bewerben solle. Er bat das Gymnasium der Züricher Kantonschule um nähere Angaben bezüglich einer freien Mathematik-lehrer-Stelle. Er diskutierte in mehreren Briefen an Laub die Aussichten für Stellungen außerhalb der Universität.

Während Einstein noch herumsuchte, tat Adlers Vorstoß seine Wirkung. Anfang des neuen Jahres wurde Einstein nach Zürich zu Kleiner gerufen. Aber im April wartete er jedoch immer noch. Nachdem offensichtlich eine ganze Reihe von neuen Berufungen angekündigt war, schrieb Adler am 16. Februar an seinen Vater: »Es ist kaum zu glauben, aber Einstein wurde nicht erwählt und ich bin froh, daß ich in die Ferien gefahren bin und nicht länger abge-wartet habe[32].« Dann, im Frühsommer, wurde Einsteins Berufung doch offiziell bekanntgegeben.

Am 6. Juli 1909 reichte er sein Entlassungsgesuch beim Bundesministerium für Justiz und Polizei ein, bei dem er offiziell angestellt war. Einer Patentamts-erzählung zufolge weigerte sich Haller zunächst, die Kündigung ernst zu nehmen. Als er einsehen mußte, daß Einstein tatsächlich entschlossen war, das Patentamt zu verlassen, schrieb er an den Bundesrat, um offiziell um die Ent-lassung seines Angestellten nachzusuchen. Offensichtlich hoffte er noch, daß dieser Schritt verhindert werden konnte. »Sein Abgang bedeutet einen Verlust für das Amt«, schrieb er. »Jedoch fühlt Herr Einstein, daß Lehrtätigkeit und wissenschaftliche Forschung sein eigentlicher Beruf seien, weshalb der Direktor des Amtes davon absah, ihn durch finanzielle Besserstellung an das Amt zu binden[33].«

Einstein kehrte aus Salzburg in die Schweiz zurück und kümmerte sich zunächst um seinen Umzug von Bern nach Zürich. Im Oktober nahm er dann seine Tätigkeit an der Universität auf.

Albert Einsteins Geburtshaus in Ulm, das 1945 zerstört wurde.

Der sechsjährige Einstein mit seiner Schwester Maja
(Aufnahme aus dem Jahre 1885).

6. KAPITEL

DIE ERFOLGSLEITER

Einsteins Stellung in Zürich war die eines außerordentlichen Professors; sein Gehalt betrug nur 4500 Franken jährlich, ebensoviel, wie er am Patentamt erhalten hatte. Dazu kamen die Vorlesungsgelder und eine Aufbesserung um 1000 Franken im Jahr 1910. Dieser Zuschuß deckte jedoch nicht die Mehrausgaben eines Universitätsprofessors und die höheren Lebenskosten in Zürich. Im Gegensatz zu seiner Position zehn Jahre später, als er jede Bezahlung hätte verlangen können, lebte und arbeitete Einstein noch inmitten der schlechtbezahlten, überarbeiteten unteren Professorenschaft, und Mileva nahm Studenten als Logiergäste auf, damit man besser zurechtkam.

Trotz alledem: Einstein war endlich der Durchbruch in die akademische Welt gelungen und hatte Aussicht auf ein friedliches Leben an einer, möglicherweise zwei Schweizer Universitäten, auf eine im Lauf der Jahre ständig größer werdende Verantwortung – auf ein Leben im elfenbeinernen Turm also. In Wirklichkeit aber unterschied sich Einsteins Zukunft auf dramatische Weise von diesem Bild. Innerhalb von 5 Jahren lehrte er an drei Universitäten in drei Ländern und zusätzlich an der E. T. H. in Zürich. Und noch ein paar Jahre später verstrickte er sich in das Ringen um den Pazifismus, in den Kampf für den Zionismus und in die ständig wichtiger werdende Rolle der Wissenschaftler auf dem Gebiet der Weltpolitik. Und Einstein trug dazu bei – im Jahr 1939 durch seine Handlungen, im Jahr 1945 durch Unterlassungen –, daß Atomwaffen auf der Erde eingesetzt wurden. Doch darauf gab es 1909 noch keinen Hinweis.

Wenn es einen Hinweis auf Veränderungen in seinem Leben gab, so betraf er private Angelegenheiten. Die gegenseitige Geduld Einsteins und seiner Frau wurde immer schwächer, und er machte das Besso klar, dem

Einstein, wenige Wochen, nachdem er sich in Zürich niedergelassen hatte, schrieb[1].

Dazu kam sein persönlicher Ehrgeiz. Es ist Mode geworden, Einstein für einen Mann zu halten, der von den Problemen des wirklichen Lebens abgesondert lebte, der sich über Geld nie Sorgen machte, Ehrungen verächtlich gegenüberstand und sich nicht darum kümmerte, welche Position die Welt ihm zuerkannte. Später, als er der berühmteste Wissenschaftler der Welt war, konnte er sich diese Haltung leisten. Doch zunächst hatte er triftige Gründe, um auf Anerkennung aus zu sein. Zusammen mit seiner Frau brauchte er ein gewisses Minimum an Geld, um mit den täglichen Erfordernissen des Lebens fertig zu werden und Frieden und Muße für seine Arbeit zu haben. Abgesehen von diesen finanziellen Voraussetzungen gab es noch einen weiteren wesentlichen Grund, warum er während dieser Jahre vor dem Ersten Weltkrieg kreuz und quer durch Europa reiste. Er gehörte, wie er oftmals sagte, zu den Menschen, die in einem Team keine gute Arbeit leisten können. Auch brauchte er wenig Anregung durch andere Mitarbeiter auf seinem Fachgebiet. Doch gleichzeitig arbeitete er gern in einer geistesverwandten Atmosphäre. Es ist kein Zufall, daß ihn in Prag Georg Pick mit jenem mathematischen Rüstzeug vertraut machte, das er für seine allgemeine Relativitätstheorie benötigte und daß er seine Arbeit in einem kriegführenden Deutschland abschloß, inmitten einer Schar von Talenten, zu denen Sommerfeld, von Laue, Planck und Weyl gehörten.

Dies alles ließ sich nicht voraussehen, als Einstein im Herbst 1909 zum erstenmal unter Akademikern Fuß faßte. Mit seiner Frau und seinem Sohn Hans Albrecht zog er in eine Wohnung in der Moussonstraße Nr. 12 am Fuße des Zürichberges, und hier wurde sein zweiter Sohn, Eduard, im Juli 1910 geboren.

Die Adlers wohnten im selben Haus. »Mit Einstein, der über uns wohnt, stehen wir sehr gut, und, wie das schon so geht, von allen Akademikern (bin ich) mit ihm am intimsten. Sie (die Einsteins) haben eine ähnliche Bohemien-Wirtschaft wie wir«, schrieb Adler am 28. Oktober an seine Eltern. »Je mehr ich mit Einstein spreche – und das geschieht ziemlich viel –, um so mehr sehe ich, daß meine günstige Meinung von ihm berechtigt war. Er ist unter den heutigen Physikern nicht nur einer der klarsten, sondern auch einer der unabhängigsten Köpfe und wir sind in Fragen einer Meinung, die so gestellt die Überzahl der anderen Physiker überhaupt nicht begriffe[2].«

Zudem war Einstein ein beliebter Dozent. Das lag zum Teil an seinem Mangel an gesellschaftlicher Konvention, zum Teil an seinem Humor, zum Teil auch an seinen Erinnerungen an die Zeit am Münchner Gymnasium, die es ihm unmöglich machten, sich dem gewöhnlichen professoralen Muster anzupassen. Sein alter Freund aus Aarau, Dr. Adolf Fisch, erinnert sich: »Mit dieser Vorlesung gab sich Professor Einstein, der mich mit seinem Studienfreund Ehrat manchmal an den Bahnhof begleitete, große Mühe, um den Studenten etwas Gehaltvolles und Neues zu bieten. Er erkundigte sich immer wieder, ob er auch verstanden werde? In den Pausen war er oft von Studenten und Studentinnen umringt, die Fragen stellen wollten. Geduldig und freundlich versuchte er sie zu beantworten. Dieser kameradschaftliche Kontakt zwischen Dozenten und Studenten war damals gar nicht so selbstverständlich.«[3]

Er hielt in Zürich während der laufenden Semester regelmäßig Vorlesungen: über »Einführung in die Mechanik«, über Thermodynamik, die »kinetische Theorie der Wärme«, über »Elektrizität und Magnetismus« und über »Ausgewählte Kapitel aus der theoretischen Physik«. Die Zahl der Studenten war eher klein und ging über zehn selten hinaus, was aber eher dem lauen Interesse an der Physik zuzuschreiben war, als der mangelnden Fähigkeit des Meisters. Adler zog eine treffende Bilanz aus der Situation, nachdem Einstein seinen Dienst angetreten hatte: »Meine mathematische Vorlesung hat nur 4 Hörer, was mehr ist, als ich erwartete, denn es ist natürlich an einer so kleinen Universität nicht das Bedürfnis nach einem zweiten Theoretiker vorhanden. Die Leute müssen Einstein hören, weil sie bei ihm Examen machen, und haben mit seinen 7 Stunden mehr als genug[4].«

Einstein war präzise und klar, er benützte kaum Notizen und blieb trotzdem niemals stecken, wie es selbst dem besten Stegreif-Dozenten mitunter passieren kann. Er hatte eine trockene, leicht hingeworfene Art von Humor, der die wichtigen Punkte seiner Thesen anschaulich machte; einen manchmal donquichottischen, manchmal respektwidrigen Humor, der seine Studenten entzückte. Er war überdies einer der wenigen Dozenten, der seine Hörer dazu aufforderte, ihn zu unterbrechen, wenn sie etwas nicht verstanden.

Ebenso typisch war es, daß er mit seinen Studenten freundschaftlich verkehrte, zu jener Zeit etwas Ungewöhnliches. Wenn er sie nach dem wöchentlichen Physik-Kolloquium zum Café »Terrasse«[5] mit nach Hause brachte, um das Rätsel des Universums bei einer Tasse Kaffee zu diskutieren, erschien er als ein glücklicher Mann, nach außen hin zufrieden mit seinem finanziellen Status und mit dem guten Ruf, den er bereits erlangt hatte.

Mit dem Ort, an den ihn die Umstände gestellt hatten, schien er zufrieden. Er war nun 31 Jahre alt, ein Schweizer Bürger, der dem Land wie alle Konvertiten besonders eng verbunden war, blind für dessen Fehler, und allen Ernstes davon überzeugt, daß die Schweiz mit ihrem Regierungssystem den demokratischen Schlüssel zu einem politischen Jahrtausend gefunden hatte. Gelegentlich reiste er über die Grenzen hinaus, um mit anderen Mitgliedern der internationalen Physikergemeinschaft zu verkehren – mit Planck aus Berlin, Rutherford aus England, Poincaré aus Paris. Doch deren geschäftigere Welt, die Welt der Berliner Laboratorien, des Collège de France und des Cavendish – lauter Plätze, gegen die Zürich provinziell erschien – besaß wenig Anziehungskraft für Einstein. Er brauchte nicht mehr als Bleistift, Papier und Pfeife, Ruhe, um sich bei seiner Violine zu erholen, einen nahen See zum Segeln und Gelegenheit zu einem nicht zu anstrengenden Spaziergang in erfreulicher Landschaft.

So schien die Lage gegen Ende 1910 zu sein, als er in Zürich schon etwas mehr als ein Jahr gelehrt hatte. Doch während der ersten Monate des Jahres 1911 hörten seine Kollegen erstaunliche Neuigkeiten: Einstein beabsichtigte, die Schweiz zu verlassen, um nach Prag zu gehen. Das war, wie ein Schweizer Biograph vermerkte, »für die schweizerische Wissenschaft eine schmerzliche Neuigkeit«[6]. Hätte man gewußt, daß Einstein den Umzug schon wenige Monate nach seiner Ankunft in Zürich 1909 in Betracht gezogen hatte, wäre der Schock noch viel heftiger gewesen.

Und nun hatte Einstein einen Ruf von der Deutschen Universität in Prag erhalten, wo die Fakultät einstimmig seinen Namen vorgeschlagen hatte. Die Berufung in die Hauptstadt Böhmens war für ihn in mehr als einer Hinsicht attraktiv. Der erste Rektor der Universität war Ernst Mach gewesen. Und in Benatek, wenige Meilen außerhalb Prags, hatte Tycho Brahe mit dem jungen Kepler gearbeitet. Das waren Zusammenhänge, die von einem Mann mit Einsteins Bildungsgang nicht übersehen werden konnten. Er hätte sie nicht einmal unbeachtet gelassen, wenn ihm die komplizierte emotionelle, rassische und politische Situation bewußt gewesen wäre, die sich in Prag bereits zu entwickeln begann. Aber 1910 nahm er sie noch nicht recht wahr; er war damals politisch noch nicht so interessiert wie in seinem späteren Leben. Er wußte also kaum, daß in Prag zwischen der tschechischen und deutschen Bevölkerung ein erbitterter, wenn auch verborgener Kampf stattfand, oder daß die Existenz von zwei Universitäten in der Stadt, einer deutschen und einer tschechischen, 1888 als Kompromißlösung geschaffen, nur ein Symptom für die Zustände war.

Wie zwei Jahre zuvor in Zürich waren für den Prager Lehrstuhl hauptsächlich zwei Namen genannt worden. Der eine Anwärter war Einstein, der andere Gustav Jaumann, Professor an der Technischen Hochschule in Brünn. Die endgültige Entscheidung ging auf eine Empfehlung von Anton Lampa zurück, dem Ordinarius für Physik an der deutschen Universität in Prag, und wurde formell vom Kaiser über das Erziehungsministerium gefällt. Lampa begünstigte Einstein, in der Annahme, Einstein sei noch ein eindeutiger Anhänger Machs, und ohne Zweifel beeinflußt von Plancks Ratschlag: »Wenn sich die Einsteinsche Theorie als zutreffend herausstellen sollte, wie ich es erwarte, wird er als der Copernicus des 20. Jahrhunderts gelten[7].« Das Ministerium bevorzugte Jaumann, und zwar nicht nur, weil er Anhänger Machs, sondern gebürtiger Österreicher war.

Die Situation komplizierte sich noch durch eine Bestimmung der Universität, daß die Bedeutung der Veröffentlichungen der Kandidaten die Reihenfolge auf der Antrittsliste bestimmen sollte. Einsteins Schriften ab 1902 setzten ihn an die erste Stelle. Daraufhin zog Jaumann unter Protest seine Kandidatur zurück: »Wenn man Einstein in dem Vorschlag vor mich setzt und glaubt, daß er größere Verdienste hat als ich, so will ich mit einer Universität nichts zu tun haben, die der Modernität nachjagt und das wahre Verdienst verkennt[8].« Sein Schritt schien für Einstein freie Bahn zu bedeuten.

Doch nun trat ein anderes Hindernis auf. Kaiser Franz Joseph hatte zwar bei der Berufung keine direkte Funktion, doch konnte er ein Veto einlegen. Und es war bekannt, daß der Kaiser Berufungen an die Universität nur bei praktizierenden Mitgliedern einer anerkannten Kirche bestätigte. Obgleich Einstein Jude war, wußte man in Zürich nur zu gut, daß er ein »Ungläubiger« war.

Aber es war noch nicht alles verloren. Einstein hatte eine Aufforderung erhalten, beim Erziehungsminister in Wien vorzusprechen, und er reiste am gleichen Morgen von Zürich ab.

Diesmal gab es kein Hindernis. Kaiserliche Zweifel wurden ausgeräumt, und Einsteins Berufung auf den Lehrstuhl wurde schließlich bestätigt. Jedoch erst, als er widerstrebend zugestimmt hatte, die österreich-ungarische Staatsbürgerschaft anzunehmen, eine Notwendigkeit, da die Stellung ihn zu einem Staatsbeamten machte. Als Trostpflaster hatte man ihm genehmigt, Schweizer zu bleiben, so daß er sich zum ersten- aber nicht zum letztenmal auf die Privilegien einer zweifachen Staatsangehörigkeit berufen konnte.

Katja Adler zufolge war Einstein an dieser Prager Stellung »sehr viel« gelegen, und das aus verschiedenen Gründen. In Prag würde er ordentlicher und nicht mehr außerordentlicher Professor sein und sein Gehalt würde sich erhöhen. Freunde, die ihn später in Prag besuchten, konnten seinen höheren Lebensstandard feststellen; die Einsteins hatten zum erstenmal ein Dienstmädchen.

Doch die Erklärung, warum Prag so anziehend für Einstein war, findet sich in den letzten Worten eines Briefes, den Einstein wenige Monate nach seiner Ankunft, am 5. Juli 1911, an Lucien Chavan schrieb: »Uns geht es gut hier, wenn auch das Leben hier nicht so angenehm ist wie in der Schweiz, ganz abgesehen davon, daß wir hier fremd sind. Es gibt hier kein Wasser, das man anders als gekocht trinken darf. Die Bevölkerung kann zum größten Teil nicht deutsch und benimmt sich gegen Deutsche feindlich. Auch sind die Studenten weniger intelligent und strebsam als in der Schweiz. Aber ich habe ein schönes Institut mit reicher Bibliothek[9].« Er liebte Zürich und die Schweiz, aber was war das schon gegenüber »einem schönen Institut und einer reichen Bibliothek«.

Der Umzug nach Prag fand im März 1911 statt. Einstein faßte schnell Fuß an seinem neuen Arbeitsplatz, wobei er beträchtlich unterstützt wurde von Ludwig Hopf, seinem jungen Assistenten aus Zürich, der ihm gefolgt war. Einstein blieb nicht einmal ganze 18 Monate in dieser Stadt, dennoch war die mit diesem Aufenthalt verbundene Erfahrung äußerst wichtig. Denn wie sehr er auch versuchte, alles außer der Arbeit seinem Geist fernzuhalten, er mußte doch von der ungewissen Stellung der Juden in einer Gemeinschaft, die schon in sich selbst gespalten war, Kenntnis nehmen. Er mußte die Erregung bei vielen jüdischen Freunden bemerken, sobald die Sache der Zionisten auch nur erwähnt wurde; und ebenso war er gezwungen, die pan-germanistischen Gefühle festzustellen, welche die Mittelmächte schon in Richtung auf den Abgrund des Ersten Weltkriegs zusteuern ließen. In Prag hatte er als Schüler Otto Stern, den schlesischen Physiker, der ihm 1912 nach Zürich folgen und auf dramatische Weise während der letzten Monate des Zweiten Weltkriegs wieder in Einsteins Leben eintreten sollte. Und in Prag lernte Einstein den mathematischen Formalismus kennen, der ihm das Problem der allgemeinen Relativität lösen half. Diese Erweiterung seiner Fähigkeiten hatte er Georg Pick[10] zu verdanken, einst Assistent von Ernst Mach und zwanzig Jahre älter als Einstein. Pick und Einstein hatten gemeinsame musikalische Interessen. Sie schlossen enge Freundschaft, und als Einstein von seinen Schwierigkeiten sprach, schlug Pick vor, den absoluten Differentialkalkül von Ricci und Levi-Civita zu benutzen. Die zwei Männer blieben noch lange, nachdem Einstein Prag verlassen hatte, in Verbindung. Im Juni 1939, als die Deutschen Prag schon besetzt hatten, sandte Pick – damals schon 80 – einen langen Brief an Einstein, in dem er die Vergangenheit wachrief. Pick starb wenige Jahre später im Konzentrationslager Theresienstadt.

Von Einsteins Leben in der böhmischen Hauptstadt ist verhältnismäßig wenig bekannt. Die ergiebigsten Berichte stammen von Philipp Frank, dem österreichischen Physiker, mit dem Einstein 1907 über das Problem der Kausalität korrespondiert hatte. Als Einstein Prag im Sommer 1912 verließ, wurde Frank, eben erst 28 Jahre alt, als sein Nachfolger berufen.

Eines steht ziemlich fest, sowohl nach Franks Berichten als vereinzelten Erinnerungen zufolge, die Einstein selbst im Laufe der Jahre seinen Freunden weitergab: daß er auf »das politische Klima der Stadt« reagierte und auf die

Situation der Juden von Prag. Denn hier lebten Tschechen und Deutsche in ihrer eigenen abgeschlossenen Welt. Die Professoren der zwei Universitäten trafen sich kaum, die Deutschen isolierten sich von der tschechischen Mehrheit im eigenen kulturellen Kreis mit Konzerten, Lesungen und Theater. Doch die Hälfte der Deutschen bestand aus Juden, was dazu angetan war, ein auf gegenseitiger Unterstützung beruhendes Bündnis entstehen zu lassen. »Die Stellung der Juden zu den übrigen Deutschen begann damals bereits einen problematischen Charakter anzunehmen. In den Zeiten des Liberalismus wurden die Juden als Mitkämpfer gegen die aufstrebenden Tschechen von der deutschen Minderheit in Prag sehr willkommen geheißen, und sie lebten auf freundschaftlichem Fuß miteinander. Aber als Einstein kam, war diese gute Beziehung schon an vielen Stellen getrübt. Unter den Sudetendeutschen spielten die rassischen Theorien und Tendenzen, die man später in Deutschland als »nationalsozialistisch« kennenlernte, schon um eine Zeit eine Rolle, als sie im Reich noch nahezu unbekannt waren. Es herrschte darum in der deutschen Minderheit in Prag ein etwas paradoxer Zustand. Die Deutschen bemühten sich, mit den Juden auf gutem Fuß zu leben, um einen Bundesgenossen gegen die Tschechen zu haben. Auf der anderen Seite aber wollten die Sudetendeutschen sie auch nicht als vollwertige Deutsche gelten lassen und traten ihnen darum gelegentlich immer wieder entgegen. Es war ein merkwürdiger Zustand, äußerlich dadurch gekennzeichnet, daß die ärgsten Judenfeinde und die Juden selbst sich in denselben Lokalen trafen und ein gemeinschaftliches gesellschaftliches Zentrum hatten[11].«

All das schuf eine prickelnde Lage für Einstein, den abtrünnigen Deutschen, den Wahl-Schweizer, der gegen seinen eigenen Wunsch genötigt war, die österreich-ungarische Staatsbürgerschaft anzunehmen, als er die Stellung an der Deutschen Universität erhielt. Es war das erste von vielen nicht-wissenschaftlichen Problemen, das die Beschäftigung mit der Physik schwierig machte. Einstein löste es, indem er der jüdischen Gemeinschaft öffentlich beitrat, obwohl er dazu neigte, seine deutsche Herkunft zu ignorieren.

Zur Prager Gemeinschaft gehörten Franz Kafka, Hugo Bergmann und der Schriftsteller Max Brod. Das Heim von Bertha Fant, einer eifrigen Zionistin, bildete den Mittelpunkt, von dem große Aktivität ausging, hier wurde der Triumph des Zionismus fast als Naturgegebenheit hingenommen. Übrigens brachte die Idee des Zionismus Einstein keineswegs aus der Ruhe. An den Angelegenheiten jüdischer Gefährten in einer fremden Stadt interessiert zu sein, das war eine Sache; etwas ganz anderes war es, sich das Judentum und seine Probleme auf weltweiter Basis angelegen sein zu lassen.

Diese Distanz von dem, was viele jüdische Genossen als »die große Sache« bezeichneten, inspirierte zweifellos Max Brod, in seinem Roman »Tycho Brahes Weg zu Gott« ein Bild Einsteins zu zeichnen. Die Person des jungen Kepler hat viele Charaktereigenschaften Einsteins. Frank zufolge sagte Walther Nernst, Professor der physikalischen Chemie in Berlin, nach der Lektüre des Buchs zu Einstein: »Dieser Kepler, das sind Sie[12].« Die Figur Kepler–Einstein ist die des Wissenschaftlers auf der Höhe seiner intellektuellen Macht, der sich in diesem Fall auf die Formulierung der allgemeinen Relativitätstheorie konzentriert, der an der übrigen menschlichen Gesellschaft nicht interessiert ist und die Unruhe um sich herum nur entfernt gewahr wird, und der die Verantwortung des Wissenschaftlers auf das Gebiet der Wissenschaft beschränkt wissen will.

Einige Sätze in Brods Buch vermitteln eine gedrängte Darstellung von Albert Einstein in diesem wichtigen Abschnitt seines Lebens, andere geben Aufschluß über seine Fehlschläge, die er erlitt, als er sich von den 20er Jahren an zum Verfechter jeder guten Sache machte, die ihm zu Ohren kam. So beginnt der junge Kepler dem alten Tycho Brahe Furcht einzuflößen. »Die Ruhe, mit der er seinen Arbeiten nachging und die Flöten der Schmeichler gänzlich überhörte, hatte für Tycho etwas Außermenschliches, unbegreiflich Gefühlloses, aus einer fernen Eisregion Herwehendes ... Jenes Volksmärchen fiel ihm ein, in dem ein Landsknecht dem Teufel sein Herz verkauft und dafür einen schußfesten Panzer erhält. So war Kepler. Er hatte kein Herz. Und deshalb eben hatte er von der Welt nichts zu fürchten. Er hatte kein Gefühl, keine Liebe. Und deshalb war er natürlich auch vor den Verirrungen des Gefühls sicher[12].« Es wäre leicht gewesen, einen Menschen wie diesen als Intriganten zu bezeichnen, dessen fortwährender Erfolg auf seine Schlauheit zurückzuführen war, aber für Brahe war es klar, »daß Kepler genau das Gegenteil eines Intriganten war, weil er niemals einen deutlichen Zweck verfolgte und überhaupt alles außerhalb seiner Wissenschaft in einer gewissen Bewußtlosigkeit tat.«[13] Das Bild eines Kepler, der mit dem Instinkt eines Genies innerhalb seines wissenschaftlichen Schneckenhauses arbeitet, aber ratlos ist, sobald er es verläßt, entspricht in manchen Zügen dem Bild Einsteins in seinen späteren Jahren, des Mannes mit zwei Achillesfersen: einem zu vertrauensvollen Glauben an das Gute im Menschen, und einem Glauben, daß die großen wissenschaftlichen Forschungen von der Politik und der Macht nicht nur getrennt werden sollten, sondern auch getrennt werden können. Dieser Glaube überlebte den Ersten Weltkrieg. Doch ein Jahrzehnt später, als Einstein Deutschland den Rücken kehrte, war auch dieser Glaube erloschen.

In Prag begann sich sein jüdisches Bewußtsein ganz schwach zu regen, was er selbst nicht merkte, bis er nach Berlin kam. Das geht aus dem Zeugnis von Dmitri Marianoff hervor, einem der beiden Schwiegersöhne Einsteins. Einstein selbst protestierte heftig gegen Marianoffs Biographie, aber es liegt wenig Veranlassung vor, über die nicht-wissenschaftlichen Details des Buches zu streiten, da Einstein sie offensichtlich in gelöster Stimmung als Erinnerungen im Familienkreis zum besten gegeben hat.

Marianoff gibt einen Hinweis auf die Art, wie Einstein durch die täglichen Ereignisse des Prager Lebens mit seinem Judentum konfrontiert wurde. »Auf seinen Spaziergängen durch die Stadt geriet er einmal auf eine kurze Allee, die zu einem alten, von hohen Mauern umgebenen jüdischen Friedhof führte, der seit dem 5. Jahrhundert erhalten war«, schrieb er. »Die Geschichte seiner Rasse über einen Zeitraum von tausend Jahren wurde auf den Grabsteinen, denen er gegenüberstand, erzählt. Darauf waren hebräische Inschriften mit symbolischen Zeichen für einen Stamm oder einen Namen: ein Fisch für ›Fischer‹, ein Hirsch für ›Hirsch‹, zwei Hände für den Stammbaum der ›Aaron‹. Hier fand er das arg mitgenommene, zerbröckelnde, verfallene Grab des Rabbi Loeue, des Freundes Tycho Brahe, des Astronomen aus dem 16. Jahrhundert, an dessen Denkmalsstatue, mit Globus und Kompaß in Händen, Einstein soeben vor dem Svato-Tynsky-Chram vorübergegangen war[14].«

Woran Einstein sich in Prag gerne erinnerte, waren laut Marianoff »die feierlichen Töne der Orgel in katholischen Kathedralen, die Choräle in den protestantischen Kirchen, die klagenden jüdischen Melodien, die hussitischen Hymnen voller Klangfülle, die Volksmusik und die Werke tschechischer, russischer und deutscher Komponisten[15].« Das war die Welt, in der er Erholung suchte, wo er sich »in einer Art Traum« bewegte, während sein Geist sich auf die Arbeit konzentrierte, die wirklich zählte.

Das Wichtigste im Hinblick auf diese Arbeit war immer noch das Rätsel der Gravitation. Während des ganzen Aufenthalts in Prag arbeitete er ständig an einer Lösung der damit verbundenen Probleme, wobei er auf das Äquivalenz-Prinzip und das »Gedankenexperiment« mit Licht zurückgriff, das er erfunden hatte, um dessen Gültigkeit zu prüfen. Das Resultat war eine weitere Abhandlung[16] für die »Annalen der Physik«.

Die in den »Annalen« vorgebrachte Theorie enthielt seine Vorstellungen, wie die Schwerkraft die Materie der physikalischen Welt beeinflußte. Doch Materie war, wie er schon gezeigt hatte, in Wirklichkeit verfestigte Energie, während Lichtquanten oder Photonen aus Teilchen bestanden, die ihre Masse in dem Prozeß, die Geschwindigkeit des Lichts zu erreichen, verändert hatten. So betrachtet, schien es sogar ohne Einsteins logischen Beweisaufbau plausibel, daß das Licht durch den Zug der Schwerkraft ebenso beeinflußt wurde wie die

Kanonenkugel. In der Tat hatte Newton in seinen »Optics« gefragt: »Wirken nicht die Körper schon aus einiger Entfernung auf das Licht und beugen dadurch seine Strahlen? Und ist nicht, unter sonst gleichen Umständen, diese Einwirkung bei der kleinsten Entfernung am stärksten[17]?« Und der deutsche Astronom Soldner hatte Newtons Korpuskulartheorie des Lichts benutzt, um eine ähnliche Abweichung vorauszusagen[18].

Es ergab sich aber noch eine andere Folgerung, die Einstein nun zum erstenmal vorbrachte. Wenn Licht in einem Stern oder in der Sonne erzeugt wird, in einer Zone starker Schwerkraft also, und auf die Erde strömt, in eine Zone geringer Schwerkraft, dann wird seine Energie nicht durch eine Verminderung der Geschwindigkeit aufgebraucht, weil das auf Grund der konstanten Geschwindigkeit des Lichts unmöglich ist. Etwas ganz anderes, so behauptete Einstein, mußte geschehen: die Wellenlänge des Lichts mußte sich verändern. Dieser Einsteinsche »Trick«, nämlich die Annahme, daß »die Spektrallinien des Sonnenlichts, verglichen mit den entsprechenden Spektrallinien irdischer Lichtquellen, etwas nach Rot hin verschoben sein müssen«, wurde in einigen Details ausgeführt. Jedoch war er so vorsichtig, einschränkend hinzuzufügen, daß es im Hinblick auf andere Einflüsse schwer sein würde, die besagte Wirkung zu isolieren. Tatsächlich sorgt die »Doppler-Verschiebung«, die auf die relative Bewegung der Sterne zum Sonnensystem zurückgeht, für eine zusätzliche und sogar noch wichtigere Komplikation.

Worauf sich Einstein indessen konzentrierte, war die Ablenkung des Lichts durch die Sonne; seine Abhandlung endete mit dem Vorschlag, diese Ablenkung bei einer totalen Sonnenfinsternis zu messen[19].

Die Abhandlung hatte eine wichtige Einschränkung zum Inhalt. Sie zog nur einen speziellen Fall der Schwerkraftauswirkung in Betracht und setzte voraus, daß die Schwerkraft durch den ganzen beobachteten Raum gleiche Stärke und Richtung hat. Das bedeutete eine Vereinfachung, die Einstein bei der Weiterentwicklung seiner Theorie half, ihm aber gleichzeitig Unbehagen bereitete. Er wußte, daß eine konsequente Abfassung seiner Theorie, die mehr im Einklang mit der Wirklichkeit stand – mathematische Kenntnisse erforderte, die er noch nicht besaß.

Trotz dieser Einschränkung war die Veröffentlichung aus einem besonderen Grunde wichtig. Einstein forderte die Astronomen zu Taten heraus. Wurde Licht tatsächlich durch Gravitation abgelenkt, wenn es nahe an der Sonne vorbeikam?

In der Zwischenzeit brachte ihm der neue Status, den er in Prag erreicht hatte, immer mehr Einladungen zu Vorträgen. Im Januar 1911 bat ihn Lorentz nach Leiden. Kurz danach wurde er formell zu einer wichtigen wissenschaftlichen

Konferenz eingeladen, dem ersten Solvay-Kongreß, der vom 30. Oktober bis zum 3. November 1911 in Brüssel stattfand.

Der Solvay-Kongreß war von dem belgischen Chemiker und Industriellen Ernest Solvay einberufen worden, und zwar auf Betreiben von Walther Nernst, einem der führenden deutschen Wissenschaftler. Solvay stand schon lange in engem Kontakt mit Nernst, der ihm vorschlug, einen Teil seines Vermögens zugunsten der Wissenschaft zu verwenden. Solvays eigenes Hobby war die Entwicklung einer neuen physikalischen Theorie, und Nernst machte ihm klar, daß er auf einer Konferenz der führenden europäischen Physiker die Möglichkeit hätte, seine Theorie vorzutragen. Anschließend könnten sie unter sich, in einer Reihe von Gastvorträgen, die Krise diskutieren, die im vergangenen Jahrzehnt infolge der Quantentheorie, der Entdeckung der Radioaktivität und der Atomforschung in der Physik eingetreten war. Solvay stimmte zu, und im Herbst 1911 reiste eine Anzahl führender europäischer Physiker nach Brüssel. Ihre Reisekosten wurden bezahlt, für Unterkunft war im Hotel Metropole gesorgt, wo zwei Räume für den Kongreß reserviert worden waren, und jeder erhielt ein Honorar von 1000 Francs für seine Teilnahme.

Nicht diese verlockenden Beigaben, sondern der hohe Rang der Konferenzteilnehmer machte diesen Kongreß für Einstein wichtiger als alle früheren, an denen er teilgenommen hatte. Planck, Nernst und Rubens kamen aus Deutschland; Poincaré, Madame Curie und Langevin aus Frankreich. James Jeans und Rutherford vertraten England, und aus Österreich-Ungarn reisten Einstein und Fritz Hasenöhrl an. Lorentz selbst präsidierte dem Kongreß. Maurice de Broglie aus Paris, Goldschmidt aus Brüssel und Frederick Lindemann, der damals unter Nernst in Berlin studierte, fungierten als Schriftführer. Die Brüsseler Konferenz unterschied sich sehr von dem Salzburger Treffen: Einstein kam jetzt ausschließlich mit Sachverständigen zusammen[20].

In Brüssel traf Einstein Planck, Nernst und Lorentz zum erstenmal auf gleicher Ebene. Hier begegnete er Madame Curie, die damals auf der Höhe ihres Ruhmes stand, und Ernest Rutherford, das Musterbeispiel eines riesigen Neuseeland-Farmers, der nach neuem Land Ausschau hält, um es zu kultivieren – nur war diesmal die Physik das unerforschte Land. »Einstein – nur Berechnung; Rutherford – nur Experiment«[21] war Chaim Weizmanns Urteilsspruch, des Mannes, der Rutherford in wissenschaftlicher Hinsicht im kommenden Krieg ebenso nahe stand, wie er Einstein in der Zionistenbewegung nach dem Krieg nahestand. Es gab noch andere Gegensätze zwischen den beiden Männern, das erhellt die Tatsache, daß Rutherford im Umgang mit Fremden immer ein wenig skeptisch war. So hatte er, als Wien behauptete, kein Angelsachse könne die Relativitätstheorie verstehen, sofort eine Antwort: »Nein. Die haben zuviel Verstand[22].«

Auch trafen sich in Brüssel zum erstenmal zwei Männer, die während des Zweiten Weltkriegs ironischerweise ganz unterschiedliche Stellungen innehatten: Einstein, der im Ruf stand, bei der Entwicklung der Atombombe von größtem Einfluß gewesen zu sein – und Lindemann (später Lord Cherwell), der mit Recht als Churchills Graue Eminenz galt und auf Großbritanniens Kriegswissenschaften einen vergleichbaren Einfluß ausübte. Lindemann, zur Zeit der Solvay-Konferenz erst 25 Jahre alt, sollte ein treuer Freund und ergebener Bewunderer Einsteins werden. »Ich erinnere mich gut, daß mein schriftführender Kollege, M. de Broglie, sagte, unter allen Anwesenden seien Einstein und Poincaré eine Klasse für sich«[23], schrieb er fast ein halbes Jahrhundert später. Seinen ersten Eindruck schilderte er in einem Brief an seinen Vater. »Ich kam gut zurecht mit Einstein, der auf mich den größten Eindruck machte, abgesehen vielleicht von Lorentz[24].«

Lindemanns Biograph vermerkt: »Während er dieses schüchterne Genie aus nächster Nähe beobachtete, bildete er sich eine Meinung über Einsteins Charakter, die er nie änderte. Er sah den turmhoch aufragenden Intellekt, der ihn in den Augen Lindemanns zum größten Genie des Jahrhunderts machte; er sah aber auch Einsteins ergreifende Naivität in den Alltagsdingen des Lebens. Einstein schien ihm in einem Universum eigener Schöpfung zu leben . . . In allen politischen Dingen war er ein argloses Kind, er würde seinen großen Namen für wertlose Dinge, die er nicht verstand, hergeben, und jedes lächerliche politische oder andere Manifest unterschreiben, das ihm von den entsprechenden Leuten vorgelegt würde[25].« Dennoch verband die beiden Männer eines: die Ansicht, daß der Mensch wenig zählte, wenn es um die großen Probleme der Physik ging. Lindemann hatte, einem seiner Kollegen zufolge, »Zeit für ein paar Herzöge und für ein paar Physiker, aber den Rest der Menschheit betrachtete er als eine Art kleiner Pelztiere«. Ersetzt man das Wort Herzöge durch das Wort Pazifisten, dann trifft das gleiche auf Einstein zu.

Thema des Kongresses war die Strahlungs- und Quantentheorie, und Einstein steuerte dazu eine Schrift bei, »Zum gegenwärtigen Stande des Problems der spezifischen Wärme«[26]. Sie befaßte sich mit den grundlegenden Argumenten, die er benutzt hatte, um die Anomalien der spezifischen Wärme bei niedrigen Temperaturen zu erklären. Madame Curies Reaktion war treffend: sie »würdigte die Klarheit seines Verstandes, den Scharfsinn, mit dem er seine Fakten ordnete, und die Tiefe seines Wissens[27].«

Im Verlauf des Kongresses wurde Einstein in eine für ihn typische verzwickte Lage gebracht. Sie entstand durch seine Bereitwilligkeit, den Prager Lehrstuhl zu verlassen, auf den er etwa acht Monate vorher berufen worden war. Milevas Verhalten spielte dabei eine Rolle. Obgleich ihr das Leben in der Schweiz Freude gemacht hatte, hatte sie dem Umzug nach Prag zugestimmt, und ihre Bereitschaft, sich von neuem – und so schnell – wieder loszureißen, scheint auf den ersten Blick überraschend. Frank, der Einsteins Nachfolger an der Deutschen Universität wurde, hatte eine Erklärung dafür: »Zum großen Teil« war es sicherlich der Wunsch seiner ersten Frau, die an Zürich gewöhnt war; sie fand es sehr schwer, sich dem Leben in Prag anzupassen[28].« Wie auch immer, Einstein war nicht der Mann, der sich von den Gefühlen seiner Frau mehr als nötig beeinflussen ließ. Und was immer Mileva über die Schweiz dachte, es war ein anderes Land, nach dem Einstein nun seine Blicke richtete. Der Grund ist – wie so oft bei Einstein – in der Antwort auf die Frage zu suchen: »Wie wirkt sich der Umzug auf meine wissenschaftliche Arbeit aus?«

In Prag gab es die »schöne Bibliothek«, es gab den Kontakt mit Geistesgrößen wie etwa Georg Pick. Aber die Begeisterung der ersten Wochen verflüchtigte sich schnell. Ein Grund wird von seinem ältesten Sohn genannt, der damals erst sechs Jahre alt war, sich aber lebhaft daran erinnert, wie sein Vater später die Situation erklärte: »Er mußte Vorlesungen über experimentelle Physik halten. Und er war immer froh, wenn alles gut ging[29].« Das aber war absolut nicht das, was Einstein erwartet hatte. Zwar liebte er den Umgang mit jungen Studenten, doch er tat in Wirklichkeit nur das gern, was er selber wollte und nicht, was er tun mußte. Und er hielt sich gern aus der Routine der experimentellen Arbeit heraus. Tatsächlich war er für einen normalen Universitätslehrstuhl eigentlich nicht geeignet, und wenn er schon einen innehaben mußte, dann wollte er flexiblere Bedingungen als in Prag. Wenige Monate nach seiner Ankunft traf er schon wieder Anstalten, wegzuziehen.

Der Sachverhalt geht aus einer langen Reihe von Briefen zwischen Einstein, Lorentz und Professor Julius von der Universität Utrecht hervor. Es ist nicht leicht, Einstein von einer gewissen Schuld an den unglücklichen Verwicklungen in dieser Angelegenheit freizusprechen. Doch muß man die Umstände im Auge behalten, und vieles kann auch mit der konfusen Naivität erklärt werden, mit der er die meisten Dinge außerhalb der Physik handhabe.

Am 20. August 1911, etwa zwei Monate vor dem ersten Solvay-Kongreß, benachrichtigte ihn Professor Julius aus Utrecht, daß Windt, der Professor für Physik an der Universität, Anfang des Monats gestorben sei. »Nun wäre nach meiner persönlichen Überzeugung dem wissenschaftlichen Interesse unserer Universität am allerbesten gedient, wenn es uns gelingen dürfte, zu veranlassen, daß Sie diese Professur übernehmen[30], schrieb er. Aber mehrere Mitglieder der Fakultät seien gegen die Ernennung eines Ausländers, und sein

Brief solle daher nur als »inoffizielle Fühlungnahme« verstanden werden. Einstein antwortete umgehend, wies aber darauf hin, daß er erst vier Monate in Prag sei, sich hier akklimatisiert habe und deshalb bedauere, ablehnen zu müssen. Julius versuchte es noch einmal, nachdem er die Mitglieder der Fakultät unter einen Hut gebracht hatte. »Es war einfach undenkbar, in der Sitzung Ihren Namen unerwähnt zu lassen, und man war allgemein der Ansicht, der von Ihnen angeführte Grund der Ablehnung sei nicht so prinzipieller Natur, daß es unsererseits vordringlich oder gar unerlaubt sein würde, noch einen Versuch zu wagen, Sie herüberzuholen«, schrieb er. Einstein gab in seiner Antwort zu, daß die Anziehungskraft Prags letzten Endes vielleicht doch nicht so groß sei, und daß er ganz ernsthaft daran denke, das Utrechter Angebot anzunehmen. Es gab jedoch einen Punkt, den Julius als ein Warnsignal hätte auffassen sollen. Bevor Einstein von Zürich nach Prag ging, hatte er versprochen, der ETH Mitteilung zu machen, wenn er einen anderen Ruf erhielte. Julius ließ nicht nach; er schrieb am 27. September, er hoffe, daß Einstein »sich mehr von Aussichten auf Utrecht als auf Zürich beeindrucken lassen sollte«. In einem weiteren Brief vom 11. Oktober hieß es, man würde noch auf Einsteins Antwort warten.

Einstein ließ erst wieder am 18. Oktober von sich hören; er entschuldigte sich damit, daß er drei Wochen lang fortgewesen sei, erst bei einer Naturforscherversammlung in Karlsruhe, dann in Zürich, wo er an einem Ferienkurs teilgenommen habe. Und in Zürich habe er erfahren, daß das Polytechnikum ihm gerne einen Posten angeboten hätte. Er möchte es bedenken, denn schließlich sei er ja Bürger von Zürich.

So war die Lage, als er Ende Oktober zum Solvay-Kongreß nach Brüssel reiste. Was dort im einzelnen über das Utrechter Angebot gesprochen wurde, ist unbekannt. Aber wir wissen, daß Lorentz, nachdem ihn seine holländischen Kollegen gebeten hatten, seinen Einfluß auf Einstein geltend zu machen, die Sache verpfuschte. Ebenso gewiß ist, daß Einstein die Wahl Peter Debyes unterstützte, des holländischen Physikers, der im Jahr zuvor Einsteins Lehrstuhl in Zürich übernommen hatte. Einstein unterstützte auch Debyes Wünsche, als er vor seiner Rückkehr nach Prag von Brüssel aus nach Utrecht fuhr, um Julius zu treffen. Am 15. November schrieb Einstein aus Prag die endgültige Absage an Julius.

In diesem Schreiben dankte Einstein Julius für die freundliche Aufnahme in Utrecht. Er habe sich aber dennoch entschlossen, in Prag zu bleiben. Abgesehen davon freue er sich sehr, daß Debye nach Utrecht gehen werde.

Es besteht kein Zweifel, daß Einstein Grund zur Freude hatte. Denn das einige Wochen zuvor Julius gegenüber beiläufig erwähnte Angebot aus Zürich hatte festere Formen angenommen. Die Behörden hatten bereits bei Madame Curie und Henri Poincaré bezüglich Einsteins Eignung für den Posten angefragt, und nun berichtete ihm Marcel Grossmann nach Prag, was sich gerade tat. In seiner Antwort drückte Einstein aus, daß ihm die Aussicht, nach Zürich zurückzukehren[31], Vergnügen bereite, und daß er ein Angebot der Universität Utrecht bereits ausgeschlagen habe. Doch dies entsprach nicht ganz dem, was er Julius erzählt hatte.

Einsteins Briefwechsel mit Lorentz läßt vermuten, daß ihn böse Befürchtungen plagten. ».. . Indes möchte ich Ihnen dies noch einmal nachdrücklich sagen, dass für mein Gefühl der Lauf, den die Utrechter Angelegenheit genommen hat, auch nicht den leisesten Schatten auf unser gegenseitiges Verhältnis wirft«, schrieb Lorentz am 6. Dezember. »Ich bin fest überzeugt, dass Sie den Weg eingeschlagen haben, den Sie für den richtigen halten mussten, und es kann gar nicht die Rede davon sein, dass Sie mich betrübt hätten. Dies schliesst nicht aus, dass mich das Resultat Ihrer Unterhandlungen mit der Utrechter Fakultät wirklich sehr betrübt, aber daran sind Sie nicht Schuld; nur das Schicksal, das uns nun einmal nicht günstig hat sein wollen. Hätte ich Ihnen nur gleich am Anfang geschrieben. Das ging aber nicht, weil man in Utrecht, wie das im allgemeinen auch richtig ist, sehr verschlossen war . . . Wäre es mir dann weiter nur gelungen, mich Ihnen gegenüber besser auszudrücken, oder hätte ich nachher, bevor es zu spät war, etwas von Ihren Skrupeln gehört; da hätte ich wenigstens versuchen können, sie zu beseitigen. Indes will ich in dieser Weise mit diesem ›hätte‹ und ›wäre‹ nicht fortfahren; das nützt uns ja gar nichts. Wie ich bereits sagte, will ich mich damit trösten, daß Sie auch in Zürich Schönes leisten können . . .«[32]

Lorentz schloß mit einem Nachsatz: »Ich habe Sie auf einem Rechenfehler ertappt: Nämlich 25 francs = 12 holl. Gulden, und Sie haben mir Fl. 15,09 geschickt. Ich schicke Ihnen daher Fl. 3 zurück.«

Den langatmigen Verhandlungen um den Utrechter Lehrstuhl folgte ein weiteres Mißverständnis[33]. Denn zwei Tage später schrieb Lorentz abermals und fragte Einstein, ob seine Entscheidung, nach Zürich zu gehen, endgültig sei. Einstein, der nicht wußte, daß Lorentz sich entschlossen hatte, vom Lehrstuhl in Leiden emeritiert zu werden, dachte, es sei noch vom Utrechter Lehrstuhl die Rede. Seine Unkenntnis bewahrte ihn davor, eine peinliche Wahl zu treffen. Es wäre ihm schwer gefallen, Lorentz etwas abzuschlagen, doch er zog Zürich dem Amt in Leiden vor, und zu diesem Zeitpunkt vertraute er mit Recht darauf, daß ihm aus Zürich ein offizielles Angebot gemacht wurde. Er hatte schon fest zugesagt, bevor ihm Lorentz die wahre Sachlage auseinandersetzen konnte.

Einstein hatte hervorragende Referenzen erhalten. Eine Referenz kam von Madame Curie. »Ich bewundere die Arbeiten sehr, die Herr Einstein auf dem Gebiet der modernen theoretischen Physik veröffentlicht hat«, schrieb sie am 17. November aus Paris. »Darüber hinaus glaube ich, daß die mathematischen Physiker einhellig sein Werk für allerersten Ranges halten. In Brüssel, wo ich an einer wissenschaftlichen Konferenz teilnahm, der auch Herr Einstein beiwohnte, konnte ich die Klarheit seines Verstandes, den Scharfsinn, mit dem er seine Fakten ordnete und die Tiefe seines Wissens bewundern. Wenn man die Tatsache in Betracht zieht, daß Herr Einstein noch sehr jung ist, ist es gerechtfertigt, daß man große Hoffnungen auf ihn setzt und daß man in ihm einen der führenden Theoretiker der Zukunft sieht[34].«

Henri Poincaré schrieb in ähnlichem Stil, wobei er Einsteins Jugend und die Ausblicke, die seine Ideen eröffnet hatten, hervorhob.

Einige Nachrichten sickerten offenbar von Zürich nach Prag durch, denn Ende 1911 wußte Einstein, daß sein Stern in raschem Aufstieg begriffen war. Zu den abgelehnten Rufen waren weitere gekommen, einer aus Wien und einer von der Reichsanstalt in Berlin. Auch in den Vereinigten Staaten sprach man von Einstein; im Januar 1912 erhielt er eine Einladung der Columbia-Universität in New York. Man bat ihn, für vier bis sechs Wochen im Herbst, oder Frühling 1913, als Gastdozent nach New York zu kommen. »Obwohl ich nicht ermächtigt bin, Ihnen einen präzisen Vorschlag zu machen, möchte ich doch nach Möglichkeit den Weg dafür öffnen«, schrieb George Pegram. »Wir sind früher schon mit der Anwesenheit von Persönlichkeiten wie die Professoren Larmor, Planck, Lorentz und anderen auf der Basis einer derartigen Vortragsreihe beehrt worden. Ich kann Sie versichern, daß Ihr Kommen begrüßt würde[35]. . . . Persönlich habe ich mich immer sehr für die Relativitätstheorie interessiert, seit ich von Professor Lorentz zum erstenmal darauf aufmerksam gemacht wurde, und ich wäre froh, wenn sie in Amerika mehr Anerkennung finden würde; ich muß zugeben, daß unsere Physiker sich bis jetzt mit ihr nur sehr langsam vertraut gemacht haben.«[36]

Einstein lehnte am 29. Januar ab.

Seine Freizeit war nun ausgefüllt mit Gedanken an die Rückkehr nach Zürich. Bevor er Prag verließ, hatte er noch einen Besucher, der einen starken Eindruck hinterließ: Paul Ehrenfest. Ehrenfest war am 18. 1. 1880 in Wien geboren und hatte dort studiert und graduiert, bevor er eine außerordentliche Professur am St. Petersburger Polytechnikum erhielt. Aber die Tatsache, daß er Österreicher und Jude war, versperrte ihm den weiteren Weg. Hinzu kam noch, daß seine fröhliche Unbekümmertheit – ein Spiegelbild Einsteins – ihm eher schadete, die akademische Leiter zu erklimmen. Es ist überliefert, daß ihn Vorlesungen langweilten, bei denen die Hörerschaft nicht unterbrechen durfte, besonders wenn er selbst die Vorlesung hielt.

Im Herbst 1912 entschloß sich Ehrenfest, das deutschsprachige Europa auf der Suche nach einer besseren Stellung zu bereisen, und fast automatisch fand er den Weg zu Einstein nach Prag. Die zwei Männer standen schon ein paar Jahre lang in Kontakt und seit 1912 bewunderte einer des anderen Arbeit.

Ehrenfest kam am 23. Februar an und blieb eine Woche. Die beiden Männer unterhielten sich kaum über die Suche nach einer neuen Position. Wie Einstein später schrieb, war es der Stand der Wissenschaft, der ihr ganzes Interesse beanspruchte.

Martin Klein, dessen erster Band seiner Ehrenfest-Biographie »Der Werdegang eines theoretischen Physikers« ein so hervorragendes Bild des Mannes zeichnet, beschrieb diese erste Begegnung in vielen Einzelheiten.

Der Prager Lehrstuhl wurde Ehrenfest nicht angeboten. Aber bevor das Jahr zu Ende ging, wurde er als Nachfolger von Lorentz nach Leiden berufen. Bald danach machte Einstein die erste von vielen Reisen zu den Ehrenfests.

Einstein verließ Prag im August 1912 mit seiner Familie in Richtung Schweiz. Seine Berufung an die E.T.H. galt für zehn Jahre, und als er in sein fünftes Heim in Zürich zog, dachte er vielleicht, sich endgültig dort niederzulassen. Diesmal war sein Antritt ganz anderer Art als an der Universität vor drei Jahren. Nicht nur die Angehörigen der E.T.H. besuchten seine Vorlesungen, auch die Studenten und Professoren der Universität fanden Mittel und Wege, dabeizusein. Einsteins Vorlesungen waren meistens überfüllt. Einstein selbst pflegte das zu tun, was er schon vor Jahren getan hatte, nämlich die Diskussionen außerhalb der Universität mit denen fortzusetzen, die ihn zu seinem Lieblingscafé begleiteten. Es fiel ihm schwer, ein Problem loszulassen, das er gerade im Griff hatte. Jahre später erinnerten ihn seine Studenten daran, wie er im Schneesturm unter einer Laterne am Fuß des Zürichbergs gestanden, seinen Schirm einem Begleiter in die Hand gedrückt und zehn Minuten lang Formeln notiert hatte, während Schneeflocken auf sein Notizbuch niederfielen.

Erneut kreuzte von Laue seinen Weg. Von Laue war gekommen, um über die Interferenz der Röntgenstrahlen zu sprechen; Einstein eröffnete die Diskussion. Viele Wissenschaftler kamen nur nach Zürich, um Einstein zu sehen, und von Laue erinnert sich an einen Besucher ganz besonders: »Ich sehe noch Einstein und Ehrenfest vor mir, wie sie einer großen Schar von Physikern voranschritten, den Zürichberg hinauf, und wie Ehrenfest in einen Jubelschrei ausbrach: ›Ich hab's verstanden[37]‹.«

Ein anderer Besucher war Madame Curie, bei der sich Einstein und seine Frau Ende März 1913 in Paris aufhielten, als er einen Vortrag vor der Société

Française de Physique hielt. Zum Ausgleich für diesen Besuch hoffte Einstein, sie mit einer kleinen Bergtour[38] zu beglücken.

Die Curies – die Mutter und beide Töchter – kamen im Juli nach Zürich, um mit Einstein, seiner Frau und dem ältesten Sohn vierzehn Tage in den Bregaglia-Alpen und im Engadin zu verbringen. Diese Ferien waren für alle Teile befriedigend. Jahre später erinnerte sich Hans Einstein, wie sie den Malojapaß zu Fuß überquert und wie sein Vater und Madame Curie die Gletscher besichtigt hatten, wobei Einstein Betrachtungen über die Kräfte anstellte, die die tiefen vertikalen Spalten herausgemeißelt hatten.

Für Madame Curie gab es reichlich Gründe, Einstein aufzusuchen und während der zwanglosen Unterhaltung bei den Ferienwanderungen über die Folgen nachzugrübeln, die der neue Gärungsprozeß in der Physik für ihr eigenes Spezialgebiet der Radioaktivität zeitigen würde. Man war gerade dabei, neue radioaktive Substanzen zu entdecken, und der Schlüssel für deren Eigenschaften und Verhaltensweisen lag offenbar in Rutherfords neuem Begriff des Atoms, das – so wußte man jetzt – aus einem positiv geladenen Kern bestand, der in verhältnismäßig großem Abstand von einem, von mehreren, oder gar von einer ganzen Wolke ihn umkreisender Elektronen umgeben war.

Die Physiker erkannten, daß ein neuer Stern am Himmel der Wissenschaft aufgegangen war, der immer heller strahlte. Einstein gehörte zu den »europäischen Professoren, die sich auf dem Gebiet der Philosophie und der Naturwissenschaften ausgezeichnet hatten«. Und als solcher unterstützte er im Sommer 1912 die Gründung einer wissenschaftlichen Gesellschaft, die »metaphysischen Spekulationen und sogenannten kritischen transzendentalen Doktrinen völlig gleichgültig gegenüberstand« und »sich allen metaphysischen Unternehmungen entgegenstellte«[39]. Die Idee nahm in Berlin ihren Anfang und scheiterte bei Ausbruch des Krieges, zwei Jahre später. Ihr Manifest war die erste von solchen kollektiven Erklärungen, die Einstein unterzeichnete, ein Manifest, das seine oft gemachte Äußerung unterstreicht, daß die spezielle Relativitätstheorie nicht das Ergebnis metaphysischer Spekulationen, sondern das Ergebnis wissenschaftlicher Auswertung von experimentellen Befunden ist.

Einstein unterzeichnete dieses Dokument zu einer Zeit, als er immer noch versuchte, seine Relativitätstheorie in eine allgemeinere Form zu bringen, so daß sie sich nicht nur auf den Spezialfall anwenden ließ, in dem die Schwerkraft als eine Kraft von gleichbleibender Intensität und Richtung wirkte, sondern auf die Summe aller Fälle, die im Universum auftreten. Darin wurde er von seinem alten Freund Marcel Grossmann unterstützt, auf den er sich als mathematischen Beistand weitgehend verließ. Trotzdem ging es nur langsam voran.

Die Arbeit zeitigte ein ironisches Ergebnis. 1913 veröffentlichten Einstein und Grossmann gemeinsam eine Schrift, die der Theorie der Schwerkraft, nach der Einstein noch tastend suchte, schon sehr nahekam. Sie hieß »Entwurf einer verallgemeinerten Relativitätstheorie und eine Theorie der Gravitation«[40]; Einstein steuerte die physikalischen Paragraphen bei und Grossmann die mathematischen. Einstein war nicht zufrieden mit dem Aufsatz, denn die enthaltenen Gleichungen schienen aufzuzeigen, daß es statt einer einzigen Lösung für jeden speziellen Fall, bei dem die Gravitation im Spiel war, eine unendliche Zahl von Lösungen gab. Er glaubte, »daß sie nicht vereinbar seien mit der Erfahrung«[41]. Dies und die Schlußfolgerung, daß die Ergebnisse mit dem Kausalitätsprinzip nicht übereinstimmten, brachte ihn zu der Überzeugung, daß die Theorie unhaltbar war. Doch die Schrift von 1913 enthielt bereits den Schlüssel ihrer eigenen scheinbaren Diskrepanz: denn was eine unendlich große Zahl von Lösungen für ein einziges Problem zu sein schien, war in Wirklichkeit eine einzige, auf unendlich viele Bezugssysteme anwendbare Lösung. Auf diese Weise lagen die Karten der allgemeinen Relativitätstheorie schon 1913 offen auf dem Tisch. Einstein selbst nahm sie 1915 wieder auf, nachdem sie zwei Jahre unbeachtet geblieben waren.

So war Einsteins Arbeit um 1913 zu einem zeitweiligen Stillstand gekommen. Immerhin fanden seine Ansichten über die Notwendigkeit, die spezielle Theorie zu verallgemeinern, großes Interesse, und im September trug er sie der 85. Versammlung Deutscher Naturforscher vor, die in Wien stattfand. Im Auditorium saßen zahlreiche Wissenschaftler, die alle begierig waren, etwas über eine Theorie zu erfahren, die ihnen noch fremder vorkam als die spezielle Relativitätstheorie. In gewisser Weise wurden sie enttäuscht. Anstelle der erwarteten esoterischen Ausführungen stellte Einstein eine seiner kleineren Meisterleistungen mit einfacher Darlegung vor: Eine Übersicht, in welcher er die Entwicklung der verschiedenen Theorien der Gravitation mit der Entwicklung der folgenden Begriffe von Elektrizität verglich.

Der Vortrag war jedoch wegen eines für Einsteins Charakter bezeichnenden Zwischenfalls bemerkenswert. In seiner kurz vorher erschienenen Veröffentlichung hatte er eine kovariante Form der elektromagnetischen Gleichung benutzt, die im Jahr zuvor zum erstenmal von dem jungen Wiener Physiker Friedrich Kottler aufgestellt worden war. In ihrer Schrift hatten Einstein und Grossmann ihre Dankbarkeit zum Ausdruck gebracht, doch Einstein hatte Kottler nie persönlich kennengelernt. Einer plötzlichen Eingebung folgend fragte er, ob Kottler im Auditorium sei. Ein junger Mann erhob sich. Einstein bat ihn, stehenzubleiben, damit alle den Mann sehen konnten, dessen Hilfe so wertvoll gewesen war.

Die spezielle Relativitätstheorie wurde damals unter kaum mehr Protesten als dem mißbilligenden Murren konservativerer Kritiker im theoretischen Gerüst der Physik verankert. Bei der noch unfertigen allgemeinen Relativitätstheorie sah das ganz anders aus. »In der Diskussion, die sich anschloß, wurde deutlich, daß viele deutschsprachige Wissenschaftler sich noch nicht zu seinen Ideen bekehrt hatten«, berichtete Robert Lawson. »Zweifel wurden laut über die Gültigkeit seiner Ansichten von der Gleichheit der trägen Masse und der schweren Masse, über die Fortpflanzungsgeschwindigkeit von Gravitationseffekten und darüber, ob es je gelingen würde, die Ablenkung von Lichtstrahlen in einem Gravitationsfeld sowie die angekündigte Rot-Verschiebung von Spektrallinien zu ermitteln[42].« – An einem Punkt erhitzte sich die Debatte besonders. Um die Spannung zu lösen, drückte jemand auf den Knopf, der die schwarze Tafel automatisch von einer Seite der Rednerbühne auf die andere schob und rief: »Also, Sie sehen doch, daß sich die Tafel gegen den Hörsaal bewegt und nicht der Hörsaal gegen die Tafel[43].« Einstein blieb ruhig, lächelte und bemerkte nur, er sei darauf vorbereitet, mit den experimentellen Resultaten zu stehen oder zu fallen.

Während seines Aufenthalts in Wien erfuhr Einstein dramatische Neuigkeiten über die Theorie des dänischen Physikers Niels Bohr. Bohr hatte eine Verbindung zwischen Rutherfords Konzept des Atomkerns und der Planck-Einsteinschen Quantentheorie hergestellt. Bohr war erst achtundzwanzig Jahre alt, hatte sich aber schon ebenso gründlich wie Einstein nicht nur mit den Umwälzungen in der Physik beschäftigt, sondern auch mit den philosophischen Folgerungen. Die zwei Männer blieben nahezu vierzig Jahre lang befreundet, allerdings wurden die Punkte, in denen sie einer Meinung waren, mehr als aufgewogen durch weitgehende Meinungsverschiedenheiten und gegenseitige Überzeugungsversuche. Beide hatten zunächst keine Möglichkeit, die praktischen Ergebnisse ihrer Arbeiten richtig vorauszusehen. Beide erkannten, als die nuklearen Waffen da waren, schneller als viele ihrer wissenschaftlichen Kollegen die politischen und moralischen Konsequenzen, und beide, in vieler Hinsicht Musterbeispiele des geistesabwesenden Wissenschaftlers, waren bestrebt, die Nationen zu verantwortungsvollem Handeln zu bewegen. Diese Motive verbanden sie ebenso, wie die Argumente für oder gegen den Determinismus sie trennten, eine Streitfrage, die Einstein in seinen letzten Lebensjahren in die wissenschaftliche Isolation führte.

Bohr war in Kopenhagen zum Physiker ausgebildet worden und unter den besonderen Einfluß von Max Planck geraten. Er hatte aber auch in England studiert und gearbeitet, zuerst bei J. J. Thomson am Cavendish-Institut, und dann bei Rutherford in Manchester. Sehr viel später in seinen Erinnerungen bemerkte er, welches Glück er gehabt hatte, daß Dänemark bis zur deutschen Invasion 1940 politisch unabhängig geblieben war. Dadurch hatte er nämlich Kontakte zu deutschen wie britischen Wissenschaftlern unterhalten können. Ein Ergebnis dieser gegensätzlichen Kontakte war Bohrs Theorie, deren Bestätigung Einstein im Jahr 1913 erfuhr. Sie erklärte mit Erfolg einige rätselhafte Eigenschaften von Rutherfords Atommodell, indem sie den Planckschen Quantenbegriff zu Hilfe nahm.

Der klassischen Physik zufolge mußten die Elektronen, die um den Atomkern kreisten, durch Strahlung Energie abgeben und sich zwangsläufig spiralförmig in den Kern hineinbewegen. Bei diesem Vorgang mußten sie ein kontinuierliches Spektrum ausstrahlen. Ein solches Verhalten wurde aber niemals beobachtet. Vielmehr strahlten freie Atome bestimmte spezifische und diskrete Frequenzen aus, die dem betreffenden Atom eigentümlich waren. Bohr erklärte dieses Verhalten durch zwei Hypothesen. Nach der ersten existieren Atome nur in genau bestimmten Grundzuständen oder Ruhelagen, und in jedem dieser Zustände umkreisen Elektronen den Kern in jeweils vorherbestimmten »erlaubten« Bahnen. Währenddessen sendet das Atom keine Strahlung aus. Springt nun ein Elektron – aus welchen Gründen auch immer – von seiner »erlaubten« auf eine dem Kern näher liegende »erlaubte« Bahn (so Bohrs zweite Hypothese), so sendet das Atom Strahlung aus. Umgekehrt: nimmt ein Atom Strahlung auf, dann springen eines oder mehrere Elektronen von ihrer »erlaubten Bahn zu einer anderen, dem Kern ferner liegenden. Sowohl Ausstrahlung wie Absorption von Strahlung geht in unstetigen Einheiten vor sich – den Lichtquanten der Planck-Einsteinschen Quantentheorie von 1905. So hatte Bohr mit einem einzigen genialen Schlag sowohl Einsteins Konzeption der Strahlung wie auch Rutherfords Vorstellung vom Atom als einem Miniatursonnensystem, in dem Elektronen um einen zentralen Kern kreisen, bestätigt.

Er ging aber noch über die bloße Theorie hinaus und wandte sie auf das Wasserstoffatom an. Dabei gelangte er zu der Voraussage, daß in »direkter Anlehnung an Einsteins Handhabung des photoelektrischen Effekts«[44] – wie er selbst schrieb –, die Theorie jetzt einem spektroskopischen Nachweis unterzogen werden könnte. Dieser Nachweis wurde im Herbst 1913 in Cambridge erbracht, und Rutherford gab es an George de Hevesy weiter, einen ungarisch-deutschen Chemiker am Cavendish-Institut, der zu der Konferenz in Wien gekommen war. Hevesy berichtete wiederum Einstein darüber und schrieb am 14. Oktober an Rutherford, wobei er ihm diese Begebenheit schilderte:
»Ich sprach mit Einstein über verschiedene Themen, und wir kamen dabei auch auf Bohrs Theorie zu sprechen. Er erzählte mir, er habe auch einmal ähnliche

Ideen gehabt, aber nicht gewagt, sie zu veröffentlichen. ›Sollten Bohrs Theorien richtig sein, dann ist das von größter Bedeutung.‹ Als ich ihm über das Fowler-Spektrum berichtete, wurden Einsteins große Augen noch größer und er sagte: ›Dann ist es eine der größten Entdeckungen.‹ Ich war sehr glücklich, Einstein das sagen zu hören[45].« Hevesys Behauptung, Einstein habe zu diesem wichtigen Problem »auch einmal ähnliche Ideen gehabt«, wurde Jahre darauf von Bohr selbst bestätigt, der am Institut für physikalische Probleme in Moskau sprach. Einsteins Reaktion ihm gegenüber war gewesen: »Ich hätte wahrscheinlich selbst auf etwas derartiges kommen können, aber wenn das alles wahr ist, bedeutet es das Ende der Physik[46].«

Das Resultat von Bohrs Arbeit bedeutete, wie Planck sagte, als er 1920 den Nobelpreis erhielt, daß »sich in jähem Schwall ein Strom neugewonnener Erkenntnis über dieses ganze Gebiet nebst den Nachbargebieten der Physik und der Chemie« ergoß[47]. Die Arbeit zeitigte aber noch ein anderes Ergebnis, ein Ergebnis, das Einstein mit den Jahren immer stärker beunruhigte. Als man das neue Bild des Atoms entwarf – das Rutherford-Bohrsche-Modell –, wurde man gleichzeitig gewahr, daß die Ursachen für die Bewegungen der einzelnen subatomaren Teilchen nicht bekannt waren. Man glaubte aber, daß es Ursachen geben mußte. Erst im Laufe der nächsten Jahre zeigte sich immer deutlicher, daß dies nicht immer zutraf: einzelne Vorgänge auf der Ebene der subatomaren Welt blieben unvorhersehbar und konnten nur statistisch erfaßt werden. Einstein fand sich nie damit ab.

Die große Spaltung in feindliche wissenschaftliche Lager, die die augenscheinliche Indeterminiertheit in der atomaren Welt verursachen sollte, lag noch in der Zukunft, als Hevesy Einstein in Wien hörte, der einem zweifelnden Publikum seine letzte Theorie über die allgemeine Relativität vortrug. In Wien hatte er schon früher Ernst Mach getroffen, dessen Schriften 15 Jahre zuvor seine Zweifel an Newtons absolutem Raum- und Zeitbegriff genährt hatten. Das Treffen fand im Jahr 1911 statt, wahrscheinlich während Einsteins Reise zum oder vom Solvay-Kongreß. Es war eine Begegnung zwischen dem jungen Mann, der sich auf der Höhe des Ruhms befand, und dem älteren Mach, der physisch gebrochen und vom raschen Strom der Wissenschaft beiseitegedrängt war. Mach stand in den Siebzigern. Er hatte sich, halbseitig gelähmt, einige Jahre zuvor von der Universität in Wien emeritieren lassen und lebte seitdem ziemlich abgeschieden von der Welt in einem Vorort, halb vergessen und selten besucht.

Einstein hatte sich zu diesem Zeitpunkt öffentlich noch nicht von Machs grundsätzlichen Überzeugungen abgewandt, obwohl sie ihm wahrscheinlich immer weniger akzeptabel erschienen. Mach wiederum lehnte zwar die seiner Meinung nach unbewiesenen Hypothesen der Relativitätstheorie entschieden ab, hatte das aber bis jetzt für sich behalten. So befanden sich die beiden Männer äußerlich immer noch in Übereinstimmung in bezug auf viele wissenschaftliche Fragen. Ihre Einstellung gegenüber der Atomtheorie war einer der wenigen Punkte, wo sie offen verschiedener Meinung waren. Einstein gab das freimütig zu, Mach nur widerwillig und mit ganz beträchtlicher philosophischer Zurückhaltung.

Wenig Einzelheiten sind über dieses Zusammentreffen erhalten. Doch Bernard Cohen, der Einstein kurz vor dessen Tod interviewte, hörte von ihm folgendes: »Einstein fragte Mach, welche Position er beziehen würde, wenn es sich als möglich erwiese, eine Eigenschaft eines Gases zu bestimmen, indem man die Existenz von Atomen voraussetzte – eine Eigenschaft, die ohne die Annahme von Atomen nicht bestimmt werden konnte, die aber zu beobachten war. Einstein sagte, er sei immer der Meinung gewesen, daß die Erfindung wissenschaftlicher Begriffe und das Aufbauen von Theorien darauf eine der großen schöpferischen Leistungen des menschlichen Verstandes sei. Sein Standpunkt befand sich damit in Widerspruch zu dem Machs, weil Mach der Ansicht war, daß die Gesetze der Wissenschaft nur ein rationeller Weg seien, eine große Sammlung von Fakten zu beschreiben. Konnte Mach nun die Hypothese von Atomen unter den Umständen akzeptieren, die Einstein angegeben hatte, auch wenn das sehr komplizierte Berechnungen mit sich brachte? Einstein erzählte mir, wie erfreut er gewesen sei, als Mach darauf positiv geantwortet habe. Wenn eine Hypothese von Atomen es möglich machte, auf logische Weise einige zu beobachtende Eigenschaften miteinander zu verknüpfen, die ohne diese Hypothese isoliert blieben, dann würde er sie, sagte Mach, akzeptieren müssen. Unter diesen Umständen wäre es »rationell«, anzunehmen, daß Atome existieren, weil man dann Beziehungen zwischen Beobachtungen herstellen könnte. Einstein war zufrieden, ja in der Tat mehr als nur ein wenig erfreut. Mit ernster Miene erzählte er mir die Geschichte noch einmal, um ganz sicher zu gehen, daß ich sie voll begriff ... Einstein war damals so befriedigt, weil Mach eingeräumt hatte, daß die Philosophie der Atome, der Einstein so stark anhing, letztlich vielleicht doch von Nutzen sei[48]«.

Die zwei Männer trennten sich in bestem Einvernehmen. Als Mach 1916 starb, war Einsteins Nachruf uneingeschränkt voll des Lobes. Noch kurz vor seinem Tod hatte sich Mach von der Relativitätstheorie distanziert. Doch davon wußte Einstein nichts, als er den Nachruf zu Papier brachte.

Im Sommer 1913 schrieb Mach die Einführung zu seiner Abhandlung »Prinzipien der physikalischen Optik«, die erst 1921 erschien. Es heißt da: »Ich aber bin genötigt, bei dieser wohl letzten Gelegenheit meine Anschauungen über die Relativitätslehre zu streifen. Den mir zugegangenen Publikationen und vor allem meiner Korrespondenz entnehme ich, daß mir langsam die Rolle eines Wegbereiters der Relativitätslehre zugedacht wird. Nun kann ich mir heute ein ungefähres Bild davon machen, welche Umdeutungen und Auslegungen manche der in meiner Mechanik niedergelegten Gedanken von dieser Seite in Zukunft erfahren werden. Wenn Philosophen und Physiker den Kreuzzug gegen mich predigten, so mußte ich dies natürlich finden und war damit ganz einverstanden, denn ich war, wie ich dies wiederholt dargetan habe, auf den verschiedenen Gebieten doch nur ein unbefangener Spaziergänger mit eigenen Gedanken, muß es aber nun mit derselben Entschiedenheit ablehnen, den Relativisten vorangestellt zu werden, mit welcher ich die atomistische Glaubenslehre der heutigen Schule oder Kirche für meine Person abgelehnt habe. Warum aber und inwiefern ich die heutige mich immer dogmatischer anmutende Relativitätslehre für mich ablehne, welche sinnesphysiologischen Erwägungen, erkenntnistheoretische Bedenken und vor allem experimentell gewonnene Einsichten mich hierzu im einzelnen veranlaßten, das soll in der Fortsetzung dieses Werkes dargetan werden[49]«.

Es gab keine nächste Folge. Aber die Stimme aus dem Grab versetzte Einstein einen Schock und vertiefte die Differenzen, die seine Erkenntnistheorie bald von der Machs trennte. Als er 1922 in Paris einen Vortrag hielt, beschrieb er Mach in Worten, die noch kurze Zeit zuvor aus seinem Munde seltsam geklungen hätten – »un bon mechanicien« . . . aber ein »kläglicher Philosoph«[50].

Wann Mach seine Ansicht änderte, ist nicht bekannt. Aber seine Einführung wurde wenige Wochen, nachdem er von Einstein einen bedeutsamen Brief – vom 25. Juni 1913 – erhalten hatte, datiert und damit wohl abgeschlossen. In diesem Brief tat Einstein kund, daß sich anläßlich der Sonnenfinsternis im kommenden Jahr zeigen werde, ob Lichtstrahlen von dem Gravitationseinfluß der Sonne abgelenkt werden[51]. Denn im Spätsommer 1914 sollte eine Expedition von Berlin nach Südrußland aufbrechen, wo während der Sonnenfinsternis die erforderlichen Beobachtungen durchgeführt werden konnten. Die Expedition sollte unter der Leitung von Erwin Finlay-Freundlich stehen, einem Astronomen deutsch-schottischer Abstammung, der zu jener Zeit der jüngste Assistent der Berliner Universitäts-Sternwarte war. Einsteins Freundschaft mit Freundlich ist interessant und aufschlußreich. Sie begann im Sommer 1911, als Professor L. W. Pollak, damals noch Student an der Prager Universität, die Berliner Sternwarte besuchte. Er erinnerte sich, daß Einstein seine letzte Arbeit mit dem Vorschlag abschloß, die Theorie nun astronomisch zu testen, und er erwähnte Einsteins Bedauern, daß niemand daran interessiert schien.

Es ist nicht klar, ob Freundlich Einsteins letzte Abhandlung tatsächlich gelesen hatte. Aber irgendein Detail in ihrem Gedankengang entzündete seine Phantasie[52]. Von da an zeigte er ein dauerndes, manchmal sogar kritisches Interesse für die Entwicklung der Relativitätstheorie. Während der nächsten Jahre führte er für Einstein Messungen durch, arbeitete mit ihm während des Krieges zusammen, schrieb das erste Buch über die spätere allgemeine Relativitätstheorie und diente 1921 bei Einsteins erstem Besuch in England als sein Dolmetscher und Blitzableiter.

Kurz nach Pollaks Besuch schrieb Freundlich an Einstein nach Prag und bot ihm an, nach allen Ablenkungen des Lichts in der Nähe des Jupiter zu suchen, eine ehrgeizige Idee, die von Anfang an zum Scheitern verurteilt war. Einstein bedankte sich für das Angebot[53], doch weder diese ersten Bemühungen, noch Freundlichs spätere Untersuchungen alter photographischer Platten, über die er in den »*Astronomischen Nachrichten*« berichtete, brachten Ergebnisse.

Daraufhin machte er sich an die Erforschung von Doppelsternen. Einstein hegte immer noch seine Zweifel. Denn er sagte, daß seine ganze Theorie falsch wäre, wenn die Lichtgeschwindigkeit auch nur im Geringsten von der Geschwindigkeit der Lichtquelle abhing[54].

Da bot die Sonnenfinsternis von 1914 eine einzigartige Gelegenheit, den experimentellen Nachweis oder den Gegenbeweis zu erbringen, was sich nahezu zwangsläufig ergab. Die Berliner Sternwarte zeigte sich wenig begeistert, willigte aber ein, Freundlich auf die Krim fahren zu lassen – auf eigene Kosten und mit unbezahltem Urlaub. Das war die Situation im Sommer 1913. Freundlich, der Einstein noch nicht persönlich kannte, beabsichtigte zu heiraten und seine Flitterwochen in den Alpen zu verbringen. Er freute sich, als er am 26. August einen Brief von Einstein aus der Schweiz erhielt. »Heute morgen«, schrieb er an seine Verlobte, »bekam ich einen netten Brief von Einstein aus Zürich, in dem er mich bat, ihn zwischen dem 9. und 15. September in der Schweiz zu treffen. Das ist wundervoll, weil es in unsere Pläne paßt[55]«.

Vierzehn Tage später, als der Zug in Zürich einfuhr, erblickten Freundlich und seine Braut die kleine Gestalt von Fritz Haber, dem Direktor des Kaiser-Wilhelm-Instituts für Chemie in Berlin, der auf sie wartete. Neben ihm stand eine unordentliche Gestalt in ziemlich legerem Aufzug, die einen auffallenden Strohhut auf dem Kopf trug: Einstein, der Schöpfer neuer Welten.

Einstein freute sich, seine neuen Freunde kennenzulernen und bestand darauf, daß sie ihn nach Frauenfeld in der Nähe von Zürich begleiteten, wo er vor der Schweizer Gesellschaft der Naturwissenschaften sprechen sollte. Er und Grossmann sprachen dort über die neue Theorie, und Einstein wies zur großen Verlegenheit von Freundlich darauf hin, daß sich »der Mann, der die Theorie nächstes Jahr testen wird«, unter ihnen befand.

Bei der Zusammenkunft in Zürich wurden auch die Details für Freundlichs Tätigkeit im nächsten Sommer auf der Krim besprochen. Wenig später konnte Einstein sich der Unterstützung von Professor George Ellery Hale vom Mount Wilson Observatory, Pasadena, Kalifornien, versichern. Hale reichte Einsteins Brief an Professor Campbell vom Lick Observatory weiter. »Er schreibt mir«, antwortete Hale Einstein am 8. November, »daß er Hebel in Bewegung gesetzt hat, um Photographien von Sternen, die nahe an der Sonne vorüberziehen, für Doktor Freundlich von der Berliner Sternwarte zu sichern, der sie in der Hoffnung auswerten will, kleine Verschiebungen zu entdecken. Zweifellos wird er Ihnen nähere Einzelheiten mitteilen, denn ich habe ihn gebeten, sich direkt mit Ihnen in Verbindung zu setzen.

Ich fürchte, es besteht keine Möglichkeit, diesen Effekt bei vollem Sonnenlicht zu entdecken ... Die Methode, die Sonnenfinsternis auszunützen, erscheint mir dagegen sehr vielversprechend, weil sie alle ... Schwierigkeiten beseitigt; die Benutzung der Photographien würde es erlauben, eine große Anzahl von Sternen zu messen. Ich empfehle diesen Plan daher sehr[56].«

Auch Einstein empfahl ihn, und ebenso Freundlich. Doch wies Freundlich im Dezember darauf hin, daß das Geldproblem immer noch nicht gelöst sei. Einstein wollte ihn darauf mit 2000.– Mark unterstützen[57], doch zu guter Letzt blieb es ihm erspart, in die eigene Tasche zu greifen. In den ersten Monaten des Jahres 1914 kam von unerwarteter Seite Hilfe. Das Geld wurde von Krupp von Bohlen und Halbach und dem Chemiker Emil Fischer bereitgestellt.

Einstein besaß einen hohen wissenschaftlichen Rang in einem Land, dessen Atmosphäre und Landschaft er sehr genoß. Seine Schwester Maja hatte sich inzwischen mit ihrem Ehemann Paul Winteler in Luzern niedergelassen, und auch seine Mutter war dorthin gezogen. Für Mileva war die Schweiz das einzige Land, in dem man leben konnte, und so schienen die Familienangelegenheiten mit dem beruflichen Erfolg in Einklang zu stehen. Man hätte annehmen können, daß Einstein sich in der Schweiz endgültig niederlassen würde. Doch Einstein war nicht der Mann, dem Familienbande viel bedeuteten. Obwohl er das geistige Klima Europas brauchte, schlug er nicht schnell Wurzeln. Im Herbst 1913 bereitete er sich schon wieder auf einen Umzug vor; er wollte nach Berlin, der Hauptstadt des Deutschen Kaiserreiches, dessen Politik er verabscheute und dessen Geist er tief mißtraute.

7. KAPITEL

EIN JUDE IN BERLIN

Einsteins Teilnahme am Solvay-Kongreß 1911 hatte Folgen, die sein ganzes weiteres Leben entscheidend beeinflußten. Denn unter denen, die in Brüssel von seinen Fähigkeiten am meisten beeindruckt waren, befanden sich Max Planck und Walther Nernst. Nach ihrer Rückkehr nach Berlin nahmen beide Männer eine schwierige und delikate Aufgabe in Angriff: Einstein nach Berlin zu holen.

Als überzeugter Individualist und Demokrat stand Einstein den preußischen Idealen, der von Pflichterfüllung diktierten Lebenseinteilung und der unbedingten Hingabe an »König und Vaterland« verständnislos gegenüber. Um Einstein zum preußischen Beamten machen zu können, mußte ein außergewöhnliches Angebot unterbreitet werden. Es ist ein Ruhmestitel für die preußische Wissenschaftspolitik, daß tatsächlich eine Stellung geschaffen werden konnte, die Einstein von Vorlesungsverpflichtungen völlig frei hielt, die auf die kollegiale Zusammenarbeit mit den Berliner Physikern zugeschnitten war und die überdies eine der Bedeutung Einsteins entsprechende Dotierung ermöglichte. Im Frühsommer 1913 fuhren Planck und Nernst nach Zürich, um den definitiven Vorschlag zu überbringen[1].

Planck und Nernst waren äußerst verschieden – Planck verschlossen und höchst akademisch, immer Herr der Situation; Nernst, das praktische Genie, ein lustiger dicklicher Mann, demgegenüber Planck als ein Musterbeispiel von Disziplin erschien. Beide Männer eigneten sich hervorragend als Köder für Einstein, denn dieser empfand für Planck einen Respekt, der fast an Vergötterung grenzte. Für Nernst empfand er sogar persönliche Zuneigung.

Planck und Nernst trafen sich mit Einstein in dessen Räumen in der E.T.H. und unterbreiteten ihm ihr Anliegen in recht ausführlicher Form. Einstein war nicht gewillt, sich sofort zu entscheiden. Die zwei Professoren beschlossen deshalb, den Rigi zu besteigen; in der Zwischenzeit sollte sich Einstein die Sache überlegen. Einstein sagte ihnen lächelnd, sie würden bei ihrer Rückkehr gleich sehen, welchen Entschluß er gefaßt hatte. Trug er eine weiße Rose, dann sei die Antwort »Nein«. War die Rose rot, dann würde er das Angebot aus Berlin akzeptieren, wenn man ihn offiziell darum anging.

Als die zwei Männer später aus ihrem Zugabteil heraustraten, sahen sie erleichtert, daß Einstein mit einer roten Rose in der Hand ihnen auf dem Bahnsteig entgegenkam.

Das Angebot an Einstein sah vor, daß er nach der Errichtung des Kaiser-Wilhelm-Instituts für Physik dessen Direktor werden sollte. Bis dahin erwartete man von ihm Beraterfunktionen bei Fragen der Forschung in anderen Bereichen der Organisation. Übrigens war die Berufung an das Kaiser-Wilhelm-Institut nur ein Punkt in diesem attraktiven Handel.

Vor drei Jahren war Jacobus Henricus van't Hoff im Alter von 59 Jahren gestorben, der Begründer der Theorie über die räumliche Struktur der Moleküle. Er war Mitglied der preußischen Akademie der Wissenschaften gewesen, die Leibniz geplant und Friedrich der Große erneuert hatte. Van t'Hoffs Stelle war unbesetzt geblieben. Planck und Nernst waren voll Zuversicht, daß sie mit Hilfe ihrer Kollegen das preußische Kultusministerium überreden konnten, einer Berufung Einsteins auf diese Stelle zuzustimmen. Die meisten Mitglieder hatten nur ehrenamtliche und unbezahlte Positionen inne. Einige wenige bezogen jedoch Gehälter aus irgendwelchen Stiftungen. Der Plan sah vor, Einstein mit solcher Unterstützung ein Gehalt zu bieten, das das Züricher bei weitem überstieg. Und war das noch nicht verlockend genug, dann enthielt das Angebot noch einen dritten Punkt, nämlich eine nominelle Professur an der Universität von Berlin; nominell deshalb, weil es Einstein bei den besonderen Arrangements, die für ihn getroffen werden sollten, überlassen blieb, wie viele oder wie wenige Vorlesungen er halten wollte: er sollte frei von allen üblichen Verwaltungspflichten sein. Einstein konnte sich also nach Belieben der reinen Forschung widmen, und zwar am bestmöglichen Platz; Nernst antwortete auf die Bemerkung, daß nur zehn Männer auf der ganzen Welt die Relativitätstheorie wirklich verstünden, einmal mit dem Satz: »Acht davon leben in Berlin.«

Nach ihrer Rückkehr arbeiteten Planck und Nernst an dem Vertragsentwurf, den sie dem Kultusministerium vorlegen wollten. In der ersten Fassung wurde vorgeschlagen, Einstein »als ordentliches Mitglied in die Akademie aufzunehmen« mit persönlichem Gehalt von 6000 Mark. Anschließend wurde diese Summe jedoch verdoppelt auf 12000 Mark, ein Zeichen dafür, daß man in

Berlin ängstlich darauf bedacht war, sich diesen besonderen Fang nicht durch die Finger gehen zu lassen. In dem Entwurf wurden Einsteins Anfänge und die Publikation seiner ersten Abhandlung über die Relativität ausführlich erwähnt, die deutsche Geburt und Erziehung spielten lediglich eine marginale Rolle. »Durch seine Arbeiten auf dem Gebiet der theoretischen Physik, die zu allermeist in den *Annalen der Physik* publiziert sind, hat sich Einstein in den Kreisen seiner Fachwissenschaft schon mit jugendlichen Jahren einen Weltruf erworben. Am weitesten ist sein Name bekannt geworden durch das von ihm in seiner berühmten Abhandlung ›Über die Elektrodynamik bewegter Körper‹ (1905) aufgestellte Prinzip der Relativität, nach welchem der Widerspruch zwischen der sonst ausgezeichnet bewährten Lorentzschen Theorie des ruhenden Lichtäthers und der experimentell nachgewiesenen Unabhängigkeit der elektrodynamisch-optischen Vorgänge an irdischen Körpern von der Bewegung der Erde seine radikale Erklärung findet durch den Umstand, daß ein mit der Erde bewegter Beobachter sich einer andern Zeitrechnung bedient als ein im heliozentrischen System ruhender Beobachter. Die umwälzenden Folgerungen dieser neuen Auffassung des Zeitbegriffs, die sich auf die gesamte Physik, vor allem auch auf die Mechanik, und darüber hinaus bis tief in die Erkenntnistheorie erstrecken, haben später durch den Mathematiker Minkowski eine Formulierung gefunden, welche dem ganzen System der Physik ein neues einheitliches Gepräge gibt, indem darin die Zeitdimension als völlig gleichberechtigt mit den drei Raumdimensionen auftritt.

So fundamental sich dieser Gedanke Einsteins für die Entwicklung der physikalischen Prinzipien erwiesen hat, so liegen doch die Anwendungen desselben einstweilen noch hart an der Grenze des Meßbaren. Weit bedeutungsvoller für die praktische Physik hat sich sein Eingreifen in andere, zur Zeit im Vordergrunde des Interesses stehende Fragen erwiesen. So war er vor allem der erste, der die Bedeutung der Quantenhypothese auch für die Energie der Atom- und Molekularbewegung nachgewiesen hat, indem er aus dieser Hypothese eine Formel für die spezifische Wärme fester Körper ableitete, die sich später zwar im Einzelnen nicht vollkommen bestätigt hat, aber doch die Grundlagen für die weitere Entwicklung der neueren kinetischen Atomistik schon richtig angibt. Auch mit dem lichtelektrischen und mit dem photochemischen Effekt hat er die Quantenhypothese durch Aufstellung neuer interessanter, durch Messungen kontrollierbarer Beziehungen in Zusammenhang gebracht und hat als einer der ersten auf die enge Verwandtschaft zwischen den Konstanten der Elastizität und denen der optischen Eigenschwingungen der Kristalle hingewiesen. Zusammenfassend kann man sagen, daß es unter den großen Problemen, an denen die moderne Physik so reich ist, kaum eines gibt, zu dem nicht Einstein in bemerkenswerter Weise Stellung genommen hätte. Daß er in seinen Spekulationen gelegentlich auch einmal über das Ziel hinausgeschossen haben mag, wie zum Beispiel in seiner Hypothese der Lichtquanten, wird man ihm nicht allzusehr anrechnen dürfen. Denn ohne einmal ein Risiko zu wagen, läßt sich auch in der exaktesten Naturwissenschaft keine wirkliche Neuerung einführen. Gegenwärtig arbeitet er intensiv an einer neuen Gravitationstheorie; mit welchem Erfolg, kann auch erst die Zukunft lehren. Der eigenen reichen Produktivität gegenüber steht die besondere Begabung Einsteins, fremden, neu auftauchenden Ansichten und Behauptungen schnell auf den Grund zu gehen und ihr Verhältnis zueinander und zur Erfahrung mit überraschender Sicherheit zu beurteilen.

Aber nicht nur in der Aufstellung und Kritik neuer Hypothesen, auch in der Behandlung und Vertiefung der klassischen Theorie konnte Einstein von Beginn seiner literarischen Tätigkeit an als Meister gelten[2].«

Interessant an diesem Bericht – der ihm die Tore nach Berlin öffnete – ist die Art und Weise, wie man über Einsteins Relativitätstheorie hinwegging, und wie schnell der »heuristische Standpunkt« der lichtelektrischen Arbeit abgetan wurde, für den er neun Jahre später den Nobelpreis für Physik bekam. Nernst und Planck, die dieses Dokument aller Wahrscheinlichkeit nach aufsetzten, zogen dabei nicht nur die konservative Haltung ihrer Kollegen in Erwägung, sondern auch den Charakter des Ministers. Und Planck, der ungern zugeben wollte, daß seine Quanten doch auch Wellencharakter hatten, glaubte betonen zu müssen, daß Einstein hinsichtlich der Photonen »das Ziel verfehlt« habe.

Nachdem der Vorschlag von der Akademie gebilligt war, wurde er am 28. Juli 1913 der Regierung vorgelegt. Es dauerte fast vier Monate, bis die Antwort kam. Am 20. November teilte der Minister mit, daß der Kaiser die Berufung genehmigt, der Finanzminister die Erstattung der Reisekosten für Dr. Einstein bewilligt habe und er selbst nun darüber informiert werden wolle, »ob Professor Einstein endgültig die Annahme der Wahl erklärt hat«.

Einstein sagte am 7. Dezember formell zu. Er hatte inzwischen um die Entlassung von seiner früheren Stellung nachgesucht, die er erst achtzehn Monate zuvor angetreten hatte.

Seine Zusage war in vieler Hinsicht bedeutsam. Hätte er sich bis zum Ausbruch des Krieges im August 1914 in Zürich aufgehalten, wäre er niemals nach Deutschland zurückgekehrt. Den Antisemiten wäre dadurch im Nachkriegschaos der frühen zwanziger Jahre und bei den Vorbereitungen zur Machtergreifung eine sich anbietende Zielscheibe genommen worden, auf die sie ihre Angriffe konzentrieren konnten. Genauso unwahrscheinlich wäre Einsteins Emigration 1933 in die USA gewesen, und daß er im Sommer 1939 in Long

Island bereitstand, um Amerika zu Forschungen anzuspornen, die noch vor Kriegsende zu Entwicklung und Einsatz der Atombombe führten.

Es lohnt sich, einmal das Für und Wider von Einsteins Entscheidung für Berlin nachzubedenken, eine Entscheidung, die ihm sehr schwergefallen sein muß. Zunächst einmal reizte ihn das geistige Klima Berlins, zum zweiten aber auch das Gehalt. Einstein machte sich nie viel aus Geld, doch immerhin mußte er für eine Familie mit zwei heranwachsenden Söhnen aufkommen.

»Persönliche Erwägungen«, sagt einer seiner Biographen, Philipp Frank, »beeinflußten dann doch seine Entscheidung. Einstein hatte in Berlin einen Onkel, der dort zu ziemlichem Wohlstand gekommen war. Dessen Tochter Elsa war nun verwitwet. Einstein erinnerte sich, daß diese Kusine Elsa als junges Mädchen oft in München mit ihm zusammengewesen war und einen freundlichen, lebensfrohen Eindruck hinterlassen hatte. Die Aussicht, in Berlin wieder mit ihr in angenehmen Verkehr zu treten, ließ ihm den Gedanken, in der preußischen Hauptstadt zu leben, in etwas günstigerem Licht erscheinen[3].«

Diese Behauptung muß mit einiger Vorsicht aufgenommen werden. Sollte sie zutreffen, würde sie eine beträchtliche Arglist bedeuten. Zwar wurde Elsa später seine Frau; doch als er im April 1914 nach Berlin zog, waren Mileva und seine zwei Söhne dabei. Die Ehe war noch nicht auseinandergebrochen; obwohl es Anzeichen gibt, daß sie so gut wie gescheitert war, scheint es jedoch zu weit hergeholt zu sein, zu behaupten, daß Einstein das Berliner Angebot in der Hoffnung angenommen habe, es würde seine Ehe allmählich zu einem Ende bringen. Allerdings ist das tatsächlich geschehen.

Etwas anderes zählte noch mehr. Einsteins Freund Reichinstein sprach es deutlich aus, nachdem er in Berlin mit Einstein über die Arbeiten zur allgemeinen Relativitätstheorie diskutiert hatte: »Um zu arbeiten, wenn es sich um eine große Idee handelt, die der Gelehrte in sich längere Zeit reifen lassen muß, darf er keine Sorgen haben, muß jedem störenden Lebenskonflikt aus dem Wege gehen, demütig seinem Angreifer nachgeben, weil er etwas Kostbares, das er in seiner Seele trägt, zu beschützen hat[4].« In Berlin konnte Einstein unter den Bedingungen, die Planck und Nernst für ihn geschaffen hatten, unbelastet von Geldsorgen und ohne die störenden Konflikte der Unterrichtsroutine arbeiten. Mehr als ein Freund, mehr als ein Kollege hatten erkannt, daß Einstein in gewisser Hinsicht eher Künstler als Wissenschaftler war – zumindest ein »Künstler in der Wissenschaft«. Und der »wahre Künstler wird seine Frau verhungern, seine Kinder barfuß gehen und seine siebzigjährige Mutter für seinen Lebensunterhalt sich abplacken lassen, ehe er sich mit etwas anderem beschäftigt als mit seiner Kunst[5]«.

Das Problem der Nationalität, das bei seiner Berufung nach Berlin aufgetaucht war, schien endlich gelöst. Haber hatte darauf hingewiesen, daß die Mitgliedschaft an der Preußischen Akademie der Wissenschaften Einstein automatisch zu einem preußischen Bürger machte. Zwei Jahrzehnte später schrieb Professor Dr. Ernst Heymann, beständiger Sekretär der Akademie, von Einsteins »preußischer Staatsangehörigkeit, die er 1913 lediglich durch die Aufnahme in die Akademie als ordentliches hauptamtliches Mitglied erlangt hat«[6]. Einstein gab folgende Version: Er habe die Annahme einer Berufung davon abhängig gemacht, daß es bezüglich seiner Nationalität keine Veränderung gäbe und daß das auch akzeptiert würde[7]. Der tatsächliche Sachverhalt ist uns auch heute noch nicht in allen Einzelheiten bekannt. Einstein mußte jedenfalls den Eindruck bekommen haben, daß er in Berlin nicht nur seine Schweizer Nationalität beibehalten dürfte, sondern auch die deutsche nicht neuerlich anzunehmen brauchte. Die Regierung – nicht die Akademie – stellte das jedoch später in Abrede. Wenn die Regierung auch recht behielt, so bedeutete das nicht, daß Planck und Nernst ihr Versprechen nicht gehalten hätten. Erst am 13. Juli 1913 war nämlich ein neues Staatsbürgerschaftsgesetz erlassen worden, wonach laut Paragraph 14 eine Übernahme in den Staatsdienst durch das Reich oder durch eines der Länder einem ausländischen Beschäftigten, beamtet oder angestellt, die deutsche Staatsangehörigkeit verlieh.

Ende 1913 waren alle Details geregelt, und man kam überein, daß Einstein sein Amt in Berlin am 1. April 1914 antreten sollte. Diese Entwicklung bedeutete einen bemerkenswerten Triumph für einen Mann, der noch nicht einmal 35 Jahre alt war. Einstein war immer noch mit der allgemeinen Relativitätstheorie beschäftigt und ziemlich festgefahren. Immer noch steckte er mitten in den »Denkfehlern, die mich zwei Jahre harter Arbeit kosteten«[8]. Besso gegenüber klagte er, die deutschen Theoretiker seien für eine allgemeine Diskussion, die auf fundamentalen Prinzipien basierte, nicht empfänglich. Überhaupt sei er etwas beunruhigt, wenn er an das naherückende Berlin-Abenteuer denke[9].

In Zürich organisierte sein alter Kollege von der E.T.H., Louis Kollros, ein Abschiedsessen für ihn in der Kronenhalle. »Wir bedauerten alle seinen Weggang«, sagte Kollros. »Er selbst war entzückt, seine gesamte Zeit seinen Forschungen widmen zu können, entzückt und doch etwas ängstlich, denn er wußte ja nicht, was ihm die Zukunft bringen werde. Ich habe ihn an jenem Abend heimbegleitet. Er sagte mir: ›Die Herren Berliner spekulieren mit mir wie mit einem prämiierten Leghuhn; aber ich weiß nicht, ob ich noch Eier legen kann[10].‹«

Einstein übersiedelte mit seiner Familie am 6. April 1914 von Zürich nach

Berlin. Haber hatte ihm geholfen, eine Wohnung in Berlin-Dahlem zu finden; dort verbrachte er den ersten Teil des Sommers damit, sich einzurichten.

Am 2. Juli hielt er seine Antrittsrede vor der Akademie: »Nehmen Sie zuerst meinen tiefgefühlten Dank dafür entgegen, daß Sie mir die größte Wohltat erwiesen haben, die einem Menschen meiner Art erwiesen werden kann. Sie haben es mir durch die Berufung an Ihre Akademie ermöglicht, mich frei von den Aufregungen und Sorgen eines praktischen Berufes ganz den wissenschaftlichen Studien zu widmen. Ich bitte Sie, von meinem Gefühl der Dankbarkeit und der Emsigkeit meines Strebens auch dann überzeugt zu sein, wenn Ihnen die Früchte meiner Bemühungen als ärmliche erscheinen werden[11].« Auch über die Richtung seiner Forschungen ließ er keinen Zweifel. Er betonte die Notwendigkeit einer Verallgemeinerung seiner speziellen Relativitätstheorie und setzte hinzu, daß diese Verallgemeinerung zur Zeit noch nicht überprüft werden konnte. »Wir haben festgestellt, daß die induktive Physik an die deduktive und die deduktive an die induktive Fragen stellt, deren Beantwortung die Anspannung aller Kräfte erfordert[12].«

Einstein fuhr jeden Tag in sein Büro in der Akademie, die damals in der Preußischen Staatsbibliothek Unter den Linden untergebracht war. Dort besprach er mit seinen neuen Kollegen von der Universität die Vorlesungen des kommenden Herbstsemesters. Und dort suchten ihn auch die Mitarbeiter der Kaiser-Wilhelm-Gesellschaft auf, mit denen er die Details des neuen Instituts regelte. Einstein dementierte einmal, daß er auf die Frage nach seinem Arbeitsmaterial geantwortet habe, er brauche nur Bleistift und Papier, und das könne er selbst mitbringen. In Wahrheit legte er großen Wert darauf, mit dem deutschen bürokratischen System möglichst wenig zu tun zu haben[13].

In Berlin wurde Einstein zum erstenmal gewahr, wie die Zweige der Naturwissenschaften nicht nur mit Philosophie und Metaphysik, sondern auch mit Politik und Machtstreben verflochten waren, und wie sie die Organisationen durchdrangen, auf denen das Gleichgewicht des europäischen Friedens immer noch ruhte. Zuerst beängstigte ihn das neue Klima nicht.

Einstein genoß die neue Freiheit, sich fast ausschließlich mit seiner Arbeit beschäftigen zu können. Dringlichste Aufgabe war nun die Expedition nach Südrußland zur Beobachtung der Sonnenfinsternis im August. Von April an standen die Einsteins mit den Freundlichs in regelmäßigem und engem Kontakt. Als das Abreisedatum der Expedition näherrückte, verschanzte sich Einstein immer mehr hinter seiner wissenschaftlichen Arbeit; er ähnelte immer stärker dem Einstein aus den Zeitschriften-Karikaturen späterer Jahre, den seine Probleme so in Anspruch nahmen, daß er vom normalen Leben ganz abgesondert schien. So passierte es einmal gegen Ende einer Mahlzeit, daß er die Teller plötzlich zurückschob und das teuere Tischtuch mit Gleichungen bedeckte, während er sich mit seinem Gastgeber unterhielt.

Zu jenem Zeitpunkt waren die alten Zweifel verschwunden; Einstein hatte sogar vor seiner Übersiedelung nach Berlin an Besso geschrieben, daß er in Hinblick auf seine Theorie sehr zuversichtlich sei, und zwar ungeachtet der Ergebnisse der Expedition nach Südrußland[14].

Die Erwartungen, die man in diese Expedition gesetzt hatte, wurden durch den Ausbruch des Ersten Weltkriegs zerstört. Einstein machte sich Sorgen um das Schicksal Freundlichs, doch der hatte mit seinem Team mehr Glück als befürchtet, obwohl alle Unterlagen konfisziert und die Männer selbst verhaftet und nach Odessa gebracht wurden. Ende des Monats wurde ihr Austausch gegen eine Anzahl hoher russischer Offiziere in die Wege geleitet, und am 2. September war Freundlich wieder in Berlin. Dort arbeitete er den Krieg über hauptsächlich an der Sternwarte, stellte sich aber Einstein zeitweise zur Verfügung.

So verzögerte der Krieg die experimentelle Prüfung der allgemeinen Relativitätstheorie um fünf Jahre. Aber der Krieg sollte sich bei Einstein auch noch in anderer Weise entscheidend auswirken. Seine Ehe ging endgültig in die Brüche.

Einsteins Beziehungen zu Mileva waren zunehmend brüchiger geworden. Jahre später klagte er darüber, daß sie in der Schweiz auf alle seine Freunde mit Ausnahme von Solovine eifersüchtig gewesen sei, und schloß daraus, daß ihre Veranlagung ein Zusammenleben unmöglich gemacht hatte. Es war vernünftig, daß Mileva im Sommer 1914 mit ihren zwei Söhnen nach Zürich zurückkehrte; noch vernünftiger war, daß sie, als der Krieg im August ausbrach, mit den beiden dort blieb – wenigstens so lange, bis sich die Lage etwas geklärt hatte. Zu Weihnachten wurde jedoch offensichtlich, daß mehr im Spiel war. Mileva blieb mit den Kindern in der Schweiz. Einstein, immer noch Schweizer Bürger, blieb in Berlin und verbrachte seine Ferien mit Professor Nernst und Frau.

Mileva kam nicht zurück, Einstein war es gleichgültig. Tatsächlich gibt es eine ganze Menge Beweise dafür, daß er herzlich froh war, alleingelassen zu werden, während er die schwierige Arbeit in Angriff nahm, die allgemeine Relativitätstheorie zu einem Abschluß zu bringen. Nicht alle seine Freunde hielten die Situation für befriedigend. Haber vor allem unternahm eine ganze Reihe von gutgemeinten, aber erfolglosen Versuchen, die beiden wieder zusammenzubringen. Daß dafür nur sehr schwache Hoffnung bestand, zeigt ein Brief, den Einstein wenige Monate nach einer stürmischen Auseinandersetzung mit seiner Frau in der Schweiz an Besso schrieb. Er sagte, wenn er nicht die seelische Kraft besessen hätte, seine Frau auf Distanz zu halten, er wäre zerbrochen.

Für Mileva und ihre zwei Söhne – der eine zehn, der andere vier – gab es ein Problem. Einstein war sehr darauf bedacht, die Jungen durch die Trennung der Eltern nicht leiden zu lassen. In den nächsten Jahren wurde deshalb das Geld – und die Schwierigkeit, es ohne Verlust von dem Deutschland der Kriegszeit in ein neutrales Land zu schicken – zu einer Hauptbeschäftigung Einsteins.

Der Erste Weltkrieg konfrontierte ihn zum erstenmal mit den Wechselbeziehungen zwischen Wissenschaft und Weltpolitik. Schon Newton war Berater bei der britischen Admiralität gewesen. Michael Faraday und Sir Frederick Abel dienten dem britischen Kriegsministerium. Dewar und Abel stellten Kordit her, Nobel erfand das Dynamit, und Habers chemische Arbeiten waren für Deutschlands Kriegsindustrie von großem Nutzen. Die Wissenschaft war in der Tat zum Handlanger des Kriegs geworden. Bisher hatte die Arbeit an den fundamentalen Problemen der Physik Einstein von der Konfrontation mit diesen Tatsachen verschont, und seine Hingabe an die selbstgestellte Aufgabe hatte seine Abkapselung noch verstärkt. Er war deshalb schockiert über das, was er in Berlin sah. Denn seine Kollegen griffen unaufgefordert zu den Waffen oder stellten sich der Rüstungsindustrie zur Verfügung. Sein früherer Assistent, Ludwig Hopf, ging zum deutschen Luftfahrtministerium und arbeitete an der Entwicklung von Militärflugzeugen. Otto Stern war bald Soldat an der polnischen Front, von wo aus er zu Einstein durch eine Reihe von kurzen Briefen und Feldpostkarten weiterhin Kontakt unterhielt. Der junge Max Born, der von Göttingen an die Berliner Universität gekommen war, arbeitete zuerst für die deutsche Luftfahrt und dann für einen Militärausschuß, der die physikalischen Eigenschaften der Schallmessung untersuchte. Der Astronom Schwarzschild, dessen Berechnungen später die erste Bestätigung von Einsteins allgemeiner Relativitätstheorie lieferten, diente als Mathematiker der deutschen Armee an der Ostfront. Auch Nernst beriet das Kriegsministerium und Fritz Haber gar wurde von Depressionen befallen, als ihn das preußische Heer aus Gesundheitsgründen zurückwies.

Die Reaktion an den Universitäten verstärkte Einsteins Abneigung gegenüber dem, was er als ausschließlich deutsche Eigenschaft ablehnte: das Marschieren zur Regimentsmusik. Er betrachtete seine eigenen Kollegen mit scheelem Blick und neigte später dazu, die Tatsache zu übersehen, daß Lindemann beim Testen von Militärflugzeugen sein Leben riskierte, daß Madame Curie Ambulanzwagen des Roten Kreuzes steuerte, daß Langevin und Rutherford beide als Wissenschaftler beim gemeinsamen Anti-U-Boot-Komitee der Alliierten arbeiteten. Es war von den Wissenschaftlern der Alliierten vielleicht falsch, die Wissenschaft zu prostituieren; daß deutsche Wissenschaftler so etwas taten, war in Einsteins Augen doppelt schlimm, denn Deutschland war nach seiner Ansicht der Aggressor.

Angesichts des Verhaltens des gesamten Lehrkörpers der Berliner Universitäten, der sich fast ohne Ausnahme im Krieg engagierte, verschrieb sich Einstein drei politischen Idealen: dem Internationalismus, dem Pazifismus und dem Sozialismus.

So änderte der Krieg Einsteins Haltung seiner Umwelt gegenüber radikal. Einstein konnte nicht länger isoliert bleiben, obwohl die Physik bei ihm an erster Stelle stand. Der Physik wegen blieb er in Berlin, der Tatsache zum Trotz, daß er – offensichtlich auf einen Sieg der Alliierten hoffend – gezwungen war, die Herkunft eines Teils seiner Einnahmen absichtlich zu ignorieren. Denn sein Gehalt erhielt er, wenigstens teilweise, von Leopold Koppel, der im Jahr 1916 die Kaiser-Wilhelm-Stiftung für militärtechnische Wissenschaften gründete. Die Einzelheiten von Einsteins Verbindung zu Koppel sind nicht bekannt. Der Max-Planck-Gesellschaft zufolge – der Nachfolgerin der Kaiser-Wilhelm-Gesellschaft seit 1946 – bekam Einsteins Institut für Physik von der Koppel-Stiftung, die die militärische Stiftung einrichtete, vom 1. Oktober 1917 bis zum 31. März 1918 insgesamt 25 000 Mark. Einstein selbst schrieb 1919 an Born, daß seine Akademie-Besoldung von Herrn Koppel abhing[15]. Walter Jens meinte dazu, daß Einstein der erste war, dem von einem preußischen Bankier die Gelegenheit zum ungestörten Forschen gegeben wurde, indem dieser sich verpflichtete, Einstein ein zusätzliches Gehalt von 4000 Reichsmark für einen Zeitraum von zwölf Jahren vom 1. April 1914 an zu zahlen; den Namen des Bankiers gibt er mit Koppel an.

Wie auch die Vorgänge im einzelnen gewesen sein mögen, fest steht, daß Einstein auf der Höhe seiner Macht von genau den Leuten unterstützt wurde, die er sehr bald verdammte, und daß er eine überraschende Fähigkeit zeigte, seine linke Hand nicht wissen zu lassen, was die rechte tat. Aber die Physik ging, wie gesagt, allem anderen vor. Hätte sich Einstein nur einmal die Mühe gemacht, darüber nachzudenken, er hätte auch dann in der Tatsache keinen Widerspruch gefunden, daß er gegen den Krieg loszog und gleichzeitig das Geld derer für die Wissenschaft verwendete, die den Krieg unterstützten.

Einsteins tiefverwurzeltes Mißtrauen gegen alles Militärische und Preußische zeigte sich zum erstenmal sehr deutlich an seiner Reaktion auf den Aufruf »An die Kulturwelt«. Er wurde Anfang Oktober 1914 herausgegeben und bestritt Deutschlands Schuld am Krieg; er rechtfertigte den Einmarsch in Belgien mit der Begründung, daß es Selbstvernichtung gewesen wäre, es nicht zu tun, sprach von »russischen Horden, von Mongolen und Negern«, die auf die weiße Rasse gehetzt würden und behauptete, »ohne den deutschen Militarismus wäre die deutsche Kultur vom Erdboden getilgt« worden[16]. Das Manifest gewann die Unterstützung von 93 hervorragenden Vertretern des deutschen Kultur- und Geisteslebens. Wilhelm Röntgen, der Erfinder der Röntgenstrahlen, unterzeichnete, ebenso Ernst Haeckel, der Evolutionist, Paul Ehrlich, der Biologe, und Max Planck.

Innerhalb weniger Tage kam eine Reaktion auf das »Manifest der 93 Intellektuellen«, und zwar von Georg Nicolai, Professor für Physiologie an der Universität Berlin. Es ist nicht bekannt, welche Rolle Einstein bei dem von Nicolai verfaßten »Manifest an die Europäer« wirklich spielte. Nicolai selbst bezeichnet Einstein als Mitautor[17]. Obwohl das Gegenmanifest eine Gemeinschaftsarbeit war, erinnert es in erstaunlicher Weise an die Behauptungen, Bekanntmachungen, Mitteilungen und Ermahnungen, die sich in den nächsten 40 Jahren in einem wahren Strom von Einstein aus ergossen.

Verfaßt an der Berliner Universität, zirkulierte es unter den Professoren. Es war unterschrieben von Nicolai und Einstein. Zusätzlich unterschrieben Wilhelm Forster, der achtzigjährige Chef der Berliner Sternwarte, der aber auch das Manifest der 93 unterschrieben hatte, und Otto Bük. Dabei blieb es. Einen Monat später wurde Einstein erstmalig Mitglied einer politischen Organisation: Es war der Bund Neues Vaterland, gegründet am 16. November 1914. Unter seinen Gründungsmitgliedern befanden sich der Bankier Hugo Simon, später preußischer Finanzminister, und Ernst Reuter, nach dem Zweiten Weltkrieg Regierender Bürgermeister von Berlin. Hauptziel der Gruppe war die Herbeiführung eines raschen Friedensschlusses, zweites Ziel die Schaffung eines internationalen Gremiums zur Verhinderung künftiger Kriege. Mit beiden Zielen sympathisierte Einstein von ganzem Herzen. Der Bund war offensichtlich dazu bestimmt, eines frühen Todes zu sterben. Es heißt mit einiger Berechtigung, daß »1914, unter dem Regiment des Kaisers, die offene Arbeit für den Frieden einem Hochverrat gleichkam«[18], und wenn man voraussetzt, daß Einstein in Deutschland als Deutscher galt, dann kamen einige seiner Aktionen diesem Delikt mehr als nahe. Wären alle seine Äußerungen unmittelbar nach dem Waffenstillstand öffentlich bekanntgegeben worden, wären die Anfechtungen, denen er sich in den frühen zwanziger Jahren ausgesetzt sah, noch größer gewesen. Denn er scheint nicht nur auf ein Ende des Krieges gehofft zu haben, sondern auf eine deutsche Niederlage. Diese Haltung stellt immerhin eine lose Verbindung zum »deutschen Widerstand« dreißig Jahre später her. Freilich gab es einen wesentlichen Unterschied. Im Europa der Jahre 1914–1918 konnte er nicht nur sein Lebenswerk von seiner privilegierten Stellung in Berlin aus fortsetzen; er konnte auch seinen »Widerstand« betreiben, indem er in Holland und in der Schweiz mit einem

Minimum an persönlichem Risiko für den Frieden eintrat. Wenn es Schwierigkeiten gab, konnte er sich immer auf den Schutz seines Schweizer Passes berufen.

Einsteins erste Kontaktaufnahmen ins Ausland während des Krieges – mit Ausnahme persönlicher Briefe an seine Frau – galten Ehrenfest und Lorentz in Holland. Beiden schrieb er in einer Mischung aus Resignation, Bedauern und Widerwillen[19]. Wie konnten sich intelligente Männer so aufführen! Wie war es möglich, daß einige berühmte Wissenschaftler den Krieg unterstützten und das im Namen des Staates taten, was früher im Namen der Religion getan worden war. Man müsse unbedingt etwas unternehmen, um die Wissenschaftler in den verschiedenen »Vaterländern« zu vereinen. Die Gelehrten und Intellektuellen in Europa seien doch nicht hilflos . . .? In diesem Tenor verfaßte er seine Briefe in den ersten Kriegsjahren. Und trotz der Evidenz der Ereignisse schien er noch auf einen baldigen Frieden zu hoffen.

Dann, im September 1915, reiste er von Berlin in die Schweiz. Sein Hauptziel war, Romain Rolland zu besuchen, den berühmten Schriftsteller und Pazifisten, der damals in Vevey am Genfer See lebte. Einstein hatte im März an Rolland geschrieben und ihm berichtet, daß er über den Bund Neues Vaterland von Rollands Bemühungen gehört habe, die schmerzlichen Mißverständnisse zu beseitigen, die das französische und das deutsche Volk trennen. Wenig später kündigte Einstein seinen Besuch an.

Mitte September traf Einstein, aus Zürich kommend, in Vevey ein. Ihn begleitete Dr. Zangger, der ihm 1912 dabei behilflich gewesen war, wieder an die E.T.H. nach Zürich zu kommen. Rollands ausführlicher Tagebucheintrag vom 16. September 1915 ist sehr aufschlußreich.

»Professor A. Einstein, der geniale Physiker und Mathematiker[20] an der Universität Berlin, der mir im Laufe des letzten Winters geschrieben hat, kommt mich von Zürich aus besuchen, wo er sich auf der Durchreise bei seinem Freunde, Professor Dr. H. Zangger, Direktor des Gerichtsmedizinischen Instituts der Universität Zürich, aufhält. Wir verbringen den ganzen Nachmittag auf der Terrasse des Hotels Mooser am Ende des Gartens . . . Einstein ist noch jung, nicht sehr groß, mit breitem und langem Gesicht, einer üppigen Mähne, etwas krausem und trockenem, tiefschwarzem graumeliertem Haar, das über einer hohen Stirn hochsteht, mit fleischiger und angeberischer Nase, kleinem Mund, dicken Lippen, kurzgeschnittenem Schnurrbärtchen, vollen Wangen und rundem Kinn. Er spricht ziemlich mühsam Französisch und untermischt es mit Deutsch. Er ist sehr lebendig und heiter; er kann nicht umhin, den ernstesten Gedanken eine scherzhafte Form zu geben. Er ist Schweizer Herkunft, in Deutschland geboren, deutscher Staatsbürger geworden, dann, soviel ich habe verstehen können, zwei oder drei Jahre vor dem Kriege wieder Schweizer Staatsbürger geworden . . . Einstein ist in seinen Urteilen über Deutschland, wo er lebt, unglaublich frei. Kein Deutscher verfügt über diese Freiheit. Ein anderer als er hätte darunter gelitten, sich in diesem furchtbaren Jahr im Denken isoliert zu fühlen. Er nicht. Er lacht. Er hat es fertiggebracht, während des Krieges sein wichtigstes wissenschaftliches Werk zu schreiben. Ich frage ihn, ob er gegenüber seinen deutschen Freunden seine Anschauungen äußere und mit ihnen diskutiere. Er sagt nein. Er begnügt sich damit, ihnen eine Menge Fragen zu stellen – so wie Sokrates es tat –, um ihre Gemütsruhe zu stören. Er setzt hinzu, »die Leute lieben das nicht sehr«. Alles, was ich durch ihn erfahre, ist nicht gerade erfreulich; denn es zeigt die Unmöglichkeit, mit Deutschland zu einem dauerhaften Frieden zu kommen, ohne es vorher völlig zu zerschmettern. Einstein sagt, die Lage erscheine ihm viel weniger günstig als vor ein paar Monaten. Die Siege über Rußland haben den deutschen Hochmut und Appetit wieder geweckt. Das Wort »ausgehungert« scheint für Einstein Deutschland am besten zu charakterisieren. Überall breitet sich der Wille zur Macht aus, der bewundernde Glaube an die Kraft und die feste Entschlossenheit zu Eroberungen und Annexionen. Die Regierung ist viel gemäßigter als das Volk. Sie möchte Belgien räumen, sie könnte es aber nicht. Die Offiziere haben mit einem Aufstand gedroht. Die großen Bankiers, die Industriellen, die Handelsgesellschaften sind allmächtig; sie verlangen Entschädigung für die gebrachten Opfer; der Kaiser ist nur ein Werkzeug in ihren Händen und in den Händen der Offiziere: er ist gut, schwach, über diesen Krieg verzweifelt, den er niemals gewollt hat, den zu wollen man ihn gezwungen hat, denn man hat es verstanden, ihn zu überspielen . . . Tirpitz und Falkenhayn sind die Protagonisten der blutigen Tat. Falkenhayn scheint der gefährlichere zu sein. Tirpitz ist vor allem eine mächtige Maschine, ohne Persönlichkeit. Was die Intellektuellen an den Universitäten betrifft, so teilt Einstein sie in zwei sehr deutlich unterschiedene Klassen: die Mathematiker, Physiker, die Leute der exakten Wissenschaften, die tolerant sind; und die Historiker und die Literaturwissenschaftler, die irre reden vor lauter nationalen Leidenschaften. Die Masse der Nation ist erstaunlich fügsam, »gezähmt« (Einstein billigt dieses Wort Spittelers). Einstein gibt vor allem der ganz und gar auf Nationalstolz und blinde Unterwerfung unter den Staat gerichteten Erziehung die Schuld daran. Er glaubt nicht, daß die rassische Zusammensetzung dafür verantwortlich ist, denn die französischen Hugenotten, die vor zwei Jahrhunderten dorthin geflüchtet sind, haben die gleichen Charaktereigenschaften angenommen. Die Sozialisten sind das einzige (in gewissem Maße) unabhängige Element: noch ist es nur eine Minderheit der Partei, die sich um Bernstein schart. Der

Bund Neues Vaterland macht sehr langsame Fortschritte, dehnt sich nicht sehr aus. Einstein erwartet keinerlei Erneuerung Deutschlands aus sich selbst heraus: es hat dazu nicht die Energie, nicht die Kühnheit zur Initiative. Er hofft auf einen Sieg der Alliierten, der die Macht Preußens und der Dynastie zerstören würde. Als ich ihn fragte, ob die Schicksalsprüfung die Nation nicht enger um die unglücklichen Fürsten scharen würde, sagt Einstein, der skeptisch ist, die Treue der Nation sei nicht von dieser Art; die Nation hege für ihre Gebieter eine mit Furcht gepaarte Bewunderung, Achtung vor der Stärke, keinerlei Zuneigung; wenn diese Stärke erschüttert wird, werden sich die Deutschen wie jene wilden Völker verhalten, die ihren einst angebeteten Götzen ins Feuer werfen, wenn es sich herausstellt, daß er besiegt worden ist. Einstein und Zangger träumen von einem gespaltenen Deutschland: auf der einen Seite Süddeutschland und Österreich, auf der andern Preußen. Aber diese Niederlage des Reiches ist mehr als zweifelhaft. In Deutschland ist jeder vom Sieg überzeugt; und man rechnet amtlich damit, daß der Krieg mindestens noch sechs Monate dauert. Dennoch meint Einstein, die sehr gut unterrichteten Leute wissen, daß die Lage ernst bleibt und daß sie ungünstig wird, wenn der Krieg länger dauert. Nicht an Nahrungsmitteln könnte es am meisten fehlen, sondern an kriegsnotwendigen chemischen Erzeugnissen. Es stimmt, daß die wahrhaft bewundernswerte Findigkeit der deutschen Gelehrten neue Verbindungen als Ersatz für die fehlenden Erzeugnisse bietet. Einstein sagt, man könne sich die Organisationskraft nicht vorstellen, die sich gezeigt habe und die alle fähigen Köpfe mit einschließe. Alle Universitätsprofessoren der Naturwissenschaften sind an die Spitze von militärischen Dienststellen oder Kommissionen gesetzt worden. Einstein allein hat sich geweigert, da mitzumachen. Wie auch der Krieg ausgehen möge, das große Opfer wird Frankreich sein. Alle Deutschen sind sich darüber im klaren ...

Wir sprechen von der absichtlichen Blindheit und vom Mangel an Psychologie bei den Deutschen. Schallend lachend erzählt Einstein, daß sich bei jeder Zusammenkunft des Senats der Universität Berlin alle Professoren nach der Sitzung in einem Lokal treffen und daß dort *jedesmal* die Unterhaltung mit dieser Frage beginnt: »Warum sind wir in der Welt verhaßt?« Dann entspinnt sich eine Diskussion, bei der jeder seine Antwort anbringt und sich dabei wohl hütet, jemals die wahre Antwort zu geben. Einstein spricht von einer geheimen allgemeinen Zusammenkunft von Vertretern aller Universitäten Deutschlands, die im letzten Juli stattgefunden hat; man hat dort die Frage besprochen, ob die deutschen Universitäten alle Bindungen zu den anderen Universitäten und Akademien der Welt abbrechen sollen. Der Antrag ist von den Universitäten Süddeutschlands, die die Mehrheit bildeten, zurückgewiesen worden. Aber die

Universität Berlin unterstützte den Antrag. Sie ist regierungstreuer und imperialistischer als jede andere Universität: die Professoren werden zu diesem Zweck extra ausgewählt.«

Eine wesentliche Rolle in Rollands Bericht spielt Einsteins Rechtfertigung des Kaisers. Es erscheint unwahrscheinlich, daß Einstein persönliche Sympathien für ihn hegte, alle Berichte über ein Zusammentreffen der beiden sind ziemlich zweifelhaft. Aber er glaubte an die guten Absichten des Kaisers.

Rolland gegenüber gab Einstein eindeutig dem deutschen Geist, wie er ihn sah, die Schuld. Die Leidenschaft seiner Gefühle erschreckte Rolland. Die zwei wechselten noch ein paar Worte, als sie auf dem Bahnsteig von Vevey standen und darauf warteten, daß der Zug nach Bern abfuhr. »Wenn ich Einstein beobachte, fällt mir auf«, schrieb Rolland, »daß er, ebenso wie die sehr kleine Zahl inmitten der allgemeinen Knechtsgesinnung frei gebliebener Geister, aus Reaktion gegen diese Knechtsgesinnung dahin gekommen ist, die schlechteste Seite seiner Nation zu sehen und sie fast genauso streng zu verurteilen[21].«

In der neutralen Schweiz konnte Einstein seine Ansichten ohne Furcht vor ernsthaften Gegenreaktionen aussprechen. In Deutschland sprach er mit anderer Betonung über die Hintergründe des Krieges. Als er von der Berliner Goethe-Gesellschaft wenige Monate nach seiner Rückkehr gebeten wurde, in einem kurzen Artikel seine Gedanken zu diesem Thema niederzuschreiben, kam er auf die deutsche Schuld nicht zu sprechen, die er Rolland gegenüber so betont hatte. Als Kriegsgrund nannte er schlicht die aggressive menschliche Natur[22]. Das war natürlich wesentlich vorsichtiger ausgedrückt, als das, was er gegenüber Rolland geäußert hatte. Ende 1915 war die Aussicht auf einen schnellen Sieg geschwunden und mit ihr die relative Freiheit des ersten Kriegsjahres. Auch Einstein konnte es nicht wagen, offen die Hoffnung auf »einen Sieg der Verbündeten, der die Macht Preußens und der Dynastie bricht«, auszusprechen. Tatsächlich verdrängte er seine diesbezüglichen Gefühle ziemlich leicht. Er stand mit Haber, dem Giftgasexperten, weiterhin auf bestem Fuß und konnte mit dessen Hilfe sogar vom deutschen Generalstab eine Reiseerlaubnis für einen Kollegen erwirken. Max Born zufolge gehörte er auch zu jenen deutschen Intellektuellen, die Mitte des Kriegs hohe Beamte im deutschen Außenministerium aufsuchten, um sie vom Beginn des uneingeschränkten U-Boot-Krieges abzuhalten, »der unfehlbar zum Eintritt Amerikas in den Krieg führen mußte«.

Immerhin mag Einstein solche humanitären Appelle auch unter dem Deckmantel der Nützlichkeit unterstützt haben. Als nämlich die Hoffnung auf einen schnellen Sieg dahinschwand, hatten alle Vorschläge, die Operationen einzuschränken, einen defaitistischen Beigeschmack, der nicht länger geduldet werden konnte. Der Bund Neues Vaterland wurde verboten, und Gerüchte über private Hinweise auf einen Verhandlungsfrieden wurden vor der Öffentlichkeit ebenso geschmäht wie vergleichbare Dinge in England. Es gibt wenig Anzeichen, daß diese Verhärtung der offiziellen Haltung sehr viel Einfluß auf Einsteins private Äußerungen zeitigte, und sein Briefwechsel mit Lorentz, in dem es hauptsächlich um wissenschaftliche Arbeit ging, war weiterhin mit starken pazifistischen Passagen durchsetzt, die der Zensur hätten auffallen können. Glücklicherweise übte er keine Tätigkeit aus, bei der Indiskretionen für die Freunde gefährlicher gewesen wären als für die Feinde.

Er nahm die Sonderstellung eines Kritikers ein, dessen Existenz man tolerierte, obwohl man seine Ansichten ganz und gar nicht schätzte. Diese Stellung war teilweise ein Resultat des Ruhms, den die allgemeine Relativitätstheorie ihm 1915 gebracht hatte, teilweise beruhte sie darauf, daß er Schweizer Bürger war. Trotzdem nagte es an mehr als einem Wissenschaftler im alliierten Lager, als der Krieg beendet war. Es hätte noch mehr an ihnen genagt, hätten sie gewußt, daß Einstein einmal bei der Luftverkehrsgesellschaft in Berlin-Johannistal Vorschläge für eine verbesserte Tragfläche zur Diskussion gestellt hatte.

Die Geschichte kam im September 1955 ans Licht, als die internationale Zeitschrift *Interavia* das Faksimile eines Briefes veröffentlichte, den Einstein am 7. September 1954 an den deutschen Piloten Paul G. Ehrhardt[23] geschrieben hatte*. Im Vormonat hatte Ehrhardt an Einstein geschrieben und daran erinnert, daß er, Ehrhardt, 1917 die technische Leitung der Versuchsabteilung der Luftverkehrsgesellschaft in Berlin-Johannistal übernommen hatte. »Zu meinen Pflichten«, schrieb er, »gehörte die undankbare Aufgabe, mich mit den Angeboten von Erfindern zu beschäftigen . . . Deshalb war ich nicht gerade begeistert, als ich eines Tages auf meinem Schreibtisch ein mehrseitiges Dokument dieser Art vorfand und in einer Handschrift, die die Dinge noch schlimmer machte . . . Doch mein erster Eindruck von dem gewichtigen Manuskript zeigte mir, daß der Verfasser viel größere Kenntnisse von theoretischer Physik hatte als ich.«

Einsteins Vorschlag bezog sich auf eine Tragfläche, von der er glaubte, sie würde maximalen Hub bei minimalem Sog liefern. Binnen Wochen wurde eine versuchsweise Fertigung dieser Tragfläche am Rumpf eines LVG-Doppeldeckers befestigt, der dann vom Flughafen Adlershof aus testgeflogen wurde.

---

* Professor Squire vom West Virginia Universitys Department of Aerospace Engineering lenkte des Verfassers Aufmerksamkeit nach dem Erscheinen des »Einstein« in den USA auf das Material in »Interavia«.

Ein Pilot probierte ihn aus, dann ein zweiter. Aber wie Ehrhardt befürchtet hatte, entsprach der neue Flügel nicht Einsteins Erwartungen. Der Versuch wurde abgeblasen – und Ehrhardt erinnerte sich, wie ihnen Einstein bei der abschließenden Konferenz mit dem Direktor der LVG einen kurzen Vortrag über die Relativitätstheorie hielt.

In seiner Antwort auf Ehrhardts Brief im Jahre 1954 sagte Einstein, er erinnere sich deutlich an den Vorgang, und meinte – nachdem er die Theorie beschrieben hatte, auf der die Vorschläge beruhten –, er hätte die Sache nicht ganz ausgearbeitet. »Ich muß zugeben«, schloß er, »daß ich mich oft meiner Narretei aus jenen Tagen geschämt habe, aber Ihr freundlicher Brief hat mir viel Vergnügen bereitet.«

Mit der »Narretei« scheint eine wissenschaftliche Narretei gemeint zu sein. Einsteins Brief läßt nicht den Schluß zu, daß er sein Zusammentreffen mit Erhardt bedauerte, dessen Datum unbekannt ist. Sein Vorschlag hätte vielleicht zu einem verbesserten Flugzeug, wenn auch nicht notwendig zu einem verbesserten Militärflugzeug führen können, zumal im Krieg die meisten deutschen Firmen sich ein lebendiges Interesse an der zivilen Luftfahrt bewahrten. Außerdem scheint sich Einsteins Idee auf eine Tragfläche bezogen zu haben, die mehr Hub bei niederen, nicht hohen Geschwindigkeiten liefert. Sie wäre deshalb von begrenztem Wert gewesen – aber möglicherweise vergleichbar mit der, die bei der britischen DH 6 verwendet wurde, die hauptsächlich der Grundschulung von Militärpiloten diente.

Trotzdem ist etwas Ungereimtes an der Vorstellung, daß Einstein mit deutschen Flugzeug-Konstrukteuren Verkehr pflegen konnte, während des Kriegs oder danach.

Als Schweizer genoß Einstein in Berlin weiterhin gewisse Vorteile. Dazu gehörte nicht zuletzt die Freiheit, in neutrale Länder mit weniger bürokratischen Hindernissen reisen zu können, mehr als es den meisten Deutschen möglich war. Davon machte er an Ostern 1916 Gebrauch, um seine Frau in Zürich zu besuchen.

Die Begegnung war eine Katastrophe. Einstein traf die unwiderrufliche Entscheidung, Mileva nie mehr zu sehen; Hans stellte den Briefverkehr mit seinem Vater ein, als dieser nach Berlin zurückgekehrt war. Als Mileva krank wurde und im Sommer ein weiterer Besuch in Zürich zur Debatte stand, legte Einstein seinen Ärger in einem langen Brief an Besso nieder, der fortan als ehrlicher Makler zwischen den beiden Eheleuten fungierte. Wenn er nach Zürich käme, sagte er, würde Mileva nach ihm verlangen und er würde ablehnen müssen, teils wegen seines früheren Entschlusses, teils um einer Szene aus dem Weg zu gehen. Anders wenn seine Frau ins Krankenhaus müßte. Dann würde er sie besuchen – und die Kinder auf neutralem Boden treffen. Sonst »nein«.

Von nun an fungierte Besso – oder »Onkel Toby«, wie Einstein ihn in Anlehnung an *Tristram Shandy* manchmal nannte – als regelmäßiger Vermittler, der die Schulen für die Söhne aussuchte, Kosten errechnete und ihn über Mileva in einer langen Reihe von Briefen auf dem laufenden hielt, worin wissenschaftliches Geplänkel mit häuslichen Details wechselte.

Mit der Verschlechterung der Kriegslage wurden auch die Auslandsreisen kompliziert. Im Herbst 1916 bereiste Einstein Holland, aber nur, nachdem ihm Lorentz eine offizielle Einladung geschickt hatte und er die Originalpapiere über seine Schweizer Staatsbürgerschaft aus Zürich hatte kommen lassen. Kurz nachdem er von Leiden nach Berlin zurückgekehrt war, entdeckte er, daß sein alter Freund Friedrich Adler nicht bloß Gedanken gegen den Krieg hegte, die seinen eigenen ähnelten, sondern daß er zur Waffe gegriffen hatte, um sie durchzusetzen. 1912 war Adler von der Schweiz nach Österreich gereist, und hier unternahm er – verzweifelt, weil sich die Regierung weigerte, das Parlament zusammenzurufen, um ihre Politik der öffentlichen Debatte zu unterwerfen –, was als die vernünftigste und folgerichtigste Handlung erscheinen mußte: Im Oktober 1916 ging er in das vornehme Hotel Meissel & Schader und erschoß aus nächster Nähe den Premierminister Graf Stürgkh.

Als Adler der Prozeß gemacht wurde, erbot sich Einstein zur Zeugenaussage. Dieses Angebot schlug Adler offenbar, getreu seiner späteren Handlungsweise, hochmütig als unnötig aus. Während er auf seinen Prozeß wartete, machte er sich in einer Reihe von Gefängnissen und militärischen Festungen daran, eine lange Studie über die Relativitätstheorie zu verfassen: »Ortszeit, Systemzeit, Gebietszeit«. Am 14. Juli 1917 schrieb[25] er an Einstein und bat um Rat für seine Arbeit. Einstein antwortete herzlich, und ein maschinengeschriebener Entwurf des Manuskripts landete bald in Berlin. Inzwischen wurden Kopien an Psychiater und Physiker verschickt, die urteilen sollten, ob Adler geistesgestört war. »Die Sachverständigen, besonders die physikalischen, wurden dadurch in eine sehr unangenehme Zwangslage versetzt«, sagt Philipp Frank, der selbst eine Kopie erhielt. »Adlers Vater und Familie wünschten, daß man aus der Schrift auf seinen verwirrten Geist schließen sollte. Aber Friedrich Adler selbst mußte das sehr beleidigen. Denn er glaubte, eine ausgezeichnete wissenschaftliche Leistung vollbracht zu haben. Und objektiv gesprochen war sie auch nicht irgendwie abnormal, nur seine Argumente waren falsch[26].« Einstein machte sich weitgehend dieselbe Anschauung zu eigen, als er sagte, es stünde auf »sehr brüchigen Grundlagen«.

Ob Adlers kritische Studie über die Relativitätstheorie sein Schicksal beeinflußte oder nicht, bleibt ungewiß. Jedenfalls wurde er zunächst zum Tode verurteilt und dann zu 18 Monaten Gefängnis begnadigt.

Einstein setzte seinen Briefwechsel mit Adler auch fort, als er selbst mit einem ernsten Zusammenbruch zu kämpfen hatte, der teils ein Nervenkollaps war, teils auf ein seit langem bestehendes Magengeschwür zurückging, das sich zweifellos durch die Kriegsernährung in Berlin und das Junggesellenleben verschlimmert hatte.

Die Krankheit kam nicht überraschend. Schon seit Jahren lebte Einstein tief in seine wissenschaftliche Arbeit vergraben, die als die größte intellektuelle Leistung eines einzelnen Gehirns überhaupt bezeichnet worden ist.

Seine Ansichten über den Krieg unterschieden sich von denen der Männer und Frauen um ihn her. Dazu lebte er in provisorischen Umständen, die jener Lebensweise freien Lauf ließen, die sein Arzt und Freund Janos Plesch so zusammenfaßt: »Wie sein Geist keine Grenzen kennt, so folgt sein Körper keinen festen Regeln; er schläft, bis er aufgeweckt wird; er bleibt so lange auf, bis man ihn zu Bett schickt, er hungert, bis man ihm etwas zu essen gibt, und dann ißt er, bis er daran gehindert wird[27].«

Im April schrieb Einstein an Lorentz, daß es ihm besser gehe. Doch erst im Sommer kam er wieder auf die Beine, und erst im August konnte er in die Schweiz zur Erholung fahren.

Während er krank war, besuchte ihn häufig Hedwig Born, die junge Frau von Max Born. Sie schreibt darüber: ». . . Bei einem meiner Besuche, als er mit heiterer Ruhe über den Tod sprach, fragte ich ihn, ob er denn keine Todesangst habe? ›Nein‹, sagte er, ›ich fühle mich so solidarisch mit allem Lebenden, daß es mir einerlei ist, wo der einzelne anfängt und aufhört‹. Hier spricht sich die letzte Einheit im Menschlichen aus, die er zeitlebens in den Naturgesetzen suchte. Es ist wohl nicht verwunderlich, daß gerade er mir half, mich unter den ›objektiven‹ Naturwissenschaftern nicht mehr wie auf eine eisige Mondlandschaft verschlagen zu fühlen. Um mich herum stürmte die moderne Physik vorwärts – hier allein gab es ›objektive Wahrheit‹, die mir unglücklicherweise nichts bedeutete, und alles Menschliche würde womöglich bald in naturwissenschaftlichen Ausdrücken beschrieben werden können. Da fragte ich Einstein einmal: ›Ja, glauben Sie denn, daß es einmal möglich sein wird, einfach alles auf naturwissenschaftliche Weise abzubilden?‹ ›Ja‹, meinte er, ›das ist denkbar, aber es hätte doch keinen Sinn. Es wäre eine Abbildung mit inadäquaten Mitteln, so, als ob man eine Beethoven-Symphonie als Luftdruckkurven darstellte‹. Das war tröstlich[28].«

Freundlich vertraute er einmal an, daß es niemanden auf der Welt gebe, dessen

Tod ihn bekümmere. »Ich dachte, wie schrecklich es für einen Mann mit einer Frau und zwei Kindern war, so etwas zu glauben und zu sagen«, bemerkte Frau Freundlich. »Dann, etwa ein Jahr darauf, starb Einsteins Mutter in Berlin, wohin sie gezogen war, um die letzten Monate ihres Lebens bei ihrem Sohn zu verbringen. In einer Beziehung war ich froh. Denn Einstein weinte, wie andere Menschen auch, und ich wußte, daß er wirklich für jemanden etwas empfinden konnte.« Viele Jahre später schrieb sein Freund Gustav Bucky: »Er glaubte, daß ihn innerlich nichts wirklich berühre. Aber dieser Mann, der nie ein Gefühl zeigen wollte, schrieb mir nach meiner schweren Krankheit nur den einen Satz: ›Von jetzt ab werde ich jede Stunde meines Lebens dankbar sein, daß wir beide zusammen geblieben sind[29]‹.«

Einsteins Krankheit 1917 hatte noch andere, wichtigere Auswirkungen. Sie führte ihn unter die zunächst mütterlichen, dann ehelichen Fittiche seiner Kusine Elsa. Bei welcher Gelegenheit die beiden ihre Jugendbekanntschaft erneuerten, ist ungewiß, aber es war fast unvermeidlich, daß er irgendwann einmal seine Kusine wieder traf, die ihm aus seiner Kinderzeit in München im Gedächtnis geblieben war.

Elsa und Albert Einstein waren doppelt verwandt[30]. Elsas Mutter war die Schwester von Pauline Koch – Albert Einsteins Mutter –, und ihr Großvater war der Bruder von Alberts Großvater, ein Umstand, der Cäsar Koch zum natürlichen Onkel von beiden, Elsa und Albert, machte. 1917 war Elsa Löwenthal Witwe geworden, mit zwei Töchtern, der 20jährigen Ilse und der 18jährigen Margot. In ihrer äußeren Erscheinung war sie eher behäbig als schön, ihr fehlte auch die intellektuelle Neugierde, die Mileva zuweilen so unerträglich gemacht hatte. »Ich bin froh, daß meine Frau von der Wissenschaft nichts versteht«, sagte Einstein später zu einem Kollegen. »Meine erste Frau tat's nämlich[31].«

Elsa war umsichtig, gewissenhaft, anspruchslos und von einer angemessenen Scheu gegenüber dem Ruhm erfüllt – in vieler Beziehung die ideale Frau für ein geistesabwesendes Genie, wie Einstein es verkörperte. Einstein beschrieb ihren Charakter unbewußt in einer Bemerkung an seinen Freund Philipp Frank: »Wenn sich die Frauen in ihrer Wohnung befinden, so sind sie an ihre Möbel fixiert. Sie laufen den ganzen Tag um sie herum und arbeiten etwas an ihnen. Wenn ich mich aber mit meiner Frau auf einer Reise befinde, so bin ich ihr einziges Möbel, das sie mitgenommen und zu ihrer Verfügung hat, und sie kann sich nicht enthalten, den ganzen Tag um mich zu kreisen und an mir etwas zu verbessern[32].«

Es trifft nicht zu, daß Einstein von 1917 ab Elsa die Entscheidung über alle Dinge mit Ausnahme der Wissenschaft, des Pazifismus und der Politik überließ. Auch außerhalb seiner drei Interessengebiete entschied nur er. Hatte er aber entschieden, dann durfte Elsa die Einzelheiten organisieren und die Ausführung übernehmen, damit er wieder an seine Arbeit gehen konnte.

Während seiner Krankheit hatte sich Elsa selbstverständlich um ihn gekümmert. Im letzten Stadium seiner Rekonvaleszenz brachte sie ihn dann in ihre Wohnung in der Haberlandstraße. So war es nicht weiter verwunderlich, daß er 1919, nachdem er endlich von Mileva geschieden war, seine Kusine Elsa heiratete.

Als er 1917 langsam genas, beschloß er, die letzte Zeit der Rekonvaleszenz in der Schweiz zu verbringen. Der Schweizer Bürger vertauschte die zunehmende Härte im Berlin der Kriegszeit mit dem vergleichsweise angenehmen Leben eines neutralen Landes.

Einstein hatte gehofft, Romain Rolland in der Schweiz wiederzutreffen. Als sich das nicht verwirklichen ließ, schrieb er einen langen und pessimistisch klingenden Brief, obwohl er behauptete, er sei nicht deprimierter als vor zwei Jahren. Er kritisierte Deutschlands Religion der Macht und unterstrich, daß es gefährlich sei, sich mit diesem Land zu einigen. Man müsse Deutschland vielmehr unmißverständlich klarmachen, daß weder Gewalt noch Verrat in Zukunft zum Ziel führen würden[33]. Die Heftigkeit der anti-deutschen Gefühle, die Einstein zum Ausdruck brachte, ergriff Rolland sehr. In seinem Tagebuch[34] vermerkte er, daß der Grundsatz, Deutschland müsse vernichtet werden, seine lautesten Anhänger unter einigen prominenten Deutschen habe.

Wenn man dies alles bedenkt, wirkt es zunächst befremdend, wie rasch Einstein nach Berlin zurückkehrte. Zangger schrieb an Rolland, er möge doch versuchen, Einstein in der Schweiz zu halten. Andere Freunde baten ihn ebenfalls zu bleiben. Nachdem Einstein jedoch eine Woche mit seinen beiden Söhnen in Arosa verbracht hatte, verließ er das Land, das er liebte, und kehrte zurück in das Land, das er verabscheute.

Das unglückliche Treffen mit Mileva zu Ostern 1916 war nicht wiederholt worden. Einstein hatte sie laufend finanziell unterstützt, aber nun wünschte er weniger denn je zuvor, in die Verhandlungen persönlich einzugreifen, die bis jetzt hauptsächlich der treue Unterhändler Besso geführt hatte. In einem Brief vom 15. Mai vertraute Einstein diesem seine finanziell zusehends bedrängtere Lage an. Von einem Jahreseinkommen von insgesamt 13 000 Mark schickte er ca. 7000 Mark regelmäßig an seine Frau und die Kinder. Weitere 600 Mark jährlich gingen an seine Mutter in Luzern. Ihm selbst blieb fast zuwenig, um den Lebensstandard eines Professors aufrechtzuerhalten.

Bald nach seiner Rückkehr nach Berlin teilte er Besso mit, seine Adresse sei in Zukunft Haberlandstraße 5. Sein Umzug hatte offenbar bereits stattgefunden[35]. Diese Wendung deutet an, daß Elsa die Initiatorin der – 18 Monate später stattfindenden – Hochzeit war. Diese Heirat beeinflußte kaum den Verlauf von Einsteins wissenschaftlicher Karriere, die 1919 ihren Höhepunkt erreichte. Sie trug jedoch sehr viel zu seiner Wirkung auf die Welt bei als Vaterfigur, als Orakel, als ein Mann, dessen Unterstützung jahrelang eine nützliche Waffe in den Händen jeder Gruppe war, die ihn für ihre Zwecke gewinnen konnte. Denn ohne die Fürsorge und schützende Intervention seiner gutherzigen Frau wäre er unter den Belastungen von Ruhm und öffentlichen Verpflichtungen zusammengebrochen und hätte sich von Pazifismus, Zionismus und Sozialismus weg in jenes Schneckenhaus zurückgezogen, in dem er seine wissenschaftliche Arbeit weiterführte. Auch hätte er sich viel häufiger Blößen gegeben als er es ohnehin schon tat, hätte mehr Erklärungen abgegeben, von denen er sich wieder distanzieren mußte, noch mehr Dokumente unterschrieben, ohne sie sorgfältig gelesen zu haben, und er wäre häufiger von Menschen bösen Willens mißbraucht worden.

Elsa wußte von Anfang an, welche Rolle ihr zukam. »Alles, was ich tun kann, ist, mich um seine äußeren Angelegenheiten zu kümmern, alles Geschäftliche von seinen Schultern zu nehmen und darauf achtzugeben, daß er in seiner Arbeit nicht gestört wird[36]«, sagte sie während seines Englandbesuches 1921. Zehn Jahre später bemerkte sie: »Wenn Amerikaner in mein Haus kommen, tragen sie Details über Einstein und sein Leben zusammen, und über mich sagen sie so nebenbei: er hat eine gute Ehefrau, die sehr gastfreundlich ist und eine gute Tafel bietet[37].«

Es war seinem Genie zuzuschreiben, daß er sich von seiner Umgebung völlig absondern konnte, und das war nie so nötig, wie in der Wohnung Haberlandstraße 5. Auf der dunkelgrünen Tapete des Wohnzimmers hing das Porträt Friedrichs des Großen, das auf die Biedermeiermöbel herabschaute, auf die Eckschränke, vollgestopft mit Porzellan, auf den großen runden Tisch in der Mitte und auf die weißen Büsten von Schiller und Goethe, deren Augen sich von entgegengesetzten Seiten des Zimmers anstarrten. Dahinter lag die Bibliothek, deren Wand bald von einem großen gerahmten Bildnis Faradays geschmückt wurde. In diese Umgebung wurde Albert Einstein hineinversetzt. Er ließ sich durch Elsas Einwände nicht umstimmen, war aber glücklich, daß sie ihn durch die Alltagsnotwendigkeiten führte und dankbar für den schützenden Schild, den sie zwischen ihn und die überneugierige Welt hielt. Andererseits war er fest entschlossen, seine eigenen Wege zu gehen, wenn es sich um wichtige Dinge handelte.

Mileva erklärte sich nach kaum einem Jahr mit der Scheidung einverstanden. Die Verhandlungen liefen schon seit Frühsommer 1918, als Einstein über Besso näher erläutert hatte, wie er Mileva und die Kinder zu unterstützen gedachte. Im Lauf dieser Verhandlungen kam auch die Frage des Nobelpreises zur Sprache. Wir wissen nicht genau, wer zuerst den Vorschlag machte, daß die Dotierung des Preises – ca. 30000 schwedische Kronen – ausreichen würde, um Einsteins Familie zumindest in bescheidenen Verhältnissen leben zu lassen; es scheint jedoch Mileva gewesen zu sein.

Anfang Juli erhielt Einstein die ersten Scheidungspapiere[38]. Dann mußte er vor einem Gericht in Berlin aussagen. Danach ging ein immer dicker werdendes Aktenbündel nach Zürich ab. All das nahm er auf die leichte Schulter, wobei er Besso gegenüber äußerte, seine Scheidung liefere den Eingeweihten in Berlin viel Gesprächsstoff.

Während die gerichtlichen Verhandlungen weiterliefen und während Einstein von Freunden in Holland erfuhr, daß die Briten beabsichtigten, während der Sonnenfinsternis von 1919 seine Theorie zu überprüfen, veränderte sich die Kriegslage auf dramatische Weise. Nach dem Scheitern der großen deutschen Frühjahrsoffensive begann sich die Macht der Vereinigten Staaten ganz entscheidend auf das Kräfteverhältnis auszuwirken. Die Offensive der Alliierten im August 1918 sprengte zum erstenmal seit vier Jahren die deutsche Front. Am 9. November dankte der Kaiser ab. Friedrich Ebert wurde Vorsitzender im Rat der Volksbeauftragten und die Republik wurde ausgerufen.

Für Einstein wie für andere Deutsche gleicher Gesinnung waren Waffenstillstand und Republik die zwei Trompeten, die das Zeitalter des Friedens ankündigten. In ihrer Naivität glaubten sie, sie hätten dazu beigetragen, ihre fehlgeleiteten Landsleute wieder auf den friedlichen Weg zurückzuführen, den sie ein halbes Jahrhundert zuvor verlassen hatten. Wenige Wochen vor dem Sturz des Kaisers war der Bund Neues Vaterland wieder aus der Versenkung aufgetaucht. Einstein sandte an Planck eine Kopie des Gründungsaufrufs und bat um seine Unterstützung. Das hätte jedoch bedeutet, die Abdankung des Kaisers zu fordern. Planck antwortete, daß sein Eid auf den Kaiser und König eine Unterstützung unmöglich mache. Einstein selbst stellte sich mit ganzem Herzen auf die Seite der Republik. Gleichzeitig mit der Bildung von Arbeiter- und Soldatenräten hatte sich an der Universität von Berlin eine ähnliche Bewegung gebildet. Eine der ersten Aktionen des Studentenrats bestand darin, den Rektor und andere Mitglieder des Kollegiums abzusetzen und einzusperren. Die übrigen Mitglieder der Verwaltung kannten Einsteins linksgerichtete Ansichten und wandten sich an ihn um Hilfe. Würde er sich bei den Studenten für sie einsetzen?

Einstein telefonierte mit Max Born und einem anderen Kollegen, dem Psychologen Max Wertheimer. Die drei Männer gingen zusammen zum Reichstag, wo der Studentenrat tagte. »Es (das Reichstagsgebäude) war umlagert von riesigen, aufgeregten Menschenmassen, die schwer zu durchdringen waren«, schrieb Born: »Noch schwieriger war das Passieren der Wachtposten mit roten Armbinden. Schließlich kamen wir durch mit Hilfe der Ausweiskarte eines Journalisten, der Einstein erkannte. Durch lange Korridore gelangten wir zu einem kleinen Sitzungssaal, wo der Studentenrat tagte. Nach kurzer Begrüßung bat uns der Vorsitzende, Platz zu nehmen und etwas zu warten, da sie gerade mit einer wichtigen Sache, der Neuregelung der studentischen Angelegenheiten, beschäftigt seien. So setzten wir uns denn und hörten zu – eine beträchtliche Zeit. Schließlich verlor Einstein die Geduld und bat höflich, ob nicht unser einfaches Anliegen erledigt werden könne. Dies wurde uns gewährt, aber der Vorsitzende fragte, ob sich Einstein nicht zu den neuen Bestimmungen äußern wolle. Einstein sagte mit freundlichem Lächeln etwa dies: »Die deutschen Studenten schienen mir immer beneidenswert im Besitz ihrer akademischen Freiheit. Es täte mir leid, wenn diese durch Vorschriften und Einschränkungen ersetzt würde.« Betretenes Schweigen der jungen Gesetzgeber. In unserer Sache erklärten sie sich unzuständig und verwiesen uns an die neue Regierung. Es würde zu weit führen, zu schildern, wie wir zur Wilhelmstraße und ins Reichskanzlerpalais gelangten, wo aufgeregte Scharen von Abgeordneten und Beamten die innere Lage und die eben bekanntgegebenen Bedingungen des Waffenstillstandes diskutierten. Sobald Einstein erkannt wurde, öffneten sich die Türen; wir konnten bis zu Ebert vordringen und ihm unser Anliegen unterbreiten[39].« Da die Existenz des Reiches auf dem Spiele stand, hatte Ebert für die drei Professoren nur wenig Zeit. Er gab ihnen aber einige Zeilen mit seiner Befürwortung an den neuen Kultusminister mit[40].

Damals, im November 1918, war Einstein immerhin schon einigen Berliner Journalisten und Politikern ein Begriff. Zur »Prominenz« gehörte er noch nicht. Doch das sollte sich innerhalb eines einzigen Jahres auf dramatische Weise ändern.

8. KAPITEL

DAS SENSORIUM GOTTES

Der Herbst 1918 brachte Deutschland eine bittere und offenbar irreparable Niederlage, und er brachte die Republik. Für Einstein war es ein Lichtschimmer in der Dunkelheit. Einmal schöpfte er für ein Land politische Hoffnung, das er lange für einen hoffnungslosen Fall gehalten hatte, zum anderen winkte ihm die Aussicht auf die Bestätigung der allgemeinen Relativitätstheorie, deren Probleme er während des Krieges gemeistert hatte.

Vor vier Jahren hatte er sich ernsthaft an die Arbeit gemacht. Zuerst hatte er voller Erwartung den Ergebnissen entgegengesehen, die Freundlich und sein Team von der Krim mitbringen sollten. Doch selbst wenn diese Erwartungen nicht durch den Krieg zunichte gemacht worden wären, hätten sie die experimentelle Bestätigung für eine noch unvollständige Theorie erbracht. Einstein war zwar von der revolutionären Idee überzeugt, daß die Gravitation keine Kraft, sondern eine Eigenschaft des Raums selbst ist, doch war er noch nicht in der Lage, den mathematischen Rahmen zu schaffen, in den die Theorie hineinpaßte.

Nach dem Scheitern der russischen Expedition und der Rückkehr Freundlichs nach Berlin setzte Einstein die theoretische Arbeit in jeder nur möglichen Minute fort. Damals sah Freundlich, wenn er Einsteins Arbeitszimmer betrat, einen Fleischerhaken von der Decke hängen, auf den ein dickes Bündel Briefe gespießt war. Einstein erklärte, er habe keine Zeit, sie zu beantworten. Auf Freundlichs Frage, was er mache, wenn der Haken voll sei, kamen die Worte: »Sie verbrennen.«

Am 28. November 1915 schrieb Einstein an Arnold Sommerfeld in München, daß er »im letzten Monat eine der aufregendsten, anstrengendsten Zeiten« seines Lebens hatte, »allerdings auch der erfolgreichsten[1].« Endlich war ihm der entscheidende Durchbruch zur allgemeinen Relativitätstheorie gelungen. Als Sommerfeld anfänglich nicht zustimmen wollte, meinte Einstein auf einer Karte im sicheren Bewußtsein, das Richtige getroffen zu haben: »Von der allgemeinen Relativitätstheorie werden Sie überzeugt sein, wenn Sie dieselbe studiert haben werden. Deshalb verteidige ich sie Ihnen mit keinem Wort[2].«

Die entscheidende Veröffentlichung erschien in den »Annalen der Physik«, Band 49, 1916, auf den Seiten 769–822 unter dem Titel »Die Grundlagen der allgemeinen Relativitätstheorie«. Born sagte darüber: »Die Aufstellung der allgemeinen Relativitätstheorie erschien mir damals und erscheint mir auch heute noch als die größte Leistung menschlichen Denkens über die Natur, die erstaunlichste Vereinigung von philosophischer Tiefe, physikalischer Intuition und mathematischer Kunst. Aber sie hatte damals wenig Zusammenhang mit empirischen Tatsachen. Sie zog mich an wie ein Kunstwerk, an dem man sich ergötzt und das man bewundert – aus gehöriger Entfernung[3].«

Die allgemeine Relativitätstheorie – die zum erstenmal die Erkenntnis brachte, »daß der Raum nicht nur der Hintergrund für Ereignisse ist, sondern eine autonome Struktur besitzt«[4] – war der Auftakt zu einer noch größeren Flut von Arbeiten und Hypothesen als seinerzeit die Veröffentlichung der speziellen Relativitätstheorie.

Die spezielle Relativitätstheorie hatte die elektromagnetische Welt Maxwells und Newtons Mechanik, so weit diese sich auf Körper in gleichförmiger relativer Bewegung bezogen, zu einem einheitlichen Lehrgebäude vereinigt. Die allgemeine Relativitätstheorie leistet das gleiche für Körper in beschleunigter relativer Bewegung, dargestellt am Beispiel der Gravitationsbeschleunigung. Zuerst aber hatte Einstein die wahre Natur der Schwerkraft aus seinem Äquivalenzprinzip ableiten müssen. Newton hatte sie als eine Kraft betrachtet, die instantan über unbegrenzte Entfernungen hinweg wirkt; Einsteins Konzeption unterschied sich wesentlich davon, obgleich in der Praxis die meisten seiner Ergebnisse den Newtonschen sehr ähnlich waren. Er stellte die grundsätzliche Behauptung auf, daß die Gravitation eine Funktion der Materie selbst ist und ihre Wirkungen zwischen benachbarten Raum-Zeit-Teilen übertragen werden. Wo Materie existiert, ist auch Energie; je größer die Masse der betreffenden Materie, desto größer die Wirkung der sie durchdringenden Energie.

Darüber hinaus beeinflußte – laut Einstein – die Schwerkraft das Licht auf die gleiche Weise wie sie Materie-Teilchen beeinflußte. Deshalb war das Universum, wie Newton es gesehen hatte und für das er seine scheinbar unfehlbaren mechanischen Gesetze geschaffen hatte, nicht das wirkliche Universum, sondern nur das, was er durch die irreführende Brille der Gravitation erblickt hatte.

Das Gesetz, das so gut zu funktionieren schien, war für ein Universum aufgestellt worden, das gar nicht existierte. Das war die logische Folge aus dem Äquivalenz-Prinzip und aus Einsteins These, daß die Gravitation im Grunde eine Feldeigenschaft der Materie war.

Einsteins Abhandlung vermittelte nicht nur ein revidiertes Bild des Universums, sondern auch eine ganze Reihe neuer mathematischer Gesetze, durch welche die Einzelheiten des Universums beschrieben werden. Es gibt dabei zwei Arten von Gesetzen. Einmal die strukturellen, die die Beziehungen zwischen der Masse eines gravitierenden Körpers und dem Gravitationsfeld betreffen, das allein durch das Vorhandensein von Masse automatisch entsteht. Zum anderen handelt es sich um die Bewegungsgleichungen, die angewendet werden können, um den Weg der sich bewegenden Körper im Gravitationsfeld zu beschreiben. Diese Gesetze bedienen sich der Riemannschen Geometrie, deren Anwendung durch die These gefordert worden war, daß Licht von einem Gravitationsfeld abgelenkt wird und daß die kürzeste Entfernung zwischen zwei Punkten in einem solchen Feld – von außen betrachtet – nicht mit einer geraden Linie übereinstimmt. Die Annahme, daß das, was als gerade Sichtlinie zu irgendeinem Punkt im Universum zu laufen scheint, in Wirklichkeit gekrümmt ist, und daß der exakte Krümmungsgrad vom Gravitationsfeld und damit von der Masse der es bestimmenden Materie abhängt, diese Annahme führte zu verschiedenen Schlußfolgerungen.

Eine davon leuchtet sofort ein, wenn man einen Globus betrachtet. Dann zeigt sich nämlich folgendes: Die euklidische Geometrie, bei der die Winkel eines Dreiecks sich immer zu zwei rechten Winkeln summieren, trifft nicht auf das Dreieck zu, das durch den Äquator und zwei geographische Längengrade gebildet wird. Die Längengrade nämlich, die z. B. vom Äquator zum Nordpol durch Greenwich und New Orleans laufen, bilden mit dem Äquator zusammen keine zwei, sondern drei rechte Winkel – obgleich der Äquator und die geographischen Längengrade den kürzesten Weg von Punkt zu Punkt nehmen. Oder, wie Einstein das einmal seinem neunjährigen zweiten Sohn Eduard erklärte: »Siehst du, wenn ein blinder Käfer über die Oberfläche einer Kugel krabbelt, merkt er nicht, daß der Weg, den er zurücklegt, gekrümmt ist. Ich hingegen habe das Glück gehabt, es zu merken[5].«

Einstein fand, daß seine Hypothese einer Lichtkrümmung im Gravitationsfeld gleichzeitig bedeutet, daß die euklidische Geometrie – die ausreicht, wenn es um die geringen Entfernungen des täglichen Lebens ging – durch etwas Höheres ersetzt werden mußte, sobald es sich um das Universum handelte. In Prag hatte er, auf den Rat von Georg Pick hin, das Werk von Ricci und Levi-Civita studiert. Wieder in Zürich, hatte er mit Marcel Grossmann an dem vorläufigen

Entwurf der allgemeinen Relativitätstheorie gearbeitet, der 1913 erschien. Doch was er suchte, fand er erst, als er wieder auf Riemann zurückgriff.

Einstein hatte das Hauptwerk des Mathematikers Riemann, *Über die Hypothesen, welche der Geometrie zugrunde liegen*, ein Jahrzehnt zuvor studiert. Riemann hatte spekuliert, ob sich »eine vollständige, abgerundete mathematische Theorie aufstellen läßt, die von den elementaren Gesetzen für einzelne Punkte fortschreitet bis zu jenen Prozessen, die in dem Plenum (stetig ausgefüllter Raum) der Realität bestehen, ohne Unterschied zwischen Gravitation, Elektrizität, Magnetismus und Thermostatik«. Die offensichtliche Ablehnung einer »Fernwirkung« zugunsten einer Feldtheorie war ihrer Zeit in erstaunlicher Weise voraus. Doch bildete sie nur den Anfang zu einer nichteuklidischen Geometrie.

In der Riemannschen Geometrie gibt es keine parallelen Linien, die Winkelsumme eines Dreiecks beträgt nicht die 180°, und Lote auf dieselbe Linie konvergieren. Die kürzeste Verbindung zwischen zwei Punkten ist bei ihm keine Gerade, sondern eine geodätische Linie. Und von ihm stammt ein Folgesatz, der selbst Nicht-Mathematikern einleuchtet: die Länge der kürzesten Strecke zwischen zwei Punkten auf einer gekrümmten Oberfläche wird von einer anderen Formel bestimmt als die Länge einer Linie zwischen zwei Punkten in der Ebene.

Einstein benützte die Riemannsche Geometrie, um Gleichungen aufzustellen, mit denen die Bewegungen der Planetenbahnen und die Struktur des Universums beschrieben werden konnten. Doch dann führte er einen Begriff ein, der zwar von Mathematikern leicht verstanden wurde, Laien aber genauso verwirrend erschien wie die Definition der Zeit als »vierte Dimension«: die »Krümmung des Raums«. Mathematiker verwenden den Begriff »gekrümmt« für jeden Raum, dessen Geometrie nicht euklidisch ist. »Es ist eine unglückliche Angewohnheit«, sagte Sir Edmund Whittaker, »denn Krümmung im Sinn von Biegung ist ein bedeutungsloser Begriff, es sei denn, der Raum ist in einen anderen Raum eingetaucht, wogegen die Eigenschaft, nichteuklidisch zu sein, eine Eigenschaft an sich ist, die nichts mit dem ›Eintauchen‹ zu tun hat. Aber man kann jetzt nur noch die Warnung aussprechen, dem, was Mathematiker unter ›Krümmung‹ verstehen, nicht die Bedeutung zu geben, die das Wort in der normalen Umgangssprache hat. Was der Mathematiker damit meint, ist einfach folgendes: die Beziehungen zwischen dem gegenseitigen Abstand der Punkte unterscheiden sich von den Beziehungen, die in der euklidischen Geometrie bestehen. Krümmung (im mathematischen Sinn) hat nichts mit der *Form* des Raums zu tun – ob er nun gebogen ist oder nicht –, sondern wird ausschließlich durch die Metrik bestimmt, d. h. das Maß, in dem der ›Abstand‹ definiert wird. Nicht der Raum ist gekrümmt, sondern die Geometrie des Raums[6].«

Die »Raum-Krümmung«[7], die erneute Behauptung, daß Licht nicht geradlinig verläuft, die Vorstellung, daß das Universum von der Erde aus nur mit der verzerrten Brille der Gravitation gesehen werden kann, dies alles hätte in Europa eine Sensation hervorgerufen, wenn nicht Krieg gewesen wäre.

Einstein war sich wohl bewußt, daß ein Beweis seiner Thesen nicht leicht sein würde. Zweieinhalb Jahrhunderte vor ihm hatte Newton auf die Frage, ob die Gravitation instantan wirke oder nicht, zugeben müssen, daß er keinen Weg sah, das Problem experimentell zu lösen. Um das fertigzubringen, müsse man »den Verstand Gottes« haben. Einstein, dazu herausgefordert, wäre zweifellos zwischen Bescheidenheit und völliger Gewißheit über die Richtigkeit seiner neuen Thesen hin- und hergerissen worden. Trotz der grundsätzlich verschiedenen Begriffe der Gravitation bei Newton und ihm mußten die Unterschiede zwischen den experimentellen Ergebnissen in den meisten Fällen gering und deshalb schwer zu entdecken sein.

Hier bot sich der Planet Merkur an. In den 200 Jahren nach Newton hatten die Naturwissenschaftler eine Reihe von Sachverhalten entdeckt, deren jeder sich ohne weiteres in Newtons großartigen Plan einfügen ließ. Nicht nur die Bahn des Mondes um die Erde und die Wurflinie einer Eisenkugel, sondern auch Ebbe und Flut und der leuchtende Schweif eines Kometen folgen bewiesenermaßen Gesetzmäßigkeiten, die sein universelles System forderte. Eines der Merkmale in diesem System bildete der immer neue Kreislauf der Planeten um die Sonne. Venus und Merkur, Mars, Jupiter und Uranus mit ihren Trabanten folgten immer den gleichen elliptischen Umlaufbahnen mit nur geringen Abweichungen, sie zeichnen am Himmel Bahnen auf, die über die Zeiten hinweg dieselben zu bleiben schienen.

Der erste, der daran zweifelte, war Dominique Arago. Anfang der 40er Jahre des 19. Jahrhunderts schlug er dem jungen französischen Astronomen Urbain Jean Joseph Leverrier vor, doch einmal sorgfältig die Bahn des Merkur zu verfolgen. Das Resultat war überraschend. Denn Leverriers Aufzeichnungen zeigten deutlich, daß der Perihel Merkurs – der sonnennächste Punkt seiner Umlaufbahn – jedes Jahr um einen bestimmten Betrag weiterrückte. Dieser Betrag war extrem klein, doch selbst wenn man die Gravitationswirkungen der anderen Planeten in Rechnung stellte, betrug die Rotation in jedem Jahrhundert rund 40 Bogensekunden. Merkur beschreibt also um die Sonne keine gleichbleibende geschlossene Ellipse, sondern eine nur fast geschlossene Bahn, die sich (allerdings sehr langsam) dreht und alle drei Millionen Jahre zu ihrer ursprünglichen Position zurückkehrt.

Die Tatsache, daß die Bahn nicht mit der von Newton vorausberechneten übereinstimmte, machte den Astronomen schwer zu schaffen. Schnell lieferten sie ein paar behelfsmäßige Erklärungen ab, nur um Fakten und Theorie in Einklang zu bringen. Nach Einstein gelingt »die Erklärung dieser Erscheinung nach der klassischen Mechanik nur unter Zugrundelegung von ausschließlich ihrethalben ersonnenen, wenig wahrscheinlichen Hypothesen[8]«. Das galt selbst dann noch, als man die verschiedenen Störungen durch die übrigen Planeten mit in Rechnung stellte.

Die Bahnstörung des Merkur hatte Einstein jahrelang nicht in Ruhe gelassen. Schon 1907 hatte er seinem Kollegen Conrad Habicht geschrieben, er sei jetzt mit einer »ebenfalls relativitätstheoretischen Betrachtung über das Gravitationsgesetz beschäftigt«, mit der er »die noch unerklärten säkularen Änderungen der Perihellänge des Merkur zu erklären hoffe[9].« Gemäß der Riemannschen Geometrie mußte sich der Perihel eines Planeten, der sich um einen zentralen Anziehungskörper bewegte, einer fast kreisförmigen Bahn annähern. Der Betrag konnte nicht groß sein, mußte jedoch wegen der enormen Geschwindigkeit und der verhältnismäßig geringen Größe des Merkur und wegen seiner Nähe zum starken Gravitationsfeld der Sonne ein bedeutendes Ergebnis zeitigen. Einstein wandte die Gleichungen der allgemeinen Relativitätstheorie auf die Bewegung des Merkur an. Das Ergebnis zeigte, daß der Perihel um 0,1 Bogensekunden bei jedem vollendeten Bahnumlauf des Planeten vorrücken mußte. In einem Jahrhundert erfolgen ungefähr 420 Rotationen. Deshalb rückte der Perihel Merkurs gemäß der allgemeinen Relativitätstheorie alle hundert Jahre um ca. 42 Bogensekunden vor. Einsteins Theorie brachte eine »volle Übereinstimmung zwischen Theorie und Erfahrung[10].«

Einstein gab dieses Ergebnis noch vor dem Abschluß seiner Allgemeinen Theorie bekannt. Im Herbst 1915 las er zwei diesbezügliche Arbeiten vor der Preußischen Akademie der Wissenschaften. Er war über seinen Erfolg ungeheuer erregt, doch es war nicht Erregung vor Überraschung[11]. Auf die Frage, ob er sich über den Ausgang der Berechnungen Sorgen gemacht habe, antwortete er: »Solche Fragen lagen nicht auf meinem Weg. Das mußte ja stimmen! Es handelte sich nur darum, das Ergebnis sauber hinzustellen. Daß es sich mit den Beobachtungen decken würde, war mir auch nicht eine Sekunde zweifelhaft. Und es hat keinen Sinn, sich über Selbstverständliches aufzuregen[12].«

Einstein sprach in seiner Abhandlung von 1916 davon, daß er die Feldgleichungen der allgemeinen Relativitätstheorie benutzt hatte, um nicht auf zufällige Daten angewiesen zu sein. Gleichzeitig löste er eines der hartnäckigsten Rätsel der Astronomie. Sicher unterstützten die Zahlenangaben seine

Theorie, waren jedoch kein exakter Beweis. Die Abweichung der Merkurbahn war schon seit Jahren bekannt, die allgemeine Relativitätstheorie hatte nur eine befriedigende Erklärung dafür geliefert; es konnte ja auch noch andere geben. Die Testmöglichkeiten, die Einstein 1911 vorbrachte, bezogen sich beide auf das Verhalten des Lichts in einem Gravitationsfeld und hatten eines gemeinsam: sie betrafen nämlich Erscheinungen, die bislang nicht bekannt oder nicht vermutet worden waren. Wenn man nachweisen konnte, daß diese Phänomene tatsächlich existierten, lagen natürlich die Verhältnisse ganz anders: sie konnten den Beweis erbringen, daß die allgemeine Relativitätstheorie eine genauere Darstellung des Universums ermöglichte.

Der esoterischere der beiden Tests befaßte sich mit der Wirkung der Gravitation auf die Lichtfrequenz. Der mathematische Weg, den Einstein beschritt, führte zu der Annahme, daß ein strahlendes Atom in einem starken Gravitationsfeld langsamer vibriert als in einem schwachen. Denn wenn Zeit und Raum durch die Ablenkung der Schwerkraft verändert werden, mußten auch die Atomschwingungen beeinflußt werden. Die Frequenz der Schwingung bestimmt aber die Farbe des ausgestrahlten Lichts. Ein Atom, das in einem starken Gravitationsfeld strahlt, sendet Licht etwas näher zum roten Ende des Spektrums aus als in einem schwächeren Feld. Solche Verschiebungen hatte schon 1897 L. F. Jewell[13] bemerkt. Sie waren jedoch ausschließlich auf »Druckeinflüsse« zurückgeführt worden. Druckeinflüsse gab es tatsächlich, sie erschwerten es, die »Einstein-Verschiebung« – wie sie bald genannt wurde – als separate Erscheinung zu isolieren. Diese Verschiebung war extrem klein – Einsteins Berechnungen zufolge sogar so klein, daß sie wahrscheinlich nicht beobachtet werden konnte, selbst wenn man das Gravitationsfeld der Sonne als Testfeld benutzte. Es gibt jedoch Gestirne im Universum, die sehr viel stärkere Gravitationsfelder als die Sonne besitzen. Zehn Jahre nach Einsteins Voraussage wurde das riesige Gravitationsfeld des dem Sirius benachbarten »weißen Zwerges« benutzt –, dessen Dichte so groß ist, daß zwei Kubikzentimeter seiner Masse mehr wiegen als eine halbe Tonne auf der Erde.

Der andere Vorschlag, seine Theorie zu prüfen, lag in jener Methode, die Freundlich im August 1914 auf der Krim anwenden wollte: die Beobachtung des Sternenlichts während einer Sonnenfinsternis, um festzustellen, ob es abgelenkt wurde, wenn es durch das Gravitationsfeld der Sonne hindurchging.

Der Sommer des Jahres 1916 war kein günstiger Zeitpunkt, um Menschen, Geld, Material und Gedanken auf ein wissenschaftliches Unternehmen zu konzentrieren, außer wenn man damit rechnen konnte, daß es dem Krieg nützte. Unter diesen Umständen war ein Schritt, den Einstein nun unternahm, von höchster Bedeutung. Als er Exemplare der *Annalen der Physik* mit seinem Aufsatz über die allgemeine Relativitätstheorie erhielt, sandte er eines davon an Willem de Sitter, Professor für Astronomie an der Universität von Leiden und auswärtiges, korrespondierendes Mitglied der *Royal Astronomical Society* in London. De Sitter gab das Exemplar an den Sekretär der Gesellschaft, Arthur Eddington, weiter, der nun in ein sich anbahnendes Drama hineingezogen wurde.

Arthur Eddington war seit 1916 Professor für Astronomie in Cambridge und Direktor des Universitäts-Observatoriums. Er war Quäker, mit der dafür typischen Mischung aus mutiger Humanität und mystischem Glauben. Seine Arbeit *Sternenbewegungen und die Struktur des Universums*[14] – 1914 publiziert – hatte das neue Fach der Sterndynamik aus der Taufe gehoben. Er war erst 34 Jahre alt, und alle erwarteten, daß auf seine großen Leistungen noch größere folgen würden. Als Sekretär der *Royal Astronomical Society* war es seine Aufgabe, die *Monthly Notices* der Gesellschaft herauszubringen. Dazu gehörte eine genaue Prüfung von Einsteins Arbeit, die gerade aus Holland eintraf. Diese Prüfung überzeugte Eddington bald von der Bedeutung der Arbeit für seine eigenen kosmologischen Untersuchungen.

Der bedeutende Faktor für seine Aufgabe im Jahr 1916 war Eddingtons außergewöhnliche mathematische Begabung, die »ihn dazu befähigte, nicht nur die Beweisführung zu begreifen, sondern sehr bald auch die absolute Differentialrechnung von Ricci und Levi Civita zu beherrschen und Tensoren als Mittel zu benutzen, eigene Beiträge zu entwickeln[15].« Ein Resultat war jedenfalls, daß Eddington de Sitter bat, für die *Monthly Notices* der *Royal Astronomical Society* drei lange Artikel zu schreiben, in denen die allgemeine Theorie erklärt wurde. Diese Artikel – der zweite war nach mehreren Gesprächen zwischen Einstein und de Sitter in Leiden zustandegekommen – machten Einsteins neue Theorie in der nicht-deutschsprachigen Welt bekannt. Ihre Bedeutung für die Folgezeit kann nicht überschätzt werden. »Selbst wenn Einstein den Ursprung der Trägheit nicht erklärt hat«, schloß der zweite Artikel, »stellt seine Theorie einen enormen Fortschritt über die Physik von gestern hinaus dar. Als ihm die Irrelevanz des Koordinatenbildes klar wurde, in das unsere Wissenschaft eingehüllt ist, drang er zu den tieferen Wahrheiten vor, die versteckt dahinter liegen; er hat nicht nur die Ausnahmeerscheinung und universelle Natur der Gravitation durch das Prinzip der Gleichheit von Gravitation und Trägheit umfassend erklärt, sondern auch die engen Beziehungen zwischen Wissenschaftszweigen aufgedeckt, die man bis jetzt für völlig unabhängig voneinander gehalten hatte, und somit hat er einen wichtigen Schritt auf die Einheit der Natur hin getan. Schließlich erklärt diese Theorie nicht nur all das, was die alte Relativitätstheorie schon erklären konnte (Michelson-Versuch etc.). Darüber hinaus erklärt sie, und zwar *ohne jede neue Hypothese oder empirische Konstante*, die anomale Perihelbewegung des Merkur, und sie sagt eine Anzahl von Phänomenen voraus, die bis jetzt noch nicht beobachtet worden sind . . .[16].«

Sogar in der düstersten Zeit des Kriegs spekulierten die Wissenschaftler bald darüber, wie man die »Anzahl von Phänomenen, die bis jetzt noch nicht beobachtet worden sind«, untersuchen konnte. Sir Frank Dyson, Royal Astronomer, ließ eine Studie über Photographien anfertigen, die während der Sonnenfinsternis von 1905 aufgenommen worden waren. Er hoffte, etwas zu entdecken, aber die Untersuchung blieb erfolglos. Lindemann und sein Vater schrieben für die *Monthly Notices* einen Aufsatz über die Tageslicht-Photographie von Sternen und bemerkten abschließend: »Es wird vorgeschlagen, Experimente . . . von einem Observatorium durchführen zu lassen, das ein geeignetes Instrument und ein gutes Klima besitzt, um Einsteins Theorie zu testen[17].« Hale hatte ein derartiges Vorhaben vor der Sonnenfinsternis 1914 als unpraktisch abgelehnt; selbst wenn man ein geeignetes Observatorium gefunden und für den Versuch begeistert hätte, wären beim damaligen Stand der Technik brauchbare Resultate möglicherweise gar nicht erzielt worden.

Doch Hilfe nahte durch eine neue Sonnenfinsternis. Wenn das Problem eines Tests der allgemeinen Relativitätstheorie »in irgendeinem anderen Zeitabschnitt der Geschichte aufgetaucht wäre«, stellte Eddington später fest, »wäre es vielleicht erforderlich gewesen, einige tausend Jahre lang auf das Ereignis einer totalen Sonnenfinsternis zu einem günstigen Zeitpunkt zu warten«[18]. Die Wartezeit dauerte jedoch nur drei Jahre.

Daß diese Gelegenheit in England überhaupt wahrgenommen wurde, war nicht nur Eddingtons persönlicher Begeisterung für die Relativitätstheorie zu verdanken, sondern auch seinem Einfluß auf Dyson. Dieser hatte während seiner ganzen Karriere ein spezielles Interesse an Sonnenfinsternissen gezeigt und war trotz der Ungewißheit des Krieges begierig, die Gelegenheit im Jahr 1919 voll auszunützen. Doch hauptsächlich war es Eddingtons Einfluß zuzuschreiben, daß sich Dyson für die einmalige Chance, die die Sonnenfinsternis bot, um die allgemeine Theorie zu testen, so rasch begeisterte.

Am 29. Mai 1919 mußte die Sonne in einem Sternenfeld von außergewöhnlicher Helligkeit erscheinen, das zu der Hyades-Gruppe an der Spitze der Taurus-Konstellation gehört. In einer kurzen Notiz von Greenwich – sie trug das Datum vom 2. März 1917 und war in den *Monthly Notices* abgedruckt – wies Dyson auf die »einmaligen Möglichkeiten« hin, die sich dadurch boten. »Wir haben dann eine ungewöhnlich große Zahl von hellen Sternen; und bei Wetterbedingungen, die so gut sind wie bei der Sonnenfinsternis im Jahr 1905, kann man nicht weniger als dreizehn Sterne erfassen«, schrieb er und fügte hinzu, daß diese in bezug auf Einsteins Theorie »für eine hinreichende Bestätigung oder Widerlegung dienen könnten«[19]. Die Bahn der Sonnenfinsternis verlief unglücklicherweise über dem Atlantik, doch stand Dyson mit dem Sekretär der *Royal Geographical Society* in Verbindung, der ihm mitteilen konnte, wie viele Beobachtungsstationen man benutzen wollte.

Im Verlauf des Jahres 1917, als die britischen Pläne für die Sonnenfinsternis-Exkursion ausgearbeitet wurden, veröffentlichte Einstein zwei weitere wichtige Abhandlungen[20]. Mit der einen kehrte er zum Quanten- oder Strahlungsproblem zurück, das ihn seit 1905 ununterbrochen beschäftigte. In der anderen benutzte er die allgemeine Theorie dazu, ein Bild des Universums aufzuzeichnen, das außer seiner speziellen wissenschaftlichen Bedeutung auch der Theorie einen spektakulären Aspekt hinzufügte.

In seiner Arbeit über die Strahlung[20a], in der er von einem neuen Ausgangspunkt Plancks ursprüngliches Quantengesetz herleitete, stellte er die Behauptung auf, daß neben der bisher ausschließlich betrachteten spontanen Emission und Absorption auch der Prozeß einer induzierten Emission von Licht möglich sei. 1917 schien das noch hauptsächlich von theoretischem Interesse zu sein. 40 Jahre später diente diese Erkenntnis der Entwicklung der Maser und Laser. Ergänzend zu der Voraussage dieses neuartigen Elementarprozesses hob er noch besonders hervor, daß der bei der Emission stattfindende Impulsübertrag gerichtet sei. Die Schwäche der Theorie sah Einstein bezeichnenderweise darin, »daß sie Zeit und Richtung der Elementarprozesse dem ›Zufall‹ überläßt«. Es ist bedeutsam, daß Einstein das Wort ›Zufall‹ in Anführungszeichen setzte. Er glaubte immer noch daran, daß das, was dem momentanen Wissensstand zufolge als Zufall erschien, eines Tages in einem kausalen Zusammenhang erklärt werden konnte.

Die Abhandlung war kürzer als die endgültige Fassung der Relativitätstheorie, aber in gewisser Hinsicht fast genauso wichtig. Die Einzelheiten der allgemeinen Theorie sollten jahrelang ein Streitpunkt bleiben; der ersten Begeisterung, durch die Ergebnisse der britischen Expedition ausgelöst, wurde später durch weitere Beobachtungen ein Dämpfer aufgesetzt. Dagegen blieb die Bedeutung der Abhandlung von 1917 unbestritten – obgleich ihre Thesen mit einer Heftigkeit in Frage gestellt wurden, von der die allgemeine Theorie verschont blieb. Die Arbeit trug den einfachen Titel »Kosmologische Betrachtungen zur allgemeinen Relativitätstheorie«. Sie benutzte die Gleichungen der allgemeinen Theorie zu einer Spekulation über die Größe des Weltalls; dabei legte sie, wie allgemein anerkannt, den Grund für das Studium der modernen Kosmologie.

Einstein hatte ein sehr praktisches Motiv, warum er sich mit diesem strittigen Thema auseinandersetzte. Die Vorstellung, daß das System der Fixsterne im Grunde das Auftreten der Zentrifugalkraft bei Rotationsbewegungen bestimmte, war ein wesentlicher Teil des Begriffsgebäudes der allgemeinen Relativitätstheorie. Die Idee war nicht neu, Mach und Berkeley hatten sie schon in einer ganz allgemeinen Form vorgetragen. Einstein hatte jedoch mit seinen Feldgleichungen eine numerische Größe genannt, die für diese Wirkung der umliegenden Sterne verantwortlich sein sollte. Eine Frage trat sofort auf: Gab es im Universum genug Sterne, um genau die Zentrifugalkraft zu erzeugen, wie sie beobachtet wurde und meßbar war? Der Umstand, daß diese Frage eine Antwort verlangte, trieb Einstein unerbittlich dazu, über eine Ausweitung der Frage nachzudenken, der er sein Leben gewidmet hatte. Er wollte nicht mehr nur wissen, wie Gott die Welt erschaffen hatte, sondern auch wie groß sie in Wirklichkeit war. Die relativistische Kosmologie, die Einstein nun einführte, war, wie Hubble sie später beschrieb, ein natürlicher Sproß der allgemeinen Theorie, ein »Überbau, der andere Prinzipien einschloß«[21]. Wenn sie auch später als fehlerhaft befunden wurde, tat sie doch der allgemeinen Theorie keinen Abbruch.

Die tröstliche Vorstellung von einem begrenzten Universum mit der Erde als Mittelpunkt war im Zeitalter Newtons endlich aufgegeben worden. Seit Newton schien festzustehen, daß ein endliches materielles Universum in sich selbst zusammenbrechen mußte. Das neue Universum jener Tage von Newton war etwas Erhabeneres, aber auch Unpersönlicheres, eine Unendlichkeit von Sternen, durch den unendlichen euklidischen Raum verstreut; es war eine Vorstellung, die sich gegen sporadische Einwände behauptete, die gewöhnlich durch exakte Beweisführung beigelegt wurden. Im 19. Jahrhundert wurde mit zunehmendem Interesse an der Astronomie eine Alternative vorgebracht: ein begrenztes Universum, das wie eine Insel in der Unermeßlichkeit des unendlichen und »leeren« Raumes existiert. Allen diesen Erklärungen war jedoch eines gemeinsam: jede setzte ein statisches Weltall voraus, dessen Größe und Inhalt alle Zeiten hindurch quantitativ unverändert blieben.

Als sich Einstein mit den kosmologischen Konsequenzen der allgemeinen Theorie auseinandersetzte, war die erste dieser Alternativen – das Universum des Mittelalters mit der Welt als Mittelpunkt – längst hinfällig; nun wurden die beiden anderen überdacht. Dann wurden auch sie abgelehnt. Warum das Newtonsche Universum auf Ablehnung stieß, ist leicht verständlich. Es schien nämlich mathematisch eindeutig, daß die Wirkung einer unbegrenzten Anzahl von Sternen, selbst über unendliche Entfernungen hinweg, eine unendlich starke Kraft erzeugen mußte, die den Gestirnen wiederum eine hohe

Geschwindigkeit durch das Weltall verlieh. Beobachtungen zeigten aber, daß sich die Sterne im Vergleich zur Lichtgeschwindigkeit nur langsam fortbewegen.

Auch das begrenzte »Insel-Universum« in einer Unendlichkeit von leerem Raum wurde ausgeschlossen, und zwar auf Grund einer Theorie über die Art und Weise, wie sich Partikel – oder Sterne – in einer ziellosen Bewegung verstreuen. Diese Theorie ließ ein »Insel-Universum« unmöglich erscheinen. Ein weiterer Grund ergab sich aus folgender Tatsache: die Krümmung des Raumes hing von der Verteilung der Materie ab, der Raum mußte demnach in der Nähe des »Insel-Universums« gekrümmt sein, im leeren Raum der Unendlichkeit jenseits davon aber euklidisch. Dies wiederum bedeutete, daß Körper sich jenseits des Insel-Universums geradlinig fortbewegen mußten, gemäß Newtons Trägheitsgesetz, da die Trägheit äquivalent der Schwerkraft ist; und letztere war ja dort nicht vorhanden.

Einstein mußte also überlegen, ob ein Universum denkbar war, das eine begrenzte Zahl von Gestirnen, gleichmäßig durch den unendlichen Raum verteilt, enthielt. Seine Antwort auf den offensichtlichen Widerspruch lag in dem Gedanken, daß die Materie selbst die Krümmung des Raumes verursachte. In der »Einsteinschen Welt« führt die durch Materie entstandene Krümmung den Raum zu sich selbst zurück, so daß ein Lichtstrahl, der sich nach irdischen Begriffen geradlinig fortsetzt, zu seinem Ausgangspunkt zurückkehren mußte, nachdem er rund um das Universum gewandert war. Ein Weltall wiederum, dessen drei Dimensionen eine ebenso begrenzte Anzahl von Sternen enthielt wie die zweidimensionale Fläche eines Globus eine Anzahl von Namen, dessen Oberfläche aber genauso unbegrenzt war wie die desselben Globus. Diese Sterne waren überall gleichmäßig verteilt. Das war wesentlich, wenn die »Einsteinsche Welt« mit Einsteins Erkenntnis übereinstimmen sollte, daß ebenso, wie die Naturgesetze für alle Beobachter, auch das Bild des Weltalls für alle gleich sein mußte.

Dieses Universum enthielt lokale Unregelmäßigkeiten in der Krümmung, doch ist im ganzen gekrümmt, so wie die Erde insgesamt gerundet ist.

Mit Hilfe der allgemeinen Relativitätstheorie konnten zwei Gleichungen aufgestellt werden, die nur zwei Unbekannte enthielten – die Raumkrümmung und die absolute Masse aller Partikel, aus denen das Weltall sich zusammensetzt. Es war verhältnismäßig leicht, deren Größe abzuschätzen.

»Das ganze Universum«, sagte Einstein zu Alexander Moszkowski in Berlin, »besitzt einen Durchmesser von rund 100 Millionen Lichtjahren. Das sind 1000 Trillionen Kilometer ... Es folgt (dies) aus den mathematisch-physikalischen Entwicklungen, die ich in den ›Kosmologischen Betrachtungen zur allgemeinen Relativitätstheorie‹ aufgestellt habe, wo übrigens das zahlenmäßige Ergebnis, das ich Ihnen heute mitteile, nicht zu finden ist. Ob die Zahlen so oder so ausfallen, ist unerheblich, wichtig ist vielmehr nur die allgemeine Erkenntnis, daß die Welt als ein nach seinen räumlichen Erstreckungen geschlossenes Kontinuum angesehen werden kann[22].«

Einstein war zu einem plausiblen Resultat gekommen, aber nur durch mathematisches Jonglieren. Er hatte nämlich in die Feldgleichungen der allgemeinen Theorie einen neuen Begriff eingeführt, die »kosmologische Konstante«, die eine Abstoßungskraft darstellt und im Gegensatz zur normalen Massenanziehungskraft mit der Entfernung zwischen den Objekten zunimmt. Der Wert, der dieser Größe beigemessen wird, bestimmt den Charakter des aufzubauenden Universums. Einstein rechtfertigte diesen Begriff, als er am Schluß seiner Abhandlung von 1917 »das theoretische Bild vom wirklichen Universum« aufzeichnete.

Die Einsteinsche Welt mit ihrer »quasi-statischen Verteilung der Materie« wurde sogleich von de Sitter angegriffen, der argumentierte, daß die allgemeine Theorie zwar die Vorstellung eines gekrümmten Raumes enthielt, diese Krümmung aber kontinuierlich abflachte. Deshalb nahm die Welt de Sitters, die auf der allgemeinen Theorie aufbaute, stetig an Größe zu. Der Raum streckte sich konstant, wurde flacher und euklidischer. Die Annahme einer Ausdehnung des Universums war bis dahin noch durch keinerlei Beobachtung gestützt. Einsteins und de Sitters Vorstellungen von der Struktur des Weltalls wurden eine Zeitlang als zwei gleichwertige Möglichkeiten betrachtet, zwischen denen man sich schwer entscheiden konnte. Erst in den zwanziger Jahren, als die Arbeiten von Hubble und anderen ein Zurückweichen des Sternsystems und die stetige Ausdehnung des Universums bestätigten, änderte sich die Situation in drastischer Weise. Einstein zog seine »kosmologische Konstante« schließlich 1930 zurück.

Doch schon lange, bevor sich all dies ereignete, war diese Größe aus ganz anderen Gründen angegriffen worden, und zwar von Professor Friedmann, einem russischen Astronomen, der begonnen hatte, Einsteins Publikationen von einem streng mathematischen Gesichtspunkt aus zu überprüfen. George Gamow, der damals bei Friedmann arbeitete, beschrieb, was dabei passierte. »Friedmann merkte, daß Einstein bei seinem angeblichen Beweis, daß das Universum bezüglich der Zeit stabil und unveränderlich sein müsse, ein Fehler unterlaufen war«, sagte er. »Es ist Studenten der höheren Mathematik wohlbekannt, daß man beide Seiten einer Gleichung durch einen beliebigen Betrag dividieren darf, vorausgesetzt, daß dieser Betrag nicht Null ist. Einstein hat jedoch im Verlauf seiner Beweisführung beide Seiten einer seiner Zwischengleichungen durch einen komplizierten Terminus geteilt, der unter gewissen Umständen gleich Null werden konnte.

In dem Fall aber, wenn dieser Terminus gleich Null wird, ist Einsteins Beweis nicht mehr stichhaltig, und Friedmann erkannte, daß dies eine Zahl vollständig neuer Weltbilder ermöglichte: ein expandierendes, ein zusammenbrechendes, ein pulsierendes Universum. Deshalb war Einsteins ursprüngliche Gravitationsgleichung richtig, und sie zu ändern war falsch. Sehr viel später, als ich mit Einstein kosmologische Probleme diskutierte, gab er zu, daß die Einführung des kosmologischen Gliedes der größte Schnitzer gewesen sei, den er in seinem Leben je gemacht habe. Aber der ›Schnitzer‹, der von Einstein verworfen wurde, und die kosmologische Konstante, die durch den griechischen Buchstaben λ dargestellt wird, reckt ihren häßlichen Kopf immer wieder in die Höhe[23].«

Trotz Gamows absolut richtigen Bemerkungen war Einsteins Eintritt in den kosmologischen Bereich sowohl für die Wissenschaft wie auch für ihn selbst bedeutsam.

Die direkte Anwendung der allgemeinen Theorie, um ein Bild des Universums aufzuzeichnen, verlieh Einstein in den Augen des Laien eine fast mystische Aura. Ein Wissenschaftler, der eine neue und offenbar verläßliche Erklärung für die Bewegungen der Sterne in ihren Bahnen geben konnte, war schon bedeutend genug. Ein Physiker, der offensichtlich zeigen konnte, daß Licht sich nicht immer geradlinig fortsetzt, brachte fast ein Zauberkunststück fertig. Ein Mann aber, der in einer ganz alltäglichen Sprache vom gekrümmten Weltraum sprechen und mit liebenswürdigen Gesten von der Tafel herunter erklären konnte, wie das Universum zugleich begrenzt und unendlich sein kann, hatte an Unerreichbares gerührt, in einer Weise, die ihn halb zum Magiker und halb zum Messias machte.

Das heißt, sofern seine allgemeine Theorie richtig war. Um dies zu prüfen, bereitete man in Großbritannien gerade die letzten Pläne vor.

9. KAPITEL

DAS GEFÜGE DES UNIVERSUMS

Der erste Wendepunkt in Einsteins Leben war mit der Veröffentlichung seiner Arbeit über die Elektrodynamik bewegter Körper eingetreten. Der zweite war ganz anderer Art – und nicht nur, weil die Folgerungen aus der allgemeinen Relativitätstheorie wichtiger gewesen wären. Die Umstände, unter denen die allgemeine Theorie geprüft wurde, brachten Einstein weltweiten wissenschaftlichen Ruhm. In dem Zeitraum zwischen dem Waffenstillstand vom November 1918 und dem Ende des folgenden Jahres wurde Einstein der berühmteste Wissenschaftler in der Welt.

Die wissenschaftliche Anerkennung kam gerade zu dem Zeitpunkt, als die Ereignisse in Deutschland und anderswo ihn zu einer politischen Aktivität trieben, für die er sich wenig eignete. Instinktiv unterstützte er die linksgerichteten Bewegungen der Nachkriegszeit und wurde zum überzeugten Verfechter des Pazifismus und einer Weltregierung. Er äußerte offen die Überzeugung, Deutschland könne seinen guten Namen wiederherstellen, wenn es die begangenen Kriegsverbrechen öffentlich untersuchen ließ und nötigenfalls eingestand. Und er verschrieb sich gefühlsmäßig der Sache des Zionismus. Diese Aktionen genügten, um seinen Namen bei deutschen Nationalisten unbeliebt zu machen. Sein wissenschaftlicher Ruhm wurde im Verlauf des Jahres 1919 unentwirrbar in seine politischen Kontroversen hineingezogen. All dies wurde auf persönlicher Ebene noch weiter kompliziert durch die Scheidung von Mileva, seine Heirat mit Elsa und den Tod seiner Mutter, die ihre letzten Tage bei ihm in Berlin verbrachte.

Innerhalb weniger Monate nach Deutschlands Niederlage begann sich Einsteins Einstellung seinen eigenen Landsleuten gegenüber zu ändern. Bisher hatte er die Tatsache gern übersehen, daß er selbst Deutscher war. Er hatte die

Mehrheit seiner Landsleute verachtet, weil sie einen Angriffskrieg ohne nennenswerten Protest unterstützten und barbarische Handlungen guthießen, die er laut und deutlich »Kriegsverbrechen« nannte. Als aber der Niederlage von 1918 die Hungersnot von 1919 folgte, trat seine Unterscheidung in Deutsche, die er verabscheut und Alliierte, deren Sieg er erhofft hatte, allmählich in den Hintergrund. Während des Krieges hatte er geglaubt, ein alliierter Sieg sei ein kleineres Übel als der Triumph der Deutschen. Jetzt fand er, daß der Unterschied nicht so groß war wie er sich eingebildet hatte[1]. In dieser Zeit kam Einsteins angeborenes Deutschtum wieder hervor und er war nicht mehr so bekümmert darüber, was er war.

Einstein und andere hofften vertrauensvoll, daß die Alliierten ihnen dabei behilflich sein würden, ein neues und demokratisches Deutschland aufzubauen. Die Tatsache, daß die Reichswehr sich immer noch rühmen konnte, eine Elite-Armee zu sein, daß beträchtliche Gefahr für die Einhaltung des Waffenstillstands bestand, dämpfte ihre Hoffnungen nicht. Doch anstelle einer hilfreichen, wenn nicht freundschaftlichen Hand, die sich ihnen entgegenstreckte, trafen sie auf die Unnachgiebigkeit der alliierten Blockade, mit dem einzigen Erfolg, daß die Bevölkerung hungerte, was die Aufgabe der republikanischen Regierung noch schwieriger machte.

All das trieb Einstein schnell in eine politische Aktivität, die ihm eigentlich zuwider war. Und als der Bund Neues Vaterland am 10. November 1918 offiziell neu gegründet wurde, saß Professor Albert Einstein sogar im Arbeitsausschuß. Er war einer der 100 Intellektuellen in Europa und den Vereinigten Staaten, die im Dezember die »Petition du Comité de la Fédération des Peuples« unterzeichneten und sie an die Staatsoberhäupter richteten, die gerade vorhatten, zu der Friedenskonferenz in Versailles zusammenzukommen. Die Staatsmänner wurden prophetisch darum ersucht, »einen Frieden zu schließen, der nicht den Keim eines künftigen Krieges in sich trägt«. Im Dezember 1918 wollte Einstein Paris besuchen, um sich bei den Alliierten um Nahrungsmittel für die deutsche Bevölkerung zu bemühen[2].

Einsteins veränderte Haltung beruhte nicht ausschließlich auf der Bitterkeit, die er über die Blockade der Alliierten empfand. Mit Ausnahme seines blinden Glaubens an den Pazifismus war er nicht besonders leichtgläubig. Seine wechselnden und manchmal widersprüchlichen Ansichten über Deutschland und über die Notwendigkeit politischen Handelns entsprangen häufig seiner Überzeugung, daß verschiedene Situationen auch verschiedene Betrachtungsweisen erforderten. Die Umstände, so glaubte er, änderten einen Sachverhalt entscheidend, auch in Bereichen außerhalb der Wissenschaft. Ebensowenig wie es eine absolute Zeit und einen absoluten Raum gab, war in seinen Augen die

Haltung der Menschen unveränderlich, wenn sie sich mit den bunt durcheinandergewürfelten, irrationalen und unendlich komplizierten Handlungen ihrer Mitmenschen auseinandersetzten.

Einstein ging Ende des Jahres nicht nach Paris. Stattdessen fuhr er nach Zürich, wo ihm einige Monate zuvor ein Lehrstuhl – von Universität und E.T.H. gemeinsam unterhalten – angeboten worden war. Er hatte das Angebot ausgeschlagen, sich aber einverstanden erklärt, zweimal pro Jahr für einen Monat oder sechs Wochen nach Zürich zu kommen und jedesmal eine Folge von zwölf Vorlesungen zu halten. Besso gegenüber erklärte er, er verlange von Zürich nichts weiter als seine Unkosten, und befreie sich dadurch von peinlichen Gefühlen, während er sich gleichzeitig in den Augen seiner Freunde und seiner Berliner Arbeitgeber korrekt verhielt.

Diese Regelung war auch noch aus einem anderen Grund angenehm. Seine Scheidung war endlich in das letzte Stadium getreten. Die Angelegenheit sollte in den ersten Wochen des Jahres 1919 erledigt werden; deshalb mochte es für ihn nützlich sein, sich in der Schweiz aufzuhalten.

In der letzten Januarwoche des Jahres 1919 reiste er aus Berlin ab, traf am 27. in Zürich ein und wohnte in dem Logierhaus der Sternwarte in der Hochstraße. Die allgemeine Relativitätstheorie war in akademischen Kreisen ein ebenso heiß diskutiertes Thema geworden wie die spezielle Theorie; doch sie war immer noch ein Diskussionsgegenstand der Experten. Ihr Verfasser war in Zürich vor allem als ehemaliger Professor bekannt und weniger als der Mann, der gerade dabei war, die Welt zu erschüttern.

Einstein wurde am 14. Februar 1919 in Zürich geschieden. Gleichzeitig übertrug er Geld, das von einem Nobelpreis kommen würde, auf Mileva. Als man ihm drei Jahre später den Preis verlieh, wurde das Bargeld sofort von Schweden über Berlin nach Zürich geschickt. Ein Teil ging bei der Transaktion durch den Devisentausch verloren, das lag aber hauptsächlich daran, daß der Umtausch ungeschickt gehandhabt wurde. Mit dem, was übrig blieb, kaufte Mileva ein hübsches Haus am Zürichberg. Im folgenden Jahr erhielt sie die amtliche Erlaubnis, den Namen Einstein weiterzuführen. Als Mileva Einstein lebte sie noch 25 Jahre, die von Krankheit und Sorge über den jüngeren schizophrenen Sohn überschattet waren.

Einstein blieb weiter mit ihr in Verbindung. Nachdem einmal der endgültige Bruch herbeigeführt war, nahmen die beiderseitigen Feindseligkeiten ab, und die Abneigung machte mehr gegenseitigem Verständnis Platz.

Sofort nach Beendigung seiner Vorlesungsreihe im Frühjahr 1919 kehrte Einstein nach Berlin zurück. Hier heiratete er Elsa am 2. Juni auf dem Standesamt Berlin-Wilmersdorf. Kurz danach fuhr er wieder nach Zürich, offenbar um mit

Mileva die Zukunft seiner beiden Söhne zu besprechen. Er blieb bis zum 25. Juni in Zürich, tauchte wieder in Berlin auf, um am 28. Juni erneut nach Zürich abzureisen; drei Monate lang blieb er in der Schweiz, bis er am 21. September endlich wieder in Berlin eintraf.

Während seiner Berlin-Aufenthalte im Frühjahr und Sommer 1919 traten die Zionisten an ihn heran und gewannen ihn für ihre Sache. Sie freuten sich darüber, wieder einen Wissenschaftler gewonnen zu haben, maßen ihrem Erfolg aber weiter keine Bedeutung bei. Doch noch vor Jahresende entwickelte sich der »kleine Fisch« zu einem Riesenungetüm.

Einsteins Parteinahme für die zionistische Sache wirkte sich in den nächsten zehn Jahren nachhaltig auf seine Stellung aus und verstärkte den etwas dubiosen Ruf, in dem seine außerwissenschaftlichen Aktivitäten standen. Dieser Ruf wurde noch gefördert durch den Eifer, mit dem er jetzt deutsche Kriegsverbrechen zu diskutieren begann.

Es ist zu bezweifeln, ob die Verbrechen, die fast alle Nationen im Krieg begehen, nachher von den eigenen Landsleuten oder den Siegern zufriedenstellend untersucht werden können – geschweige denn auf Betreiben eines Mannes, der sein Land von Jugend an haßte. Sogar unter denen, die die Nürnberger Prozesse für notwendig und gerecht hielten, befanden sich viele, die es lieber gesehen hätten, wenn die Untersuchungen von offensichtlich vorurteilslosen Neutralen durchgeführt worden wären. Unter diesem Gesichtspunkt wäre es geschickter gewesen, hätte Einstein dies Thema nicht aufgegriffen. Denn dem Ansehen nach war er noch immer ein abtrünnig gewordener Deutscher, dessen Unkenntnis internationaler Verwicklungen seinem fehlenden persönlichen Kontakt mit der Kriegsmaschinerie gleichkam.

So viel war Lorentz klar, als Einstein ihm am 26. April 1919 einen Brief schrieb, in dem er ihm mitteilte, daß er mit fünf anderen Privatleuten zusammen eine Kommission gebildet habe, die die Anklagen prüfen sollte. Würde Lorentz sich ihnen anschließen, als einer der Neutralen, die mithalfen, urkundliche Beweise zu sammeln?

Lorentz' Antwort war ein Meisterstück an Takt. Er zeigte sich bereit, Einstein durch Dritte zu helfen und umging damit geschickt die Aufforderung, der Kommission beizutreten. »Daß Ihr Unternehmen keineswegs leicht sein wird«, schrieb er, »werden Sie sich wohl nicht verhehlen. Eine Hauptschwierigkeit liegt natürlich darin, daß der Schritt erst jetzt getan wird; zu einer Zeit, da Deutschland noch siegreich war, hätte es erfolgreicher sein können . . .« Lorentz mahnte auch, wie wichtig es sei, daß die Deutschen dieses Vorgehen offiziell billigten. »Es scheint mir übrigens unumgänglich nötig, daß Sie auf eine gewisse Unterstützung seitens der deutschen Regierung rechnen dürfen.

Sie müssen davon versichert sein, daß diese dazu mitwirken will, volles Licht zu verbreiten und daß man der Veröffentlichung des Urteils der Kommission und der freien Diskussion darüber nichts in den Weg stellen wird. Diese Gewißheit müssen Sie, wie mir scheint, haben, bevor Sie sich in irgendeiner Weise mit Belgiern und Franzosen in Verbindung setzen, denn wenn diese von Ihrem Vorhaben hören und nachher erfahren sollten, daß Sie nicht völlig frei sind, sich zu äußern, so wäre offenbar mehr verloren als gewonnen ...« Lorentz stand gerade vor einer Reise nach Paris und Brüssel. Er versprach dort Nachforschungen anzustellen und vereinbarte mit einem holländischen Kollegen, daß dieser alle Nachrichten an Einstein weitergab, während er selbst auf Reisen war. Die Resultate waren nicht sehr ermutigend. Lorentz, selbst hilfsbereit, fühlte sich verpflichtet, Einstein darüber zu informieren, daß die Menschen in den ehemals besetzten Ländern alle Deutschen verabscheuten, egal, ob »schlechte« oder »gute«[3].

Dies unterstrich er wenig später noch einmal, als er über die Aussichten für den kommenden Solvay-Kongreß sprach. »Es ist klar, daß man vorläufig keine Deutschen einladen wird[4] (sie können schwerlich nach Brüssel kommen)«, sagte er, »aber von einer formellen Ausschließung ist keine Rede; die Tür wird für sie offengehalten, so daß es in Zukunft wieder zu einer allgemeinen Zusammenwirkung kommen kann ...«. Tatsächlich gab es einige Zweifel, ob man die Tür offenhalten würde, selbst wenn es sich um Einstein handelte. M. Tassin, der Schriftführer beim Kongreß, mußte sich deswegen besonders mit Professor Brillouin auseinandersetzen, der schon an dem Kongreß von 1911 teilgenommen hatte und nun, am 1. Juni 1919 vom Collège de France aus über »die deutschfreundlichen Neutralen, egal, welchen wissenschaftlichen Wertes« schrieb, wie auch über das Problem der Deutschen im allgemeinen. »Ich denke«, fuhr er fort, »z. B. an Debye, den Holländer mit so großen Verdiensten, der den ganzen Krieg über in Göttingen gewesen ist. Natürlich auch an Einstein, der, einerlei was für ein Genie er ist, wie stark seine antimilitaristischen Gefühle auch gewesen sein mögen, doch den ganzen Krieg in Berlin verbracht hat[5] und sich in derselben Position befindet. Erst nachher haben sie die notwendigen politischen Anstrengungen unternommen, ihre deutschen Kollegen zu kritisieren und das abscheuliche und lügnerische Manifest der 93 anzugreifen.«

Einstein wurde im Sommer 1920 zum dritten Solvay-Kongreß eingeladen, der im darauffolgenden April stattfinden sollte. An sich bekamen Deutsche immer noch keine Einladung. Wie der Schriftführer jedoch schrieb, war »für Einstein, von unklarer Nationalität, Schweizer glaube ich, eine Ausnahme gemacht worden; er wurde in Berlin während des Krieges wegen seiner pazifistischen

Anschauungen, die sich nicht einen Augenblick lang geändert haben, von allen Seiten beschimpft«[6]. Rutherford meinte, Einstein sei als einziger Deutscher eingeladen worden wegen seiner Internationalität[7]. Einstein nahm die Einladung »mit großer Freude« an[8]. Noch im selben Jahr informierte[9] Lorentz Rutherford, daß Einstein auf dem Kongreß im April 1921 über »L'Electron et la Magnetisme; effects gyroscopiques« sprechen würde. Erst im Februar, zwei Monate vor Kongreßbeginn, wurde ihm mitgeteilt, daß Einstein nicht kommen könne.

Zwei Jahre später, als der vierte Solvay-Kongreß für 1924 geplant wurde, sah die Situation anders aus. Wieder sollte Einstein eingeladen werden. Dazu schrieb er jedoch aus Lautrach in Süddeutschland an Lorentz. Er sei gerade mit Sommerfeld zusammen, der die Ansicht vertrete, daß es nicht recht für Einstein sei, an einem Kongreß teilzunehmen, von dem die deutschen Kollegen prinzipiell ausgeschlossen sind[10].

Erst 1926, nachdem Deutschland dem Völkerbund beigetreten war und sich die internationalen Beziehungen innerhalb der Wissenschaft zu normalisieren begannen, änderte sich die Lage. Es mußte nur noch eine Formalität beachtet werden. Man hielt es für angebracht, die Genehmigung von König Albert von Belgien einzuholen. Am 2. April 1926 wurde Lorentz vom König empfangen, der Einsteins Berufung in das wissenschaftliche Komitee des nächsten Kongresses ausdrücklich billigte, sowie den Vorschlag, Planck und andere Wissenschaftler der Ex-Feinde ebenfalls einzuladen. »Seine Majestät drückte die Hoffnung aus«, berichtete Lorentz anschließend, »daß sieben Jahre nach dem Krieg die Ressentiments . . . allmählich eingedämmt werden sollten, daß ein besseres Verständnis zwischen den Völkern für die Zukunft absolut notwendig sei und daß die Wissenschaft helfen könnte, dies zustandezubringen. Er hielt es ebenso für nötig, darauf hinzuweisen, daß in Anbetracht dessen, was die Deutschen für die Physik geleistet haben, es sehr schwierig sein würde, sie zu übergehen«[11]. Die Physik befand sich 1926 im Gärungsprozeß der neuen Quantenmechanik, und der Kongreß 1927 wäre ohne die Anwesenheit von Heisenberg, Born, Pauli, Planck und Einstein – alle aus dem früheren Feindesland – bedeutungslos geworden.

Acht Jahre zuvor hatte Einstein versucht, Lorentz für eine Untersuchung deutscher Kriegsverbrechen zu verpflichten. Aber welche Art Hilfe Lorentz ihm wirklich zukommen ließ, ist unbekannt. Jedenfalls brachte die Kommission, in deren Namen Einstein arbeitete, Ende des Sommers ihre erste Publikation heraus, ein kleines Buch über angebliche Greueltaten in Lille, das Einstein bestürzte, als er es sah[12]. Das Vorwort war »taktlos«, und die gesamte Ausgabe wurde schließlich – vermutlich zum Teil auf Einsteins Veranlas-

sung hin – zur Korrektur, Verbesserung und Neuauflage Anfang 1920 zurückgezogen.

Zu diesem Zeitpunkt des Jahres 1919 hatte Einstein auch seinen früheren
fanatischen Deutschenhaß weiter gemäßigt und ein außerordentlich verlockendes Angebot aus Leiden abgeschlagen. Dies geschah teils aus dem Wunsch,
»dem neuen Deutschland« eine Chance zu geben, sich moralisch wieder auf-
zurichten, teils aus Furcht, »der Machthunger könnte ›anderswo‹ wieder entstehen«, wobei Einstein – wie viele andere Deutsche – nach Frankreich
blickte.

Das Angebot kam von Ehrenfest[13]. Er hatte die Genehmigung der Behörden
noch nicht erhalten, es bestand aber wenig Zweifel, daß er sie bekommen
würde – sogar zu den Bedingungen, die er am 2. September 1919 umrissen
hatte. Einstein sollte an die Universität Leiden berufen werden, wo das übliche
Maximal-Gehalt von 7500 Gulden Einsteins Anfangsgehalt sein würde. Es gab
für ihn keine Pflicht zu lesen, sondern nur die eine Bedingung, seinen Wohnsitz
in oder nahe der Stadt zu nehmen.

Für Einstein war es ein äußerst verlockendes Angebot – seine Annahme würde
ihn in die Nähe von Lorentz in Haarlem und von de Sitter bringen und seine
Bindungen zu Ehrenfest verstärken. Die Gründe für seine Ablehnung sind
interessant.

In seiner Antwort vom 12. September schrieb Einstein, daß er das Angebot
sehr verlockend fände. Er sei gern in Leiden und sei auch von den menschlichen Kontakten sehr angezogen. Auf der anderen Seite hätte er Bindungen
und Verpflichtungen. Einstein schickte Ehrenfest einen Brief Plancks, den
Planck während Einsteins Zürichaufenthalt diesem geschrieben hatte. Dieser
Brief ist ein aufschlußreiches Dokument: aus ihm ging für Ehrenfest
hervor, daß Planck zum ersten-, aber nicht zum letztenmal seinen ganzen Einfluß aufgeboten hatte, um Einstein in Berlin zu halten. Sein Brief vom 20. Juli
1919, der Einstein dazu veranlaßte, »Berlin nicht den Rücken zu kehren«,
begann mit einer Schilderung, wie es Planck gelungen war, durch einen genialen
finanziellen Schachzug Gelder für Freundlichs Ausrüstung zu bekommen.
Planck fuhr fort mit einer Erläuterung seiner tieferen und wichtigeren Gründe,
warum er an Einstein schrieb. Gerüchte gingen um, »daß Zürich energische
Anstrengungen unternimmt, Sie für immer dortzubehalten«.

Zwei Wochen, nachdem Einstein Ehrenfest geantwortet und das Leidener
Angebot abgelehnt hatte, erhielt er ein historisches Telegramm, das Lorentz
fünf Tage zuvor in Leiden abgeschickt hatte. Es trug den Stempel des 27. September 1919 und lautete: »Eddington fand Sternverschiebung am Sonnenrand,
vorläufige Messung zwischen neun Zehntel einer Sekunde und dem doppelten

Wert«[14]. Diese Worte sollten einen Wendepunkt in Einsteins Leben und in der Geschichte der Wissenschaft bedeuten.

In England hatte die Royal Astronomical Society 1917 über die spezielle Relativitätstheorie geschrieben, daß die »experimentelle Bestätigung völlig ausreichend gewesen ist und kein ernster Zweifel an ihrer Richtigkeit besteht, wobei sich die Kritik auf Fragen über ihren genauen Wirkungsbereich und ihre philosophischen Implikationen beschränkt«[15]. Doch diese Bestätigung war ein Resultat der Arbeit der Physiker im Labor, fast ein Produkt des normalen Arbeitsablaufs. Um die allgemeine Theorie zu testen, waren andere Mittel nötig, und es spricht sehr für Sir Frank Dyson, daß er im März 1917 »die Aufmerksamkeit auf die einzigartigen Möglichkeiten, die durch die Sonnenfinsternis von 1919 gegeben sind«, lenkte, um Einsteins Theorie zu testen. Eddington schrieb später über diese Entscheidung: »Sie war nicht ohne internationale Bedeutung, denn sie hat den wilden Gerüchten über einen Boykott der deutschen Wissenschaft zum geeigneten Zeitpunkt ein Ende bereitet. Indem es als erstes die Theorie des »Feindes« getestet und schließlich bestätigt hat, hielt unser nationales Observatorium die besten Traditionen der Wissenschaft aufrecht. Und diese Lehre ist vielleicht immer noch nötig in der heutigen Welt«[16].

Dyson erhielt von der Regierung £ 1000, und unter seinem Vorsitz wurde von der Royal Astronomical Society ein ständiger Ausschuß für Sonnenfinsternisse gegründet. Im Frühjahr 1918 wurden die Pläne für eine britische Expedition nach Sobral im Norden Brasiliens und nach Principe am Golf von Guinea verstärkt vorangetrieben.

Anfang des folgenden Jahres, im Januar 1919, wurden am Greenwich Observatorium eine Reihe von Testphotographien aufgenommen, die die Hyades-Gruppe vor einer Orientierungsgruppe anderer Sterne zeigten. Zwei Monate später kamen Eddington und E. T. Cottingham – die die Sonnenfinsternis-Beobachtungen in Principe durchführen sollten – mit A. C. D. Crommelin und C. R. Davidson, die das gleiche in Sobral zu tun hatten, zu einer letzten Lagebesprechung in Flamsteed House, Greenwich, zusammen.

Am nächsten Morgen brachen beide Gruppen nach Funchal auf. Crommelin und Davidson reisten nach Brasilien, Eddington und Cottingham nach Principe, wo sie am 23. April eintrafen. Ein Monat harter Arbeit folgte. Die Instrumente wurden aufgestellt, Testphotographien gemacht und die letzten Vorbereitungen für den großen Tag getroffen.

Der 29. Mai begann mit starkem Regen, der erst gegen Mittag aufhörte. Um 13.30 Uhr, als die Sonnenfinsternis schon begonnen hatte, konnte die Gruppe einen ersten Blick von der Sonne erhaschen. »Wir mußten unser Photographier-Programm auf gut Glück durchführen«, schrieb Eddington in sein Tagebuch. »Ich habe die Sonnenfinsternis nicht gesehen, weil ich zu beschäftigt war, die Platten auszuwechseln; nur ein flüchtiger Blick, um sicherzugehen, daß sie schon begonnen hatte, und dann noch ein Blick, um festzustellen, wieviel Wolken da waren. Wir haben 16 Photographien aufgenommen. Die von der Sonne sind alle gut geworden und zeigen eine bemerkenswerte Protuberanz. Aber die Sternphotographien sind von den Wolken beeinträchtigt. Die letzten sechs Photographien zeigen ein paar Bilder, die uns hoffentlich das geben, was wir brauchen . . .«[17].

Es sah so aus, als ob die Bemühungen der Expedition in Principe umsonst gewesen waren. Erst am 3. Juni stand das Ergebnis fest. »Wir entwickelten die Photographien, jede Nacht zwei, sechs Nächte lang nach der Sonnenfinsternis«, notierte Eddington, »und ich verbrachte den ganzen Tag mit Messungen. Das bewölkte Wetter brachte meine Pläne durcheinander und ich mußte die Messungen auf andere Weise durchführen als ich beabsichtigt hatte, folglich war es mir nicht möglich, irgendeine vorläufige Aussage über das Resultat zu machen. Aber eine Platte, die ich gemessen habe, lieferte ein Ergebnis, das mit Einstein übereinstimmt«[18].

Trotz dieses dramatischen Augenblicks in Principe erfolgte die volle Bestätigung erst nach und nach. Während die Principe-Photographien in Westafrika entwickelt und ausgewertet wurden, brachte man die Bilder der Sobral-Expedition nach England, um sie dort weiterzubearbeiten. Die ersten Photographien waren enttäuschend. Dann kam die Hauptserie von sieben Photos. »Sie brachten das endgültige Urteil«, schrieb Eddington, »indem sie eindeutig Einsteins Wert der Ablenkung bestätigten, in Übereinstimmung mit den Resultaten, die in Principe erzielt wurden«[19].

Aber noch drang die Nachricht nicht über den kleinen Kreis der Expeditions-Teilnehmer hinaus. Einstein wußte zwar von seinen Freunden in Holland, daß die Expeditionen unterwegs waren, doch mehr hatte er nicht erfahren. Am 2. September schrieb er an Dr. W. Hartmann aus Fulda, daß er noch nichts Präzises über die Messungen der Expedition wüßte[20]. Als er zehn Tage später den Posten in Leiden brieflich ablehnte, fragte er gleichzeitig bei Ehrenfest an, ob es Neuigkeiten von der britischen Expedition gebe.

Ehrenfest gab Einsteins Anfrage an Lorentz weiter, der auf Grund seiner zahlreichen Kontakte ins Ausland bald herausfand, was los war. Am 27. September 1919 kam dann Lorentz' Telegramm: »Eddington fand Sternverschiebung am Sonnenrand . . .«.

Einsteins erste Reaktion war, die guten Nachrichten an seine Mutter in Luzern weiterzugeben[21].

Rückblickend muß man sagen, daß beide, Einstein und seine Kollegen, immer wieder ihre innere Sicherheit betont haben. Aber es handelte sich dabei nicht um eine Sicherheit aus Erkenntnis. Die ganze Zeit über glaubte er fest daran, daß seine Theorie bestätigt werden würde. Trotzdem war er glücklich, Reisevorbereitungen für Holland zu treffen. Zuerst hatte Einstein die notwendigen Reise-Papiere zu besorgen. Mit Hilfe seiner Freunde in Holland erhielt er in wenigen Tagen das holländische Visum.

Bevor er von Berlin abfuhr, erhielt er eine weitere Nachricht von Lorentz. »Ich habe Ihnen noch nicht wegen der Beobachtung der Strahlenablenkung am Sonnenrande geschrieben, da ich meinte, eine englische Zeitschrift, die ›Nature‹ z. B., würde uns wohl bald Näheres darüber bringen. Das ist bis jetzt nicht geschehen, und so will ich nicht länger warten«, schrieb er am 7. Oktober. »Ich hörte von dem von Eddington erreichten Resultat durch Vermittlung des Herrn van der Pohl, Konservator des hiesigen Laboratoriums. Er hat die Versammlung der British Association in Bournemouth besucht und erzählte mir nach seiner Rückkehr von dem, was Eddington vorgetragen hatte.

Da die Platten erst vorläufig ausgemessen waren, so ließ sich ein definitiver Wert noch nicht angeben, aber nach Herrn Eddington's Meinung stehe die Realität der Erscheinung fest und könne man mit Bestimmtheit sagen, daß die Ablenkung (am Sonnenrande) zwischen 0,87" und 1,74" liegt . . . Van der Pohl sagte mir weiter, es habe eine Diskussion stattgefunden (ich wäre gern dabei gewesen), in welcher Sir Oliver Lodge Ihnen und Eddington seine Glückwünsche zu dem erhaltenen Resultat ausgesprochen hat . . . Das ist gewiß eines der schönsten Ergebnisse, die die Naturwissenschaft je erreicht hat, und wir dürfen uns herzlich darüber freuen . . .«[22].

Als die britischen Expeditionen wieder in London eintrafen, waren noch keine Resultate veröffentlicht worden. Der Bericht für die Tagung der British Association betonte, daß wichtige Messungen und Vergleiche noch abgeschlossen werden mußten. Auch das Telegramm von Lorentz an Einstein hatte einen mehr allgemeinen und nicht spezifischen Hinweis auf den Erfolg enthalten. So verdichteten sich die Berichte nur langsam über Wochen hinweg. Ihnen fehlte das Spontane, das allein Schlagzeilen machen konnte, in einem Europa, das mit den Problemen der Nachkriegszeit beschäftigt war. Und noch eine letzte Verzögerung trat ein, bevor die Nachricht endlich auf die Welt losgelassen wurde.

Zu dieser Verzögerung kam es in Leiden, wo Einstein in der zweiten Hälfte des Oktober eintraf. Die wesentlichen Ergebnisse der britischen Expedition waren hier zumindest seit dem 23. Oktober inoffiziell bekannt. Aber sogar jetzt wußten weniger als eine Handvoll Professoren näheren Bescheid. Zwei Tage später, am Samstagabend, den 25. Oktober, traf sich die Königlich Niederländische Akademie in Amsterdam. Einstein war da, Lorentz und Ehrenfest ebenfalls. Zuerst wurden Routinegeschäfte abgewickelt, dann wurde Einstein offiziell begrüßt. Als nächster sprach Lorentz. Im Akademiebericht hieß es: »Mr. H. A. Lorentz teilte die neueste Bestätigung von Professor Einsteins allgemeiner Relativitätstheorie mit.« Doch sollte diese Information, so hieß es in der Tagesordnung, »im Bericht nicht abgedruckt werden«. Allem Anschein nach waren keine Vertreter der Presse anwesend.

Erst am 6. November 1919 trafen sich die Mitglieder der Royal Society und Royal Astronomical Society in Burlington House, um die offiziellen Ergebnisse der zwei Expeditionen entgegenzunehmen. Dyson verlas die Berichte in seinem Namen und im Namen von Eddington und Davidson. Er hatte einen guten Teil seines Berufslebens darauf verwendet, Sonnenfinsternisse zu studieren und drei selbst beobachtet. Diesmal war es anders. Ziel des Unternehmens war gewesen, Einsteins Theorie zu überprüfen. Inoffizielle Gerüchte über die Ergebnisse kursierten schon seit Wochen in der wissenschaftlichen Welt. Die Anwesenden wußten, daß hier ein Zeitalter zu Ende ging. Der große Saal der Gesellschaft war überfüllt. J. J. Thomson, Präsident der Royal Society, James Jeans und Lindemann waren anwesend, ebenso Sir Oliver Lodge und der Mathematiker und Philosoph Alfred Whitehead.

»Die ganze Atmosphäre gespannten Interesses war fast wie bei einem griechischen Drama«, schrieb Whitehead später. »Wir waren der Chor, der den Spruch des Schicksals kommentierte, so wie er sich in der Entwicklung eines ungeheuerlichen Ereignisses offenbarte. Schon in der ganzen Inszenierung lag ein dramatischer Effekt – das traditionelle Zeremoniell und im Hintergrund das Bild Newtons, das uns daran erinnerte, daß die größte aller wissenschaftlichen Verallgemeinerungen nun, nach mehr als zwei Jahrhunderten, ihre erste Abwandlung erfuhr. Auch an persönlichem Interesse fehlte es nicht: ein großes Gedankenabenteuer war schließlich sicher zu Ende gegangen«[23].

Thomson erhob sich, um zu der Versammlung zu sprechen. Er beschrieb Einsteins Theorie als »eine der größten Errungenschaften in der Geschichte menschlichen Denkens« und ging dann auf das volle Ausmaß dessen, was die Relativitätstheorie bedeutete, ein. »Es dreht sich nicht um die Entdeckung einer entlegenen Insel, sondern um einen ganzen Kontinent neuer wissenschaftlicher Ideen«, sagte er. »Es ist die größte Entdeckung in bezug auf die Gravitation, seit Newton seine Prinzipien aufgestellt hat[24].«

Daraufhin las Dyson den Hauptteil seines Berichts vor, gab die Zahlen an, die man aus den Photographien erhalten hatte und erläuterte ihre Bedeutung. »Somit lassen die Expeditionen nach Sobral und Principe wenig Zweifel übrig«, schloß er, »daß eine Lichtablenkung in der Nähe der Sonne stattfindet und daß sie die Größe hat, die Einsteins allgemeine Relativitätstheorie als ein Resultat des Gravitationsfelds der Sonne fordert.«

Die anschließende Diskussion machte eines klar: die Ergebnisse der Sonnenfinsternis-Expeditionen hatten einen überzeugenden Beweis geliefert. Doch Einsteins Theorie fand noch aus ganz anderen Gründen Anerkennung. Eddington brachte das fast zwanzig Jahre später, als die Theorie weitere astronomische Unterstützung erhielt, deutlich zum Ausdruck. Die Theorie, so sagte er, befasse sich hauptsächlich mit Phänomenen, die ohne sie vielleicht etwas rätselhaft erschienen wären. »Aber wir brauchen keine Sonnenfinsternis zu beobachten, um festzustellen, ob ein Mann logisch spricht oder nicht. Das Newtonsche System wurde, was nach 250 Jahren nur natürlich ist, für zu grob befunden, um die neuen, aus der Beobachtung gewonnenen Kenntnisse befriedigen zu können. Mangels eines besseren Systems wurde es weiterhin benützt, aber Definitionen wurden für Dinge in Anspruch genommen, für die sie niemals gedacht waren. Wir befanden uns in der Position eines Bibliothekars, dessen Bücher immer noch nach einem Sachregister geordnet sind, das vor hundert Jahren zusammengestellt wurde, und der versucht, die richtige Stelle für Bücher über Hollywood, die Luftwaffe und für Kriminalromane zu finden[25].«

3. Teil

Der Wendepunkt des Schicksals

10. KAPITEL

DER NEUE MESSIAS

Einstein wachte am 7. November 1919 morgens auf und war berühmt. Natürlich hatte er bei seinen Kollegen und den über wissenschaftliche Probleme berichtenden Zeitungsleuten schon einen Namen. Auch hatte der esoterische Gehalt seines Werkes zusammen mit seiner Persönlichkeit dazu beigetragen, ihn an den Orten, wo er gelebt und gearbeitet hatte, bekannt zu machen. Doch die Situation an diesem Morgen des 7. November unterschied sich davon wesentlich. Einen Monat später schrieb er an Born, die Publicity sei so schlimm, daß er kaum mehr »zu vernünftiger Arbeit« käme[1]. Berichte über das Treffen in Burlington House und den darauffolgenden Leitartikel in »The Times« trafen in der deutschen Hauptstadt ein. Unter der Überschrift »*Die Struktur des Universums*« stellte »*The Times*« fest, daß »die wissenschaftliche Konzeption über die Struktur des Universums geändert werden muß«. Nachdem der Artikel über die Expeditionen und ihren Zweck berichtet hatte, hieß es abschließend: »Aber die bekanntesten Experten sind der zuversichtlichen Meinung, daß genug getan worden ist, um die Überzeugung von Jahrhunderten niederzureißen und eine neue Philosophie des Universums zu fordern, eine Philosophie, die fast alles beiseite fegt, was bis jetzt als axiomatische Grundlage des physikalischen Denkens allgemein anerkannt worden ist.«

Das waren große Worte. Die Aufmerksamkeit wandte sich nun dem Mann zu, der dafür verantwortlich war. Es war wenig über ihn bekannt, außer, daß er 1914 das berüchtigte Manifest der 93 nicht unterschrieben hatte. Ob er nun Deutscher oder Schweizer war, wußte man nicht genau. Die »*Times*« beschrieb ihn jedoch als einen überzeugten Zionisten und fügte hinzu, er habe, als im Vorjahr der Waffenstillstand ausgerufen worden sei, »einen Aufruf zugunsten der deutschen Revolution unterzeichnet« – wahrscheinlich bezog sie sich dabei auf seine Unterstützung des neugegründeten »Bund Neues Vaterland«.

Den ganzen Tag über wurde Einstein von einem nahezu endlosen Strom von Reportern aufgesucht. Ihm war das sehr zuwider, doch konnte das lästige Interesse wenigstens für einen guten Zweck ausgenützt werden. Man durfte nämlich unentgeltlich keine Bilder von Einstein veröffentlichen. So notierte ein Reporter später: »Diese, so sagte mir seine Frau, werden zum Nutzen der hungernden Kinder von Wien verkauft[2].« Sehr gefragt war auch eine vereinfachte Darstellung der Relativitätstheorie. Die internationalen Zeitungen waren bereit, hohe Summen dafür zu bezahlen. Ende des Monats stand Einstein schon in Verbindung mit einem jungen Korrespondenten der »*Nature*«, und hatte zugesagt, einen Artikel für die Londoner »*Times*« zu schreiben.

Robert Lawson, der Korrespondent der »*Nature*«, schickte dem Chefredakteur der »*Naturwissenschaften*«, Arnold Berliner, einen Bericht über die Situation in Großbritannien. »Das Gespräch dreht sich hier fast nur noch um Einstein«, schrieb er, »und wenn er jetzt hierherkäme, würde er, glaube ich, wie ein siegreicher General empfangen werden. Die Tatsache, daß eine Theorie – von einem Deutschen formuliert – von Engländern durch Beobachtungen bestätigt worden ist, hat die Möglichkeit einer Zusammenarbeit zwischen diesen beiden wissenschaftlich orientierten Nationen viel nähergerückt. Ganz abgesehen von dem großen wissenschaftlichen Wert seiner brillanten Theorie hat Einstein der Menschheit einen unbezahlbaren Dienst erwiesen[3].«

Berliner gab den Brief an Einstein weiter. Dieser bestätigte Lawsons direkte Anfrage um Material für »*Nature*« und erwähnte dabei den Artikel, den er für »*The Times*« schrieb. Dieser erschien am 28. November 1919.

Einige Wissenschaftler akzeptierten nur widerstrebend all das, was Einstein postuliert hatte. Andere, wie zum Beispiel Sir Oliver Lodge, zeigten sich immer noch in schroffer Form skeptisch. Doch die fähigsten Köpfe der Wissenschaft begriffen – und brachten es auch öffentlich zum Ausdruck –, daß die Theorie nicht das Ende, sondern einen neuen Anfang bedeutete. Am 15. November hob »*The Times*« die Bedeutung all dessen in einem Leitartikel hervor mit der Überschrift »Die Revolution in der Wissenschaft«.

Vierzehn Tage später erschien also Einsteins eigener Artikel. Dieser begann mit einer typisch Einsteinschen Floskel. Er nutzte nämlich die Gelegenheit, den Krieg zu beklagen und schrieb: »Nach dem bedauernswerten Zusammenbruch der früher regen internationalen Beziehungen der Gelehrten ist mir dies eine willkommene Gelegenheit, mein Gefühl der Freude und der Dankbarkeit den englischen Astronomen und Physikern gegenüber auszudrücken[4].« Anschließend umriß er die grundlegenden Prinzipien der Relativitätstheorie, der

speziellen und der allgemeinen, und entfaltete in dieser seiner ersten populär-
wissenschaftlichen Arbeit all jene Fähigkeiten, die seine Relativitätstheorie
immer dann so einleuchtend und leicht begreiflich erscheinen läßt, wenn er
selber sie erläutert.

Am Ende dieses Artikels äußerte er sich leichthin über den Status, den ihm die
Briten gegeben hatten und ließ dabei eine scherzhafte Bemerkung einfließen, die
ihm innerhalb von zehn Jahren wieder ins Gesicht geschleudert werden sollte:
»Die meine Person und Lebensverhältnisse betreffenden Bemerkungen Ihrer
Zeitung zeugen zum Teil von erfreulicher Phantasie des Verfassers. Noch eine
Art Anwendung des Relativitätsprinzips zum Ergötzen des Lesers: Heute
werde ich in Deutschland als ›deutscher Gelehrter‹, in England als ›Schweizer
Jude‹ bezeichnet. Sollte ich aber einst in die Lage kommen, als, ›bête noire‹
präsentiert zu werden, dann wäre ich umgekehrt für die Deutschen ein
›Schweizer Jude‹ und für die Engländer ein ›deutscher Gelehrter‹[5]«.

»*The Times*« wollte diesen Kommentar zwar nicht zensieren, aber auch nicht
unwidersprochen hinnehmen. »Wir haben ihm seinen kleinen Scherz gelassen«,
stand in einem Artikel. »Aber wir weisen darauf hin, daß gemäß dem allgemeinen Tenor seiner Theorie Dr. Einstein keine genaue Beschreibung von
sich selbst gibt.«

Dieser Satz deutet auf die unterschwelligen Gefühle hin, die in konservativen
Kreisen sowohl bei Wissenschaftlern als auch bei Laien anzutreffen waren.
Thomson, Eddington, Jeans und viele andere kluge Köpfe der Royal Society
hatten Einsteins außergewöhnliche Ideen anscheinend akzeptiert. Hatte Einstein aber wirklich recht? Gab es nicht doch noch irgendwie eine vernünftigere
Erklärung, mit der Leute von gesundem Verstand eines Morgens aufwachen
würden? Einige bekannte Männer waren davon überzeugt, unter ihnen Sir
Oliver Lodge, der das berühmte Treffen am 6. November vorzeitig verlassen
hatte, obwohl er eigentlich an der Diskussion hätte teilnehmen sollen. Lodge
– als Anführer der Skeptiker durch sein Buch »The Ether of Space« (Der Äther
des Weltraums) sehr wohl qualifiziert – sprach am 24. vor einer renommierten
Gesellschaft, zu der der Bischof von London, Lord Lytton, Lord Haldane,
Sir Francis Younghusband, H. A. L. Fisher und Sir Martin Conway gehörten.
Newton, so bestätigte Lodge, habe nicht verstanden, was Gravitation war.
»Wir verstehen sie jetzt noch nicht«, fuhr er fort. »Einsteins Theorie wird uns
nicht helfen, sie zu verstehen. Wenn Einsteins dritte Voraussage sich als richtig
erweist, würde Einsteins Theorie die ganze Physik beherrschen und die nächste
Generation der mathematischen Physiker hätte nichts zu lachen.« Das hatte sie
tatsächlich nicht.

Die dritte Voraussage, nämlich die Einstein-Verschiebung, ließ Einstein selbst nicht in Ruhe, wie er in einem Brief an Eddington gestand. Der Brief drückt noch vorhandene Zweifel aus, aber auch Dankbarkeit, Verbindlichkeit und Bescheidenheit. Er gratulierte Eddington zu seinem Werk und brachte zum Ausdruck, wie erstaunt er sei über das englische Interesse an der Theorie.

Zu den Skeptikern, die von Lodge und Sir Joseph Larmor angeführt wurden, trafen noch andere, die befürchteten, daß die Relativitätstheorie über ihren Horizont ging, oder die Zweifel hegten, daß die Resultate der Sonnenfinsternis-Expeditionen in wissenschaftlicher Hinsicht einwandfrei waren.

Die Archive enthüllen einige überraschende Namen in beiden Lagern. In dem ersten befand sich Dyson, der am 29. Dezember an Hale vom Mount Wilson Observatorium schrieb: »Ich war selbst skeptisch und habe ein anderes Ergebnis erwartet. Jetzt versuche ich, das Prinzip der Relativitätstheorie zu begreifen, und ich glaube, es gelingt mir allmählich[6].« Hale war weniger optimistisch. »Ich gratuliere Ihnen noch einmal zu Ihren fabelhaften Resultaten...«, schrieb er am 9. Februar 1920 an Dyson, »obgleich ich gestehen muß, daß die Relativitätstheorie über meinen Verstand geht...«[7]. Aber dadurch vermindere sich sein Interesse an dem Problem nicht. Er äußerte seine Zweifel auch Rutherford gegenüber, dem er schrieb, die Relativitätstheorie scheine »die Dinge ganz beträchtlich zu komplizieren«.

Rutherfords eigene Ansichten und Zweifel waren anderer Art als die von Dyson und Hale. Er bemerkte, daß das Interesse der Allgemeinheit an diesem Werk äußerst bemerkenswert sei und fast beispiellos. Er glaube, das sei auf die Tatsache zurückzuführen, daß niemand dem Durchschnittsmenschen eine intelligente Erklärung der Relativität geben könne. Er persönlich habe wenig Zweifel, was die Richtigkeit von Einsteins Gedankenschlüssen angeht, und halte es für ein großartiges Werk. Doch fürchte er auch, daß es viele Wissenschaftler ruinieren werde, da es sie von den Experimenten weg- und metaphysischen Konzeptionen zuführen werde[8]. Diese Haltung war typisch für Rutherford. Sie zeigt seinen tiefverwurzelten Glauben, daß nur diejenigen Experimente lohnen, deren Ergebnisse er persönlich wiederholen und nachprüfen konnte. Was das Werk Einsteins im Vergleich mit Newton betreffe, sagte er 1923, so sei es ganz einfach »eine Verallgemeinerung und Erweiterung von Newtons Grundlagen, in der Tat ein typischer Fall von mathematischer und physikalischer Weiterentwicklung«[9]. Neun Jahre später dachte er jedoch anders. »Die Relativitätstheorie Einsteins, ganz abgesehen von der Frage ihrer Gültigkeit«, räumte er ein, »kann nur als ein großartiges Kunstwerk angesehen werden[10].«

J. J. Thomson hat anscheinend einen ziemlich ähnlichen Standpunkt vertreten. Sein Biograph, Lord Rayleigh, berichtet einige Jahre später darüber[11]. Hinsichtlich der Frage der Kosmologie riß Thomson die Geduld. »Wir haben Einsteins Weltraum, de Sitters Weltraum, ein expandierendes Universum, ein kontrahierendes Universum, ein pulsierendes Universum und ein geheimnisvolles Universum«, notierte er in seinen Memoiren. »Ja, ein reiner Mathematiker könnte sogar ein Universum schaffen, indem er einfach eine Gleichung aufschreibt, und in der Tat, wenn er ein Individualist ist, kann er sein eigenes Universum haben[12].«

Diese halb spöttische Note weisen viele Äußerungen anläßlich der November-Versammlung in Burlington House auf. Eddington, der sich Anfang Dezember im Trinity College, Cambridge, für die Relativitätstheorie einsetzte, erläuterte, daß er – obgleich sechs Fuß groß – zu einer Körperlänge von nur drei Fuß zusammenschrumpfen würde, wenn er sich vertikal mit einer Geschwindigkeit von 250000 Kilometer pro Sekunde fortbewegte. J. J. Thomson bemerkte, daß »es dem Lehrer, der Räume im Erdgeschoß dem Dachboden vorzieht, kaum ein Trost sein wird, zu wissen, daß der Raum um so euklidischer wird, je höher er hinaufkommt, weil er weiter entfernt von der Gravitationswirkung ist«. Viele solche leichtsinnigen Reden vieler ernsthafter Männer im Zusammenhang mit der Relativitätstheorie gehen auf das Beispiel Eddingtons zurück.

Die Deutschfeindlichkeit – verständlich nach den großen Anstrengungen, die für den Sieg gemacht werden mußten – zeigte sich an verschiedenen Reaktionen. Aus Rutherfords Cavendish-Laboratorium kam ein bezeichnendes Gedicht von A. A. Robb. Robb war einer der wenigen englischen Physiker, die mehr als ein flüchtiges Interesse für die spezielle Relativitätstheorie gezeigt hatten. Schon 1914 hatte er geschrieben, »obgleich im allgemeinen mit den Namen von Einstein und Minkowski verbunden, stammen die wirklich wesentlichen physikalischen Überlegungen, die den Theorien zugrundeliegen, von Larmor und Lorentz«[13]. Seine Abneigung gegen Einstein wurde noch durch die allgemeine Relativitätstheorie verstärkt. Im Vorwort zu »The Absolute Relations of Time and Space« (Die absoluten Beziehungen zwischen Zeit und Raum) schrieb er sarkastisch über Einsteins Theorie der Gleichzeitigkeit, »diese scheint jeden Sinn für die Realität der äußeren Welt zu zerstören und das physikalische Universum lediglich als einen Traum oder vielmehr einen Angsttraum bestehen zu lassen«.

Der große Jubel, der sich Ende des Jahres 1919 erhob, war eine zu günstige Gelegenheit. Robb schrieb eine »Hymne auf Einstein«, die zu den Tönen von »Deutschland über alles« gesungen werden sollte:

> Wissenschaftler, sonst so skeptisch
> Blicken durch ein neues Glas,
> Singen Einstein gar so hektisch

Lobeshymnen ohne Maß.
Journalisten suchen Themen,
Wollen ein Gespräch für sich
Und dann preisen, und dann preisen
Sie den Einstein ewiglich.

Er erschuf das Universum,
Sprach ein Wort und es war da.
Nun regiert in vollem Glanze,
Der Professor, der es sah.
Jede Zeitung will ihn haben,
Für den Beitrag unterm Strich.
Und sie preisen und sie preisen
Diesen Einstein ewiglich.

Und die Herren Philosophen
Stehn voll Ehrfurcht um den Thron,
Die Gemeinde der Gelehrten
Tanzt nach seinem Pfeifenton.
Preisen die Symbole Riemanns
Und die des Christoffel auch
Und dann preisen sie den Einstein
Schenken ihm geweihten Rauch.

Wissenschaftlern, die verkannt sind,
Wird bei dem Gedanken schlecht.
Denn für sie ist dieser Sturmwind
Alles andre als gerecht.
Laßt doch diese Überlegung
Ob sie wahr ist oder nicht.
Preist den Einstein, preist ihn, preist ihn,
Preist den Einstein ewiglich[14].

Einstein selbst setzte Anfang September eine Geschichte in die Welt, die Jahrzehnte hindurch in allen Büchern über die Relativitätstheorie auftauchte, von
Wissenschaftlern ignoriert, von vielen einfachen Gemütern aber mit Freude
gelesen. Die »*New York Times*« fragte ihn anläßlich eines Interviews, was ihn
veranlaßt habe, die allgemeine Theorie in Angriff zu nehmen. Einstein antwortete, der auslösende Faktor sei ein Mann gewesen, der in Berlin von einem
Dach herunterfiel. Der Mann habe den Sturz fast unverletzt überlebt. Er, Einstein, habe die Sache beobachtet und sei aus dem Haus gerannt. Der Mann habe

ihm damals erzählt, daß er die Wirkung der Schwerkraft nicht gespürt hätte – eine Bemerkung, die zu einer neuen Vorstellung vom Universum führte. Hier besteht vielleicht eine Verbindung zu Plancks Darstellung der Energie – jener Geschichte von einem Arbeiter, der Ziegelsteine auf ein Dach trägt und damit Energie stapelt, die dort verbleibt, bis einige Wochen später die Ziegel zu rutschen beginnen und ihm auf den Kopf fallen. Einsteins Erzählung bestätigt auch, was Hans Einstein über seinen Vater schrieb, daß er nämlich gern übertrieb, um etwas zu verdeutlichen, und daß es ihm manchmal Spaß machte, eine Geschichte zu erfinden, um seiner Zuhörerschaft zu gefallen.

Hinter all den Spötteleien verbarg sich jedoch die fast einmütige Überzeugung, daß Einsteins Vorstellung von der Gravitation stärker mit den vorhandenen Fakten übereinstimmte als die Newtons. Es gab zwar Debatten über Details, die dritte Voraussage war noch nicht verifiziert worden, und vereinzelt wurde sogar der Versuch unternommen – immer erfolglos oder nicht überzeugend –, aufzuzeigen, daß das Ergebnis des Michelson-Morley-Versuchs selbst fehlerhaft sein könnte. Doch insgesamt gab es relativ wenig vertrauenswürdige kritische Stimmen. In den ersten Wochen des Jahres 1920 war klar, daß Einstein das Feld beherrschte.

Wie Einstein setzte sich auch Eddington für eine neuerliche Zusammenarbeit zwischen den einstmals kriegführenden Ländern ein. Am 1. Dezember 1919 schrieb er von Cambridge aus an Einstein, daß seit dem 6. November »ganz England von Ihrer Theorie spricht . . . Es ist das Beste, was überhaupt passieren konnte, hinsichtlich der wissenschaftlichen Beziehungen zwischen England und Deutschland. Ich erwarte keine schnellen Fortschritte in Richtung einer offiziellen Aussöhnung, doch sind wir hinsichtlich einer vernünftigeren Geisteshaltung unter den Wissenschaftlern schon ein großes Stück vorangekommen, und das ist sogar noch wichtiger als die Wiederherstellung formeller Vereinigungen . . . Obgleich es unfair erscheint, daß Dr. Freundlich nicht die Genugtuung zuteil wurde, diesen experimentellen Test Ihrer Theorie durchzuführen, wo er doch als erster auf diesem Feld gearbeitet hat, bin ich der Meinung, daß sich die Dinge sehr günstig gestaltet haben, wie dieses lehrreiche Beispiel der Solidarität der deutschen und britischen Wissenschaft sogar in der Zeit des Krieges bewies[15].«

So weit, so gut. Eddingtons liberale Anschauung wurde von vielen, wahrscheinlich sogar den meisten Wissenschaftlern geteilt. Als noch im Dezember drei Namen für die Goldmedaille der Royal Astronomical Society vorgeschlagen wurden, stimmte die überwältigende Mehrheit für Einstein. Er wurde sogleich darüber informiert. Am 27. Januar schrieb er an Born wegen des Friedensvertrages und berichtete, daß er im Frühjahr nach England fahren werde, um eine Medaille in Empfang zu nehmen[16]. Wenige Tage darauf erhielt er einen Brief von Eddington, der ihn eines Besseren belehrte. Eddington sagte, daß die beratende Versammlung der Royal Astronomical Society zusammengetreten sei, um die Verleihung der Goldmedaille zu bestätigen. In letzter Minute hatte sich jedoch eine chauvinistische Lobby formiert, die erfolgreich verhinderte, daß die Auszeichnung an einen Deutschen ging. Das erstemal seit 30 Jahren sollte nun überhaupt keine Goldmedaille verliehen werden.

Wieder, wie beim Solvay-Kongreß, mußte Einstein auf eine Änderung der politischen Lage warten. Erst 1925 wurde ihm die Copley-Medaille der Royal Society verliehen und ein Jahr darauf die Goldmedaille der Royal Astronomical Society.

Abgesehen von den Schwierigkeiten bei der Verleihung eines offiziellen britischen Preises an einen Deutschen, hatte Einstein in den ersten Monaten des Jahres 1920 nicht nur Erfolg, er war auch berühmt geworden.

Die Schnelligkeit, mit der sich sein Ruhm in der Welt verbreitete, durch alle geistigen Schichten bis hin zu dem Mann auf der Straße, und die Mischung aus halb-religiöser Ehrfurcht und beinahe Hysterie, die seine Person hervorrief, bildete ein erstaunliches Phänomen, das nie so ganz erklärt werden konnte. Der Berliner Literat und Kritiker Alexander Moszkowski – eine Randfigur des Zirkels um Einstein – beschrieb es jedoch anschaulich. Sein 1920 erschienenes Buch »Einstein. Einblicke in seine Gedankenwelt« weckte bei Einsteins Freunden starke Befürchtungen, bei den Borns sogar so starke, daß sie Einstein zu überreden versuchten, die Veröffentlichung des Buches zu verhindern. Das Buch war das Ergebnis zahlreicher Unterhaltungen, in denen Einstein sehr offen und mit ziemlich einfachen Worten über seine Arbeit gesprochen hatte. Es stellte eine zu starke Popularisierung der Wissenschaft dar, was damals ungewöhnlicher erschien als heute. Einstein selbst machte sich nicht viel Gedanken über das zeitweilige Aufsehen, das das Buch hervorrief.

»Die Unterhaltungen der Gebildeten«, schrieb Moszkowski, »kreisten um diesen Pol, kamen davon nicht los, kehrten, wenn durch Not oder Zufall abgedrängt, immer wieder zum Thema zurück. Die Zeitungen machten Jagd auf Federn, die ihnen Längeres oder Kürzeres, Fachliches oder nur sonst irgend etwas über Einstein zu liefern vermochten. An allen Ecken und Enden tauchten gesellschaftliche Unterrichtskurse auf, fliegende Universitäten mit Wanderdozenten, welche die Leute aus der dreidimensionalen Misere des täglichen Lebens in die freundlicheren Gefilde der Vierdimensionalität führten. Die Damen vergaßen ihre häuslichen Sorgen und unterhielten sich über Koordinatensysteme, über das Prinzip der Gleichzeitigkeit und negativ geladene Elektronen. Alle zeitgenössischen Fragen hatten einen festen Kern gewonnen, von dem sich zu allem und jedem Fäden spinnen ließen: die Relativität war das beherrschende und erlösende Wort geworden.«[17]

Dieser Bericht klingt übertrieben, ist aber die reine Wahrheit. Diese Haltung war indes nicht nur auf die Eingeweihten beschränkt. »Für diejenigen, die die Vorstellungskraft besitzen, wird die Welt der Physik ein neues und wunderbares Leben annehmen«, schrieb der Rezensent von Einsteins eigenem Buch über die Relativitätstheorie in »Nature«. »Die alltäglichsten Erscheinungen werden zu organischen Teilen des großen Plans. Die Rationalität des Universums wird eine aufregende Romanze, kein kaltes Dogma. Das erregende Gefühl eines allumfassenden Verständnisses durchströmt uns, und doch befinden wir uns immer noch an den Ufern des Unbekannten . . .[18].«

Was jetzt folgte, war vorauszusehen. Gelehrte Gesellschaften veranstalteten Zusammenkünfte, auf denen die spezielle und allgemeine Relativitätstheorie diskutiert wurden, »The Times Educational Supplement« brachte in drei langen Artikeln Erläuterungen der Relativitätstheorie von Professor Lindemann, Dr. Herbert Carr und Alfred Whitehead, und im Unterhaus wurde 1920 eine Einstein-Gesellschaft gegründet.

Innerhalb eines Jahres erschienen mehr als hundert Bücher über dieses Thema. Das geistige Interesse für die Theorie regte sich nicht nur in den Großstädten, sondern auch in der Provinz. »Zu jener Zeit«, schrieb Infeld, ein Mitarbeiter Einsteins, »war ich Schullehrer in einer kleinen polnischen Stadt, und ich tat das, was Hunderte von anderen Leuten auf der ganzen Welt taten. Ich hielt einen öffentlichen Vortrag über die Relativitätstheorie, und die Menge, die sich da an einem kalten Winterabend zusammenfand, war so groß, daß sie nicht einmal im größten Saal der Stadt untergebracht werden konnte[19].« In Paris stellte der Amerikaner Eugene Higgins durch den »Scientific American« 5000 Dollar für die beste Darstellung der Relativitätstheorie in 3000 Wörtern zur Verfügung. Der Preis ging – in Anbetracht von Einsteins beruflicher Vergangenheit in Bern nur angemessen – an Lyndon Bolton, einen Hauptprüfer des britischen Patentamts.

Palladium Music Hall in London kam eine Anfrage, ob er drei Wochen lang in einer »Vorstellung« auftreten wolle, sozusagen als Selbstdarsteller. Die »Einstein-Zigarre« erschien auf dem Markt. Kinder erhielten seinen Vornamen, und auch die Karikaturisten schlossen ihn in ihr Herz. In Deutschland wurde er mit dem französischen Präsidenten Millerand zusammen gezeigt, der als ein Befürworter der drückendsten Reparationszahlungen galt. »Können Sie denn nicht den einfältigen Bôche davon überzeugen, daß er selbst mit einem absoluten Defizit von 67 000 000 000 Mark immer noch relativ gut dran ist?«

Die Erscheinung des photogenen weißhaarigen Messias, an dessen Anblick sich die Welt später gewöhnte, kann das außergewöhnliche weltweite Phänomen nicht erklären. Das Bild Einsteins, als er Anfang der zwanziger Jahre die Welt bereiste, mit Stiefeln, Gamaschen und einem breitkrempigen Hut, der ihm etwas Geheimnisvolles verlieh, ist ziemlich das Gegenteil: ein vornehmer Mann im Stil seiner Zeit, vielleicht etwas reserviert, auf jeden Fall aber etabliert. Allein die Kühnheit seiner Theorie trug zu diesem Phänomen bei. Gekrümmte Lichtstrahlen waren ein Affront gegen den gesunden Menschenverstand, den die wenigsten wirklich ernst nehmen konnten. Und selbst wenn sie die Theorie nicht ernst nahmen, blieb die Neugierde für den Mann, der das alles beweisen konnte.

Einsteins Popularität allein auf Äußerlichkeiten zurückzuführen, hieße, das Bewußtsein der Menschen zu gering zu bewerten. In diesem Zusammenhang ist Infelds Ansicht von einiger Bedeutung: »Es war gleich nach dem Krieg. Die Leute hatten genug von Haß, Töten und internationalen Intrigen. Die Schützengräben, Bomben und Morde hatten einen bitteren Geschmack zurückgelassen. Bücher über den Krieg ließen sich nicht verkaufen. Jedermann hielt nach einer neuen Ära des Friedens Ausschau und versuchte, den Krieg zu vergessen. Hier war etwas, das die Phantasie fesselte. Die Augen der Menschen schauten von der Erde, die mit Gräbern und Blut bedeckt war, hinauf zum Himmel, der mit Sternen übersät war. Eine abstrakte Idee, die den menschlichen Sinn von der traurigen und enttäuschenden Wirklichkeit weit weg trug. Das Geheimnis der Sonnenfinsternis und der Macht des menschlichen Geistes. Eine romantische Szenerie, ein fremdartiges Bild der verdunkelten Sonne, ein imaginäres Bild von gebeugten Lichtstrahlen, alles der bedrückenden Realität des Lebens entrückt . . .«[20].

Fast ebenso wichtig war die intuitive Erkenntnis, daß das neue Licht, das sich nun über die Welt der Physik ergossen hatte, den Kern dessen angriff, was man bis jetzt immer geglaubt hatte. Sehr wenige begriffen die Konsequenzen, noch viel weniger die komplizierte gedankliche Struktur, aus der die Konsequenzen entsprangen; trotzdem, irgend etwas in ihrem Innern schwang mit. Erwin Schrödinger gab in seinem Buch »Geist und Materie« einen Hinweis auf die Gründe für das Einstein-Phänomen. »Ich habe mich zuweilen gewundert, weshalb sie nicht nur bei den Philosophen, sondern auch in der breiten Öffentlichkeit ein so großes Aufsehen erregt haben. Mir scheint, es liegt daran, daß sie eine Entthronung der Zeit als eines uns von außen aufgezwungenen Tyrannen bedeuteten, eine Erlösung von dem starren Gesetz des ›vorher und nachher‹. Denn die Zeit ist wahrlich unser gestrengster Herr, indem sie scheinbar das Dasein eines jeden von uns in enge Grenzen zwängt – 70 bis 80 Jahre, wie im 90. Psalm zu lesen ist. Wenn es uns nunmehr erlaubt ist, mit dem Plan eines solchen Herrn, der bisher als unangreifbar gegolten hatte, unser Spiel zu treiben, wenn auch nur ein klein wenig, so ist das gewiß eine große Erleichterung. Es scheint zu dem Gedanken zu ermutigen, daß der ganze Zeitplan nicht so unbedingt ernst zu nehmen ist, wie es auf den ersten Blick scheint. Und das ist ein religiöser Gedanke, ja ich möchte ihn *den* religiösen Gedanken überhaupt nennen[21].«

Mit dem »großen Aufsehen« begann der Einstein-Mythos, ein kompliziertes Gemisch von Historie und Anekdote, Halbwahrheit, Viertelwahrheit, ausschmückender Übertreibung und glatter Lüge, die von nun an in zunehmendem Maß sein Handeln umgaben. Alle, die ins Blickfeuer des allgemeinen Interesses geraten, stellen mal belustigt, mal resigniert fest, daß selbst ihre banalsten Handlungen eingehen in einen fortlaufenden Strom von Anekdoten, die oft mit der Wahrheit nicht viel gemein haben. Einstein litt mehr als andere unter diesem Interesse, lernte aber bald, es amüsiert hinzunehmen.

Es gab viele Gründe für den Mythos, der sich von 1920 an um Einstein zu ranken begann. Und wie so oft, hatten viele Anekdoten einen wahren Kern. Einstein benutzte zum Beispiel einmal einen Scheck als Buchzeichen. Daraus entwickelte sich die Geschichte, er habe einen Scheck über 1500 Dollar in ein Buch gesteckt und dies dann verloren. Einstein war freundlich und weichherzig, und wurde mindestens einmal von der kleinen Tochter eines Nachbarn gebeten, ihr bei den Schulaufgaben zu helfen; prompt ließen ihn überall auf der Welt kleine Mädchen die Schulaufgaben machen – obwohl er diese eine Bitte mit der Begründung abgeschlagen hatte, daß es nicht fair sei, wenn er die Schulaufgaben machte. Die Legenden, die sich bei näherer Betrachtung in Nichts auflösen, verschweigen, was für ein Mann Einstein wirklich war; sie zeigen nur, wie die Welt ihn sah. Trotz seines Selbstvertrauens war Einstein ein bescheidener Mensch. Nur ein Mensch wie Einstein konnte die Kritik seiner Mitspieler hinnehmen, als er einmal bei einem Amateurkonzert aus dem Takt kam: »Einstein, kannst Du nicht zählen?« Und nur Einstein konnte es passieren, daß er, als er den Zugkellner bat, ihm die Speisekarte vorzulesen, weil er seine Brille vergessen hatte, die Antwort bekam: »Tut mir leid, mein Herr, aber ich kann auch nicht lesen.« Einstein wurde zu einer Art internationalem Helden, der Wissenschaftler mit den Zügen eines Heiligen, der Mann, von dem die ehrfürchtige Allgemeinheit nicht nur Forschung, sondern auch Offenbarung erwartete.

Außerhalb Deutschlands wurde er gelobt und umschmeichelt. In Deutschland selbst waren die Meinungen geteilt. Planck und Sommerfeld, von Laue und Rubens, Nernst und Haber waren unter denjenigen, die wußten, was Einstein geleistet hatte. Einige Weimarer Politiker beanspruchten ihn für sich als einen geistigen Vertreter des neuen Deutschland, das sie nun der Welt präsentieren wollten. Doch für viele andere war sein Erfolg eine Herausforderung, in ihren Augen vereinigte dieser eine Mann all das, was sie verabscheuten: den Erfolg eines intellektuellen, linksgerichteten, pazifistischen Juden.

Diese Empfindungen stellten in mehr als einer Hinsicht ein Gegengewicht zu der Lobhudelei dar. So hatten zum Beispiel in Ulm die Behörden zunächst vor, Einstein das Ehrenbürgerrecht der Stadt zu verleihen. »Ehe ich jedoch meinen Plan dem Gemeindekollegium unterbreite«, schrieb der Oberbürgermeister, Dr. Emil Schwamberger, an die Philosophische Fakultät der Universität Tübingen, »möchte ich die Sicherheit haben, daß der wissenschaftlichen Arbeit Einsteins tatsächlich die Bedeutung zukommt, die ihr die Zeitungsnachrichten zuschreiben.« Die Antwort lautete uneingeschränkt »Ja«: »Eine weitere Ehrung dieses zweiten Newtons (dürfte) in keiner Weise zu beanstanden sein[22].« Als Dr. Schwomberger aber am 22. März an Einstein schrieb, war vom Ehrenbürgerrecht keine Rede, er gratulierte ihm nur und versicherte, daß die Stadt froh sei, ihn als einen ihrer Söhne zu haben. Einsteins Dankesbrief wurde auf der nächsten Ratsversammlung vorgelesen. Zwei Jahre später, als die Verleihung des Nobelpreises für Physik sein Werk sozusagen heiligte, kamen die Behörden überein, eine Straße nach ihm zu benennen. Vielleicht war es nur ein Zufall, daß diese am Rande der Stadt und in einer ärmlichen Gegend lag. 1949 wurde ihm die Ehrenbürgerschaft der Stadt Ulm angetragen. Er lehnte ab.

Die Ehrungen aus dem Ausland häuften sich während des Jahres 1920. Die erste kam aus Leiden. Lorentz hatte ihm, gleich nachdem er von dem Treffen der Royal Society im November 1919 erfahren hatte, ein Telegramm geschickt. Bald darauf kam ein Angebot von Kammerlingh Onnes, ob Einstein nicht »bijzondere Hoogleraarden«, d. h. außerordentlicher Professor auf drei Jahre bei einem Jahresgehalt von 2000 Gulden werden wolle. Er sei dabei nur verpflichtet, ein- oder zweimal pro Jahr ein paar Wochen lang da zu sein, seine Arbeit in Berlin müsse er deshalb nicht unterbrechen. Einstein nahm an, nachdem ihn Ehrenfest darum gebeten hatte.

Einstein besuchte seine Freunde in Leiden im Mai 1920. Fünf Monate später trat er offiziell seine außerordentliche Professur an. Zwischen diesen beiden Besuchen lernte er Niels Bohr kennen. Bohr hatte soeben das Institut für Theoretische Physik in Kopenhagen eröffnet. Er war von Planck eingeladen worden, einen Vortrag vor der Physikalischen Gesellschaft in Berlin zu halten. Einstein und Planck holten ihn bei seiner Ankunft gemeinsam ab.

Bei diesem Treffen muß zwischen Einstein und Bohr ein zündender Funke übergesprungen sein. Es folgte eine lange Reihe geistiger Konflikte, die mit den Jahren einen ironischen Beigeschmack bekamen. Einstein war es gewesen, der fünfzehn Jahre zuvor der Vorstellung, daß Licht sowohl Welle als auch Teilchen sein konnte, zu unerwartetem Ansehen verholfen hatte, wie auch der Folgerung, daß Plancks Quantentheorie nicht nur auf die Strahlung, sondern auch auf die Materie selbst angewandt werden konnte. Bohr war es dann, der mit seinem Prinzip der Komplementarität die erste dieser Ideen Einsteins wissenschaftlich glaubwürdig machte, und der zweiten durch seine Erklärung des Rutherfordschen Atoms Substanz verlieh. Doch eben diese Gedankengänge brachten keine Einigung zwischen den Männern zustande, sondern rissen eine Kluft auf. Von den frühen Zwanziger Jahren an, als Bohr und alle, die sich seiner Meinung anschlossen, diese Gedankengänge bis zu ihren anscheinend unvermeidlichen Schlüssen weiter verfolgten, zog Einstein sich in stetig wachsendem Widerspruch zurück, weg von dem Hauptstrom der Physik.

Unmittelbar nach diesem ersten Treffen mit Bohr schrieb Einstein an Ehrenfest, wie sehr es ihm Freude gemacht hätte[23]. Niels Bohr war von Einstein ebenso beeindruckt: »Die Diskussionen, auf die ich in Gedanken oft zurückgekommen bin, fügten zu meiner großen Bewunderung für Einstein einen tiefen Eindruck von seiner vorurteilsfreien Haltung. Seine Vorliebe für malerische Ausdrücke wie ›Gespensterfelder, die die Photonen leiten‹, zeugte gewiß nicht von einer Neigung zum Mystizismus, sie verriet vielmehr einen tiefverwurzelten Humor hinter seinen scharfsinnigen Bemerkungen[24].« Am 27. Juli schrieb er an Rutherford und teilte ihm mit, sein Besuch sei »eine sehr interessante Erfahrung (gewesen), es war das erstemal, daß ich die Gelegenheit hatte, Planck und Einstein persönlich kennenzulernen, und ich verbringe die Tage damit, von morgens bis abends theoretische Probleme zu diskutieren«[25].

Später beschrieb er Einzelheiten dieser Diskussionen. »Was hoffen Sie erreichen zu können?«, hatte er Einstein gefragt, als dieser Zweifel äußerte, ob man Kausalität und Kontinuität aufgeben müsse. »Sie, der Mann, der die Idee vom Licht als Partikel eingeführt hat! Wenn Sie sich wirklich so mit der Situation in der Physik befassen, in der die Natur des Lichts eine doppelte Interpretation zuläßt, dann bitten Sie doch die deutsche Regierung, den Gebrauch von photoelektrischen Zellen einstellen zu lassen, wenn Sie denken, daß Licht aus Wellen besteht, oder den Gebrauch von Diffraktionsgittern, wenn Licht korpuskular ist[26].«

Einstein antwortete: »Da haben wir's; ein Mann wie Sie kommt, und man würde erwarten, daß zwei gleichgesinnte Geister sich getroffen haben, aber wir sind nicht fähig, eine gemeinsame Sprache zu finden. Vielleicht sollten wir

Physiker uns auf bestimmte allgemeine Grundlagen einigen, auf bestimmte allgemeine Lehrsätze, die wir als positiv betrachten würden, bevor wir uns in Diskussionen einlassen.«

Aber Bohr widersprach: »Nein, niemals! Ich würde es meinerseits als größten Verrat betrachten, wenn ich beim Eintritt in ein neues Wissensgebiet irgendwelche vorangegangene Schlüsse akzeptieren müßte[26].« Dieser – so Bohr – »gewisse Unterschied in der Einstellung und dem Ausblick«[27] zwischen den beiden Männern stand vom ersten Tag an fest. In den langen Diskussionen, die sich über drei Jahrzehnte hinzogen, trat er immer schärfer hervor.

Doch ist in ihren ersten Briefen auch etwas von der gegenseitigen Bewunderung zu spüren. Bohr schrieb, als er erfuhr, daß Einstein Kopenhagen besuchen wolle: »Es war für mich eines der größten Erlebnisse, die ich gehabt habe, Sie zu treffen und mit Ihnen zu sprechen, und ich kann nicht sagen, wie dankbar ich bin für all die Freundlichkeit, mit der Sie mir bei meinem Besuch in Berlin entgegengekommen sind, und für Ihren liebenswürdigen Brief, den noch nicht beantwortet zu haben ich mich schäme[28].«

Einstein hielt im Sommer 1920 viele Gastvorlesungen. Nach jeder kehrte er nach Berlin zurück, und nach jeder stieß er auf eine wachsende Opposition gegen seine Person und seine Ansichten. Jetzt entschloß er sich, die Frage seiner Nationalität zu klären. Er hatte die deutsche Staatsbürgerschaft aufgegeben; so weit er wußte, war er nur ein in Deutschland gebürtiger Schweizer, eine unangenehme Situation, die ihn zu einer bequemen Zielscheibe für seine Feinde machte. Es gab einen Weg: er konnte die deutsche Staatsbürgerschaft wieder annehmen, was seine Unterstützung der Republik unterstrich und auf jeden Fall bewies, daß er sich seines Landes nicht länger schämte. Am 1. Juli 1920 leistete Einstein den Eid auf die Weimarer und am 15. März 1921 auf die preußische Verfassung[29].

Den deutschen Militarismus, Nationalismus und Antisemitismus haßte Einstein wie eh und je, und aus dem Lager der Rechten wurde dieses Gefühl heftig erwidert. Im Gärungsprozeß der Nachkriegszeit war mehr als eine politische Gruppe gewillt, den undifferenzierten Haß gegen Einstein zu lenken, der sich als Zielscheibe geradezu anbot. Da gab es einmal diejenigen Wissenschaftler, die an seine Theorien tatsächlich nicht glaubten, deren wissenschaftliche Bestätigung ihm einen so einzigartigen Ruhm eingebracht hatte. Andere wieder konnten, unabhängig davon, was sie glaubten, den Gedanken nicht ertragen, daß dieser Jubel an einen Mann verschwendet wurde, der sich während der harten Kriegszeiten in der Berliner Universität vergraben hatte. Es war schon schlimm genug, daß ein unbekannter Professor sich gegen den Krieg ausgesprochen, daß er dem Feind über die französische Grenze hinweg die Hand geboten und seine Energie nicht für das Wohl der Allgemeinheit verwendet hatte wie andere Wissenschaftler, zum Beispiel Haber und Nernst. Doch jetzt, da dieser Mann über Nacht berühmt geworden war, schien es geradezu untragbar, daß er diese Tendenz weiter verfolgte. Das stetige Anwachsen des Antisemitismus in der Zeit zwischen den beiden Weltkriegen ist zumindest teilweise darauf zurückzuführen, daß seine Verfechter ihre Attacken auf Einstein und die »neue Physik« so unbehelligt durchführen konnten.

Die Angriffe begannen schon Ende 1919. Im Dezember, als Einstein noch von der ersten Welle der Publicity nach dem Treffen der Royal Society in London überschwemmt wurde, schrieb er an Ehrenfest, der Antisemitismus sei stark in Berlin[30].

Im März brachte dann Wolfgang Kapp Berlin in seine Gewalt, konnte sich jedoch angesichts eines Generalstreiks, zu dem die Gewerkschaften aufgerufen hatten, nicht halten. Interne Beweisstücke legen den Gedanken nahe, daß dieselben rechtsgerichteten Kräfte, die den Kapp-Putsch unterstützten, zumindest eine gewisse Rolle bei den wachsenden Angriffen auf Einstein spielten. Sie gründeten die »Arbeitsgemeinschaft Deutscher Naturforscher«. Diese Vereinigung hatte sehr viel Geld zur Verfügung. Sie bot denjenigen, die bereit waren, gegen Einstein zu sprechen oder zu schreiben, ein Honorar und kündigte ihre Versammlungen immer auf riesigen Plakaten an. Ihr Leiter war Paul Weyland, ein in wissenschaftlichen Kreisen völlig unbekannter Mann. Neben einer Reihe anderer Männer trat der Physiker Ernst Gehrcke dieser Arbeitsgemeinschaft bei.

Vor allem ist Philipp Lenard zu nennen, dessen Arbeit über den photoelektrischen Effekt Einsteins Werk vorausgegangen war. Einstein hatte Lenards Verdienste in den Briefen an Laub hervorgehoben. Lenard war vor dem Krieg kein Antisemit gewesen. Die Tatsache, daß Einstein die Vorstellung von einem vorhandenen Äther als unnötige Komplikation aufgab, hatte ihn – so unwesentlich die Sache war – dazu gebracht, die Relativitätstheorie zu verunglimpfen. Seine Ansichten erhärteten sich während des Krieges. 1920 trat Lenard wieder in Erscheinung, und zwar als Nobelpreisträger, der begeistert dafür sorgte, daß die Weyland-Organisation wissenschaftlich respektabel wurde; eine Organisation, die die Relativitätstheorie als Teil einer großen semitischen Verschwörung hinstellte, die es sich zum Ziel gesetzt hatte, die Welt im allgemeinen und Deutschland im besonderen zu verderben. Sie vermied bei ihren Attacken wissenschaftliche Argumente und konzentrierte sich statt dessen auf die »jüdische Natur« der Relativitätstheorie und den persönlichen Charakter Einsteins. Dieses Vorgehen machte die Organisation zu einem Störfaktor für die Gemeinschaft der Naturwissenschaftler. Doch in der »uninformierten« Öffentlichkeit verlieh die Tatsache, daß ein Nobelpreisträger die Arbeitsgemeinschaft unterstützte, ihr ein falsches Ansehen.

Im August kündigte die »Anti-Relativitäts-Gesellschaft«, wie sie Einstein nannte, zwanzig Versammlungen in Deutschlands größten Städten an. Berlin war das Hauptquartier, und dort wurde für den 27. August zum Zweck einer Demonstration gegen die Relativitätstheorie und gegen Einstein der Saal der Berliner Philharmonie gemietet.

Auf die Bühne kam Weyland, sichtlich der »gutaussehende, dunkelhaarige Mensch von ungefähr dreißig Jahren, der einen Gehrock trug und mit Hingabe über interessante Dinge sprach«, wie er später von Einsteins Kollegen Leopold Infeld beschrieben wurde: »Er sagte, daß das Getue wegen der Relativitätstheorie dem wahren deutschen Geist widerspreche. Dann kam der Dozent an die Reihe. Er hatte einen kleinen Bart, war selbst klein und trat ebenfalls in einem Gehrock auf. Er las seine Rede aus einem Pamphlet vor, von dem vor dem Vortrag Kopien verkauft worden waren. Er brachte Einwände vor, die sich bis zum heutigen Tage bei jenen gehalten haben, die nicht imstande sind, die allgemeine Relativitätstheorie zu begreifen[31].«

Der zweite Redner scheint Gehrcke gewesen zu sein. Als er sich gerade über einige grundsätzliche technische Dinge verbreitete, ging ein Raunen durch den Saal: »Einstein, Einstein«. Einstein war eingetroffen, um selbst zu sehen, worum es ging. Da war er, saß in einer Loge und amüsierte sich offensichtlich. Bei den absurden Bemerkungen über die Relativität konnte man ihn in Gelächter ausbrechen oder in gespieltem Applaus in die Hände klatschen sehen.

Die »Arbeitsgemeinschaft« war ein Symptom für etwas viel Übleres als wissenschaftliche Absurdität. Einstein gab in den Spalten des »Berliner Tageblatts« eine Antwort. Seine Erklärung trug den Titel: »Meine Antwort an die Antirelativistische Gesellschaft mit beschränkter Haftung[32].« Seine Gegner hätten, sagte er, zum Beispiel die Resultate einer britischen Sonnenfinsternisexpedition angegriffen, von denen man längst wußte, daß sie wegen eines technischen Fehlers nicht korrekt waren. Sie hätten jedoch jeden Hinweis auf die britische Erklärung vermieden, daß sich die Theorie als richtig erwiesen hatte.

Vor fünfzig Jahren war es für einen Wissenschaftler noch fast undenkbar, die Spalten der Tagespresse auf diese Weise zu benutzen. Selbst Einsteins Freunde waren schockiert. Sommerfeld charakterisierte die Erklärung als »nicht sehr glücklich[33]«. Ehrenfest urteilte noch härter.

Einstein hatte gefühlt, daß er keine andere Wahl hatte, als auf die Angriffe zu antworten, wenn er in Berlin bleiben wollte.

»Und das unglaublichste«, schrieb von Laue an Sommerfeld, »Leute, die einen wissenschaftlichen Ruf wie Lenard und Wolf in Heidelberg haben, geben sich zu Vorträgen in solcher Gesellschaft her. Gestern sprach nach Weyland Gehrcke, und obwohl er den alten Kohl wieder aufwärmte, war seine ruhige, sachliche Art zu reden, eine Erholung nach Weyland, der sich mit dem gewissenlosesten Demagogen messen kann. Es ist eine Schande, daß so etwas vorkommen kann . . .[34]«

Rubens und Nernst hatten selbst einen kurzen Protestbrief an die führenden Berliner Tageszeitungen geschrieben. Dieser wurde im »*Berliner Tageblatt*« veröffentlicht; er lautete: »Es kann nicht unsere Aufgabe sein, uns an dieser Stelle über die beispiellos tiefe Gedankenarbeit näher zu äußern, die Einstein zu seiner Relativitätstheorie geführt hat; überraschende Erfolge sind bereits erzielt; die weitere Prüfung muß natürlich Sache der künftigen Forschung bleiben. Dagegen möchten wir . . . betonen, daß auch abgesehen von Einsteins relativistischen Forschungen, seine sonstigen Arbeiten ihm einen unvergänglichen Platz in der Geschichte unsrer Wissenschaft sichern; dementsprechend kann sein Einfluß auf das wissenschaftliche Leben nicht nur Berlins, sondern ganz Deutschlands kaum überschätzt werden[35].« Sommerfeld selbst war tief empört, besonders angesichts neuer Gerüchte, daß Einstein Deutschland verlassen wollte. Als Präsident der Deutschen Physikalischen Gesellschaft hielt er es für notwendig, zu retten, was zu retten war.

»Lieber Einstein«, schrieb er am 3. September 1920, »mit wahrer Wut habe ich, als Mensch und als Vorsitzender der Physikalischen Gesellschaft, die Berliner Hetze gegen Sie verfolgt. Eine warnende Bitte an Wolf, Heidelberg, er möchte die Finger davon lassen, war überflüssig. Sein Name ist, wie er Ihnen inzwischen geschrieben hat, einfach mißbraucht worden. Ebenso wird es gewiß mit Lenard stehen. Eine feine Sorte, die Weyland-Gehrcke!

Heute habe ich mit Planck beraten, was auf der Naturforscher-Gesellschaft zu tun ist. Wir wollen dem Vorsitzenden, meinem Kollegen v. Müller, eine scharfe Abwehr gegen die ›wissenschaftliche‹ Demagogie und eine Vertrauenskundgebung für Sie in den Mund legen. Es soll nicht darüber förmlich abgestimmt, sondern nur als Ausfluß des wissenschaftlichen Gewissens vorgebracht werden. Von Deutschland fortgehen dürfen Sie aber nicht! Ihre ganze Arbeit wurzelt in der deutschen (+ holländischen) Wissenschaft; nirgends findet sie soviel Verständnis wie in Deutschland. Deutschland jetzt, wo es so namenlos von allen Seiten mißhandelt wird, zu verlassen, sähe Ihnen nicht gleich. Noch eins: mit Ihren Ansichten wären Sie in Frankreich, England, Amerika während des Krieges sicher eingesperrt worden, wenn Sie sich, wie ich nicht zweifle, dann gegen die Entente und ihr Lügensystem gewandt hätten (vgl. Jaurès, Russell, Caillaux etc.). Daß Sie, ausgerechnet Sie, sich ernstlich dagegen verteidigen müssen, daß Sie abschreiben und die Kritik scheuen, ist ja wirklich ein Hohn auf jede Gerechtigkeit und Vernunft. –

Die *Süddeutschen Monatshefte* haben Sie um einen Artikel gebeten und sorgen sehr um Ihre Antwort. Sie können sie auch, wenn es Ihnen lieber ist, an mich geben. Aber wir müssen sie wegen der weiteren Einteilung so bald als irgend möglich haben. Die *Süddeutschen* werden viel gelesen und sind ein angesehenes Organ; Sie können darin nebenbei auch gegen die ›Wanzen‹ Stellung nehmen. Ihre Erklärung im *Berliner Tageblatt* habe ich nicht gelesen, sie wird von anderen nicht als sehr glücklich und Ihnen nicht ganz ähnlich beurteilt. Das mit den Wanzen aber war gut. Das *Berliner Tageblatt* scheint mir eigentlich nicht der rechte Ort, um mit den Radau-Antisemiten abzurechnen. Es würde uns sehr freuen, wenn Sie bei den *Süddeutschen* mittäten.

Ich hoffe, Sie haben inzwischen schon wieder Ihr philosophisches Lachen gefunden, und das Mitleid mit Deutschland, dessen Qualen sich wie überall in Pogromen äußern. Aber nichts von Fahnenflucht.

Herzlich Ihr A. Sommerfeld.

Ich habe Grebe gebeten, in Nauheim seine Aufnahmen zu demonstrieren. Er wird es tun. Für die Diskussion scheint mir diese Frage jetzt am wichtigsten. Sie werden doch sicher nach Nauheim kommen?[36]«

Indem Sommerfeld betonte, daß Einstein keine »Fahnenflucht« begehen solle, appellierte er ironischerweise an Einsteins Gefühle für Deutschland, die Nation, die er 1896 hinter sich gelassen und deren Handlungen er während des Krieges scharf kritisiert hatte.

Ende August 1920 wurde Einstein deshalb wieder einmal in zwei Richtungen gezogen – weg von Berlin durch die Drohungen des Antisemitismus und die Freundschaft von Lorentz und Ehrenhaft, und hin nach Berlin aus Loyalität gegenüber seinen Kollegen an der Universität und seiner neugefaßten Hoffnung auf ein republikanisches Deutschland. Er wußte, daß er nur anzufragen brauchte, um eine Dauerstellung an der Universität Leiden zu erhalten, und dasselbe galt sicher auch für Zürich. Lindemann, jetzt Direktor des Clarendon-Laboratoriums in Oxford, hatte ihn in Berlin besucht. Sie hatten sich an ihre letzte Begegnung auf dem Solvay-Kongreß erinnert und waren übereinge-kommen, künftige Aufsätze auszutauschen, und es ist mehr als wahrscheinlich, daß Lindemann Einstein die Idee eines Oxfordbesuches in den Kopf setzte.

Etwas Konkreteres war bereits Rutherford vorgeschlagen worden, der im Vorjahr J. J. Thomsons Stelle im Cavendish-Laboratorium eingenommen hatte. Denn am 1. September hatte ihm Jeans aus Zermatt geschrieben und wahrscheinlich einen Bericht über Einsteins Erklärung im *Berliner Tageblatt* beigefügt. »Mein lieber Rutherford«, schrieb er, »Sie sprachen davon, daß Sie

Erste Seite der Originalhandschrift der
»Allgemeinen Relativitätstheorie«.

Wie ich die Welt sehe.

Wie merkwürdig ist die Situation von uns Erdenkindern! Für einen kurzen Besuch ist jeder da. Er weiss nicht wofür, aber manchmal glaubt er's zu fühlen. Vom Standpunkt des täglichen Lebens ohne tiefere Reflexion weiss man aber: Man ist da für die andern Menschen — zunächst für diejenigen, von deren Lächeln und Wohlsein das eigene Glück völlig abhängig ist, dann aber auch für die vielen Ungekannten, mit deren Schicksal uns ein Band des Mitfühlens verkettet. Jeden Tag denke ich unzählige Male daran, dass mein äusseres und inneres Leben auf der Arbeit der jetzigen und der schon verstorbenen Menschen beruht, dass ich mich anstrengen muss, um zu geben im gleichen Ausmass als ich empfangen habe und noch empfange. Ich habe das Bedürfnis nach Genügsamkeit und fühle oft das Bewusstsein, mehr als nötig von der Arbeit meiner Mitmenschen in Empfang zu nehmen zu beanspruchen. Die sozialen Klassen-Unterschiede empfinde ich als ungerechtfertigt und letzten Endes als auf Gewalt beruhend. Auch glaube ich, dass ein schlichtes und anspruchsloses äusseres Leben für jeden gut ist, für Körper und Geist.

An Freiheit des Menschen in philosophischem Sinne glaube ich keineswegs. Jeder handelt nicht nur unter äusserem Zwange sondern auch gemäss innerer Notwendigkeit. Schopenhauers Spruch: ein Mensch kann zwar tun, was er will, aber nicht wollen was er will, hat mich seit meiner Jugend erfüllt und ist mir im Anblick und beim Erleiden der Härten des Lebens immer eine Trost gewesen und eine unerschöpfliche Quelle der Toleranz. Dies Bewusstsein mildert in wohltuender Weise das leicht lähmend wirkende Verantwortungsgefühl und macht, dass wir uns selbst und die andern nicht gar zu ernst nehmen; es führt zu einer Lebens-Auffassung, die auch besonders dem Humor sein Recht lässt.

Nach Sinn oder Zweck des eigenen Daseins sowie des Daseins der Geschöpfe überhaupt zu fragen ist mir von einem objektiven Stand-

Eigenhändiges Manuskript der Selbstbiographie
»Wie ich die Welt sehe«.

für Cambridge einen erstklassigen angewandten Mathematiker oder mathematischen Physiker brauchen. Ich habe mich gefragt, was sie von Albert Einstein halten würden. Das Beigelegte scheint darauf hinzudeuten, daß er Berlin sehr bald verlassen wird – es hat dort eine ganze Menge Wirbel um ihn gegeben, wie Sie wahrscheinlich bemerkt haben, und ich bin der Meinung, daß er wahrscheinlich ein englisches Angebot in Erwägung ziehen würde[37].«

Rutherfords Antwort ist nicht erhalten; doch es ist gut möglich, daß er gegen Einstein immer noch leicht allergisch war. Nichtsdestoweniger standen einem Mann von so einmaligem Ruf alle Türen offen, und es wäre keine Überraschung gewesen, hätte Einstein jetzt Deutschland zugunsten einer Dauerstellung außerhalb des Reichs verlassen. Doch als er am 6. September Sommerfeld antwortete, hatte er sich schon wieder anders entschieden. Ein paar Tage lang hatte er tatsächlich daran gedacht, Berlin zu verlassen. Dann sah er ein, daß er die Angriffe zu ernst genommen hatte und daß es falsch wäre, seine Freunde zu verlassen. Doch ebenso unmöglich konnte er zu den dauernden Beschuldigungen schweigen – das wäre als Zustimmung gedeutet worden[38]. Wenige Tage danach schrieb er im gleichen Sinne an das Ehepaar Born[39].

Wenn Einstein auch eingewilligt hatte, in Deutschland zu bleiben, bestand dennoch die Gefahr, daß er seine Meinung änderte. Planck und Haenisch, der preußische Kultusminister, waren entschlossen, Einstein zum Bleiben zu bewegen.

Planck schrieb Einstein am 5. September, von Gmund am Tegernsee aus. Er könne, begann er, die Berichte von der Versammlung in der Berliner Philharmonie kaum glauben, und es sei ihm unmöglich, zu verstehen, was da vor sich gegangen sei. Doch eines sei viel wichtiger. Der Gedanke quäle ihn[40], daß Einstein irgendwann einmal die Geduld verlieren und einen Schritt unternehmen würde, der sowohl die deutsche Wissenschaft wie auch seine Freunde bestrafen würde.

Planck erhielt 1922 vom Kultusminister Unterstützung. »Hochverehrter Herr Professor«, schrieb Haenisch an Einstein, »Mit Trauer und Scham entnehme ich der Presse, daß die von Ihnen vorgestellte Theorie ein Gegenstand öffentlicher gehässiger Attacken geworden ist, die die Grenze der unverfrorenen Kritik weit überschreiten, und daß selbst Ihre eigene wissenschaftliche Persönlichkeit von diesen Diffamierungen und Verleumdungen nicht ausgenommen worden ist. Es ist mir im Hinblick auf diese Affäre eine besondere Genugtuung zu wissen, daß Gelehrte anerkannten Rufs ... Sie unterstützen ... und darauf aufmerksam machen, daß Ihr wissenschaftliches Werk Ihnen einen einzigartigen Platz in der Geschichte der Naturwissenschaften gesichert hat ... Deshalb darf ich mir wohl erlauben, die ausdrückliche Hoffnung zu äußern, daß die Gerüchte keine Wahrheit enthalten, Sie wollten wegen dieser hinterhältigen Angriffe Berlin verlassen, das immer stolz darauf war, und es immer sein wird, Sie, hochverehrter Herr Professor, unter die ersten Zierden der wissenschaftlichen Welt zu rechnen[41].«

Offenbar zögerte Einstein mit einer Antwort. Er hatte guten Grund, vorsichtig zu sein. Denn es war möglich, daß die »Anti-Relativitäts-GmbH« von Aufhetzern, wenn nicht sogar von Wissenschaftlern beträchtliche Rückendeckung erhielt. In der unbeständigen Atmosphäre der frühen Weimarer Zeit bestand tatsächlich die Gefahr, daß es in Bad Nauheim, wo das Treffen der Gesellschaft Deutscher Naturforscher und Ärzte am 25. September stattfinden sollte, zu Gewalttätigkeiten kommen würde. Man konnte zumindest mit einer dramatischen Konfrontation rechnen.

Bad Nauheim liegt nur ca. 35 km von Frankfurt entfernt, wo Born erst vor kurzem zum Professor ernannt worden war. Einstein wohnte während der Tagung bei dem Ehepaar Born in Frankfurt, und fuhr mit den Freunden jeden Tag in die Kurstadt Bad Nauheim, den gemütlichen Ort am Fuß des Taunus, umgeben von Tannenwäldern. In Bad Nauheim ist man Konferenzen und alte Leute gewöhnt. Darum waren die Einwohner am Morgen des 25. September erstaunt, das Kurhaus von bewaffneten Polizisten mit aufgepflanzten Bayonetten umstellt zu sehen: ein Hinweis darauf, in welchem Ausmaß der Antisemitismus schon aufgeflackert war und welche Anstrengungen die Weimarer Regierung unternahm, Störungen zu vermeiden. Die Opposition gegen Einstein war organisiert. »Vorher schon hatte ich einen Brief, erinnerlich von Weyland unterschrieben, erhalten, des Inhaltes, daß ich eine sehr große Geldsumme (ich weiß den Betrag nicht mehr) garantiert erhalten würde, wenn ich mich Einsteins Gegnern anschlösse . . .«, schrieb Felix Ehrenfest.» Ich sandte diesen Brief sofort an Einstein weiter[42].«

Zur Diskussion über die Relativitätstheorie war der Kursaal gedrängt voll. »Als Lenard seine erste Diskussionsattacke gegen Einstein begann«, berichtet Friedrich Dessauer, der links neben Einstein saß, »wollte Einstein Notizen machen, hatte aber – wie zu erwarten – keinen Bleistift. Er bat mich um meinen und machte eifrig Notizen, um dann klar und überzeugend auf Lenards Einwände zu erwidern[43].«

Lenards Stil kann aus seinen einführenden Worten entnommen werden: »Ich habe mich gefreut, heute in einer Gravitationstheorie vom Äther sprechen gehört zu haben. Ich muß aber sagen, daß, sobald man von der Gravitationstheorie auf andere als massenproportionale Kräfte übergeht, sich der einfache Verstand eines Naturforschers an der Theorie stößt[44].« Man könne, fuhr er fort, das Ergebnis von Beobachtungen durch Gleichungen ausdrücken; oder man könne Gleichungen in Form von Beobachtungen erklären. »Ich möchte lieber die Bilder zweiter Art bevorzugen, während Herr Einstein bei der ersten Art stehen bleibt[45].«

Einstein erhob sich darauf zu einer Antwort. Anscheinend gibt es kein Protokoll über die Auseinandersetzung. Dr. Dessauer berichtet, daß Einsteins Widerrede nicht ganz so grimmig war, wie man erwartet habe, und der Bericht in der »Physikalischen Zeitschrift« vermittelt den Eindruck gemäßigter Rede und Gegenrede. Einstein schrieb allerdings später an Born, daß er sich »nicht mehr wie in Nauheim in Erregung versetzen lassen« werde[46].

Als Einstein geendet hatte, erhob sich Lenard, um zu vermelden, daß er nichts Neues gehört habe. »Ich meine«, fügte er hinzu, »die hinzugedachten Gravitationsfelder müssen Vorgängen entsprechen und diese Vorgänge haben sich in der Erfahrung nicht gemeldet[47].« Statt, was auf der Hand lag, zu erwidern, daß die britischen Expeditionen diese Beispiele geliefert hätten, antwortete Einstein besänftigend: »Ich möchte sagen, daß das, was der Mensch als anschaulich ansieht, und was nicht, gewechselt hat. Die Ansicht über Anschaulichkeit ist gewissermaßen eine Funktion der Zeit. Ich meine, die Physik ist begrifflich, nicht anschaulich. Als Beispiel über die wechselnden Ansichten über Anschaulichkeit erinnere ich Sie an die Auffassung über die Anschaulichkeit der Galileischen Mechanik zu den verschiedenen Zeiten[48].«

Das Streitgespräch setzte sich auf dieser Ebene fort. Ein gewisser Professor Rudolph behauptete, daß die glänzende Bewährung der allgemeinen Relativitätstheorie kein Beweis gegen den Äther sei. Max Born schaltete sich mit ein paar kurzen Worten zugunsten Einsteins ein, und bevor noch viel mehr gesagt werden konnte, merkte man – sicher zur großen Erleichterung von Planck, der den Vorsitz bei der Diskussion geführt hatte –, daß die Zeit um war. »Da die Relativitätstheorie es leider noch nicht zustande gebracht hat, die für die Sitzung zur Verfügung stehende absolute Zeit von 9 bis 1 Uhr zu verlängern,« verkündete er, »muß die Sitzung vertagt werden«[49].

Einstein kehrte beruhigt nach Berlin zurück; Anfang Oktober wurde offiziell bekanntgegeben, daß er dort bleiben werde.

Wenn er diese Entscheidung nur aus jenen Gründen traf, die ihn dazu bewogen hatten, der Preußischen Akademie beizutreten – nämlich mit den Männern möglichst nahen Kontakt zu pflegen, die die Natur der physikalischen Welt erforschten –, wäre sie verständlich gewesen. Aber im Jahr 1920 hatte Einstein das nicht mehr nötig, jetzt bewegte sich der Berg zu Mohammed. Es gab einen ganzen Komplex von Motiven, warum Einstein in Berlin blieb. Sie waren genauso verwickelt wie jene, die ihn sechs Jahre zuvor nach Berlin gebracht hatten. Frank zufolge stand in dem Brief an Haenisch, in dem Einstein versicherte, daß er nicht weggehen würde: »Berlin ist der Ort, an den ich durch

die engsten menschlichen und wissenschaftlichen Bindungen gebunden bin[50].«
Doch glaubte er außerdem, daß die Weimarer Republik für Europa im allgemeinen und für Deutschland im besonderen neue Hoffnung wecke. Und er war laut Frank der Meinung, »daß es jetzt darauf ankam, alle fortschrittlich gesinnten Elemente zu vereinen, um den Ruf der republikanischen Regierung zu heben«[51].

Seine zahlreichen Verpflichtungen ließen wenig Zeit für aktive Mitarbeit im neugegründeten Bund Neues Vaterland, der sich 1920 in »Deutsche Liga für Menschenrechte« umbenannte. Doch unterstützte er den Bund nach bestem Können. 1921 wurde Einstein sogar Gründungsmitglied des Republikanischen Bundes[52], dessen Hauptaufgabe u. a. darin bestand, »die deutsche Jugend über die Gründe des Zusammenbruchs des Reichs aufzuklären und die Überzeugung zu propagieren, daß Deutschlands Erneuerung ausschließlich auf der Basis einer republikanischen Regierungsform möglich ist.« Der Republikanische Bund war ohne besondere Bedeutung.

Ganz abgesehen von menschlichen und wissenschaftlichen Banden gab es noch einen anderen Grund, der ihn in Berlin hielt. Lenard und seine Anhänger, die es sich zum Ziel gesetzt hatten, alles in Mißkredit zu bringen, wofür Einstein ein Symbol war, sollten größere Wirkung ausüben als sich die Urheber je vorstellen konnten. Denn Einstein reagierte auf Herausforderungen mit manchmal geradezu hartnäckiger Störrigkeit. Und sie hatten ihn herausgefordert.

Einstein sehnte sich nach einem ruhigen Leben. Doch Lenard und die »Anti-Relativitäts-GmbH« hatten ihm voll zum Bewußtsein gebracht, welches Gesicht der Antisemitismus tatsächlich hatte. Nun war die Gelegenheit da, sich für das unangenehme Scheinwerferlicht zu entschädigen, das auf ihn niederbrannte. Wenn er schon im Scheinwerferlicht der Öffentlichkeit leben mußte, dann wollte er das wenigstens ausnutzen. Er wollte den lächerlichen Beifall, der ihm gezollt wurde, für einen guten Zweck verwenden. Er wollte sicherstellen, daß seine jüdischen Brüder jede mögliche Unterstützung erfuhren bei ihren Bemühungen, ihre Kultur zu bewahren. Er würde gegen Militarismus und Nationalismus mit jener Logik und Vernunft kämpfen, von der er immer noch glaubte, daß andere Menschen sie anerkennen mußten wie er. Berlin war für diese Aufgabe ein geeigneterer Ort als Leiden, Cambridge oder Zürich.

Unter fast allen anderen Umständen wäre der Berliner Professor von 1918, der 1920 zur Weltfigur geworden war, mit Verachtung an der Tür zur politischen Welt vorbeigeschritten. Jetzt aber benutzte er sie, eifrig bemüht, alles zu tun, was er mit seinem Einfluß in der Hauptstadt ausrichten konnte. Nur hatte er immer noch keine Ahnung, wie man die Maschinerie der Macht benützen mußte, um zu Ergebnissen zu kommen.

11. KAPITEL

SONDERBOTSCHAFTER

Im Jahre 1921 war klargeworden, daß Einstein den ersten nationalistischen, antisemitischen Sturm, für den er als Blitzableiter fungierte, überstanden hatte. Ebenso klar war, daß das Interesse der Weltöffentlichkeit an seiner Person noch eine ganze Zeit andauern würde.

Er sah sich einer Reihe von Verpflichtungen und Reisen ins Ausland gegenüber, denen er kaum ausweichen und nur gemischte Gefühle entgegenbringen konnte. Das endlose Gerede bei Reisen und öffentlichen Vorlesungen wurde in den USA aufgewogen durch die Unterstützung der zionistischen Sache; in Großbritannien und Frankreich durch die Hilfe, die er all jenen bringen konnte, die ein neues Europa, einschließlich Deutschlands, auf der Basis gegenseitigen Vertrauens aufbauen wollten.

Seine erste größere Reise führte ihn in die Vereinigten Staaten – zur Unterstützung der zionistischen Sache; zusätzlich las er an der Columbia- und an der Princeton-Universität. Zuvor aber, Anfang 1921, besuchte er Prag und Wien, wobei er in die Prager Universität als der Mann zurückkehrte, der auf einmal ihr berühmtester Professor geworden war.

In Prag stieg er bei seinem alten Freund Philipp Frank ab, der eine lebhafte Schilderung gab, wie Einstein vor einem überfüllten Auditorium sprach. Als das Klatschen und Bravorufen aufgehört hatte, sagte Einstein einfach: »Es wird Ihnen vielleicht angenehmer und verständlicher sein, wenn ich Ihnen, anstatt eine Rede zu halten, ein Stück auf der Geige vorspiele[1].«

Schatten aus der Zukunft verdunkelten hin und wieder seinen Besuch in dieser Stadt, in der er erstmals den europäischen Antisemitismus und die Stimme des Pangermanismus vernommen hatte. Hier in Prag wurden alle seine Ängste vor der Zukunft wieder wach, alle bösen Vorahnungen, die der Krieg genährt und die die Weimarer Republik nur teilweise ausgeräumt hatte. Frank vertraute er seine Befürchtung an, daß er gezwungen sein würde, Deutschland in zehn Jahren zu verlassen. Dabei irrte er sich um nicht ganz zwei Jahre.

In Prag bestand ein junger Mann darauf, nach dem Vortrag mit Einstein zu sprechen. Er hatte Einsteins Masse–Energie-Gleichung studiert und war zu dem Schluß gekommen, es müsse möglich sein, die im Atom eingeschlossene Energie für die Produktion eines neuen und ungeheuer wirksamen Sprengstoffs zu nutzen; zudem hatte er eine Maschine erfunden, mit der man angeblich einen solchen Sprengstoff herstellen konnte. Wir besitzen nur Franks Version von Einsteins Entgegnung. »Seien Sie ruhig, Sie haben nichts verloren, wenn ich Ihre Arbeit nicht ausführlicher mit Ihnen bespreche. Die Unmöglichkeit ist auf den ersten Blick klar. Mehr können Sie durch eine längere Besprechung auch nicht erfahren[2].« Heute wüßten wir gern mehr von diesem jungen Mann.

Sicher meinte Einstein, was er sagte. Aber man fragt sich, ob das angeblich »Närrische« dieser Arbeit nur im Technologischen lag. Man fragt sich auch, ob Einstein sich 18 Jahre später an Prag erinnerte, als er Roosevelt schriftlich aufforderte, Amerika solle nukleare Waffen entwickeln.

In Wien sprach er am Physikalischen Institut der Universität und hielt seinen ersten großen öffentlichen Vortrag. Der Vortrag wurde in einem der größten Konzertsäle der Stadt vor 3000 Zuhörern veranstaltet. Als Einstein diese Größenordnung registrierte, befiel ihn eine leichte Platzangst. Er bestand darauf, daß sein Gastgeber Felix Ehrenhaft mit in den Saal kam und in seiner Nähe saß. 1921 hatte Ehrenhaft den Lehrstuhl für Experimentalphysik an der Universität Wien inne, und er und Einstein waren gute Freunde. Später war Ehrenhaft von der Idee besessen, daß Einstein sein Werk plagiiert habe. In seinem Manuskript erzählt er sehr hübsch, wie Einstein damals in sein Haus gekommen sei ohne weiße Kragen, ohne Hausschuhe, ohne Toilettenartikel. Ehrenhafts Frau versorgte ihn mit allem Nötigen, aber er fand, Hausschuhe seien unnötiger Ballast, und statt der Hosen, die sie ihm für seinen Vortrag aufgebügelt hatte, trug er dann prompt das zweite, ungebügelte Paar[3].

Das war der vertraute Einstein *en voyage*, der mit einem Minimum an Gepäck reiste. Elsa, die gelegentlich einen Koffer für seine Reisen packte, fand nach seiner Rückkehr nur heraus, daß er nicht geöffnet worden war.

Von Wien aus kehrte er nach Deutschland zurück und stimmte einer Propagandatournee durch die USA zu, auf der er gezielte Reden halten sollte, um Geld für die sich im Bau befindende Hebräische Universität in Jerusalem aufzubringen. Kurz nachdem die Reise arrangiert war, erhielt er einen Brief, der beträchtliche Konsequenzen haben sollte. Er stammte – unter dem Datum des

14. Februar 1921 – von Sir Henry Miers, dem Vizekanzler der Universität Manchester, und lud Einstein ein, dort die sehr ehrenvolle Adamson-Vorlesung zu einem ihm genehmen Termin zu übernehmen. Es war eine Eingebung Sir Henrys, Einstein so bald nach Kriegsende einzuladen, während viele Engländer dem Gedanken, mit Deutschen gesellschaftlich oder beruflich zu verkehren, noch zögernd gegenüberstanden.

Einstein nahm die Einladung an, aber er machte zur Bedingung, Deutsch sprechen zu dürfen, da sein Englisch praktisch nicht existierte und sein Französisch unvollkommen war[4]. Darüberhinaus könne er keinen Termin festsetzen, da er sich für den März bereits unwiderruflich zu einer Reise nach Amerika verpflichtet habe. Es gibt keinen Zweifel, warum er die Einladung annahm. Er betrachtete sie als einen Schritt, internationale Verbindungen unter Gelehrten wiederherzustellen. Einen Monat später bestätigte Sir Henry die Verabredung und fügte hinzu, dieser Vortrag sei der erste, den Einstein in England halte, obgleich er ohne Zweifel weitere Einladungen bekommen würde.

Einstein reiste Ende März in die Vereinigten Staaten ab. Währenddessen traf Lindemann Vorbereitungen für den Englandbesuch. Am 8. Juni traf Einstein, aus den USA kommend, in Liverpool ein, zusammen mit seiner Frau.

Am nächsten Tag sprach er zunächst zu den Mitgliedern der Gesellschaft jüdischer Studenten über die Notwendigkeit einer Hebräischen Universität.

Später, im großen Auditorium der Universität kam er zum Thema der Relativitätstheorie. Er sprach während seines ganzen ersten Auftretens in Großbritannien deutsch, aber, wie der »Manchester Guardian« berichtete, »die Brillanz seiner Formulierungen im Verein mit dem freundlichen Zwinkern, das ständig um seine Augen lag, auch während der härtesten Beweisführung, verfehlte ihren Eindruck auf die Zuhörer nicht«[5]. Danach wurde er mit dem Doktorhut der Naturwissenschaften geehrt. Zugleich war das die erste Verleihung einer Ehrendoktorwürde nach dem Krieg in England.

Nach einem halben Jahrhundert ist es schwer, die psychologische Schranke richtig einzuschätzen, die Einstein und Männer wie er zu überwinden hatten. Nicht nur die Deutschen gaben Beispiele für wildgewordenen Nationalismus, und selbst wenn man die Objektivität von Einsteins Werk und seiner Wesensart in Rechnung stellt, ist sein Erfolg in England eine besondere Leistung. Der »Manchester Guardian« trug im Leitartikel vom 10. Juni zur Erklärung dieses Phänomens bei. »Der Mann auf der Straße, ein Reisender zwischen Leben und Tod, ist aus allen Elementen zusammengesetzt, ihm mangelt es weder an Wissenschaft noch an Dichtung«, hieß es da. »Er mag auf beiden Gebieten ein paar Ideen haben, aber wahrscheinlich schätzt er, was er hat ... Professor

Einsteins Relativitätstheorie, wie vage er sie auch begreifen mag, stört seine Vorstellungen vom Universum und auch von seinem eigenen Verstand von Grund auf. Sie fordert irgendwle die absolute Natur seines Denkens heraus. Genau die Idee nämlich, daß er seinen Verstand völlig interessenfrei gebrauchen kann, wird mit einer Vorstellung konfrontiert, die jeder Anschauung nur Teilcharakter zuspricht[6].«

Von Manchester reiste Einstein nach London weiter. Bezüglich der geplanten Abreise aus den USA und dem Zeitpunkt der Ankunft in London hatte es mehr als eine Änderung gegeben. »Ich erinnere mich . . ., daß ich Einladungen hatte, ihn am selben Abend in London und in Manchester zu treffen«, schrieb Eddington zehn Jahre später an Lindemann, als er wieder mit Einstein zusammentreffen sollte. »Das ist sicherlich mit dem Unbestimmtheitsprinzip zu erklären[7].«

Einsteins Gastgeber in London war Viscount Haldane of Cloan, der frühere Kriegsminister und Lordkanzler. Haldane fühlte sich sowohl Deutschland als auch Einsteins philosophischer Betrachtungsweise besonders verbunden. Er hatte noch vor Einsteins Geburt in Göttingen studiert und war oft in diese Stadt zurückgekehrt, um seine Freundschaften zu erneuern. 1912 hatte ihn die britische Regierung nach Deutschland geschickt, und Haldane war noch kurz vor Ausbruch des Krieges so unklug gewesen, von Deutschland als seiner »geistigen Heimat« zu sprechen. Nicht unerwartet wurde er 1915 aus dem Amt entfernt, nachdem ihm unter anderem unterstellt worden war, er sei ein unehelicher Bruder des Kaisers, sei mit einer deutschen Frau verheiratet – in Wirklichkeit blieb er sein Leben lang Junggeselle – und hätte 1914 die Mobilmachung der britischen Streitkräfte verzögert. Im England der Nachkriegszeit sah sich Haldane aus diesem Grund Deutschen gegenüber in einer heiklen Position. Es war sicher mutig von Einstein, so bereitwillig nach London zu kommen; doch ebenso mutig war es von Haldane, ihn bei sich aufzunehmen.

Der frühere Minister »empfand viel Bewunderung für die Kraft systematischer Gedankenarbeit, durch die sich das deutsche Volk auszeichnete«, und sein Interesse an Einstein beruhte auf einer echten Vorliebe für die Erkenntnistheorie, eine Vorliebe, die soeben »The Reign of Relativity« hervorgebracht hatte. Dieses Buch beschäftigte sich nur nebenbei mit Einsteins Theorien und konzentrierte sich mehr auf »das Wissen selbst und die Relativität der Wirklichkeit gegenüber der Eigentümlichkeit des Wissens« – »Haldane tut für Einstein, was Herbert Spencer für Darwin tat«, sagte Sir Oliver Lodge. Asquiths Bericht, wie Haldane die Relativitätstheorie bei einem Abendessen erklärte, ist bedeutsam. »Allmählich senkte sich eine Wolke, bis schließlich selbst die Kerzen in den Umständlichkeiten von Haldanes Erklärungen ihre Leuchtkraft verloren.« Nichtsdestoweniger hatte der Viscount Achtung vor Einstein, die an Verehrung grenzte, und jahrelang hingen nun zwei Bilder in seinem Arbeitsraum auf Cloan, seinem Haus in Schottland: eines von seiner Mutter, das andere von Albert Einstein.

Haldane hatte im Jahre 1921 nicht nur wissenschaftliches Interesse an dem Besuch. »Einstein trifft in den ersten Junitagen hier ein«, schrieb er am 12. Mai an John Murray, seinen Verleger, »und seine Ankunft wird uns einen Markt schaffen, den wir nicht verlieren dürfen[8].« Er hatte Einstein geschrieben, sobald die Nachricht von der geplanten Reise durchgesickert war. »Erweisen Sie mir die Ehre und seien Sie unter obiger Adresse während Ihres Londoner Aufenthalts mein Gast«, bat er. »Ich weiß nicht, ob Sie allein kommen oder mit Ihrer Gattin. Aber es spielt keine Rolle, da das Haus groß genug ist[9].«

Es bestand, wie Haldane am 26. Mai an seine Mutter in Schottland schrieb, »sehr viel Interesse an Einsteins Besuch. Lord Stamfordham, der Privatsekretär von König Georg V., hat mit mir gestern abend darüber gesprochen«. Vier Tage später berichtete er: »Die Gesellschaft beginnt sich um Einladungen für Einstein zu reißen, und ich weise standhaft zwei elegante Damen ab, die mich ohne jeden Zweifel für sehr brutal halten[10].«

Es war nicht nur das fashionable London, das begierig war, den geheimnisvollen Mann zu treffen, der sich aus den Trümmern eines geschlagenen Deutschland erhoben hatte. Von St. Pancras aus, wo sich Haldane mit den Einsteins am Freitag, den 10. um 2 Uhr traf, wurden die Besucher direkt zu einer Versammlung der Royal Astronomical Society in Burlington House geleitet.

Eddington, vor kurzem zum Präsidenten gewählt, erinnerte daran, wie in England die ersten gedruckten Hinweise auf die allgemeine Relativitätstheorie in den Monatsberichten der Gesellschaft veröffentlicht worden waren. Er beschrieb die Vorgeschichte der beiden Sonnenfinsternis-Expeditionen und wies darauf hin, wie sehr die Vorstellungskraft eines einzigen Mannes die traditionelle Auffassung vom Universum geändert hatte. Einstein lächelte bescheiden und nahm alles mit dem selbstsicheren Charme eines intelligenten Jungen hin.

Dann wurden die Besucher nach Queen Anne's Gate geführt, wo sich an diesem Abend eine exklusive Gesellschaft zum Essen eingefunden hatte. Ursprünglich plante Haldane einen Empfang in Anwesenheit des Premierministers. Aber Lloyd George wollte nicht in Präsident Hardings Fußstapfen treten.«

Die private Abendgesellschaft bot auch ohne den Premier Glanz genug. An der Spitze der Gäste stand der Erzbischof von Canterbury, Davidson. Seine Vorstellungen von diesem Abend kann man aus einem Brief beurteilen, den Lord

Sanderson wenige Wochen vorher an J. J. Thomson geschrieben hatte. »Der Erzbischof . . . kann aus Einstein nicht klug werden und klagt, daß je mehr er Haldane zuhört und je mehr Zeitungsartikel er über das Thema liest, desto weniger zu verstehen«, gestand Sanderson ein. »Ich bot deshalb an, für den Erzbischof einen kurzen Abriß dessen zu schreiben, was ich für den Kern der Theorie in ihrer mehr elementaren Form halte; ich lege es mit seinem Kommentar bei . . . Es würde mir leid tun, hätte ich den Erzbischof in die Irre geführt. Glauben Sie, daß Sie es durchsehen können, oder einen Fachmann darum bitten, und mir eine kurze Mitteilung über größere Irrtümer zukommen lassen können?«

Thomson kam diesem Wunsch nach und half auf diese Weise mit, Erzbischof Davidson auf den Abendempfang vorzubereiten. Anwesend waren auch Eddington und Alfred Whitehead, Dr. Inge, der »düstere Dekan« von St. Paul, ebenso Bernard Shaw, Professor Harold Laski von der London School of Economics und General Sir Ian Hamilton. Den Vorsitz über diese Elite des Geisteslebens führten Haldane und seine Schwester Elisabeth.

Das Hauptergebnis des Abends war eine Bestätigung für den Erzbischof und eine Enttäuschung für Haldane. Nachdem er den richtigen Augenblick sorgfältig gewählt hatte, wandte sich Davidson an Einstein und fragte: »Lord Haldane berichtet uns, daß Ihre Theorie für unsere Moral eine große Veränderung bedeutet.« Einstein antwortete nur: »Glauben Sie kein Wort davon. Sie bringt keine Änderung. Sie ist rein abstrakte Wissenschaft[11].« Dies war nur eine kürzere Version von Einsteins Antwort in einem Interview, das wenige Jahre später stattfand. »Was Relativität ist, wird weithin mißverstanden. Philosophen spielen mit dem Wort, wie ein Kind mit einer Puppe. Die Relativitätstheorie, wie ich sie sehe, stellt lediglich fest, daß bestimmte physikalische und mechanische Tatsachen, die als feststehend und absolut betrachtet worden sind, im Verhältnis zu anderen Tatsachen im Bereich der Physik und der Mechanik relativ sind[12].« Doch wunderte sich Einstein nicht über das Interesse des Erzbischofs und bemerkte später, daß sich mehr Geistliche als Physiker für die Relativitätstheorie interessierten.

Der Frau des Erzbischofs erging es wenig besser als ihrem Gatten. Als sie nach dem Essen Elsa erzählte, wie ein Freund über Professor Einsteins Theorie, »besonders über ihren mystischen Aspekt« gesprochen habe, brach Frau Einstein mit den Worten »Mystisch! Mystisch! Mein Mann mystisch!«[13] in Gelächter aus.

Man hatte diese Antwort von Frau Einstein nicht erwartet. Aber sie gehört zur Verteidigungsstellung, die die Einsteins um sich aufbauten – Elsa ohne Zweifel unbewußt, aber ihr Mann nach reiflicher Überlegung. »Ich kann gut verstehen, daß (er) schnell das Thema wechselt«, sagte Eddington später über die Bemerkung zu Davidson; »in jenen Tagen mußte man ein Experte darin sein, Personen auszuweichen, die die vierte Dimension mit Spiritualismus verwechselten«[14].

Der Samstag verlief vergleichsweise ruhig. Einstein saß auf einem einfachen Küchenstuhl hinter Haldanes Haus und ließ Photographien von sich machen. Und gleichzeitig »hat Einstein eine von mir gemacht, um sie in sein Arbeitszimmer in Berlin zu hängen«, berichtete Haldane stolz seiner Mutter. Am nächsten Tag ging man mit den Gästen zum Mittagessen mit den Rothschilds, wo sie Lord Crewe und Lord Rayleigh vorgestellt wurden, der Einstein zum erstenmal auf dem Solvay-Kongreß vor zehn Jahren gesehen hatte. Sir Almeric Fitzroy zufolge hörte sich Rayleigh Einsteins Erklärung der Relativitätstheorie an und bemerkte dann: »Wenn Ihre Theorien stimmen, dann steht es uns wohl frei, zu behaupten, daß die normannische Eroberung noch nicht stattgefunden hat[15].« Anschließend fuhr Lord Rothschild die Gesellschaft zu einer jüdischen Versammlung, durch die Stadt zum Tower und am Flußufer zurück.

Am Montagmorgen nahm Haldane Einstein in die Westminster Abbey mit, wo Einstein einen Kranz an Newtons Grab niederlegte. Nach dem Mittagessen bereitete er sich auf seinen ersten öffentlichen Vortrag in London vor. Er sollte im King's College sprechen. Der Rektor, Ernest (später Sir Ernest) Barker, hatte einige Bedenken, wie sein Gast aufgenommen werden würde. »Die Antipathie gegen Deutschland war nach dem Krieg von 1914–1918 viel stärker als später nach dem Krieg von 1939–1945«, schrieb er später, »und es bestand die Gefahr, daß der Vortrag gestört oder sogar verhindert werden könnte«[16]. Alle Eintrittskarten – zugunsten notleidender Studenten in Europa – waren schon lange vorher ausverkauft, und als Haldane Einstein zur Rednertribüne führte, waren sogar die Gänge von Studenten verstopft. Unter den Zuhörern befanden sich Whitehead, James Jeans, Professor Lindemann und William Rothenstein.

Einstein hatte darauf bestanden, deutsch zu sprechen. So war der Saal, wie Barker sagte, gefüllt mit jenen, die »wahrscheinlich nichts verstanden, weder eine Ahnung von der deutschen Sprache noch von der Relativitätstheorie hatten, aber dennoch darauf brannten, ihm zuzuhören.« Als die beiden Männer zur Rednerbühne gingen, kam kein Applaus. Die Versammlung konnte so oder so ausgehen.

»Einstein hatte keine Notizen, er zögerte nicht und wiederholte sich nicht«, schrieb der anonyme Kommentator von »The Nation«, »und der logische Aufbau, in dem er seine Ideen darlegte, war über jedes Lob erhaben. Man saß da und fragte sich, wieviel von dieser exzellenten Darbietung praktisch an die

Zuhörerschaft verschwendet war; für wie viele bedeutete dieses klare Deutsch nur eine unverständliche Geräuschkulisse?«[17] Wie bei anderen Gelegenheiten, entwaffnete die Sachlichkeit von Einsteins Auftritt seine potentiellen Kritiker. Er sprach eine Stunde lang ohne Unterbrechung und weckte irgendwie auch bei denen Interesse, die nur gelegentlich einen Satz verstanden. Dann hielt er inne und sagte immer noch auf deutsch mit erhobener Stimme: »Mein Vortrag ist schon etwas lang.« Ein unerwarteter Beifallssturm brach los, um ihn anzuspornen. »Ich werde das als eine Einladung auffassen«, sagte er. »Aber meine weiteren Bemerkungen werden nicht so leicht zu begreifen sein.« Endlich setzte er sich. Da fing irgend jemand an zu klatschen. Der Applaus schwoll an, und ganze Reihen standen zu einer spontanen Beifallskundgebung auf.

Besonders interessant an diesem Vortrag waren Einsteins Ausführungen über die Entstehung der Relativitätstheorie. »Ich möchte Ihre Aufmerksamkeit auf die Tatsache lenken, daß diese Theorie ihrem Ursprung nach nicht spekulativ ist«, sagte er. »Sie verdankt ihre Aufstellung einzig dem Wunsch, die physikalische Theorie so gut wie möglich den beobachteten Fakten anzupassen. Wir haben hier keinen revolutionären Akt, sondern eine natürliche Anknüpfung an eine Entwicklung, die durch Jahrhunderte verfolgt werden kann. Die Aufgabe gewisser Vorstellungen in Verbindung mit Raum, Zeit und Bewegung, die bis jetzt für Grundwahrheiten galten, darf nicht als willkürlich angesehen werden, sondern sie ist bedingt durch beobachtete Tatsachen[18].« Die Betonung von Erfahrungstatsachen im Unterschied zur plötzlichen Eingebung traf eigentlich mehr auf die allgemeine als auf die spezielle Theorie zu. Dies zeigte sich jedoch in der »pro-Machschen« Philosophie, von der Einstein sich bis dahin hatte tragen lassen, noch viel deutlicher als in seiner neuen Auffassung; diese begann die alte Philosophie jetzt in dem Maße zu verdrängen, in dem sein Glaube an die Wahrnehmung als Maßstab der physikalischen Welt ins Wanken geriet.

In England waren sich Menschen guten Willens wohl bewußt, welchen potentiellen Einfluß Einstein auf eine Aussöhnung zwischen den ehemaligen Kriegsgegnern besaß. So hatte Haldane die Vorlesung im King's College mit der Feststellung eröffnet, daß England Deutschland dankbar sei für das Genie Einstein, das es der Welt gegeben habe, genauso, wie Deutschland England dankbar gewesen sei, daß es einen Newton hervorgebracht hatte. Einstein war an diesem Abend Gast des King's College. Nach dem Essen begann Sir Ernest Barker seine Ansprache mit einem Vergleich der zwei »Beobachter« der Relativitätstheorie; er schlug seinen Zuhörern vor, sich anstelle dieser beiden Beobachter zwei Nationen vorzustellen. »Jede dieser zwei Nationen hat ihre eigene Lebensweise, ihren eigenen Raum, ihre eigene Ethik und ihren Charakter. Wenn es möglich wäre, irgendeinen Weg zu finden, durch den die beiden Nationen zu einer gemeinsamen Lebensanschauung kommen könnten, sei es durch einen Völkerbund oder andere Mittel, dann gäbe es eine neue Möglichkeit, zu einem besseren gegenseitigen Verständnis zu gelangen.« Dann wandte sich Barker an Einstein. »Wenn auf Ihre Anordnung hin die geraden Linien aus dem Universum verbannt wurden, dann gibt es doch noch eine Gerade, die immer bleiben wird – die gerade Linie des Rechts und der Gerechtigkeit. Mögen unsere beiden Nationen dieser geraden Linie Seite an Seite auf einem parallelen Pfad folgen, der, Euklid zum Trotz, sie einander und mit den anderen Nationen der Welt in Freundschaft zusammenführen wird[19].«

Am Morgen nach der Vorlesung in King's College holte Lindemann Einstein in Queen Anne's Gate ab und fuhr ihn nach Oxford, wo die beiden Männer den Tag zusammen verbrachten. Zwei Monate zuvor, als Lindemann von Einsteins bevorstehendem Besuch erfuhr, hatte er ihn eingeladen, im Hause seines Vaters in Sidmouth, Devon, zu wohnen. Einstein hatte abgesagt, und Lindemann mußte sich damit zufriedengeben, ihm das Clarendon-Laboratorium zu zeigen.

Der Besuch in England war zweifellos ein Erfolg. »The Nation« stellte in einem Leitartikel mit der Überschrift »Die Entente der Intellektuellen« fest, daß die Aufnahme des Vortrags am King's College einen »definitiven Wendepunkt in den Nachkriegs-Gefühlen« in England markiert habe. Der allgemeine herzliche Empfang Einsteins bedeute einen Fortschritt zur »Wiederherstellung der kulturellen Einheit der Vorkriegszeit in Europa und der zivilisierten Welt«. Haldane schrieb später an Lindemann: »Ich glaube, der deutsche Botschafter hatte recht, als er mir am Montagabend sagte, Einsteins Empfang in England werde dazu beitragen, den Weg zu einer Verbesserung der internationalen Beziehungen zu ebnen[20].«

Einstein kehrte als erster Deutscher nach dem Krieg wie ein gefeierter Held aus England und den USA zurück. Das Wort »Deutscher« ist wichtig. Denn wie seine Gefühle zuvor auch gewesen sein mögen, die deutsche Niederlage von 1918 hatte ihn dazu bewogen, die bittere Abneigung gegen seine Landsleute zu überwinden, die in München aufgekeimt war. Weimar hatte diese Veränderung bewirkt. Und wenn er noch Vorbehalte gegenüber der Behandlung der Juden hatte, so hoffte er dennoch, daß Deutschland freiwillig zu der gemeinsamen europäischen Politik zurückkehrte.

Zweifellos betrachtete er Deutschlands Zukunft mit hoffnungsvollem Vertrauen. Es ist nicht ganz klar, ob er glaubte, seine früheren Gefühle seien unreif gewesen oder die ganze deutsche Nation habe auf dem Weg nach Versailles eine Paulus-Bekehrung durchgemacht. Jedenfalls hatte er trotz seines Schweizer Passes nichts dagegen, als ein inoffizieller Botschafter für Deutschland zu reisen.

Einsteins aufrichtiger Versuch, eine Atmosphäre der Versöhnung herbeizuführen, und die Macht, die ihm seine Stellung verlieh, diese Sache voranzutreiben, blieben bei seinen Landsleuten nicht ohne Widerhall. Am 1. Juli 1921 war er in Berlin Ehrengast auf einem Fest bei Herrn von Winterfeldt, dem Präsidenten des Deutschen Roten Kreuzes, wo auch Reichspräsident Ebert und viele deutsche Kabinettsmitglieder sowie der Oberbürgermeister von Berlin anwesend waren. »In Amerika«, sagte Einstein zu den Anwesenden, »herrschte unleugbar ein ausgesprochen unfreundliches Ressentiment gegenüber allem Deutschen. Die amerikanische öffentliche Meinung war so aufgebracht, daß sogar der Gebrauch der deutschen Sprache unterdrückt wurde. Momentan geht ein sichtbarer Wandel vor sich. Ich wurde von Amerikas gelehrten Männern und gelehrten Gesellschaften herzlich empfangen. Sie sprachen mit Freuden deutsch, und überall gedachten sie mit echter Sympathie der deutschen Wissenschaftler und Institutionen, mit denen sie vor dem Krieg eine so enge Freundschaft verbunden hatte. In England verstärkte sich in mir der Eindruck, daß die englischen Staatsmänner und Gelehrten sich wieder mit dem Gedanken tragen, freundliche Beziehungen zu Deutschland in die Wege zu leiten. Die Herzlichkeit der Reden in England konnte kaum übertroffen werden. Es scheinen bessere Zeiten zu kommen«[21].

Daß Einstein ein solches Urteil über die unterschiedliche Haltung seiner Gastländer abgab – in starkem Widerspruch zu dem, was die meisten anderen Menschen dachten – und es auch noch öffentlich ausdrückte, zeigt einen doppelten Mangel an Urteilsfähigkeit. Die »*New York Times*« nahm sehr schnell Bezug auf seine Worte und stellte fest, daß »(er) sich vielleicht . . . trotz seines hervorragenden Verstandes ebenso sehr und in etwa der gleichen Weise im Irrtum befindet, wenn er sagt, daß ›England‹ stark pro-deutsch sei, wie wenn er behauptet, ›Amerika‹ sei stark anti-deutsch.«

Das traf nicht ganz zu. Dumm war nur, daß Einstein lange brauchte, um zu begreifen, daß die beiläufigen Bemerkungen von berühmten Männern, selbst wenn sie gedankenlos hingeworfen wurden, ganz anders aussehen, wenn sie unter einer fettgedruckten Überschrift erscheinen.

Einsteins Schwäche, unkontrollierte Äußerungen zu machen, die leicht gegen ihn verwendet werden konnten, zeigte sich an einem Zwischenfall. Es begann mit einem Bericht des »*New York Times*«-Korrespondenten in Berlin, Cyril Brown. Er schilderte, welche Ansichten über die USA Einstein einem »sympathisch-aussehenden Holländer« gegenüber geäußert hatte. Die Bemerkungen waren wenig schmeichelhaft. Nachdem Einstein eingestanden hatte, daß die amerikanischen Männer hart arbeiteten, soll er gesagt haben: »Im übrigen sind sie die Schoßhunde der Frauen, die das Geld unberechenbar und verschwende-

risch ausgeben und sich selbst in eine Wolke von Extravaganz einhüllen.«
Später wurde die Quelle dieser »*New York Times*«-Geschichte bekannt. Einstein hatte mit dem Reporter der »*Nieuwe Rotterdamsche Courant*« deutsch gesprochen, der das Interview auf Holländisch abdruckte. Das »*Berliner Tageblatt*« hatte Auszüge der holländischen Story wieder in deutsch veröffentlicht, und der »*Times*«-Korrespondent hatte schließlich einen Teil der Story aus dem »*Berliner Tageblatt*« entnommen und in englischer Sprache nach New York gekabelt.

Diese Kürzungen und Übersetzungen bewirkten, daß unweigerlich die Ausgewogenheit des Originals sich geändert hat. Man konnte kaum von den Lesern erwarten, daß sie das alles in Betracht zogen, selbst heute ginge das nicht, wo wir in dieser Beziehung gewitzter sind. Vor einem halben Jahrhundert wirkte die »Schoßhund«-Bemerkung ungefähr wie ein Streichholz auf Schießpulver.

Ein Leitartikel in der »*New York Times*« folgte. Darin wurde behauptet, der Bericht habe sich als korrekt erwiesen, obgleich dem Redakteur das Gegenteil lieber gewesen wäre. Als mögliche Gründe für Einsteins Erregung nannte man »seine Unfähigkeit und die seiner Begleiter, aus der besonderen Mission, die sie in die USA geführt hatte, mehr als nur einen Teilerfolg herauszuholen sowie den Antagonismus, den sie heraufbeschworen, wo sie mit voller Anerkennung und Zusammenarbeit gerechnet hatten.«

Jetzt suchte der Korrespondent der »*World*« Einstein auf. Einstein erklärte, daß »das Amsterdamer Interview in keiner Weise meine Gefühle wiedergegeben habe. Ich habe niemals unvorteilhafte Bemerkungen über das amerikanische Volk und seine Lebensweise gemacht.« Dieser Versuch der Konkurrenz, die »*Times*«-Story zu unterhöhlen, verfehlte die Wirkung; die »*Times*« erwiderte ziemlich hochmütig, man könne leicht den Eindruck gewinnen, Einstein habe nun »den wesentlichen Teil des ›*Courant*‹-Artikels eher erklärt als geleugnet.«

Die Auswirkung dieses Sturms im Wasserglas war beträchtlich. Jahre später verweigerte Einstein noch Interviews mit der Begründung, man habe ihn falsch zitiert, als man behauptete, er habe die amerikanischen Männer Schoßhunde ihrer Frauen genannt. Der Zwischenfall war passiert, als er sich gerade auf der Höhe der Popularität befand; er verstärkte seine natürliche Abneigung, nicht-wissenschaftliche Gedanken und Gefühle einer Öffentlichkeit mitzuteilen, für die er eine Mischung aus Guru, Filmstar, Orakel und Heiliger war. So zeigte sich auch hier schon die Zwiespältigkeit, die einen so großen Teil seines Lebens kennzeichnete. Für seine Ansichten über Zionismus und Pazifismus, für seine Erklärungen der großen Struktur der Wissenschaft, brauchte er ein breites Publikum, das nur durch die Massenblätter erreicht wurde. Wenn er das Risiko einging, so trug ihm das für gewöhnlich die Sympathien aller außer seiner eingefleischten Widersacher ein. Wenn er nicht sein eigener Feind war, konnte er sich eine »gute Presse« schaffen, um die ihn erfahrene Publizisten beneideten.

Ein Ergebnis seiner Reise nach den Vereinigten Staaten und England war die echte Hoffnung, die wissenschaftlichen Beziehungen zwischen den beiden Ländern und Deutschland wieder aufnehmen zu können.

Mit Frankreich stand es anders. Das wurde ihm bewußt, als man ihn Anfang 1922 einlud, in Paris einen Vortrag zu halten. 1913 war die erste Einladung an ihn ergangen, als die Verwaltung der Michonis-Stiftung im Collège de France ihm anbot, im kommenden Jahr Lorentz als Gastprofessor abzulösen. Einstein sagte zu, doch war sein Besuch durch den Kriegsausbruch hinfällig geworden. Nun wurde die Idee von seinem alten Freund Langevin wieder aufgegriffen. Ein Hindernis tauchte sofort auf. Viele französische Wissenschaftler protestierten, und sie hätten wahrscheinlich Erfolg gehabt, wenn Langevin nicht von Paul Painlevé unterstützt worden wäre. Painlevé war wenige Jahre zuvor einflußreicher Kriegsminister gewesen; jetzt war er Premier und Präsident des Abgeordnetenhauses. Von Beruf war er Mathematiker und als Amateur ein begeisterter Anhänger der Relativitätstheorie. Er gab Langevins Vorschlag seine volle inoffizielle Unterstützung.

Einstein gab sich keiner Illusion hin über die tiefen und bitteren Gefühle, die das deutsche und das französische Volk immer noch trennten. Zunächst lehnte er die Einladung versuchsweise ab. Dann erwähnte er sie beiläufig bei Walther Rathenau, dem Reichsminister für Wiederaufbau (und späteren Außenminister).

Rathenau hatte Einstein im Haus eines gemeinsamen Freundes kennengelernt, und Einstein lud ihn zu sich in die Haberlandstraße ein. Zwischen den beiden Männern wuchs eine Freundschaft heran. Rathenau war an Einstein als einzigartigem inoffiziellem Botschafter interessiert; es konnte keinen Zweifel daran bestehen, welchen Rat er ihm nun erteilen würde. Einstein akzeptierte die Einladung.

In Frankreich befürchtete man, daß die französischen Nationalisten gegen den Besuch protestieren würden. Als die Vorbereitungen für das Ereignis getroffen wurden, vergaß Langevin nicht, eine Wohnung zu suchen, in die sein Gast heimlich gebracht werden konnte.

Langevin selbst war sich im unklaren, wann die Ankunft genau zu erwarten war und reiste am Nachmittag des 28. März 1922 von Paris nach Juemont an der belgischen Grenze. In seiner Begleitung war Charles Nordmann, der

Astronom vom Pariser Observatorium, dessen Buch »Einstein und das Universum«, im vorangegangenen Jahr in Frankreich erschienen, fast ein klassisches Buch der populärwissenschaftlichen Beschreibung und Interpretation war.

Am Grenzbahnhof stießen sie auf ihren Gast. Er saß sehr unprätentiös in der Ecke eines Abteils zweiter Klasse. Nordmann war ihm vorher nie begegnet, und aus seinem Bericht geht hervor, daß er auch von der äußeren Erscheinung Einsteins stark beeindruckt war.

»Der erste Eindruck, den man erhält, ist der einer erstaunlichen Jugendlichkeit«, schrieb Nordmann. »Einstein ist groß (er mißt etwa 1,76 m), hat breite Schultern, der Rücken ist nur wenig gebeugt. Sein Kopf – der Kopf, der die Welt der Wissenschaft so nachhaltig befruchtet hat – erregt sofort die Aufmerksamkeit und hält sie beschäftigt . . .

Vor allem gewinnt man den Eindruck einer verwirrenden Jugendlichkeit, sehr romantisch. In gewissen Augenblicken erinnert er mich unwiderstehlich an einen jungen Beethoven, bei dem die Meditation schon ihre Spuren hinterlassen hat . . . Und dann, plötzlich, bricht Gelächter aus und man hat einen Studenten vor sich. So erschien uns der Mann, der mit seinem Verstand, tiefer als jemand vor ihm, die erstaunlichen Tiefen des geheimnisvollen Universums ausgelotet hat[22].«

Die drei Männer hatten eine vierstündige Reise vor sich. Nordmann erinnerte sich an einige erhellende Bemerkungen. Als die Sprache auf Probleme der Quantentheorie kam, sagte Einstein: »Das ist eine Wand, vor der man innehalten mußte. Die Schwierigkeiten waren entsetzlich, die Relativitätstheorie war für mich nur eine Art Zuflucht.« Und, nachdem er hinzugefügt hatte, daß daran irgend etwas verrückt war, fuhr er fort: »Aber schließlich sind alle Physiker ein bißchen verrückt, oder nicht? Aber es ist wie mit Rennpferden: was der eine kauft, muß der andere verkaufen!«

Als sie über das weltweite Interesse an seinen Ideen sprachen, sagte Einstein, wie schon so oft, mit ungestelltem Staunen: »Es ist unglaublich.« Über die Opposition, die ihm und seinen Ideen in Deutschland entgegengebracht wurde, sagte er: »Solange sie nicht gewalttätig werden, lasse ich jeden sagen, was er will, denn ich selbst habe immer genau das gesagt, was mir gefällt.« Nach linksgerichteten Parteien befragt, sagte er mit einem breiten Lächeln: »Ich weiß nicht, was ich darüber sagen soll, denn ich glaube, daß die Linke ›une chose polydimensionelle‹ ist.«

Es war Mitternacht, als sie am Gare du Nord ankamen. Hier erwartete sie eine Versammlung von Journalisten und Photographen. Einstein wollte sie nicht sehen; Langevin fürchtete immer noch nationalistische Proteste. Sie verließen zusammen mit Nordmann den Zug auf der anderen Seite des Bahnsteigs und entschwanden unerkannt in die Metro.

Am Freitagnachmittag, dem 31. März, wurde er zum Collège de France gefahren. Hier, im großen Saal, wo Ernest Renan, Henri Bergson und andere Giganten des französischen Geisteslebens Vorlesungen gehalten hatten, erklärte er in bedächtigem Französisch den Konflikt zwischen klassischer Relativitätstheorie und Elektrodynamik. Langevin saß unmittelbar hinter ihm, bereit, ihm ein fehlendes Wort zuzuflüstern, wenn er zögerte. Madame Curie war unter den Zuhörern. Ebenso Bergson. Aber entgegen manchen Erwartungen war der Raum nicht überfüllt. Eintrittskarten waren nur an eine beschränkte Zahl von Wissenschaftlern und Studenten mit besonderem Interesse an dem Thema geschickt worden.

Einstein sprach während der nächsten Tage vor anderen ausgewählten Zuhörerkreisen, vor den philosophischen und mathematischen Abteilungen des Collège und, am 6. April, während einer Sitzung der Französischen Philosophischen Gesellschaft an der Sorbonne. Langevin war wieder anwesend, ebenso Bergson und Painlevé. Einstein wurde eingehend über die philosophischen Folgerungen seiner Theorie befragt. Er wurde freundlich empfangen, wenn auch ziemlich ins Kreuzverhör genommen; doch war die allgemeine Haltung gewiß weniger kritisch, als die von Emile Picard, dem ständigen Sekretär der Französischen Akademie der Wissenschaften, der gesagt haben soll: »Beim Thema Relativitätstheorie sehe ich rot[23].«

Die kleinen Mängel bei seiner Begrüßung hatten politische wie wissenschaftliche Ursachen, und die Gesellschaft Französischer Physiker, die stark nationalistische Ansichten vertrat, weigerte sich praktisch, seine Anwesenheit in der Hauptstadt zur Kenntnis zu nehmen. An der Akademie waren die Meinungen geteilt. Eine Reihe von Freunden machte sich dafür stark, daß er vor den »Unsterblichen« sprechen sollte. Aber die Tatsache, daß Deutschland noch nicht Mitglied des Völkerbunds war, bildete eine Schranke, und schließlich erledigte sich die Angelegenheit, als 30 Mitglieder erklärten, sie würden geschlossen hinausgehen, sobald Einstein den Raum betrete.

Wie das französische Volk, so hegte auch die französische Presse zweierlei Ansichten über das Problem, wie man Angehörigen einer Nation gegenübertreten sollte, die man mehr als vier Jahre lang bekämpft hatte. »Wenn ein Deutscher ein Heilmittel gegen Krebs oder Tuberkulose entdecken würde«, fragte eine Zeitung, »müßten diese dreißig Akademiemitglieder dann mit der Anwendung dieses Heilmittels so lange warten, bis Deutschland im Völkerbund ist?[24] Aber dem Urteil der Akademie hätte sich wahrscheinlich die Mehrzahl der Franzosen angeschlossen. Einstein wußte, daß er den Franzosen verdächtig war. Er war nicht nur ein wissenschaftlicher Bilderstürmer, sondern auch ein Deutscher. Um das Verbrechen zu vervollständigen, war er nicht bloß ein Deutscher, sondern ein deutscher Jude. Es überrascht nicht, daß er nur eine maßvolle Begrüßung erhielt in einem Land, das durch die Deutschen 1 350 000 Tote und Vermißte zu beklagen hatte und immer noch über Recht und Unrecht des Falles Dreyfus debattierte.

Aber nicht nur in Frankreich wurde Einsteins neue Popularität nicht aus vollem Herzen begrüßt. England hatte ihn im vorigen Jahr willkommen geheißen, aber nun kam die *Times* mit einem rätselhaften Leitartikel heraus. Er begann mit einem Zitat von Painlevé in Paris: »Eine nachhaltige Geistesanstrengung ist nötig, um das Denken des großen deutschen Weisen zu durchdringen und seiner Logik zu folgen. Somit erscheint der Irrsinn der Gesellschaft, zwischen zwei Runden Bridge Einstein zu diskutieren, als eine der komischsten Angelegenheiten der Welt.« Mit einem schwachen Versuch, sowohl Einstein als auch die Relativitätstheorie auf eine normale Größenordnung zu beschneiden, fuhr die Zeitung fort: »Relativität ist an sich ein interessantes Wort und drückt genau das aus, was eine Anzahl von Leuten ständig tut, sie denken nämlich alles mögliche in ganz anderen Begriffen.« Mathematische Theorien, hieß es weiter, »bringen nie eine große praktische Veränderung mit sich, und vielleicht ist das ganz gut so; denn wenn nun, als eine Folge der Relativitätstheorie, der Apfel nicht mehr zu Boden fiele, könnten einige andere Dinge geschehen, darunter einige gefährliche, und Einstein könnte ebenso unbeliebt werden wie er jetzt beliebt ist«[25].

Während der Reise nach Paris hatte Einstein Nordmann anvertraut, daß er gerne die Schlachtfelder gesehen hätte, und am letzten Tag seines Besuches wurde er um halb sieben Uhr morgens von Nordmann, Solovine und Langevin abgeholt. Einstein hatte die kleine Reisetasche bei sich, die sein einziges Gepäck war. Die Gruppe fuhr in nordöstlicher Richtung entlang der deutschen Vormarschlinie von 1914. Bald befand man sich mitten in den Ruinen des Krieges, in einer Landschaft aus Dörfern, die dem Erdboden gleichgemacht waren, halbverfallenen Schützengräben, ganzen Wäldern, die vom Artilleriefeuer umgemäht waren. Sie hielten öfter an und stiegen aus. Einstein war sichtlich erschüttert, bestürzt, und konnte kaum verstehen, daß der Krieg wirklich so gewesen war, schlimmer noch als die Propaganda behauptet hatte. An einem Punkt zwischen verwüsteten Bauernhäusern und neben von Gas vernichteten Bäumen wandte er sich an seine Freunde. »Alle Studenten Deutschlands müssen hierhergebracht werden«, sagte er, »alle Studenten der Welt, damit sie sehen, wie häßlich der Krieg wirklich ist. Die Leute machen sich oft eine falsche Vorstellung, weil sie aus Büchern stammt. Die meisten Deutschen haben ein Bild von den Franzosen, das rein literarisch ist, und viele Menschen haben eine ebenso literarische Auffassung vom Krieg und den Ruinen, die er schafft. Wie notwendig ist es, daß sie herkommen und *sehen*«[26]!

Sie kamen nach St. Quentin, wo die Amerikaner erstmals voll in das Geschehen eingegriffen hatten, und dann zu den Ruinen von Reims. Einstein hielt von Zeit zu Zeit inne und sagte nur ein Wort: »Schrecklich«.

In Reims aßen sie zu Mittag. An einem Nebentisch saßen zwei hohe französische Offiziere in voller Uniform und eine elegant gekleidete Dame. Nordmann bemerkte, daß sie allem Anschein nach Einstein erkannt hatten und sich Gewißheit verschafften, indem sie einen Ober zu Nordmanns Chauffeur schickten. Als sich Einstein mit seiner Begleitung später erhob, um das Lokal zu verlassen, standen die französischen Offiziere und ihre Begleiterin auf, wandten sich Einstein zu und verbeugten sich höflich, ohne ein Wort dabei zu sagen.

Von Reims aus fuhren sie nach Norden durch das weite verwüstete Land und setzten Einstein in den Zug nach Köln. Bei der Abfahrt winkte er mit seinem breitrandigen Hut zur deutschen Grenze hin: »Ich werde den Leuten da drüben alles beschreiben, was ich gesehen habe.«

Als er nach Berlin zurückkam, stellte er fest, daß während seiner Abwesenheit die Aufführung des ersten »Relativitäts-Filmes« stattgefunden hatte. Er war von einem Professor Nicolai und einem Herrn Kornbaum gemacht worden und bestand aus vier Teilen. Der erste zeigte das bekannte Experiment mit einem Gegenstand, der erst aus einem fahrenden und dann aus einem stehenden Wagen fällt; der zweite die Widersprüche, auf die man nach der gängigen Theorie des Lichts stößt. Der dritte Teil versuchte zu zeigen, wie die Relativitätstheorie diese Probleme bezüglich Raum und Zeit löst, wogegen der letzte die Ablenkung des Sternenlichts behandelte, so wie sie sich bei der britischen Expedition von 1919 erwiesen hatte. Der Film war klug angelegt, aber er setzte bei den Zuschauern ein ausreichendes physikalisches Grundwissen voraus und hatte somit keinen vollen Erfolg. Seltsamerweise schrieb Einstein erst nach Ablauf von zwei Monaten an deutsche Zeitungen, daß er an der Herstellung des Films nicht beteiligt war und die Produzenten gebeten hatte, einen anderen Titel zu wählen.

Am 11. Juni sprach Einstein auf dem Treffen der Deutschen Friedensgesellschaft im Gebäude des Reichstags. Er plädierte für eine europäische Einheit, bedauerte die Schwierigkeiten, die durch die Sprachunterschiede hervorgerufen werden und meinte, daß in Zukunft die Menschen guten Willens nicht fragen dürften, was für ihr Land getan werden kann, sondern vielmehr, was das Land tun muß, damit die größere Daseinsform möglich wird und existieren kann. Und er fuhr fort, seine Überzeugungen darzulegen, an denen er noch ein

Jahrzehnt festhielt – bis ihn Hitlers Aufstieg dazu trieb, sie voll Verzweiflung aufzugeben: »Ich glaube, es ist von größter Bedeutung, daß, wo immer sich die Möglichkeit dazu ergibt, Menschen verschiedener Sprache, verschiedener politischer und kultureller Anschauungen, über ihre Grenzen hinweg miteinander in Verbindung treten – nicht mit dem Hintergedanken, daß sie etwas aus den anderen für ihren eigenen Vorteil oder den ihres Landes herausholen könnten, sondern um in einem Geist des guten Willens die Kluft zwischen den geistigen Gruppen in vergleichsweise unabhängigen Sphären zu überbrücken[27].«

Vielleicht bestand nun endlich die Chance, auf den Trümmern der Nachkriegszeit eine neue Welt zu erbauen. Vielleicht gab es mehr als nur einen Hoffnungsschimmer für Europa. Einstein glaubte daran, und als er von Sir Eric Drummond, dem Generalsekretär des Völkerbunds, eingeladen wurde, der neu gebildeten Kommission für Geistige Zusammenarbeit beizutreten, sagte er sofort zu. Die Weimarer Republik war immer noch von innen bedroht. Trotzdem schien es, als ob die Kräfte, die sich für einen internationalen Wiederaufbau einsetzten, zuguterletzt an Boden gewannen.

Da wurde Walther Rathenau am 24. Juni 1922 von Rechtsextremisten ermordet, als er sein Haus in Berlin-Grunewald verließ.

Der Mord war Teil eines Plans. Im gleichen Monat war ein Anschlag zweier Nationalisten auf Philipp Scheidemann, den früheren Reichskanzler, gerade noch fehlgeschlagen; und wenige Tage nach Rathenaus Tod wurde ein anderer prominenter Jude, der Publizist Maximilian Harden, von Attentätern schwer verletzt.

Einstein sah in der Ermordung Rathenaus ein Symbol für die anwachsende Welle des Antisemitismus. Sie brachte ihn dazu, von der Völkerbundskommission zeitweilig zurückzutreten; fast hätte er Deutschland deshalb verlassen. Er ließ sich nur durch die Bitten des Völkerbunds dazu überreden, seinen Entschluß rückgängig zu machen und in Berlin zu bleiben.

Rathenau war im Februar Außenminister geworden. Im April hatte Rathenau erfolgreich den Vertrag von Rapallo abgeschlossen, wonach sich Deutschland und Rußland zur Wiederaufnahme diplomatischer Beziehungen verpflichteten, auf gegenseitige finanzielle Ansprüche verzichteten und eine wirtschaftliche Zusammenarbeit anstrebten. Vielen Deutschen war der Vertrag als neues Anzeichen dafür erschienen, daß die Weimarer Republik im allgemeinen und die Juden im besonderen mit derselben roten Farbe des Kommunismus getüncht waren.

So war der Mord an Rathenau der Anlaß, die zwei gegensätzlichen Kräfte innerhalb der Republik verstärkt zu polarisieren. Der Tag seiner Beerdigung wurde zum Volkstrauertag erklärt. Alle Schulen, Universitäten und Theater blieben geschlossen. Aber in Heidelberg hielt Philipp Lenard demonstrativ seine Vorlesung wie gewöhnlich. Und in Berlin ging das Gerücht um, Einstein sei der nächste auf der Attentatsliste. Die Gerüchte entbehrten nicht der Grundlage. Als Einstein sich im Vorjahr in den Vereinigten Staaten aufgehalten hatte, war ein junger Deutscher, Rudolph Leibus, angeklagt worden, für die Ermordung Einsteins, Professor Foersters und Hardens eine Belohnung ausgesetzt zu haben mit der Begründung, daß »es eine patriotische Pflicht sei, diese Führer der pazifistischen Gesinnung zu erschießen.«

Einstein gab sich keinen Illusionen hin. Am 4. Juli schrieb er nach Genf, er trete von der neu gegründeten Kommission zurück, und zwar begründete Einstein diesen Schritt Madame Curie gegenüber nicht nur mit Rathenaus Ermordung, sondern auch mit dem Antisemitismus unter den Leuten, die er repräsentieren sollte. Das war aber nur der Anfang. Am 8. Juli sagte er seinen großen Vortrag über die Relativitätstheorie ab, den er bei der Jubiläumsveranstaltung der Deutschen Naturforscher und Ärzte in Leipzig hätte halten sollen[28].

Madame Curie bat ihn nun schriftlich[29], doch in der Völkerbundskommission zu verbleiben, und fügte hinzu, dies wäre sicher im Sinne Rathenaus gewesen. Einstein antwortete am 11. Juli, daß sie die Situation in Deutschland nicht verstehe; und er fügte hinzu, daß es für einen Juden ziemlich unmöglich sei, sowohl der deutschen als auch der internationalen Geisteswelt zu dienen.

Mitte Juli 1922 hatte sich Einstein schon damit abgefunden, aus Deutschland vertrieben zu werden. Er hatte dort acht Jahre gelebt, länger als irgendwo zuvor seit seiner Jugend. Nun würde er – wieder einmal – weiterziehen müssen.

Wie 1919 und 1920 wurde er erst im letzten Moment vom Wegzug abgehalten, vom Wegzug nach Holland oder in die Schweiz. Diesmal redete ihm Pierre Comert vom Völkerbund ins Gewissen, der mit denselben Argumenten an ihn appellierte wie Madame Curie: jetzt Deutschland verlassen, hieße das Schiff aufgeben.

Einige begründete Hoffnungen ergaben sich im folgenden Monat auf dem Treffen zum hundertjährigen Bestehen der Gesellschaft Deutscher Naturforscher und Ärzte in Leipzig. Einstein war immer noch darauf bedacht, kein allzu leichtes Ziel für die Antisemiten abzugeben und hatte sich geweigert, als Hauptredner aufzutreten. Aber die Verantwortlichen hatten darauf bestanden, die Relativitätstheorie zu einem wichtigen Tagungsgegenstand zu machen, und Vorlesungen über dieses Thema waren von Laue und einigen anderen geplant. Sobald dies bekannt wurde, traten die früheren Mitglieder der »Anti-Relativitäts-GmbH« in Aktion und verfaßten ein Flugblatt, das an die Zeitungen geschickt und bei Konferenzbeginn in Leipzig verteilt wurde. »Die Unterzeichneten«, hieß es darin, »betrachten es als unvereinbar mit dem Ernst und der Würde der deutschen Wissenschaft, wenn eine im höchsten Maße anfechtbare Theorie voreilig und marktschreierisch in die Laienwelt getragen wird und wenn die Gesellschaft Deutscher Naturforscher und Ärzte benützt wird, um solche Bestrebungen zu unterstützen«[30]. Aber »Die Unterzeichneten« waren eine noch viel weniger eindrucksvolle Gruppe als diejenigen, die im Vorjahr in Bad Nauheim aufgeboten worden waren.

Einstein war diesmal jedoch gewitzt genug, um klar zu sehen, daß sich die Situation wieder ändern konnte – ebenso gründlich und ebenso rasch. Hinter der Gelassenheit, die er angesichts der Ereignisse zur Schau trug, blieben Zweifel, selbst als ihm im Herbst des Jahres 1922 eine Anerkennung zuteil wurde, die er nach Meinung vieler schon früher verdient hatte. Das war der Nobelpreis für Physik.

Wahrscheinlich gilt es für die Physik noch mehr als für die anderen Bereiche, in denen dieser Preis vergeben wird, daß ein erheblicher Zeitraum verstreichen muß, ehe Leistungen gerecht beurteilt werden können. So erhielt Appleton erst 1947 den Preis für seine Erforschung der Ionosphäre, die er in den Jahren 1924 und 1925 durchgeführt hatte. Bei Einstein spielten andere Faktoren mit. Ob auch der Streit, der immer noch um die allgemeine Relativitätstheorie im Gange war, von Bedeutung war, ist eine Frage, deren Beantwortung für immer bei der Schwedischen Akademie der Wissenschaften ruhen wird. Man brauchte jedoch die allgemeine Relativitätstheorie überhaupt nicht heranzuziehen, da es ja schließlich Einsteins frühere Arbeiten gab. Aber hier stellte sich den Mitgliedern der Akademie der Wortlaut ihrer Bestimmungen als Hemmschuh entgegen. Denn als Alfred Nobel die Richtlinien festlegte, nach denen der Preis für Physik vergeben werden sollte, machte er zur Bedingung, daß er für eine »Entdeckung« zu verleihen sei; zudem sollte es eine Entdeckung von großem Nutzen für die Menschheit sein. Nun war es fraglich, ob die spezielle Relativitätstheorie genau genommen überhaupt eine »Entdeckung« war; auch wenn das zutraf, fiel es noch schwerer zu behaupten, daß die Menschheit im Anfang der zwanziger Jahre großen Nutzen daraus gezogen hätte. Die Relativitätstheorie wurde bereits allgemein als Werkzeug in den Laboratorien verwendet, wo man subatomare Teilchen untersuchte, aber das hatte Nobel nicht gemeint. Doch im Herbst 1922 entschied sich die Akademie, daß sie die Auszeichnung vornehmen könne. Der Preis wurde verliehen, »unabhängig von dem Wert, der letztlich seinen Theorien über die Relativität und die Schwerkraft zukommen mag, wenn diese bestätigt werden, für seine Beiträge zur theoretischen Physik und besonders für seine Entdeckung des Gesetzes vom photoelektrischen Effekt«. Hier stand man auf sicherem Boden, denn das photoelektrische Gesetz war nicht nur eine Entdeckung, die das quantitative Verhältnis zwischen Licht und der Emission von Elektronen aufdeckte, sondern es wurde Anfang der zwanziger Jahre auch schon praktisch angewendet.

Die Verleihung rief eine Reaktion hervor, die wohl kaum unerwartet kam: Lenard schrieb einen bitteren Brief an die Schwedische Akademie und klagte sie der Wiederherstellung von Einsteins Prestige an, ohne sich dabei auf eine Bejahung der Relativitätstheorie zu verpflichten. Die Auszeichnung führte auch zu peinlichen Anfragen der Schweizer und der deutschen Botschaft in Stockholm. Beide wollten Einstein für sich beanspruchen. Das Ergebnis war eine Mischung aus Pathos und Farce, die nicht ohne internationales Interesse blieb; denn von der Antwort auf die Nationalitätenfrage[31] hing ab, welcher Botschafter Einstein bei der Verleihungszeremonie und zum Staatsbankett begleiten durfte, das der König von Schweden alljährlich zu Ehren der Preisträger gab.

Einstein reiste mit seinem Schweizer Reisepaß, eine Tatsache, die das deutsche Auswärtige Amt sofort dem deutschen Botschafter, Herrn Nadolny, mitteilte. Nadolny aber war von Berufs wegen wenig geneigt, dies einfach hinzunehmen. Wie es scheint, mit gutem Grund. Denn als er Anfang Dezember telegrafisch bei der Berliner Akademie der Wissenschaften anfragte, erhielt er die umgehende Antwort: »Einstein ist Reichsdeutscher«. »Als ich hiervon dem schweizerischen Gesandten Mitteilung machte, wunderte er sich . . .«, schrieb Nadolny[32] später. »Infolge meines bestimmten Hinweises auf die Depesche beruhigte er sich jedoch . . . mit der Bemerkung, daß Einstein auch wohl allgemein als Deutscher angesehen werde und wahrscheinlich auch er selbst jetzt als solcher gelten wolle.« Nadolny wiederum war ebenfalls entgegenkommend. Er legte seiner Regierung nahe, die Rolle der Schweiz in Einsteins Leben und Werk in jeder Presseankündigung hervorzuheben. Später machte er den Vorschlag, den Schweizer Botschafter »als eine sich lohnende Höflichkeit« zu der Nobelvorlesung einzuladen, die Einstein in Stockholm halten sollte. Dieses Ergebnis war tatsächlich ein Kompromiß. Einstein konnte den Preis nicht selbst entgegennehmen, da er am 11. Dezember, dem Jahrestag von Nobels Tod, nicht in Europa weilte. Dieser glückliche Zufall ermöglichte es den Schweizern und den Deutschen, eine Rolle in dem Schauspiel zu übernehmen. Denn in Stockholm wurde der Preis an Einsteins Stelle vom deutschen Botschafter entgegengenommen[33]. Aber in Berlin wurde er ihm auf eigenen Wunsch nicht vom Schwedischen, sondern vom Schweizer Botschafter in Deutschland ausgehändigt[34]. In den Annalen der Nobelstiftung freilich steht Einstein als »Deutscher« verzeichnet.

Ein Ergebnis dieses Durcheinanders war, daß die Berliner Akademie vom deutschen Minister für Wissenschaft, Kunst und Volksbildung aufgefordert wurde, das Dunkel um Einsteins Staatsangehörigkeit ein für allemal zu klären. Ihr Bericht vom 13. Januar 1923 stellte lediglich fest, daß alle Beamten Deutsche sein müßten, daß Einstein 1914 Beamter geworden sei und deshalb »abgeleitet werden muß«, daß er Deutscher war, »auch wenn er sie (die deutsche Staatsbürgerschaft) nicht von Geburt an besaß«[35]. Die frühere Schweizer Staatsbürgerschaft habe nichts damit zu tun, hieß es abschließend, und deshalb stufe die Akademie ihren Mann als »jedenfalls zunächst Reichsdeutschen« ein.

Damit war die Sache aber noch nicht beendet. Als Einstein Anfang 1923 nach Deutschland zurückkehrte, bat ihn die Akademie um die Darlegung seines eigenen Standpunktes. Am 24. März 1924 nahm er Stellung und wiederholte, daß er 1914 das Berliner Angebot nur unter der Bedingung angenommen habe, daß er Schweizer Staatsbürger blieb[36]. Am 14. Mai 1923 ließ der Minister Einstein wissen, daß sich nichts über seine Staatsangehörigkeit in den Akten befinde. Er riet ihm, sich mit einem hohen Staatsbeamten, Dr. von Rothenburg, in Verbindung zu setzen, wenn er die Angelegenheit endgültig bereinigt haben wollte. Die Unterredung fand sechs Monate später statt. Sie führte zu einer Erklärung[37] Einsteins, datiert vom 7. Februar 1924, in der er die Lage akzeptierte. Damit war die Angelegenheit beendet, bis Einstein neun Jahre später in der deutschen Botschaft in Brüssel seinen Paß abgab.

Das Geld des Nobelpreises ging an Mileva. Selbst Einsteins engste Freunde hatten davon keine Ahnung, und Lorentz schrieb glücklich, daß es abgesehen von der Ehre »eine materielle Seite des Nobelpreises (gibt), und ich vertraue darauf, daß diese Ihnen die Sorgen des täglichen Lebens erleichtert«[38]. Zu diesem Zeitpunkt war seine finanzielle Lage in der Tat viel sicherer. Angebote, Vorlesungen zu halten, kamen schnell und zahlreich. Eines traf von einem japanischen Verleger ein[39].

Seine kurzen Tagebuchnotizen, wie auch die Äußerungen in verschiedenen Zeitungsinterviews deuten an, daß die Japanreise im Grunde eine enttäuschende Erfahrung war, obgleich ihm die seiner Meinung nach einfachen, höflichen Japaner gut gefielen. Man hatte ihn eingeladen, bei voller Erstattung der Unkosten von einem Ende des Landes bis zum anderen zu reisen und Vorträge zu halten. Er hätte wissen sollen, daß ihn diese Prozedur ziemlich erschöpfen mußte.

Die Einsteins trafen Mitte November in Japan ein. Einstein gab im Imperial-Hotel in Tokio eine Pressekonferenz und bereitete sich dann auf seinen ersten Vortrag vor. Dieser sollte im großen Saal der Keio-Universität stattfinden. *The*

Japan Weekly Chronicle berichtete, daß zu dem Zeitpunkt, als Einstein erscheinen sollte, »der Saal mit Gelehrten, Lehrern und Studenten voll besetzt war. Auch einige Frauen waren anwesend«. Einstein begann um 13.30 Uhr mit seinem Vortrag und sprach drei Stunden lang. Das bedeutete eine beträchtliche Anstrengung, auch wenn darin die Zeit für die Übertragung ins Japanische enthalten war. Danach war eine Stunde Pause. Um 17.30 Uhr stand er wieder auf der Rednerbühne. Er begann da, wo er aufgehört hatte, offensichtlich erfreut über seine aufmerksamen Zuhörer und sprach weitere drei Stunden. »Das Publikum«, hieß es, »war erstaunt über seine Ausdauer«.

Es war ein glücklicher Start einer insgesamt unbefriedigenden Tour. Die Einsteins wurden dem Kaiserpaar vorgestellt, was eine einmalige Ehre darstellte. Sie besuchten das Chrysanthemen-Fest in den Kaiserlichen Gärten und eine Reihe anderer offizieller Empfänge, bevor ihre einmonatige Rundreise begann. Das Publikum, zu dem Einstein fortan sprach, war weniger kompetent als das in Tokio; es wurde ebensosehr von seinem Namen angezogen wie von der beinahe mystischen Bedeutung, die die Relativitätstheorie für die Japaner angenommen hatte.

Nicht alle Japaner waren über diese neue Bedeutung der Theorie glücklich. »Das übertriebene Vertrauen in die Wissenschaft und die Geringschätzung des Glaubens haben das letzte Jahrhundert zu einem Jahrhundert des Verfalls gemacht«, schrieb *The Japan Weekly Chronicle*. »Es ist traurig, feststellen zu müssen, daß die Japaner sich trotzdem so freudig über eine neue wissenschaftliche Theorie zeigen.«

Das Wort »freudig« wäre Einstein noch als Untertreibung erschienen, denn er wurde mit großem Zeremoniell durch Japan geführt und als wissenschaftliche Kuriosität bestaunt und angehört. In Anbetracht der Zeit, die zum Dolmetschen benötigt wurde, kürzte er zunächst seinen ursprünglichen Vortrag, um ihn dann wieder auf Originallänge zu bringen, nachdem man ihm klargemacht hatte, daß er seine Gastgeber tief beleidigt habe, weil er ihnen weniger bot als den Tokiotern.

Der große Eindruck, den er machte, geht nicht nur aus seinem Empfang hervor, sondern auch daraus, auf welch verschiedenen Ebenen seine Relativitätstheorie offenbar diskutiert wurde. Ein Bericht, der in *Mainichi* erschien und im *The Japan Weekly Chronicle* in Englisch abgedruckt wurde, kann zwar nicht gerade wörtliche Genauigkeit für sich beanspruchen, doch zeigt er, welche Bedeutung in Japan der Theorie beigelegt wurde. Der Bericht beschrieb auch eine Diskussion »ganz ungewöhnlicher Art« im japanischen Ministerrat über die Frage, ob ein Nichtphysiker überhaupt Einstein verstehen könne.

Die übrige Bevölkerung verhielt sich anders. Ende Dezember war Einstein jedenfalls froh, an Bord des Schiffes nach Europa zurückkehren zu können. Trotzdem hatte er von dem japanischen Volk eine hohe Meinung. Auf der Rückreise besuchte er Palästina und weihte dort offiziell die neue Hebräische Universität ein. Dann fuhren er und seine Frau mit dem Schiff nach Marseille weiter und von dort aus nach Madrid, wo während seiner Abwesenheit von Europa die Vorbereitungen für eine neue Triumph-Tour getroffen worden waren.

Der Vortrag, den Einstein an der Akademie der Wissenschaften in Madrid hielt, bevor man ihn zum Mitglied wählte, wurde von König Alfons XIII. besucht. Der Rektor der Madrider Universität schlug vor, nicht nur Professor Einstein, sondern auch seiner Frau die Ehrendoktorwürde zu verleihen. Der spanische Erziehungsminister bot ihm eine Zuflucht an, falls die Zustände in Deutschland »die ruhige Fortsetzung seiner wissenschaftlichen Arbeiten behindern« sollten.

Bevor Einstein nach Madrid kam, hielt er einen Vortrag in Barcelona. Dort besuchte er eine lokale Syndikalisten-Versammlung, eine Gemeinschaft von Arbeitern, die die Kontrolle der Industrie durch direkte Aktionen anstrebten. *The Times* zitierte folgenden Wortlaut, mit dem er sich an die Versammlung gewandt haben soll: »Ich bin auch ein Revolutionär, wenn auch nur ein wissenschaftlicher. Die Verfolgungen, von denen Sie mir erzählen, scheinen eher dumm als bösartig gewesen zu sein. Sie sehen nur die schlechte Seite der Dinge. Es gibt auch eine gute Seite.« Offenbar ziemlich harmlose Worte, doch schmückten die linksgerichteten spanischen Zeitungen ihre Storys auf geeignete Weise aus. Einstein war jedenfalls gezwungen, die Erklärung abzugeben, daß Berichte über dieses Treffen nicht korrekt wiedergeben, was er gesagt habe.

Einstein kehrte nach Berlin zurück, nur wenige Wochen, bevor eine Bekanntmachung aus Washington der allgemeinen Relativitätstheorie neuen Rückhalt gab.

Im vergangenen September hatte es eine neue totale Sonnenfinsternis gegeben, die auf einem schmalen Gebietsstreifen sichtbar war, der sich von Somaliland über den Indischen Ozean bis nach Australien erstreckte. Eine Gruppe vom Greenwich-Observatorium und eine deutsch-holländische Expedition – die Deutschen angeführt von Freundlich – waren zur Weihnachtsinsel aufgebrochen. Von Sydney wurde ein Phototeleskop nach Cunnamulla in Queensland gebracht, und die Regierung von New South Wales schickte eine Gruppe nach Cordillo Downs, tief im Innern Australiens. Zusätzlich hatten australische, kanadische und amerikanische Astronomen ihre Instrumente in der Nähe von Broome an der Nordwestküste Australiens installiert. Die amerikanische Expedition stand unter der Führung von Professor Campbell vom Lick-Observatorium.

Am 21. September 1922 schrieb *The Times*: »Wenn heute der erwartete Nachweis tatsächlich erbracht wird, muß man zugeben, daß menschliche Beobachtungen des Universums mit einer Theorie in Einklang gebracht werden können, aus der absoluter Raum und absolute Zeit ausgeschlossen sind, obgleich sie zur Zeit nicht mit einer Theorie vereinbar sind, die auf diesen Newtonschen Begriffen basiert.«

Sieben Monate später wurde bekannt, daß dieser Nachweis erbracht worden war. Professor Campbells Gruppe war auf nahezu ideale Bedingungen gestoßen. Auf ihren vier speziellen Phototeleskopen waren Hunderte von Sternbildern festgehalten, und einige davon wurden zur Prüfung und Berechnung ausgewählt. Am 12. April 1922 berichtete Campbell, daß die Abzüge, die am 21. September gemacht worden waren, verglichen mit denen, die man in Tahiti drei Monate vor der Sonnenfinsternis gemacht hatte, mit Einsteins Vorhersage übereinstimmten »so präzise wie die glühendsten Anhänger der Relativitätstheorie es nur wünschen können«. Am nächsten Abend teilte Eddington die Resultate der Lick-Expedition seinen Astronomen-Kollegen in Burlington House mit.

Nicht alle waren erfreut. »Es ist ein interessanter Kommentar zu dem Widerstreben vieler führender Wissenschaftler, die Relativitätstheorie zu akzeptieren«, schreibt Eddingtons Biograph, »daß Campbell, als man ihn fragte, was er sich von den Sonnenfinsternis-Aufnahmen erwartet habe, antwortete: ›Ich hoffte, es würde nicht wahr sein.‹ Zweifelsohne haben einige Mitglieder der Royal Society und auch ein paar der Royal Astronomical Society ähnliche Gefühle gehabt[40].«

Obgleich die Lick-Expedition den dritten Beweis lieferte, »daß Licht nicht geradlinig verläuft«, wenn es von der Schwerkraft beeinflußt wird, wurden die konservativen Zweifler durch spätere Ereignisse bis zu einem gewissen Grad gerechtfertigt. Als nämlich der technische Fortschritt präzisere Ergebnisse ermöglichte, lebten Spekulationen über den Grad der jeweiligen Ablenkung wieder auf; auch dreißig Jahre später mußte man konstatieren, daß »die Frage der quantitativen Übereinstimmung zwischen Theorie und Beobachtung immer noch diskutiert« wird[41].

Als Einstein wieder in Deutschland war, hoffte er, seine Arbeit in Berlin ungestört fortsetzen zu können. Ein außergewöhnlicher Artikel über seine angebliche »Rußlandreise« hätte ihm als Warnung dienen können. Die *Deutsche Allgemeine Zeitung* brachte am 15. September 1923 eine Notiz, daß Einstein Ende des Monats in Moskau erwartet werde[42]. Die rechtsgerichtete *Berliner*

Börsenzeitung zitierte russische Angaben, wonach Einstein »am 28. Oktober in Petersburg eintrifft und vor einem Kreise erfahrener wissenschaftlicher Arbeitskräfte über die Relativitätstheorie sprechen wird«[43]. Die *Kieler Zeitung* wollte nicht zurückstehen und berichtete am 2. November: »Einstein weilt gegenwärtig zu einem dreitägigen Aufenthalt in Petersburg.«[44] In Wahrheit war Einstein nie in Rußland.

Doch die Zeitungsenten wurden durch sein eigenes Handeln in ihrer Glaubwürdigkeit unterstützt. Er stand nämlich nicht nur auf verhältnismäßig gutem Fuß mit Georgij Tschitscherin, dem russischen Volkskommissar für auswärtige Angelegenheiten, sondern fungierte wenigstens einmal als Unterhändler des Zionistenführers Kurt Blumenfeld, um die Lebensbedingungen der Juden in Rußland zu erleichtern.

Blumenfeld hat selbst erzählt[45], wie er eines Tages einen osteuropäischen Juden getroffen habe, der die zionistische Aktivität aufmerksam verfolgte. »Sie haben Einstein für die zionistische Sache gewonnen«, sagte dieser Mann. »Tschitscherin empfindet den größten Respekt für Einstein, mit dem er schon oft gesprochen hat. Bringen Sie ihn dazu, Sie mit Tschitscherin bekanntzumachen; wenn Sie ihn mit Einstein allein treffen, kann etwas dabei herauskommen.« Blumenfeld erinnerte sich, wie er die Angelegenheit Einstein gegenüber erwähnte und dieser sofort mit den Worten zum Telefon lief: »Diese Unterredung kann wirklich interessant sein.« Einige Tage darauf suchten die beiden Männer die Sowjet-Botschaft auf; wenige Minuten nach der Bekanntmachung sagte der Botschafter: »Ich weiß, was Sie herführt.« Das Gespräch war lang und ergebnislos. Tschitscherin war instruiert, die Umsiedlung kleiner Gruppen von russischen Juden nach Palästina in Aussicht zu stellen, doch »Massenemigration steht außer Frage: sie widerspricht dem sowjetischen System«.

Anfang November wurde es Einstein auf einen Schlag wieder zum Bewußtsein gebracht, wie gefährlich die Situation für jeden war, der mit den Kommunisten freundlich verkehrte. In den ersten Tagen des Monats suchte ihn ein prominenter jüdischer Führer auf und warnte ihn offenbar, daß sein Leben in Gefahr sei. Am 7. November schrieb Einstein einen Brief an Planck und teilte ihm mit, daß er für ein paar Tage ins Ausland gehe. Gleichzeitig sagte er eine Einladung Plancks zum Abendessen in der Haberlandstraße ab, die für den Abend des 9. November geplant war[46].

Planck erhielt den Brief nicht rechtzeitig und erschien am 9. bei den Einsteins. Elsa empfing ihn und informierte ihn über die plötzliche Abreise ihres Mannes nach Leiden. Beide hatten guten Grund, alarmiert zu sein. Denn zwischen dem 7. November, an dem Einstein den Brief geschrieben hatte, und Plancks Eintreffen in der Haberlandstraße hatten die Nationalsozialisten, angeführt von

Hitler und unterstützt von General Ludendorff, mit dem Marsch zur Feldherrnhalle die bayerische Regierung in München an sich zu reißen versucht, um dann den Marsch nach Berlin anzutreten.

Einsteins Flucht hatte in Wahrheit nicht unmittelbar etwas zu tun mit dem Münchner *Putsch*. Sie war eher ein Hinweis auf das anti-semitische Klima der Zeit, aber Einsteins Entschluß für die Nacht zum 9. November kann schwerlich ein Zufall sein. Am 10. November schrieb Planck an Einstein nach Leiden mit der Bitte, Einstein möge keines der Angebote annehmen, die man ihm sicher mache. Es sind keinerlei Anzeichen vorhanden, daß Einstein um sein Leben bangte. Er wollte vielmehr seine Arbeit weiterbetreiben und wußte, daß dies unter einer nationalsozialistischen Herrschaft kaum möglich sein würde.

Einstein kam nicht ausschließlich auf Plancks Appell zurück, auch nicht wegen Elsa und seines komfortablen Heimes in der Haberlandstraße. Was für 1914 gegolten hatte, traf auch jetzt, 1923, noch zu: Berlin hatte immer noch – so lange die Weimarer Republik bestand – das geistige Klima, in dem er mit seiner Arbeit am besten voran kam.

4. Teil

Das Zeitalter Einsteins

12. KAPITEL

UNTER DEN LINDEN

Einstein kehrte Ende November 1923 aus Holland nach Berlin zurück. Diese Stadt sollte für die nächsten zehn Jahre die Ausgangsbasis für eine entscheidende Periode der Konsolidierung in seinem Leben sein. Sein internationaler Ruf als Physiker festigte sich, und Einstein war entschlossen, diesen Ruf auszunützen. Er wollte mit den Zionisten zusammen eine Kampagne für eine jüdische Heimat in Palästina starten. Und er wollte mithelfen, ein neues Europa aufzubauen – auch wenn ihm die Entscheidung schwerfiel, ob dieses Europa auf einem unbewaffneten, pazifistischen Gefühl des guten Willens basieren oder lieber unter der Oberherrschaft einer internationalen Streitmacht stehen sollte.

Mit diesen politischen Ambitionen wäre es nicht weiter verwunderlich gewesen, wenn Einstein in dem Jahrzehnt, das auf 1924 folgte, außerhalb seines Spezialgebiets beträchtlichen Einfluß ausgeübt hätte. Viele Physiker taten das. Die britische Regierung neigte dazu, Rutherford ganz selbstverständlich in allen Fragen zu konsultieren, die die Naturwissenschaften betrafen. Es gab Madame Curie und Professor Langevin in Frankreich, Lorentz in Holland. Lindemann wurde später, als Lord Cherwell, zu einer der einflußreichsten und umstrittensten politisch-wissenschaftlichen Gestalten seiner Zeit. Einstein arbeitete jedoch während dieser Zeit von einer ganz anderen Warte aus und mit ganz anderen Resultaten. Sein Name war unersetzbar, wenn es darum ging, Geld von reichen Juden in die zionistischen Fonds fließen zu lassen. Seine Unterschrift unter pazifistischen Manifesten zeugte immer von einer ehrlichen Absicht und trug beträchtlich zur Publicity bei. Doch waren seine Bemühungen auf diesen Gebieten in den Jahren zwischen den beiden Weltkriegen trotz seiner grenzenlosen Begeisterung vielfach wenig produktiv.

Seine Absichten, die guten Gedanken, die er hatte, auch in die Tat umzusetzen – das wurde durch eben die Eigenschaften beeinträchtigt, die ihn zu dem weltweit bewunderten Genie machten. Da war einmal sein fester Entschluß, soviel Zeit wie möglich darauf zu verwenden, um herauszufinden, wie die physikalische Welt aufgebaut war. Er wollte die Juden unterstützen, und er wollte mithelfen, den Frieden in der Welt zu erhalten. Doch jedesmal, wenn er Gefahr lief, zu tief in diese Aktionen verstrickt zu werden, tauchte ein neues Rätsel des Universums auf, das seine Aufmerksamkeit beanspruchte. Einstein enthüllte seine eigene Ansicht über die Prioritäten, als er an Weizmann berichtete, er würde seinen Namen hergeben und mit den Leuten in Berlin reden, aber er würde nicht dafür »herumreisen oder Kongresse besuchen«. Seine Hingabe an die Sache des Pazifismus wurde ständig mit der Tatsache konfrontiert, daß es galt, wissenschaftliche Abhandlungen zu schreiben oder zu lesen und sie mit Männern wie Sommerfeld, Planck oder Laue zu diskutieren.

Einstein lehnte es ganz entschieden ab, sich Menschen nur für ganz bestimmte Zwecke zu verpflichten und die verschiedenen Interessen gegeneinander abzuwägen. Er haßte schmeichelhafte Bemerkungen, die die Wahrheit zudeckten anstatt sie zu erhellen.

Außerdem dominierte immer wieder sein Sinn für das Komische. Es war ihm gleichgültig, wie er aussah, und oft war es ihm auch egal, was er sagte. Er machte sich einfach keine Gedanken über Lappalien, auch wenn er, was die Umstände bewirkten, noch stärker im Licht der Öffentlichkeit stand als seine Kollegen – im Licht der Öffentlichkeit, wo Lappalien etwas bedeuten. So war es unvermeidlich, daß er in den Herzen vieler Menschen einen großen Platz einnahm, in den Irrgängen der Macht und der Politik aber einen kleinen.

Das Berlin des Jahres 1924 war eine Stadt mit wechselndem Geschick. Berlin erlebte, wie Deutschland sich aus den Wirren der Nachkriegszeit emporarbeitete und dann, auf Grund der Weltwirtschaftskrise von 1929, wieder in eine hoffnungslose Lage zurückfiel. Berlin war eine Stadt, die die Soldatenräte der Revolution und die Truppen des Kapp-Putsches überstanden hatte, aber bald von der Präsidentschaft Hindenburgs betrogen wurde, und später von Hindenburgs Kanzlerkandidaten, Adolf Hitler.

In dieser Hauptstadt lebte Einstein unter günstigeren Bedingungen als je zuvor. Zum erstenmal in seinem Leben bewohnte er mehrere Jahre lang ein und dasselbe Heim. Das Gegengewicht zu dem unterschwelligen antisemitischen Nationalismus, der sich eine Zeitlang nicht offen rührte, aber immer dicht unter der Oberfläche lag, bildete der Respekt, der ihm von der Universität und der Akademie gezollt wurde. In Leiden, wo er während seiner Aufenthalte als außerordentlicher Professor gern bei den Ehrenfests wohnte, war er sehr populär. Autoren-Tantiemen aus seinem Buch über die Relativitätstheorie und sein Einkommen in Leiden hoben ihn über den üblichen finanziellen Standard eines Professors hinaus. Er war schon immer achtlos mit Geld umgegangen, aber jetzt konnte er sich das auch leisten. Er hatte seine Musik und seine Segelei – und dazu die Wahl unter verschiedenen hübschen Seen in der Umgebung Berlins. Er hatte Beziehungen zu der vielsprachigen Welt von gebildeten Industriellen und Finanzmagnaten, Künstlern und Schauspielern. Sie alle schienen in den ersten Jahren der Weimarer Republik die Vorrangstellung eingenommen zu haben, die bis dahin das Militär innegehabt hatte. So war Einstein zum Beispiel ein enger Freund von Wilhelm Meinhardt, dem Vorsitzenden des Direktoren-Kollegiums von Osram, in dessen Haus im Engadin er sich nun aufzuhalten pflegte. Er war mit Max Slevogt und Emil Orlik befreundet. Ein typischer Männerabend, der von Einsteins Freund und Arzt Janos Plesch organisiert wurde, bestand aus Einstein und Haber, Slevogt und Orlik, Fritz Kreisler, Artur Schnabel und dem deutschen Außenminister Graf von Brockdorff-Rantzau.

Damals ging Einstein einmal abends in ein bekanntes Restaurant, zusammen mit dem russischen Physiker Joffé, mit Plesch und noch einem Begleiter. Einstein und Joffé liefen hinter den beiden anderen her und unterhielten sich laut. Plötzlich brach Einstein in dröhnendes Gelächter aus. Als ihre Freunde sie eingeholt hatten, erklärte er: »Der arme alte Joffé kann sich nicht entscheiden, durch welches Loch ein Elektron geht, wenn er es durch ein Bleihindernis mit einer Anzahl von Löchern feuert. Ein Elektron ist unteilbar, und deshalb kann es nur durch *ein* Loch gehen. Aber welches Loch? Dabei ist die Lösung wirklich ganz einfach: es geht durch die fünfte Dimension[1].« Die Physik war bis dahin immer noch zu wichtig, um allzu ernst genommen zu werden.

Ausgangspunkt von Einsteins Unternehmungen war die Wohnung in der Haberlandstraße 5, wo seine Frau unauffällig mithalf, sein Leben zu organisieren, und seine Stieftochter Ilse häufig als Sekretärin fungierte. Der wichtigste Raum war Einsteins Arbeitszimmer in einem Eckturm des Gebäudes. Er war durch eine kleine Treppe zu erreichen und gab den Blick auf Dächer und Himmel frei. Dieses Zimmer enthielt die benötigten Bücher und einen runden Tisch in der kleinen Fensternische, vollgepackt mit Abhandlungen, Notizen, Nachschlagewerken und einer Sammlung von Broschüren. Hier stand auch seine Zigarrenkiste, die Freunde ab und zu füllten, weil sie wußten, daß Elsa seiner Gesundheit wegen versuchte, ihn auf eine Zigarre pro Tag herunterzuschrauben. Das Arbeitszimmer war Einsteins alleiniges Reich. Weder durfte es eine Putzfrau betreten noch Elsa. »Hier war es, wo er seine Arbeit tat und seine Freunde empfing, um ungestört Probleme zu diskutieren«, schrieb Plesch. »Seine Frau (er nannte sie immer ›meine alte Dame‹) bedauerte es immer sehr, daß sie in diesem Zimmer nicht wie überall sonst nach ihm und seinen Dingen sehen konnte, aber Einstein war unerbittlich; Staub und Unordnung störten nicht; die Unabhängigkeit zählte[2].«

Hier hielt er sich morgens fast immer auf und auch nachmittags recht häufig, wenn er nicht mit Angelegenheiten der Universität oder mit Vorlesungen beschäftigt war. Er füllte dann Blatt um Blatt mit seinen Berechnungen, vertiefte sich in die Folgerungen und die Weiterentwicklung der allgemeinen Relativitätstheorie und bemühte sich ab 1920 darum, einen mathematischen Rahmen zu finden, der die Erscheinungen des Elektromagnetismus wie auch der Gravitation einschloß, die einheitliche Feldtheorie[3].

Die Situation der Akademiker in Deutschland geht aus einer Budgetforderung hervor, die Einstein Anfang April 1924 stellte. Vor dem Krieg betrug der Etat des Kaiser-Wilhelm-Instituts für Physik 75 000 Mark; nun waren es nur noch 22 000 Mark. Kaufkraftmäßig betrugen die Gehälter[4] von Lehrern und Wissenschaftlern nur noch ein Fünftel der Vorkriegsbeträge, in vielen Fällen sogar weniger. Einstein befand sich in einer anderen Lage. Er wollte seine Assistenten aus seiner eigenen Tasche bezahlen, was damals üblich war. Aber seine reichen Industriellenfreunde wollten davon nichts wissen: Sie legten für ihn ein Sonderkonto mit einer Pauschalsumme an, von dem er abheben konnte, wann und wieviel er wollte. Ganz egal, welche Beträge er abhob, der Kontostand wurde immer wieder auf die ursprüngliche Summe aufgefüllt.

Daß seine Budgetforderung kein Einzelfall war, wird von einem jungen Mann aus Oxford, Edward Skillings, bestätigt, der einige Zeit zuvor Berlin und acht andere Universitätsstädte besucht hatte. »Es liegt auf der Hand, daß ein großer Teil der Professoren schreckliche Not leidet, sowohl physisch wie auch psychisch«, berichtete er[5]. In Halle erklärte die Frau eines Professors, daß ihr Mann ohne die »fürchterlich demütigende« Hilfe aus England nicht arbeiten könnte. In Göttingen war der Professor, den Skillings anzutreffen hoffte, vor kurzem an Unterernährung gestorben. Das waren natürlich nur Details aus dem viel größeren Bild der Düsternis und Depression, das sich bot; und das führte bereits dazu, das Vertrauen der Deutschen in die Fähigkeiten ihrer neuen republikanischen Regierung schwinden zu lassen.

Angesichts dieses trostlosen und deprimierenden Hintergrunds war die Relativitätstheorie ein Phänomen, das die Nationalisten sehr wohl hätten ausnützen können, um die schöpferische Kraft der deutschen Wissenschaft zu illustrieren. Teil dieses Phänomens war der »Relativitäts-Boom«, der zu Anfang der Zwanziger Jahre Europa, England und die USA mit Erklärungen der Theorie überschwemmte, Erklärungen in allen Schattierungen von höchster Gelehrsamkeit bis zur Primitivität. »Der Strom setzt sich fort«, schrieb E. Cunningham im Juni 1922 in der *Nature*. »Hier liegen sieben weitere Bücher über die Relativitätstheorie vor uns[6].« Eine Bibliographie des Vorjahres führte fast 650 Abhandlungen, Artikel und Bücher auf, die sich mit diesem Thema befaßten.

Laue war in Deutschland der erste gewesen, der ein umfassendes Buch über die spezielle Relativitätstheorie geschrieben hatte, nämlich »Das Relativitätsprinzip«, erschienen 1911 in Braunschweig. Fünf Jahre später brachte Freundlich ein Buch heraus, in dem er die allgemeine Theorie erklärte. Eddingtons »Report on the Relativity Theory of Gravitation« (»Bericht über die Relativitätstheorie der Gravitation«) für die Physikalische Gesellschaft in London war bald in zweiter Auflage erschienen. Sein »Space, Time and Gravitation« (»Raum, Zeit und Gravitation«), 1920 veröffentlicht, brachte, wie sein »Report«, den englischsprachigen Physikern und Astronomen die Bedeutung der neuen Theorie zum Bewußtsein.

Einsteins wichtigste Abhandlung über die allgemeine Relativitätstheorie wurde 1916 in Leipzig als Buch herausgegeben unter dem Titel »Die Grundlagen der allgemeinen Relativitätstheorie«. Im darauffolgenden Jahr erschien sein Werk »Über die spezielle und die allgemeine Relativitätstheorie, gemeinverständlich«. Bis zum Jahr 1922 erlebte es 14 deutsche Auflagen mit insgesamt 65 000 Exemplaren. Die englische Ausgabe, von Robert Lawson übersetzt und 1920 veröffentlicht, erlebte in 19 Monaten sieben Auflagen. Auch die Vorlesungen, die Einstein im Frühjahr 1921 in Princeton hielt, wurden sehr schnell gedruckt. Schon 1913 waren einige seiner ersten Arbeiten über die Relativitätstheorie zusammen mit anderen Abhandlungen von Lorentz und Minkowski in Deutschland als Buch herausgekommen. Auch dieses erlebte mehrere Auflagen.

Lorentz, Planck, Born und Weyl gehörten zu den Kollegen Einsteins, die Bücher über dieses Thema schrieben; selbst Lenard fehlte nicht mit seiner äußerst kritischen Veröffentlichung »Über Relativitätsprinzip, Äther, Gravitation«. In Paris hatte Charles Nordmann »Einstein und das Universum: Eine einfache Darstellung der berühmten Theorie« geschrieben. Bemerkenswerter als alle diese Schriften war ein ausführlicher Artikel, den Wolfgang Pauli im Auftrag von Sommerfeld für die »Enzyklopädie der Mathematischen Wissenschaften« schrieb. Pauli, erst 20 Jahre alt, war Student von Sommerfeld und bei dem berühmten Kongreß in Bad Nauheim dabeigewesen. Sein Aufsatz über die Theorie in der »Enzyklopädie« erschien sehr bald in Buchform. Niels Bohr beschrieb die Neuauflage 40 Jahre später als »immer noch eine der wertvollsten Darlegungen der Grundlage und Reichweite von Einsteins ursprünglichen Konzeptionen«.

Gerade erst abgeschlossen und 1925 auf dem Markt war Bertrand Russells »ABC der Relativität«. Russell war einer der ersten gewesen, der in den Spalten von »*The Athenaeum*« die Schlüsse aus der Sonnenfinsternis-Expedition 1919 dargelegt hatte. Er war Einstein in vieler Hinsicht sehr ähnlich. Wie Einstein war er Pazifist; wie dieser war er gegen den Ersten Weltkrieg, unterstützte aber den Zweiten Weltkrieg. Von beiden Männern hieß es häufig, und ungerechtfertigt, sie stünden dem Kommunismus nahe, und beide setzten sich mit dem grundlegenden Problem der mißlichen Lage des Menschen auseinander.

Einstein saß in seinem Arbeitszimmer nicht nur über solchen Problemen der Natur, mit denen sich alle Physiker auseinandersetzen mußten. Er tat auch sein bestes, um die Flut von Gesuchen, Bittschriften und Bitten um Rat zu beantworten, die in diesen Jahren seiner Berühmtheit auf ihn niederprasselten. Wenn Einstein beweisen konnte, daß Licht sich nicht geradlinig fortsetzte, dann war er auch in der Lage, alle anderen Fragen zu beantworten, so unlösbar sie schienen. Das war jedenfalls die allgemeine Auffassung.

Rudolf Kayser, der Einsteins ältere Stieftochter Ilse geheiratet hatte, vermittelt davon einen ganz guten Eindruck: »Arme Leute bitten um Geld, um Kleider und Arbeit«, schrieb er. »Ein junger Mann hat es sich in den Kopf gesetzt, ein Forscher zu werden; will Einstein ihm nicht helfen, nach Indien oder Afrika zu gehen? Eine Frau telegrafiert – würde der Professor bitte ein Visum für sie beschaffen. Schauspieler bitten um Spielverträge, junge Leute aus Kleinstädten, die kaum die Oberschule besucht haben, wollen nach Berlin kommen und seine Schüler werden ... Dazu kommen noch die Narren und Propheten ... Der eine schreibt, daß er endlich die Substanz des Schlafs entdeckt habe, ein anderer, daß er den einzig richtigen Weg gefunden habe, den Preis von Kohle herabzusetzen. Ein dritter hat neue Sinne entdeckt, da die alten fünf Sinne für den menschlichen Gebrauch nicht mehr genügen. Techniker berichten über ihre neuen Erfindungen. Sie senden Pläne von neuen Apparaten und Flugzeugen. Wieder ein anderer ist darum bemüht, die traditionelle Astronomie über Bord zu werfen und eine neue aufzubauen. Einer glaubt, daß er neue mathematische Formeln gefunden hat ...«[7]; und all dies wurde zumindest flüchtig angesehen.

Ein junger ausländischer Student, der in Bonn Chemie studieren wollte, wurde vom preußischen Erziehungsministerium abgewiesen. Er wußte, daß es verboten war, sich ein zweitesmal zu bewerben und so schrieb er eben an Einstein um Hilfe. Er schickte ihm seinen gesamten Lebenslauf mit allen Details. »Wenn man zwanzig ist«, schrieb er Jahre später, »kommt man sich so wichtig vor wie ich damals. Man ist überzeugt, daß die ganze Welt diese Wichtigkeit anerkennt. Einstein tat es«[8]. Er empfahl ihm nicht nur, sich ein zweitesmal zu bewerben – ungeachtet des Verbots –, sondern schrieb auch noch einen Begleitbrief, in dem er sich für die Bewerbung aussprach und die Ungerechtigkeit rügte.

Leopold Infeld, ein junger polnischer Student der Universität Krakau, später Mitarbeiter Einsteins, zeichnete ein klares Bild von eben diesem Einstein. Infeld hatte vor, in Berlin zu studieren, merkte aber, daß Leute aus Polen dort unwillkommen waren, und polnische Juden erst recht. Voller Verzweiflung telefonierte er schließlich mit Einstein und erhielt einen Besuchstermin.

Einstein hörte sich an, was Infeld zu sagen hatte, behauptete, daß seine Unterschrift nicht sehr viel Gewicht habe – »weil ich schon sehr viele Empfehlungsbriefe geschrieben habe und weil« (hier senkte er seine Stimme zu einem vertraulichen Ton), »sie Antisemiten sind« – und schrieb dann ein paar hilfreiche Worte an Planck. »Anstatt an seine Genialität zu denken, an seine Leistungen in der Physik«, schrieb Infeld, »dachte ich damals und später an seine große Freundlichkeit, an sein lautes Lachen, an die gütige Art zu sprechen, an den Glanz seiner Augen, an die Umständlichkeit, mit der er nach einem Blatt Papier suchte auf einem Schreibtisch voller Papier, an die seltsame Mischung aus großer Herzlichkeit und großer Zurückhaltung«[9].

Dieser Vorfall war bezeichnend sowohl für Einsteins stetige Freundlichkeit wie für seine Achillesferse; denn er schrieb, so sagt Infeld, »ohne zu wissen, ob ich überhaupt die geringste Ahnung von Physik hatte«.

Die Kombination von erstaunlichem Intellekt und menschlicher Verletzlichkeit trat in den frühen zwanziger Jahren immer deutlicher hervor, als sich das Image des Exzentrikers mit dem wilden Haarbusch herauszubilden begann. Auf der einen Seite war der Physiker – Direktor des Kaiser Wilhelm-Instituts für Physik, das immer noch im wesentlichen nur aus seiner Person bestand –, das einsame Genie, das die menschliche Vorstellung vom Universum verändert hatte; ein Mensch, der sich so sehr von seinen Mitmenschen unterschied, daß sein *obiter dicta* fast wie ein delphisches Orakel aufgenommen wurde. Zum andern war er aber noch der Mann, dem es Vergnügen bereitete, den Aufzug im Haus der Haberlandstraße zu bedienen und so auf die Knöpfe zu drücken, daß seine Gäste zunächst an dem Stockwerk, wo sie aussteigen wollten, vorbeifuhren, hinauf, zurück und hinunter, wo sie dann den ganzen Schabernack noch einmal über sich ergehen lassen mußten. Das war auch der Einstein, der auf Sticheleien über abgetragene Kleider antwortete: »Ich möchte dem nur eine Bemerkung hinzufügen und sagen: ›Dieser Anzug ist gerade gereinigt worden‹«. Einstein erhielt sich diese Mischung aus Clown und kleinem Jungen, der sich über simple Späße und Absurditäten freute. Er war immer bereit, auf lächerliche Herausforderungen einzugehen. Als er eines Abends prominente Freunde aufsuchte, nahm er die Wette an, sein Jackett auszuziehen, ohne vorher den Mantel abgelegt zu haben. Er trug den einzigen guten Anzug, den er besaß, fing aber sofort mit den komischsten Verrenkungen an. Das machte er eine Weile und es sah so aus, als ob er verlieren würde. Dann, mit einer letzten angestrengten Verdrehung brachte er das Kunststück fertig, schwenkte triumphierend das völlig zerknitterte Jackett in der Luft und brach in sein tiefes dröhnendes Gelächter aus. Das war nicht gerade das passende Benehmen in der akademischen Gesellschaft von Berlin. Es war nicht einmal in den Augen einiger Freunde Einsteins schicklich, wie zum Beispiel Haber. Ehrenhaft erinnert sich, wie er und seine Frau mit Einstein und Elsa zusammen bei den Habers ankamen, beide Männer, wie es sich gehörte, im Smoking. Als sie sich im Salon niederließen, rief Elsa aus: »Aber Albert, du hast deine Socken nicht angezogen!« »Ja, ja«, antwortete er, ohne mit der Wimper zu zucken. »Ich habe Frau Ehrenhaft das Geheimnis schon verraten[10].«

Es gibt immer noch zahlreiche Geschichten über Einsteins Widerwillen, formelle Veranstaltungen zu besuchen und den »Gesellschaftslöwen« in der vorgeschriebenen Weise zu spielen. Damals im Berlin der Zwanziger Jahre muß es noch mehr Stories darüber gegeben haben. Viele sind bestimmt erfunden, aber einige klingen wahrscheinlich. Einstein hat diese formellen gesellschaftlichen Verhaltensweisen oft als »Fütterungszeit in dem Zoo« beschrieben. Einem seiner Schwiegersöhne gestand er im Hinblick auf offizielle Akademiker-Essen: »Bei solchen Gelegenheiten ziehe ich mich in meine Gedankenwelt zurück, und da bin ich glücklich[11].«

Wenn seine Abneigung, in eine Richtung getrieben zu werden, die ihm nicht paßte, seinen Non-Konformismus verstärkte, so war das Gefühl, das dahinter stand, wirklich echt: das Gefühl nämlich, daß ein wesentlicher Bestandteil dieses »Herausputzens«, auf dem so vieles auf der Welt beruhte, Anmaßung und Heuchelei war. Hinter diesem freundlichen Versteckspiel steckte außerdem ein Zwang, der für Einstein etwas besonders Schmerzliches hatte. Alle diese Knöpfe, alle diese Fräcke, das ganze Anziehen und Ausziehen – was war das doch für eine Zeitverschwendung! Dasselbe galt für Schuhe, die durch Sandalen ersetzt werden sollten und für Socken, die man überhaupt weglassen konnte!

Zuweilen mag er sich absichtlich in eine peinliche Lage gebracht haben, aber oft war das, was bewußt ungeschliffenes Benehmen zu sein schien, ganz einfach die natürliche Reaktion eines natürlichen Menschen. »Ich bin glücklich, weil ich von keinem etwas will«, sagte er einmal zu einem amerikanischen Journalisten. »Ich mache mir nichts aus Geld. Orden, Titel oder Auszeichnungen bedeuten mir nichts. Ich sehne mich nicht nach Lob. Das einzige, was mir Freude macht, außer meiner Arbeit, meiner Geige und meinem Segelboot, ist die Anerkennung meiner Kollegen[12].« Hier wird die Verbindung deutlich zwischen dem Clown, dem Exzentriker und dem Wissenschaftler mit Leib und Seele. Einsteins Erstaunen darüber, wenn er gegen die normalen Regeln verstieß, war wirklich echt. Er war ganz einfach zu beschäftigt mit wichtigeren Dingen, um sich darüber Gedanken zu machen.

Das, was ihn von den anderen Wissenschaftlern unterschied, lag einmal an seiner ungestümen Hingabe, und dann an den Offenbarungen der Sonnenfinsternis-Expeditionen. Auf tieferer Ebene behauptete man, daß nur drei Menschen die Rätsel der Welt verstünden – Einstein, Planck und Lorentz. Plancks Antwort an Freundlich kam der Sache näher. Als Freundlich ihm nämlich eines Tages ein Problem vortrug und erwartete, Planck würde die Lösung gleich aus dem Ärmel schütteln, erwiderte dieser: »Ich muß darüber nachdenken und dann werde ich die Antwort aufschreiben. Ich kann sie nicht sofort geben, einfach so. Einstein könnte das. Ich nicht[13].«

Dieselbe Haltung zeigt sich auch an einer kleinen Episode, an die sich die Witwe von Ehrenfest erinnerte. Einstein, Nernst und Lorentz befanden sich auf einem Treffen der Physikalischen Gesellschaft in Berlin. »... Nernst machte eine Mitteilung, in welcher er eine gewisse Beziehung gebrauchte, worüber Einstein sagte: ›ich glaube nicht, daß diese Beziehung gültig ist‹. Darauf Nernst: ›Aber Herr Kollege, es ist ja die Beziehung, die Sie in Ihrer letzten Publikation aufgestellt haben!‹ Einstein antwortete: ›Was wollen Sie, wenn der liebe Gott nicht einverstanden ist mit dem, was ich in meiner letzten Publikation gesagt habe!‹ Lorentz, der dieses hörte, lachte nicht mit uns anderen, sondern nach einem Moment Schweigen sagte er: ›Ach, ja! Einstein, der darf sich wohl so etwas erlauben[14]‹« ...

Einstein hatte Glück, daß er von der Industrie zumindest einigermaßen unterstützt wurde. Die Voraussage, daß die Frequenz des Lichts, das von den Sternen kommt und auf die Erde auftrifft, sich durch das Gravitationsfeld, durch das es hindurchläuft, ändere – diese Voraussage hatte Freundlichs Interesse seit seinem ersten Kontakt mit Einstein hervorgerufen. Er unterhielt gute Beziehungen zur deutschen Geschäftswelt und überredete bald nach dem Krieg ein paar Industrielle – vor allem unter dem Einfluß des Nobelpreisträgers Dr. Carl Bosch, der der Vorsitzende des Vorstandes der IG-Farben war –, ein Institut zu finanzieren, das dieses Phänomen untersuchen konnte. Es war das Einstein-Institut in Potsdam. Später wurde es mit der königlichen Sternwarte in Potsdam vereinigt und hieß dann Institut für Sonnenforschung. Während der ganzen zwanziger Jahre wurden dort zahlreiche Beobachtungen angestellt. Die Resultate waren bedeutungslos, was vielleicht zu der allmählichen Entfremdung zwischen Einstein und Freundlich beitrug. Freundlich, schottischer Herkunft, war betont britisch in bezug auf Aussehen, Wirkung und Benehmen.

Einstein erhoffte sich in den frühen zwanziger Jahren von Deutschland sehr viel. »Es war fast so«, sagte Frau Freundlich rückblickend, »als sei mein Mann zu britisch gewesen, zu wenig jüdisch.«

Das Herz des Instituts war ein Teleskop mit großer Brennweite; es war untergebracht in einem 18 m hohen Turm, der von einem zweiten Turm aus Stein umgeben war. Das Sonnenlicht, das auf diesen auftraf, wurde um 90° abgelenkt und einen 12 m breiten Raum entlanggeleitet, der halb im Boden versenkt war. Der Architekt Erich Mendelsohn hatte sich bei diesem Bau mit vielen Problemen auseinanderzusetzen. Mendelsohns »Einstein-Turm«, wie er bald genannt wurde, bestand aus Beton. Seine fliehenden weißen Konturen waren in mancher Hinsicht ein Ausdruck der künstlerischen Renaissance, die sich in der Weimarer Republik zu entfalten begann. Man behauptete sogar, daß Mendelsohns große elegante Bogen die nach-einsteinsche Physik ankündigten. Auf jeden Fall war das Gebäude eine Sehenswürdigkeit von Potsdam; einige Reisebüros schlossen den Einstein-Turm in ihre Besichtigungstouren der Schlösser Potsdams ein[15].

Nicht jedem gefiel der neue Bau. Es wurden Bilder aufgenommen, die die etwas bizarren Umrisse des Turms zeigen sollten. Einige deutsche Zeitungen nannten ihn »eine Kreuzung zwischen einem New Yorker Wolkenkratzer und einer ägyptischen Pyramide«. Die Architektur des Instituts spielte sogar eine, wenn auch kleine Rolle bei der Anti-Einstein-Kampagne, die mit dem Erstarken des Nationalsozialismus 1930 begann. War es nicht bezeichnend, fragte man, daß die Erforschung der absurden Relativitätstheorie in einem grotesken Gebäude durchgeführt wurde, das keinerlei Wurzeln in der deutschen Tradition hatte?

Einstein besaß ein Büro in der Akademie der Wissenschaften. Seine Arbeit für das Kaiser Wilhelm-Institut nahm sehr viel Zeit in Anspruch. Mit der Universität war ja vereinbart worden, daß er keine Vorlesungen halten mußte; dennoch tat er das ziemlich häufig. Wie bei den meisten anderen Universitäten Europas war die Teilnahme nicht auf die Studenten beschränkt, die spezielle Fächer belegten. Einige besuchten die Vorlesungen mehr aus Neugierde als aus wissenschaftlichem Interesse; auch Nicht-Studenten konnten sich leicht einschmuggeln. Mehr als einmal ging ein leises Wispern der Erwartung durch die Zuhörerreihen, wenn eine Prostituierte in voller Kriegsbemalung hereinkam, sich in die hinterste Reihe setzte, um einmal selbst einen Eindruck von dem berühmten Mann zu bekommen, und dann den Saal so leise wieder verließ, wie sie gekommen war. Einstein fuhr bei solchen Gelegenheiten unbeirrt fort; es war jedoch aus seinem leicht ironischen Lächeln zu ersehen, daß er die Sache wohl bemerkt hatte.

Jeden Donnerstagnachmittag ging er in das physikalische Seminar für Fortgeschrittene, glücklich, wenn einmal ein junger Student eine Idee hatte, über die sich das Nachdenken lohnte. »Als ich an die Reihe kam, etwas vorzutragen, war ich furchtbar nervös«, sagte Esther Salaman, damals eine junge Studentin in Berlin. »Einstein saß in der vordersten Reihe, mit seiner Pfeife; neben ihm von Laue. Als ich mich umdrehte, nachdem ich auf meine Lichtbilder gezeigt hatte, sah ich im Halbdunkel, wie Einstein mich ansah, als ob er sagen wollte ›Mach dir keine Sorgen‹. Ich sprach über einige Arbeiten über Radioaktivität, die am Cavendish-Laboratorium in Cambridge durchgeführt worden waren und ein schwieriges Problem aufgeworfen hatten. Ein junger Dozent stand auf und schlug in einer langen Ausführung eine Lösung vor, aber ich konnte nicht folgen. Einstein kam mir zu Hilfe. ›Schlau, aber nicht wahr‹, sagte er . . .«[16]

Daneben gab es das von Laue organisierte Physikalische Kolloquium, in dem die neuesten wissenschaftlichen Abhandlungen von Planck, Nernst, Haber, Lise Meitner oder Einstein diskutiert wurden. Die Mitglieder des Lehrkörpers saßen in der ersten Reihe in dem alten Universitätsgebäude, in dem die Sitzungen stattfanden. Hinter ihnen nahmen oft Physiker aus den größeren deutschen Industriefirmen Platz.

Dann begann die Diskussion. »Manchmal ging er zur Tafel vor«, berichtete Professor Cornelius Lanczos, der eine Zeitlang Assistent von Einstein war. »Dann war auf einmal das, was kompliziert erschien, ganz einfach.« In diesen frühen zwanziger Jahren befand sich Einstein auf der Höhe seines Könnens als schöpferischer Physiker. Er glaubte immer noch daran, daß nur noch eine gedankliche Anstrengung nötig war, um die Quantentheorie erklären zu können. Vor Einstein lag noch der Indeterminismus in der Physik, mit dem die Welt aufhören würde, die er kannte.

Vor ihm lag auch noch eine neue und entmutigende Erfahrung: die Erforschung des einheitlichen Feldproblems. Er wußte, daß er bei diesem Problem kaum oder gar nicht weiterkam, trotz der immer wiederkehrenden, aber illusorischen Zeichen von Erfolg. Der Grund dafür lag nicht allein darin, daß die zwanziger Jahre Einsteins Vierzigerjahre waren, und daß er sich jenem magischen Alter immer mehr näherte, von dem es heißt, der schöpferische Physiker habe zu diesem Zeitpunkt sein Pulver verschossen. Einstein war genial genug, um die Konvention des »fertig mit 40« zu durchbrechen. Aber nach 1920 war noch etwas anderes im Spiel. Als er sich der einheitlichen Feldtheorie zuwandte, befaßte er sich mehr und mehr mit der Mathematik und immer weniger mit der Physik. Nun war es nicht länger die Erforschung der physikalischen Welt, die Schwierigkeiten bereitete, sondern die Darstellung bekannter Fakten in einer geeigneten mathematischen Sprache. Diese Verlagerung des Schwergewichts kam zu einem ungünstigen Zeitpunkt. Denn die mathematischen Reserven des vorigen Jahrhunderts waren fast ausgeschöpft, und wenige Mathematiker hatten Neuland erschlossen. Einstein, der immer tiefer in das Thema eindrang, waren zum ersten Mal in seinem Leben aus Mangel an mathematischem Rüstzeug die Hände gebunden. Er wurde auf eine Weise in seiner Arbeit behindert, die ihm neu war. Doch auch dies war noch nicht der letzte Grund. Als er sich nämlich der Mathematik zuwandte, verlor er allmählich seinen intuitiven Sinn für die Physik. Er war immer noch Einstein. Aber bei seinem späteren Ringen um die Quantenmechanik sollte seine Sicht immer mehr eingeengt werden.

Etwas davon zeigt sich auf den Photographien. Er war stets der introvertierte Einstein gewesen, verglichen mit dem extrovertierten Rutherford. Trotzdem hatte er – bevor er sich ernsthaft mit dem einheitlichen Feld befaßte und von den Entwicklungen der Quantenmechanik überrollt wurde – immer das gleiche Selbstvertrauen wie Rutherford gehabt. Die Veränderung machte sich ab Mitte der zwanziger Jahre bemerkbar, und sie war nicht nur seinem Alter zuzuschreiben.

Einstein war immer noch der überlegene Meister und nicht »Altmeister«. Das wird in den Erinnerungen an ein Seminar über statistische Mechanik deutlich, das im Winter 1921/22 für Doktoranden gehalten wurde. »Ich schloß gerade meine Doktorarbeit in Mathematik ab und war wahrscheinlich der einzige Mathematiker in der Gruppe«, schrieb Max Herzberger. »Jeder Student, der über ein Thema sprechen mußte, wurde einem Professor zugeteilt, der ihm bei der Vorbereitung seines Referates half, und ich hatte das große Glück, Einstein zugeteilt zu werden ... Die Diskussionen waren mir unvergeßlich. Er hielt nichts für bewiesen, nur weil es in den Büchern stand und stellte immer Fragen, die zu einem tieferen Verständnis des Problems führten[17].«

Der Eindruck, den Einstein damals auf einen anderen Studenten, Denis Gabor, machte, ist heute noch so lebendig wie vor einem halben Jahrhundert. »Ich kann immer noch seine Stimme hören«, schreibt dieser, »und könnte einige seiner Aussagen wörtlich wiederholen. Gelegentlich ergriff er das Wort, und einmal war es besonders unvergeßlich. Ein Dr. ..., der zu jener Zeit ein sehr schüchterner junger Mann war, machte seine Sache bei Einsteins berühmter Ableitung des Planckschen Strahlungsgesetzes ziemlich schlecht. Einstein ging zur Tafel und begann, indem er sagte, daß es die Aufgabe sei, das Wiensche mit dem Rayleighschen Strahlungsgesetz so in Einklang zu bringen, daß sie sich so wenig wie möglich widersprachen. Übrigens, fuhr er fort, Wien fand sein Gesetz, als er bemerkte, wie ähnlich die Strahlungskurven dem Maxwellschen

Geschwindigkeitsverteilungsgesetz waren. ›Sie sehen‹, sagte er weiter, ›daß der Ausspruch von Oxenstierna – »mit wie wenig Weisheit die Welt regiert ist« – auch für die Wissenschaft zutrifft. Was der Einzelne zu ihr beiträgt, ist sehr wenig. Das Gesamte ist natürlich bewundernswert‹...«[18]

Bei dieser Gelegenheit war auch der junge Ungar zugegen, welcher der *deus ex machina* von Einsteins späteren Jahren wurde. Das war Leo Szilard, der Mann, der am 12. März 1934 – mehr als vier Jahre, bevor Otto Hahn das Uran-Atom spaltete – ein Patentgesuch einreichte, das die Gesetze einer Kern-Kettenreaktion enthielt. Später meldete er es beim Marineamt als geheimes Patent an auf Grund seiner »Überzeugung, wenn eine nukleare Kettenreaktion erzeugt werden kann, kann sie dazu benutzt werden, heftige Explosionen auszulösen«[19]. 1922 war Szilard erst vierundzwanzig Jahre alt. Aber er war ein Student, von dem Einstein gleich sagte, er sei »einer jener Menschen, reich an Ideen, die intellektuelles und geistiges Leben erzeugen, wo immer sie sind«[20]. Szilard wurde bald ein regelmäßiger Besucher in der Haberlandstraße.

Szilard und Einstein waren beide Theoretiker; doch bei beiden hatten die Interessen auch noch eine komplementäre Seite. Szilard hatte eine praktische, erfinderische Ader, die gut zu Einsteins langer Erfahrung im Patentamt paßte. Daraus entstand eine Reihe von gemeinsamen Patenten, die in den USA, in England und auch Deutschland angemeldet wurden. Es handelte sich dabei um eine revolutionäre Form von Kühlschrank mit Wärmetauscher. Einigen Erinnerungen zufolge soll Elsa erwartet haben, Einstein würde mit diesen Patenten ein Vermögen erwerben. Andere behaupten, was glaubwürdiger ist, daß dies Szilards Hoffnung gewesen sei. Doch brachte der Plan nur wenig ein, obgleich die Einstein-Szilardsche Wärmepumpe bei vielen nuklearen Kraftwerken nach dem Krieg Verwendung fand.

Einsteins Pflichten an der Universität, seine Zusammenarbeit mit Freundlich im Potsdamer Observatorium und seine Arbeit im Kaiser Wilhelm-Institut hätten die geistigen Energien eines normalen Menschen total in Anspruch genommen. Für Einstein aber bildeten sie nur den Hintergrund für wichtigere Dinge. So war er beispielsweise auf Konferenzen eine wohlbekannte Gestalt. Er besprach sich mit Bohr in Dänemark, fuhr häufig nach Holland, wo er sich nie die Gelegenheit entgehen ließ, Lorentz zu sehen. In Leiden wohnte er meist bei den Ehrenfests.

In Berlin nahm er sich die Zeit, mit der Geige unterm Arm zu Max Planck zu gehen und nach dem Abendessen mit ihm zu musizieren; meistens war man zu dritt: Max Planck saß am Flügel und Plancks Sohn Erwin (der später, nach den Ereignissen des 20. Juli 1944 in Berlin hingerichtet werden sollte) spielte Cello[21]. Der kleine Kreis von Künstlern, Industriellen und Literaten konnte schon fast als sein »engster Freundeskreis« bezeichnet werden. In seiner maßvollen Art genoß er gutes Essen und Trinken mit einer fast bäuerlichen Genußfreudigkeit.

In Berlin mit seinem unterschwellig vorhandenen Antisemitismus, seinem Bewußtsein, immer noch das Zentrum der Auseinandersetzung zweier entgegengesetzter Kräfte zu sein, herrschte eine Krisenstimmung, die in Holland fehlte. In Leiden konnte Einstein immer noch etwas von der unpolitischen Atmosphäre spüren, an die er vor seiner Berliner Zeit gewöhnt war.

Er befand sich auch gern in Gesellschaft von Kindern. Er war glücklich, wenn er Ehrenfests kleine Kinder und deren Spielkameraden mit zu den Dünen am Meer nahm, und sich von ihnen bis zum Hals in Sand eingraben ließ. Er fühlte sich wohl, wenn er an einem Sommerabend vor dem geöffneten Fenster in Ehrenfests Arbeitszimmer stand und in Hemdsärmeln Geige spielte, während Ehrenfest ihn auf dem Flügel begleitete.

Margarete erinnert sich an eine stürmische Begebenheit, bei der Einstein und Ehrenfest von ihrem Mittagschläfchen durch das Telefon geweckt wurden. Königin Wilhelmine, der Prinzregent und Emma, die Königinmutter, besuchten die Marineschule in Leiden. Sie hatten gehört, daß Einstein da war und ersuchten ihn und seinen Gastgeber, auf den Empfang zu kommen, der etwas später am Tag stattfinden sollte.

Einstein wußte, daß der nächst erreichbare schwarze Anzug sich 800 Kilometer entfernt in Berlin befand. Ehrenfest wußte, daß sein einziges Exemplar eingemottet in einer Truhe auf dem Dachboden lag. Frau Ehrenfest wurde der Situation gerecht, indem sie mit verschiedenen Professoren von Einsteins Statur telefonierte und sie bat, ihren schwarzen Anzug so schnell wie möglich vorbeizubringen. Einige Stunden später stellten sich die beiden Männer den Königlichen Hoheiten vor; Einstein in einem Anzug, der um ihn herumschlotterte, Ehrenfest mit dem anhaftenden Geruch von Mottenkugeln.

Nachdem die Königin ihnen offiziell die Hand geschüttelt hatte, versuchten die beiden Männer, in der Menge unterzutauchen – Pflicht erfüllt und genug der Ehre! – und endlich aus ihren Kleidern herauszukommen. Sie waren noch nicht weit gekommen, als der Adjutant der Königinmutter ihnen den Weg abschnitt und sie bat, wieder umzukehren.

Der angenehme Arbeitsablauf in Berlin wurde 1925 durch eine Vorlesungsreise nach Südamerika unterbrochen. Diese war in Einsteins Leben eigentlich kaum von Bedeutung; indirekt aber doch, weil er dadurch veranlaßt wurde, eine Einladung, die er für das California Institute of Technology noch im selben Jahr bekommen hatte, auszuschlagen.

Es gab viele Gründe, warum Einstein 1925 gern in die Vereinigten Staaten gegangen wäre, nicht zuletzt deshalb, weil die Bestätigung seines »heuristischen Standpunkts« von 1905 zweimal von amerikanischen Wissenschaftlern gekommen war. Den einen Nachweis hatte Robert Millikan erbracht, der 1915 die Größe der Ladung eines einzigen Elektrons bestimmte. Er hatte aber noch mehr geleistet. »Ich habe zehn Jahre meines Lebens darauf verwendet, die Einsteinsche Gleichung von 1905 zu testen«, schrieb er, »und war wider Erwarten 1915 gezwungen, die eindeutige experimentelle Bestätigung bekanntzugeben . . .«[22]

Acht Jahre später fand Arthur Compton folgendes: Wurden Röntgenstrahlen durch Materie gestreut, so vergrößerte sich die Wellenlänge bei einigen, das heißt, ihre Energie verringerte sich. Daß dies eine eindeutige Bestätigung von Einsteins Vorstellungen bedeutete, wird in der Abhandlung über den Compton-Effekt dargelegt. »Wir sehen«, schrieb Compton, »daß Wellenlänge und Intensität der Streustrahlen so sind, als ob die Streuung von Licht an Elektronen als elastischer Stoß von zwei Billardbällen aufgefaßt werden dürfte. Nicht nur das; wir beobachten sogar tatsächlich den zurückstoßenden Billardball, oder das Elektron, und wir bemerken, daß es sich mit genau der Geschwindigkeit fortbewegt, die es haben müßte, wenn ein Lichtquant im elastischen Stoß aufgeprallt wäre. Die offensichtliche Schlußfolgerung ist, daß Röntgenstrahlen, und demnach auch Licht, aus diskreten Einheiten bestehen, sich in bestimmten Richtungen fortbewegen, wobei jede Einheit die Energie $h\nu$ besitzt und den entsprechenden Impuls h/λ. So hat Sommerfeld kürzlich in einem Brief an mich die Meinung geäußert, daß diese Entdeckung der Veränderung der Wellenlänge von Strahlen auf Grund von Streuung das Grabgeläute der Wellentheorie der Strahlung ist«[23]. Ganz so sollte es nicht sein. Aber es führte weiter zu der Idee, daß nicht nur Strahlung, sondern auch Materie beides sein konnte, Welle und Teilchen.

Millikan war 1921 kurz mit Einstein in Chicago zusammengetroffen. Noch im selben Jahr zog er nach Kalifornien als Direktor des California Institute of Technology. Man hatte allen Grund, anzunehmen, daß Einstein das Institut bald besuchen würde.

Im Mount Wilson Observatorium, hoch oben in der Sierra über Pasadena, hatte Dayton Miller jahrelang komplizierte Wiederholungen des Michelson-Morley-Versuchs durchgeführt, dessen Ergebnis er immer noch zu ändern hoffte. Im Frühling 1921 gab er Resultate bekannt, die auf den ersten Blick seine Hoffnung zu erfüllen schienen. Sie erwiesen sich bei eingehender Untersuchung als unhaltbar. Doch vier Jahre später konnte Miller mit neuen Zahlen aufwarten. Einsteins Reaktion auf die zweite Ankündigung zeigt sich in einem

Brief an Millikan vom Juni, in dem er folgerte, daß die ganze Relativitätstheorie zusammenbrechen würde, wenn sich Millers Ergebnisse bestätigen
sollten[24].

Im Mount Wilson Observatorium arbeitete auch Walter S. Adams, der einige
Jahre zuvor gezeigt hatte, daß der Trabant des Sirius – später unter dem Namen
Sirius B bekannt – die phänomenale Dichte von ca. einer Tonne pro Kubikzentimeter besitzt. Eddington wies kurz nach dem Erfolg der Sonnenfinsternis-
Expeditionen 1919 darauf hin, daß solche Sterne äußerst starke Gravitationsfelder besitzen müssen. Wenn Adams recht hatte, dann war die »Einstein-Verschiebung«, die durch Sirius B entstand, 30mal so groß wie die, welche die
Sonne bewirkte; damit wäre die Möglichkeit eines Tests gegeben. Adams
plante Anfang 1925 Experimente, die dann auch eine Verschiebung nach Rot
ergaben. Die Ergebnisse entsprachen nicht genau denen, die von der allgemeinen Theorie postuliert wurden, doch kamen sie ihnen so nahe, daß man
sie als weitere Bestätigung der Theorie betrachten konnte. Wenn die Anwesenheit von Millikan als Direktor von Caltech und die von Adams im Mount
Wilson Observatorium nicht genügte, um Einstein nach Pasadena zu locken,
dann mußte Edwin Hubble den Ausschlag geben. Hubble benützte gerade das
100-Zoll-Fernrohr des Observatoriums, um das Universum jenseits des Planetensystems zu studieren und neue Fragen über die allgemeine Relativitätstheorie aufzuwerfen.

Das neue Institut hatte also eine allgemeine Neigung zur Kosmologie, die zu
erforschen Einstein ja die Naturwissenschaft gezwungen hatte.

Die intensive Beschäftigung mit der Relativitätstheorie in Pasadena bestärkte
Einsteins Interesse an der Arbeit amerikanischer Physiker. Anfang 1925 sagte
er zu, das Institut noch im selben Jahr zu besuchen. Doch hatte er sich eben
erst zu einer Südamerikareise verpflichtet – teils um dort an der Argentine
State-Universität Vorlesungen zu halten, teils in der Hoffnung, dem zionistischen Fonds wieder Geld von reichen Juden zuführen zu können. Einstein
wurde etwas in Verlegenheit gebracht durch das übertriebene Willkommen der
deutschen Kolonie, deren Mitglieder ihn, bildlich gesprochen, an ihre teu-
tonische Brust drückten.

Einstein schonte sich wie gewöhnlich nicht, und doch war er gezwungen, den
vorgehabten Besuch Pasadenas abzusagen.

Millikan erneuerte die Einladung 1927 und 1929. Wieder mußte Einstein
ablehnen. In den späten zwanziger Jahren blieb er die ganze Zeit über in
Europa, meistens in Deutschland, wo er immer tiefer in zwei wichtige Entwicklungen verstrickt wurde. Die erste betraf Deutschlands Anstrengungen
nach dem Krieg, zunächst einmal in Europa wieder politisches Ansehen zu

gewinnen und auch zu behalten. Diese Entwicklung erreichte 1933 für Einstein ihren Höhepunkt, als er sich entschloß, Deutschland für immer zu verlassen.

Doch war dieses Thema – Deutschland zwischen den beiden Weltkriegen – in gewisser Hinsicht nicht so wichtig für ihn wie das wissenschaftliche Drama, das nun in zunehmendem Maß sein Leben überschattete. Es betraf das Rätsel der dualen Natur der Dinge und erstreckte sich nun von der Strahlung auf die Materie selbst. Es wurde durch eine Methode gelöst, die zur Aufgabe der Kausalität führte, bis dahin ein Eckpfeiler der Physik. Als die Physiker der Nachkriegszeit nämlich die duale Natur zu verstehen begannen, die in Einsteins Konzeption des Photons enthalten war, wurde es immer schwieriger, einer unbequemen Schlußfolgerung aus dem Weg zu gehen: in der subatomaren Welt konnten von einem bestimmten Sachverhalt aus höchstens wahrscheinliche Ereignisse und keine tatsächlichen vorausgesagt werden. Das war eine Folgerung, gegen die Einstein in einer Art Rückzugsgefecht entschlossen ankämpfte. Wenn alles verloren schien, zog er sich auf eine Haltung zurück, die sein Freund Max Born als verschlossen und skeptisch bezeichnete – »eine Tragödie, für ihn, der er seinen Weg in Einsamkeit geht; und für uns, die wir unseren Führer und Fahnenträger vermissen«[25].

Diese Entwicklung nahm in den frühen zwanziger Jahren ihren Anfang, als allmählich deutlich wurde, daß die großen Fortschritte in der Physik – die im ersten Jahrzehnt des neuen Jahrhunderts erzielt wurden – an Durchschlagskraft verloren. Sie hatten einzelne Probleme gelöst, aber nichts dazu getan, das fast allumfassende Lehrgebäude der klassischen Physik zu ersetzen, das sie zuerst angegriffen und dann zerschlagen hatten. Plancks Quantentheorie und Einsteins Photonen; Rutherfords erste Konzeption des Atomkerns und Bohrs aufregende Erklärung – das alles ergab isolierte Antworten auf isolierte Fragen. Doch hatten sie insgesamt mehr Rätsel hervorgebracht als gelöst.

Doch innerhalb weniger Jahre wurde die verwirrende Situation durch eine neue Vorstellung der subatomaren Welt drastisch geändert. Diese neue Konzeption entstand in den zwanziger Jahren und erlebte in den letzten vierzig Jahren zahlreiche Modifikationen. Doch ihre Grundlagen hielten stand und zeigten, daß diese Konzeption als eine natürliche Evolution der Ideen betrachtet werden kann, die mit dem Elektron von Lorentz und J. J. Thomson ihren Anfang nahmen und von Planck, Einstein, Rutherford und Bohr abgeändert und erweitert wurden.

Eine grundsätzliche Prämisse der klassischen Physik besagte, daß Ereignisse mit einer Gesetzmäßigkeit aufeinanderfolgen, die man voraussagen konnte, wenn man nur die Naturgesetze kannte und genügend Fakten besaß. Die Überzeugung Laplaces, die Kenntnis der Positionen und Geschwindigkeiten aller Objekte des Universums sei ausreichend, um die Zukunft voraussagen zu können, mag hierfür eine Illustration sein. Doch war sie wenig mehr als ein großartiger, wenn auch phantastischer Ausdruck der Vorstellung, daß Ereignisse bestimmbar waren, und das nicht nur im Laboratorium, sondern auf dem ganzen Gebiet der menschlichen Erfahrung. Gewisse Aspekte der Quantentheorie ließen diese bequeme Anschauung zum erstenmal zweifelhaft erscheinen. Das Elektron des Bohrschen Atoms, das ohne ersichtlichen Grund von einer Umlaufbahn in die andere sprang, verstärkte diese Zweifel. Gab es vielleicht doch keine »Ursache« für diese Bewegungen? Sie konnten zwar in einem gewissen Sinn des Wortes »vorausgesagt« werden. Mußte diese Voraussage aber immer nur eine statistische bleiben, die nur möglich war, weil so viele Elektronen beteiligt waren? Und wenn es tatsächlich keine erkennbare »Ursache« gab, wenn Ereignisse, die sich auf subatomarer Ebene abspielten, nur vom Zufall regiert wurden, mußte dies dann nicht auch auf andere Bereiche zutreffen? War die ganze Konzeption einer Kausalität im Universum vielleicht nur eine Illusion?

Diese Möglichkeit hatte nicht nur die Überbleibsel von Einsteins Glauben an die klassische Physik durcheinandergebracht, sondern auch seinen Sinn für das Rechte in einer geordneten und ordentlichen Welt. Schon im Januar 1920 hatte er Max Born mitgeteilt, wie ungern er auf die vollständige Kausalität verzichte[26]. Durch die neuen Vorstellungen über den Mikrokosmos Atom tat sich schon damals dort, wo die Fundamente der Physik auf scheinbar sicherem Boden ruhten, ein Abgrund auf. Bohr, Born, Pauli und noch andere übersprangen ihn schnell. Einstein verharrte, wo er war. Die Szene ähnelte in so mancher Hinsicht jener vor zwei Jahrzehnten, als er seine Relativitätstheorie auf die Welt losgelassen hatte. Damals jedoch hatte er zur bilderstürmenden Avantgarde gehört; jetzt nahm er seinen Standort unter den konservativen Nachzüglern ein.

Einen ersten Versuch, die Ratlosigkeit zu überwinden, unternahm Louis de Broglie, ein jüngerer Bruder Maurice de Broglies, der Schriftführer beim ersten Solvay-Kongreß gewesen war. De Broglie war gleich zu Beginn seines Studiums, noch vor 1914, von der Relativitätstheorie gefangengenommen worden. »Als ich mich nach einer langen Unterbrechung gegen Ende des ersten Weltkriegs mit größerer Reife erneut meinem Studium zuwandte«, schrieb er, »waren es wieder Einsteins Ideen, die mich beschäftigten. Ich hatte eine plötzliche Eingebung. Einsteins Welle-Teilchen-Dualismus war ein ganz allgemeines Phänomen, das sich auf die gesamte physikalische Natur erstreckte, und deshalb mußte die Translationsbewegung aller Partikel, Photonen, Elektronen, Protonen usw. mit der Fortpflanzung einer Welle assoziiert werden«[27].

De Broglie führte diese unkonventionelle Vorstellung näher aus – »der Vorschlag (wurde) gemacht ... nur aus Gründen der intellektuellen Schönheit, wägbaren Teilchen Wellennatur zuzuschreiben«[28], hieß es in drei Abhandlungen, die in den »Comptes Rendus« der Akademie der Wissenschaften 1923 erschienen. »In den darauffolgenden Monaten«, beschreibt de Broglie, »tat ich mein Möglichstes bei der Vorbereitung meiner Doktorarbeit, meine Ideen noch zu entwickeln und zu erweitern. Doch zuvor bat ich Paul Langevin, der in der Relativitätstheorie und Quantentheorie gut bewandert war, meine Folgerungen zu prüfen, und er hielt es für richtig, eine zweite Kopie von mir zu verlangen, die er Einstein schicken wollte. Einstein erkannte sofort, daß meine Verallgemeinerung seiner Lichtquantentheorie dazu angetan war, völlig neue Ausblicke in der Atomphysik zu eröffnen, und schrieb an Langevin zurück, daß ich ›einen Zipfel des großen Schleiers gelüftet‹ hätte«[29].

Was nun aufgedeckt wurde, war noch überraschender als seinerzeit die Idee, daß Licht sowohl als eine Ansammlung von Teilchen als auch als ein Ensemble von Wellen betrachtet werden kann.

De Broglie stellte die Behauptung auf, daß Teilchen, zum Beispiel Elektronen, von sogenannten »de Broglie-Wellen« – wie man sie bald nannte – oder »Materie-Wellen« begleitet werden. Diese Wellen erzeugten die Interferenzerscheinungen, die den Wissenschaftlern bei der Erforschung von Licht immer wieder begegneten. Wo diese Interferenzerscheinungen sich überlagerten, kam es zu den »bevorzugten Bahnen«, die Bohr schon postuliert hatte; innerhalb dieser Bahnen wurden die Bewegungen der Teilchen von den Gesetzen der Wellen-Fortpflanzung bestimmt.

Im Sommer 1924 erhielt Einstein von S. N. Bose, einem indischen Physiker der Universität von Dacca einen kurzen Aufsatz über »Plancks Gesetz und die Hypothese der Lichtquanten«, in dem die Strahlung als eine Gasform, bestehend aus Photonen, angesehen wurde. Einstein war von dem Aufsatz so beeindruckt, daß er ihn selbst ins Deutsche übersetzte und dem Herausgeber der *Zeitschrift für Physik* einsandte, der ihn im Juli abdruckte. Der Grund für sein Interesse liegt auf der Hand. Er hatte sofort erkannt, daß sich Boses statistische Methoden auch auf ganz gewöhnliche Atome anwenden ließen – sie wurden als »Bose-Einstein-Statistik« bekannt –, wenn man, wie de Broglie, voraussetzte, daß Materieteilchen gleichzeitig Wellen- und Partikel-Charakter besaßen, so wie das Einstein selbst der Strahlung früher zugeschrieben hatte.

Einstein entwickelte diese Gedanken in zwei Abhandlungen für die Preußische Akademie und betonte, wie nützlich er de Broglies Ideen gefunden habe[30].

»Die wissenschaftliche Welt jener Zeit hing an jedem einzelnen von Einsteins Worten«, schrieb de Broglie, »denn er stand damals auf der Höhe seines Ruhms. Dadurch, daß er die Wichtigkeit der Wellenmechanik herausstellte, tat der berühmte Wissenschaftler viel dazu, ihre Entwicklung zu beschleunigen. Ohne seine Abhandlung wäre meine Doktorarbeit erst sehr viel später bekanntgeworden«[31].

Einsteins Kommentar zu de Broglies Dissertation erregte die Aufmerksamkeit Erwin Schrödingers. Dieser vollbrachte nun eine jener konzentrierten Geistesarbeiten, die mehr als einmal schon das Bild der Physik veränderten. Innerhalb von vier Monaten stellte er die Grundgedanken der sogenannten Wellenmechanik auf. Mit ihnen wurde die Idee – daß nämlich grundsätzlich jedes Teilchen Wellencharakter habe – noch einen Schritt weiterentwickelt.

Was in diesen wenigen Jahren zustande kam, war also eine stetige Verschmelzung der Teilchen- und Wellen-Vorstellung. Zuerst dachte man, das Elektron sei je nach den Umständen entweder Partikel oder Welle. Jetzt entdeckte man, daß es offenbar beides zur selben Zeit war. An diesem Punkt angekommen, schien die Naturwissenschaft nicht nur gegen den gesunden Menschenverstand zu verstoßen, der schon suspekt geworden war, als sie sich mit Abläufen in der subatomaren Welt beschäftigte; sie schien auch gegen die rationale Logik vorzugehen. Konnte denn jemals etwas A und »Nicht-A« zur selben Zeit sein?

Niels Bohr beantwortete diese Frage mit einem uneingeschränkten ›Ja‹. In seinem »Komplementaritätsprinzip« stellte er die Behauptung auf, daß es allein von den spezifischen Eigenschaften abhängt, die untersucht werden, ob sich Licht oder Elektron nun als Wellen oder als sich bewegende Teilchen verhalten. Das untersuchte Objekt hat duale Charakteristika; ob es mit denen übereinstimmt, die uns als Wellen-Eigenschaften bekannt sind, oder mit den Partikeleigenschaften, hängt einzig davon ab, wie wir es untersuchen.

Man erkannte schnell, daß Schrödingers Wellenmechanik eine plausible Erklärung darstellte für viele Dinge, die zuvor nicht erklärbar waren. Sie war auf der Basis glaubwürdig, daß Realität das ist, was man aus ihr macht. Dies störte natürlich viele, die der Ansicht waren, daß alle Unkenntnis in der Wissenschaft beseitigt werden könnte.

Noch bevor de Broglie und Schrödinger begonnen hatten, die innere Beschaffenheit eines Atoms durch eine Kombination von Teilchen- und Wellen-Vorstellungen der verschiedenen Physiker zu erklären, war der junge Werner Heisenberg ganz anders vorgegangen. Heisenberg ging von der Voraussetzung Machs aus, daß Theorien auf physikalisch nachweisbaren Erscheinungen aufgebaut werden sollten. Als er versuchte, die Struktur des Atoms zu erforschen, hielt er sich deshalb an die Spektrallinien, ein spezifisches Charakteristikum der

Atome eines Elements. Die Wellenlängen derselben konnten durch die Anwendung eines mathematischen Schemas bestimmt werden, das Matrixmechanik oder Quantenmechanik genannt wurde. So stand 1927 dem Bild des Elektrons von de Broglie-Schrödinger eine rein mathematische Erklärung des Elektrons zur Seite, welche die Spektrallinien zum Ausgangspunkt nahm.

Beide Errungenschaften waren einander äquivalent. Sie wurden nun durch Argumente zusammengebracht, die nachhaltig zeigten, daß beide in verschiedener Form dasselbe ausdrückten. Schrödinger unternahm den ersten Schritt, die beiden Gedanken-Gebäude miteinander zu verbinden. Born ging noch weiter und lieferte eine statistische Interpretation von Schrödingers Wellenkonzeption, allerdings mit der Einschränkung, daß es sich dabei um eine große Anzahl von Zufallsereignissen handelte und die Ergebnisse nur deren Wahrscheinlichkeit betrafen. Der Hinweis, daß ein befriedigendes Bild von der physikalischen Welt nicht aus einer Beschreibung von Ereignissen, sondern nur aus deren Wahrscheinlichkeitsgesetz bestehen konnte, war von Heisenberg schon in seiner bekannten »Unschärferelation« gebracht worden. Diese besagte klar, daß im atomaren Bereich schon der Vorgang der Beobachtung das beobachtete Objekt beeinflußt; je genauer man entweder den Ort oder den Impuls eines Partikels angeben kann, desto ungenauer wird der Wert der zweiten Größe. Es zeigte sich darüberhinaus, daß die Unschärferelation zwischen zwei Größen mit der Planckschen Konstanten der Quantentheorie in Beziehung stand.

Das wichtige Ergebnis dieser Aussagen war, wie de Broglie es formulierte, daß die Quantenphysik allem Anschein nach »durch statistische Gesetze bestimmt (wurde) und nicht durch einen kausalen Mechanismus. Die ›Welle‹ der Wellenmechanik hörte auf, eine physikalische Realität zu sein und wurde zu einer partiellen Differentialgleichungslösung des klassischen Typus, und so zu einem Darstellungsmittel der Wahrscheinlichkeit eines bestimmten, stattfindenden Phänomens. Auch das Korpuskel wurde in ein reines Phantom verwandelt – wir können nicht länger sagen, ›in einem solchen Augenblick wird ein Korpuskel an solch einem Ort mit solch einer Energie oder einem Impuls gefunden werden‹, sondern nur mehr, ›in einem solchen Augenblick wird es eine solche Wahrscheinlichkeit geben, daß ein Korpuskel an solch und solch einem Ort gefunden wird‹. In anderen Worten, ein gegebenes Experiment kann entweder ein Korpuskel lokalisieren oder seinen Impuls bestimmen, aber es kann nicht beides tun«[32].

Es gab bei den Physikern feine Unterschiede in der Betrachtungsweise bezüglich dieses zentralen Punktes des Indeterminismus, der in dem neuen Bild der subatomaren Welt eine Schlüsselposition einnahm. Born, Heisenberg und

Bohr akzeptierten ihn uneingeschränkt; Einstein und Planck akzeptierten ihn nur mit den größten Vorbehalten. Aber gerade diese beiden Männer hatten ein Vierteljahrhundert zuvor eben jene Ideen in die Physik hineingetragen, die sie nun als ihr Trojanisches Pferd ansahen.

Der Bruch mit der alten Welt, den dieser neue Begriff enthält, kann aus zwei Äußerungen ersehen werden. Eine stammt von Sir Basil Schonland, der die neue Welt in *The Atomists* beschrieb. »Es schien experimentell erwiesen«, heißt es dort, »daß unterschiedliche Zufallsgesetze allen Erscheinungen zugrunde liegen und es unmöglich machen, an eine geordnete, deterministische Welt zu glauben; die Grundgesetze der Natur scheinen im wesentlichen statistisch und unbestimmbar zu sein, vom reinen Zufall regiert . . .«[33] So sah nach Born die Welt aus, die sich nun der Generation präsentierte, zu der Einstein, Bohr und er selbst gehörten. Es war eine Generation, die man gelehrt hatte, »daß eine objektive physikalische Welt existiert, die sich nach unveränderlichen Gesetzen entfaltet, die von uns unabhängig ist. Wir betrachten diesen Vorgang, wie das Publikum im Theater ein Stück verfolgt. Einstein hält daran fest, daß dies das Verhältnis zwischen dem wissenschaftlichen Beobachter und seinem Gegenstand sein soll. Die Quantenmechanik deutet indessen die in der Atomphysik gewonnene Erfahrung auf andere Weise. Wir können den Beobachter einer physikalischen Erscheinung nicht mit dem Publikum bei einer Theateraufführung vergleichen, sondern eher mit dem bei einem Fußballspiel, wo der Akt des Zusehens, der von Applaus oder Pfeifen begleitet wird, einen ausgeprägten Einfluß auf die Schnelligkeit und Konzentration der Spieler und damit auf den beobachteten Vorgang hat[34].«

Die beunruhigende Situation, in der sich Einstein jetzt befand, war durchaus kein Einzelfall. Robert Oppenheimer hat darauf hingewiesen, daß »viele der Männer, die zu den großen Veränderungen in der Naturwissenschaft beigetragen haben, wirklich unglücklich über das gewesen sind, was sie zu tun gezwungen waren«[35]. Er führte in diesem Zusammenhang außer Planck und Einstein auch Kepler und de Broglie an.

Manchmal betrachtete Einstein sein Unvermögen, die von seinen Kollegen geschaffene neue Welt zu akzeptieren, mit einer Art von Galgenhumor. Die Sache ging ihm trotzdem sehr nahe; das kommt in dem bekannten Satz zum Ausdruck, der in einem Brief an Max Born vom 4. Dezember 1926 enthalten ist. Darin drückte er seinen Glauben aus, daß Gott nicht Würfel spielt[36]. Diese Bemerkung wurde verändert, wiederholt, umschrieben, und lief um die ganze Welt. Aber ihre zentrale Bedeutung war klar. Einstein betrachtete die statistischen Gesetze höchstens als zweitbeste Möglichkeit, den Mikrokosmos zu verstehen. Als Grundgesetze der physikalischen Welt wollte er sie nicht akzeptieren. Diese, so meinte er, sollten die Ereignisse selbst bestimmen und nicht deren Wahrscheinlichkeit. Mit der Zeit, wenn man sehr viel mehr wüßte, sei es sicher möglich, die statistischen Erklärungen über Bord zu werfen und durch etwas Besseres zu ersetzen.

Diese Haltung nahm er in den späten Zwanziger Jahren ein. Er hielt an ihr fast unverändert bis an sein Lebensende fest.

Die meisten Physiker waren sich bewußt, daß es bei Angelegenheiten dieser Art kein endgültiges Urteil gibt und daß die Lösung eines Problems gewöhnlich ein anderes erzeugt. Die meisten erkannten, daß es unklug wäre, einen dogmatischen Standpunkt zu vertreten. Im Oktober wurden sie aus ihrer Reserve gelockt. Den Anlaß dazu gab der 5. Solvay-Kongreß 1927; zusammen mit dem 6., der drei Jahre später stattfand, markierte er eine deutliche Veränderung von Einsteins Stellung in der wissenschaftlichen Welt.

Der 5. Kongreß stand unter dem Thema »Elektronen und Photonen«. Die Liste der Sprecher und Abhandlungen ließ erkennen, daß die verschiedenen Ansichten über die Wellen- oder Teilchennatur der Materie gründlich erörtert werden würden; dasselbe galt für das Problem »Kausalität versus Indeterminismus«. Lorentz kam aus Holland, Sir William Bragg mit Sohn Lawrence aus England, Arthur Holly Compton aus den Vereinigten Staaten, Born und Heisenberg aus Göttingen, Einstein aus Berlin, Schrödinger aus Zürich und de Broglie aus Paris. Aus Kopenhagen kam Bohr, begierig, sein Prinzip der Komplementarität erläutern zu können, das von Heisenberg voll unterstützt wurde. »Auf den Solvay-Tagungen«, schrieb er später, »war Einstein ja von Anfang an eine der markantesten Persönlichkeiten, und zu dieser Sitzung waren viele von uns mit großer Spannung gekommen, um Einsteins Reaktion auf den neuesten Stand der Entwicklung zu erfahren, der unserer Ansicht nach eine befriedigende Klärung der Probleme gebracht hatte, die von ihm selbst zuerst so scharfsinnig aufgeworfen worden waren«[37].

Zu Beginn der Konferenz wies Bohr darauf hin, daß der Faktor *Gewißheit* dem subatomaren Bereich entzogen sei; es bestehe – so drückte er es bei anderer Gelegenheit aus – »die Unmöglichkeit einer scharfen Trennung zwischen dem Verhalten atomarer Objekte und der Wechselwirkung mit den Meßgeräten, die zur Definition der Bedingungen dienen, unter welchen die Phänomene erscheinen«[38]. Das bedeutet, daß das Wellen- oder Partikelkonzept durch die Art des Experiments bestimmt wird. Doch selbst wenn man sich entschlossen hatte, die Wellen- und Partikeleigenschaften zu untersuchen, verdeckte die Heisenbergsche Unschärferelation immer noch ein exaktes Bild von der Natur.

Einstein hielt auf dem 5. Kongreß kein Referat. Doch als sich die Kongreßteilnehmer nach den Sitzungen in der *Fondation Universitaire* trafen, rückte Einstein mit der Sprache heraus. Er lehnte die Unbestimmtheitsrelation immer noch ab, ebenso Bohrs Prinzip der Komplementarität, und sagte das auch unverblümt.

Die Diskussion erhitzte sich. Lorentz tat sein Möglichstes, jeweils nur einem Redner das Wort zu geben. Aber jeder hatte eine entschiedene Ansicht, und jeder wollte sie auch vorbringen. Die Gefahr drohte, daß in dieser illustren Gesellschaft ein Tumult ausbrach.

An diesem und den folgenden Abenden unternahm Bohr den vergeblichen Versuch, Einstein von seinen Vorstellungen zu überzeugen. Einstein dachte sich geniale Experimente aus, anhand derer er zu zeigen suchte, daß es mit den richtigen Meßgeräten theoretisch möglich wäre, alle Eigenschaften eines Elektrons zu entdecken. Jedesmal bewies Bohr das Gegenteil. Einstein beharrte darauf, daß die statistische Natur der Quantentheorie und die daraus resultierende scheinbare Unmöglichkeit, alle Eigenschaften der physikalischen Realität zu entdecken, nur auf Unkenntnis zurückzuführen seien. In angemessener Zeit würden die Physiker in der Lage sein, nicht nur die Wahrscheinlichkeit eines zukünftigen Ereignisses zu berechnen, sondern auch zu beurteilen, ob es tatsächlich stattfinden würde.

Die Wogen der Leidenschaften gingen hoch, obgleich »die Diskussionen von humorvollem Geiste beseelt« waren, wie Bohr schrieb. »Einstein fragte uns seinerseits ironisch, ob wir denn wirklich glauben könnten . . . ›(daß) der liebe Gott würfelt‹ . . . Ich erinnere mich auch daran, wie Ehrenfest auf dem Höhepunkt der Diskussion in der ihm eigenen liebenswürdigen Art, seine Freunde zu necken, auf die offensichtliche Analogie zwischen Einsteins Haltung und jener der Gegner der Relativitätstheorie hinwies . . .«[39] Schrödinger versuchte, eine kausale Interpretation für die Wellenmechanik zu geben, und de Broglie kam mit einem Vorschlag, den er als »Doppellösung« bezeichnete und der von einigen als ein Kompromiß zwischen den beiden Welten angesehen wurde. Doch gegen Ende des Tages wurde das Feld von Born, Bohr, Heisenberg, Pauli und Dirac beherrscht, deren statistische Interpretationen im Einklang standen mit dem neuen Unbestimmtheitsprinzip und allem, was dazugehörte.

Die ganze Zeit über blieb Einstein der wohlbekannte Einstein. »Während eines ziemlich langen Spaziergangs machte er einen tiefen Eindruck auf mich und bestärkte meinen Glauben an ihn voll und ganz«, schrieb de Broglie, dessen Arbeiten die Lawine ins Rollen gebracht hatten. »Ich wurde besonders gewonnen durch seine sympathische Gemütsart, seine allgemeine Gutmütigkeit, seine Einfachheit und Freundlichkeit. Gelegentlich gewann Fröhlichkeit die Oberhand und er schlug dann einen mehr persönlichen Ton an und erzählte sogar Einzelheiten aus seinem Alltagsleben. Dann wieder, wenn er in seine charakteristische Stimmung von Reflexion und Meditation verfiel, stürzte er sich in eine tiefsinnige und originelle Diskussion über eine Vielfalt von wissenschaftlichen und anderen Problemen . . .«[40]

De Broglie gegenüber gab Einstein einen gefühlsmäßigen Grund an, warum er die rein statistische Interpretation der Wellenmechanik nicht akzeptieren konnte. Er sagte nämlich, daß »alle physikalischen Theorien, von ihren mathematischen Formeln abgesehen, für eine so einfache Beschreibung geeignet sein sollten, ›daß sogar ein Kind sie verstehen könnte‹«. Und was war schließlich komplizierter als die statistische Interpretation der Wellenmechanik?

Keiner der Protagonisten wollte dieses Argument gelten lassen; es wurde auf dem nächsten Solvaykongreß 1930 mit erneuter Heftigkeit wieder aufgegriffen. Das wesentliche Problem drehte sich immer noch um die Frage: War es theoretisch möglich oder nicht, den Ort eines Partikels und seinen Impuls gleichzeitig festzustellen?

Einstein schlug 1930 ein »Gedankenexperiment« vor: Licht sollte in einem mit Spiegeln versehenen Behälter eingeschlossen und dieser gewogen werden. Ein Photon würde dann automatisch durch einen Zeitkontrollmechanismus im Behälter freigesetzt werden. Der Behälter war anschließend wieder zu wiegen. Aufgrund der Massenveränderung könnte man dann unter Anwendung von Einsteins Gleichungen die Energie und den Impuls des Photons berechnen, das in einem spezifischen Augenblick freigesetzt wurde. Auf den ersten Blick schien Einstein den Nagel auf den Kopf getroffen zu haben. Erst am nächsten Tag kam Bohr darauf, daß Einstein eine Sache übersehen hatte: den Effekt, den das Wiegen auf die Uhr haben würde.

Viele erklärten die Resultate dieses Austauschs, doch niemand stellte es verständlicher dar als Barbara Cline: »Bohrs Beweisführung ließ sich auf jede Meßmethode anwenden. Um aber diese Beweisführung möglichst klar zu veranschaulichen, griff er zu der Vorstellung, daß Einsteins Lichtbehälter an eine Feder einer starren Waage gehängt wurde. Damit würde der Behälter, wenn ein Photon freigesetzt wurde, eine Rückstoßbewegung ausführen. Seine vertikale Lage in bezug auf die Erdoberfläche würde sich verändern und damit auch seine Lage innerhalb des Gravitationsfelds der Erde. Gemäß der allgemeinen Relativitätstheorie würde diese Veränderung der räumlichen Lage einen Geschwindigkeitswechsel der Uhr bedeuten, die vorausgestellt und an dem Behälter befestigt war. Dieser Wechsel wäre extrem klein, aber in diesem Fall entscheidend. Denn infolge einer Kette von unvermeidlichen Ungenauigkeiten: der Ungenauigkeit der Richtung des entweichenden Photons, damit des Rückstoßes des Behälters, damit seiner Lage im Gravitationsfeld der Erde, könne der genaue Zeitpunkt, zu dem das Photon in dem Behälter freigesetzt würde, *nicht* bestimmt werden ... In dieser Weise hat Bohr die ernste Herausforderung von Einstein beantwortet, der seine eigene allgemeine Relativitätstheorie anzuwenden vergessen hatte[41].«

Die Auseinandersetzung kreiste um zwei Fragen: besaßen sowohl Materie als auch Strahlung beides, Wellen- und Korpuskularcharakter, und war das nur von der Betrachtungsweise abhängig; und: waren die Gesetze der subatomaren Welt die Gesetze der Statistik? Das erste Problem hatte den größeren praktischen Effekt auf die wissenschaftliche Welt, und Sir William Bragg, der Direktor der Royal Institution, hatte einmal empfohlen: »Montag, Mittwoch und Freitag unterrichten wir die Wellentheorie, und Dienstag, Donnerstag und Samstag die Korpuskulartheorie[42]«. Vierzig Jahre später kam die Synthese zustande. »Alles, was bereits geschehen ist, ist korpuskular, alles Zukünftige sind Wellen«, stellte Sir Lawrence Bragg, der Sohn von William Bragg, fest. »Das fortschreitende Sieb der Zeit koaguliert Wellen in Partikel zu dem Zeitpunkt ›Jetzt‹[43].« Einstein hatte dem zugestimmt. Er betrachtete den Widerspruch als einen, den er bewältigen konnte.

Der Indeterminismus war jedoch ein Rätsel, das in eine andere Kategorie fiel, und – was Einstein betraf – entscheidender war. Hier endete die erste Reihe von Schlachten in dem langen Feldzug, den er führte. Sie veränderte seinen Status nicht wesentlich, aber auf bestimmte Art und Weise. Auf dem Höhepunkt der ersten großen Debatte Anfang 1927 brachte Einstein seine Gefühle zum Schluß einer Botschaft zum Ausdruck, die den Newton-Feiern in England gewidmet war. Er schloß mit der Hoffnung: »Möge der Geist von Newtons Methode uns die Kraft geben, die Einheit zwischen der physikalischen Realität und dem grundlegenden Charakteristikum der Newtonschen Lehre wiederherzustellen – strikte Kausalität[44].« Jahre später war er noch genauso hoffnungsvoll. Er hoffte bis zum Schluß. Doch wie wenig seine Hoffnungen gerechtfertigt waren, zeigte Max Born, als er drei Monate nach Einsteins Tod in Bern auf einer Tagung sprach, die anläßlich des fünfzigsten Jahrestags der Speziellen Theorie veranstaltet wurde. Born sagte, daß Einstein das Recht gehabt habe, bis an die Grenzen der *A-priori*-Methode vorzustoßen. Die Wissenschaft aber sei ihm auf diesen Weg nicht gefolgt[45].

Eine Reihe von Gründen kann angeführt werden, wie es dazu kam, daß Einstein sich in den späten zwanziger Jahren immer mehr vom Hauptstrom der Physik entfernte. Man könnte behaupten, daß seine Flamme etwas niedriger brannte, als er seine Energien auf den Pazifismus, die Bedürfnisse der Hebräischen Universität in Jerusalem oder die Anforderungen der Jewish Agency verteilte. Genauso einleuchtend kann argumentiert werden, daß er mehr Zeit für solche Ziele verwendete, weil er fühlte, daß seine Kräfte nachließen. Wahrscheinlich ist allerdings, daß die Konzentration auf die Mathematik, die für seine Arbeit über die einheitliche Feldtheorie so wesentlich war, viel dazu beitrug.

Doch beruhte seine eigensinnige Opposition gegenüber dem Indeterminismus der Quantenmechanik nicht allein auf dem Unvermögen, »zu erkennen«, wie er viele Neuerungen in der Physik zuvor »erkannt« hatte. Sie basierte vielmehr auf einer inneren Vorstellung von der Welt, die viel mehr Ähnlichkeit mit religiösem Glauben hatte als mit dem ewig in Frage stellenden Skeptizismus der Naturwissenschaft. Einstein glaubte, das Universum sei so geplant, daß seine Funktionsweise begriffen werden konnte; deshalb mußte diese Funktionsweise mit entdeckbaren Gesetzen übereinstimmen; also hatten Zufall und Indeterminismus darin keinen Platz. Einstein betonte seine Überzeugung in einem Interview im Oktober 1929, als sich die Auseinandersetzung über die Quantenmechanik auf ihrem Höhepunkt befand. ». . . Alles wird bestimmt, der Anfang wie auch das Ende, durch Kräfte, über die wir keine Macht haben. Es wird bestimmt für die Insekten wie für die Sterne. Menschen, Pflanzen oder kosmischer Staub, wir tanzen alle nach einer bestimmten Melodie, die aus der Ferne von einem unsichtbaren Pfeifer angestimmt wird[46].«

Anfang 1928 hielt Einstein Vorlesungen in Davos. Er war von den Veranstaltern der »Davoser Hochschulkurse« darum gebeten worden, die Vorlesungen für junge Leute aus den umliegenden Sanatorien einzurichten. Eine Behandlung in diesen Sanatorien bedeutete, daß das reguläre Studium für einige Zeit unterbrochen werden mußte, meist für Monate, oft sogar für Jahre. Besondere Kurse konnten dem abhelfen, und die Davoser Behörden wandten sich mit der dringenden Bitte an Fachlehrer, Ende März für einige Wochen ihre Dienste zur Verfügung zu stellen. Einstein war gerne bereit. Auf die Eröffnungsfeier am 28. März 1928 folgten eine Reihe von Seminaren, die im Kurhaus abgehalten wurden; ebenso Diskussionen und ein Kammermusikkonzert. Einstein nahm an allem begeistert teil und stimmte bereitwillig zu, die Geige in einem Ad-hoc-Trio mit Cello und Klavier zu spielen. An jenem Abend des Konzerts war er einer der Stars.

Seine Vorlesung hatte das Thema »Grundbegriffe der Physik und ihre Entwicklung«. Es konnte kein Zweifel darüber bestehen, was er darunter verstand. »Heute wird der Glaube an die ungebrochene Kausalität gerade von denjenigen bedroht, deren Weg sie erhellt hat als ihr hauptsächlicher und uneingeschränkter Führer in vorderster Linie, nämlich von den Vertretern der Physik«, sagte er . . . Er fuhr fort, die Newtonsche Mechanik zu umreißen und zu beschreiben, wie die Relativitätstheorie Newtons Ideen und die neueren

Vorstellungen der Feldtheorie zusammengebracht und an den Grundbegriffen von Zeit und Raum gerüttelt hatte. Die strikte Kausalität zog er nicht in Zweifel[47].

Als der Hochschulkurs beendet war, nahm Einstein die Einladung an, im Ferienhaus von Herrn Meinhardt, dem Direktor von Osram, in Zuoz im benachbarten Unterengadin zu wohnen. Während seines Besuchs wurde er nach Leipzig gerufen, um dort als Sachverständiger in einem Patent-Prozeß zwischen den Firmen Siemens und AEG auszusagen; der frühere Präsident der AEG war sein Freund Walther Rathenau gewesen.

Er kehrte unerwartet von Leipzig nach Zuoz zurück. Wie immer, ließ er auch diesmal seinen Koffer nicht von einem Gepäckträger tragen. Das Resultat des Fußmarsches durch den glitschigen Schnee war ein unerwarteter Kreislaufkollaps, der sein angegriffenes Herz zum Vorschein brachte. Dr. Plesch schrieb darüber: ».. . Einstein betätigte sich niemals sportlich außer einem kurzen Spaziergang, wenn ihm gerade danach war . . . und was er so tat, wenn er mit seinem Boot segeln ging . . . Der Zuozvorfall war deshalb, wie Einstein offen zugab, die letzte einer ganzen Reihe von Überanstrengungen[48].« Einstein selbst glaubte, die »Hauptquelle« der ganzen Schererei sei in Wirklichkeit das Rudern eines Segelboots in einer Abendflaute gewesen[49].

Die Folgen waren jedenfalls ziemlich ernst. Er wurde nach Berlin zurückgebracht. Die Details seines Herzdefekts blieben unklar. Zahlreiche Heilmittel wurden ausprobiert, doch alle ohne Erfolg. Schließlich versuchte es Janosch Plesch mit ihm.

Dr. Plesch war vier Jahre älter als Einstein. Er war ein wohlhabender Ungar, der in Berlin eine gutgehende und bekannte Arztpraxis besaß. Plesch war dem Charakter nach genau das Gegenteil von Einstein. Was die beiden Männer miteinander verband, war nicht nur Pleschs erfolgreiche Diagnose, die Einsteins tiefverwurzeltes Mißtrauen gegenüber Ärzten abbaute; es war auch Pleschs Interesse an der Welt der Kunst und Literatur und seine Vorliebe für ein genußreiches Leben, die mit Einsteins angeborener, wenn auch meist unterdrückter Vorliebe für gutes Essen und Trinken in Einklang stand.

Plesch stellte sehr schnell die Diagnose auf Entzündung der Herzscheidewand, setzte seinen Patienten auf salzlose Diät und schickte ihn dann mit Elsa und den Töchtern Ilse und Margot in ein kleines Seebad an der Ostsee nördlich von Hamburg. Hier erholte sich Einstein wieder. Aber es ging nur langsam voran, und es war seiner Genesung nicht gerade zuträglich, daß er weiterhin segeln ging, bis Plesch dem schließlich ein Ende setzte.

Wegen seiner Krankheit mußte er für die Arbeit zuhause eine Sekretärin engagieren. Eine Zeitungsannonce schied aus, weil sie unweigerlich eine Unmenge unbrauchbarer Antworten ins Haus lieferte. Elsa erwähnte das Problem Rosa Dukas gegenüber, der Leiterin der Jüdischen Waisenorganisation. Miss Dukas empfahl ihre Schwester Helen.

Helen Dukas stellte sich am Freitag, den 13. April in der Haberlandstraße 5 vor. Zuerst hatte sie den Vorschlag ihrer Schwester abgelehnt. Sie verstand nichts von Physik und hatte das Gefühl, daß all dies über ihre Begriffe ging. Schließlich ließ sie sich überreden, es einmal zu versuchen.

Ihre erste Aufgabe bestand darin, einen Stellvertreter für die kommende Konferenz der Internationalen Kommission für intellektuelle Zusammenarbeit in Genf zu finden. Er mußte nämlich seine Arbeit für diese Organisation, wie auch für den Pazifismus, den er unterstützte, sowie für die Zionisten, zeitweilig unterbrechen. Einstein hatte schon unterschiedliche Resultate auf diesen Gebieten erzielt, als er sein 50. Lebensjahr begann – und als Deutschland auf jenen Zeitpunkt in naher Zukunft zusteuerte, der zeigte, wie die steigende Arbeitslosigkeit, die Unterstützung der Industriellen aus Furcht vor dem Kommunismus und die Schaffung eines Sündenbocks in Form der Juden Hitlers Nationalsozialistische Deutsche Arbeiterpartei zur zweitgrößten Partei des Landes werden ließ.

13. KAPITEL

DER RUF NACH FRIEDEN

Einstein war nicht der Mann, der sich länger als nötig schonte. Sobald er konnte, arbeitete er wieder für die pazifistische Sache, die er seit 1914 so tatkräftig unterstützt hatte. Er war seit langem ein aktives Mitglied der Deutschen Liga für Menschenrechte, in die der Bund Neues Vaterland übergegangen war. Von seinem Krankenbett aus schickte er regelmäßig kurze Briefe an den Generalsekretär der Liga, Kurt R. Grossmann, in denen er um Information bat oder Ratschläge erteilte. Kurz nach seiner Genesung ließ er sich dazu überreden, eine Schallplattenaufnahme unter dem Titel »Mein Glaubensbekenntnis[1]« zu machen, auf der er mit eigener Stimme seine Überzeugungen darlegte.

Vor dem Krieg hatte Einstein an den Anti-Kriegsbewegungen nicht teilgenommen. Sein Interesse konzentrierte sich in jener Zeit hauptsächlich auf die Physik. Er beschäftigte sich kaum mit der Politik, bis er von Berlin aus die Erschütterungen sah, die der Krieg hervorrief, den Eifer, mit dem sich seine Kollegen dem Krieg zur Verfügung stellten und den Bruch, den der Krieg in der internationalen wissenschaftlichen Welt verursachte. Er wurde, wie Tausend andere, emotionell gepackt. »Mein Pazifismus ist ein instinktives Gefühl, ein Gefühl, das von mir Besitz ergriffen hat, weil der Mord von Menschen abscheulich ist«, erklärte er einmal Paul Hutchinson, dem Herausgeber von *The Christian Century*. »Meine Haltung leitet sich nicht von einer intellektuellen Theorie ab, sondern beruht auf meiner tiefsten Abneigung gegen jede Form von Grausamkeit und Haß . . .«[2] Der Prager Zeitschrift »Die Wahrheit« gegenüber äußerte er, er würde im Falle eines neuen Krieges sich weigern, Kriegsdienst zu leisten[3]. Nicht lange danach überredete er seine Freunde genau zum Gegenteil.

In den ersten Jahren der Nachkriegszeit erfuhren die Pazifisten allgemeine Unterstützung, und das überall auf dem Kontinent, der durch vier Jahre des Blutvergießens erschöpft war. Doch auch nationaler Ehrgeiz und nationale Bewegungen rührten sich wieder. Die Opfer gerieten in Vergessenheit; an den Krieg erinnerten bald nur noch Soldatenvereine und Regimentstreffen. Die Unterstützung für den Pazifismus nahm ab. Dagegen blieben Einsteins Überzeugungen – er brachte sie zu jeder Gelegenheit in Interviews, Erklärungen und Artikeln zum Ausdruck – die ganzen zwanziger Jahre hindurch unverändert.

Zu diesen pazifistischen Appellen gesellte sich noch der Ruf nach einer europäischen Regierung und einer Weltregierung. Den weitab von der politischen Tageswirklichkeit lebenden Verfechtern schien dies Anliegen eine natürliche Entwicklung; sie glaubten, ein Appell an den internationalen guten Willen würde genügen. Aber das Widerstreben, anzuerkennen, daß der »Kampf für den Frieden« aus pazifistischer Sicht mehr bedeutete als nur einen Widerspruch in den Worten, trug dazu bei, den Völkerbund harmlos und aktionsunfähig zu halten. Dadurch wurden dem potentiellen Aggressor die besten Karten in die Hände gespielt und der Weg für Hitler geebnet. Einstein sah das allmählich ein. Er unterstützte den Völkerbund, bis er durch seine persönlichen Erfahrungen gegen ihn eingenommen wurde.

Am 17. Mai 1922 wurde ihm von Sir Eric Drummond, dem Generalsekretär des Völkerbunds, angetragen, Mitglied des neugebildeten »International Committee on Intellectual Cooperation« (Internationales Komitee für geistige Zusammenarbeit) zu werden. Der geistige Vater des Committees war Henri Bergson; laut Gilbert Murray, dem späteren Vorsitzenden des Committees, sollte es »den Geist des Völkerbundes« repräsentieren. In vieler Hinsicht war es ein Vorläufer der UNESCO; seine Mitglieder wurden ernannt »nicht als Vertreter ihres betreffenden Landes, sondern auf Grund ihrer persönlichen Leistungen. Gleichzeitig ist der Rat bemüht, in dem Committee die großen kulturellen Gruppen der Welt so weit wie möglich zu repräsentieren. In diesem Sinn kann also von jedem einzelnen Mitglied gesagt werden, es repräsentiere eine bestimmte Kultur, obgleich es nicht als offizieller Vertreter eines bestimmten Landes im Committee sitzt«[4]. Diese Erklärung – 1924 auf eine Anfrage hin abgegeben, ob Einstein in dem Komitee Deutschland vertrete – berührte einen wunden Punkt, da Deutschland dem Völkerbund bislang noch nicht beigetreten war.

Seiner Ernennung zum Mitglied waren langwierige Verhandlungen vorausgegangen. Einige französische Beamte erhoben Einspruch, einen Deutschen ins Committee aufzunehmen; diejenigen Deutschen, die sich krampfhaft an der

Peripherie des Bundes hielten, behaupteten brüsk, Einstein sei kein Deutscher, sondern bloß ein Schweizer Jude.

Einstein nahm Drummonds Einladung an, obwohl er sich über den Charakter der Arbeit nicht im klaren war, die das Committee leisten sollte. Er glaubte, daß in Zeiten wie diesen niemand ablehnen dürfe, an der Förderung der internationalen Zusammenarbeit mitzuwirken. Wenig später fragte er Madame Curie in einem Brief, ob sie gleichfalls sich zur Verfügung stellen würde. Die Beamten des Bundes zeigten sich sehr befriedigt über Einsteins Zusage.

Der Völkerbund mußte für diesen Neuzugang seinen Preis zahlen. Einsteins »Reinheit des Herzens«, wie Murray es beschrieb, die Tatsache, daß es ihm »so sehr widerstrebte, Böses anzunehmen«, seine Unfähigkeit oder sein Widerwille, einzugestehen, daß der Bund, welch edle Ziele er auch verfolgte, in einer fehlbaren Welt operieren mußte, dies alles beeinträchtigte seine Nützlichkeit sehr. So viel geht jedenfalls aus den Akten hervor.

Im Juli – zwei Monate nach seiner Zusage – schrieb Einstein einen kurzen Brief an den Leiter des Informationssekretariats des Bundes, Pierre Comert. Er teilte darin mit, daß er es für nötig erachte, aus dem Committee auszutreten, dessen erstes Treffen im Spätsommer stattfinden sollte. Ein Grund wurde nicht angegeben, doch brachte Einstein in einem Begleitbrief zum Ausdruck, daß die Situation in Berlin nun derart war, daß ein Jude besser daran tat, sich in bezug auf politische Aktivitäten Zurückhaltung aufzuerlegen.

Madame Curie schrieb er ausführlicher darüber; er erklärte, daß er nicht nur wegen des Mordes an Rathenau zurücktrete, sondern wegen des herrschenden Antisemitismus in Berlin und auf Grund seines Eindrucks, nicht länger die richtige Person für diese Arbeit zu sein. Die Antwort war scharf und traf ins Schwarze. »Lieber Herr Einstein«, schrieb Madame Curie, »ich habe Ihren Brief erhalten und war sehr enttäuscht. Der Grund, den Sie für Ihre Enthaltung angeben, scheint mir nicht stichhaltig zu sein. Es ist gerade, weil gefährliche und voreingenommene Meinungen existieren, notwendig, dagegen zu kämpfen; und Sie sind in der Lage, in dieser Hinsicht einen bedeutenden Einfluß auszuüben, und sei es allein durch Ihren persönlichen Ruf, der es Ihnen ermöglicht, für die Toleranz zu kämpfen. Ich denke, daß Ihr Freund Rathenau, von dem ich glaube, daß er ein ehrlicher Mann gewesen ist, Sie dazu ermutigt hätte, zumindest den Versuch einer friedlichen geistigen internationalen Zusammenarbeit zu unternehmen. Bestimmt können Sie Ihren Entschluß rückgängig machen. Ihre Freunde hier haben liebe Erinnerungen an Sie«[5].

Während Madame Curie Einstein auf persönlicher Ebene schrieb, hatte der Sekretär des Committees, der Japaner Nitobe, verzweifelte Anstrengungen unternommen, die Situation noch zu retten. Nachdem er Einsteins Rücktrittsgesuch erhalten hatte, wandte er sich an Bergson um Hilfe, der einen genialen Vorschlag machte: »Es ist meine Überzeugung, daß nun, wo das Committee für geistige Zusammenarbeit ordnungsgemäß konstituiert ist, der Rücktritt eines seiner Mitglieder nicht endgültig ist, bevor das Committee ihn nicht akzeptiert hat. Vor unserem Treffen können Sie Einstein also bitten, seinen Entschluß noch einmal zu überdenken[6].« Die Beamten des Bundes klammerten sich dankbar an diesen Strohhalm, und Comert wurde nach Berlin beordert, wo er mit Einstein am 27. und 28. Juli zusammentraf. Sein Bericht ist aufschlußreich.

»Ich habe Ihnen erklärt«, schrieb er anschließend an Einstein, »daß Ihr plötzlicher und grundloser Rücktritt das Committee für intellektuelle Zusammenarbeit schwer in Verruf bringen würde, weil die Öffentlichkeit Ihren plötzlichen Entschluß, Ihre Mitarbeit wieder rückgängig zu machen, übel auslegen könnte.

Mit großer Aufrichtigkeit und vollem Vertrauen haben Sie mir dann die besonders schmerzlichen Gründe genannt, die Sie dazu veranlaßt haben, Ihren Rücktritt in Erwägung zu ziehen.

Ich war von ihnen sehr beeindruckt. Wir wollen diese Umstände ganz außer acht lassen. Ich habe Ihnen gesagt, daß mir die Schwierigkeiten Ihrer persönlichen Stellung in Deutschland so beträchtlich erscheinen, daß die Mitglieder des Rates es meiner Meinung nach niemals gewagt hätten, Sie zu fragen, wenn sie vermutet hätten, daß die Ernennung Ihre Stellung in Berlin noch kritischer gestalten würde.

Dann untersuchten wir gemeinsam, streng vertraulich, ob es unter diesen – für mich neuen – Bedingungen ratsam wäre, Ihren Rücktritt zu bestätigen. Obgleich ich mich sehr gern Ihrer Mitarbeit im Committee für geistige Zusammenarbeit sicher gewußt hätte, glaube ich nicht, daß ich unbillig darauf bestanden habe, Sie wieder bei uns zu halten . . .

Vor meiner Abreise aus Berlin . . . haben Sie mir jedoch gesagt, daß Sie den Gedanken eines Rücktritts aufgegeben hätten. Die Arbeit des Völkerbundes liege Ihnen so am Herzen, daß Sie bereit seien, ihretwegen gewisse Risiken auf sich zu nehmen und nicht durch einen unmotivierten Rücktritt die Aufgaben des Committees zu gefährden . . .

Am Ende unserer Unterhaltung schrieben Sie am 29. Juli erneut an den Generalsekretär, Ihre Vorbereitungen für eine Japanreise würden Sie davon abhalten, am ersten Treffen des Committees für geistige Zusammenarbeit teilzunehmen, doch Sie erklärten, daß nach Ihrer Rückkehr Ihre Mitarbeit um so intensiver sein werde . . . Mit diesem freundlichen Brief haben Sie uns in Richtung Ferner Osten verlassen«[7].

Das Committee veranstaltete im August seine erste Sitzung in Genf. Im offiziellen Bericht hieß es, daß Professor A. Einstein wegen einer wissenschaftlichen Mission in Japan verhindert sei, an der Arbeit des Committees teilzunehmen.

Tatsächlich reiste Einstein erst einige Monate später nach Japan. Ende August schrieb er aus Berlin an Lord Haldane und sprach sich für die Lösung des Reparationsproblems aus, wie sie im *»Berliner Tageblatt«* vorgeschlagen war.

Einstein fuhr im Oktober 1922 mit seiner Frau per Schiff nach Japan; er hatte es unterlassen, bis zu seiner Rückkehr für eine Vertretung für sich im Committee zu sorgen.

Erst Ende März kehrte er nach Berlin zurück. Die ganze Zeit über hatte keine Verbindung zum Völkerbund bestanden. Die Beamten des Bundes hörten aber auf indirektem Weg, daß Einstein sich auf der Rückreise befand; sie erwarteten, daß er gemäß seinem Versprechen nun Vorbereitungen treffen würde, an der im Juli geplanten Sitzung des Komitees teilzunehmen. Sie sollten jedoch enttäuscht werden.

Einstein unterbrach seine Heimreise nach Berlin in Zürich. Von hier aus, am 21. März, reichte er beim Völkerbund erneut seinen Rücktritt vom Komitee ein. Eine Kopie seines Briefes ließ er gleich der *Nouvelle Gazette de Zurich* zugehen; am nächsten Morgen konnten die Beamten des Bundes den Inhalt seines Briefes schon in den Spalten der Zeitung lesen.

»Ich bin kürzlich zu der Überzeugung gelangt, daß der Völkerbund weder die Macht noch den guten Willen (la bonne volonté) besitzt, die für die Erreichung seiner Ziele notwendig sind«, hieß es. »Als überzeugtem Pazifisten scheint es mir keine gute Sache zu sein, Beziehungen irgendwelcher Art mit ihm zu unterhalten. Ich ersuche Sie, meinen Namen von der Mitgliederliste des Komitees zu streichen[8].«

Die Reaktion in Genf kann aus dem Brief ersehen werden, den Comert im darauffolgenden Monat an Einstein schickte.

»Ihr Brief . . . ist eine Verdammung des Völkerbunds ohne Begründung, der, so sagen Sie, weder die Macht noch den guten Willen besitze, seine Aufgabe durchzuführen, und mit dem Sie, in Ihrer Eigenschaft als überzeugter Pazifist, nichts zu tun haben wollen.

Solch ein Urteil, mein lieber Professor Einstein, treffen Sie, ohne daß Sie die Arbeit Ihrer Kommission verfolgt haben, ohne daß Sie ein einziges Mal an einem Treffen teilgenommen haben, auf dem Rückweg von einer Reise, während derer es vielleicht nicht leicht war, die europäischen Angelegenheiten zu verfolgen!

Bevor der Brief in Genf ankommen konnte, wurde er Züricher Zeitungen übergeben, publiziert und somit in der ganzen Welt bekanntgegeben.

Diese plötzliche *Kehrt-Wendung*, mit ihren ganzen Rückwirkungen, holt zu einem unglücklichen Schlag gegen jene aus, die wie wir ein realisierbares und menschliches Ideal vor Augen haben, gegen jene, die bescheiden und hartnäckig in einem zerstörten Europa das Werk des internationalen Friedens verfolgen, den für uns der Völkerbund symbolisiert . . .«[9]

Einsteins Vorgehen – wie er später zugab »mehr aus einer vorübergehenden Stimmung der Verzagtheit als nach reiflicher Überlegung« – hatte seine Ursache in der französischen Besetzung des Ruhrgebiets. Die Inflation in Deutschland war untragbar geworden; Ende 1922 hatte die Weimarer Regierung die Zahlung jener Reparationen eingestellt, die im April 1921 vereinbart worden waren. Daraufhin besetzten die Franzosen im Januar 1923 das Kerngebiet des industriellen Deutschland. Das brachte Einstein in Einklang mit den protestierenden deutschen Nationalisten, obwohl er ganz andere Motive hatte als jene. Die Nationalisten waren der Ansicht, daß der Völkerbund zu energisch war, Einsteins Einwände bezogen sich auf das Gegenteil.

Sowohl die Briten als auch die Amerikaner verurteilten die Besetzung des Ruhrgebiets, desgleichen viele Franzosen. Obgleich man innerhalb des Völkerbunds die Art und Weise allgemein bedauerte, in der Einstein seine Haltung kundgetan hatte, neigte man auf Grund der Tatsachen dazu, sein Vorgehen zu übersehen und ihn zu ermutigen, erneut dem Völkerbund beizutreten. Eine Gelegenheit dazu schien sich 1924 zu bieten, als der geschäftsführende Sekretär am 17. April eine vertrauliche Mitteilung erhielt, derzufolge Einstein einem Freund in Berlin gegenüber geäußert haben sollte, »wie sehr er die überstürzte Geste seines Rücktritts bedaure«. Würde es nun möglich sein, so fragte man sich, Einstein wieder zurückzulocken?

Gilbert Murray informierte Einstein am 16. Mai schriftlich, daß das Komitee, sollte er seine Mitgliedschaft erneut ins Auge fassen, »einmütig Ihre Anwesenheit begrüßen würde.« Einstein antwortete, er würde dem Committee gern wieder beitreten, da er der Meinung sei, daß die Arbeit desselben zu einer Verbesserung der deutsch-französischen Beziehungen beitragen könnte.

Sein erneuter Beitritt wurde auf der 29. Sitzung der Versammlung des Völkerbundes am 16. Juni diskutiert; Henri Bergson »konnte nichts als Vorteile darin sehen, daß Professor Einstein wieder einen Sitz im Komitee einnimmt«. Die Versammlung stimmte zu. Es wurde beschlossen, »daß Professor Einstein im Komitee als Vertreter der deutschen Wissenschaft sitzen sollte«. Das offizielle Angebot ging nun an Einstein ab und dieser schickte am 25. Juni seine Zusage an Sir Eric Drummond[10].

Eines ist im Zusammenhang mit seinem Einverständnis interessant. In den Akten des Bundes ist diesem Schreiben ein Zettel folgenden Wortlauts angeheftet: »Nicht vervielfältigen. Der G. S. (Generalsekretär) hat angeordnet, jedem einzelnen Versammlungsmitglied eine Kopie persönlich zuzuschicken.« Es findet sich noch eine Mitteilung: »Da der Einstein-Brief privat ist, halte ich es nicht für angebracht, ihn im *Official Journal* abzudrucken.«

Als Einstein zusammen mit einem neuen Mitglied zu Beginn der vierten Sitzung am Freitag, den 25. Juli 1924 offiziell in das Komitee eingeführt wurde, war die Begrüßung durch Henri Bergson vorsichtig, um nicht zu sagen, schmeichelhaft formuliert. Bergson erinnerte an Einsteins Verdienste und schloß mit der Versicherung: »Sollte es ihm durch seine Anwesenheit in einem Komitee des Völkerbunds gelingen, all jene für dieses Ideal zu gewinnen, die Interesse für seine hohe Theorie bekundet haben, dann hätte er der Menschheit einen weiteren und sehr bedeutenden Dienst erwiesen.«

Doch soviel konnte Einstein nicht erreichen. Seine unregelmäßige Teilnahme an den Sitzungen des Komitees bis zu seinem endgültigen Rücktritt im Frühjahr 1932 trug viel weniger Früchte als er vielleicht erwartet hatte. Das war nicht ausschließlich sein Fehler. Die auseinanderstrebenden Kräfte im Komitee selbst waren gleichermaßen mißtrauisch Frankreich gegenüber, das die stärkste Macht auf dem Kontinent geworden war und diese Position auch beibehalten wollte, und gegenüber der deutschen Republik.

Diese Spannungen traten in der akademischen Welt genauso deutlich hervor wie anderswo – »man muß sich eingestehen«, sagte Einstein am 16. Januar 1926, »daß Wissenschaftler und Künstler, zumindest in den mir bekannten Ländern, von einem engstirnigen Nationalismus viel größeren Ausmaßes gelenkt werden als die Personen des öffentlichen Lebens«[11]. Das traf auf ihn selbst nicht zu. Er war bestimmt gehandikapt, aber mehr durch seine temperamentsbedingte Unfähigkeit, Kompromisse zu schließen, die die Arbeit im Komitee forderte. Dazu kam, daß er es nun auf Grund seines früheren Rücktritts – aus Protest über die französische Besetzung des Ruhrgebiets – nötig hatte, zu betonen, er sei kein Chauvinist. All das bildete ein Gegengewicht zum Prestige seines Namens, an dem der Völkerbund so interessiert war, der aber ein etwas zweifelhafter Posten in der Arbeit der nächsten Jahre wurde.

Eine der ersten Neuerungen nach dem Beitritt Einsteins war die Gründung des Internationalen Instituts für geistige Zusammenarbeit. Es sollte von der französischen Regierung finanziert und in Paris errichtet werden; es bestand die ungeschriebene Vereinbarung, daß der Direktor dieses Instituts immer ein Franzose sein sollte[12]. Nachdem Einstein die Idee zunächst begrüßt hatte, wurde er langsam mißtrauisch, Frankreich könnte eine Vormachtstellung einnehmen. Er selbst konnte auf Grund seiner Südamerikareise gegen die Einzelheiten keine Einwendungen machen; doch versuchte er, Lorentz zu überreden, in seinem Namen zu protestieren. Lorentz lehnte ab.

Die Sitzungen des Komitees wurden weiterhin in Genf abgehalten. Hier trug Einstein seinen Teil dazu bei, die verschiedenen Vorschläge bezüglich einer Zusammenarbeit zu diskutieren. »Wir hatten keine Geldreserven, aber wir konnten oft Männern helfen, deren Bücher oder wissenschaftliche Instrumente vernichtet worden waren, indem wir ihnen Zugang zu einem Laboratorium oder einer Bibliothek verschafften und manchmal verhalfen wir Leuten wieder zu ihren verlorenen Stellungen«, schrieb Gilbert Murray[13].

Auf anderer Ebene saß Einstein in einem Subkomitee, das sich mit Bibliographien befaßte und mit einem geplanten internationalen meteorologischen Amt. Er gab persönliche Ratschläge, wie man vom Roten Kreuz gespendetes Geld an emigrierte russische Intellektuelle verteilen konnte, und er verwendete viel Zeit darauf, zu diskutieren, wie sich die Aussichten auf einen dauerhaften Frieden mittels einer bestimmten Schulerziehung vergrößern ließen. Es waren alles zweitrangige Angelegenheiten, die sich am Rande der internationalen Beziehungen bewegten, aber selbst hier hing der Erfolg in hohem Maße davon ab, inwieweit eine Zusammenarbeit bezüglich der wichtigeren Fragen der Aufrüstung und des Handels durchgesetzt werden konnte. Deshalb ist die Behauptung, das Komitee habe während seines Bestehens verhältnismäßig wenig zustande gebracht, ein Hinweis darauf, welcher Status – oder welch geringer Status – ihm zuteil wurde. Auf der Ebene harter politischer Entscheidungen nahm niemand die Kultur besonders ernst.

Einstein interessierte sich hauptsächlich für die Wirkung, die von der Erziehung zur Beseitigung der Mißverständnisse und Haßgefühle ausging, Emotionen, die einen Krieg nicht nur möglich, sondern auch »populär« werden lassen. Dies Interesse stand in engem Zusammenhang mit den pazifistischen Aktivitäten, die einen immer größeren Teil seiner Zeit beanspruchten. »Meiner Meinung nach besteht die Hauptaufgabe darin, wie man die Erziehung der Jugend allgemein verbessern kann«, sagte er einmal bei einem informellen Gespräch im Komitee. »Der Völkerbund kann kein größeres Werk vollbringen, als mitzuhelfen, das Volksschulsystem auf der ganzen Welt zu verbessern.«

Einsteins Interesse an Erziehungsproblemen führte zu einem der wenigen konkreten Resultate seiner Mitarbeit beim Völkerbund. Bald nach ihrer Gründung wurde die Kommission gebeten, »einen Briefwechsel zwischen führenden Denkern anzuregen, nach dem Muster, wie er immer in großen Epochen der europäischen Geschichte zustande gekommen ist; Themen auszusuchen, die am besten geeignet waren, dem allgemeinen Interesse des Völkerbunds und des intellektuellen Lebens der Menschheit zu dienen; und diesen Briefwechsel hin und wieder zu publizieren.« Der erste Band mit dem Titel »A League of Minds« enthielt Briefe von M. Henri Focillon, Señor Salvador de Madariaga, Gilbert Murray, Paul Valéry und anderen. Im Herbst 1931 reiste Steinig, ein Beamter des Völkerbunds, in der Absicht nach Berlin, Einsteins Mitarbeit an einem zweiten Band sicherzustellen. Das Thema war relativ nebensächlich; wichtig war ein langer Originalbrief von Einstein, der unter der Schirmherrschaft des Völkerbunds publiziert werden konnte.

Einstein war von der Idee sehr eingenommen. Er hatte, wie Steinig berichtete, »einen Horror vor platonischen Erklärungen, die nicht auf ein sofort realisierbares Ziel ausgerichtet waren«. »Nachdem Herr Einstein sein Interesse an der Erziehung unterstrichen hatte als ein Mittel, den Frieden zu sichern, entschieden wir, fuhr Steinig fort, daß er grundsätzlich die Idee akzeptieren würde, zwei Briefe an zwei verschiedene Leute über diese Frage zu schreiben: ein Brief würde wahrscheinlich an M. Langevin adressiert werden, und Herr Einstein schlug vor, sich hier mit einem Meinungsaustausch zwischen Vertretern französischer und deutscher Organisationen zu befassen, zum Beispiel über Mittel und Wege, den Inhalt der Geschichtsbücher in den zwei Ländern zu beeinflussen. Man könnte, so meinte Herr Einstein, die historische Genauigkeit solcher Bücher fortlaufend verbessern, indem man einmal die ›tendenziösen Irrtümer‹ entferne und zum anderen die Fehldarstellungen, die das Gefühl nationaler Feindseligkeit hervorriefen und nährten.

Ein zweiter Brief, in Form einer Frageliste geschrieben, sollte an Herrn Freud in Wien adressiert werden . . .«[14]

Einstein schlug Steinig vor, er selbst wolle sich an Langevin wenden, während Steinig die ersten Kontakte mit Freud in Wien aufnehmen sollte. Doch legte Bonnet Einstein in einem Schreiben taktvoll nahe, es sei für ihn wohl das beste, den ersten persönlichen Kontakt zu Langevin zu unterlassen, da sich dieser schon in Angelegenheiten des Komitees in China befinde und er, Bonnet, auch bald nach China reise.

In der Zwischenzeit wurden Einsteins Vorschläge in Paris diskutiert und Steinig traf mit Freud zusammen. Freud war nicht optimistisch. Aber er wollte Einsteins offenen Brief nach bestem Können beantworten.

Dieser Brief, mit dem Datum des 30. Juli 1932, stellte eine einzige simple Frage zur Diskussion: »Gibt es einen Weg, die Menschen von dem Verhängnis des Kriegs zu befreien?« Nachdem Einstein diese Frage gestellt hatte, ging er daran, seine eigene Antwort darauf zu geben – die Bildung einer internationalen Behörde, deren Nichtexistenz er ganz einfach der »herrschenden Schicht« anlastete, und denjenigen, »deren Streben nur gewinnsüchtigen und wirtschaftlichen Interessen gilt«, und zu der zusätzlichen Tatsache, daß »die Minderheit der jeweils Herrschenden vor allem die Schule, die Presse und meistens auch die religiösen Organisationen in ihrer Hand« hat[15]. Doch räumte er ein, daß Krieg nur möglich zu sein schien, weil »im Menschen ein Bedürfnis lebt, zu hassen und zu vernichten«. An diesem Punkt nun könnte der Psychoanalytiker vielleicht eine Hilfe sein.

Freud stimmte mit Einstein in dem Punkt des menschlichen Instinkts nach Haß und Zerstörung überein und fuhr fort: »Aus dem Vorstehenden entnehmen wir für unsere nächsten Zwecke soviel, daß es keine Aussicht hat, die aggressiven Neigungen der Menschen abschaffen zu wollen. Es soll in glücklichen Gegenden der Erde, wo die Natur alles, was der Mensch braucht, überreichlich zur Verfügung stellt, Völkerstämme geben, deren Leben in Sanftmut verläuft, bei denen Zwang und Aggression unbekannt sind. Ich kann es kaum glauben, möchte gern mehr über diese Glücklichen erfahren. Sogar die Bolschewisten hoffen, daß sie die menschliche Aggression zum Verschwinden bringen können dadurch, daß sie die Befriedigung der materiellen Bedürfnisse verbürgen und sonst Gleichheit unter den Teilnehmern an der Gemeinschaft herstellen. Ich halte das für eine Illusion . . .«[16]

Freud schloß mit einem schwachen Lichtblick: daß es nicht zu phantastisch sei, anzunehmen, daß der Krieg eines Tages einmal durch eine Kombination zweier Faktoren ein Ende nähme. Der eine sei seiner Meinung nach die kulturelle Anlage des Menschen, der andere eine »berechtigte Angst vor den Wirkungen eines Zukunftskrieges«[17].

Der Briefwechsel zwischen Einstein und Freud wurde im folgenden Jahr in Paris veröffentlicht, nach langen Diskussionen, wie der kleine Band betitelt werden sollte. »Gesetz und Gewalt«, eine Zeitlang bevorzugt, wurde schließlich zugunsten von »Warum Krieg?« aufgegeben. Das Bändchen kam in französischer und deutscher Übersetzung heraus, obwohl »Warum Krieg?« in Deutschland verboten war; nicht einmal Ankündigungen waren erlaubt.

»Warum Krieg?« erschien in Deutschland erst, als Einstein alle Beziehungen zum Völkerbund abgebrochen und öffentlich gegen die Abrüstungskonferenz protestiert hatte, die in Genf auf Veranlassung des Völkerbunds abgehalten werden sollte.

Es gab zwei Gründe für Einsteins Gesinnungswandel. Der wichtigste war sein wachsendes Engagement in der Pazifistenbewegung während der zwanziger Jahre. Seine persönliche Einstellung zum Pazifismus blieb unverändert; was sich jedoch zwischen 1920 und 1930 gewaltig änderte, waren die politischen Verhältnisse. In den ersten Jahren nach dem Waffenstillstand schien ein neuer

Weltkrieg so undenkbar, daß es keines Arguments gegen den Krieg bedurfte. Aber allmählich änderte sich die Situation. Und im Laufe dieser Veränderung blickte man immer stärker auf den Völkerbund als einzige Hoffnung; gewiß war er ein potentieller Garant des Friedens, aber zugleich ein Polizist, der nicht einmal einen Schlagstock in der Hand hielt.

1920 war Einstein ein bedingungsloser Pazifist. Dann bewirkte die Entwicklung der Ereignisse zuerst eine Einschränkung, dann noch eine, und als Hitler an die Macht kam, mußte Einstein einsehen, daß der Pazifismus nicht funktionierte. Diese Entwicklung vollzog sich schrittweise, manchmal war sie sogar rückläufig, und oft scheint es Einstein selbst nicht klar gewesen zu sein, was er eigentlich sagen wollte. Darüber hinaus nannte er sich weiterhin einen Pazifisten, obwohl er gleichzeitig zustimmte daß die Diktatoren nur mit Waffengewalt bekämpft werden konnten.

Doch selbst im Jahr 1928 war seine Haltung noch immer unkompliziert. Nach wie vor tauchte er unter zahlreichen Briefen, Botschaften und Aufrufen als Unterzeichner auf und stellte sich Organisationen wie der internationalen Frauenliga für Frieden und Freiheit oder der britischen Antikriegsbewegung zur Verfügung. Es war nutzlos, Kriegsregeln oder -methoden zu diskutieren. Der einzig sinnvolle Weg bestand in der Kriegsdienstverweigerung. Das war, trotz aller Kompromisse, Wenns und Abers immer noch Einsteins Glaubensbekenntnis, das auch die Ablehnung aller Ersatzdienste für nicht geleistete Wehrpflicht einschloß[18].

Und dennoch beglückwünschte Einstein nach kaum einem Jahr den finnischen Verteidigungsminister schriftlich dazu, daß sein Land Kriegsdienstverweigerer aus Gewissensgründen für nicht-militärische Arbeiten unter Staatskontrolle verpflichtete[19].

Einsteins zweideutige Haltung verstörte jene Pazifisten zutiefst, die der Meinung waren, seine uneingeschränkte Unterstützung zu besitzen. »Am 30. August 1930«, schrieb Harold Bing, der Führer der britischen Pazifisten, »wurde ich von Martha Steinitz mitgenommen . . ., um Einstein in seinem am See liegenden Sommerhaus in der Nähe von Potsdam kennenzulernen . . ., und erklärte als Erwiderung auf seine Fragen, warum ich und andere einen Ersatzdienst abgelehnt hatten, weil einen solchen Dienst zu akzeptieren hieße, das Recht des Staates auf eine Kriegsdienstverpflichtung anzuerkennen und eine Kriegsdienstverpflichtung anderer ruhig hinzunehmen; und weil jede Arbeit, die uns in Kriegszeiten vom Staat auferlegt werde, darauf abziele, die Kriegsanstrengung zu unterstützen. Am Schluß der Unterhaltung erklärte er, daß er nun die absolute Position verstehe.«[20]

Drei Monate später war davon aber wenig zu bemerken, als er am 14. Dezember im Ritz-Carlton-Hotel in New York eine seiner berühmtesten pazifistischen Reden hielt. »Selbst wenn nur zwei Prozent derjenigen, die zum Militärdienst eingezogen sind, ihre Weigerung, zu kämpfen, bekanntgeben«, sagte er, ». . . wären die Regierungen machtlos, sie würden es nicht wagen, eine so große Zahl von Leuten ins Gefängnis zu schicken.« Doch folgte diesem Satz ein Aufruf an die Länder, die zum Kriegsdienst verpflichteten, Gesetze zu schaffen, »die Pazifisten erlauben, anstelle des Militärdienstes irgendeine anstrengende oder gefährliche Arbeit zu verrichten, im Interesse ihres Landes oder der gesamten Menschheit . . .«[21] Man kann behaupten, daß Einstein die »absolute Position« nicht verstanden hatte; man kann ebenso behaupten, daß er sie verstanden hatte, aber ablehnte.

Es gibt noch eine andere Erklärung für die Entwicklung seiner pazifistischen Anschauungen. Vielleicht sollte es beim Pazifismus, wie im Raum, nichts Absolutes geben, ein Standpunkt, der seine Haltung 1931 verständlicher macht, die jener der »zwei Prozent« von vor einigen Monaten entsprang. Der Vorsitzende der Internationalen Kriegsdienstgegner, Fenner Brockway, schrieb nach einem Besuch Einsteins. »So, wie er das Problem sieht, gibt es zwei Wege, sich dem Krieg zu widersetzen, den legalen und den revolutionären Weg. Der legale Weg schließt ein, daß ein Ersatzdienst geboten wird, nicht als Privileg für einige wenige, sondern als ein Recht für alle. Der revolutionäre Weg ist der des kompromißlosen Widerstandes mit der Absicht, die Macht des Militarismus in Friedenszeiten zu brechen oder die Mittel des Staates in Kriegszeiten zu zerstören. Der allgemeine Schluß von Professor Einstein war, daß beide Tendenzen etwas für sich haben, und daß bestimmte Umstände die eine, und bestimmte Umstände die andere rechtfertigen.«[22] Hier, genau wie in der Physik, war alles relativ.

Seine Hingabe an die pazifistische Sache führte dazu, daß sich Einstein dem Völkerbund entfremdete. Es gab Probleme innerhalb der Organisation. »Nationale Komitees« hatten sich gebildet, die 1930 als Vermittler zwischen dem Kern der Organisation in Genf und den intellektuellen Gruppen der einzelnen Länder fungierten. Einstein war Mitglied des deutschen Komitees, das entstanden war, als Deutschland 1926 dem Völkerbund beitrat. Seine Meinungen wurden von den anderen Mitgliedern nur bedingt unterstützt. Ihre Empfehlungen veranlaßten ihn, das System der nationalen Komitees als solches zu kritisieren.

Seinem Brief, den er im Frühjahr 1932 an den Schweizer Sekretär des Haupt-Komitees, Montenach geschickt hatte, folgte eine interne Note im Völkerbund, die verschiedene Schritte aufzeigte, wie man Einstein von einem Rücktritt möglicherweise abhalten konnte. Wieder wurde Gilbert Murray um Vermittlung gebeten. Ebenso Dufour-Feronce, der früher einmal im deutschen Außenministerium tätig gewesen war und Einstein persönlich kannte. »Sie können darauf bestehen«, so wurde Dufour-Feronce von Montenach instruiert, »daß er sich die Mühe macht, für sechs Tage nach Genf zu kommen, um an der am 18. Juli beginnenden Sitzung des Komitees teilzunehmen . . .«[23]

Einstein gab an, kaum die Zeit zu haben, am Julitreffen in Genf teilzunehmen. Statt dessen traf er dort im Mai ein, und zwar unter Umständen, die jede weitere Verbindung mit dem Völkerbund unmöglich machen mußten.

Bis dahin hatte er sich trotz seiner Unterstützung der militanten Pazifisten an die Hoffnung geklammert, daß der Völkerbund ein echtes Versprechen für die Zukunft bot. Nun aber, und in den nächsten 18 Monaten, vertraute er mehr der Überlegung, »wenn die Arbeiter dieser Welt, Männer und Frauen, sich entschließen, Munition weder herzustellen noch zu befördern, mußte das dem Krieg ein für allemal ein Ende setzen«[24]. Er artikulierte nun auch in zunehmendem Maß offen sein Mißtrauen gegenüber den Unternehmungen des Völkerbunds.

Dieser Ausbruch seines Mißtrauens war eine Reaktion auf die Abrüstungskonferenz, die im Februar 1932 in Genf begann. Es war einer seiner unglücklichsten Eingriffe in öffentliche Angelegenheiten.

An der Abrüstungskonferenz – von 1932 bis 1934 mit Sitz in Genf – nahmen Vertreter von 60 Nationen teil, einschließlich Nichtmitglieder des Völkerbunds, wie die Sowjetunion und die Vereinigten Staaten. Sie stellte eine Anstrengung dar, die Rüstung innerhalb der Richtlinien des Vertragswerks des Völkerbundes zu reduzieren. Zuerst hatte Einstein den Vorschlag einer solchen Konferenz gutgeheißen, wenn auch vielleicht nur als letzte Hoffnung. Doch mußte es jedem erfahrenen Beobachter von vornherein klar sein, daß es einer langen Reihe von komplizierten Verhandlungen bedurfte, wenn die Konferenz auch nur die geringste Chance eines Erfolgs haben sollte. Einsteins Reaktion war leicht vorauszusehen. Sie kam im Mai 1932, als die Konferenz erst drei Monate tagte. Er beschloß, nach Genf zu reisen.

Nach einem Besuch in Oxford reiste er am 22. Mai aus London in Richtung Genf ab, zusammen mit Lord Ponsonby, einem alten Freund. Ponsonby war gut bekannt mit Arthur Henderson, dem früheren britischen Außenminister, der nun den Vorsitz über die Abrüstungskonferenz führte. Es wurde behauptet, Henderson habe Einsteins Erscheinen in Genf arrangiert, einen Beweis dafür gibt es aber nicht. Sollte es jedoch zutreffen, dann konnte Henderson wohl kaum geahnt haben, welche Geister er rief[25].

Am Montagmorgen, den 23. Mai, suchte Einstein den Hauptsitz des Völkerbunds auf. Als er die öffentliche Zuschauertribüne betrat, disputierten die japanischen und russischen Delegierten der Luftwaffen-Kommission gerade darüber, daß die Mobilität der Flugzeugträger die Offensivkraft der sich auf ihnen befindenden Flugzeuge vergrößere; Allan Dulles für die Vereinigten Staaten und J. T. Babington für England behaupteten genau das Gegenteil. Laut Konrad Bercovici, einem jungen rumänisch-amerikanischen Journalisten, hielt der Sprecher beim Eintritt Einsteins einen Augenblick inne und sprach dann weiter. »Diese kurze Sekunde war jedoch eine Anerkennung, eine deutlichere Anerkennung der Größe, die dieser Mann ausstrahlte, als wenn alle ihre Tätigkeit unterbrochen und ihm applaudiert hätten . . .«

Einstein war aber nicht nur als Beobachter gekommen. Am selben Nachmittag hielt er eine Pressekonferenz ab, die etwa sechzig Korrespondenten besuchten. Was Einstein hier und auch anderswo in Genf sagte, ist unterschiedlich wiedergegeben worden. Es besteht aber kein Zweifel über den allgemeinen Tenor seiner Erklärungen, deren Hauptpunkte in der »offiziellen« Version enthalten sind: »Kriege werden nicht weniger wahrscheinlich dadurch, daß man Spielregeln der Kriegführung formuliert.« »Krieg kann nicht vermenschlicht werden, man muß ihn abschaffen!« »Die Leute müssen überzeugt werden, jede Art Militärdienst zu verweigern.«[26] Diese Vorschläge erschienen recht vernünftig und Romain Rollands Kommentar, Einstein »werde leicht unpraktisch . . . außerhalb des wissenschaftlichen Feldes« scheint auf den ersten Blick etwas hart.

Tatsächlich lag es nicht an dem, was er sagte, sondern am Kontext seiner Meinungen, daß seine Glaubwürdigkeit bei allen erschüttert wurde, außer denen, die schon der Verschwörungstheorie des Kriegs anhingen. Das geht aus Bercovicis Bericht über den Genfbesuch und über ein Interview mit Einstein hervor, das er kurz vor Beginn der Pressekonferenz bekam. Es besteht im wesentlichen aus einer langen Erklärung Einsteins, die er hervorsprudelte, als Bercovici bemerkte, er sei in die Stadt gekommen, um die Friedenskomödie zu beobachten.

»Dies ist keine Komödie«, erwiderte Einstein. »Es ist eine Tragödie. Die größte Tragödie der Neuzeit, trotz der Narrenkappen und Possen. Niemand hat ein Recht, diese Tragödie auf die leichte Schulter zu nehmen oder zu lachen, wenn man weinen sollte. Wir sollten auf den Dächern stehen, wir alle, und diese Konferenz als eine Travestie anklagen! . . . Wenn die Arbeiter dieser Welt, Männer und Frauen, sich entschließen, Munition weder herzustellen noch zu transportieren, würde dem Krieg ein für allemal ein Ende gesetzt . . .

Das Schlimme an den meisten dieser Delegierten ist, daß sie dumm, unaufrichtig und nichts als Marionetten sind, die durch Fäden in den Händen der Politiker zu Hause bewegt werden – Politiker und Munitionshersteller. Jeder Kriegserklärung müßten weltweite Revolutionen folgen. Wir müssen die Zerstörung der westlichen Zivilisation durch die unzivilisierten Regierungen der Welt verhindern.«[27]

Dies Zitat ist sicherlich keine wortgetreue Wiedergabe dessen, was Einstein sagte. Doch aus allen überlieferten Aussagen geht seine erregte – »fast hysterische«, wie Bercovici es einmal nannte – Haltung hervor.

Dieser Ausbruch Einsteins bildet gleichzeitig den Höhepunkt seiner pazifistischen Einstellung, die sich seit dem ersten Weltkrieg ständig gefestigt hatte. Und im Hinblick darauf, daß er innerhalb von 14 Monaten die Menschen dazu aufforderte, zu den Waffen zu greifen, muß nun auch die zweite, nicht wissenschaftliche Tätigkeit in seinem Leben beleuchtet werden: die Unterstützung des Zionismus, für den er glühenden Idealismus an den Tag legte.

14. KAPITEL

DER RUF ZIONS

Die Zionisten machten sich Einsteins Ruhm seit 1919 zunutze. Mit einem Mann von Weizmanns Fähigkeiten an der Spitze war es nur logisch, daß sie Einstein als Magneten für die allgemeine Aufgabe heranzogen, die Balfour-Deklaration in die Tat umzusetzen und den amerikanischen Juden Geld aus der Tasche zu locken. Die Zionisten sollte man nicht dafür tadeln. Wenn Kritik angebracht ist, so betrifft sie die Tatsache, daß es ihnen nicht gelang, Einstein bedingungslos für sich zu gewinnen. Man sollte für beide Seiten Sympathie aufbringen. Es muß für Einstein sehr schwierig gewesen sein, aus dem Reich der Physik in die unruhige und leidenschaftliche Welt der Zionisten hineinversetzt zu werden, die es sich zum Ziel gemacht hatten, ein neues Jerusalem zu schaffen. Und es muß für die Zionisten wiederum sehr quälend gewesen sein, den berühmtesten lebenden Juden für ihre Sache gewonnen zu haben – und dann festzustellen, daß er »ein schlechter Redner (ist), der oft aus Naivität Dinge sagt, die uns Unannehmlichkeiten verursachen.«[1]

Einstein gab an, daß er sich seines Judentums erst bewußt wurde, als er im Frühjahr 1914 nach Berlin zog. Das ist nicht so überraschend wie es klingt. Die moderne Zionistenbewegung trat erst 1897 ins Leben. Doch auch dann war die Tendenz in der jüdischen Gemeinde immer noch stark, sich zu assimilieren. Einstein scheint sich also, trotz des »Nagels vom Kruzifix«, der in das Münchner Klassenzimmer gebracht wurde, an keinen Antisemitismus während seiner Schulzeit, während seiner Arbeit im Patentamt oder in den Jahren als junger Professor in Zürich zu erinnern.

Die jüdische Gemeinde bildete einen Machtblock in der Auseinandersetzung zwischen den Tschechen und den Deutschen. Hier, so scheint es, wurde Einstein zum erstenmal Mitglied einer jüdischen Gruppe. Sie traf sich jeden

Dienstagabend im Haus von Bertha Fanta. Einstein war der einzige, der kein überzeugter Zionist war, sondern totales Desinteresse zeigte. Der Grund ist nicht schwer einzusehen. Theodor Herzl hatte die zionistische Bewegung ins Leben gerufen und 1897 den ersten Zionistenkongreß in Basel veranstaltet, auf dem der Beschluß gefaßt wurde, »dem jüdischen Volk in Palästina eine Heimstätte zu sichern, durch Staatsrecht garantiert.« Die Bewegung wurde bis zu Herzls Tod 1904 von Wien aus geleitet, dann nach Deutschland verlegt, zuerst nach Köln, 1911 nach Berlin. Der Vorschlag, die nationale Heimstätte vielleicht anderswo als in Palästina zu begründen, wurde schließlich auf dem 7. Kongreß 1905 in Basel abgelehnt. Palästina war jedoch jahrhundertelang ein Teil des türkischen Reiches gewesen; als nach der Revolution von 1908 deutlich wurde, daß die Türken nicht die Absicht hatten, den Zionisten Rechte einzuräumen, »kam die Bewegung, so wie Herzl sie geplant hatte, zum Stillstand.«[2]

Einigen Juden war das nicht ganz unwillkommen. Während viele ihr Volk als mögliche Nation ansahen, gab es andere, die die Juden nur als eine Gruppe betrachteten, die durch ihren religiösen Glauben und einen persönlichen Verhaltenskodex zusammengehalten wurde. »Während es also eine Gedankenschule gab«, schreibt Leonard Stein in seiner »Geschichte des Zionismus«, »die hartnäckig leugnete, daß die Juden überhaupt eine Nation waren, gab es wieder eine andere, die behauptete, daß die Juden eine Nation seien und nichts anderes – eine Nation genau wie jede andere, nur daß sie zufällig vorübergehend ihres nationalen Territoriums beraubt gewesen war. Beide Extremistengruppen vereinfachten das jüdische Problem zu sehr, denn alle beide begriffen die nationale Einheit nur in Form eines nationalen Staates. Indem sie an die Juden appellierten, furchtlos zu sein, indem sie sie daran erinnerten, daß sie trotz aller Verschiedenheiten kostbare Gemeinsamkeiten hatten . . . leisteten die Nationalisten einen wertvollen und wirklich unentbehrlichen Dienst. Indem sie andererseits suggerierten, daß das jüdische Problem gelöst werden würde, wenn die Juden sich nur für etwas hielten, das sie nicht waren, spielten sie mit phantastischen Analogien . . .«[3]

Einstein hatte nicht die Absicht, zwischen diesen zwei Mühlsteinen zermahlen zu werden. Sein gesunder Menschenverstand ließ ihn 1911 zu der Ansicht gelangen, daß die Aussichten der Zionisten mehr einem Hirngespinst glichen als einer realen Möglichkeit. Außerdem war er in geistiger Hinsicht a priori mit jeder Bewegung uneins, die nationalistische Absichten unterstützte. 1920 trat Einstein jedoch als hingebungsvoller Zionist in Erscheinung, wenn auch manchmal mit Vorbehalten; er sprach öffentlich über das Programm der Zionisten und machte für ihre Sache eine anstrengende Reise durch die Vereinigten Staaten.

Ein Faktor, der ihn beeinflußte, war die Balfour-Deklaration, jene Erklärung des britischen Außenministers, daß »die Regierung Seiner Majestät mit Wohlwollen die Gründung einer nationalen Heimstätte für das jüdische Volk in Palästina betrachtet und sich nach bestem Können bemüht, die Erlangung dieses Ziels zu erleichtern . . .« Es stimmt, daß die Deklaration zu einem zufälligen Zeitpunkt verkündet wurde und daß sie, wie H. A. L. Fisher scharfsinnig bemerkte, »der Sache der Alliierten zu einem Zeitpunkt, wo Geld bitter benötigt wurde, die mächtige und kosmopolitische Gemeinschaft angliederte, die, nicht nur von New York aus, den Kreditmarkt der Welt kontrolliert.«[4] Es trifft aber ebenso zu, daß die altgeschichtliche Ebene von Philistia, nach nahezu 1300 Jahren Perser- und Türken-Herrschaft, soeben von Allenbys Truppen erobert wurde. Es sah gut aus für die jüdischen Hoffnungen.

Kurt Blumenfeld, der Mann, der das zionistische Programm durchführte, beschrieb, wie Einstein dafür gewonnen wurde. Dabei wird zweierlei klar. Zum einen unterhielt »Einstein bis 1919 keine Beziehung zum Zionismus und zu zionistischen Gedankengängen«. Zum anderen, daß die Art und Weise, wie Einstein für die zionistische Sache verpflichtet wurde, nicht allein schon von Bedeutung war, sondern auch ihr Beispiel. »Die Methode«, schreibt Blumenfeld, »die sich bei ihm als wirkungsvoll herausstellte, brachte dem Zionismus (neue) Freunde und Anhänger: das heißt, eher das aus einem Mann herauszulocken, was in ihm steckt, als das von ihm zu erzwingen, was nicht wirklich in seiner Natur liegt.«

Blumenfelds Angaben über die Zusammenkünfte mit Einstein im Februar 1919 sind sowohl in bezug auf Einstein wie auch auf die zionistische Sache aufschlußreich: »Felix Rosenblüth . . . hatte eine Liste jüdischer Gelehrter aufgestellt, die er für den Zionismus interessieren wollte, Einstein war unter ihnen . . . als wir ihn ansprachen, wußten wir nicht, daß sein Name bald in der ganzen Welt widerhallen würde . . .

Ich begann, über die jüdische Frage zu sprechen. ›Was hat das mit Zionismus zu tun?‹, fragte Einstein. ›Die Zionismus-Idee wird dem Juden innere Sicherheit verleihen. Sie wird den Mißklang beseitigen. Offenheit und innere Freiheit werden das Resultat sein.‹

Das waren die Gedanken, die Einstein interessierten. Mit extremer Naivität stellte er Fragen, und seine Bemerkungen zu den Antworten waren einfach und unkonventionell . . .

Bis dahin hatte Einstein es vermieden, irgendwelche exponierten Ansichten von sich zu geben. Nun zeigte sich die Opposition. ›Sind die Juden nicht auf Grund einer religiösen Tradition, die außerhalb Palästinas entstanden ist, diesem Land und dem Landleben zu sehr entfremdet? . . .‹«

Wenige Tage später trafen sich Einstein und Blumenfeld erneut. »Bei dieser Gelegenheit«, schrieb Blumenfeld, »erzählte er mir, daß Hermann Struck, der Radierer, versucht hatte, ihn für die Bibel und die jüdische Religion zu interessieren, daß er sich aber geweigert habe, dafür herangezogen zu werden . . .«

Bald darauf bemerkte Blumenfeld eine Veränderung in Einsteins Haltung. »Ich bin gegen Nationalismus, aber für den Zionismus«, sagte er. »Der Grund ist mir heute klargeworden. Wenn ein Mensch beide Arme hat und er sagt andauernd, ich habe einen rechten Arm, dann ist er ein Chauvinist. Wenn aber der rechte Arm fehlt, dann muß er etwas unternehmen, um das fehlende Glied zu ersetzen. Deshalb bin ich als Mensch ein Gegner des Nationalismus. Aber als Jude bin ich von heute an ein Förderer der jüdischen zionistischen Anstrengungen.«

Einsteins Unterstützung wurde durch die allgemeine Lage in Deutschland kompliziert. Das Bestreben, sich zu assimilieren, war in den deutschen jüdischen Kreisen wahrscheinlich noch stärker als zuvor. Wenige wollten so weit gehen wie Einsteins Kollege Haber, der mitsamt seiner Familie zum Christentum übergetreten war. Doch gab es viele, für die der Zionismus eine doppelte Gefahr bedeutete. Er erschwerte ihre Bemühungen, in die nichtjüdische deutsche Gesellschaft assimiliert zu werden, und er wurde zu einer Waffe für die Antisemiten. Deshalb kam auf jeden Mann, der Einsteins Einsatz für die zionistische Sache begrüßte, ein anderer aus seinem Freundeskreis, der ihn warnte, daß dies nicht gerade der geeignete Weg sei, die Sache der Juden in Deutschland zu fördern.

Die Kräfte, die eine Assimilation der Juden unterstützten, waren ganz gewiß stark; sie weckten auch Einsteins gegenteilige Gefühle, als er einmal für die zionistische Sache gewonnen war.

War Einstein deshalb mit der jüdischen Gemeinde über Fragen der politischen Praxis uneins, so hatte er auch seine Vorbehalte hinsichtlich des Charakters und der Methoden der Schlüsselfigur in der zionistischen Bewegung, Chaim Weizmann. Weizmann war ein russischer Jude, der vor dem Krieg nach England emigriert war, sich naturalisierte und schnell eine Position in der wissenschaftlichen Welt erlangte. Bei Kriegsausbruch wechselte er von der Universität Manchester in den Staatsdienst über. Anschließend wurde er Direktor der Marine-Laboratorien unter A. J. Balfour, dem Marineminister.

Damit befand sich Weizmann an einem günstigen Platz, um den Anspruch der Zionisten auf Palästina voranzutreiben. Seine Verbindungen zu Whitehall nahmen noch zu, als der Seekrieg seiner Krise zusteuerte und Balfour 1916 das Marineministerium mit dem Außenministerium vertauschte. Bis zum September 1917 war Weizmanns Einfluß so gestiegen, daß der Premierminister

»auf Weizmanns Darstellung der Dringlichkeit hin, Sutherland (ein Privatsekretär Lloyd Georges) beauftragte, ›Palästina‹ für das nächste Kriegskabinett vorzumerken«[5]. Die Balfour-Deklaration folgte am 2. November.

Weizmann war geneigt, Einstein für einen unpraktischen Idealisten zu halten, der utopischen Anschauungen in der Politik anhing. Einstein hielt seinerseits Weizmann zu sehr für einen Realpolitiker[6].

Zu diesem Gefühl, das Einsteins Begeisterung für den Zionismus dämpfte, kam noch dazu, daß er im Grund alle Probleme der Welt vom pazifistischen Standpunkt aus anging. Selbst wenn es um den Zionismus ging, konnte er dessen Gegner, die Araber, nie als die durchtriebenen Bösewichte betrachten, wie es die Sache rein gefühlsmäßig forderte. Während viele Zionisten eine jüdische nationale Heimstätte im wesentlichen als einen politischen Staat begriffen, sah Einstein sie eher als kulturelles Zentrum an.

Trotz dieser Vorbehalte wurde Einstein in die zionistische Sache hineingezogen – auf Grund der Atmosphäre in Deutschland nach dem Waffenstillstand, auf Grund der Demütigungen, die die osteuropäischen Juden in Berlin hinnehmen mußten und auf Grund der leidenschaftlichen Befürwortung deutscher Zionisten wie Kurt Blumenfeld. Kaum war Einsteins Unterstützung sichergestellt, da bot sich auch schon eine Gelegenheit zur Anwendung.

Ende 1920 beschloß Weizmann, in die Vereinigten Staaten zu fahren, um dort für die Keren Hayesod-Organisation Geld zu sammeln; diese sollte im März 1921 gegründet werden und vom Palestine Restoration Fund (Palästina-Wiederaufbau-Fonds) die finanzielle Hauptlast der konstruktiven Arbeit übernehmen. Weizmann suchte sich sogleich eine starke Begleitmannschaft aus. »Ich habe auch Professor Einstein daraufhin angesprochen, besonders im Hinblick auf die Hebräische Universität«, schrieb er später, »und fand ihn zu meiner großen Freude bereit, zu helfen.«[7]

Blumenfeld erhielt von Weizmann telegrafisch eine detaillierte Direktive. »Als ich mit diesem Telegramm vor Einstein erschien, sagte er zuerst *nein*: ›Halten Sie so viel von der Idee einer Hebräischen Universität in Jerusalem?‹ Es war ungünstig, daß ich aus verschiedenen Gründen ein schlechter Advokat dieser Idee war, und Einstein sagte deshalb: ›Wie kommt es, daß Sie mich bitten, eine Idee publik zu machen, die Sie selbst nicht aus ganzem Herzen unterstützen? . . .‹

»Ich erwiderte nichts, sondern las Weizmanns Telegramm noch einmal laut vor. Es ist unwichtig für uns, zu wissen, was heute für den Zionismus nötig ist, sagte ich. Weizmann repräsentiert den Zionismus. Er allein kann Entscheidungen treffen . . .«[8]

Einstein hatte sich schon für die Politik zu interessieren begonnen und war erst ein paar Tage zuvor in die Republikanische Liga eingetreten. Doch seine Beschäftigung mit dem unbedeutenden linken Flügel war im Vergleich zu den Aussichten, die sich ihm hier darboten, reine Kirchturmpolitik. War er wirklich gewillt, die zweifelhafte Welt der Machtpolitik zu betreten? Mußte nicht ganz sicher seine Erforschung der physikalischen Welt darunter leiden? Und war das alles nicht ziemlich erniedrigend?

Zweifellos grübelte er über diese Fragen nach. Hätten sie sich zwei Jahre früher gestellt, wären seine Antworten höchstwahrscheinlich anders ausgefallen. Aber im Herbst 1920 war aus dem fast leichtbeschwingten Professor, der noch vor kurzem seine Berliner Studenten dazu überredet hatte, Vernunft anzunehmen, ein anderer Mann geworden. Nun war er wirklich dazu fähig, Angelegenheiten der Welt zu beeinflussen. Und er hatte mitansehen müssen, wie der Antisemitismus immer stärkere Formen annahm.

Es war jedoch noch etwas anderes im Spiel. »Ich erfuhr später«, schrieb Weizmann, »daß Haber alles getan hatte, was er nur konnte, um Einstein davon abzuhalten, zu mir zu stoßen . . .«[9] Doch konnte der Appell eines abgefallenen Juden, der den Deutschen im Krieg so sehr geholfen hatte, Einstein seiner damaligen Geisteshaltung zufolge nur in die entgegengesetzte Richtung drängen.

»Zu meinem grenzenlosen Erstaunen«, schreibt Blumenfeld, »antwortete Einstein: ›Was Sie jetzt sagen, ist richtig und überzeugend. Mit Argument und Gegenargument kommen wir nicht weiter. Für Sie ist Weizmanns Telegramm ein Befehl. Ich bin mir bewußt, daß ich selbst nun auch eine Rolle in der Angelegenheit spiele und daß ich die Einladung annehmen muß. Telegrafieren Sie Weizmann, daß ich zusage.‹«[10]

Kurz nach diesem Treffen mit Blumenfeld schrieb Einstein an Maurice Solovine, daß er nach Amerika ginge, allein im Interesse der Zionisten, und er hoffe, daß die Juden in Palästina gefeit gegen die Narretei der Macht sein würden.

Als die Nachricht über Einsteins Zusage bekannt wurde, trafen Einladungen aus den Vereinigten Staaten in der Haberlandstraße ein – nicht nur von Zionistenorganisationen, sondern auch von Universitäten und anderen gelehrten Gesellschaften. Mitte März mußte es Weizmann zu seiner Befriedigung klargeworden sein, daß die Publicity durch die Anwesenheit Einsteins doppelt so groß sein würde.

Dennoch ging nicht alles glatt über die Bühne; einige Probleme sind in einem Brief detailliert dargestellt, den Blumenfeld am 15. März 1921 an Weizmann schrieb[11]. Dieser ist außergewöhnlich aufschlußreich und zeigt, wie Einsteins Begeisterung für die jüdische Sache manipuliert wurde.

Einstein, so sagte Blumenfeld, sei kein Zionist, doch sei er immer bereit, bei speziellen Aufgaben zu helfen; deshalb sollte man ihn nicht drängen, der Organisation beizutreten. Sein Interesse erwachse aus seiner Abneigung gegenüber assimilierten Juden. Er hege gewisse Zweifel in bezug auf einige jüdische Führer, doch keine hinsichtlich seiner Unterstützung bei den Anstrengungen, die in den USA gemacht werden sollten. Auf Elsas Verlangen standen schon 10000 Mark zu seiner Verfügung, und es wurde vorgeschlagen, daß Weizmann ihm für die Reise weitere Geldmittel bereitstellen sollte. Einstein sei besorgt, zu hohe Ausgaben zu machen und habe seiner Frau schon ernsthaft erklärt, daß er auf dem Zwischendeck reisen wolle; er habe darauf bestanden, daß über alle seine Ausgaben exakt Buch geführt wurde. Dann sprach Blumenfeld noch eine Warnung aus. Weizmann hatte erwartet, daß Einstein ein paar Reden vorbereitete. Er wurde nun darauf hingewiesen, dabei besonders vorsichtig zu sein, denn Einstein sei ein schlechter Redner und sage aus reiner Naivität Dinge, die Unannehmlichkeiten verursachen könnten.

Die Reise begann am 21. März 1921, als die Einsteins Berlin in Richtung Holland verließen, um sich dort auf der »Rotterdam« einzuschiffen. Die Weizmanns stießen an Bord zu ihnen. »Einstein war jung, fröhlich und flirtete gern«, sagte Mrs. Weizmann. »Ich erinnere mich, daß seine Frau mir sagte, sie habe nichts dagegen, wenn Einstein mit mir flirtete, da ihn ›intellektuelle Frauen‹ nicht interessierten; aus Mitleid zogen ihn Frauen an, die Handarbeit verrichteten.«[12] Diese Bemerkung wurde von mehreren guten Freunden bestätigt.

Bei Einsteins Ankunft[13] in New York traf ihn die Publicity mit voller Wucht. Die Wirkung hielt ein ganzes Leben lang an und impfte ihm ein stetiges Mißtrauen gegen die meisten Zeitungen ein. Zuerst sah er sich den Kameraleuten gegenüber, die mit Reportern an Deck kamen, als das Schiff anlegte, begierig darauf, dem offiziellen Empfangskomitee zuvorzukommen; dieses setzte sich aus folgenden Personen zusammen: New Yorks Bürgermeister Hylan; Alfred E. Smith, der zukünftige Gouverneur des Staates New York; und Fiorello La Guardia, der Vorsitzende des Stadtrats. »Ich komme mir wie eine Primadonna vor«, meinte Einstein.

Eine der ersten Fragen war ihm wohlbekannt: »Können Sie die Relativitätstheorie in wenigen Sätzen erklären?« Immer darauf bedacht, niemanden zu enttäuschen, hatte sich Einstein eine Antwort zurechtgelegt, die klassisch wurde. »Wenn Sie die Antwort nicht gar zu ernst nehmen wollen und sie nur als eine Art Spaß ansehen, so kann ich Ihnen das so erklären«, sagte er. »Früher hat man geglaubt, wenn alle Dinge aus der Welt verschwinden, so bleiben noch Raum und Zeit übrig. Nach der Relativitätstheorie verschwinden aber Zeit und Raum mit den Dingen.«[14]

Von da an besaß der lächelnde Mann mit dem wilden Haarbusch das Vertrauen der Reporter.

Immer wieder wollte man wissen, ob Frau Einstein die Theorie verstand. »O nein«, kam die philosophische Antwort, »wenn er sie mir auch oft genug auseinandergesetzt hat – aber das ist zu meinem Glück auch nicht nötig«[15]. Elsa wollte ihn vor der begeisterten Menge schützen. »Er ist nicht gern, was Sie ein Schaustück nennen«, erklärte sie. »Er würde lieber arbeiten, Geige spielen oder im Wald spazierengehen.«

Nachdem diese Heimsuchung vorbei war, gingen sie an Land. Was sie erwartete, war mehr als nur das offizielle Empfangskomitee. Die jüdischen Gemeinden der Stadt waren hübsch aufgereiht und die jüdischen Legionäre, die mit den Briten gekämpft hatten, um Palästina von den Türken zu befreien, waren in voller Stärke angetreten.

Zuerst erschien Weizmann oben an der Gangway, lächelnd, aber steif; dann tauchte neben ihm die kleinere Gestalt Einsteins auf. Er trug einen abgetragenen grauen Mantel und einen schwarzen Hut. In der einen Hand hielt er eine Pfeife aus Bruyèreholz, in der anderen seine Geige. »Er sah wie ein Künstler aus, ein Musiker«, schrieb ein Reporter.

Die beiden Männer und ihre Frauen wurden von Polizeieskorten flankiert zum Rathaus gefahren, wo auf dem Platz davor schon mehr als 5000 Zionisten versammelt waren. Hier wurden sie von der Stadt New York offiziell empfangen, in der ein Drittel aller Juden der USA lebten. Hier, so war es arrangiert worden, sollten Einstein und Weizmann das Ehrenbürgerrecht erhalten.

Bei dieser Gelegenheit kam es zu einem unvorhergesehenen Zwischenfall. Als die Stadträte sich zurückzogen, um über die Verleihung des Bürgerrechts an ihre Besucher abzustimmen, erhob der Stadtrat Bruce Falconer Einspruch. Er wies darauf hin, daß einige Jahre zuvor New York Dr. Cook das Bürgerrecht zugesprochen hatte, einem Herrn, der betrügerischerweise behauptet hatte, den Nordpol erreicht zu haben, wie auch seine frühere Behauptung erlogen war, den Berg Mount McKinley als erster erstiegen zu haben. Woher wollten sie also wissen, ob Einstein tatsächlich die Relativitätstheorie entdeckt hatte? Überdies war Weizmann zwar ein britischer Staatsbürger, Einstein aber ein Deutscher, ein Angehöriger des ehemaligen Feindeslands. Falconer unternahm verschiedene Versuche, das Vorhaben zu vereiteln. Doch am folgenden Tag verlieh der New Yorker Senat in Albany Weizmann und Einstein ohne Gegenstimme das Ehrenbürgerrecht des Staates New York. Die Stadt New York folgte schließlich seinem Beispiel.

Für Einstein war die nun folgende Tour in drei Hauptpunkte gegliedert. Einmal war er damit beschäftigt, Gelder zu sammeln und interne Zionistenfragen zu diskutieren. Zum zweiten wurde er wegen der Hebräischen Universität persönlich vorstellig, was offensichtlich mit Weizmanns Absichten eng verknüpft war, aber auf einer etwas anderen Ebene geschah und bei einem etwas anderen Personenkreis. Und schließlich waren da noch seine Vorträge über die Relativitätstheorie und der Eindruck, den sie auf die akademische Welt in den Vereinigten Staaten machten.

Von Anfang an war klar, daß Weizmann sehr gut daran getan hatte, Einstein für die Reise zu gewinnen. Seine Appelle an die Juden Amerikas erwiesen sich als Volltreffer – obgleich viele amerikanische Juden völlig andere Vorstellungen über die Finanzierung der jüdischen Heimat besaßen. Einstein brachte mehr mit als die Zugkraft eines internationalen Namens und eine geheimnisvolle Theorie. Etwas Romantisches spiegelte sein Fluidum der Arglosigkeit, und auch seine Reise, die ihn von seinem Arbeitszimmer aus rund um die halbe Welt in die Stadt geführt hatte, die noch drei Jahre vorher eine Feind-Metropole gewesen war.

»Auch die jüdische Bevölkerung in Amerika selbst sah in Einsteins Auftreten dort den Besuch eines geistigen Führers, der sie mit Stolz und Freude erfüllte«, schreibt Frank[16]. Es bedurfte keiner übermäßigen Vorstellungskraft, um in Einstein, wie er die Gangway herunterschritt, mit der Geige in der einen und der Pfeife in der anderen Hand, die Verkörperung all dessen zu sehen, was das Judentum repräsentierte.

Weizmann hatte Blumenfelds Warnung hinsichtlich Einsteins Hang, »aus Naivität heraus Dinge zu sagen, die uns Unannehmlichkeiten verursachen«, nicht unbeachtet gelassen. Er hatte seinem Kollegen allgemeine Hinweise gegeben, wann er lieber nichts sagen sollte. Einstein hatte sich seinerseits gut unter Kontrolle. Am Abend des 12. April erhob er sich, als Weizmann vor 8000 Juden gesprochen hatte. »Ihr Führer, Dr. Weizmann, hat gesprochen, und er hat gut gesprochen und für uns alle«, sagte er. »Folgen Sie ihm, dann tun Sie das Richtige. Das ist alles, was ich zu sagen habe.«[17]

Einstein hielt sich aus den Streitigkeiten so gut wie möglich heraus, die auf Weizmanns ersten öffentlichen Aufruf für Spenden am 17. April erfolgten. Am nächsten Tag kam es zu einem Bruch mit der Gruppe um Brandeis. Er konnte erst nach beträchtlichen Auseinandersetzungen beigelegt werden. Auf einem einzigen Treffen am 20. April wurden 26000 Dollar gestiftet und insgesamt 100000 Dollar zugesagt. Am folgenden Tag wurde ein Keren Hayesod-Büro am Union Square eröffnet und von einem stetigen Strom von Juden aufgesucht, die Bargeld mitbrachten. Doch die größeren Spenden gingen erst Jahre später ein; tatsächlich lag das Resultat des Besuchs weit unter den Erwartungen.

Einstein sprach inzwischen zu jüdischen Zuhörerschaften über die Bedürfnisse der Hebräischen Universität, »die größte Sache in Palästina seit der Zerstörung des Tempels von Jerusalem«, wie er es nannte. Hier, wo er sich auf vertrautem Boden befand, konnte er keinen Schaden anrichten und nur Gutes tun; nach seinem ersten Appell sagte ihm der Rabbi der Freien Synagoge in New York, Stephen Wise, 10000 Dollar für die Universität zu.

Einsteins Vortragsreihe über die Relativitätstheorie begann am 15. April an der Columbia-Universität. Es war das erstemal, daß er über das Thema zu einer englischsprechenden Zuhörerschaft sprach, doch zeigte er auch hier die gewohnte selbstsichere Natürlichkeit. »Ein paarmal entlockte er seinem Publikum Schmunzeln und Gelächter, als er sich auf das ›idiotische‹ Verhalten bestimmter Körper in beschleunigten Bezugssystemen bezog«, berichtete die *New York Times*. »Auch rief er große Erheiterung hervor, als er einige Diagramme auswischen wollte, die er an die Tafel gemalt hatte, und vergebliche Handbewegungen in der Luft ausführte, bis Professor Pupin ihm zuhilfe kam.«

Im City College in New York, wo er die darauffolgende Woche las, wurden seine Vorträge übersetzt. »Ich war zufällig die am schnellsten erreichbare Person, die sowohl seine Sprache als auch seine Mathematik verstand«, schreibt Morris Raphael Cohen, »und so wurde ich gebeten, seine Vorträge zu übersetzen. Dadurch entstand die ganz und gar unverdiente populäre Legende, daß ich einer der unglaublich wenigen Leute in der Welt sei, die die Einsteinsche Theorie verstünden«[18].

In Washington, wo Einstein und Weizmann bald darauf eintrafen, wurde ein erfolgloser Versuch unternommen, »eine einfache Darstellung der Relativitätstheorie« in das Protokoll des Kongresses aufnehmen zu lassen. Hier besuchten sie auch zusammen mit einer Gruppe der National Academy of Sciences Präsident Harding; Einstein sprach auf dem Jahresessen der Akademie. Die formellen Ansprachen nahmen kein Ende, und als ein Wissenschaftler nach dem anderen die jährlichen Auszeichnungen der Akademie entgegennahm, wandte Einstein sich an seinen Nachbarn: »Mir ist gerade eine neue Ewigkeitstheorie gekommen.«[19]

Auch Princeton war ein Besuchsziel. Am Montag, dem 9. Mai wurde Einstein dort eine akademische Auszeichnung verliehen. Bis zum Ende der Woche hielt er jeden Tag eine Vorlesung. Nach einer dieser Vorlesungen hörte er zum erstenmal von D. C. Millers Ankündigung, die den Michelson-Morley-Versuch zu widerlegen schien. Überzeugt, daß die Wahrheit nicht in den Schlüssen lag, die von Millers Resultaten gefordert wurden, bemerkte er: »Raffiniert ist der Herrgott, aber boshaft ist er nicht.«[20] In Chicago traf Einstein mit Robert Millikan zusammen, der einige Jahre zuvor den experimentellen Nachweis für Einsteins photoelektrische Gleichung erbracht hatte.

Einige Tage vor Einsteins Abreisetermin nach Europa fuhren er und Weizmann nach Cleveland. Die meisten jüdischen Geschäfte hatten aus diesem Anlaß geschlossen, und die beiden Männer wurden am Union-Bahnhof von einer Wagen-Parade von 200 Fahrzeugen empfangen.

Die fast hysterische Stimmung, die auf mehr als einer Station der Reise angetroffen wurde, verstärkte sich noch durch den außerordentlichen Eindruck, den Einstein als Persönlichkeit hinterließ. Er war nicht der strenge und ferne Führer im Bereich der Naturwissenschaft, sondern eine zerzauste Gestalt, die Verkörperung des kleinen Mannes in der Welt, wie er in verschiedenen Masken von Charlie Chaplin, Hans Fallada und H. G. Wells' »Kipps« unsterblich gemacht wurde. Das Erstaunen wuchs, als deutlich wurde, daß Einstein, so genau und unnachgiebig er sich der Wissenschaft widmete, in Wirklichkeit ein bescheidener Mensch und ehrlich verwundert darüber war, daß man so viel Aufhebens von ihm machte. In Boston gab er auf die Frage, ob er die Schallgeschwindigkeit angeben könne, zu, daß er sie leider nicht auswendig wisse. Als er vor der Nationalen Akademie der Naturwissenschaften sprach, meinte er: »Wenn ein Mann nach langen Jahren des Forschens zufällig auf einen Gedanken stößt, der etwas von der Schönheit dieses geheimnisvollen Universums aufdeckt, sollte er deshalb nicht persönlich gefeiert werden. Er ist durch sein Erlebnis des Suchens und Findens schon genügend belohnt worden.«

Für die Zionisten hatte sich die Aufrichtigkeit solcher Bemerkungen als ein unschätzbares Positivum erwiesen. Als die Einsteins nach einer Zwischenstation in England wieder nach Deutschland zurückkehrten, hatte Weizmann allen Grund, zufrieden zu sein.

Wieder in Berlin, dachte Einstein über seine Erfahrungen nach. Zweifelsohne hatten die amerikanischen Juden ihm einen Begriff vom Judentum gegeben, der sich sehr von dem unterschied, mit dem er in Europa aufgewachsen war.

Doch schon bald ergriff Ernüchterung von Einstein Besitz. Ernüchterung, die er in Gesprächen und Briefen auszudrücken begann. Denn allmählich wurde ihm bewußt, welcher Preis für die gewonnene Unterstützung bezahlt werden mußte. Als Idealist konnte er die Ausflüchte, den Kuhhandel und die Kompromisse nicht hinnehmen, die in einer unvollkommenen Welt nun einmal erforderlich waren. Vor allem konnte er sich nie mit der Tatsache befreunden, daß die amerikanischen Juden, die die Hebräische Universität hauptsächlich finanzierten, auch mitbestimmen wollten, wie sie geleitet werden sollte.

Dennoch blieb Einstein der große Fang für die Zionisten; man trug ihm an, bei seiner Rückreise aus dem Fernen Osten Anfang 1923 in Palästina Station zu machen und dort die Hebräische Universität einzuweihen. Für Einstein bedeutete dieser Besuch ein starkes emotionelles Erlebnis.

Das Palästina-Mandat, unter dem die Briten das ehemals türkische Gebiet verwalteten, war vom Rat des Völkerbunds erst sechs Monate zuvor gebilligt worden, sollte aber erst Ende September 1923 in Kraft treten. Doch war der britische Hochkommissar schon ernannt worden und die jüdische Immigration und der Aufbau in Palästina wurden vorangetrieben. Der Hochkommissar, bei dem die Einsteins wohnen sollten, war Sir Herbert, später Lord Samuel. Er war ein Mann, der von der Relativitätstheorie tief beeindruckt war, und Jude. Seine Ernennung sollte die gefällige Haltung der britischen Regierung gegenüber den jüdischen Bestrebungen zum Ausdruck bringen; doch hatte sie auch gewisse nachteilige Auswirkungen. Denn Sir Herbert war gleichermaßen ein britischer Beamter, dessen Neutralität über jeden Zweifel erhaben sein mußte. In den jüdisch-arabischen Auseinandersetzungen betonte der Hochkommissar deshalb seine Unparteilichkeit, indem er den Arabern die größte Rücksichtnahme angedeihen ließ. Dabei verfuhr er sehr gerecht, doch waren viele Juden der Ansicht, daß er so sehr damit beschäftigt war, Böses mit Gutem zu vergelten, daß ihm wenig Zeit blieb, Gutes mit Gutem zu vergelten. Deshalb kam es in der langen Freundschaft zwischen ihm und Einstein, die in den ersten Monaten des Jahres 1923 begann, immer wieder zu Differenzen darüber, was für Palästinas Wohl geschehen sollte.

Einstein traf mit seiner Frau am 2. Februar 1923 in Tel Aviv ein, wo er von Oberst Frederick Kisch begrüßt wurde. »Fand ihn ziemlich müde vor, da er die ganze Nacht durch wachgesessen hatte«, notierte Kisch in seinem Tagebuch, »aber ich erfuhr später, daß dies sein eigener Fehler war, da er darauf bestanden hatte, 2. Klasse zu fahren trotz aller Anstrengungen, ihn zu überreden, in den Schlafwagen zu gehen, der für ihn reserviert war«[21]. Drei Tage später wurde Einstein von der Palästinensischen Zionistischen Exekutive offiziell begrüßt. »Er hielt eine kleine Rede«, berichtete Kisch, »in der er die Beschaffenheit seines Verstandes erklärte, von dem er behauptete, er sei dergestalt, daß er befürchte, es sei ein nutzloses Unterfangen für ihn, zu versuchen, Hebräisch zu lernen.«

Es bestand kein Zweifel über Einsteins fast verwirrende Begeisterung für Palästina – die erwidert wurde. Das zeigte sich am nächsten Tag. Daß der berühmteste Naturwissenschaftler der Welt ihren Anstrengungen solch rückhaltlose Unterstützung verlieh, rief in der Bevölkerung große Freude hervor. Am 6. Februar fuhr er durch die Straßen, die mit einer Menge winkender Schulkinder gesäumt waren, zu einem Empfang in die Lemel-Schule. Als er dort eintraf, gab es »bei der Menge, die sich außerhalb versammelt hatte, kein Halten mehr«, berichtete der *Palestine Weekly*. »Die äußeren Pforten wurden gestürmt und die Menge platzte in den Innenhof hinein und versuchte, die inneren Pforten zu sprengen, die von drei oder vier Verteidigern standhaft gehalten wurden.«[22]

»Ich betrachte das als den großartigsten Tag meines Lebens«, sagte Einstein. »Bis jetzt habe ich an der jüdischen Seele immer etwas Beklagenswertes gefunden, und das ist das Vergessen der eigenen Leute – und das Vergessen fast der eigenen Existenz. Heute hat mich der Anblick der jüdischen Menschen glücklich gemacht, die lernen, sich zu erkennen und als eine Kraft in der Welt anerkannt zu werden. Dieses ist ein großes Zeitalter, das Zeitalter der Befreiung der jüdischen Seele; und das ist durch die Zionistenbewegung erreicht worden, so daß niemand in der Welt fähig sein wird, es zu zerstören[23].«

Am folgenden Tag sollte er seiner Hauptaufgabe in Palästina nachkommen: er sollte die Eröffnungsansprache in der Hebräischen Universität halten. Vor der Zeremonie führte er ein langes Gespräch mit Kisch, das Aufschluß über seine Geisteshaltung gibt.

». . . Einstein sprach von Ussishkins Versuch, ihn zu überreden, sich in Jerusalem niederzulassen«, notierte Kisch. »Er hat nicht die Absicht, das zu tun, nicht, weil er sich dadurch von seiner Arbeit und seinen Freunden trennen würde, sondern weil er in Europa frei ist und hier immer ein Gefangener wäre. Er ist nicht bereit, in Jerusalem nur ein Zierstück zu sein[24].«

Nachmittags um halb fünf Uhr saßen einige hundert Leute im provisorischen Gebäude der Hebräischen Universität am Mount Scopus. »Viele . . . wie ich . . . konnten nicht behaupten, seine Theorie zu verstehen«, schrieb Helen Bentwich, die Frau von Norman Bentwich, dem damaligen Justizminister. »Aber wir alle wollten diesen großen Mann hören und sehen, wahrscheinlich um in den kommenden Jahren sagen zu können, daß wir nicht nur Einstein über seine Theorie hatten reden hören, sondern auch die erste Vorlesung besucht hatten, die an der Hebräischen Universität von Jerusalem gehalten wurde.«[25]

In der Halle hingen Zionisten-Fahnen. Über der Rednerbühne hing der Union Jack mit einem Porträt des Hochkommissars und eine Zionistenflagge mit dem Porträt Dr. Herzls, während von der Decke ein Banner herabhing mit der Aufschrift »Orah ve Torah« (Licht und Lernen).

Einstein erfreute die Anwesenden mit einem, wie Samuel es nannte, »einleitenden Satz pro forma in einem Hebräisch, das ihm offensichtlich fremd war«[26]. Dann fuhr er auf Französisch fort. Als er seine relativ kurze Ansprache beendet hatte, wiederholte er sie auf Deutsch. Trotzdem, die ersten offiziellen Worte, die von dem Rednerpult der Universität herunter gesprochen wurden, waren hebräische Worte.

Während der nächsten Tage reiste Einstein im Land umher, pflanzte einen Baum im Garten auf dem Berg Carmel außerhalb Haifas und besichtigte die

Oberschule und die Technische Hochschule der Stadt. Was er zu sehen bekam, beeindruckte ihn tief[27]. In Tel Aviv wurde Einstein das Bürgerrecht verliehen. In Rishon le Zion versprach er, er wolle »die jüdische Welt begeistern und ihr von der Kraft erzählen, die hier eingesetzt wurde«[28].

Als Einstein auf dem Ölberg spazierenging, betonte er seine Begeisterung für die Möglichkeiten, die Palästina zu bieten hatte. »Die Juden hätten im 19. Jahrhundert kein Genie von Rang hervorgebracht, außer einem Mathematiker – Jacoby – und Heine«, soll Einstein laut Bentwich gesagt haben. »Die nationale Heimstätte in Palästina könnte ihre Begabungen freisetzen und fördern. 2000 Jahre lang sei das gemeinsame Band ihre Vergangenheit gewesen, die sorgsam gehütete Tradition. Nun hätten sie ein neues Band, die aktive Zusammenarbeit beim Aufbau ihres Landes . . .«[29]

Palästina stärkte Einsteins Gefühl für den Zionismus und half ihm in der schwierigen Periode, die vor ihm lag. Als er mit dem Justizminister und seiner Frau zu Abend speiste und danach mittels einer geliehenen Geige mit Bentwich und dessen beiden Schwestern ein Quartett bildete, spielte er nicht nur sehr gut, sondern »sah so glücklich aus, während er spielte, daß ich das Zuschauen genauso genoß wie das Zuhören«, erinnerte sich Mrs. Bentwich.

Das war die eine Seite seines Besuchs. Die weniger angenehme wurde durch die Formalitäten der Regierung repräsentiert. Einstein hatte schon Übung darin, sich so zu verhalten, als ob es keine Formalitäten gäbe – eine Methode, die vollständig ehrlich war, aber manchmal den irreführenden Eindruck vermittelte, er sei exzentrisch nur um der Exzentrizität willen.

Einstein und seine Frau verließen Mitte Februar Palästina in Richtung Europa. Einsteins Rat war kurz und praktisch. Kisch bat ihn, »uns wissen zu lassen, ob er während seiner Tour bemerkt hätte, daß wir irgend etwas taten, was wir seiner Meinung nach nicht tun sollten, oder ob wir Dinge ungetan ließen, die getan werden sollten. Er antwortete: ›Ramassez plus d'argent.‹«[30]

Die Reise nach Jerusalem festigte Einsteins Gefühle für den Zionismus. Doch gab es eine ganz bestimmte Grenze, über die hinaus er nicht gewillt war zu helfen. Als Weizmann ihn später bereden wollte, nach London zu einem Haupttreffen der Zionisten zu fahren, bekam er die Antwort, daß die Teilnahme an der Kommissionssitzung des Völkerbunds in Genf dies ausschließe. Einstein erwähnte in seinem Antwortschreiben vom 19. Juli 1923 nicht, daß er schon zum zweitenmal von der Kommission zurückgetreten war und in diesem Jahr überhaupt nicht nach Genf gehen würde.

Zum einen legte er Weizmann gegenüber schwarz auf weiß fest, was er zu tun gewillt war und was nicht. Er werde alles tun, was von ihm verlangt werde, seinen Namen hergeben und Briefe schreiben und mit den Leuten in Berlin reden. Was er nicht tun würde, wäre herumreisen oder Kongresse besuchen. Schon Anfang 1924 ließ er diese Einstellung erkennen, indem er es ablehnte, ein zweites Mal in die Vereinigten Staaten zu reisen.

Instinktiv wollte er bei seiner physikalischen Arbeit bleiben, emotional aber drängte es ihn nach draußen.

Es gab noch zwei weitere Gründe, warum er den Zionismus nur beschränkt unterstützte. Einmal hielt er es – und nicht nur er – für vordringlich, mit den Arabern ein Übereinkommen zu erzielen. »Ein paar jüdische Führer, besonders Magnes, Hugo Bergmann, Ruppin und Calvaresci, waren überzeugt, daß das erste politische Ziel nicht maximale Immigration sein sollte, sondern ein Einvernehmen mit den Arabern«, schrieb Norman Bentwich. »Diese Überzeugung wurde von Albert Einstein nachdrücklich vertreten, als ich ihn während meines Aufenthalts in Berlin 1930 in seinem Sommerhaus besuchte. Er würde mit der Zionistenbewegung nicht verbunden bleiben, sagte er, wenn sie nicht versuchte, in Wort und Tat mit den Arabern Frieden zu schließen . . .«[31] Als die praktischen Ziele der Zionisten sich auf einen Nationalstaat konzentrierten, machte dieser Hang zum Internationalismus Einsteins Position innerhalb der Zionistenbewegung allmählich problematisch.

Dazu kam Einsteins Kampf in bezug auf die Führung der Hebräischen Universität, der sich von der offiziellen Eröffnung der Universität 1925 bis zum Sommer 1934 hinzog; ein Kampf, der gegen den Einfluß von Judah Magnes im besonderen gerichtet war, welcher in Fragen der Universität offensichtlich eine mächtige Stimme besaß und diese zugunsten der amerikanischen Interessen einsetzte, von wo die Universität ja zum großen Teil finanziert wurde.

Wenige Monate nachdem Einstein die Eröffnungsansprache gehalten hatte, wurde das Institut für Chemie errichtet. 1924 folgte das Institut für Mikrobiologie. Anfang April 1925 wurde die Universität, bis dahin in den Händen der Zionistenorganisation, einem neunköpfigen Kuratorium übertragen.

Einstein wurde als Mitglied in das Kuratorium gewählt, und unter seinem Vorsitz traf es sich im September 1925 in München, wo es erweitert wurde. Man konnte fast sagen, daß die Universität in Zukunft von zwei Männern geleitet wurde: einmal von Weizmann in London, der zum Vorsitzenden des Kuratoriums ernannt werden sollte, und zum anderen vom zukünftigen Kanzler der Universität in Jerusalem, Judah Magnes.

Magnes übte in der jüdischen Gemeinde in New York, wo er vor dem ersten Weltkrieg Rabbi gewesen war, beträchtlichen Einfluß aus. Er war ein kompromißloser Pazifist gewesen, kritisch gegenüber Weizmanns Arbeit für das britische Marineministerium, wie auch gegenüber dessen Bereitschaft, die zionistischen Hoffnungen auf den Versprechungen einer imperialistischen Macht aufzubauen. Darum hätte es nicht überrascht, wenn Einstein und Magnes zueinander gefunden hätten. Doch sollten die Würfel zwischen 1925 bis 1935 anders fallen. Weizmann unterstützte die Wahl von Magnes zum Kanzler; Einstein stimmte dagegen. Der Streitpunkt, so gab Weizmann zu, war recht simpel. Praktisch waren es die Amerikaner, die die Hebräische Universität finanziert hatten. Magnes war ihr »Kandidat«, und es war sinnlos, sich gegen seine Amtseinsetzung auszusprechen. Einstein beanstandete Magnes' mangelnde akademische Erfahrung und die Art und Weise, wie er die Universität leitete.

Es gab viele Schwierigkeiten gerade auch wegen des Protokolls der Münchner Sitzung. Einstein schrieb am 29. Dezember 1925 an Magnes, daß er das Protokoll festgehalten habe, und bat um die Zurückziehung einer zweiten Ausfertigung, die Magnes hatte versenden lassen[32].

Magnes weigerte sich[33]. Er behielt die Oberhand, worauf Einstein nichts anderes tun konnte, als in einigermaßen verzweifeltem Ton zu erwidern, daß er es unter den gegebenen Umständen für sinnlos halte, weiter mit Magnes zu verhandeln.

Trotzdem setzte Einstein seine Arbeit für das Wohl der Universität fort. Im Januar 1926 besuchte er Paris und hielt dort vor der Französisch-Palästinensischen Gesellschaft einen Vortrag über die Hebräische Universität. Überdies konnte ein Mann in Einsteins Position, der auf Grund der Zugkraft seines Namens in Komitees und Verwaltungsausschüsse berufen wurde, recht wirkungsvoll mit seinem Rücktritt drohen. Das tat Einstein in diesem Fall auch.

Im Frühsommer 1926 reiste Weizmann nach Berlin, um die Situation der Universität zu besprechen. Jede noch herrschende Unbestimmtheit in Einsteins Haltung wurde in einem Brief ausgeräumt, den er am 6. Juli an Weizmann schrieb. ».. Sie werden es begreiflich finden«, antwortete Weizmann sofort, »daß der Inhalt Ihres Briefes mich und meine Kollegen, die die Situation mit Ihnen in Berlin beraten hatten, sehr bestürzt hat. Wir hatten erst vor wenigen Tagen im Kreise der zionistischen Exekutive eine sehr ernste und eingehende Beratung über die Lage der Universität und sind einstimmig zum Beschluß gekommen, daß, was es auch immer koste, wir unser Äußerstes tun ..., um Ihre Resignation zu verhindern. Ich habe bereits dieser Tage einen recht energischen Brief an Herrn Dr. Magnes geschrieben und ihm ziemlich klar angedeutet, daß wir und das Kuratorium unter keinen Umständen zulassen werden, daß Sie seinetwegen resignieren. Ich habe, ohne auf die in Ihrem Rundschreiben genannten Punkte einzugehen – für deren Beurteilung ich wegen meiner Abwesenheit von der Münchener Sitzung nicht als kompetent gelten kann –, noch ein übriges getan und habe ihn in sehr ernsten Worten auf die allgemeine Entrüstung über seine eigenmächtige Verwaltung und sein ständiges Pochen auf den amerikanischen Geldbeutel hingewiesen und ihm ganz klar gesagt, daß es für die Universität würdiger sei, keine solche Spenden entgegenzunehmen, als immerfort von den Launen und den Drohungen der Geldgeber abhängig zu sein. Ich glaube, er würde meine Andeutung verstehen und ich halte es für sehr wohl möglich, daß er, wenn er meinen und Ihren Brief erhält, sich zur Resignation entschließen wird. Ich bin, wie ich Ihnen in Berlin sagte, fest entschlossen, in dieser Auseinandersetzung hinter Ihnen zu stehen, wenn mir die Sache auch aus den Ihnen mündlich dargelegten Gründen in vielfacher Hinsicht ziemlich ungelegen kommt. Ich bin aber dazu bereit, weil ich überzeugt bin, daß Ihre Diagnose der Situation, daß es mit Dr. M. nicht geht und daß man ihn früher oder später wird unbedingt loswerden müssen, absolut richtig ist[34].«

zurückzutreten, da dies einzig bewirken würde, daß Magnes unbestritten das Feld beherrschte. Einstein gab nach, zumindest für den Augenblick. Aber 18 Monate später, am 8. Januar 1928, hielt er es für nötig, sich in massiverer Form zu beschweren[35].

Weizmann hatte bei der Sache sehr gemischte Gefühle. »Unser Einkommen«, legte er Einstein später dar, »stammt gänzlich von freiwilligen Spendern, und wir waren auf Magnes angewiesen – wie Sie selbst zugegeben haben –, weil Magnes auf alle Fälle einen beträchtlichen Teil unseres Budgets sicherstellen konnte ...«[36] Für Weizmann war eine halbe Universität besser als gar keine. Einstein widersprach dem und drohte in seinem Brief vom Januar, vom Kuratorium zurückzutreten[37], wenn nicht innerhalb eines Jahres etwas unternommen werde. Es wäre besser, die Errichtung einer hebräischen Universität eher zu verschieben, als heute eine zweitklassige Institution zu schaffen.

Das waren harte Worte. Wenige Monate später wurden sie in die Tat umgesetzt. Am 14. Juni 1928 schrieb Einstein, daß er beschlossen habe, sich unter den gegebenen Umständen völlig von den Angelegenheiten der Universität zurückzuziehen, obwohl er nicht offiziell zurücktrete. Sechs Tage später entschied Einstein sich doch für einen Rücktritt.

Einsteins aufrichtige Anteilnahme an der Entwicklung der Universität war ein Maß für seinen eigenen individuellen Zionismus. So sehr er auch hinsichtlich der Taktik anderer Meinung war, immer behielt er das gleiche Endziel im Auge.

So wurde er dazu eingeladen, auf dem 16. Zionistenkongreß zu sprechen, der im August 1929 in Zürich stattfand. Einstein war wie immer glücklich, Zürich wiederzusehen. Er benutzte die Gelegenheit, seine Kinder zu besuchen. Auf die Frage Edwards, warum er gekommen sei, erzählte er ihm, daß er an einer jüdischen Konferenz teilnehme, und fügte hinzu: »Ich bin der jüdische Heilige[38].« Er besuchte Mileva und – obgleich er im Grand Hotel Dolder auf dem Zürichberg abgestiegen zu sein schien – schockierte er Sir John und Lady Simon mit der Bemerkung: »Ich wohne bei meiner ersten Frau.« Er ging auch in den Laden, wo er als Student seine ersten »Pfennig-Zigarren« gekauft hatte. Und er fuhr mit der Straßenbahn zu seiner alten Zimmerwirtin, Frau Markwalder, nachdem er darauf bestanden hatte, daß sie von seinem Kommen nicht unterrichtet wurde, weil er »nicht den großen Mann spielen wollte«.

Einstein war zu dem Kongreß eingeladen worden, weil er, wie Weizmann ihm versicherte, »die Bedeutung der Verhandlungen sehr erhöhen und allen Helfern beträchtliche Genugtuung verschaffen« würde. Dies war tatsächlich so, obgleich Einstein seinerseits auch Weizmanns Bedeutung sehr hervorhob, dessen Namen er zu Recht dem Herzls an die Seite stellte und dessen bisherige Arbeit, so meinte er, Weizmann das moralische Recht gebe, die Zukunft der Zionisten zu beeinflussen.

Die Züricher Tagung kennzeichnete einen Höhepunkt in den zionistischen Bestrebungen und gleichzeitig das Ende einer Phase von Einsteins Unterstützung. Die erweiterte Jewish Agency unter der Leitung Weizmanns war kaum ins Leben gerufen, als es zu ernsten antijüdischen Ausschreitungen in Palästina kam. Am 11. September war Louis Marshall, eine Hauptstütze des nichtzionistischen Flügels der Organisation, nach einer Operation gestorben. Im darauffolgenden Monat zerschlug der Börsenkrach an der Wall Street die Hoffnungen auf eine größere Unterstützung von amerikanischer Seite und gab gleichzeitig, indem er in Europa eine Wirtschaftskrise auslöste, den Nationalisten und antisemitischen Kräften der Weimarer Republik neue Nahrung.

Keine dieser Entwicklungen hatte einen direkten Einfluß auf Einstein. Doch kam es zu wachsenden Unstimmigkeiten zwischen ihm und den orthodoxen Juden. Brodetsky, der 1929 in Berlin sprach, schilderte die Kompliziertheit der Lage. »Einstein war anwesend«, sagte er, »aber ich fürchte, daß das, was ich gesagt habe, nicht gut angekommen ist. Ich teilte ihnen mit, im besten Deutsch, das ich zustandebrachte, was wir von der Mandatsregierung verlangten, und ich erklärte, daß Araber, die Juden ermordet hatten, vor Gericht gestellt werden müßten. Die Zuhörerschaft war schockiert. Einstein beschwerte sich nachher bei mir, daß ich wie Mussolini gesprochen hätte. Ich hätte keinen versöhnlichen Geist gezeigt; ich hätte verlangt, daß Arabermorde bestraft werden sollten. Die meisten deutschen Zionisten stimmten Einstein zu[39].«

Das Ausmaß, in dem Einstein bemüht war, zu einer Versöhnung mit den

Arabern zu kommen, entfremdete ihn zumindest einem Flügel der Zionistenbewegung. Doch trieben ihn die Ereignisse wiederum fester in die Bewegung.
Von 1930 an, als er das Anwachsen des Antisemitismus beobachtete, nahm die
Zionistenfrage auf Grund seiner persönlichen Erfahrungen für ihn größere
Bedeutung an. Er begann, seine jüdische Umwelt mit neuem Stolz zu betrachten. Am 29. Januar 1930 erschien er sogar mit einer schwarzen Yarmulka
in einer Berliner Synagoge und spielte dort Geige, zusammen mit dem verstärkten Chor der neuen Synagoge, um Beiträge für ein Fürsorgeamt der
jüdischen Gemeinde zu sammeln. Früher hatte er den Versuch der Assimilie-
rung als Fehler betrachtet; jetzt begann er sie für eine Unmöglichkeit zu
halten.

15. KAPITEL

VORBEREITUNG AUF DEN STURM

In den ersten Monaten des Jahres 1929 erholte sich Einstein von seinem Kreislaufkollaps des vergangenen Frühjahrs. Einstein selbst sagte über die lange Zeit seiner Rekonvaleszenz im März 1929: »Die Krankheit hat ihre Vorteile; man lernt Denken. Ich habe überhaupt erst angefangen zu denken[1].« Er war immer noch ziemlich schwach, doch machte seine Erholung sichtlich Fortschritte. Der Mann, der das zuwege gebracht hatte, war Janos Plesch, dessen schnelle Diagnose und einfache Heilmethode das Wunder vollbracht hatten.

Plesch war unbeständig und lebhaft, ehrgeizig und erfolgreich. In gewisser Weise war er das gerade Gegenteil von Einstein. Dennoch waren die beiden Männer mehr als ein Vierteljahrhundert lang enge und gegenseitig kritische Freunde.

Als Einstein wieder bei Kräften war, hatte er das Alter schon überschritten, in dem ein Wissenschaftler Schöpferisches leistet; es war fast an der Zeit, an die »Rosinen« zu denken, die das akademische Leben bereithielt. Letzten Endes war er ein Mann, dessen Freundschaften, privat wie beruflich, ihn mit den Nachbarländern, wie Holland, der Schweiz und Frankreich eng verbanden. Sobald er das Gefühl hatte, daß der Antisemitismus, der in Deutschland um sich griff, stärker wurde, konnte er jedes Angebot aus Leiden, Zürich oder Paris annehmen, er brauchte bloß den kleinen Finger zu rühren. Doch noch tat er nichts dergleichen. Vielmehr setzte er seinen Kampf gegen den Indeterminismus in der Physik fort und trieb vor allem die Konstruktion einer Feldtheorie voran, die die elektromagnetischen Kräfte und die Schwerkraft vereinen sollte.

Er wollte mit seiner Arbeit weiterkommen und nach Kräften dazu beitragen, Europa vom Abgrund des Krieges wegzudrängen. Als aber sein 50. Geburtstag dann vorüberging, muß er gefühlt haben, was die Zukunft bringen würde, muß er geahnt haben, daß die Wehrmacht eines Tages den Kanal und die atlantische Küste erreichen würde und daß in Europa das Beste, das er sich noch erhoffen konnte, ein Platz hinter Stacheldraht war. Er setzte seine Arbeit in Berlin fort, doch von 1929 an warf er immer öfter Blicke auf die Länder jenseits der Reichsgrenzen und sogar jenseits des Kontinents.

Der wichtigste Bestandteil seiner Arbeit war die Suche nach einer einheitlichen Feldtheorie. Er hatte die elektromagnetischen Kräfte untersucht und die spezielle Relativitätstheorie geschaffen; er hatte die Schwerkraft untersucht und die allgemeine Relativitätstheorie aufgestellt. Würde es möglich sein, die Gedanken zu vereinen?

Einige Männer antworteten auf diese Frage mit einem kategorischen ›Nein‹. Wolfgang Pauli faßte es so zusammen: »Was Gott voneinander getrennt hat, kann kein Mensch jemals zusammenfügen.« Andere waren optimistischer, vor allem Hermann Weyl und Eddington; beide hatten Theorien aufgestellt, die den Versuch machten, die zwei Felder zu vereinen. »Wenn die Vereinigung physikalischer Theorien schließlich möglich wäre«, sagte André Mercier Jahre später, als eine solche Aussicht noch in weiter Ferne lag, »würde ihr Besitz dem menschlichen Geist ein ideales Instrument in die Hand geben, um ihn zum Herrn über die geistige Welt zu machen. Der Gelehrte wäre mächtig und gelangweilt zugleich, gleich einem absoluten Herrscher, dessen Ideen von der menschlichen Dummheit nicht zerstört werden können[2].«

Einstein wagte sich an das abenteuerliche Unternehmen, kurz nachdem er seine allgemeine Theorie abgeschlossen hatte. In seinen Anstrengungen erhielt er bald neuen Ansporn durch das Entstehen der Quantenmechanik; denn bekanntlich hoffte er sein Leben lang vergeblich, daß eine einheitliche Feldtheorie dazu beitragen würde, das neue und ihm unangenehme statistische Element zu entfernen, das nun Bestandteil der neuen Physik war.

In gewisser Weise machte er sich auf die Suche nach den Hesperiden der Physik. So sieht man es jedenfalls heute, wo allgemein die Ansicht herrscht, daß die Struktur des Universums durch die Anwendung einer einzigen Reihe von Gleichungen nicht dargestellt werden kann. Aber schon damals, in den zwanziger Jahren, waren die Aussichten sehr gering. Einstein wußte das, und die Erklärung, die er in seinem späteren Leben lieferte, warum er sich an diese spezielle Aufgabe gemacht hatte, war 1929 genauso relevant wie 1949. »Er gab zu, daß die Chance eines Erfolges sehr gering war«, erzählte er einem Kollegen, Professor Taub aus Berkeley, »daß aber der Versuch gemacht werden müßte. Er hatte sich einen Namen gemacht; seine Position war gesichert und deshalb konnte er das Risiko eines Fehlschlags eingehen . . .«[3]

Eine Arbeit, die den Entwurf einer einheitlichen Feldtheorie in groben Zügen darstellte, wurde in den Sitzungsberichten der Preußischen Akademie der Wissenschaften 1928 veröffentlicht[4]. Am 10. Januar 1929 gab die Akademie dann bekannt, daß Einstein eine neue Abhandlung über eine einheitliche Feldtheorie vorgelegt habe, die gerade geprüft werde. Dies rief sofort weltweites Interesse hervor, und zwar nicht nur, weil die Akademie offenbar erkennen ließ, daß etwas Wichtiges im Kommen war. Die Welt war von der Tatsache angetan, Einstein könnte gegen Ende seines 50. Lebensjahrs noch eine Reihe von Gleichungen aufgestellt haben, die »das Rätsel des Universums lösen« würden.

Die Veröffentlichung dieser Abhandlung wurde für Ende des Monats angekündigt und viele Zeitungen der Welt unternahmen angestrengte, wenn auch erfolglose Versuche, sich ein Vorausexemplar zu beschaffen. Es bestand die Gefahr, daß sich Verzerrungen und Absurditäten einschleichen würden, was für Einstein besonders verdrießlich war, weil er wußte, daß ein echtes Verständnis seiner Arbeit über das Begriffsvermögen der meisten Laien und vieler Wissenschaftler hinausging.

Er ließ sich jedoch überreden, dem *Daily Chronicle* ein Interview zu geben. In diesem erläuterte er in nicht-mathematischer Form, was die Theorie darstellen wollte, und demonstrierte erneut seine Fähigkeit, Erklärungen zu geben, so einfach, daß »ein Kind sie verstehen kann«.

Das Interview mit dem *Daily Chronicle* erschien am 26. Januar. Die Arbeit über die einheitliche Feldtheorie, auf die die Presse so gewartet hatte, wurde vier Tage später publiziert[5]. Sie bestand aus sechs Seiten, ziemlich groß gedruckt, und enthielt 33 Gleichungen. »Dem Laien«, so schrieb der Londoner *Times*-Korrespondent, »vermittelt sie so gut wie nichts.« Das war nicht weiter überraschend, da – laut Eddington – »zum gegenwärtigen Zeitpunkt wenigstens, eine nicht-mathematische Erklärung außer Frage steht, und in jedem Fall den Hauptzweck der Theorie verfehlen würde, der darin besteht, eine Anzahl von Gesetzen in einem mathematischen Ausdruck von formaler Einfachheit zusammenzubringen.«[6] Einstein selbst tat das Nächstliegende. Er schrieb einen Artikel von 3000 Wörtern in zwei Teilen, in dem er »die Entdeckungsfolge« schilderte. Der wichtigste Bestandteil der neuen Theorie war ihre Hypothese, daß die Struktur des vierdimensionalen Raums in Form einer Synthese der Riemannschen und Euklidschen Geometrie beschrieben werden konnte. Auf dieser beruht die Aufstellung einheitlicher Feldgesetze für die Gravitation und den Elektromagnetismus. Das war neu, es war interessant, aber in den nächsten Jahren neigten kompetente Leute dazu, Eddingtons Ansicht darüber zu unterstützen. »Was mich betrifft«, schrieb er, »so kann ich mich nicht leicht von dem vertrauten Bild trennen, wo Gravitations- und Elektrizitätsmengen sich gegenseitig ergänzen, da sie je nachdem zu den symmetrischen und unsymmetrischen Merkmalen der Weltmessung gehören . . . Einer, der glaubt, daß Weyls Theorie und ihre Verallgemeinerung Aufklärung vermitteln, kann vielleicht dafür entschuldigt werden, daß er bezweifelt, ob die neue Theorie einen Umschwung in den Auffassungen rechtfertigt[7].«

Einstein war bald selbst nicht mehr zufrieden und arbeitete innerhalb eines Jahres schon wieder an einer neuen Theorie; diesmal mit einem neuen Assistenten, Dr. Walther Mayer aus Österreich, der sich nach der Publikation seines Buches »Lehrbuch der Differentialgeometrie« – Einstein bewunderte es sehr – bei Einstein in Berlin vorstellte. Es bestanden zunächst einige Schwierigkeiten, das Geld für Mayer zu bekommen, schließlich wurde es aber von der Josiah Macy J. Foundation in New York bereitgestellt. Mayer zog daraufhin von Wien nach Berlin und arbeitete dort mehr als drei Jahre lang mit Einstein zusammen.

Der neue Versuch wurde angekündigt, als im Oktober die Macy-Stiftung Einzelheiten der neuen Feldtheorie von Einstein und Mayer herausgab. Aber auch diese Ergebnisse wurden wieder aufgegeben, wie alle weiteren Versuche, die Einstein bis zum Ende seines Lebens unternahm.

Zu seinem 50. Geburtstag erschien, was man fast eine autorisierte Biographie Einsteins nennen könnte. Einer der beiden Schwiegersöhne Einsteins, Rudolf Kayser, war Schriftsteller und Journalist, mit großem Interesse für die Philosophie. Er verstand sich sehr gut mit seinem Schwiegervater, und als dessen 50. Geburtstag näherrückte, fragte er ihn, ob er seine Lebensgeschichte schreiben dürfe. Einstein gab seine Zustimmung, wenn auch widerstrebend. Denn der Wunsch, seinem Schwiegersohn behilflich zu sein, befand sich in Widerstreit mit seiner starken Abneigung gegen persönliche Publicity. Das Resultat war ein Kompromiß, der den Leser verwirren mußte. Der Autor der Biographie nahm nämlich das Pseudonym »Anton Reiser« an; ein ganz schwacher Hinweis auf seine wahre Identität fand sich lediglich im Vorwort Einsteins: Dieses besagt, daß der Autor des Buchs die Person ziemlich gut kennt, die Fakten richtig dargestellt hat und sorgfältig vorgegangen ist bei ihrer Charakterisierung, wie man es erwarten konnte[8]. Übrigens wollte Einstein die Veröffentlichung der Biographie in deutscher Sprache nicht zulassen[9].

Einsteins zwiespältigen Gefühlen den Deutschen gegenüber kamen die zwiespältigen Gefühle der Deutschen ihm gegenüber gleich. Das zeigte sich an seinem 50. Geburtstag. Auf der einen Seite war er eine solch internationale Berühmtheit, daß er sich vor den Journalisten, die ein Geburtstagsinterview von ihm haben wollten, in das Haus Janos Pleschs bei Gatow flüchten mußte. Der deutsche Reichskanzler beschrieb ihn als »großen Gelehrten, der für die deutsche Wissenschaft unvergänglichen Ruhm erwarb«. Die Universität von Paris verlieh ihm einen Ehrentitel, den er zu einem späteren Zeitpunkt des Jahres in Empfang nahm, als er sich in der deutschen Botschaft aufhielt, um mit Briand die Notwendigkeit der deutsch-französischen Freundschaft zu besprechen. Die Zionisten gaben bekannt, daß sie einen »Einstein-Wald« in der Nähe Jerusalems pflanzten. In der Haberlandstraße trafen eine Menge Geschenke ein; das erste, worüber sich Einstein wirklich freute, war ein Päckchen Tabak, das ein deutscher Arbeiter mit der Entschuldigung schickte, es sei »relativ wenig, aber von einem guten Feld.«[10]

Diese Geburtstagsfeierlichkeiten fanden im Schatten einer Tragikomödie statt. Einige von denen, die darin eine wichtige Rolle spielten, sind unbekannt geblieben, obgleich die Ereignisse, an denen sie teilnahmen, eine Vorwarnung auf die künftigen Geschehnisse waren, die ihre Wirkung auf Einstein nicht verfehlten.

Anfang 1929 sprach Dr. Plesch bei den Berliner Behörden vor, die sich seiner Beschreibung nach aus Angehörigen der Mittel- und unteren Mittelklasse zusammensetzten. »Ich mußte Boess, dem Bürgermeister von Berlin, zunächst erklären, wer und was Einstein war, bevor ich ihn davon überzeugen konnte, daß seine Stadt einen wirklich großen Mann zu ihren Einwohnern zählte und daß es die Pflicht seines Stadtrats war, dieser Tatsache einige Anerkennung zu zollen«, schrieb er. »Ich bin sicher, der gute Boess war nicht ganz befriedigt von dem, was ich ihm erzählte, und stellte weitere Nachforschungen an, wer dieser Einstein war. Offensichtlich stellte ihn das Resultat zufrieden, denn er stimmte mir endlich zu, daß es eine gute Idee sei, Einsteins Geburtstag zu würdigen, indem man ihm ein Haus mit Garten schenkte als ein Zeichen der tiefen Hochachtung, die ihm von der Berliner Stadtverwaltung gezollt wurde[11].«

Einsteins Liebe für kleine Segelboote war aus den Tagen, als er auf dem Zürichsee segeln konnte, erhalten geblieben. Der Berliner Magistrat beschloß deshalb, ein Landhaus an einem der Berliner Seen für ihn auszuwählen. Es war bekannt, daß Einstein sehr gern auf der Havel war; so wurde dann bekanntgegeben, daß er als Geburtstagsgeschenk ein schönes Haus am Havelufer bekommen würde. Berliner Zeitschriften brachten sofort Bilder des »Einstein-Hauses«. Erst als Elsa dort auftauchte, um sich wegen der Einrichtung umzusehen, erfuhr sie, daß das Haus schon bewohnt war. Die Mieter hatten keinerlei Absicht, auszuziehen.

Der Berliner Magistrat war zwar Eigentümer des Hauses, doch hatte er es bereits unwiderruflich vermietet. Als dies aufkam, wurden die Pläne schnell geändert. Hastig kündigte man an, daß Einstein ein nahegelegenes Grundstück erhalten sollte. Das Geschenk bestand jetzt nur noch aus Grund und Boden; Einstein sollte sich, falls er Interesse hatte, auf eigene Kosten ein Haus darauf bauen lassen. Er ging bereitwillig darauf ein – nur um auf eine neue Schwierigkeit zu stoßen. Es war nämlich vom Magistrat verfügt worden, daß dort keine weiteren Gebäude die reizvolle Umgebung oder den Blick beeinträchtigen durften. Einstein sollte sein Stück Land bekommen, bebauen durfte er es nicht.

An diesem Punkt angelangt, verdichteten sich die Zweifel an der Leistungsfähigkeit des Magistrats zu dunklen Ahnungen. Diese verstärkten sich, als dieser ein drittes Besitztum auswählte, um wiederum, als die Schenkung ausgesprochen war, festzustellen, daß es dem Magistrat zum gegenwärtigen Zeitpunkt gar nicht gehörte. Um das Problem zu lösen, wurde Einstein gebeten, sich ein eigenes Grundstück zu suchen; der Magistrat würde dann für die Kosten aufkommen. Elsa hatte bald einen Bauplatz in der Gemeinde Caputh, in der Umgebung von Potsdam, gefunden. Der Magistrat stimmte der Wahl zu, und ein Antrag auf Erwerb des Grundstücks wurde in der nächsten Sitzung eingereicht. Zu guter Letzt schien alles geregelt. Aber nun erhob ein Mitglied einer großen nationalistischen Partei Einwände. Hatte Einstein das Geschenk, das er verlangte, wirklich verdient? Der Stadtrat, gezwungen, abzustimmen, wußte es nicht. Die ganze Angelegenheit wurde zur weiteren Diskussion auf die nächste Sitzung verschoben[12].

Es ist schwierig, die verschiedenen Aspekte, die in dieser leidigen Affäre eine Rolle spielten, nämlich Unordnung, Bürokratismus und interne Politik der Berliner Behörden, zu entwirren. »Aber die entscheidende Macht lag«, sagt Frank dazu, »in den Händen von Leuten, die an der Arbeit der scheinbar Regierenden Sabotage übten. Die Beamten der Stadt Berlin führten die Aufträge des Stadtrates so aus, daß ein Mißerfolg unausbleiblich war und die republikanische Verwaltung sich lächerlich machte[13].« Das mag sich so verhalten haben, doch kam der unterschwellige Antisemitismus dazu.

Einstein handelte nun verzweifelt, aber mit Würde. Er schrieb an den Bürgermeister, dankte ihm für die freundlichen Absichten des Stadtrats, bemerkte, daß sein Geburtstag nun vorüber sei und lehnte die Schenkung ab. Inzwischen hatten er und Elsa aber an dem Fleckchen, das sie ausgesucht hatten, Gefallen gefunden. Sie kauften es und ließen ihr eigenes Haus bauen.

Das neue Heim besaß alle Eigenschaften einer wirklich ländlichen Umgebung, obwohl es nur einige Kilometer vom Stadtkern Berlins entfernt lag. Jenseits von Potsdam, an der Straße, die nach Werder an der Havel führte, war Caputh wenig mehr als nur ein kleines Straßendorf, das nur selten von den zahlreichen

Wochenendausflüglern aus der Hauptstadt besucht wurde. Nördlich von Caputh erstreckten sich das sandige Heideland und Nadelwälder, unterbrochen von Seen und Flüssen. Außerhalb des Dorfs stieg der Boden bis zum Rand des Waldes an, und dort, nur ein paar Minuten vom Havelsee entfernt, wo man gewöhnlich die weißen Segel sehen konnte, bauten die Einsteins ihr Haus, das ein paar Jahre lang für sie mehr als nur ein Wochenendhäuschen war.

Der junge Architekt verband auf geniale Weise Kultiviertheit mit einem einfachen Stil, der in die Umgebung paßte. Von außen machte das Gebäude fast den Eindruck eines Blockhauses; innen bot die halbverschalte Konstruktion eine komfortable Geräumigkeit, verstärkt durch eine warme, braune Vertäfelung und große Fenster, die den Anblick auf die weiter weg gelegenen roten Dächer von Caputh, auf den Havelsee und den angrenzenden Wald freigaben. Das war auch die Aussicht, die Einstein von seinem im ersten Stock liegenden Zimmer hatte, das er als Arbeits- und Schlafzimmer benützte. Die Wände waren mit Büchern verstellt, in einer Nische stand sein Bett, und vor den großen französischen Fenstern, die auf einen Balkon führten, war der große mit Papieren bedeckte Schreibtisch aufgestellt, an dem er arbeitete. Auf dem Havelsee lag sein kleines Boot, das ihm von Freunden zum 50. Geburtstag geschenkt worden war. Es war wirklich eine feine Sache.

Die Relativitätstheorie hatte ihn in eine religiöse Auseinandersetzung hineingezogen, aus der sein vielzitiertes Glaubensbekenntnis resultierte. Der Streit hatte begonnen, als Kardinal O'Connell aus Boston zu einer Gruppe von Katholiken sagte, daß die Theorie, »die gräßliche Erscheinung des Atheismus bemäntelt«, und »in Nebel gehüllte Spekulation sei, die Zweifel an Gott und seiner Schöpfung bewirkt.« Einstein war zuerst desinteressiert. Am 24. April trat ihm dann aber der Rabbiner Herbert Goldstein mit der einfachen Frage entgegen: »Glauben Sie an Gott?«

Seine Antwort, er glaube an Spinozas Gott, genügte Goldstein[14]; er wies darauf hin, daß »Spinoza, der der von Gott berauschte Mensch genannt wird, und der Gott in der ganzen Natur manifestiert sah, gewiß nicht ein Atheist genannt werden könne.« Er fuhr weiter fort: »Darüber hinaus weist Einstein auf eine Einheit hin. Einsteins Theorie würde, wenn man sie zu ihrem logischen Schluß weiterführte, der Menschheit eine wissenschaftliche Formel für den Monotheismus bringen . . .«

Einstein deutete damals nur versuchsweise den Glauben an, den er mit vielen Wissenschaftlern teilte, die der offenbarten Religion mißtrauten und nicht einsahen, warum ein Leben nach dem Tode wesentlich für das ethische Verhalten in diesem Leben sein sollte: den Glauben, daß vieles, wenn nicht alles in

Wissenschaft und Religion komplementäre, aber isolierte Aspekte des menschlichen Daseins betraf.

In Caputh, wo er sich 1929 niederließ, versuchte Einstein, sich unerwünschte Besucher, Zeitungsreporter und undefinierbare seltsame Leute vom Leibe zu halten. Da es dort kein Telefon gab, nahmen Besucher den Zug nach Potsdam, dann den Bus nach Caputh; von dort gingen sie zu Fuß weiter und trafen auf diese Weise oft unerwartet ein. Zum Beispiel kam eine Gruppe von Amerikanern, die von Einstein Rat für die Organisation einer Kellogg-Liga einholen wollte. Diese sollte sich an alle Kriegsgegner wenden. Hier erschien Otto Hahn vom Kaiser Wilhelm-Institut, um die Arbeit zu diskutieren, die einige Jahre später zur Kernspaltung führte. Und hier traf im Sommer 1930, Rabindranath Tagore ein, der indische Philosoph und Mystiker.

Einstein und Tagore unterhielten sich einen ganzen Nachmittag lang; eine sogenannte »autorisierte Version«[15] ihres Gesprächs wurde im *American Hebrew* abgedruckt. Angesichts der Bemerkung Einsteins, daß der Bericht natürlich nie hätte veröffentlicht werden sollen, darf man dieser Darstellung – mit dem Titel »The Nature of Reality« – nicht allzuviel Glauben schenken. Trotzdem hat der Meinungsaustausch manchmal typisch Einsteinsche Züge; so soll Einstein gefragt haben, nachdem Tagore bestritt, daß Wahrheit und Schönheit vom Menschen unabhängig sind: »Wenn es keine Menschen mehr gäbe, wäre dann der Apollo von Belvedere nicht mehr schön?« Auf Tagores ›Nein‹ stimmte ihm Einstein zu »im Hinblick auf diesen Begriff von der Schönheit, aber nicht im Hinblick auf die Wahrheit«, und meinte: »Ich kann nicht beweisen, daß meine Konzeption richtig ist, aber das ist meine Religion.«

Einsteins Interesse wurde zunehmend davon gefangengenommen, über Grundprinzipien nachzudenken. Einer seiner ersten Besucher, Dr. Chaim Tschernowitz, schrieb über eine Diskussion: »Das Gespräch lief hin und her von Tiefgründigkeiten über die Natur Gottes, des Universums und des Menschen zu Fragen leichterer und munterer Natur ... Plötzlich hob Einstein den Kopf, blickte zum klaren Himmel hinauf und sagte: ›Wir wissen darüber gar nichts. Unser ganzes Wissen ist nur das Wissen von Schulkindern.‹ ›Glauben Sie‹, fragte ich, ›daß wir das Geheimnis jemals berühren werden?‹ ›Möglicherweise‹, sagte er mit einem Achselzucken, ›werden wir etwas mehr wissen als jetzt. Aber die wahre Natur der Dinge, die werden wir nie, nie erkennen.‹«[16]

Einstein arbeitete weiter an der einheitlichen Feldtheorie und an den Problemen, die sich aus der Quantenmechanik ergaben, gefesselt von den Aussichten, die sich in der Kosmologie durch das neue Fernrohr in Kalifornien auftaten und in der Atomphysik durch die Anhäufung neuer Kenntnisse über das Atom. Was sein eigenes Spezialgebiet betraf, so hatte er Glück; er brauchte in dieser Zeit, in der es noch keine Computer gab, kein Instrumentarium. Die Hilfe von Dr. Mayer genügte.

Der russische Physiker Joffé erinnerte sich, wie er Einstein einmal besucht hatte, um ihm seine neueste Arbeit über die mechanischen und elektrischen Eigenschaften von Kristallen zu beschreiben. »Er bat mich um eine detaillierte Erklärung«, schrieb Joffé. »Ich erinnere mich, daß ich ungefähr um drei Uhr in seinem Haus eintraf und mit dem Bericht über meine Arbeit begann. Nach ungefähr einer Stunde kam seine Frau herein und bat Einstein, gegen 5 Uhr jemand zu empfangen, der von Hamburg gekommen war, um die Bekanntschaft des großen Mannes zu machen. Einstein konnte so etwas nicht leiden, wurde aber offensichtlich von seiner Familie darin wenig unterstützt. Er führte mich deshalb in einen nahegelegenen Park, wo wir unser Gespräch ungestört fortsetzen konnten. Sobald die Gefahr einer Begegnung vorüber war, kehrten wir in sein Arbeitszimmer zurück. In den zwei Stunden hatte ich ihm alles Wesentliche erklärt; und nun begann Einstein sich die Information selbst zunutze zu machen. Man kann diesen Prozeß beschreiben als eine organische Absorption neuer Information in ein schon vorhandenes einheitliches Bild der Natur . . .«

Nach dem Abendbrot setzte sich die Unterhaltung fort. Mitternacht kam und ging vorüber – und damit auch der letzte Zug nach Werder, wo Joffé lebte. Er warf einmal versuchsweise ein, daß das Gespräch auch zu einem anderen Zeitpunkt weitergeführt werden könnte, aber der Vorschlag blieb bei Einstein ohne Widerhall. »Schließlich um zwei Uhr früh«, schreibt Joffé, »fand die Diskussion ein Ende; alles war geregelt, alle Zweifel waren geklärt[17] . . .«

Die Deutsche Physikalische Gesellschaft hatte einen Preis gestiftet, der Max Plancks Namen tragen sollte, und Einstein war dazu ausersehen, ihn als erster zu empfangen. Die Überreichung war auf fünf Uhr nachmittags festgesetzt. Nachdem Einstein den Vormittag über gearbeitet hatte, traf er bei Plesch zum Essen ein und diskutierte mit ihm die Kausalitätstheorie. Dann legte er sich auf ein Sofa und hielt seinen Mittagsschlaf. Um vier Uhr wachte er auf und sagte: »Die werden erwarten, daß ich irgend etwas sage«, setzte sich an den Schreibtisch des Doktors, griff nach einer Schuster-Rechnung, die das nächst erreichbare Stück Papier war, und kritzelte 20 Minuten lang etwas darauf. Eine halbe Stunde später ging Planck in den vollbesetzten Saal des Physikalischen Instituts zur Rednerbühne und überreichte Einstein nach einer förmlichen Rede die Medaille.

»Dann sprach Einstein«, schreibt Plesch. »›Ich wußte, daß eine derartige Ehrung mich tief bewegen würde‹, begann er, ›und deshalb habe ich niedergeschrieben, was ich Ihnen als Dank gern sagen wollte. Ich werde es vorlesen.‹

Und aus seiner Westentasche kam meine Schuster-Rechnung heraus mit dem Gekritzel auf der Rückseite, und er las vor, was er über das Kausalitätsprinzip geschrieben hatte. Und weil, wie er sagte, kein vernünftiges Wesen ohne Kausalität überhaupt weiterkommen könnte, führte er das Prinzip der Super-kausalität ein. Die Atmosphäre war gespannt und höchst bewegend[18].« Später verlangte Plesch seine Schuster-Rechnung zurück. Einstein gab ihm auch die Medaille aus Gold mit dem Porträt Plancks darauf.

Dieser Preis und der Strom vergleichbarer Ehrungen und Einladungen aus Übersee waren deutliche Anzeichen dafür, welche Position Einstein inner-halb der Gemeinschaft der Wissenschaftler in Deutschland noch immer innehatte. Außerhalb dieser Gruppe war die Situation jedoch ganz anders. 1920, als Einstein eine Zielscheibe für die Angriffe der Nationalisten und Antisemiten gewesen war, hatte sich der Kampf im Extremistenflügel abgespielt. Zehn Jahre später waren es nicht nur die Extremisten, die gegen ihn hetzten. Jetzt war es nötig, ein größeres Publikum zu gewinnen, und Einstein war nun eine brauchbare Waffe in den Händen derer, die schon voller Zuversicht auf das Ende der Republik warteten. Für die etwas glaub-würdigeren Gegner Einsteins war es relativ leicht, die Kompliziertheit der Relativitätstheorie als den letzten Trick einer jüdischen Verschwörung hin-zustellen.

Die Situation wurde noch gefährlicher durch Einsteins Naivität. Dieser Punkt wurde von Lancelot Law Whyte besonders betont, einem jungen britischen Physiker, der damals in Berlin studierte. »Ende 1928«, schreibt er, »erschien es mir so, als ob Einstein dadurch, daß er Juden und ausländischen Besuchern besondere Gefälligkeiten erwies, die er seinen deutschen Kollegen und Stu-denten vorenthielt, in gewisser Weise dazu beitrug, den Antisemitismus zu schüren. Das verwirrte mich; es paßte nicht zu dem Bild einer ehrenwerten und klugen Person, für die ich ihn gehalten hatte, und ich fühlte mich unbehag-lich, daß er so freundlich zu mir gewesen war[19].«

Bald darauf konsultierte Whyte einen älteren Kollegen. »Sie verstehen nicht«, sagte dieser. »Es herrscht schon so viel Antisemitismus und Eifersucht gegen-über Einstein seitens ungeistiger deutscher Gelehrter, und eine derartige Kluft zwischen der deutschen und fortschrittlicheren Seite der Universität, daß es für Einstein unmöglich ist, über dem Kampf zu stehen; dasselbe gilt für alle anderen. Er ist ein Jude, unvermeidlich gefällt ihm vieles nicht, was vor sich geht und er ist für viele schon ein verhaßtes Symbol. Ein deutscher Lehrer oder Student von einer anderen deutschen Universität könnte sich ihm nicht so nähern wie Sie das getan haben. Die Universitäten spiegeln eine Spaltung in Deutschland wider; auf der einen Seite Intellekt und Internationalismus, und auf der anderen Seite die Wiedergeburt von etwas typisch Deutschem nach der Katastrophe von 1918.«

Von dieser Sachlage her konnte man nur einen Schluß ziehen. »Nach diesem Gespräch 1929«, schreibt Whyte, »hatte ich das unangenehme Gefühl, daß Einstein, da er seiner außerordentlichen Verantwortung als Leitbild nicht entgehen konnte, nicht länger als nötig an einer Universität bleiben sollte, wo er nicht alle gleich behandeln konnte. Es war eine Tatsache, daß seine Gegenwart in Deutschland als Zielscheibe und Stimulanz für den Antisemitismus diente . . .«

Wenig später besuchte Norman Bentwich Berlin. »Ich war beunruhigt durch die grimmigen Zeichen der wachsenden antisemitischen Welle und der zunehmenden Stärke der Nazi-Partei«, schrieb er. ». . . Ich besuchte Einstein an seinem Segel-Zufluchtsort an einem der Seen; trotz seiner ganzen Heiterkeit war er besorgt[20].« Das steigerte sich, und ein paar Monate später gab er einem jungen Korrespondenten allen Ernstes den Rat, nicht Mathematiklehrer zu werden, wegen der schlechten Aussichten . . . und der Schwierigkeit, die mit der ›jüdischen Nationalität‹ verbunden ist[21].

Guten Grund zur Besorgnis lieferte wenig später die Publikation eines böswilligen kleinen Buchs in Leipzig mit dem Titel »Hundert Autoren gegen Einstein«. Ein paar Beiträge konnten noch mit einiger Glaubwürdigkeit als seriös bezeichnet werden, doch mußten die Initiatoren des Unternehmens tief hinabsteigen, um überhaupt ihr Kontingent an Mitarbeitern zu bekommen. Professor Mellin aus Helsingfors schrieb über »Die Unhaltbarkeit der Relativitätstheorie«; Professor Dr. Hans Driesch aus Leipzig über »Meine Haupteinwände gegen die Relativitätstheoretiker«; und Professor Dr. le Roux aus Rennes über »Der Bankrott der Relativitätstheorie«. Dr. Arvid Reuterdahl aus Minnesota lieferte eine lange Abhandlung über »Einsteinismus/Seine Trugschlüsse und Täuschungen«, indem er nicht nur die angebliche Priorität von Einsteins Theorie angriff, sondern auch behauptete, daß die »bombastische Reklame seiner närrischen Einfälle« ihn zum »Barnum der Wissenschaft« gemacht hätte.

Einstein war sich sehr wohl bewußt, daß dies erst die Spitze des antisemitischen Eisbergs war. Mehr als einmal sprach er mit seiner Frau darüber, einen Posten in Übersee anzunehmen, die deutsche Nationalität ein zweitesmal abzulegen und die Haltung Deutschlands gegenüber den Juden zum Gegenstand einer öffentlichen Untersuchung zu machen. Vielleicht wäre es für die Juden besser gewesen, wenn er das wirklich getan hätte.

Am 17. Juli 1931 schrieb er immerhin einen Brief[22] an Max Planck, in dem er seinen Wunsch zum Ausdruck brachte, die deutsche Staatsbürgerschaft abzulegen. Der Brief wurde nie abgeschickt und steckte noch im ursprünglichen Umschlag, als sich nach Hitlers Machtergreifung 1933 Einstein weigerte, nach Deutschland zurückzukehren, und seine Papiere auf diplomatischem Wege über die französische Botschaft aus Deutschland herausgebracht wurden.

Man kann sich leicht vorstellen, was geschah. Wahrscheinlich sprach Einstein, immer bemüht, den anderen so wenig Schwierigkeiten wie möglich zu verursachen, mit Planck erst einmal persönlich, bevor etwas schriftlich fixiert wurde. Und Planck überzeugte seinen Kollegen mühelos, was er zu tun oder zu lassen hatte. Planck brauchte bloß zu argumentieren, daß für einen Mann, der die Geheimnisse der Natur erforschen wollte, kein Platz geeigneter dafür war als Berlin.

Einstein stimmte dem aufrichtig zu. Trotz seiner Gefühle für Deutschland und die Deutschen war er der Akademie und der Kaiser Wilhelm-Gesellschaft immer treu geblieben.

Inzwischen jedoch begann Einsteins Glauben an die Zukunft Europas im allgemeinen und Deutschlands im besonderen zu schwinden. Das zeigte sich nicht nur an seinen immer pessimistischeren Äußerungen auf öffentlichen Rednerbühnen oder privat bei Freunden, in Zeitschriften und Zeitungsartikeln, sondern auch an seiner neuen Lebensweise, zu der es durch zwei verschiedene Verpflichtungen kam. Die eine bezog sich auf das California Institute of Technology, wohin er Anfang 1931 für ein paar Wochen gehen sollte. Die andere Verpflichtung ging er beim Christ College in Oxford ein, wo er ein Forschungsstipendium annahm, das ihm gestattete, ein Semester pro Jahr an der Universität zu verbringen. Seine Arbeit in Berlin ging natürlich weiter wie bisher, aber sie fügte sich nahtlos in ein Jahresprogramm ein, das seine Abreise in die Vereinigten Staaten im Dezember vorsah, die Rückkehr gegen Winterende oder Frühjahrsanfang; dann den Sommer in Oxford und schließlich die Rückkehr nach Berlin im Frühherbst. Dieser Plan hatte den Vorteil, daß Einstein die Verbindung mit Planck, von Laue und seinen übrigen Kollegen aufrechterhielt und zugleich zwei Zufluchtsorte vor dem wachsenden Antisemitismus und dem Ausbruch des Krieges besaß.

Vor diesen Besuchsreisen nach Kalifornien und nach Oxford unternahm Einstein drei weitere bedeutsame Auslandsreisen; eine nach Holland und Belgien und zwei nach England. Die erste war die wichtigste. Sie führte zu einer Begegnung, die dazu beitrug, ihn im Sommer 1933 von seinem pazifistischen Standpunkt abzubringen; gleichzeitig hatte diese Reise einige Bedeutung für die Welt im allgemeinen und für Japan im besonderen.

1929 trat Einstein eine seiner regelmäßigen Reisen nach Leiden an. Wie gewöhnlich besuchte er seinen Onkel Cäsar in Antwerpen. Und hier erreichte ihn die Einladung, am Montag, den 20. Mai in Laeken die belgische Königin zu besuchen. König Albert, der liberal gesinnte Monarch, war wegen einer Verpflichtung in der Schweiz nicht im Lande. Königin Elisabeth war unkonventionell und künstlerisch veranlagt, und am 20. Mai verbrachte Einstein mit seiner Geige den ersten von vielen musikalischen Nachmittagen im Palast, wobei Ihre Majestät die »zweite Geige« spielte. Es folgte, den eigenen Eintragungen der Königin in ihrem Terminkalender zufolge, Tee unter den Kastanienbäumen und ein Spaziergang in den Anlagen, dann ein Abendessen um halb Acht. Wenige Tage später schickte sie ihm Abzüge von den Fotos, die sie gemacht hatte, drückte die Hoffnung aus, daß er bald wiederkommen würde und richtete das Bedauern des Königs aus, daß er nicht dabei sein konnte[23].

Diese Begegnung markierte den Beginn einer ungewöhnlichen Freundschaft. Während der nächsten vier Jahre besuchte Einstein Belgien nur selten, ohne in den Palast zu Laeken eingeladen zu werden, Es lag am Aussehen Einsteins, wenn ihn der königliche Chauffeur am Bahnhof verfehlte, weil er die schäbig gekleidete Gestalt mit dem Geigenkasten nicht erkannte. Und Einstein versetzte ein kleines Café in Aufregung, indem er bat, telefonieren zu dürfen und dann direkt die Königin verlangte.

An Elsa schickte er jedesmal eine ausführliche Beschreibung des Besuches. Einmal berichtete er, daß Ihre Majestät, ein englischer Gast, eine Dame und er mehrere Stunden lang Trios und Quartette gespielt hatten. Danach hätte er mit der königlichen Familie ein einfaches Abendessen eingenommen[24]. Seine Ungezwungenheit wurde von Antonina Vallentin beschrieben, die berichtete, wie Einstein eines Tages in Caputh in den Taschen seiner Hose ein Stück Papier suchte. »Er leerte alles mit ungeduldigen, vollen Händen auf den Tisch aus. Ein Tascheninhalt wie bei Schuljungen: Taschenmesser, Bindfadenstücke, Kekskrümel, Zettel mit Eselsohren, Autobusfahrscheine, Kleingeld, Tabaksstaub. Ein großes Blatt entfaltete sich mit Pergamentsgeknister. Es war ein Gedicht, das ihm die Königin Elisabeth gewidmet hatte. In einer Ecke der elfenbeinfarbenen Seite waren einige Worte und Zahlen in der kleinen regelmäßigen Handschrift Einsteins eingetragen. Ich beugte mich über den Tisch. Standen da unsterbliche Berechnungen neben der großzügigen königlichen Unterschrift, die sich quer über die Seite zog? Ich las: Autobus 50 Pf., Zeitung . . ., Papier . . . etc[25].«

Im folgenden Jahr unternahm Einstein zwei Reisen nach England. Bevor er Berlin verließ, erhielt er eine Anfrage von Professor Veblen, den er vor neun Jahren in Princeton kennengelernt hatte. An der Universität würde ein neuer Trakt für die Mathematik und Physik gebaut. Ob man die Erlaubnis erhalten könne, dafür Einsteins Satz »Raffiniert ist der Herrgott, aber boshaft ist er nicht« zu verwenden? Einstein gab seine Einwilligung, und der Satz wurde über den marmornen Kamin der Halle gemeißelt.

Kurz danach reiste er nach England ab, wobei er zuerst nach Nottingham ging, wo er in der Universität einen allgemeinen Überblick über die Relativitätstheorie und die einheitliche Feldtheorie gab. Dann reiste er weiter nach Cambridge, um eine akademische Auszeichnung anzunehmen, eine glückliche Gelegenheit, denn so konnte er sich mit Eddington treffen. Einstein war 1920, 1925 und 1926 zu Eddington und seiner Schwester am Cambridge Observatorium eingeladen worden, aber er hatte wegen Arbeitsüberlastung und offizieller Verpflichtungen nicht annehmen können. Nun war die Gelegenheit gekommen, und die beiden Männer verbrachten eine Woche miteinander. Im Herbst kam er eigens für ein Abendessen der O.R.T. nach London, einer Organisation zur Unterstützung der Juden in Osteuropa. Er wohnte als »Stargast« bei Lord Samuel in Porchester Terrace. Aber er wich geschickt einer weiteren Einladung aus, »viele prominente Männer zu treffen«, indem er behauptete, er habe bereits einen Termin in der Schweiz, wo er sich dringend über die Gesundheit seines jüngeren Sohnes informieren müsse.

Samuels Aufzeichnungen von Einsteins Besuch werfen einige interessante Schlaglichter auf den fünfzigjährigen Einstein. Eines Tages speisten die beiden Männer gemeinsam mit Edmond Kapp zu Mittag, der vor einem Jahrzehnt Einstein während einer Vorlesung in Wien skizziert hatte. Inzwischen war aus Kapp ein bekannter Porträtist geworden und er zeichnete Entwürfe von Einsteins Kopf. Als Samuel bemerkte, daß er ständig von Malern oder Bildhauern belästigt sein müsse, stimmte Einstein zu. Auf der Reise nach England sei er in eine Unterhaltung mit einem Mann geraten, der ihn nach seinem Beruf gefragt habe. »Je suis modèle«, sei seine Antwort gewesen. Während des Essens erwähnte er, daß er in Deutschland immer noch heftig angegriffen werde – »parce que je suis Rouge et Juif«. Samuel, der wußte, daß Einstein politisch eher rosa als rot war, bemerkte: »Mais pas très Rouge.« »Et pas très Juif«, fügte Einstein hinzu[26].

»Er sagte mir auf dem Weg zum Bahnhof«, fährt Samuel fort, »daß er sich in jungen Jahren keinen Augenblick lang vorgestellt habe, an Ereignissen von öffentlichem Charakter wie diesem teilzunehmen, das ihn zu dieser Reise veranlaßt hatte oder das seinem Interesse an Palästina entsprang. Einstein hatte erwartet, sein Leben mit einer zurückgezogenen Beschäftigung zu verbringen.«

Am nächsten Tag ›überfiel‹ er die Weizmanns. »Er amüsierte sich sehr auf dem O.R.T.-Dinner, wo, wie er sagte, die Leute den Eindruck einer Affenversammlung abgaben«, sagt Frau Weizmann. »Sie sorgten sich am meisten darum, wem sie zuerst die Hand geben sollten – Lord Rothschild oder Einstein[27].«

Kurz nachdem er wieder in Berlin eingetroffen war, besuchte ihn Arthur Fleming, der Vorsitzende des Kuratoriums am California Institute of Technology. Der Besuch ging wohl auf eine Anregung von Richard Chase Tolman zurück, dem Professor für physikalische Chemie und mathematische Physik an dieser Hochschule. Tolman beschäftigte sich viel mit der theoretischen Arbeit am Mount Wilson Observatorium, bei der es um Wesen und Größe des Universums ging. Einstein war begierig, dies aus erster Hand mit den Männern, die daran arbeiteten, zu diskutieren und er gab rasch seine Zustimmung, das Institut Anfang 1931 als Research Associate zu besuchen.

Als diese Nachricht bekannt wurde, war er wieder einmal mit dem immensen Interesse konfrontiert, das die Vereinigten Staaten allem, was er sagte oder tat, entgegenbrachten. Noch ehe die Woche um war, kamen von jenseits des Atlantik täglich fünfzig Telegramme. Elsa, der es überlassen blieb, auf die Einladungen zu reagieren, stellte mit Bestimmtheit klar, daß der Professor ausschließlich zur Erholung reise; daß er wünsche, in Ruhe gelassen zu werden, und schließlich, daß sie es ihm nicht erlauben würde, in New York an Land zu gehen; sie würde darauf bestehen, daß er an Bord blieb, während ihr Schiff die Reise durch den Panamakanal nach Kalifornien fortsetzte.

Trotz aller Anstrengungen, ihn aus dem Trubel herauszuhalten, stimmte Einstein einem Vorschlag zu, der noch vor Beginn seiner Reise zu einer Kontroverse beitrug. Es handelte sich um die Aufforderung, für die *New York Times* einen Artikel über »Religion und Wissenschaft« zu schreiben. Seit er im Rampenlicht stand, hatten ihn nicht nur Presseleute, sondern auch Freunde, Kollegen und Bekannte nach seinen religiösen Ansichten ausgeforscht. Ernest Strauss brachte ein Zitat von ihm, welches das religiöse Denken als »einen Versuch, einen Ausgang zu finden, wo keine Türe ist«[28] beschrieb. Es war viel Wunschdenken bei den Ansichten, die man ihm zuschrieb. Ben Gurion, den man gefragt hatte, ob er an Gott glaube, antwortete: »Ich sprach einmal mit Einstein. Sogar er, mit seiner großartigen Formel über Energie und Masse, pflichtete bei, daß es etwas hinter der Energie geben muß.«[29]

Bis zu einem gewissen Ausmaß waren die Unterschiede zwischen Einstein und konventionellen Gläubigen semantischer Natur, ein Punkt, den er hervorkehrte in dem Artikel »Religion und Naturwissenschaft«, welcher am Sonntag, den 9. November die ganze Titelseite von *New York Times Magazine* einnahm. »Alles, was von den Menschen getan oder erdacht wird«, begann er, »gilt der Befriedigung gefühlter Bedürfnisse sowie der Stillung von Schmerzen[30].« Dann ging Einstein daran, drei Stadien religiöser Entwicklung darzulegen, wobei er mit der Religion der Furcht anfing, die primitive Völker erfüllte und die allmählich zu Moralreligionen mit sozialen Gefühlen als Antriebskraft führte. Daraus wiederum entstand die »kosmische Religiosität . . . die keine Dogmen und keinen Gott kennt, der nach dem Bild des Menschen gedacht wäre.«

Ein Leitartikel in der *New York Times* am nächsten Tag übte milde Zurückhaltung. Dr. Nathan Krass, Rabbi am Emanuel-Tempel zeigte sich positiv beeindruckt: »Die Religion von Albert Einstein wird nicht von gewissen Sektierern gebilligt, sondern muß und wird von den Juden gebilligt werden.« Auf der anderen Seite sagte Dr. Fulton Sheen zu 1200 Mitgliedern der katholischen Lehrervereinigung, daß Einsteins Artikel »die reinste Art von Dummheit und Unsinn« sei. Er fragte, ob jemand bereit sei, sein Leben für die Milchstraße hinzugeben und schloß: »Es gibt nur einen Mangel an dieser kosmischen Religion: er hat einen Buchstaben zuviel in dieses Wort gesetzt – den Buchstaben ›s‹[31].«

Dies ist nur ein Beispiel, in welchem Gegensatz Einsteins Ansichten zu denen des Landes standen, das er nun zum zweiten Mal besuchte: »Ein unpersönlicher Gott, ein deterministisches Universum, eine kirchenlose Religion, Indifferenz gegenüber Geld und materiellen Vorteilen, Weltregierung, Pazifismus und Sozialismus – all das hält man rundum für unamerikanisch und mehr oder weniger subversiv[32].« Zudem verachtete er Publicity, wie er einem amerikanischen Journalisten klarmachte. Bei diesem beklagte er sich über die Briefe der Fabrikanten von Desinfektionsmitteln, Gesichtswassern, Musikinstrumenten und Kleidern, die ihm tausende von Dollars boten, damit sie sagen durften, ihre Produkte seien zur Zufriedenheit Einsteins ausgefallen. Er war immer noch nicht fähig einzusehen, daß die Begeisterung über seine Anwesenheit nicht beliebig an- oder abgestellt werden konnte. So sehr er sich die Massenpsychologie im Kampf um die gute Sache zunutze machen wollte, so sehr beklagte er sich gleichzeitig darüber.

In Antwerpen, wo er und Elsa sich am 2. Dezember 1930 auf der »Belgenland« einschifften, wiederholte er, daß dies nur eine Urlaubsreise sei, obgleich er zugab, daß er das Observatorium in El Paso besuchen und mit amerikanischen Freunden Fragen von beiderseitigem Interesse diskutieren würde. »Wenn Sie der Presse wirklich eine Mitteilung machen wollen«, sagte er zu Reportern, »dann sagen Sie, daß ich in Ruhe gelassen werden möchte. Ich halte es persönlich für unwichtig, in anderer Leute Privatangelegenheiten herumzuschnüffeln, und es bekäme der Welt besser, wenn sich die Zeitungen mehr um die Dinge kümmerten, auf die es ankommt, anstatt sich mit Bagatellen zu beschäftigen[33].« Auf die Neuigkeit, daß er mit seinen Freunden über Sprechfunk würde reden können, antwortete er: »Ich hoffe, diese Journalisten rufen mich nicht mitten auf dem Ozean an und fragen mich, wie ich nachts geschlafen habe.«

In Southampton scheint die Presse weniger lästig gewesen zu sein.

Als der Dampfer in den Atlantik auslief, lebte Einstein einigermaßen in Frieden gelassen in den drei Kabinenräumen, die man ihm zugeteilt hatte. Hier sollte er einen großen Teil der Reise über mit Dr. Mayer arbeiten. Um Störungen zu verhindern, wurde vor der Tür zu seinen Räumen ständig ein Matrose postiert. Aber über Funk kamen weiterhin Neuigkeiten. Der *Völkische Beobachter* griff Einstein heftig an, weil er auf einem belgischen Schiff statt auf der deutschen »Europa« fuhr, die am selben Tag New York anlief – aber nicht zur Westküste weiterfuhr. Der Nationale Deutsche Judenverband griff den alten Vorwurf auf, Einstein benutze seinen wissenschaftlichen Ruhm dazu, den Zionismus zu propagieren. Vor Ende der Reise kam ein weiterer Bericht aus Berlin, wonach ein Dr. Boris Brutzkus erzähle, daß Einstein ihm gesagt habe, er wolle sich im Falle einer Machtergreifung durch Hitler an einen ruhigen Ort in Frankreich zurückziehen.

Auf diesen letzten Punkt glaubte Einstein eingehen zu müssen. »Man sollte nicht öffentlich über Bedingungen sprechen, die hoffentlich nie eintreten werden«, sagte er. »Noch weniger sollte man unter solchen Bedingungen im voraus eine Entscheidung treffen oder solche Entscheidungen sogar öffentlich bekanntgeben[34].«

Während der Reise wurde Elsa überredet, daß es schließlich doch besser sei, in New York an Land zu gehen. Einstein selbst stimmte zu, daß es für ihn einfacher sei, der Presse gegenüberzutreten, wenn das Schiff in den Hafen einlief.

Die Situation hatte etwas Komödienhaftes. 50 Reporter und 50 Photographen drangen auf ihr Opfer ein. Einstein, guten Willens, aber verwirrt, wurde aufgefordert, »innerhalb einer knappen Viertelstunde die vierte Dimension mit einem Wort zu definieren, seine Relativitätstheorie in einem Satz zu erklären, seine Ansichten über die Prohibition zu äußern, einen Kommentar zu Politik und Religion zu geben und über die Vorzüge seiner Geige zu sprechen[35]«. Der deutsche Konsul Paul Schwarz half beim Dolmetschen. Elsa tat ihr bestes, die Angelegenheit gut über die Bühne zu bringen, indem sie ihrem Gatten beistand, Fangfragen auszuweichen.

Doch erwies sich Einstein als sehr gewandt im Umgang mit den Fragestellern. Als er gefragt wurde, ob es eine Beziehung zwischen Naturwissenschaft und Metaphysik gebe, erklärte er, daß Naturwissenschaft selbst Metaphysik sei. Und nach seiner Meinung über Hitler befragt, erwiderte er: »Ich hatte nicht das Vergnügen, Herrn Hitlers Bekanntschaft zu machen. Hitler lebt von

Einstein mit seiner Frau Elsa (Aufnahme um 1928).

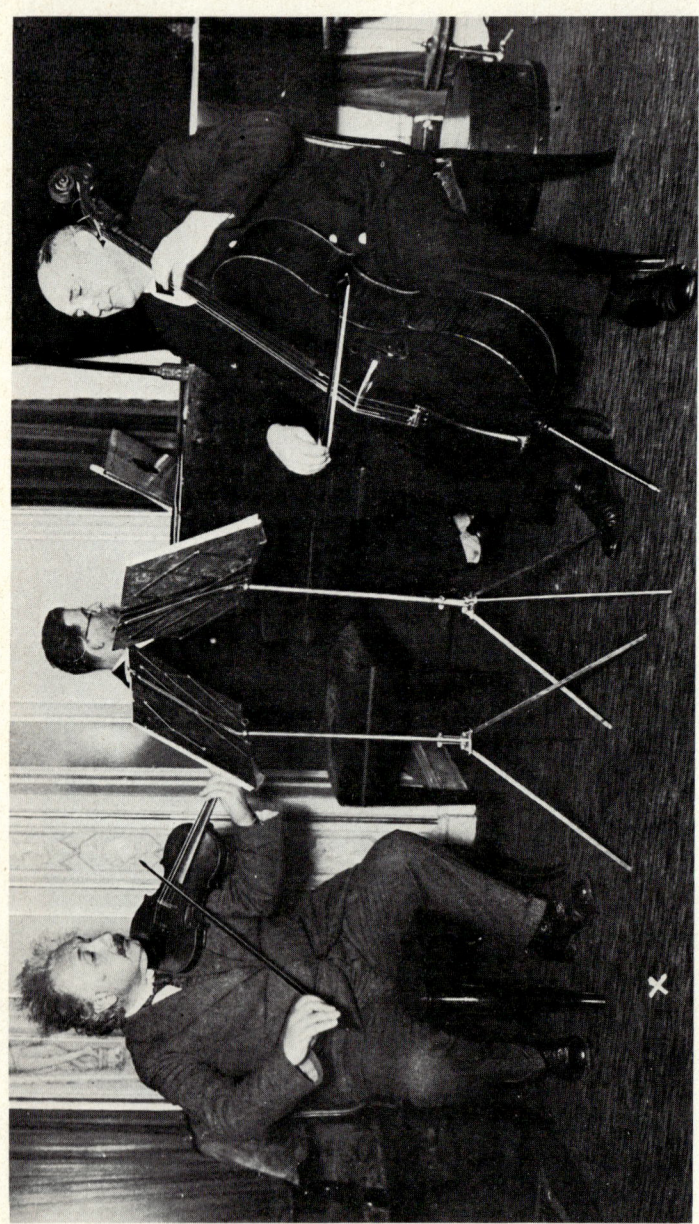

Albert Einstein als Kammermusiker im Jahre 1931.

Deutschlands leerem Magen. Sobald sich die wirtschaftlichen Bedingungen in Deutschland bessern, wird er aufhören wichtig zu sein.«

Vom Schiff aus sprach er auch über Rundfunk und verdiente dabei 1000 Dollar in seine Wohlfahrtskasse für die Berliner Armen.

Nach den Rundfunkansprachen ging Einstein an Land, um fünf geschäftige Tage[36] lang Reden zu halten und Stadtrundfahrten zu machen, wobei er jeden Abend auf die »Belgenland« zurückkehrte, wo er vor den Hunderten von Besuchern beschützt werden konnte, die seine persönliche Hilfe in Anspruch nehmen wollten. Er erhielt die Schlüssel der Stadt New York während einer Feier mit Bürgermeister Walker und dem Präsidenten der Columbia-Universität, Butler. Er sah seine Statue, die die Riverside-Kirche zum Hudson hin zierte. Er feierte das jüdische Fest Hanukkah auf einer überfüllten Versammlung im Madison Square Garden, und am 14. hielt er seine berühmte »2 %«-Pazifisten-Rede vor der New History Society im Ritz-Carlton-Hotel. Er besuchte die *New York Times* und ging in die Metropolitan-Oper. Hier entdeckte er die Pressephotographen, die auf ihn warteten, machte kehrt und flüchtete – eine Szene wie bei den Marx Brothers, wo man den Public-Relations-Chef der Met hinter dem berühmtesten Wissenschaftler der Welt herrennen sieht, mit dem kläglichen Ruf: »Mr. Einstein, Mr. Einstein.«

Ein junger Berliner, dem die Erlaubnis verweigert wurde, Einstein zu zeichnen, saß einfach im Restaurant der Belgenland und skizzierte Einstein, während dieser aß. Der große Mann war amüsiert, signierte die Skizze und setzte hinzu: »Dieses fette, satte Schwein / soll Professor Einstein sein.« Er suchte weiterhin den Autogrammjägern aus dem Weg zu gehen, obschon diejenigen, die ihm schrieben, streng geschäftsmäßig bedient wurden. »Wenn das Autogramm sehr dringlich gewünscht wird und der Brief, sagen wir, drei Dollar für die Berliner Armen einbringt«, sagte Elsa, »dann ist der Doktor glücklich.«

Die Einsteins fuhren am 16. Dezember von New York ab, erreichten drei Tage später Havanna und passierten dann den Panama-Kanal, bevor sie sich entlang der kalifornischen Küste nordwärts wandten. Als sie sich ihrem Bestimmungsort näherten, lauerten die anderen Passagiere auf eine möglichst gute Gelegenheit, sich mit Einstein photografieren zu lassen. Am Ende des Monats erreichte die »Belgenland« San Diego. Einstein hielt zum Neuen Jahr eine Radioansprache und nahm an den örtlichen Festlichkeiten teil, einschließlich einem öffentlichen Empfang, wo ihm die Juden des Ortes eine mit Inschrift versehene goldene ›mezuzah‹ überreichten, die ein hebräisches Gebet enthielt.

Von San Diego aus wurden die Einsteins nach Pasadena gefahren. Hier wählten sie einen kleinen Bungalow, das »Lebkuchenhaus«, wie Einstein es nannte, wo sie während ihres zweimonatigen Aufenthalts am Institut wohnen sollten. Man riß sich um ihn. Upton Sinclair behauptete, eine Millionärin am Ort habe dem California Institute of Technology 10000 Dollar gestiftet für das Versprechen, daß sie Einstein vorgestellt werde. Er und Elsa speisten mit Charlie Chaplin. Und während eines Besuchs von Hollywood gab man ihm eine Sondervorstellung von Remarques Film »Im Westen nichts Neues«, der in Deutschland bereits verboten war. »Ich danke Ihnen für all die Dinge, die Sie über mich gesagt haben«, sagte er bei dem Dinner, das sich anschloß. »Würde ich sie glauben, wäre ich nicht normal. Da ich weiß, daß ich normal bin, glaube ich sie nicht.« Die Verehrung war nicht ganz ohne Einschränkungen, und Sinclair erinnert sich an einen kurzen Wortwechsel, als die Einsteins Professor Graham Laing und dessen Frau besuchten. Frau Laing hatte sich nach Einsteins Ansichten über Gott erkundigt, wodurch Elsa aus der Reserve gelockt wurde und erklärte: »Mein Mann hat den großartigsten Verstand der Welt.« »Ja«, kam die Antwort, »aber er weiß nicht alles[37].«

All dies war jedoch nur das Beiwerk zu einer wichtigen Arbeitstour. Bei seiner Ankunft verkündete Einstein, der Zweck seines Besuchs »würde sein, sich in das Leben des California Institute of Technology einzufügen und mit bekannten Wissenschaftlern die Probleme intensiver zu diskutieren als es bei einem Briefwechsel möglich ist«. Einen Tag nach seiner Ankunft gab er einen weiteren Hinweis auf den Grund seines Kommens. »Neue Beobachtungen von Hubble und Humason« – beide Mitarbeiter des Mount Wilson Observatoriums oberhalb von Pasadena – »betreffs der Rotverschiebung in entfernten Nebelfeldern lassen es wahrscheinlich erscheinen, daß die allgemeine Struktur des Universums nicht statisch ist«, sagte er. »Theoretische Untersuchungen, die von Lemaître und Tolman gemacht wurden, passen sehr gut zur allgemeinen Relativitätstheorie[38].« Einstein war tatsächlich um die halbe Welt gereist, um herauszufinden, ob es wirklich notwendig war, seine Vorstellung vom Universum, mit der er im Grunde genommen die moderne Kosmologie 1917 begründet hatte, zu revidieren, und wenn, in welcher Weise.

1917 hatte man die mathematischen Modelle des Universums von Einstein und de Sitter einer ernsthaften Prüfung unterzogen, obwohl die Astronomen von ihrem Glauben noch nicht ganz abgegangen waren, daß die Milchstraße, die Galaxis, die unsere Sonne mit ihrem Planetensystem und Millionen anderer Sterne enthielt, das gesamte Universum bildete. Doch wurde nicht ausgeschlossen, daß die geheimnisvollen schwachen Lichtflecken, die über den Nachthimmel verteilt waren, zu einem anderen Sternsystem gehörten, das in unvorstellbaren Entfernungen lag.

Nach Kriegsende begannen sich diesbezügliche Indizien anzusammeln. Diese wurden mit dem Gebrauch immer schärferer Teleskope erlangt, vor allem mit dem 100-inch-Fernrohr von Mount Wilson. Dort hatte Edwin Hubble 1920 begonnen, Jeans »geheimnisvolles Universum« zu erforschen. Er glaubte zu wissen, daß ein paar dieser Lichtflecken am Himmel einfach nur Gaswolken waren, die von Sternen innerhalb der Milchstraße beleuchtet wurden. Doch bezüglich der anderen Lichtflecken bestanden Zweifel, die nur langsam ausgeräumt wurden. 1924 gelang es Hubble, einzelne Sterne innerhalb des Andromedanebels zu beobachten. Bald darauf stellte man fest, daß diese Sterne 800 000 Lichtjahre entfernt lagen – eine Distanz, die achtmal so groß war, wie der am weitesten entfernte Stern der Milchstraße. Damit war klar, daß die Galaxis, zu der unser Sonnensystem gehört, nur einen Teil des Universums bildet. Wie klein dieser war, wurde in den nächsten Jahren immer deutlicher, als eine Verbesserung der Methoden und Instrumente die Existenz anderer Sternsysteme aufdeckte, die Millionen und sogar Milliarden von Lichtjahren entfernt waren.

Diese Entdeckungen wurden innerhalb von zwei Jahren durch die theoretische Kosmologie und die praktische Astronomie bestätigt. Unter den Zuhörern auf der Tagung der National Academy of Sciences in Washington, die Hubbles Bericht über seine Andromeda-Entdeckungen lauschten, befand sich auch ein junger belgischer Priester, der nach dem Studium der Astrophysik in Cambridge an das Massachusetts Institute of Technology gegangen war. Er hieß Abbé Lemaître. Bald darauf kehrte er nach Belgien zurück und veröffentlichte 1927 eine Arbeit, die bewies, daß die »Einstein-Welt« instabil sein mußte und daß sie sich tatsächlich gemäß den Gesetzmäßigkeiten von de Sitters Welt ausdehnen mußte. Ein einzigartiges und überraschendes Merkmal der Kosmologie Lemaîtres war, daß seine hypothetische Welt von einem »Uratom« oder »kosmischen Ei« ausging, das ursprünglich die ganze Materie des Weltalls enthalten hatte und dessen Zerfall den Anfang von Zeit und Raum markierte. Damit war das Universum in seinem gegenwärtigen Zustand nur eine Phase in der Entwicklung des Weltalls. Dies konnte sehr wohl als eine ziemlich modifizierte »Einstein-Welt« begonnen haben, bevor es in eine ständig expandierende de Sitter-Welt überging, in der die Galaxien sich noch weiter auseinander bewegten und die Dichte der Materie abnahm, während ihre Masse gleich blieb. Lemaîtres Arbeit blieb zu jener Zeit so gut wie unbekannt. Doch zwei Jahre später kam Hubble im Mount Wilson Observatorium mit der Meldung heraus, daß die Galaxien mit einer Geschwindigkeit proportional zu ihrer Entfernung zurückwichen – und dies nicht nur in bezug auf das Milchstraßensystem, sondern auch voneinander. Das gesamte Universum dehnte sich so aus, daß sich seine Dimensionen ungefähr alle 1300 Millionen Jahre verdoppelten.

Eddington begann mit einem seiner fortgeschrittenen Studenten zu untersuchen, ob die »Einstein-Welt« stabil war oder nicht. Sie erhielten bald ein Exemplar von Lemaîtres Arbeit, das sie zu der Überzeugung brachte, daß die Frage verneint werden mußte. So kamen Mitte 1930 der Astronom Hubble, der unbekannte Theoretiker Lemaître und der Astrophysiker Eddington übereinstimmend zu dem Schluß, daß Einsteins Formel für ein stabiles Weltall keine Gültigkeit besitzen konnte.

Die »Einstein-Welt« war mit Hilfe einer kosmologischen Konstante zustandegekommen; nach Einsteins Worten war diese Konstante notwendig gewesen, »nur zu dem Zweck, eine quasi-statische Verteilung der Materie zu ermöglichen, wie sie von der Tatsache der kleinen Geschwindigkeiten der Sterne gefordert wird.« Nun brachten aber Hubbles Entdeckungen zutage, daß zumindest einige Galaxien, und natürlich auch deren Sterne, sich mit Geschwindigkeiten bewegten, die in vergleichbaren Proportionen zur Lichtgeschwindigkeit standen. Damit war die kosmologische Konstante von vornherein nicht erforderlich.

Lemaître hatte in seiner Arbeit eine Gleichung aufgestellt, die eine Größe für die Fluchtgeschwindigkeit der Galaxien enthielt. Hubble hatte dieser Größe einen bestimmten Wert gegeben; mit seiner Hilfe konnte die Lemaître-Gleichung dazu verwendet werden, für die ursprüngliche Einstein-Welt einen Radius zu finden. Wenn dieser gegeben war, konnte man mittels Einsteins Arbeit immer noch die Gesamtmasse des Universums bestimmen. Die Arbeit konnte jedoch nicht länger ein Bild dessen vermitteln, was mit dieser Masse passierte, denn das hing von der Beschaffenheit der kosmologischen Konstante ab. War diese gleich Null, dann war es möglich, ein Weltall zu postulieren, das vor etwa 10 000 Millionen Jahren entstanden war und sich seitdem gleichförmig ausdehnte. Besaß die kosmologische Konstante einen positiven Wert, wie Lemaître angenommen hatte, dann mußte das »Uratom« des Weltalls vor etwa 60 000 Millionen Jahren zerfallen sein und das, was daraus resultierte, hatte sich nach ca. 50 000 Millionen Jahren zu stabilisieren begonnen; die derzeitige Expansion mußte dann auf eine Störung dieses Stabilisierungsprozesses zurückgehen und nicht auf eine »Urexplosion, den Urknall«. Beide Theorien stellten sich die Evolution des Universums als von einem bestimmten Ausgangspunkt ausgehend vor. Eine dritte Möglichkeit ergab sich, wenn man der kosmologischen Konstante einen negativen Wert beilegte: Resultat war ein abwechselnd expandierendes und sich zusammenziehendes Weltall. Diese Theorien waren der Höhepunkt einer Entwicklung, die in den zwanziger Jahren ihren Anfang genommen hatte. Sie waren immer noch Gegenstand einer ständigen und manchmal scharfen Diskussion in der wissenschaftlichen Welt, als Einstein in Pasadena eintraf.

Die richtige Arbeit begann, als er mit Tolman und Dr. Paul Epstein zusammentraf; letzterer war Professor für theoretische Physik. Einstein wurde die lange, sich hinaufwindende Straße entlanggefahren, die hinter Pasadena hinaufführt in das Hochland der Sierra Madre, wo von einem der Gipfel das Mount Wilson-Observatorium auf die Stadt herunterblickt.

Hier konferierte Einstein mit Hubble. Hier gab er Anfang Februar offiziell bekannt, daß er die Vorstellung eines geschlossenen sphärischen Universums aufgegeben habe. Später schloß er sich der komplexeren Theorie eines abwechselnd expandierenden und kontrahierenden Universums an, eine Entscheidung, sehr zum Wohlgefallen von Dean Inge, der feststellte, dies sei »ein revolutionärer Wandel, denn es bedeutet ein Zurückgehen auf die alte Theorie kosmischer Zyklen«[39]. Anfang 1930 räumte Einstein aber lediglich ein, daß seine ursprüngliche Idee aufgegeben werden mußte; typischerweise tat er das erst, als er Hubble persönlich kennengelernt und mit ihm die aufschlußreichen Bilder der Galaxien betrachtet hatte, die durch die Vergrößerungsgläser des damals größten Teleskops der Welt zustande gekommen waren.

Mitte Februar, vierzehn Tage vor seiner Abreise aus Pasadena, sprach Einstein vor einigen hundert Studenten. Seine Rede muß viele Mitglieder der Fakultät überrascht haben. Anstatt nämlich den wissenschaftlichen Fortschritt zu loben, stellte Einstein die Frage, warum dieser so wenig Glück gebracht habe. Im Krieg habe er die Menschen in die Lage versetzt, sich gegenseitig noch effektiver zu verstümmeln und in Friedenszeiten habe er sie zu Sklaven der Maschine gemacht.

Am 3. März unterbrach Einstein seine Reise in Chicago, wo er von einer Gruppe von Pazifisten empfangen wurde und von der hinteren Plattform seines Zugs aus sprach. In New York wartete eine Delegation des Kriegsdienstgegnerverbands auf ihn. Die Gefahr einer explosiven Ansprache nach dem Essen, deren emotioneller Zündstoff dann nach Caltech weitergetragen würde und die reichen Helfer dort verärgern mußte, war von Weizmann glücklich vermieden worden.

Einstein hatte vor seiner Abreise aus Pasadena von Weizmann ein Telegramm erhalten, in dem dieser dringend um Hilfe ersuchte. »Finanzielle Lage, Organisation und Arbeit Palästina äußerst schwierig, Gefahr sofortigen Zusammenbruchs, besonders abträglich jetzt, wo politische Situation stark verbessert durch befriedigenden Abschluß Verhandlungen Regierung ... Sie sind der einzige Mann, der in diesem kritischen Moment wirkliche Hilfe leisten kann, durch Annahme Einladungen unserer amerikanischen Freunde und Besuch einiger weniger Bankette in den Staaten . . .«[40] Einstein lehnte nicht ab. Das tat er selten. Er verbrachte den Abend in New York bei einem Essen, das die

American Palestine Campaign im Astor Hotel veranstaltete und bei dem Geld gesammelt wurde. Als er zum Hafen zurückkehrte, fand er dort bannertragende Pazifistengruppen vor, die auf ihn warteten; er ließ gleich an deren Führer eine Grußbotschaft telegrafieren. Zwei Jahre später drängte er, daß nur Widerstand gegen den Pazifismus Erfolg gegen Hitler bringen könne.

Mitte März kehrte Einstein nach Berlin zurück. Kaum zwei Monate später verließ er Deutschland erneut, diesmal in Richtung Oxford, wo er eine akademische Würde erhalten und seine Rhodes-Vorlesungen halten sollte.

Der Rhodes-Trust[41] war erst 1926 ins Leben gerufen worden; 1927 wurde Einstein angetragen, der zweite Gastprofessor zu werden. Lindemann hatte ihn als erster daraufhin angesprochen. In einem Brief nach Berlin stellte Lindemann fest, daß die Annahme »von großer politischer Bedeutung« wäre und »eine versöhnliche internationale Geste«. Sollte Einstein den Wunsch haben, »das Klosterleben auszuprobieren«, so konnte er im College wohnen und essen; sollte er seine Frau mitbringen wollen, würde ein Hotel für ihn reserviert werden. Sir Otto Beit, ein Mitglied des Rhodes-Kuratoriums, wurde beauftragt, die Unterstützung Lord Haldanes in dieser Sache zu gewinnen, was ihm auch gelang, während der deutsche Botschafter in London, Graf Bernstorff, an »die zuständigen Behörden in Berlin (schrieb) und sie bat, Professor Einstein zu drängen, die Einladung anzunehmen«.

Dies wurde jedoch abgelehnt, zum Teil weil der Vorschlag gemacht worden war, daß der Besuch sich auf ein ganzes Semester von acht Wochen erstrecken sollte, teils aus Rücksicht auf seine Gesundheit. Er bat, ihn zu entschuldigen und betonte, daß er nicht aus mangelnder Sympathie für England absage[42].

Einstein antwortete Lindemann in ähnlicher Form. Er wollte ihn jedoch nicht enttäuschen. Vielleicht könne er im Sommer vier Wochen auf Besuch kommen[43].

Zu diesem Zeitpunkt waren jedoch schon andere Vereinbarungen getroffen. 1930 fragte der Sekretär des Rhodes-Trusts, Philipp Kerr, bei Lindemann erneut an, ob er Einstein nicht dazu veranlassen könnte, 1931 zu kommen und nur eine einzige Vorlesung zu halten, falls es für mehr nicht reiche. Einstein akzeptierte zunächst. Als er dann von Cambridge nach Berlin zurückkehrte, hatte er sich die Sache wiederum anders überlegt.

Lindemann war jedoch nicht der Mann, der so leicht aufgab. Im Oktober 1930 war er in Berlin. Er sprach mit Einstein und, was fast ebenso wichtig war, er sprach mit Frau Einstein. Vom Hotel Adlon aus schrieb er dann an Kerr, inzwischen Lord Lothian: »Ich bin froh, sagen zu können, daß seine Gesundheit soweit wiederhergestellt zu sein scheint, und daß er in sehr guter Form ist ... Er sagte mir, daß er Englisch nun ziemlich gut verstehen könne und, obgleich er es nicht spricht, hätte er keine Schwierigkeiten bei der Diskussion in Amerika gehabt, da er sehr langsam spricht und fast jeder entweder Deutsch oder Französisch kann . . .«[44]

Anscheinend war der Besuch in Oxford noch nicht endgültig geregelt, worauf Lindemann bei Elsa all seinen Charme einsetzen mußte. Im Februar 1931 erfuhr er, daß er tatsächlich seine Wirkung getan hatte. Am 24. schrieb er an Elsa, wie erfreut er sei, daß Einstein schließlich eingewilligt habe, zu kommen. »Ich werde dafür Sorge tragen, daß er alles hat, was er will, und werde die größte Mühe darauf verwenden, zu verhindern, daß er in irgendeiner Weise belästigt und beunruhigt wird«, fuhr er fort. »Er kann natürlich so viele Mahlzeiten allein in seinem Zimmer zu sich nehmen wie er will und ich werde mich bemühen, ihn vor aufdringlichen Einladungen so gut wie möglich zu schützen . . .«[45]

Bei seiner Ankunft in Oxford wurde Einstein unter Lindemanns Fittiche genommen und bekam dessen Diener und Faktotum, James Harvey, zur Verfügung gestellt. Lindemann fungierte darüber hinaus als sein Mentor und Begleiter, zeigte ihm die Stadt und stellte ihn seinen verschiedenen Freunden und Bekannten vor. »Wir waren so gute Freunde, daß mein Mann große Anstrengungen unternahm, sicherzustellen, daß der Professor eine verständnisvolle Zuhörerschaft bekam . . .«[46], sagte Kathleen Haldane. Das war auch nötig, denn obgleich der Milner-Saal des neuen Rhodes-Gebäudes bei der ersten Vorlesung vollbesetzt war, schlichen sich viele Zuhörer hinaus, während sie noch in vollem Gang war. »Ich nehme es ihnen nicht übel«, sagte J. S. Haldane dazu. »Wenn ihre Mathematik gut genug ist, um ihm zu folgen, dann ist es ihr Deutsch bestimmt nicht.« Gegen Ende war nur noch ein ganz kleiner Kreis von Zuhörern da und Einstein versprach, das nächstemal »sollte der Vortrag in Englisch gehalten werden«.

Die erste Vorlesung war über die Relativitätstheorie[47], die zweite über die kosmologische Theorie und die dritte über die einheitliche Feldtheorie. Während er in der ersten und letzten Vorlesung größtenteils eine Zusammenfassung von Vorstellungen gab, die er schon ausführlich dargelegt hatte, ging es bei der zweiten darum, daß er erst kürzlich seine kosmologische Konstante aufgegeben hatte. Er gestand, daß damit zwei Probleme auftauchten. Es würde schwierig sein, herauszufinden, von welchem Zustand die Expansion des Weltalls ihren Ausgang genommen hatte; das Alter des Universums war auf ca. 10^{10} Jahre errechnet worden, doch gab es bereits einige Indizien für die Annahme, daß die Erde selbst älter war. Ein anderer Punkt war der, daß seine Theorie den Radius des Weltalls auf 10^8 Lichtjahre begrenzte, eine Entfernung, zu der das Mount Wilson-Teleskop schon fast vorgedrungen war. Wenn

Hubble noch weiter käme, sagte er, müßte dies seine Theorie »mit Firnis bestreichen«.

In Oxford lernte Einstein ein ganz anderes England kennen, als das förmliche, das er in Lord Haldanes Londoner Wohnsitz angetroffen hatte; sein Judentum, seine deutsche Abstammung und sein Status als Wissenschaftler, dies alles wurde hier für selbstverständlich genommen und nicht weiter beachtet, so daß er nur als Mensch gesehen und beurteilt werden konnte. Ihm gefiel diese Erfahrung; er fand Lindemanns Freunde sympathisch und er sog jene Atmosphäre Oxfords in sich auf, die in den letzten 40 Jahren größtenteils verschwunden ist.

Eine typische Beschreibung wurde von Margaret Deneke gegeben, einer Hauptfigur in Oxford, deren Haus ein Mekka für Musikfreunde war. »Wir wußten von seinem großen Interesse für die Musik«, erzählte sie, »und wir hatten große Künstler, die in unserem Haus Quartette spielten und Musik hörten. Es waren Leute, deren Namen ihm bekannt waren und er freute sich, dazu eingeladen zu werden. So kam er also zu uns. Später fanden wir heraus, daß Außenseiter ihn eigentlich nicht einladen sollten, aber er hatte seinen Weg hierher gefunden und beschloß, auch weiterhin zu kommen. Wir liehen immer Instrumente für ihn aus. Er hatte seine Geige nicht mitgebracht. Er spielte Trios und Quartette. Er führte nicht und zog es immer vor, die zweite Geige zu spielen. Hin und wieder vergaß er seine Stelle oder man mußte etwas wiederholen, damit er im richtigen Augenblick einsetzen konnte[48].«

Am 23. Mai erhielt Einstein die Ehrendoktorwürde. Er verbrachte noch ein paar Tage damit, die letzten Höflichkeitsbesuche zu absolvieren. Dann reiste er in Richtung Heimat ab und traf Anfang Juni in Berlin ein. Gleich darauf bedankte er sich bei Lindemann für die Hilfe und gab eine pessimistische Zusammenfassung der Entwicklung, die in Deutschland inzwischen eingetreten war[49].

Seine Warnung in einem Dankesbrief konnte ihren Eindruck auf Lindemann nicht verfehlen, der in den nächsten Jahren der Retter von so vielen deutschen Juden wurde. Als er in seinem Mercedes mit Chauffeur durch Deutschland fuhr, tat er sehr viel, um die Koryphäen der deutschen Wissenschaft aus dem Reich herauszuholen, in dem Hitler an die Macht gekommen war. Etwas davon deutete sich schon an, als Lindemann im Juni an Lord Lothian schrieb und den Erfolg Einsteins in Oxford kommentierte. »Er nahm an allen Veranstaltungen der Wissenschaft in Oxford teil, besuchte die Kolloquien und Diskussionskreise und erwies sich als so stimulierend und anregend, daß sein Besuch sicherlich einen bleibenden Eindruck hinterlassen wird, wenn wir unser Thema weiterverfolgen ... Ich habe die Hoffnung, daß dieser Zeitabschnitt als Rhodes-Dozent vielleicht zu einer dauerhafteren Beziehung zu dieser Universität führt, was sich in jeder Hinsicht nur als fruchtbar und vorteilhaft erweisen kann[50].«

Der erste Schritt wurde sofort unternommen. Man schlug vor, Einstein zum »Research Student« zu ernennen, die ehrenvollste Position, die das College ihm verleihen konnte. Innerhalb des Christ Church College wurde ein interner Kampf geführt, ob solch ein Forschungsauftrag überhaupt dotiert werden sollte; auf der einen Seite befand sich die Gruppe um Lindemann und den Ökonomen Roy Harrod; ihnen gegenüber standen die Vertreter der Meinung, daß Männer der Forschung nicht in ihren Kreis paßten und im Klubzimmer des Lehrkörpers sehr störend wirken würden. Diese Gruppe wurde vom Schatzmeister des College unterstützt, der nachdrücklich geltend machte, daß die Stiftungsgelder des College nicht dazu da seien, um »einen deutschen Juden« zu subventionieren[51].

Dann wurde Einsteins Kandidatur plötzlich unterstützt. Der Grund für diesen Gesinnungswandel ist interessant. Einstein hatte im Christ Church College die Räume von R. H. Dundas bewohnt, der sich auf Reisen befand. Nach seiner Rückkehr öffnete Dundas sein Besucherbuch und fand ein Dankgedicht in Deutsch von Einstein vor. Dundas war von den Versen entzückt, und zwar so sehr entzückt, daß er Einsteins »Research«-Mitgliedschaft mit Nachdruck unterstützte. Auf einmal erinnerten sich alle daran, wie sehr sie von Einstein eingenommen waren und wie sehr sie alle seine Gesellschaft genossen hatten. Einsteins Knüttelvers war die Ursache, daß der Dekan offiziell den Vorschlag machte, ohne Gefahr zu laufen, daß er abgelehnt wurde[52].

Die Nachricht von dem Angebot erreichte Einstein am 29. Juni. Sie kam von Lindemann, der darauf hinwies, daß Einstein ein Semester pro Jahr nach Oxford gehen könne, ohne seine Berliner Verpflichtungen aufgeben zu müssen. Die Ernennung zum Senior Member of Christ Church – »in den meisten Colleges ›Fellows‹ (Socii) genannt, in Christ Church ›Students‹ (nicht im Sinne von Studiosi)«, wie Lindemann erklärte – würde sich auf fünf Jahre belaufen bei einem Jahresgehalt von £ 400. Man sprach die Hoffnung aus, daß Einstein »in der Lage sein werde, Oxford für etwa einen Monat pro Jahr während eines laufenden Semesters zu besuchen, zu einem für ihn passenden Zeitpunkt«[53].

Einstein nahm sogleich an. Die Aussicht, mit Oxford und Lindemann in Verbindung zu bleiben, hatte für ihn viel Erfreuliches[54]. Allerdings konnte so, wie die Dinge sich dann entwickelten, Einstein nur zwei Jahre lang als ›Student‹ des Christ Church College seinen Pflichten nachkommen.

Das offizielle Christ Church-Angebot traf ein, als Einstein gerade seine Vorbereitungen für eine zweite Reise zum California Institute of Technology abschloß. Etwas früher im Jahr hatte Fleming vorgeschlagen, Einstein sollte auf reguläre Weise nach Pasadena kommen, und Einstein hatte zunächst einmal zugesagt. Fleming scheint auf eigene Initiative gehandelt zu haben. Der Direktor der chemischen Forschungsabteilung in Caltech, A. A. Noyes, schildert in einem Brief an Hale die Konferenz, die im Frühherbst 1931 einberufen worden war, um die beabsichtigte Berufung zu diskutieren. Fleming las *nicht* seine eigenen Briefe an Einstein vor, sondern zwei Antwortschreiben, die er von Einstein erhalten hatte; das zweite war im Juli aufgesetzt und gab bekannt, daß er (Einstein) die Lebensstellung definitiv akzeptieren wolle, bei einem Jahresgehalt von £ 5000 plus £ 15000 jedes Jahr, wenn er für zehn Wochen in das Institut komme, plus £ 3000 Rente für seine Witwe. Einstein schlug selbst vor, das Jahreseinkommen von £ 25000, die Fleming angeboten hatte, auf £ 20000 zu reduzieren, ebenso die Witwenrente von einer vorgeschlagenen höheren Summe auf £ 3000. Fleming sagte, Einstein habe ihm im August telegraphiert und angefragt, ob die Abmachung endgültig sei, da seine Pläne für das kommende Jahr fertiggestellt werden müßten, aber man konnte aus Fleming nie herausbringen, was er nun auf dieses letzte Telegramm von Einstein antwortete, obgleich man es zweimal probierte. Es erscheint jedoch *wahrscheinlich*, daß Fleming Einstein mitgeteilt hat, die Abmachung sei für dieses Jahr definitiv, doch müsse man die Entscheidung der Kuratoriumsmitglieder abwarten[55].

Das traf auch tatsächlich zu. Millikan, der bald nach Europa reisen sollte, wurde mit der Aufgabe betraut, sicherzustellen, daß das Institut mit Einsteins Besuch im kommenden Jahr rechnen konnte, daß aber ein Angebot über eine Dauerstellung zunächst einmal nicht zur Debatte stand.

Millikan, der treue Diener des Instituts, besaß in Bezug auf Einsteins Ahnungslosigkeit in Geldangelegenheiten eine gute Menschenkenntnis. »Die Summe von siebentausend Dollar nun, über die wir gesprochen haben hinsichtlich eines zehn- oder zwölfwöchigen Aufenthalts pro Jahr in Pasadena«, schrieb er am 11. Oktober, »ist eine Summe, die ich einigen von meinen Finanzfreunden schon als würdig und angemessen für einen solchen Dienst, wie Professor Einstein ihn dort leisten würde, vorgeschlagen hatte und ich hoffe, bald in der Lage zu sein, eine derartige Abmachung auch für die Zukunft vorzuschlagen – und das, ohne an die Finanzen des Instituts große Anforderungen zu stellen ... Ich bin sicher, daß das Kuratorium – angesichts der vorausgegangenen Korrespondenz ... für das kommende Jahr darauf vorbereitet ist, daß wir eine beträchtlich höhere Summe ins Auge fassen und daß er bereit ist, darauf einzugehen, gleichgültig, was wir nun beschlossen haben.

Mit anderen Worten, es wünscht, daß Sie kommen, und wir alle wünschen das sehr[56].«

Trotz Einsteins offensichtlicher Jenseitigkeit und der Tatsache, daß er einmal einen Scheck als Buchzeichen benützt hatte, statt ihn bei der Bank einzulösen, gehörte zu seinem Charakter auch ein starker Zug Bauernschläue und er erkannte schnell, was hier gespielt werden sollte.

Seine Antwort an Millikan, die er am 19. Oktober 1931 von Caputh aus schrieb, war deshalb nicht so erstaunlich, wie sie Millikan vielleicht vorkam. Einstein bedankte sich bei seinem amerikanischen Freund und teilte ihm gleichzeitig mit, daß er sich entschlossen habe, den Winter über in Berlin zu bleiben. Davon habe er auch Fleming in Kenntnis gesetzt[57].

Doch war damit die Angelegenheit noch nicht zu Ende. Was anschließend geschah, ist nicht ganz klar. Das Ergebnis wurde sichtbar, als Elsa fast einen Monat später an Millikan schrieb und ihrem Brief den von Einstein unterschriebenen Vertrag beifügte[58].

Einstein unternahm seine zweite Reise nach Pasadena somit unter den gleichen Bedingungen – die eines einmaligen Besuchs – wie die erste. Doch stand die Frage nach einem alljährlichen Kommen jetzt im Raum. Millikan hatte ihn zu der Annahme gebracht, daß dies durchaus im Bereich der Möglichkeit, wenn nicht sogar Wahrscheinlichkeit lag; und in dieser Stimmung traf er zum zweiten Mal in Pasadena ein. Das sollte sich als ein wichtiger Umstand im Hinblick auf eine Zusammenkunft erweisen, die in Kürze geplant war.

Denn Einstein lernte den amerikanischen Pädagogen Abraham Flexner kennen, der damals gerade im Begriffe stand, ein neuartiges Bildungsinstitut einzurichten, das zwei Jahre zuvor von Mr. Louis Bamberger und Mrs. Felix Fulds ermöglicht worden war, die fünf Millionen Dollar bereitstellten für eine – in Flexners Worten – »Freistätte, wo Gelehrte und Wissenschaftler die Welt und ihre Phänomene als ihr Laboratorium betrachten können, ohne von dem Strudel des Unmittelbaren davongetragen zu werden.« Der kleine Kreis auserwählter Lehrer sollte im gewöhnlichen Sinn des Wortes keine Pflichten haben; das Institute for Advanced Study, wie es genannt werden sollte, bot also ähnliche Bedingungen wie die, welche Einstein zwei Jahrzehnte früher nach Berlin gezogen hatten: keine Routinearbeit und sehr viel Zeit zum Nachdenken.

Man war übereingekommen, daß das Institut – über den Ort war noch nicht entschieden worden – sich zunächst auf mathematische Studien konzentrieren sollte. Anfang 1932 reiste Flexner deshalb nach Pasadena, um Millikans Rat in dieser Sache einzuholen. Dieser machte einen eindeutigen Vorschlag, nämlich Einstein zu konsultieren. »Ich fuhr zum Athenaeum hinüber, wo er und Mrs.

Einstein wohnten, und machte dort zum ersten Mal seine Bekanntschaft«, schrieb Flexner. »Ich war von seiner großmütigen Haltung, seiner einfachen, charmanten Art und seiner echten Bescheidenheit fasziniert. Wir gingen den Gang im Athenaeum eine gute Stunde lang auf und ab, ich erklärte und er stellte Fragen . . .«[59]

Bevor sie sich verabschiedeten, teilte Flexner ihm mit, daß er etwas später in diesem Jahr nach Europa fahren würde. Einstein beabsichtigte, das Frühjahrssemester in Oxford mit Lindemann zu verbringen, und die beiden Männer kamen überein, sich nochmals zu treffen. »Ich hatte keine Ahnung«, berichtete Flexner später, »daß er an einer Mitarbeit im Institut interessiert war, doch er gab mir allen Grund zu der Annahme, daß eine informelle Organisation, wie ich sie mir vorstellte, in diesem Stadium unserer Entwicklung und im Entwicklungsstadium der Welt überhaupt viel wichtiger sei als noch eine neue durchorganisierte Universität[60].« Flexner gab also an, daß er zum damaligen Zeitpunkt nicht daran gedacht hatte, Einstein vom Caltech an sein neues Institut zu ziehen. Nichtsdestoweniger verließ er Pasadena, nachdem er sorgfältige Abmachungen für eine erneute Zusammenkunft getroffen hatte.

Während seines Aufenthalts in Pasadena hielt Einstein Vorlesungen über die Raumkrümmung; in einer gemeinsamen Erklärung, die er zusammen mit de Sitter abgab, der ebenfalls das Institut besuchte, gab an, daß neuere Forschungen die Vorstellung eines expandierenden Weltalls unterstützt hätten. Hand in Hand mit seiner wissenschaftlichen Arbeit liefen eine Reihe von pazifistischen Erklärungen, die Millikan sehr beunruhigten und die sich auf Einsteins Besuch im nächsten Jahr auswirkten. Zu einem großen Abrüstungstreffen in der High School in Whittier sprach Einstein von der ernsten Gefahr des Militarismus und setzte seine Hoffnungen in die Abrüstungskonferenz, die in Genf bald beginnen sollte. Auf einer Versammlung über Weltprobleme, die im Februar von der Los Angeles University of International Relations in Pasadena veranstaltet wurde, behauptete Einstein, »Abrüstung kann nicht in kleinen Schritten vor sich gehen, sondern muß in einem Stoß kommen *oder überhaupt nicht*[61].« Am darauffolgenden Tag äußerte er auf einer Massenveranstaltung in Santa Barbara, daß die Aufgabe wenigstens eines Teils der politischen Souveränität für einen Frieden erforderlich sei. Ende des Monats schließlich suggerierte er den Zuhörern des Bürgersaals von Pasadena, daß die Beschlüsse eines internationalen Gerichtshofs »von allen Nationen gemeinsam durchgesetzt werden« sollten.

Im Frühjahr kehrte er nach Berlin zurück. Doch Anfang Mai machte er sich schon wieder auf die Reise nach England, um zunächst die Rouse-Ball-Vorlesung über Mathematik in Cambridge zu halten und dann in Oxford seinen ersten Besuch als Forschungsstipendiat abzustatten. Einstein wohnte dort im Christ Church College und speiste fast immer am ›High Table‹ (Tisch der Graduierten) zu Abend. »Er war eine reizende Person«, schreibt Sir Roy Harrod, »und wir unterhielten zu ihm bald ein Verhältnis ungezwungener Vertrautheit. Er teilte seine Zeit auf in Mathematik und Geigespielen; wenn man den Hof überquerte, hatte man das Privileg, die Töne zu hören, die aus seinen Räumen kamen. In unserem Verwaltungsrat saß ich neben ihm; wir hatten ein grünes Friestischtuch; von diesem bedeckt, hielt er einen ganzen Stoß von Papieren auf seinen Knien, und ich beobachtete, daß sein Bleistift während unserer ganzen Sitzungen in unaufhörlicher Bewegung war und ein Blatt nach dem anderen mit Gleichungen bedeckte. Seine normale Konversation war nicht anregend . . . Ich fürchte, ich hatte nicht das Gefühl, daß ich mich, was das allgemein Menschliche anbetrifft, in der Gesellschaft eines weisen Mannes oder gründlichen Denkers befand. Ich hatte viel eher den Eindruck, daß er ein sehr guter Mensch war, eine einfache Seele und ziemlich naiv in den irdischen Dingen[62].«

Einmal konnte Lindemann vor seinem Gast glänzen. »Einstein erwähnte bei Tisch zufällig einen mathematischen Lehrsatz, den er für wohlbegründet hielt, für den er aber nie einen Beweis liefern konnte«, schreibt Harrod[63]. »Der Professor (Lindemann) kam am nächsten Tag an und behauptete, daß ihm der Beweis beim Baden eingefallen sei; Einstein war damit zufrieden.« Mehr noch, er blieb auch weiterhin damit zufrieden. Zwölf Jahre später schrieb er an Lindemann und fügte dem Brief ein Postskriptum bei, ob sich Lindemann an den Beweis über Primfaktoren erinnere, den er gefunden habe, als er in seiner Badewanne saß[64].

Anscheinend wurde Einstein auf dieser Reise von Lindemann für jene Gruppe verpflichtet, die für die Errichtung des neuen Radcliffe-Observatoriums in Oxford kämpfte, und nicht, wie vorgeschlagen, in Südafrika. Diese bittere Auseinandersetzung in der Universitätspolitik spielte sich weniger auf wissenschaftlicher Ebene als auf jener der Kirchturmpolitik ab, und man kann sich leicht vorstellen, daß Einsteins Engagement eher aus seiner Arglosigkeit resultierte als aus tiefer Überzeugung.

Aber auch seine Hilfe nützte nichts. Als Lindemann und andere in dieser Sache vor Gericht gingen, verloren sie den Prozeß. Das Teleskop wurde in der Nähe von Pretoria aufgestellt.

Bevor Einstein Oxford verließ, traf Flexner ein. Sie trafen sich im Christ Church College und gingen auf dem Rasen des Hofs auf und ab, wobei sie das Problem des Instituts immer mehr in den Griff bekamen. »Als es mir während unserer Unterhaltung dämmerte«, schrieb Flexner, »daß er vielleicht daran interessiert sein könnte, sich selbst mit einem Institut der beabsichtigten Art zu verbinden, sagte ich, bevor wir uns verabschiedeten, zu ihm: ›Professor Einstein, ich würde mich nicht erdreisten, Ihnen einen Posten in diesem neuen Institut anzutragen; sollten Sie aber nach einiger Überlegung zu dem Schluß kommen, daß er Ihnen die Möglichkeiten bietet, die Sie schätzen, wären Sie zu Ihren eigenen Bedingungen willkommen‹.[65]« Einstein blieb offensichtlich unverbindlich; doch war er einverstanden, daß sie sich, wenn Flexner etwas später in diesem Jahr nach Berlin kam, dort neuerlich treffen sollten.

Einstein kehrte Ende Mai 1932 aus England zurück. Berlin hatte sich, verglichen mit wenigen Monaten zuvor, schon unheilvoll verändert. Im April hatte eine nach außen hin ermutigende Präsidentenwahl stattgefunden. Hindenburg, von Demokraten und Sozialisten akzeptiert, war wiedergewählt worden und hatte damit dem Führer der Nationalsozialistischen Partei, Adolf Hitler, eine Niederlage beigebracht. Bald zeigte sich jedoch, wo die Sympathien des Reichspräsidenten lagen. Im Mai zwang er Reichskanzler Brüning, dessen Unterstützung er seine Wahl zum großen Teil verdankte, von Papen Platz zu machen, einem Mann, der entschlossen war, der Weimarer Republik ein Ende zu bereiten. Papens scheinbar unparteiliches, in Wirklichkeit aber ultra-rechtes Kabinett wurde wenige Tage später gebildet. Er setzte sich sehr bald selbst zum Reichskommisar für Preußen ein und suspendierte den sozialdemokratischen Ministerpräsidenten Otto Braun seines Amtes.

Was dieser Ruck nach rechts für die Juden im allgemeinen und Einstein im besonderen bedeutete, kündigte sich an, als der Abgeordnete Kube am 2. Juni vor dem Reichstag verlauten ließ: »... Wenn wir reinen Tisch machen, dann ist der Exodus der Kinder Israels im Vergleich dazu ein Kinderspiel.« Um an der Bedeutung seiner Worte keinen Zweifel zu lassen, fügte er hinzu, daß »ein Volk, das einen Kant besitzt, nicht duldet, daß ein Einstein in ihm lebt.« Die menschliche Einsicht, schrieb Edgar Mowrer, »flüsterte, daß ein Volk, das einen Einstein ablehnte, eines Kant nicht würdig war«[66].

Viele Menschen in Deutschland gaben sich noch der Hoffnung hin, daß eine quasi militärische Regierung mit streng monarchistischer Tendenz die Nazipartei in ihren Schranken halten würde. Einstein machte sich keine derartigen Illusionen. Als ein Professor in Caputh an einem Abend in jenem Sommer 1932 diese Hoffnung ausdrückte, antwortete Einstein laut Frank: »Ich glaube auf keinen Fall, daß eine militärische Gewaltherrschaft die bevorstehende Revolution der Nationalsozialisten verhindern wird. Im Gegenteil: die militärische Herrschaft unterdrückt den Volkswillen. Das Volk wird in einer Revolution von rechts einen Schutz gegen die Herrschaft der Junker und Offiziere suchen[67].«

Das war die Situation, als Abraham Flexner seinen angekündigten Besuch in Berlin machte. »Es war ein kalter Tag«, schrieb er. »Ich trug immer noch meine Winterkleidung und einen schweren. Mantel. Als ich Einsteins schönen und bequemen Landsitz erreichte, fand ich ihn auf der Terrasse vor, wo er in sommerlichen Flanellhosen saß. Er bat mich, Platz zu nehmen. Ich fragte ihn, ob ich meinen Mantel anbehalten dürfe. ›Aber ja‹, erwiderte er. ›Frieren Sie denn nicht?‹, fragte ich mit einem Blick auf seine Kleidung. ›Nein‹, antwortete er, ›ich bin nach der Jahreszeit angezogen, nicht nach dem Wetter, es ist Sommer.‹

Wir saßen dann auf der Veranda und unterhielten uns bis abends, als Einstein mich einlud, zum Essen dazubleiben. Nach dem Abendessen unterhielten wir uns bis fast elf Uhr. Zu diesem Zeitpunkt stand dann fest, daß Einstein und seine Frau bereit waren, nach Amerika zu gehen. Ich sagte ihm, er solle seine eigenen Bedingungen stellen und er versprach, mir innerhalb von wenigen Tagen zu schreiben[68].« Einstein begleitete seinen Besucher zum Bus nach Berlin; er ging dabei barhäuptig und in einem alten Pullover durch den Regen. »Ich bin Feuer und Flamme dafür«, sagte er beim Abschied.

Am darauffolgenden Montag setzte Flexner einen Entwurf auf, in dem alle Details über Einsteins künftige Anstellung enthalten waren, die er für den Rest seines Lebens beibehalten sollte. Diese schlossen nach Flexners Worten ein: den Sitz des neuen Instituts »in der Nachbarschaft der Princeton University, Aufenthalt vom Herbst bis etwa Mitte April, Gehalt, Pension etc. und eine unabhängige Stellung für Professor Mayer.«

Als die Frage des Gehalts zum ersten Mal angesprochen wurde, sagte Einstein, daß er sich 3000 Dollar pro Jahr vorstelle. »Könnte ich mit weniger auskommen?«, fragte er Flexners späteren Erinnerungen zufolge. »Sie könnten davon nicht leben«, antwortete Flexner. »Lassen Sie Mrs. Einstein und mich das regeln[69].« Das Resultat war ein Jahreseinkommen von 16000 Dollar, die nach der Pensionierung weitergezahlt werden sollten.

Einstein hatte darauf geachtet, daß zwei Dinge klar waren: einmal, daß er die Wintermonate wieder in Pasadena verbringen würde, und daß er seine Verpflichtungen gegenüber der Preußischen Akademie der Wissenschaften und dem Christ Church College in Oxford beibehielt.

Die Annahme von Flexners Angebot bedeutete eine Schwerpunktverlagerung von der Westküste zum Osten, vom alten Caltech-Institut zum neuen Institut. Daß Millikan die Sache auch in diesem Licht sah, geht aus einem verstimmten Brief hervor, den er an Flexner richtete. Mit Überraschung stellte er fest, er habe »soeben einen Brief von Dr. Einstein erhalten, in dem er mitteilt, daß Sie in Princeton ein theoretisches Forschungsinstitut einrichten und daß er eine

Art permanente Verpflichtung für eine bestimmte Zeitspanne des Jahres eingegangen ist, als Mitarbeiter in diesem Institut zu wirken, beginnend im Herbst 1933, und daß dies sehr wahrscheinlich eine weitere Verbindung zu dem entsprechenden Institut unmöglich macht, das in den letzten zehn Jahren so mühevoll aufgebaut worden ist.«

Millikan deutete an, daß er dabei nicht an sein eigenes Institut denke, sondern an wichtigere Dinge. »Ob der Fortschritt der Wissenschaft in den Vereinigten Staaten durch einen solchen Schritt gefördert wird, oder ob Professor Einsteins Produktivität durch einen solchen Wechsel gesteigert werden wird, ist zumindest fraglich«, fuhr er fort. »Die Arbeit, in der sein Interessen- und Wirkungsgebiet liegt, wird hier bestimmt sehr viel stärker entwickelt als in Princeton, und ich möchte annehmen, daß dies mit den astrophysikalischen Fortschritten, die hier in Aussicht stehen, auch weiterhin der Fall sein wird.« Er schloß mit der Hoffnung, daß Flexner weiterhin mit seinem eigenen Institut in einer Art Gemeinsamkeit zusammenarbeiten werde und daß Einstein, auch wenn so etwas nicht möglich sein sollte, in der Lage wäre, »die eine Hälfte der Zeit, die er sich normalerweise in diesem Land aufhält, in Princeton verbringt und die andere Hälfte hier . . .«[70]

Flexner, mit Einsteins Vertrag sicher in der Tasche, konnte sich eine Antwort von oben herab leisten. Nachdem er nebenbei bemerkt hatte, daß er »ganz zufällig« zum selben Zeitpunkt wie Einstein in Oxford gewesen sei, rechtfertigte er sich in leicht beleidigtem Ton. »Ich kann nicht glauben, daß die übers Jahr verteilte Anwesenheit für kurze Zeitabschnitte an verschiedenen Orten richtig und nützlich ist. Sieht man die ganze Sache vom Standpunkt Professor Einsteins aus, so meine ich, daß Sie und alle seine Freunde sich darüber freuen werden, daß es möglich gewesen ist, eine dauernde Stellung obengenannter Art für ihn zu schaffen[71].«

Das Problem des kommenden Herbstbesuchs war bald gelöst: Millikan freute sich wie immer, Einstein in Pasadena zu sehen. Was geschehen würde, wenn Einstein einmal in Princeton anfing, wurde offengelassen. Doch kam Einstein nach dem Winter 1932/33 nie wieder nach Pasadena.

Zu diesem Kampf um die letzten Jahre Einsteins muß folgendes gesagt werden. Das Hin und Her um Flemings ursprüngliches Angebot und schließlich die Tatsache, daß es von Millikan niedergeschlagen wurde, ließ bei Einstein einen bitteren Geschmack zurück. Hätte er gewußt, wie Flexner Caltech ausbootete, dann hätte er in bezug auf das Angebot aus Princeton ganz andere Gefühle gehegt. Wie auch immer, er war klug genug zu sehen, wie die Dinge lagen, und er hatte wohl keine Gewissensbisse, die beiden Konkurrenten gegeneinander auszuspielen. In den Augen Einsteins rechtfertigte der Wunsch, die besten Arbeitsbedingungen zu erhalten, alles. Ganz sicherlich war ihm daran gelegen, Mayer überallhin mitzunehmen; das war ein Punkt, den Elsa gut anbringen konnte.

Die Stellung betraf überdies nur die Wintermonate. Diese Klausel des Vertrags wurde in einer Erklärung aus Berlin klargestellt. »Ich bin von der Preußischen Akademie für fünf Monate im Jahr fünf Jahre lang beurlaubt worden«, hieß es. »Diese fünf Monate beabsichtige ich in Princeton zu verbringen. Ich werde Deutschland nicht verlassen. Mein ständiger Wohnsitz wird immer noch in Berlin sein[72].«

Nun traf er Vorbereitungen für seine dritte Reise nach Pasadena.

Dann trafen unerwartet Nachrichten über die Hebräische Universität von Weizmann ein. Dieser und Magnes hatten sich getroffen. Einzelheiten wurden keine gemeldet, doch hatte das Treffen zu dem Resultat geführt, daß eine unparteiische Strukturkommission die ganze Situation untersuchen sollte. Von diesem Punkt aus fuhr Weizmann zuversichtlich fort: »Nun komme ich mit dem Anliegen an Sie, dem Kuratorium wieder beizutreten, ein Anliegen, das, wie ich weiß, von jedem unterstützt werden würde, dem die Universität wirklich am Herzen liegt. Ich erinnere Sie an ein Versprechen, das Sie mir gegeben haben: daß Sie es unter meiner Leitung tun würden. All jene, die für Reformen gekämpft haben, die jetzt erfolgreich durchgeführt zu sein scheinen, würden in Ihrer Rückkehr eine große moralische Bestätigung sehen ... Wir können Sie nicht verlieren, obgleich wir Ihnen keine »wissenschaftliche Heimat« bieten können wie Princeton. Aber wer weiß! Nun, da ich eine längere Zeit in Jerusalem verbringen werde, habe ich die feste Absicht, Physik und Chemie auszubauen, vielleicht werden Sie uns dann besuchen[73].«

Einstein antwortete, er sei erfreut, diese Nachrichten zu hören[74]. Weiter schrieb er, daß er dem Kuratorium gerne wieder beitreten würde, wenn die Universitätsreformen durchgeführt seien. Allerdings stellte er klar, daß er sich auf Weizmanns diesbezügliche Versicherungen nicht bedingungslos verlassen wollte.

Im Spätherbst bereitete er sich erneut auf eine Reise nach Pasadena vor. Während in Deutschland die antisemitische Kampagne gegen Einstein weiter anwuchs, entstand nun auch in Amerika eine Welle des Protests. Der Vorstand des »National Patriotic Council« gab eine Erklärung heraus, in der Einstein als deutscher Bolschewist beschrieben wurde; weiter hieß es, seine Theorie sei »von keinem wissenschaftlichen Wert oder Zweck, unverständlich, weil es nichts zu verstehen gibt.« Der amerikanische Frauenverein brachte eine offizielle Erklärung heraus, in der dagegen protestiert wurde, daß das U.S. State Department einem solchen Mann wie Einstein ein Visum ausstellte, einem

Mitglied der Kriegsdienstgegner-Internationale, die der Frauenverein als kommunistisch bezeichnete.

Was den Pazifismus betraf, so waren die Proteste aus Amerika begründet. Aber in bezug auf Einsteins Einstellung zum Kommunismus und zu Sowjetrußland entbehrten sie jeder Grundlage. Erst ein paar Monate zuvor hatte er es abgelehnt, einen Appell von Henri Barbusse zu unterschreiben und zwar allein wegen angeblicher Glorifizierung der Sowjetunion. Doch waren diese seine Ansichten nicht bekannt genug. Bekannt war dagegen seine Ansicht, daß das Rußland der Kriegszeit keine aggressiven Intentionen gehabt hatte. Mehr als einmal bekundete er, daß er Lenin für einen großen Mann hielt; und ein Jahrzehnt zuvor hatte er versucht, bei den Russen in Berlin für die zionistische Sache vermittelnd einzutreten. Seine Ansicht über die Revolution war komplex, aber ausgewogen; er wog das Gute gegen das Schlechte ab, und zwar mit ganz erstaunlicher Urteilsfähigkeit.

Endlich wurde das Visum ausgestellt und Anfang Dezember trafen er und Elsa die letzten Vorbereitungen. Trotz seiner früheren Erklärung, daß er beabsichtige, Berlin als ständigen Wohnsitz beizubehalten, trotz seiner festen Hoffnung und seines tapferen Einsatzes gab er sich keinen Illusionen hin, als er die letzten Novembertage in seinem Haus in Caputh verbrachte, das er nun verlassen sollte. Als die Einsteins in Richtung Berlin und zum Zug nach Antwerpen aufbrachen, wandte er sich seiner Frau mit der Bemerkung zu: »Bevor Du unsere Villa diesmal verläßt, schau sie Dir sehr gut an.« Als sie nach dem Grund fragte, erwiderte er: »Du wirst sie niemals wiedersehen[75].« Elsa hielt das, laut Philipp Frank, für ziemlich lachhaft.

16. KAPITEL

ADIEU BERLIN

Einstein und Elsa trafen Anfang Januar 1933 in Kalifornien ein. Es war sein dritter Besuch in Caltech in drei aufeinanderfolgenden Jahren und es sah so aus, als ob eine regelmäßige Sache daraus werden sollte. Zumindest setzte Millikan darauf alle Hoffnung und hatte große Anstrengungen unternommen, seinen Köder beim dritten Besuch auszulegen; zu einem Zeitpunkt übrigens, wo es so schien, als könne das Institut die nötigen Mittel nicht aufbringen.

Die notwendige Hilfe kam schließlich vom Oberlaender-Trust in Philadelphia. 1931 war Millikan von dieser Stelle beauftragt worden, »mit deutschen Gelehrten, Dozenten und Universitäten Kontakt aufzunehmen.« Im darauffolgenden Jahr stimmte der Trust darüber ab, »die Summe von $ 7000 bereitzustellen, um Professor Einsteins Auslagen in Amerika irgendwann im akademischen Jahr 1932/33 zu decken. Das Geld soll Professor Einstein als Stipendium durch Professor Millikan übergeben werden, ausschließlich für wissenschaftliche Arbeit[1].« Während Millikan mit Einstein noch die letzten Einzelheiten regelte, schrieb er an den Trust und willigte ein, daß sein Gast »eine Rundfunkansprache (hielt), die den deutsch-amerikanischen Beziehungen förderlich sein wird.« Das war ein Zugeständnis, das man Einstein abverlangte für die Hilfe, die seinen dritten Besuch in Pasadena ermöglicht hatte. Ob er dieser Abmachung voll zustimmte, bevor er abreiste, ist nicht bekannt.

Millikan – streng konservativ, leicht militärisch wirkend und mit mehr als nur einem Rechtsdrall versehen – hatte jedenfalls allen Grund zur Besorgnis. Einsteins nachdrückliches Eintreten für seine pazifistischen Ideale während seiner früheren Besuche hatte viel dazu beigetragen, die unterschwellige Opposition zu nähren, die sich in den Vereinigten Staaten ausbreitete. Seine Kollegen waren dadurch mehr als einmal veranlaßt worden, zu seiner Verteidigung eine Art verbaler Gymnastik auszuführen. So war Millikan, der keinerlei pazifistische Neigungen hatte, gezwungen gewesen, auf einen leidenschaftlichen Appell von Generalmajor Amos A. Fried zu antworten; dieser forderte ihn auf, »gegen Amerikaner zu protestieren, die im Namen der Wissenschaft durch die Einladung des Dr. Albert Einstein mithelfen und dazu ermutigen, daß der Jugend dieses Landes Verrat gepredigt wird«[2].

Die Antwort an General Fried wirft ein interessantes Licht auf Einstein und erklärt auch Millikans fast panische Anstrengungen, ihn von Äußerungen über nicht-wissenschaftliche Angelegenheiten abzuhalten. »Es trifft schon zu«, erwiderte er am 8. März, »daß Einstein von allen möglichen Organisationen ausgenützt worden ist, die ihre eigenen egoistischen Zwecke verfolgten. Manche waren vom Typ Charlie Chaplins, manche vom Typ Upton Sinclairs. Vor allem letztere haben ihn in solch einem Ausmaß falsch zitiert, daß es mich gar nicht wundert, daß ein Mann wie Sie von der Fülle derartiger Literatur falsch informiert worden ist.

Ich will damit nicht sagen, daß Einstein nicht selbst Schnitzer gemacht hat, denn das hat er. Er hat eine außergewöhnlich direkte, ehrliche und kindliche Art und hat erst vor kurzem durch eine ziemlich bittere Erfahrung die Lehre erteilt bekommen, wie gefährlich es ist, jedermann zu trauen, der vorgibt, von edlen Motiven bewegt zu sein. Mehr noch, er ist bezüglich seiner Äußerungen nicht immer diplomatisch gewesen und hat in ein oder zwei Fällen sehr danebengegriffen, was er, so glaube ich, nun selber merkt; und er ist meiner Ansicht nach in praktisch allen Ansprachen und Interviews, die er hier gegeben hat, sehr tiefgründig, scharfsinnig und klug gewesen. Als er aber letztes Jahr den Osten besucht hat, soll er den Zeitungen zufolge eine Reihe von Dingen gesagt haben, die ich ebensostreng wie Sie als verfehlt bezeichnen würde – zum Beispiel ist die Äußerung über die 2 Prozent, sollte sie überhaupt von ihm stammen, etwas, das kein erfahrener Mann je äußern würde. Doch wir alle brauchen einige Zeit, bis wir klug werden . . .«[3]

Millikan tat, was er konnte. Er trat in ehrenvoller Weise für eine Sache ein, die er eigentlich nicht besonders gern verteidigte. Aber hinter seinem zuversichtlichen Auftreten stand die ernste Sorge, sein Gast könnte eine weitere »2 Prozent«-Rede halten, die die kommende Rundfunksendung wirkungslos machen würde oder die Spenden reicher Mäzene für das Institut beeinträchtigte. Soviel geht aus seinen privaten Bemerkungen gegenüber dem Trust hervor, nachdem Einstein bei seiner Ankunft in Pasadena mit Reportern zusammengetroffen war. Er »hatte sich so gut in der Gewalt«, schrieb Millikan, »daß Ihre Kuratoriumsmitglieder, hätten sie es gesehen, ganz sicherlich von der Sorge befreit worden wären, er könnte vielleicht einen nachteiligen Einfluß ausüben, indem er denjenigen neues Material liefert, die diese grotesk törichten Berichte über seine Verbindung zu Kräften verbreitet haben, deren Ziel es ist, amerikanische Institutionen und Ideale zu unterhöhlen . . .«[4]

Die Rundfunkansprache zum Zweck der »Förderung deutsch-amerikanischer Beziehungen« sollte am 23. Januar stattfinden. Einstein hatte eingewilligt, in der Öffentlichkeit nicht aufzutreten außer, wenn Millikan die Sache »unter einer würdigen Schirmherrschaft« persönlich arrangiert hatte. »Aber auch nach diesem Gespräch fand ich heraus«, informierte Millikan den Trust, »daß eine insgesamt nicht repräsentative Gruppe von sogenannten ›Kriegsdienstgegnern‹ der University of California in Los Angeles angereist war, um ihn zu sehen; sie gaben an, es sei nur eine private Versammlung ohne öffentliche Bedeutung, und er war unklug genug, ihnen zu glauben und einzuwilligen, eine Rede zu halten. Ich fand dann heraus, daß diese Gruppe Flugblätter gedruckt und an alle Institutionen in Südkalifornien verteilt hatte, daß Einstein am Sonntag zuvor auftreten und sprechen werde. Ich merkte sofort, daß dies eine explosive Situation heraufbeschwor, ging auf der Stelle zu ihm und teilte ihm mit, daß er diese Verabredung absagen müsse. Er sah die Notwendigkeit dazu auch ein und beauftragte mich, in seinem Namen abzusagen. Ich telefonierte also mit UCLA und schaffte die ganze Sache aus der Welt; und die Presse von Los Angeles erklärte die Absage in einer ziemlich hilfreichen Art und Weise, glaube ich. Die Form, in der sie erschien, war übrigens in unserem Büro aufgesetzt worden . . .«[5]

Einstein scheint sich dieser geschickten Manipulation ohne Protest untergeordnet zu haben. Die gegenwärtige Situation war gerettet, und Einsteins Rundfunkansprache »Über deutsch-amerikanische Verständigung« wurde zu dem einmaligen Erfolg, den man sich erhofft hatte.

Der Rundfunkansprache ging ein Gala-Essen im Athenaeum voraus, auf dem Einstein die Bekanntschaft Leon Watters' machte, eines wohlhabenden jüdischen Biochemikers, mit dem ihn in den letzten zwei Jahrzehnten seines Lebens eine enge Freundschaft verbinden sollte. Watters kam aus New York; er hatte zwei Monate zuvor begonnen, die Arbeit des Instituts zu finanzieren, und bekam deshalb zusammen mit seiner Frau von Millikan den Ehrenplatz am Tisch zugewiesen.

In gewisser Weise war Watters – mit eigenem Chauffeur und einer Wohnung in der Fifth Avenue – mit seiner dilettantischen Einstellung zur Wissenschaft das Gegenteil von all dem, woran Einstein glaubte. Doch seine innere Güte reichte aus, um ihn mit Einstein wie auch Elsa zu verbinden, wie der lange und sehr persönliche Briefwechsel zwischen ihnen später zeigen sollte. Der Grundstein wurde an jenem Abend gelegt, als Watters und die übrigen sorgfältig ausgewählten Gäste Einstein in den Bürgersaal von Pasadena folgten. Von hier aus sollte das Programm – unter dem Titel »Symposium über Amerika und die Welt« – von der National Broadcasting Company im Rundfunk übertragen werden.

Einstein begann über zwei soziale Barrieren zu sprechen. »Die erste«, sagte er[6], »ist der schwarze Gesellschaftsanzug. Wenn Menschen bei feierlichen Anlässen sich in Gesellschaftskleidung versammeln, dann schaffen sie automatisch um sich herum eine Atmosphäre, von der die Realitäten des Lebens mit ihrem Ernst ausgeschlossen sind. Es ist eine Atmosphäre wohlklingender Rhetorik, die sich gern der Gesellschaftskleidung anpaßt. Weg damit.« Nach dieser typisch Einsteinschen Einleitung sprach er über die emotionsgeladene Bedeutung einiger Wörter – im Hinblick auf die Inquisition »ketzerisch«, in den Vereinigten Staaten »kommunistisch«, in den reaktionären Gruppen in Deutschland »jüdisch« und in Rußland »bourgeois«. »Ich will es einmal die Barriere des Tabus nennen«, sagte er über diese typische Erscheinung der menschlichen Beziehungen. Dann fuhr er fort, in gemäßigter und vernünftiger Weise über die Aussichten der deutsch-amerikanischen Beziehungen und über die wirtschaftliche Lage zu sprechen. »Es war genau dasselbe«, schrieb die *New York Times* in einem Leitartikel, »was wir schon hundertmal von anderen Leuten gehört haben. Der Geist dieser Einstein-Rede war schön, ja sogar erhaben; aber sie warf keinen einzigen neuen Lichtstrahl auf die düstere Situation.«

Einstein blieb für weitere sieben Wochen in Pasadena und befolgte dabei Millikans Anordnung, den Mund zu halten. So demütigend das ihm aufgezwungene Schweigen auch gewesen sein mag, er konnte Millikan doch dankbar sein, daß dieser ihn vor einer verzwickten Situation bewahrte. Denn Millikans Instruktionen war es zu verdanken, daß es Einstein ablehnte, Ehrengast auf einem Bankett der Arts, Literature and Science National Convention zu sein. Earl C. Bloss, der Vizepräsident des Konvents, hatte Millikan schriftlich erklärt, daß viele der geladenen Gäste die Einladung nicht annehmen wollten und hinzugefügt, daß vor kurzem »einstimmig die Meinung geäußert wurde, daß der Erfolg des Banketts außer Frage stehe, wenn wir die Anwesenheit Professor Einsteins durch eine andere hervorragende Persönlichkeit ersetzen würden.« Es fand sich schließlich ein passender hoher Marineoffizier. Millikan wurde daraufhin informiert, daß der Konvent außerordentlich dankbar war für das, »was Sie getan haben, indem Sie Professor Einsteins Anwesenheit verhinderten«[7].

Solche Bekundungen von Ärger und Mißtrauen, die die pazifistischen und linksgerichteten Äußerungen Einsteins bei vielen Amerikanern hervorriefen, erklärten einigermaßen die Besorgnis Millikans, als der Abreisetermin seines

Besuchers näherrückte. Schon früher hatte Millikan dem Oberlaender Trust geschrieben, er befürchte »die möglichen Anstrengungen aller Arten radikaler Gruppen, ihn auszunutzen, wenn er Pasadena verläßt, besonders wenn er in den Osten fährt – was er, glaube ich, beabsichtigt –, und zwar mit dem Zug, anstatt mit dem Schiff.« Anfang Februar erfüllten sich Millikans schlimmste Ahnungen. Einstein beabsichtigte, mit dem Zug zu fahren und wollte eine Rede in Chicago und eine in New York halten. Angesichts »der zu erwartenden Entgleisungen, die wir glücklicherweise verhindern konnten«[8], überlegte sich Millikan, was der Trust in Philadelphia unternehmen könnte.

Die Antwort war, daß er sehr wenig tun konnte. Mr. Thomas, der Sekretär, schrieb vom Trust an Einstein. Er bemerkte, daß auf frühere Briefe bis jetzt noch keine Antwort erfolgt sei, daß er nun von Einsteins Plänen gehört habe, auf Versammlungen zu sprechen und daß er darüber so früh wie möglich gern Näheres erfahren würde.

Die spärlichen Anzeichen dafür legen den Gedanken nahe, daß Einstein, wenn er Mr. Thomas' Briefen überhaupt Beachtung zollte, diese in der Absicht in seine Tasche stopfte, nach seiner Abreise aus Pasadena das Schweigen wieder wettzumachen, das ihm dort auferlegt worden war. Doch wie sich die Dinge entwickelten, nahmen andere Ereignisse seine Gedanken in Anspruch. Rückblickend sind die Gründe dafür sehr einleuchtend. Während Einstein nämlich erneut im Mount Wilson Observatorium die Rätsel des Universums mit Hubble und Tolman diskutierte, Vorlesungen für Studenten hielt und allgemein als ein wissenschaftlicher Verbindungsmann zwischen dem Caltech-Institut und der Kaiser Wilhelm-Gesellschaft in Berlin fungierte, waren die Ereignisse in Deutschland mit einer hoffnungslosen Unvermeidlichkeit vorangeschritten. In den letzten Monaten des Jahres 1932 war Kurt von Schleicher Reichskanzler geworden; ein paar Wochen lang hatte er verzweifelt versucht, eine stabile Regierung zu bilden. Es gelang ihm ebensowenig wie seinen zwei Vorgängern. Am 30. Januar wandte sich Reichspräsident Hindenburg daraufhin an Adolf Hitler.

Einstein reagierte sofort und kompromißlos, was bei einem Mann wie ihm vielleicht überrascht, einem Mann, der so maßvoll war, so desinteressiert an Gewicht und Gegengewicht in der Politik und von der ewigen Hoffnung erfüllt, daß mit gutem Willen das Schlimmste verhindert werden konnte. Nun wurde ihm aber klar, daß seine Bemerkung zu seiner Frau beim Abschied in Caputh, sie würden ihr Haus niemals wiedersehen, sich viel eher bewahrheiten würde als seine Feststellung im Oktober, er würde wieder nach Deutschland zurückkehren. Als erstes sagte er eine Vorlesung ab, die er nach seiner Rückkehr nach Berlin in der Preußischen Akademie halten sollte. Wenige Stunden später stand der Reichstag in Flammen, von van der Lubbe in Brand gesetzt. Und innerhalb von ein paar Tagen hatten die Nazis den Vorfall dazu benutzt, eine Reihe von Notverordnungen zu erlassen, die ihnen uneingeschränkte Macht verliehen. Am 2. März schließlich entstanden erhebliche Zweifel, ob Einsteins einzigartige Stellung in Deutschland ihn vor dem gewalttätigen Antisemitismus der Nazi-Regierung schützen würde. Im *Völkischen Beobachter* erschien nämlich ein Leitartikel über »kulturellen Internationalismus«, »internationalen Verrat« und »pazifistische Exzesse«. Einstein wurde darin als Zielscheibe der Angriffe herausgestellt, zusammen mit Heinrich und Thomas Mann, Arnold Zweig und anderen führenden Intellektuellen, Akademikern und Künstlern Deutschlands.

Am 10. März gab Einstein seine Entscheidung öffentlich bekannt. In einem langen Interview mit dem *New York World Telegram* am Abend vor seiner Abreise aus Pasadena sagte er: »Solange mir eine Möglichkeit offensteht, werde ich mich nur in einem Land aufhalten, in dem politische Freiheit, Toleranz und Gleichheit aller Bürger vor dem Gesetz herrschen. Zur politischen Freiheit gehört die Freiheit der mündlichen und schriftlichen Äußerung politischer Überzeugung, zur Toleranz die Achtung vor jeglicher Überzeugung eines Individuums. Diese Bedingungen sind gegenwärtig in Deutschland nicht erfüllt[9].«

Am Ende des Interviews kündigte Einstein an, daß er wahrscheinlich in die Schweiz übersiedeln werde. Er erhob sich dann, um an einem letzten Seminar im Institut teilzunehmen. Als er den Raum verließ, wurde Los Angeles, einige Meilen entfernt, von dem schlimmsten Erdbeben seiner Geschichte heimgesucht.

Somit befand sich Einstein Mitte März 1933 in genau der Situation, die er gut zehn Jahre zuvor Infeld gegenüber treffend vorausgesagt hatte. Er war nicht mehr in der Lage, in seinem Geburtsland und, seit 1919, seiner Wahlheimat zu leben. Wie 1920 gab es zweifellos auch jetzt noch rationale, zivilisierte und liberale Elemente in Deutschland, aber wie im Jahr 1920 bildeten sie eine hilflose und schweigende Minderheit. Einstein war somit zum zweitenmal von Deutschland enttäuscht worden.

Doch ist offensichtlich, daß er zu jenem Zeitpunkt noch nicht einmal begonnen hatte, zu begreifen, welcher Art die Revolution war, die Deutschland mit sich riß. Sonst hätte er Planck nicht so geschrieben, wie er es am 9. März tat. Damals schlug er ihm nämlich nicht nur vor, daß Fachleute Deutschland verlassen sollten, um in einem internationalen wissenschaftlichen Komitee zu arbeiten, sondern auch, daß Planck diese Idee der Akademie vortragen solle. Der negative Bescheid traf Ende April ein und Einstein sandte ihn von seinem belgischen Zufluchtsort, der vorübergehend sein Heim war, unverzüglich an Hale weiter.

Er und Elsa hatten Pasadena am 11. März verlassen und waren wie erwartet mit dem Zug über Chicago nach New York gefahren. Rückwirkungen kamen weniger als Millikan befürchtet hatte, teils auch deshalb, weil Einstein eingewilligt hatte, auf ein Geburtstagsessen zu gehen, das von einem lokalen Komitee zugunsten der Hebräischen Universität veranstaltet wurde; seine Zeit für andere Dinge war deshalb begrenzt. Doch tat er, was er konnte und stimmte schließlich zu, am Morgen des 14. März an einer Pazifistenversammlung teilzunehmen. »Nachdem er gekommen war und merkte, daß wir an ernsthaften Diskussionen interessiert waren, wollte er nicht gehen, selbst als es 11 Uhr wurde und Zeit, um an dem Essen teilzunehmen«, berichtete Mrs. Lloyd, die Frau eines der Organisatoren. »Um 11 Uhr 15 erhob sich Mrs. Einstein und erinnerte ihn an das Komitee. Er bat sie, sich wieder zu setzen und sagte, daß er noch eine Viertelstunde bei uns bleiben wollte . . .«

Bis jetzt hatte seine pazifistische Anschauung offenbar noch keinen Knacks bekommen. »Sein fester Glaube an die anständigen Antriebskräfte des menschlichen Herzens ist augenscheinlich und inspirierend«, schrieb Mrs. Lloyd. »Die Friedenskampagne muß weitergehen. Möge der Friedensrat der Jugend, dessen Vertreter hier bei uns sitzen, diese einfache Lehre begreifen. Mögen alle Pazifisten Mut fassen und so extrem sein wie sie wollen. Einstein wird die Friedensbewegung nie verlassen, weil sie zu kühn ist[10].« Ganze dreizehn Wochen später sah die einfache Lehre anders aus. Wäre er Belgier, erklärte Einstein dann, würde er Militärdienst leisten, willig, in dem Glauben, daß er dadurch mithelfen würde, die europäische Zivilisation zu retten[11].

Von der Pazifistenversammlung in Chicago ging er zum anschließenden Bankett. Dort sprach er über das Problem, »ein Verteilersystem zu finden, das genauso gut funktioniert wie das Produktionssystem«, und darüber, wie internationale Angelegenheiten zu regeln seien, so daß der Krieg abgeschafft werden könnte.

Danach reiste er nach New York weiter, wo er kurz nach Weizmanns Abreise nach Palästina, eintraf. In New York sprach er auf einer Veranstaltung zugunsten der Jewish Telegraph Agency und der Hebräischen Universität. Dr. Rosenbach, der bekannte amerikanische Bibliophile, fungierte als Veranstalter. Er hatte ein Abendessen für über 600 Personen im Hotel Commodore organisiert.

»Er schrieb an Dr. Karl Compton vom Massachusetts Institute of Technology und an Dr. Harlow Shapley von Harvard und bat sie, auf der Feier zu sprechen«, berichtet Rosenbachs Biograph. »Er verschickte Einladungen, und ein ganzes

Sperrfeuer von werbender Publicity hagelte in seinem Namen auf die Presse nieder. Die beiden bekannten amerikanischen Wissenschaftler nahmen die Einladung an, aber Shapley war … besorgt, daß ›die Publicity den Geist übertönt‹, und durch die Gerüchte sehr beunruhigt, daß energische Spendensammler sich Einsteins gutmütige Leichtgläubigkeit zunutze gemacht hatten; in der Tat wollte er die Garantie haben, daß sich das ganze Programm auf einer würdigen Ebene abspielte. Dr. Rosenbach gab die erwünschte Garantie[12].«

Es bewegte sich tatsächlich auf einer würdigen Ebene. Einsteins Zionismus ging bald in der Physik unter und der Rosenbach'sche verlor sich in der Welt der Bücher. Der Kongreßabgeordnete Sol Bloom überließ Harlow Shapley seinen Platz neben Einstein, und die zwei Männer waren bald in eine Diskussion über das Universum vertieft, wobei Einstein seinen Körper benutzte, um eine Sache zu illustrieren; die Rippen stellten das Himmelsgewölbe dar, und sein Rückgrat die Milchstraße. Rosenbach war bald bei seiner Leidenschaft angelangt. Nachdem er auf den zweifachen guten Zweck des Banketts hingewiesen hatte, überreichte er Einstein die erste Ausgabe von Napiers »Rabdologiae«.

Für den nächsten Tag plante Einstein noch einen Besuch von Princeton ein. Er konferierte dort mit Oswald Veblen und ging dann auf eine erste Wohnungssuche im Hinblick auf seinen kommenden Besuch im Herbst[13]. Als sie wieder in New York ankamen, wurden Einstein und seine Frau zur BoulevardSynagoge gefahren, wo sie für den acht Tage alten Sohn des geschäftsführenden Direktors der Jewish Telegraphic Agency Pate standen. Einstein schrieb dort ein kleines Gedicht auf die Rückseite einer Photographie von ihm »für den kleinen Albert Landau anläßlich seines Eintritts in die Welt«.

Nachdem er dieser Pflicht nachgekommen war, blieben Einstein nur noch wenige Stunden in New York. Bis dahin war seine einzige öffentliche Reaktion auf die Nachrichten aus Deutschland nur die verhaltene Erklärung gewesen, daß er nicht zurückzukehren beabsichtige. Das war einleuchtend und gab seinen Feinden keinen Angriffsstoff. Nun aber, nur wenige Stunden vor seiner Abreise nach Europa, begab er sich noch auf einen Empfang im WaldorfAstoria, um durch *Der Kampf gegen den Krieg* aufzurütteln, eine Anthologie seiner pazifistischen Schriften, die noch im selben Jahr publiziert wurde.

Hier trat er zum Kampf an; er griff die deutsche Akademie der Künste scharf an, wies darauf hin, daß Pazifisten in Deutschland als Staatsfeinde betrachtet wurden und sagte, daß die Welt auf die Gefahren des Hitlertums aufmerksam gemacht werden müßte. All das machte es den deutschen Behörden viel leichter, gegen ihn vorzugehen. Sie hätten es natürlich sowieso getan. Aber seine Offenheit und Direktheit bei seiner »Mission, die öffentliche Meinung im

Hinblick auf bessere deutsch-amerikanische Beziehungen zu formen«, wie Millikan es in einem Brief an den Oberlaender-Trust ausgedrückt hatte – dies vereinfachte ihr Vorhaben sehr. Einstein appellierte nicht an die Vereinigten Staaten, zu intervenieren und verbreitete keine Hetzpropaganda. Doch als die Berichte über New Yorker Korrespondenten in Deutschland eintrafen, konnten sie leicht dahingehend interpretiert werden; sie waren Öl auf das Feuer der giftigen Anti-Einstein-Kampagne, wie sich dem *Berliner Lokalanzeiger* entnehmen läßt. »Gute Nachrichten von Einstein – er kommt nicht zurück«, hieß es darin. ». . . Die Relativität ist bei uns jetzt nur wenig gefragt. Im Gegenteil. Die Ideale der nationalen Ehre und Vaterlandsliebe, die Herr Einstein abschaffen wollte, sind für uns absolute Werte geworden. So sind die Aussichten für Einstein hier sehr schlecht.«

So war die Atmosphäre, als Einstein und seine Frau nach Europa abreisten. Anscheinend erhielt Einstein von dem deutschen Konsul in New York, Dr. Paul Schwarz, den er von Berlin her kannte, eine letzte Warnung. Die Einzelheiten des Treffens sind unbekannt und die Berichte aus zweiter Hand oft widersprüchlich. Wahrscheinlich teilte Schwarz Einstein offiziell mit, daß er bei einer Rückkehr nach Deutschland nichts zu befürchten hätte; doch gleichzeitig warnte er ihn inoffiziell vor der Rückkehr nach Berlin.

Als die »Belgenland« den Atlantik überquerte, trafen neue Nachrichten aus Deutschland ein. Der jüdische Dirigent Bruno Walter war nach Österreich geflohen. Die Büros des Zionistenverbands in Deutschland waren durchsucht worden. Die vor elf Jahren nach Einstein benannte Einsteinstraße in Ulm sollte in Zukunft Fichtestraße heißen, nach dem »deutschnationalen« Philosophen Fichte. Alle Beamten des Staatsdienstes, die jüdischer oder auch nur teilweise jüdischer Abstammung waren, sollten entlassen werden. Mehr als 1600 jüdische Dozenten und Professoren sollten ihrer Ämter an der Universität enthoben werden. Die Zeit rückte heran, wo alle Bücher jüdischer Autoren die Anmerkung »Übersetzt aus dem Hebräischen« tragen mußten. Noch auf dem Atlantik erhielten die Einsteins die Nachricht, daß ihr Haus in Caputh durchsucht worden war, angeblich, weil man dort ein Waffenlager vermutete. »Die Razzia . . . durch einen bewaffneten Haufen ist nur ein Beispiel für die willkürlichen Gewaltakte, die nun in ganz Deutschland stattfinden«, sagte Einstein in einem Kommentar, den er auf dem Schiff abgab. »Diese Akte sind das Resultat davon, daß die Regierung über Nacht die Polizeigewalt einem rohen und rasenden Haufen von Nazimiliz übertragen hat. Mein Sommersitz ist in der Vergangenheit oft durch die Anwesenheit von Gästen beehrt worden. Sie waren immer willkommen. Niemand hatte irgendeinen Grund, einzubrechen.«

Die »Belgenland« legte am 28. März in Antwerpen an, wo die Einsteins von Bürgermeister Camille Huysmans und einer Gruppe von Professoren der Universität Gent empfangen wurden. Letztere wurde von Professor A. de Groodt angeführt. Einstein und seine Frau nahmen dankbar sein Angebot an, vorübergehend in »Cantecroy« Zuflucht zu suchen, einem historischen Herrschaftshaus außerhalb Antwerpens, dem Familiensitz der de Groodts. Nun mußte über weitere Schritte entschieden werden.

17. KAPITEL

DAS TAUZIEHEN UM EINSTEIN

Zwischen Frühjahr und Herbst 1933 war Einstein gezwungen, in drei verschiedenen Bereichen Entscheidungen zu treffen. Er mußte sich überlegen, wo er sich niederlassen wollte, er mußte seine pazifistischen Überzeugungen überdenken, und schließlich fühlte er sich veranlaßt, seinen schon seit langem schwelenden Streit bezüglich der Hebräischen Universität offen auszutragen. Diese Krisenpunkte in seinem Leben – alle eine direkte Folge von Hitlers Aufstieg zum Kanzler – entwickelten sich simultan, während er seine Arbeit fortsetzte, gutmütig einwilligte, für alle und jeden Vorträge zu halten, und widerstrebend zum Symbol der Anti-Nazi-Kräfte gemacht wurde, die sich überall auf dem Kontinent herauszubilden begannen.

Eine seiner ersten Handlungen nach seinem Eintreffen in Antwerpen zeigt, wie sehr die Ereignisse der vorhergehenden Wochen seine Meinungen verhärtet hatten. In Pasadena hatte Einstein noch in einem Interview mit Miss Seeley vom *New York World-Telegram* bemerkt, daß seine Staatsangehörigkeit eine »merkwürdige Sache« sei, aber sogleich hinzugefügt, »für einen international denkenden Menschen ist die Staatsangehörigkeit eines bestimmten Landes nicht wichtig. Die Menschheit ist wichtiger als die nationale Staatsbürgerschaft.«

Jetzt war er überzeugt, daß die nationalsozialistischen Aktionen einen bestimmten Trieb des preußischen Charakters befriedigten. Wieder einmal beschloß er, seine deutsche Staatsangehörigkeit aufzugeben. Er ließ sich nach Brüssel fahren und verzichtete dort in der deutschen Botschaft offiziell auf alle Rechte der deutschen Staatsbürgerschaft. Seine Schweizer Nationalität erhielt er aufrecht, so daß er seinen deutschen Paß abgeben konnte. Als Albert Einstein die Stufen der deutschen Botschaft hinunterschritt, verließ er zum letztenmal deutsches Territorium.

Eine Rückkehr in die Schweiz erschien wahrscheinlich. Seine persönlichen Gefühle für das Land und seine Leute waren immer noch stark, und Zürich hätte ihn sicher gern wieder aufgenommen. Doch hatte er inzwischen feste Bindungen an Holland, und seine Bande an die Schweiz waren etwas verwickelt dadurch, daß Mileva immer noch in Zürich lebte. Deshalb entschied er sich, erst einmal in Belgien zu bleiben.

Hier erreichte ihn in den letzten Märztagen ein Brief, der noch im selben Jahr beträchtliche Auswirkungen haben sollte. Er kam von einer sehr farbignuancierten, wenn nicht gar rätselhaften Persönlichkeit, von Commander Locker-Lampson. Dieser war ein englischer Rechtsanwalt, Journalist und Parlamentsmitglied; im ersten Weltkrieg hatte er eine abenteuerliche Karriere gemacht. Es paßte zu ihm, daß er unter Großfürst Nicholas gedient hatte und später von einem jener Männer aufgefordert worden war, Rasputin zu ermorden, die die Tat dann selbst ausführten.

Von außen betrachtet scheint die Anziehungskraft Einsteins für Locker-Lampson fast absurd. Auch bestand ihre einzige Gemeinsamkeit darin, daß sie beide ›Außenseiter‹ waren. Die einfachste Erklärung ihrer Freundschaft ist wahrscheinlich die zutreffendste: beide unterstützten die ›underdogs‹, die Unterdrückten. Dies hatte bei Locker-Lampson dazu geführt, daß er die Naziregierung ebensosehr haßte wie die Kommunisten. Dazu kam: es war dem Commander nicht unlieb, daß eine Freundschaft mit Einstein seinen Namen dahin brachte, wo er ihn schon immer gern gesehen hätte, in die Zeitungen. Doch damit sollen die ehrlichen Gefühle seines Handelns nicht abqualifiziert werden.

Locker-Lampson schrieb vom House of Commons. Er begann seinen Brief, indem er an eine zufällige Begegnung mit Einstein in Oxford erinnerte, die einige Jahre zuvor stattgefunden hatte. »Dieser Brief«, fuhr er fort, »soll Ihnen, mein lieber Herr Professor, vor allem versichern, wie aufrichtig eine große Anzahl meiner Leute mit Ihnen und ihren deutschen Gesinnungsgenossen fühlt. Daß sogar Einstein ohne Heim ist, hat mich zutiefst bewegt, und vielleicht entschuldigt es, daß ich, ein einfaches Parlamentsmitglied, Sie, den größten Wissenschaftler unseres Jahrhunderts, anspreche. Ich hoffe, mein lieber Herr Professor, daß Sie deshalb in meinem bescheidenen Angebot nichts weiter sehen als einen kleinen Tribut meines grenzenlosen Respekts und den Wunsch, daß es mir gestattet sei, Ihnen auf meine Weise zu dienen. Würden Sie mir also, lieber Herr Professor, die große Freude machen – ich wage nur das zu bitten – und zusammen mit Ihrer Frau mein kleines Haus in London übernehmen, so wie es ist, für ca. ein Jahr, wann immer es Ihnen paßt? Es besteht aus einer Diele, einem Speisezimmer, einem Wohn- und

Ankleidezimmer, zwei oder drei Schlafzimmern, drei Schlafräumen für Hausangestellte sowie einer gut eingerichteten Küche. Ich brauche nicht hinzuzufügen, daß Sie in diesem Haus meine Gäste sind, d. h. es würden keine Kosten entstehen und die Bedienung ginge auf meine Rechnung . . .«[1]

Einstein lehnte das Angebot höflich ab und zog mit seiner Frau nach Le Coq-sur-Mer, einem kleinen Kurort in der Nähe von Ostende. Und von hier aus löste er seine Bindungen an die Preußische Akademie der Wissenschaften.

Einstein hatte sich zwar der deutschen Nationalität entledigt, doch war er immer noch Mitglied der Preußischen Akademie. Es war zu erwarten, daß man ihn bald ausschließen würde. Diesem Ausschluß zuvorzukommen, war jedoch nicht der einzige Grund, warum er am 28. März nach Berlin schrieb und offiziell seinen Rücktritt einreichte mit der Begründung, es sei ihm nicht länger möglich, dem preußischen Staat zu dienen. Wichtiger war ihm die unangenehme Lage, in die – so befürchtete er – seine alten Freunde Nernst und Planck bei seinem Ausschluß kommen mußten. Einerseits wäre es gefährlich für sie, dagegen zu protestieren, andererseits würden sie es als illoyal empfinden, nicht zu protestieren.

Einsteins diesbezügliche Überlegungen waren nicht ganz gerechtfertigt. Nernst erklärte zwar, daß die Akademie stolz auf solche nicht-deutschen Mitglieder wie Voltaire, d'Alembert und Maupertius sei und nicht unter allen Umständen einen Dienst für den preußischen Staat verlangen müsse. Plancks Antwort, die Einstein Anfang April erreichte, war jedoch ganz anderer Natur. Planck war der Ansicht, daß Einsteins Rücktritt der einzige Weg war, um die Situation »ehrenvoll« zu bereinigen, und daß dies »Ihren Freunden ein unabsehbares Maß von Kummer und Schmerz« erspare[2].

Das war nur die erste Enttäuschung. Anfang April erfuhr Einstein, wie die Akademie die Angelegenheit behandelte. Am Ersten des Monats gab einer der ständigen Sekretäre, Dr. Ernst Heymann, folgende Erklärung ab: »Die Preußische Akademie der Wissenschaften hat mit Entrüstung von den Zeitungsnachrichten über die Beteiligung Albert Einsteins an der Greuelhetze in Frankreich und Amerika Kenntnis erhalten. Sie hat sofort Rechenschaft von ihm gefordert. Inzwischen hat Einstein seinen Austritt aus der Akademie erklärt mit der Begründung, daß er dem preußischen Staate unter der jetzigen Regierung nicht mehr dienen könne. Da er Schweizer Bürger ist, scheint er auch zu beabsichtigen, die preußische Staatsangehörigkeit aufzugeben, die er 1913 lediglich durch die Aufnahme in die Akademie als ordentliches hauptamtliches Mitglied erlangt hat.

Die Preußische Akademie der Wissenschaften empfindet das agitatorische Auftreten Einsteins im Auslande um so schwerer, als sie und ihre Mitglieder seit alten Zeiten sich aufs engste mit dem preußischen Staate verbunden fühlt und bei aller gebotenen strengen Zurückhaltung in politischen Fragen den nationalen Gedanken stets betont und bewahrt hat. Sie hat aus diesem Grunde keinen Anlaß, den Austritt Einsteins zu bedauern[3].«

Einstein war der letzte, der vor dem Versuch zurückgeschreckt wäre, die Dinge richtigzustellen. Er schrieb nun an die Akademie den ersten einer ganzen Reihe von Briefen, die zwischen Le Coq und Berlin hin- und hergingen. Er stellte in Abrede, daß er Hetzreden gehalten habe, räumte aber ein, daß seine Äußerungen in der neu heraufbeschworenen Hysterie, die jetzt in Deutschland herrschte, wenig anders interpretiert werden würden.

Bevor die Akademie auf diesen Brief eingehen konnte, hatte Herr von Ficker, der dienstälteste ständige Sekretär, schon offiziell auf Einsteins Rücktritt geantwortet, der am 30. März bestätigt worden war. Sein Brief mißbilligte Einsteins Handeln als eine »Verbreitung falscher Urteile und unbegründeter Vermutungen zum Schaden unseres deutschen Volkes«: »Von einem Manne, der unserer Akademie so lange angehört hat, hätten wir mit Bestimmtheit erwartet, daß er ohne Rücksicht auf seine eigene politische Einstellung sich auf die Seite derer gestellt hätte, die unser Volk in dieser Zeit gegen die Flut von Verleumdung verteidigt haben. Wie machtvoll hätte im Ausland in diesen Tagen zum Teil scheußlicher, zum Teil lächerlicher Verdächtigungen gerade Ihr Zeugnis für das deutsche Volk werden können! Daß statt dessen Ihr Zeugnis von jenen ausgenutzt werden konnte, die – über die Ablehnung der gegenwärtigen deutschen Regierung hinaus – dem deutschen Volk in Ablehnung und Feindschaft gegenüberstehen, war eine herbe, schmerzliche Enttäuschung für uns . . .«[4]

Dieser Meinungsaustausch – gefolgt von Einsteins Ausschluß aus der Bayerischen Akademie der Wissenschaften – markierte einen scharfen Einschnitt in seinem Leben. Daß sich die Akademie hinter die neue Regierung stellte, hieß, daß seine Entscheidung vor zwei Jahrzehnten falsch und sein ursprüngliches Mißtrauen gegenüber dem preußischen Geist richtig gewesen war. Der Vorgang verschärfte und vertiefte sein Ressentiment gegen die Deutschen im allgemeinen, und es fiel ihm von nun an nicht so leicht, sie so zu betrachten, wie die gelassenen Engländer und die noch viel lässigeren Amerikaner es taten. Von nun an besaßen die Worte »deutsche Bedrohung« für Einstein eine Bedeutung, die von den Franzosen und Russen viel eher verstanden wurde. Von nun an gab es auch keinen Zweifel bezüglich seines öffentlichen Status als Märtyrer. Sein alter Freund Rabbi Wise schrieb am 9. Mai aus den USA, »wir sind alle sehr stolz auf die Rolle, die Sie gespielt haben und vor allem auf die Auszeichnung, die Ihnen zuteil geworden ist, dadurch, daß man Sie aus der (nazifizierten) Preußischen Akademie ausgeschlossen hat[5].«

Hitlers Säuberungsaktion des Staatsdienstes begann am 1. April mit der Amtsenthebung all jener, die jüdischer Abstammung waren. Der preußische Erziehungsminister, Bernhard Rust, dem Hitler sehr bald die Kontrolle über das gesamte Erziehungswesen übertrug, hatte wenig Gewissensbisse in bezug auf die Leistungen der Professoren und Dozenten, die nun allesamt fristlos entlassen wurden. »Es ist weniger wichtig, daß ein Professor Entdeckungen macht«, stellte er fest, »als daß er Assistenten und Studenten in der richtigen Weltanschauung unterweist[6].«

Alle diese Maßnahmen stießen grundsätzlich auf keinen Widerstand. Am 10. Mai war Berlin, nach William Shirer, »Schauplatz einer Szene, wie die westliche Welt sie seit Ausgang des Mittelalters nicht mehr erlebt hatte«[7]: 5000 hakenkreuztragende Studenten zündeten in einem großen Haufen vor der Oper 2000 Bände an, unter denen sich Werke von Einstein, Freud, Thomas Mann, Remarque und Stefan Zweig sowie von Amerikanern wie Helen Keller und Upton Sinclair befanden. Nachdem die Flammen hochgezüngelt waren, trat eine plötzliche Stille ein. Vielleicht war es nicht nur das Gewissen, das sich meldete, vielleicht hatten einige unter den Zuschauern den Widerschein jener Flammen vor Augen, die genau ein Jahrzehnt später durch sehr viel größere Teile Berlins schlagen sollten.

Es war nicht nur der Mob, der zuschaute. Dreizehn Tage später, am 23. Mai, versicherte Professor Ernst Krieck, der neue Rektor der Frankfurter Universität, bei seiner Amtseinsetzung, daß die deutschen Universitäten sich aus ihrer Lähmung nie ohne eine Erneuerung des Volksgeistes hätten befreien können. »Das Hauptcharakteristikum dieser Erneuerung ist die Ablösung des humanistischen Ideals durch das nationale und politische«, sagte er. »Heutzutage ist die Aufgabe der Universitäten nicht, eine objektive Wissenschaft zu pflegen, sondern eine soldatisch-militante Wissenschaft; und ihre allererste Aufgabe ist es, den Willen und den Charakter ihrer Studenten zu formen[8].«

Krieck stand mit dieser Ansicht unter den Akademikern nicht allein. An dem Tag, an dem er in Frankfurt sprach, fand das 22. Jahrestreffen der Kaiser Wilhelm-Gesellschaft in Berlin statt. Planck führte den Vorsitz. Niemand in Deutschland dürfe es gestattet werden, beiseite zu stehen, »Gewehr bei Fuß«, sagte er. Es sollte nur ein Ideal geben – »die Vereinigung aller vorhandenen Kräfte für den Wiederaufbau des Vaterlands.« Dann verlas er eine Botschaft der Gesellschaft an Reichskanzler Hitler[9].

Obgleich es für Einstein ein Schock war, konnte es doch kaum überraschen, daß Planck so standhaft für sein Land eintrat und Einsteins Rücktritt als die einzige ehrenvolle Bereinigung eines Problems betrachtete, das Einstein seiner Meinung nach selbst geschaffen hatte. Selbst Max von Laue hatte an Einstein geschrieben und festgestellt, daß ein Wissenschaftler sich aus politischen Angelegenheiten heraushalten sollte.

In dieser Atmosphäre reichten zwischen dem 4. April und 15. Mai nicht weniger als 164 deutsche Professoren ihren Rücktritt ein oder wurden entlassen – 25 aus Berlin; 23 aus Frankfurt; 6 aus Göttingen, einschließlich Max Born und James Franck; 7 aus Hamburg; die übrigen aus Heidelberg, Bonn, Jena, Leipzig und Kiel.

Am 2. April wurde Einsteins Konto in Berlin von den Behörden beschlagnahmt und Bargeld sowie Wertpapiere von insgesamt 30 000 Mark konfisziert mit der Begründung, daß die Summe sonst für verräterische Zwecke mißbraucht werden würde. Seine Wohnung in der Haberlandstraße wurde offiziell versiegelt. Wenig später wurde auch das Sommerhaus in Caputh beschlagnahmt. Am 12. April verließen seine beiden Stieftöchter Deutschland in Richtung Frankreich; am selben Tag traf auch Dr. Walther Mayer in Le Coq ein. Hier erreichte sie ein spezielles Album mit dem seltsamen Titel »Juden sehen dich an«. Es enthielt die Photographien von führenden Gegnern des Naziregimes. Auf der ersten Seite war ein Bild von Einstein. Darunter stand: »Entdeckte eine vielumstrittene Relativitätstheorie. Wurde von der jüdischen Presse und den arglosen Deutschen hochgeehrt. Zeigte seine Dankbarkeit, indem er Hetzpropaganda gegen Adolf Hitler im Ausland verbreitete.« In Klammern stand daneben: »Noch ungehängt[10]«.

»Das wichtigste Beispiel für den gefährlichen Einfluß jüdischer Kreise auf das Studium der Naturwissenschaft bietet Herr Einstein mit seinen von der Mathematik her zusammengestümperten Theorien, die auf einigen wissenschaftlichen Überlieferungen und einigen willkürlich eingestreuten Zusätzen fußen«, behauptete Lenard im *Völkischen Beobachter*. »Diese Theorie fällt nun Stück um Stück in sich zusammen, wie dies ja bei allen Arbeiten der Fall ist, die sich der Natur entfremden. Selbst Wissenschaftlern, die sonst ordentliche Arbeit geleistet haben, ist der Vorwurf nicht zu ersparen, daß sie es zuließen, daß die Relativitätstheorie in Deutschland Wurzeln schlagen konnte. Denn sie sahen nicht oder aber wollten nicht sehen, was für ein Fehler es ist, und dies nicht nur auf wissenschaftlichem Gebiet, diesen Juden als einen guten Deutschen zu betrachten[11].«

Während dieser ganzen Vorgänge hielt Einstein einen Teil seines Ichs aus dem Kampf heraus und sah nur interessiert zu. In gewisser Weise war er immer noch der Mann, der 1920 den Anti-Einstein-Tiraden auf der Bühne von seiner Opernloge herab laut applaudierte. Diese unpersönliche Haltung behielt er bei. Es ist noch eine der antisemitischen Karikaturen[12] erhalten, die damals in Deutschland veröffentlicht wurden und Einstein als einen jüdischen Geier darstellen; quer darunter steht Einsteins Autogramm, eine Unterschrift ohne Kommentar, ohne Widmung oder Emotion. Ihm ging die Irrationalität des Antisemitismus sehr nahe, er klagte über dessen Grausamkeiten und Demütigungen, lange bevor die Ausrottungsprogramme der Endlösung in die Wege geleitet wurden. Aber seine Reaktion bestand aus Verachtung. Wie bei so vielen anderen menschlichen Problemen war er nur der Außenseiter, der zusah. Er konnte es sich leisten, leidenschaftlos zu sein.

Als Einstein im Frühjahr 1933 mit Dr. Mayer in den belgischen Dünen saß und verbissen nach einer Antwort auf das Rätsel der einheitlichen Feldtheorie suchte, war immer noch die vordringlichste Frage, wo er in Zukunft arbeiten würde. Sie konnte auf verschiedene Weise beantwortet werden; auf die Nachricht, Einstein würde nicht mehr nach Deutschland zurückkehren, waren sofort eine große Anzahl von akademischen Angeboten eingetroffen. Er akzeptierte sie wahllos, ohne sich viel Gedanken zu machen, und schließlich brachte er sich und diejenigen, von denen die Angebote kamen, in Verlegenheit.

Er willigte ein, an der Fondation Universitaire in Brüssel Vorlesungen zu halten, nahm eine Woche später das Angebot eines Lehrstuhls an der Universität in Madrid an und kam überein, im April 1934 nach Spanien überzusiedeln. Auf Grund eines Angriffs durch die katholische Presse in Spanien zog er seine Zusage aber wieder zurück. Inzwischen waren seine französischen Freunde aktiv geworden und am 14. April versuchte die Regierung eine spezielle Gesetzesvorlage durchzubringen, für Einstein am Collège de France einen neuen Lehrstuhl für mathematische Physik einzurichten. Die Paris-Ernennung fiel aber ins Wasser[13].

Seine Verwirrung betreffs der Gegenwart sowie seiner Pläne für die Zukunft kommt in einem Brief an seinen alten Freund Solovine zum Ausdruck.

Zwei Tage später legte Einstein seine Vorstellungen bezüglich eines »intellektuellen Zufluchtsorts« in einem Brief an Leo Szilard dar, seinen früheren Studienkollegen aus Berlin; dieser war gerade dabei, für die vielen jüdischen Intellektuellen, die aus Deutschland heraus wollten, Hilfe aus England zu organisieren.

Szilard trat nun erneut in Einsteins Leben. Er hatte einen ehrgeizigen Plan, wie geholfen werden könnte. Aber Einstein war nicht begeistert von Szilards Universitäts-Idee[14]. Doch Szilard ließ sich nicht so leicht entmutigen und überquerte im folgenden Monat den Kanal nach Belgien, wo er Einstein am 14. Mai aufsuchte. »Obgleich er mit seinem ursprünglichen Plan immer noch etwas sympathisiert«, schrieb er noch am selben Tag an einen unbekannten Briefpartner, »ist er völlig bereit, mitzuarbeiten, angesichts der Tatsache, daß unser Plan weiter fortgeschritten ist als der andere. Ich werde mit ihm in Verbindung bleiben und ihn um Hilfe bitten, wann es mir richtig erscheint«[15]. Sie blieben auch in Kontakt, obwohl Einsteins Interesse, eine »jüdische Flüchtlingsuniversität« in England zu gründen, bald verflog. Das hatte viele Ursachen einschließlich des großen Arbeitsdrucks, der auf ihm lastete; der wichtigste war jedoch wohl, daß sowohl in England wie in Amerika akademische Hilfsorganisationen gegründet wurden, die allem Anschein nach mit den schlimmsten Problemen fertig wurden.

Vielleicht war es wirklich von Vorteil, daß Einstein von diesem speziellen Gebiet abgehalten wurde, denn er war besonders wenig geeignet, die komplizierte Aufgabe zu bewältigen, die akademischen Flüchtlinge anzusiedeln. Er erkannte das auch sofort, denn Mitte Juli legte er die Situation seinem Freund Dr. Gustav Bucky, einem jetzt in New York lebenden Röntgenologen aus Leipzig, ziemlich treffend dar. Einstein kannte ihn von Berlin her.

»Aber es konnte naturgemäß nur ein sehr kleiner Teil von ihnen wirklich eine Stellung bekommen. Um diese Zahl zu vergrößern, hätte Einstein die Situation an den verschiedenen Universitäten studieren müssen. Dann hätte er die persönlichen, wirtschaftlichen und politischen Verhältnisse beurteilen und ausnützen können. Wenn er aber auf solche Studien viel Mühe verwandt hätte, wäre er eben nicht Einstein gewesen. Die intellektuell bedeutendsten und auch sonst gutmütigsten Menschen sind nicht immer die, welche praktisch am besten helfen können[16].«

Vielleicht hätte er auch mehr getan, wenn sich sein Guerillakrieg mit der Verwaltung der Hebräischen Universität nicht ganz plötzlich in ein Hauptengagement verwandelt hätte. Denn nun, wo es die Situation in Deutschland erforderlich machte, daß alle Juden eine gemeinsame Front bildeten, brachte Einstein seine Zwistigkeiten mit der Universität zu einem unbedachten Zeitpunkt an die Öffentlichkeit.

Im August 1932 hatte das Kuratorium auf einer Tagung in London das Komitee in der Absicht gewählt, »eine Verfassung für die Universität auszuarbeiten und in diese Verfassung so viele praktische Reformen wie möglich einzubauen mit dem Ziel, die junge und um ihre Existenz kämpfende Universität zu einer Institution zu machen, die ihren Namen verdiente.« Sir Herbert Samuel, Professor Norman Bentwich, Sir Philip Hartog und Weizmann gehörten dem Komitee selbst an. Trotz Weizmanns vorsichtiger Beschreibung war das Komitee ein erster Schritt, sich mit Einsteins Kritik an der Art und Weise, wie Magnes die Universität leitete, auseinanderzusetzen. Als Weizmann und Einstein sich dann im Herbst 1932 kurz vor Einsteins Abreise nach Amerika trafen, willigte Einstein zunächst einmal ein, unter gewissen Bedingungen dem Kuratorium neuerlich beizutreten.

Das war die Sachlage, als Einstein kurz nach seiner Ankunft in Belgien im Frühjahr 1933 von Weizmann telegraphisch gebeten wurde, Mitglied der Universität zu werden. Weizmann hatte noch keine Antwort erhalten, als er am 19. April aus Palästina abreiste. »Aber bei meiner Ankunft in Kairo am folgenden Tag«, schrieb er an Einstein, als er in London eintraf, »stieß ich auf eine Erklärung in der Presse, die besagte, daß Sie die Einladung bedacht und abgelehnt hätten, weil Sie mit der Führung der Universität unzufrieden seien.« Weizmann war nicht so ganz überzeugt gewesen und hatte mit Magnes in Jerusalem telefoniert. »Er las mir über das Telefon den Brief vor«, fuhr Weizmann fort, »den er eben erst von Ihnen erhalten hatte, in dem Sie angeben, daß Sie unsere Einladung ablehnen, weil sie von vier verschiedenen und voneinander unabhängigen Quellen davon unterrichtet worden sind, die Situation der Universität sei so beklagenswert, daß es für Sie nicht wünschenswert wäre, wenn Ihr Name mit ihr in Zusammenhang gebracht wird[17].«

Einstein hatte sich schon vorher Samuel[18] anvertraut, der ihn vor kurzem zu einem Bankett in London zugunsten der Universität eingeladen hatte. In seiner Absage führte Einstein die gleichen Punkte an, wie er sie später Weizmann gegenüber angab.

Die private Attacke in dem Brief an Samuel wurde durch öffentliche Interviews verstärkt. Einstein hatte der Jüdischen Telegraphen-Agentur mitgeteilt, daß er das Angebot aus Jerusalem abgelehnt habe im Hinblick auf seine »seit langer Zeit bestehenden Differenzen mit der Universitätsleitung«, und hatte dann hinzugefügt: »Ich habe es in scharfer Form abgelehnt, die Einladung anzunehmen, weil ich der Ansicht bin, daß die derzeitigen Bedingungen an der Universität eine fruchtbare Arbeit solange unmöglich machen, bis eine radikale Verbesserung in der Führung erreicht wird[19].«

Einem Vertreter des *Jewish Cronicle* gegenüber hatte er erklärt, daß »es beklagenswert sei, daß diese Universität, in die so viele Hoffnungen gesetzt seien, nicht in der Lage ist, in der Form eine Rolle zu spielen und für geistige Bedürfnisse zu sorgen, wie man es in dieser kritischen Zeit von ihr hätte erwarten müssen«[20]. Er sprach von Mängeln in der Verwaltung und im Rektorat. »Es hängt wirklich von den Professoren ab, die aus Deutschland vertrieben wurden, ob sie sich etwas daraus machen, sich der Hebräischen Universität anzuschließen«, schloß er. Was ihn betraf, so sei er vor fünf Jahren zurückgetreten und habe nicht den Wunsch, für sie länger »verantwortlich« zu sein.

Solcherlei Erklärungen waren wahrscheinlich durch die Zustände in Jerusalem gerechtfertigt. Doch waren sie doppelt belastend in einer Zeit, in der die Juden im allgemeinen und die Jerusalemer Behörden im besonderen von der Flüchtlingswelle aus Deutschland überrollt wurden.

Weizmanns unmittelbare Reaktion auf die Nachricht, daß Einstein seine Kritik so öffentlich angebracht hatte, war ein bitterer, viereinhalb Seiten langer Brief, in welchem er nochmals alle Einzelheiten darüber, was Einstein gesagt und getan hatte, anführte: »Bei meiner Stellungnahme dazu glaube ich – ich muß das zuerst ganz offen sagen –, daß die Schritte, die Sie nunmehr unternommen haben, mir so überraschend und sogar ungerecht erscheinen, in der Substanz und in der Art, und sowohl der Universität wie auch mir persönlich gegenüber, daß das einzige, was ich tun kann, darin besteht, Sie um eine Erklärung zu bitten und, wenn Sie einsehen (was ich hoffe), daß Sie ungerecht waren, das wieder zurückzunehmen. Sie sind der Träger eines großen Namens; darum trifft die Ungerechtigkeit um so tiefer, besonders da ich sie mir einfach nicht erklären kann«[21].

Einstein nahm nichts zurück und machte auch keine näheren Angaben über seine Anschuldigungen. Er gab einzig den Namen eines Informanten preis, nämlich den Professor Yahudas; dieser war der Gelehrte, von dem das Angebot aus Madrid gekommen war. Magnes hatte ihm einst einen Lehrstuhl an der Hebräischen Universität verweigert, und Yahuda kann deshalb kaum als unparteiischer Zeuge betrachtet werden. Einstein tat ein übriges und bekräftigte in seinem Antwortschreiben an Weizmann[22] vom 7. Mai nochmals sein Vorgehen. Mit einer gewissen Berechtigung deutete er an, daß Weizmann einen Vertrauensbruch begangen habe, als er vom Universitätskuratorium nicht zurückgetreten sei, nachdem Einstein selbst dies getan hatte.

Samuel und Hartog, die ein Bankett geplant hatten, um dabei Geld für die deutschen jüdischen Flüchtlinge zu sammeln, die sich schon an der Universität befanden, mußten es absagen. Magnes schrieb von Jerusalem aus an Weizmann und Einstein, sie sollten eine Untersuchung in die Wege leiten; sollten sich irgendwelche Anschuldigungen gegen ihn als zutreffend erweisen, sei er bereit, von seinem Posten zurückzutreten.

Während die Angelegenheit ablief, verhielt Einstein sich so, als sei ihm nicht ganz bewußt, welchen Aufruhr er hervorgerufen hatte. Er hatte einfach nur das gesagt und getan, was er für richtig hielt. Nachdem er das hinter sich gebracht hatte, beschäftigte er sich mit den Dingen, die ihm wichtig waren. Er war distanziert, ja fast gelassen, auf jeden Fall viel weniger beunruhigt, als die meisten in seiner Umgebung.

Als Weizmann sich mit den realen Fakten auseinandersetzte, da der jüdische Exodus sich nach Frankreich und in das vorläufig sichere Österreich und die Tschechoslowakei fortsetzte, und als Hitler daranging, das Dritte Reich für die tausend Jahre seiner Macht aufzubauen, begann Einstein, dessen Zukunft

immer noch nicht entschieden war, sich auf seinen Besuch als Forschungsstipendiat am Christ Church College vorzubereiten.

Er hatte auch Lindemann bereits vorgeschlagen, daß er im Juni kommen
könne und dabei die Tatsache übersehen, daß in Oxford das Semester Mitte
des Monats zu Ende ging[23].

Lindemann antwortete, er hoffe, Einstein könne Anfang Juni kommen. »Ich
war zu Ostern vier oder fünf Wochen in Berlin«, schrieb er weiter, »und habe
sehr viele Ihrer Kollegen angetroffen. Die allgemeine Stimmung war sehr
gegen die von der Akademie ergriffenen Schritte, für die einer der Sekretäre
verantwortlich ist, ohne die Mitglieder konsultiert zu haben. Ich kann Ihnen
mehr darüber erzählen, wenn Sie kommen. Alle lassen Sie herzlich grüßen,
ganz besonders Schrödinger, doch war man der Ansicht, daß es für alle Beteiligten nachteilig wäre, Ihnen zu schreiben, insbesondere, da der Brief so gut
wie sicher gar nicht befördert werden würde. Die Zustände dort waren
äußerst seltsam. Es scheint jedoch, daß die Nazis den Apparat in ihre Hand
gebracht haben und sie werden wahrscheinlich lange Zeit dort bleiben«[24].

Lindemann umriß abschließend einen Plan, der nicht nur von Einfluß auf
Oxford war, sondern auch auf Großbritanniens wissenschaftliche Anstrengungen im Zweiten Weltkrieg. »Mir scheint«, schrieb er, »daß die gegenwärtigen Zustände in Deutschland uns vielleicht die Gelegenheit bieten, ein oder
zwei gute theoretische Physiker nach Oxford zu bekommen, auf jeden Fall
für zwei oder drei Jahre. Professor Sommerfeld hat mir mitgeteilt, daß viele
Privatdozenten jüdischer Abstammung ihre Stellung verlieren würden und
auf Grund dieser Umstände bereit wären, bei einem sehr kleinen Gehalt hier-
herzukommen. Ich brauche kaum zu sagen, daß sehr wenig Geld zur Verfügung steht, und daß es die Gemüter sehr erregen würde, selbst wenn es möglich
wäre, jene Dozenten in Positionen unterzubringen, die normalerweise von
Engländern besetzt sind. Die einzige Möglichkeit ist, außerplanmäßige Stellen
zu bekommen. Das wäre vielleicht durchführbar. Ich habe mir überlegt, daß
nur eine kleine Summe Geldes nötig wäre, um für den Augenblick wenigstens
einigermaßen komfortabel zu leben, wenn die Unverheirateten im College
wohnen und essen könnten. Sommerfeld schlug Bethe und London als in
Frage kommende Männer vor. Ich würde gern wissen, ob Sie die beiden für
gut halten und ob Sie bereit wären, ihre Bewerbung zu unterstützen. Wenn ja,
wäre eine Zeile von Ihnen unbezahlbar, um die Kollegen zu überreden, ein
Angebot zu machen.«

Einstein antwortete unverbindlich. Er sagte zu, nach England zu kommen,
sobald seine drei Vorlesungen in Brüssel gehalten waren.

Vierzehn Tage später reiste er aus Le Coq nach Brüssel, wo er an drei verschiedenen Abenden vor geladenem Publikum in der Fondation Universitaire sprach. Nach dem ersten, vollbesetzten Vortrag wurde er gefragt, ob er glaube, daß ihn alle verstanden hätten. »Vielleicht Professor D.«, erwiderte er, »ganz sicher Le Chanoine Lemaître, aber die anderen – ich glaube nicht«[25]. Er hatte recht. Sein zweiter Vortrag fand vor halbleerem Saal statt, dem dritten lauschte nur noch eine Handvoll Zuhörer.

Einstein hatte geplant, direkt von Brüssel nach Oxford zu reisen; einige Tage vor seiner Abreise von Le Coq war ihm jedoch die Nachricht zugegangen, daß sein jüngerer Sohn Eduard in Zürich erkrankt war. Daraufhin arrangierte er sofort einen Besuch.

Am 1. Juni traf er in Oxford ein. Trotz der Unstimmigkeiten, die seiner Wahl zum Forschungsstipendiaten vorausgegangen waren, war Einstein äußerst beliebt und man hatte ihm zu Ehren ein großartiges Programm vorbereitet. Am ersten Tag nach seiner Ankunft besuchte er die Boyle-Gedenkvorlesung, die von Rutherford gehalten wurde.

»Ich kann Einstein fast noch vor mir sehen«, schreibt ein Student, der bei diesem Anlaß dabei war, »eine arme, kleine verlorene Gestalt, offensichtlich enttäuscht über die Art und Weise, wie ihn die Nazis aus Deutschland gerade vertrieben hatten. Als er seine Rede hielt, kam es mir vor, als zweifelte er etwas, wie man ihn an einer britischen Universität aufnehmen würde. Doch in dem Moment, wo er sich hinsetzte, wurde er von uns allen mit einer donnernden Beifallskundgebung bedacht. Nie in meinem Leben werde ich die wunderbare Veränderung vergessen, die in diesem Augenblick auf Einsteins Gesicht vor sich ging. Das Licht kehrte in seine Augen zurück und sein ganzes Gesicht schien von Freude und Wonne verklärt . . .«[26]

Drei Tage später erhielt er von Weizmann einen Brief mit dem Vorschlag, daß beide sich treffen sollten[27]. Einstein war gerade dabei, die Herbert Spencer-Vorlesung vorzubereiten, die anschließende Deneke-Vorlesung und die erste Vorlesung über George Gibson, die er am zwanzigsten in Glasgow halten sollte; er antwortete darum, daß er die Zeit dazu nicht aufbringen könne. Er wollte durch Überzeugungskunst und persönliche Appelle nicht von seinem besseren Wissen abgebracht werden.

Weizmann antwortete in einem drei Seiten langen Brief, der ein kleines Meisterwerk ist. Er drückte nochmals seine Verwunderung über die Gerüchte einer schlechten Verwaltung der Hebräischen Universität aus, obwohl er gleichzeitig eingestand, viele Dinge seien »alles andere als zufriedenstellend«. Er gab zu, daß die Universität von Magnes abhängig war, weil er allein das nötige Bargeld beschaffen konnte, um die Universität in Gang zu halten. »Dasselbe Argument war sogar bei der Wahl der Professoren ins Kuratorium maßgebend, die die

Vorschläge derjenigen annehmen mußten, die den Geldbeutel der Universität in der Hand haben«, fuhr er fort. Nachdem er Einstein nun vermutlich für seine Beweisführung gewonnen hatte, kam er mit zwei Vorschlägen. Der erste war einfach. »Würden Sie«, fragte er, »einen Antrag unterstützen, ein paar von den Leuten in Jerusalem zu entlassen, bei denen wir nun Gelegenheit haben, sie durch viel geeignetere Leute zu ersetzen?«

Der zweite Vorschlag war subtilerer Natur. Weizmann war gerade dabei, »zu versuchen, ein völlig unabhängiges Institut in Rehovot aufzubauen, das in der Lage ist, ganz von neuem anzufangen, und mit der Vergangenheit der Jerusalemer Universität nichts zu tun hat«. Dann legte er, wie er hoffte, den Köder aus. »Was ich hoffe und glaube ist«, führte er aus, »daß dieses Institut das Chemie-Department der Universität in Jerusalem ganz bestimmt ersetzen wird, und das innerhalb relativ kurzer Zeit. Wenn Sie etwas derartiges für die Physik und Mathematik unternehmen würden ... was könnten wir für die Universität nicht alles tun! Und Physik wäre in gewisser Hinsicht einfacher, weil es bis jetzt in Jerusalem noch keine Physik gibt. Zwei große Fakultäten würden sehr viel dazu tun, den Status der Universität zu heben«[28].

Der Brief weist die ganze Gewandtheit eines meisterhaften politischen Advokaten auf. Wenn irgend etwas Einstein hätte nach Palästina locken können, so wäre es wahrscheinlich das gewesen. Dennoch war der Mißerfolg unvermeidlich. Die Hebräische Universität war zwar wichtig, aber für Einstein war sie weniger wichtig als die Physik. Und was die Physik anging, so hatten seine derzeitigen Vereinbarungen mit Flexner zwei große Vorteile, die Weizmann nicht bieten konnte. Einmal hatte Einstein wenig Lust, in die vielen diplomatischen Manöver verwickelt zu werden, die unumgänglich der wissenschaftlichen Arbeit eines Mannes im Wege stehen mußten, der unter diesen Bedingungen ein neues Institut aufbaute. Zweitens war er von Natur aus kein Team-Arbeiter.

Einstein antwortete postwendend und beharrte auf seinem Standpunkt[29]. Der Brief war so entschieden gehalten, wie es Einstein nur möglich war. Weizmann erkannte, daß diese offene Ablehnung ihm Gelegenheit bot, eine Reihe von Manövern in Szene zu setzen.

Kurz nach diesem Briefwechsel reiste Weizmann in die Vereinigten Staaten. Eine seiner ersten Verpflichtungen bildete ein Essen des American Jewish Physicians Committee, das er und Einstein 1921 gegründet hatten. Er sprach am 29. Juni zu den 500 Mitgliedern und brachte die Kontroverse zum erstenmal in den Staaten an die Öffentlichkeit.

Einer der Sprecher schlug vor, Einstein sollte Mitglied der Hebräischen Universität werden. Auf diese Gelegenheit hatte Weizmann gewartet. Einstein, so teilte er nun mit, habe abgelehnt. »Ohne mich in einen Streit einlassen zu wollen«, fuhr er fort, »muß ich sagen, daß Professor Einstein die Universität vor kurzem leider sehr scharf kritisiert hat. Die Kritik wurde herausgefordert durch die Einladung von Kanzler Judah Leon, Magnes und mir, die von Jerusalem abging. Man hat ihm einen Lehrstuhl in Madrid angeboten (den er inzwischen angenommen hat), einen Lehrstuhl am Collège de France, einen Lehrstuhl in Leiden und einen Lehrstuhl in Oxford. Wir wollten mit diesen vier hervorragenden Universitäten nicht konkurrieren, doch glaubten wir, daß Jerusalem, obgleich es ihm nicht die gleichen Annehmlichkeiten bieten kann, ganz gewiß einen Anspruch auf ihn hat . . . und daß wir in Jerusalem die Mittel für ihn hätten.« Weizmann schloß mit der Hoffnung, daß Einstein vielleicht doch noch nach Jerusalem gezogen werden könnte – und mit der brüsken Bemerkung, Einsteins Idee, eine Flüchtlingsuniversität zu gründen, sei »ein phantastisches Projekt . . . (das) nichts anderes bedeuten würde als die Schaffung eines jüdischen intellektuellen Konzentrationslagers«[30].

Einstein reagierte sofort durch die Jewish Telegraphic Agency, und in einer seiner Meinung nach unmißverständlichen Form. »Dr. Weizmann weiß sehr gut, daß er durch seine Erklärung die öffentliche Meinung irregeführt hat«, antwortete er von Belgien aus. »Er kennt die Gründe für meine Ablehnung nur zu gut und hat in unseren privaten Gesprächen wiederholt eingestanden, daß sie berechtigt sind. Ihm ist auch bekannt, unter welchen Umständen ich bereit wäre, für die Hebräische Universität zu arbeiten«[31].

Drei Tage später zeigte sich Weizmanns geniale Fähigkeit hinsichtlich der Interpretation dieser Erklärung. Auf dem Jahreskonvent der Zionistenorganisation in Amerika gab er bekannt, Einstein habe »mit der Hebräischen Universität in Jerusalem Frieden geschlossen und eingewilligt, in dieser Institution einen Lehrstuhl zu übernehmen«[32]. Damit war er mit seiner Interpretation etwas zu weit gegangen. Die einzige Rechtfertigung für seine Erklärung war offenbar ein erneutes Versprechen seinerseits, in Sachen Universität eine Untersuchung anzuberaumen, und seine Annahme, das würde Einstein zufriedenstellen.

Noch im gleichen Monat schrieb Sir Philip Hartog, daß er bereit sei, den Vorsitz in einer Kommission zu übernehmen, die die spezielle Aufgabe hatte, die Bedingungen an der Universität zu untersuchen. Weizmann willigte ein, und im Herbst wurde die Prüfungskommission, wie sie taktvoll benannt wurde, aufgestellt. Die Mitglieder derselben kamen Ende 1933 nach Jerusalem. Der Biograph von Magnes, Norman Bentwich, gibt an, die Kommission »beantragte radikale Veränderungen in der Verwaltung und bezüglich seiner Position. Die Durchführung wurde ein Jahr lang aufgeschoben; aber die Dinge konnten für ihn von da an nicht mehr die gleichen sein, und er willigte in eine Änderung seiner Funktionen ein«[33].

Am 23. September 1935 unterrichtete Rabbi Stephen Wise nach seiner Rückkehr aus Palästina Einstein vom Ausgang der entscheidenden Sitzung des Kuratoriums der Universität. »Das Kuratorium zog Magnes von der akademischen Leitung der Dinge zurück und ernannte ihn zum Präsidenten, was bedeutete, daß er eine mehr oder minder dekorative Figur wird«[34]. An seiner Stelle wurde Professor Hugo Bergmann zum Rektor gewählt, den Einstein vor 20 Jahren zufällig in Prag kennengelernt hatte. Magnes besaß nun eine Amtsgewalt, die der des Kanzlers an einer britischen Universität entsprach. Diese war in gewisser Hinsicht ganz beträchtlich, doch bedeutete die Veränderung tatsächlich einen Sieg für Einstein, der das schon vor einem Jahrzehnt vorausgesagt hatte.

Alle Anzeichen sprechen dafür, daß Einstein die ganze Episode über, von 1925 bis 1935, das Schlechteste aus einer guten Sache machte. Seine Motive waren lauter. Doch die Tatsache, daß er zunächst hinsichtlich seiner Mitgliedschaft beim Kuratorium schwankte und dann seine Anschuldigungen im Frühjahr 1933 explodieren ließ, erhärtete Magnes' Behauptung, daß die Prüfungskommission fast ausschließlich wegen Einsteins Beschwerde eingesetzt war. »Selbst die Ereignisse in Deutschland, die ein gemeinsames jüdisches Handeln erforderten, um die Universität ihrer Mission als einer Freistatt für jüdische Gelehrte, Wissenschaftler und Studenten aus Deutschland attraktiv zu machen, veranlaßten Professor Einstein nicht, seine öffentlichen und privaten Attacken einzustellen«, schrieb Magnes. »Im Gegenteil, er ließ sich überreden, sie sogar noch schärfer zu formulieren«[35]. Daraus resultierte, daß Weizmann, der sich mit den täglichen Problemen in der Führung der zionistischen Sache auseinandersetzen mußte, die gewünschten Reformen erst nach einer ganzen Reihe von unnötigen Verhandlungen, Ausflüchten und Verzögerungen erzielen konnte. Während dieser ganzen Angelegenheit konnte an Einsteins Integrität nicht gezweifelt werden, doch das war nicht genug. »(Sein) Glaube hat die aufrüttelnde und antreibende Art, die allen wahren geistigen Führern eigen ist, Führern, die wohl auf der Welt leben, aber nicht mit ihr«, schloß sein alter Freund Morris Raphael Cohen in einer Besprechung der englischen Ausgabe von »Mein Weltbild«. »Er muß von einem realistischeren Bild der rauhen Wirklichkeit unserer Existenz ergänzt werden«[36]. Einsteins ausgesprochene Ehrlichkeit konnte eine ausgezeichnete Waffe sein, doch sie war zweischneidig, und während der Auseinandersetzung mit Magnes war sie manchmal in gefährlicher Weise sowohl auf den Freund wie auch auf den Feind gerichtet.

18. KAPITEL

OHNE ANSCHRIFT

Als Einstein Weizmann davon abhielt, ihn in Oxford zu besuchen und seiner Herbert Spencer-Vorlesung den letzten Schliff gab, sollte die Auseinandersetzung um die Hebräische Universität noch zwei Jahre andauern.
Er sprach in Rhodes House »Über die Methode der theoretischen Physik« nach einer englischen Vorlage, und überraschte dabei viele Zuhörer mit seinen einführenden Worten. »Wenn Sie von den theoretischen Physikern etwas über die Methoden erfahren wollen, die sie benützen«, sagte er, »rate ich Ihnen, sich streng an ein Prinzip zu halten: Hören Sie nicht auf ihre Worte, richten Sie Ihre Aufmerksamkeit auf ihre Taten.«
Zwei Tage später hielt er vor einem dichtgedrängten Publikum in Lady Margaret Hall die Deneke-Vorlesung über die innere Bedeutung der Physik. Diesmal sprach Einstein nur nach Notizen, darum ist kein Manuskript der Vorlesung erhalten, trotz der Anstrengungen, die damals unternommen wurden, ihm irgend etwas Schriftliches darüber zu entlocken.
Von Oxford fuhr er in Richtung Norden nach Glasgow, um die erste George Gibson-Vorlesung zu halten. Er traf unerwartet in der Stadt ein und befand sich, offensichtlich unerkannt, inmitten einer großen Menge, die sich versammelt hatte, um den Filmstar Thelma Todd zu empfangen. Glücklicherweise erkannte ihn ein Reporter, der sofort mit der Universität telefonierte, die Einstein dann durch eine schnelle Hilfsmaßnahme sicher ans Ziel brachte. Miß Todd sagte über den Vorfall später reumütig: »Schade, daß ich es nicht gewußt habe. Ich hätte Einstein gern einen Teil meiner Zuschauermenge überlassen.«
Am selben Nachmittag sprach er – auf Englisch – zwanzig Minuten lang in der Bute Hall der Universität zu einem aufmerksamen Publikum über »Der Ursprung der allgemeinen Relativitätstheorie«.

Seine Ausführung – eine der klarsten, die zu diesem Thema je gemacht worden sind – galt dem Prozeß, der von der speziellen zur allgemeinen Theorie führte und der nach vielen Irrwegen Einstein nach seinen eigenen Worten »reuig zu der Riemannschen Krümmung zurückführte, die es mir ermöglichte, den Zusammenhang mit den empirischen Fakten der Astronomie zu finden«.

Wenige Tage nachdem er die übliche akademische Ehrung über sich hatte ergehen lassen, reiste Einstein nach Belgien zurück. Er hatte das Angebot von Hewlett Johnson, dem »Roten Dekan«, ausgeschlagen, für eine Weile nach Canterbury zu kommen. »Dies ist ein großes, ruhiges und sehr schönes Dekanat«, schrieb Johnson, »und nichts würde mich mehr freuen, als wenn Sie für einen Monat oder mehr hierherkämen und in einer ungestörten Umgebung arbeiteten . . .«[1]

Einsteins Ablehnung ist bedeutsam. Johnson hob in seiner Einladung Einsteins »Arbeit für den Frieden« hervor, ein Hinweis auf seine eigenen langjährigen Anstrengungen um eine kommunistische Version des Pazifismus. Doch gerade zu jenem Zeitpunkt seines Lebens war Einstein darum bemüht, sich vom Makel des Kommunismus zu reinigen und seinen eigenen Pazifismus zu überdenken.

Beide Punkte kristallisierten sich kurz nach seiner Ankunft in Le Coq heraus. In England und in den Vereinigten Staaten wurde oft behauptet, Einstein sei ein Mitglied der kommunistischen Internationale. Wie sehr er selbst in seiner unbedachten Art dazu beitrug, diesen Vorwurf zu erhärten, ist von dem belgisch-jüdischen Gelehrten Dr. Max Gottschalk beschrieben worden. Er erinnerte sich, daß Einstein dem Friedenskongreß in Amsterdam seine Protektion gab. »Als wir darauf hinwiesen, daß es tatsächlich ein kommunistischer Kongreß war«, berichtet er, »erwiderte Einstein: ›Ich sah, daß es ein Friedenskongreß war und ich kümmerte mich nicht um den Organisator‹[2]! Er unterzeichnete in denselben Monaten auch einen Protest, der von der flämischen Jugend organisiert wurde. Wir unterrichteten ihn von dem subversiven Charakter dieser Gruppe. Er sagte, er habe in dem Protest nur eine Forderung nach Gleichheit vor dem Gesetz gesehen, und im Licht der Tatsachen, wie er sie verstand, sei dies gerechtfertigt.«

Am 7. Juli schrieb Einstein an *The Times* und *The New York Times* und stellte jede Verbindung mit der Dritten kommunistischen Internationale in Abrede.

Während er so zum Mittelpunkt eines Wirbels wurde, war er schon dabei, einen neuen hervorzurufen. Jetzt sagte er sich nämlich von seiner bisherigen Überzeugung los, daß die Anwendung von Gewalt in jedem Fall ungerechtfertigt sei. Er verkündete, ohne mit der Wimper zu zucken, daß dieser Sinneswandel nicht in ihm selbst vorgegangen sei, sondern in der europäischen Situation seine Ursache habe, und daß Gewaltlosigkeit nicht länger genüge.

Einsteins Abkehr vom Pazifismus erfolgte nicht plötzlich. Die abrupte Erklärung, die er im Spätsommer 1933 abgab, mag diesen Eindruck vielleicht hervorrufen, aber die Wahrheit ist komplexer. Der erste Hinweis auf einen Wandel seiner pazifistischen Überzeugungen kam im November 1932, als er kurz vor seiner Abreise aus Berlin in die Vereinigten Staaten gewisse Abrüstungsvorschläge kommentierte, die der französische Premierminister Edouard Herriot gemacht hatte. Diese enthielten die Idee einer internationalen Polizeimacht, und Einstein stimmte ihm zu, daß diese mit »wirklich effektiven Waffen« ausgerüstet werden sollte.

Die Reaktion der echten Pazifisten wurde von Lord Ponsonby in einem Brief an den Sekretär der Internationale zusammengefaßt. »Ich bin ziemlich sicher, daß wir vermeiden sollten, irgend etwas in der Art einer neuen Militärorganisation zu unterstützen«, hieß es darin. »Professor Einsteins Bemerkung über eine Fusion kleiner professioneller Heere und die allmähliche Schaffung einer internationalen Polizei erinnert mich an die französischen Vorschläge und ist eine politische Meinung, die hier von Lord Davies und anderen vertreten wird. Ich selbst habe sie immer schärfstens abgelehnt . . .«[3]

Eine Kopie von Ponsonbys Brief war von wenig Einfluß auf Einstein, dessen Zweifel an der Durchführbarkeit des Pazifismus bei seinem Besuch in England im Juni noch verstärkt wurden. In Glasgow machte er nämlich die Bekanntschaft von Lord Davies, dem Vorstand der neuen Commonwealth-Gesellschaft, dessen Bücher über eine internationale Streitkraft er später sehr lobte.

So entfernte sich Einstein schon von seinem kompromißlosen Pazifismus, als er Ende Juni von England nach Le Coq zurückkehrte. Das geht aus einem Brief hervor, den er am 1. Juli an Rev. J. B. Th. Hugenholtz schrieb, einen ehemaligen Besucher in Caputh, der seine Idee eines internationalen Friedenshofes in Den Haag neu aufleben ließ.

Er fühlte, daß der Zeitpunkt für eine weitere Verteidigung gewisser pazifistischer Ideen ungünstig ist. Er fragte, ob man das Recht habe, einem Belgier oder Franzosen zu raten, den Militärdienst zu verweigern angesichts der deutschen Wiederaufrüstung? Seine Antwort war »Nein«. Was zu fordern sei, war eher eine *supranationale* Organisation von Streitkräften als die Abschaffung aller Streitkräfte[4].

Einstein schickte eine Erklärung an die *Biosophical Review* in New York, aber diese wurde jedoch nicht vor Herbst veröffentlicht. Nach außen hin erschien Albert Einsteins Haltung deshalb immer noch als die eines überzeugten Pazifisten. Der wahre Sachverhalt kam erst Ende des Monats ans Licht.

Während Einstein in Oxford Vorlesungen hielt, waren zwei junge Belgier auf Grund ihrer Weigerung, Militärdienst zu leisten, eingesperrt worden. Alfred Nahon, ein junger französischer Pazifist, der in Belgien lebte, hatte den Fall aufgegriffen und appellierte nun an Einstein, zu ihrer Verteidigung anzutreten.

Bevor Einstein antworten konnte, kam eine Einmischung von unerwarteter Seite. »Der Ehemann des zweiten Geigers möchte Sie gern in dringender Sache sprechen«[5], hieß es in einem Brief, der Einstein in Le Coq erreichte. Der zweite Geiger war Königin Elisabeth, mit der Einstein mindestens dreimal im Mai Quartette gespielt hatte. Ihr Mann hatte vor zwanzig Jahren eine deutsche Invasion miterlebt und allen Grund, die Macht eines von der Nationalsozialistischen Partei geführten Deutschland zu fürchten.

Einstein reiste nach Brüssel und traf mit König Albert im Palast in Laeken zusammen. Einsteins fortwährender Aufenthalt in Belgien wurde in einigen Kreisen mit sehr gemischten Gefühlen betrachtet. Allgemein herrschte der Wunsch vor, einen Diktator eher zu besänftigen als zu kritisieren. Die deutsche Grenze war in Belgien nirgends weiter als drei Autostunden entfernt. Auch wenn die Drohungen, Einstein zu entführen oder zu ermorden übertrieben waren, so waren sie zu jenem Zeitpunkt doch nicht auszuschließen. Internationale Zwischenfälle wollte man vermeiden, und es ist bezeichnend, daß Einstein allem Anschein nach keine Angebote von belgischen Universitäten erhalten hat.

In dieser Situation mußte die Intervention eines konstitutionellen Monarchen bezüglich einer Angelegenheit, bei der es um den Militärdienst ging, mit größter Vorsicht gehandhabt werden, und der König scheint über die Ansichten, die er Einstein gegenüber äußerte und über dessen Reaktion nichts Schriftliches festgehalten zu haben. Sie gehen jedoch aus dem Briefwechsel hervor, der sich an die Audienz anschloß. Der Kommentar der Herausgeber von »*Einstein on Peace*«, daß »die Diskussion mit dem König Einstein offensichtlich half, betreffs der kritischen Frage der Kriegsdienstverweigerung zu einer Entscheidung zu gelangen«, scheint zuzutreffen.

Am 14. Juli schrieb Einstein an den König. Die Schwierigkeit seines Briefes lag darin, daß er sich entschlossen hatte, nicht zu intervenieren[6].

Es war ein typischer Einstein-Brief, human und verbindlich. Doch war es immer noch ein Brief, der kurz vor einer Entscheidung haltmachte; er ließ die gesamte Frage unbeantwortet, ob Grubenarbeit und derlei Arbeiten für die Kriegsanstrengungen eines Landes nicht ebenso wichtig waren wie der Dienst in den Streitkräften.

Die Antwort des Königs, am 24. in Ostende abgeschickt, war freundlich, aber unverbindlich. Um dem Vorwurf der Verfassungswidrigkeit zu entgehen, achtete er sorgfältig darauf, statt von der derzeitigen Administration von »belgischen Gouvernements« zu sprechen.

».. . Belgische Gouvernements haben die Absicht, sich aus den Konflikten herauszuhalten, die in oder zwischen ihren Nachbarländern stattfinden; unter keinen Umständen werden sie diskriminierenden Handlungen zustimmen, die die Mehrheit der Belgier für verwerflich hält. Wie Sie so treffend gesagt haben, hat unsere Armee defensiven Charakter. In ihr zu dienen, bedeutet, dem Willen eines freien Volkes zu dienen, das die Absicht hat, den Platz zu behaupten, der ihm in der Gesellschaft der Nationen legitimerweise zukommt. Wir empfinden Freude darüber, daß Sie Ihren Fuß auf unseren Boden gesetzt haben. Es gibt Menschen, die durch ihr Schaffen und ihren Geist der Menschheit gehören und nicht einem einzelnen Land; doch das Land, in dem sie Zuflucht suchen, registriert diese Tatsache voller Stolz[7]. . .«.

Dieser Briefwechsel erinnert etwas an Schattenboxen, und es ist wahrscheinlich, daß der König nicht genau wußte, was Einstein als Nächstes tun würde. Doch Einstein hatte bereits einen Entschluß gefaßt. Am 20. Juli schrieb er an Nahon. Er bat, den Inhalt seines Briefes zu veröffentlichen – ein Brief, in dem Albert Einstein, der einst erklärt hatte, daß er sich »lieber in Stücke hacken ließe als an einem so widerwärtigen Geschäft wie dem Krieg teilzunehmen«[8], sagte, er würde mit Freude Militärdienst akzeptieren, wenn er heute Belgier wäre[9].

Zuerst kursierte die Neuigkeit nur in pazifistischen Rundschreiben, aber am 18. August wurde Einsteins Brief in *La Patrie Humaine* veröffentlicht. Drei Tage später drückte Lord Ponsonby brieflich seine »tiefe Enttäuschung« aus. H. Runham Brown, der Sekretär der Internationale der Kriegsdienstgegner bezeichnete Einsteins Brief als »einen schweren Schlag für unsere Sache«, während der *Pressedienst* der Internationalen Antimilitaristischen Kommission behauptete, daß »die Abtrünnigkeit von Einstein ein großer Sieg für den deutschen Nationalsozialismus ist«[10]. Romain Rolland bemerkte voll Bitterkeit in seinem Tagebuch, daß Einstein nun genau die Wehrdienstverweigerer im Stich ließ, die er erst vor zwei Jahren ermutigt hatte. Die Internationale Liga der Kämpfer für den Frieden, das belgische Kriegsdienstgegner-Komitee und viele andere Organisationen hatten das Gefühl, daß Einsteins Abkehr von ihren Prinzipien nach Verrat roch.

Als weiterhin Proteste eingingen, sah sich Einstein veranlaßt, eine allgemeine Erklärung abzugeben. »Mein Ideal bleibt die Beilegung aller internationalen Streitigkeiten durch Verhandlungen«, erklärte er. »Bis vor anderthalb Jahren betrachtete ich die Wehrdienstverweigerung als einen der wirksamsten Schritte zur Erreichung dieses Zieles. Zu dem Zeitpunkt gab es in der ganzen zivilisierten Welt keine einzige Nation, die tatsächlich beabsichtigte, eine andere Nation mit Gewalt zu unterjochen. Ich stehe immer noch mit ganzem Herzen hinter der Idee, daß kriegerische Aktionen verhindert und verbesserte Beziehungen zwischen den Nationen erreicht werden müssen. Aus diesem Grunde glaube ich, daß nichts getan werden sollte, was dazu beiträgt, die organisierte Macht jener europäischen Länder zu schwächen, die heute die beste Hoffnung darstellen, diese Idee zu verwirklichen[11].«

Die europäische Situation der zwanziger Jahre war von der Situation zehn Jahre später tatsächlich sehr verschieden, als zum erstenmal seit 1919 ein europäisches Land sich bewußt der Kriegsdrohung bediente, um seine Ziele zu erreichen. Ehrenwerte Männer gaben widerstrebend zu, daß man den Pazifismus aufgeben mußte. Die Umstände änderten die Belange. Dennoch gibt es einen wichtigen Aspekt, und zwar den Widerspruch zwischen Einsteins Eingeständnis, daß Abrüstungsbemühungen die Deutschen ermutigt hatten, und seiner Hoffnung, daß Wehrdienstverweigerung »einmal wieder wirksam« sein werde. Denn dies Argument bedeutete nichts anderes, als daß man den Pazifismus für eine Weile wegstecken und ihn dann wieder aus der Schublade hervorholen könne, nachdem man mit dem aggressiven Deutschland fertig war.

Es gibt noch zwei weitere bedeutsame Aspekte, die man nicht unter den Tisch fallen lassen sollte. Trotz seiner Bereitschaft, den Pazifismus in dem Augenblick aufzugeben, in dem er erprobt werden sollte, und trotz seines Eintretens für eine internationale Streitkraft betrachtete sich Einstein weiterhin als Pazifisten. Außerdem ist bemerkenswert, daß er seinen neugefundenen Glauben an die militärische Verteidigung speziell auf Deutschland konzentrierte, nicht auf Diktaturen im allgemeinen. Sicherlich war es Deutschland, das ab 1933 die Hauptbedrohung für den Weltfrieden darstellte. Doch noch in späteren Jahren kam sein Eingeständnis, daß man Tyrannei mit Gewalt begegnen müsse, nur selten zum Durchbruch – etwa im Fall von Italien oder Japan, von der Sowjetunion ganz zu schweigen. Seine Initiative richtete sich fast ausschließlich gegen Deutschland. Seine internationale Vorrangstellung trug dazu bei, ihn als Gallionsfigur gegen die Nazis zu etablieren, zu der ihn diese Initiative gemacht hatte. Aber nach 1933 sahen nicht nur Zionisten und Völkerbundsmitglieder, sondern auch Pazifisten seine Grenzen ganz deutlich. Und nach 1933 bestätigte sich Wilfred Trotters Meinung noch mehr. »Wir müssen uns«, hatte er einmal gesagt, »vor dem Glauben in acht nehmen, daß die Anwendung der wissenschaftlichen Methode die Kräfte des menschlichen Geistes erweitert. Nichts wird krasser durch die Erfahrung widerlegt als der Glaube, daß ein Mensch, der sich in einem oder mehreren Bereichen der Wissenschaft ausgezeichnet hat, über alltägliche Angelegenheiten vernünftiger denken kann als irgendein anderer«[12].

Während der zweiten Julihälfte wurde Einstein zum Mittelpunkt einer im wesentlichen politischen Operation. Am 20. Juli schrieb der unermüdliche Locker-Lampson an Lindemann, dem er erstmals während seiner Zeit als Privatsekretär von Winston Churchill begegnet war. »Mein lieber Prof., jemand hat Einstein besucht und bringt ihn nach England, und hat mich gebeten, ihn für dieses Wochenende in meinem Landhaus unterzubringen. Ich habe das arrangiert und nehme ihn am Samstag mit zu Winston.[13]«

Einstein traf wenige Tage später ein und wurde zunächst zu Locker-Lampsons Haus in Esher (Surrey), wenige Meilen von London, gebracht. Das erste Mal traf er mit Churchill zusammen, mit dem er in den Gärten von Chartwell photografiert wurde. Dann speiste er mit Sir Austen Chamberlain zu Mittag. Schließlich fuhr man ihn zu Lloyd Georges Landhaus in Churt. Bevor er hier den früheren Premierminister traf, trug er sich ins Gästebuch ein. Er zögerte einen Augenblick, als er zu der Rubrik »Anschrift« kam. Dann schrieb er »ohne«. Am nächsten Tag schlachtete Locker-Lampson diesen Zwischenfall aus, als er im Unterhaus sprach und eine Gesetzesvorlage einbrachte, »um die Gelegenheit zum Erwerb der Staatsbürgerschaft von Juden außerhalb des Britischen Empire zu fördern und auszuweiten.« Einstein sah ernst und schweigsam, in einen weißen Leinenanzug gekleidet, von der Galerie für prominente Besucher aus zu. Es war ein bewegendes Ereignis, das zu einer Zeit stattfand, als Europa einen Kreuzweg seiner Geschichte erreicht hatte. Das Unterhaus stimmte im Prinzip zu, ging aber dann rasch zu anderen Dingen über.

»Soweit ich weiß, fließt kein Tropfen jüdisches Blut in meinen Adern«, begann Locker-Lampson. Er hatte sich, so erklärte er, nach dem Krieg für die Deutschen eingesetzt, aber er dankte Gott, daß sie nicht gewonnen hatten – »sie hätten vielleicht die Engländer behandelt so wie sie heute die Juden behandeln.« Dann kam er zu Einstein, »dem Mann ohne Heimat«. »Die Hunnen haben seine Ersparnisse gestohlen. Der Rowdy und Gangster Europas hat sein Haus geplündert. Sie haben ihm sogar seine Geige genommen.«[14] Das war nicht sehr beredt. Aber was ihm an Raffinesse fehlte, wurde durch Ehrlichkeit wettgemacht. Der *Völkische Beobachter* beschrieb das Ereignis wenige Tage später als »Einsteinsche Judenvorstellung im Unterhaus«.

Locker-Lampsons Gesetzesvorlage fiel teils der Apathie zum Opfer, teils dem britischen Parlamentssystem; denn es gab vor dem Ende der Sitzungsperiode am 17. November keine Gelegenheit für eine zweite Lesung. Dies wiederum bedeutete, daß die Vorlage automatisch fallengelassen wurde. Es gab keinen Zweifel an Locker-Lampsons Sympathie für Einstein. Doch wäre es zu bieder zu glauben, daß die Einladung nach England und der Versuch, ein Gesetz zur Erlangung der Staatsbürgerschaft durchzubringen, nur dem guten Willen entsprang. Im Juli 1933 spürten nur ein paar weitsichtige Männer die drohende Gefahr; darunter waren Churchill, Lindemann und Locker-Lampson.

Nun kehrte Einstein nach Belgien zurück, nachdem er offenbar die Einladung Locker-Lampsons akzeptiert hatte, ihn noch einmal zu besuchen, bevor er Europa für seinen Aufenthalt in Princeton verließ.

Am 31. August veröffentlichte das »Weltkomitee für die Opfer des deutschen Faschismus« das »Braunbuch über den Hitlerterror« – zufällig an demselben Tag, an dem Professor Theodor Lessing, ein Deutscher, der in die Tschechoslowakei geflohen war, von den Nazi-Häschern aufgespürt und in Marienbad ermordet wurde. Der wichtigste Teil des Buches bestand in der Anklage, die Nazis hätten selbst den Reichstagsbrand in Szene gesetzt. Einstein hatte großzügig wie immer dem Komitee seinen Namen geliehen. Nun sah er sich als Mitverfasser ausgegeben und war gezwungen, einen Rückzieher zu machen. »Mein Name erscheint in den französischen und englischen Ausgaben, als hätte ich es geschrieben«, sagte er. »Das ist nicht wahr. Ich habe nicht ein Wort davon geschrieben. Die Tatsache, daß ich es nicht geschrieben habe, spielt keine Rolle, und die Wahrheit hat eine bestimmte Bedeutung. Ich gehörte dem Komitee an, welches das Buch autorisiert hat, aber ich habe gewiß nichts davon geschrieben, obwohl ich mit ihm im Geist übereinstimme[15] . . .«.

Selbstverständlich zeigte dieser Widerruf wenig Wirkung bei denen, die Blut sehen wollten. Die rotunterstrichene Schlagzeile einer deutschen Zeitung »Einsteins neueste Infamie« war typisch, und Anfang September hieß es, die ›Feme‹, eine extremistische nationale Organisation hätte dem £ 1000 Sterling versprochen, der Einstein umbringt. Die Nachricht, daß diese Summe »auf seinen Kopf ausgesetzt« war, veranlaßte ihn, sein weißes Haar zu berühren und lächelnd zu bemerken: »Ich wußte nicht, daß er soviel wert ist«.

Ellen Wilkinson, britisches Parlamentsmitglied der Labour Party, gehörte dem Komitee an, welches das Buch veröffentlicht hatte. Sie reiste nach Le Coq, wo sie am 2. September mit Einstein zusammentraf. »Ich flehte ihn an, zurückzutreten, uns zu gestatten, seinen Namen aus unseren Briefköpfen zu nehmen«, sagte sie. »›Nein‹, entgegnete er ruhig. ›Sie sollen mich nicht dazu zwingen, das zu tun. Die Arbeit, die Ihr Komitee geleistet hat, ist gut[16].‹«

Einstein sollte nun nach England zurückkehren und dort als Gast von Locker-Lampson bleiben, bis er, einen Monat später, in einer überfüllten Versammlung in der Königlichen Albert Hall sprach (bevor er England – und Europa – zum letztenmal verließ). Im Nachhinein wurde behauptet, daß Einstein aus Europa floh, als er von der Ermordung Lessings hörte; ein bewaffneter Wachposten würde ihn in England dauernd behüten, und in England sei ihm ferner ein besonderer Polizeischutz vor Mordversuchen gewährt worden. Wahr ist, daß er im Juli bei seiner Abreise aus England nach Belgien sagte, er wolle im September zurückkehren, und daß die »bewaffneten Wachposten« aus Locker-Lampsons beiden Sekretärinnen und einem Knecht bestanden, denen man teils aus Jux, teils aus Lokalkolorit für die Photographen Sportflinten gegeben hatte, ferner daß Scotland Yard nicht von Morddrohungen verständigt wurde. Die Mordgeschichte war in Wirklichkeit von Locker-Lampson erfunden, der sie gegenüber einer Londoner Abendzeitung »durchsickern« ließ, als der Kartenverkauf für die »Einstein-Versammlung« in der Königlichen Albert Hall schleppend verlief.

Wenn man dies in Rechnung stellt, dann erscheint die Ernsthaftigkeit einer persönlichen Bedrohung für Einstein im Spätsommer 1933 fragwürdig. Man soll sich nicht dem Glauben hingeben, daß speziell diese Ermordung nicht im Einklang mit der Infamie der Nazis hätte stehen können. Doch Einstein selbst hatte dazu den Kommentar mit dem besten gesunden Menschenverstand auf Lager. »Wenn ein Bandit ein Verbrechen begehen will, hält er es geheim[17]«, bemerkte er, als er erstmals von den Drohungen hörte. Die belgische Polizei hatte in etwa dieselbe Auffassung und ihr Chef sagte: »Der Professor läßt sich nicht aus der Ruhe bringen. Als man ihm sagte, daß auf seinen Kopf ein Preis ausgesetzt sei, war er nur mäßig überrascht. Er weiß, daß er von der Polizei geschützt wird, aber er gibt mir zu verstehen, daß er die getroffenen Maßnahmen nicht besprechen will. Er sagte mir, er habe keine Angst. Heute morgen fragte ich ihn, ob er weitere Maßnahmen zu seinem Schutz für nötig erachte. Er sagte, dies sei nicht der Fall[18].«

Diese Mißachtung seiner eigenen Sicherheit paßte sehr gut zu dem Mann. Was ihm Sorgen machte, war eine Beeinträchtigung seiner Arbeit, die der Polizeischutz oft mit sich brachte. Mit Elsa war es eine andere Sache, und sie bat am Freitag, den 8. September einen Reporter aus England, Locker-Lampson anzurufen und zu fragen, ob Einstein unverzüglich als Gast zurückkommen könne. Locker-Lampson wurde sofort aktiv, er war begierig, wieder der Gastgeber zu sein, besonders unter solch dramatischen Umständen, und am Samstag wurde Einstein mit Murphy nach Ostende gefahren.

Nach seiner Ankunft in London wurde er für die Nacht in einer kleinen Pension am Earl's Court untergebracht. Einstein war dankbar, daß ihm die überstürzte Abreise erlaubt hatte, mit leichtem Gepäck zu reisen. »Auch wenn ich mit zwei Riesenkoffern reisen würde, hätte meine Frau immer noch eine kleine Pappschachtel mit überflüssigem Gepäck«, vertraute er Murphy an[19].

Am nächsten Morgen wurde er von den beiden Sekretärinnen des »Commanders« nach Cromer an der Ostküste gefahren. Hier besaß Locker-Lampson ein Ausflugshotel, in dem ein Zimmer reserviert war. Aber Einstein wurde stattdessen nach Roughton Heath gebracht, drei Meilen von der Stadt entfernt, wo der Commander ein Stück Land besaß. Hier wurde er in einem der Ferien-Chalets untergebracht. Sein Aufenthalt war von einer grotesken Mischung von Geheimnistuerei und Publicity umgeben. »Wenn sich eine unbefugte Person nähert, erhält sie eine Ladung Schrot aufgebrannt«, drohte der Commander. Aber dem Ortsphotographen von Cromer erlaubte man, Aufnahmen von Einstein in Pullover und Sandalen zu machen, während die beiden weiblichen »Wachen« mit Sportflinten für die Presse-Agenturen posierten, deren Bilder um die Welt gingen. Hier sagte Einstein zu einem Reporter: »Ich werde naturalisierter Engländer, sobald meine Unterlagen bearbeitet sind. Commander Locker-Lampson hat Ihrem Parlament bereits vorgeschlagen, mich sofort einzubürgern, statt mich die üblichen fünf Jahre warten zu lassen. Das Parlament wird uns eine Antwort geben, wenn es wieder zusammentritt. Ich kann Ihnen nicht sagen, ob ich England zu meiner Heimat mache. Ich weiß nicht, wo meine Zukunft liegt. Ich werde einen Monat hier sein und dann den Atlantik überqueren, um der Verpflichtung einer Vorlesungsreihe nachzukommen. Professor Millikan, der große amerikanische Forscher, hat mich eingeladen, mich an der Universität Pasadena in Kalifornien niederzulassen. Sie haben dort das schönste Observatorium der Welt. Aber obwohl ich versuche, im Denken universell zu sein, bin ich nach Instinkt und Neigung Europäer. Ich werde hierher zurückkehren wollen[20].«

Einstein verbrachte ungefähr einen Monat auf Roughton Heath. Er lebte und aß in dem kleinen Holzhaus, das ihm zugewiesen war und arbeitete mit Dr. Mayer, der ihm von Belgien aus gefolgt war. Seine Gegenwart in der Nähe von Cromer war zu einem offenen Geheimnis geworden, und es trafen viele Besucher in Locker-Lampsons »Festung« ein. Einer davon war Sir Samuel Hoare, der frühere britische Außenminister. Mit Hoare diskutierte Einstein die europäische Situation. Ein zweiter Besucher war Einsteins Schwiegersohn Dmitri Marianoff, der im Auftrag einer französischen Zeitung einen populären Artikel über die Relativitätstheorie schrieb und ein wenig unsicher war, wie sein Schwiegervater auf eine erneute Anfrage reagieren würde.

Nach Roughton Heath kam auch Jacob Epstein, dem drei Sitzungen für eine Büste gewährt wurden. Einstein erschien – wie sich Epstein in seiner Autobiographie erinnert – im Pullover und wild im Wind flatternden Haaren.

»Sein Blick enthielt eine Mischung des Humanen, des Humorvollen und des Tiefgründigen. Das war eine Kombination, die mich begeisterte. Er ähnelte dem alternden Rembrandt[21].«

Die Sitzungen fanden in Einsteins kleiner Hütte statt, die bereits ein Klavier enthielt und kaum der geeignetste Ort für die Aufgabe war. »Ich fragte die aufwartenden Mädchen, von denen es mehrere gab, Sekretärinnen von Commander Lampson, die Tür auszuheben, was sie auch taten«, schreibt Epstein. »Aber sie fragten im Spaß, ob ich als nächstes das Dach abgehoben haben möchte. Ich dachte, das wäre mir ganz angenehm, aber ich sprach es nicht aus, denn die zu Diensten stehenden ›Engel‹ schienen ein bißchen was gegen mein Eindringen in die Zuflucht ihres Professors zu haben.«

Nach den Sitzungen erholte er sich am Klavier. Einmal holte er seine Violine heraus. »Er sah ganz wie ein wandernder Zigeuner aus, aber die Seeluft war feucht und die Violine abscheulich und er gab auf«, schrieb Epstein.

Wenige Wochen später wurde die Büste in einer Londoner Galerie ausgestellt. Als sie kurz unbeaufsichtigt gelassen wurde, fand man die Büste des berühmtesten Naturwissenschaftlers der Welt, geschaffen von dem größten Bildhauer der Welt – beides Juden – auf dem Fußboden der Galerie wieder. Glücklicherweise konnte der Schaden leicht repariert werden.

Der Vandalismus ließ sich erklären. Denn während Einstein in der Abgeschiedenheit lebte, fand eine Verwandlung statt. Länger als ein Jahrzehnt hatte er das Aus-der-Welt-sein des theoretischen Physikers symbolisiert, eines Menschen, dessen manchmal komische Erscheinung durch die Ehrlichkeit seiner Überzeugungen ausgeglichen und zur Realität wurde, die Tiefe seiner Menschlichkeit und die Einfachheit seines Humors, der die Sympathie in den gewöhnlich Sterblichen weckte. Nun, da Hitler verkündete, daß das Dritte Reich tausend Jahre währen würde, änderte sich das Bild wieder. Jetzt wurde er trotz seiner selbst zum Symbol der Menschen, die widerstrebend doch noch gezwungen wurden, zu den Waffen zu greifen. Aber nicht alle fühlten, daß es richtig sei, gegen Hitler und die Bedrohung durch die Nazis anzukämpfen. So wie es Leute in England, Frankreich und sogar im Reich gab, die glaubten, die Zeit sei gekommen, um der zunehmenden Bewaffnung Deutschlands entgegenzutreten, so glaubten andere, die neue deutsche Regierung müsse als ein Bollwerk gegen die russische Drohung aus dem Osten aufgebaut werden. So wurde Einstein in Europa, viel deutlicher als in den USA, zu einem Symbol jenes ideologischen Schismas, das drei Jahre später mit dem Ausbruch des Spanischen Bürgerkriegs Großbritannien in 2 Lager teilte.

Die Lage wurde vom ›New Statesman‹ präzise zusammengefaßt: »Für unsere Generation ist Einstein zu einem doppelten Symbol geworden«, hieß es,

».. . ein Symbol des Geistes, der in den kalten Regionen des Raumes reist, und ein Symbol des tapferen und großzügigen Ausgestoßenen, reinen Herzens und fröhlichen Gemüts ... Seht, wie er am Strand von Cromer sitzt und rechnet, Charlie Chaplin mit der Stirn von Shakespeare, während ein anderer Schuljunge, Locker-Lampson, die Raufbolde in Schach hält. So ist es kein Zufall, daß die Nazis einen besonderen Haß auf ihn haben. Er steht für das, was ihnen am wenigsten zusagt, das Gegenteil der blonden Bestie – intellektuell, individualistisch, übernational, pazifistisch, tintenschwarz und rundlich. Man kann sich nicht vorstellen, daß die bösen Buben den Albert nicht verprügeln[22].« Aber es waren nicht nur die bösen Buben. Einige der vergleichsweise braven, die Pazifisten, die sich unehrenhaft verraten fühlten, betrachteten Einstein inzwischen als einen üblen Renegaten.

Einstein war somit im Monat September des Jahres 1933 ein Mann, der von allen Seiten angegriffen wurde: vom deutschen Establishment, von der »Hände weg von Hitler«-Bewegung in England und von seinen früheren pazifistischen Freunden. Und nun kam noch ein schwererer persönlicher Schlag: die Nachricht aus Leiden, daß Paul Ehrenfest Selbstmord begangen hatte, unter tragischen Umständen.

Bevor Einstein Europa verließ, erreichten ihn andere Nachrichten, die einen Freund aus derselben Zeit betrafen. Während des Sommers hatte er eine Mitteilung von Haber erhalten. Haber war zusammen mit seiner Familie zum christlichen Glauben übergetreten. Das sollte ihn nicht schützen. In einem Schreiben voll Würde und Stolz bat er am 30. April selbst um seine Entlassung: »Meine Tradition verlangt von mir in einem wissenschaftlichen Amte, daß ich bei der Auswahl von Mitarbeitern nur die fachlichen und charakterlichen Eigenschaften der Bewerber berücksichtige, ohne nach ihrer rassenmäßigen Beschaffenheit zu fragen. Sie werden von einem Manne, der im 65. Lebensjahr steht, keine Änderung der Denkweise erwarten, die ihn in den vergangenen 39 Jahren seines Hochschullebens geleitet hat ...«[23] In seinem Abschiedsbrief an seine Mitarbeiter betonte er, daß sich das Institut 22 Jahre lang bemüht hatte, der Menschheit im Frieden und dem Vaterland im Krieg zu dienen. »So weit ich das Ergebnis beurteilen kann, ist es günstig gewesen und hat dem Fache wie der Landesverteidigung Nutzen gebracht[24].«

»Von Fritz Haber erhielt ich«, erzählte Einstein, »unlängst einen Brief, worin er mir seine Absicht mitteilt, sich um eine Stellung an der hebräischen Universität in Jerusalem zu bewerben. Da dreht sich doch die ganze Welt um[25].« Einstein, der 1921 von Haber davor gewarnt worden war, die Zionisten zu unterstützen, warnte nun Haber davor, nach Palästina zu gehen. Der Grund war einfach. Während Weizmann versuchte, bekannte Männer wie Weyl,

James Frank und Einstein selbst an die Universität zu bringen, glaubte Einstein, daß die jungen und potentiell militanten Leute im Strom der Flüchtlinge ein Vorrecht auf die Positionen genossen, die die Universität anzubieten hatte. Einsteins Abraten erwies sich als wirksam und Haber kam nach England. Er ließ sich in Cambridge nieder und stellte fest, daß England ihn ebensowenig mochte, wie er England. Max Born, der selbst Flüchtling in Cambridge war, berichtet, daß Lord Rutherford eine Einladung in sein Haus ablehnte, wenn Haber auch da war, weil er nicht dem Erfinder der chemischen Kriegführung die Hand schütteln wollte[26]. Haber zog in die Schweiz und traf im Spätsommer mit Weizmann zusammen. Hier überredete ihn der Zionistenführer, eine Stellung am Seiff-Institut in Palästina anzunehmen. Weizmann teilte die Neuigkeit Einstein mit.

Es gab ein Postskriptum, von dem Einstein erst in den USA erfuhr. Anfang 1934 legte Haber den ersten Teil seiner Reise ins gelobte Land zurück. Er kam bis Basel. Und dort starb er, allein und immer noch ungläubig, daß seine dem Vaterland geleisteten Verdienste ihm keine privilegierte Wohnstätte verliehen.

Einstein verließ Roughton Heath während der ersten Oktobertage. Er fuhr nach London, wo er als Hauptredner bei einer von Locker-Lampson organisierten Massenversammlung in der Royal Albert Hall auftreten sollte. Die Initiative ging von dem Academic Assistance Council aus, dem Prototyp so vieler Hilfsorganisationen, die Hitlers Säuberungsaktion hervorbrachte. Als die »Belgenland« mit Einstein an Bord sechs Monate vorher in Antwerpen angelegt hatte, hatte William Beveridge, der Direktor der Londoner Wirtschaftsfakultät in einem Wiener Café gesessen und die lange Liste der deutschen Professoren gelesen, die nach den neuen Nazistatuten bereits entlassen waren. Er wollte ihnen helfen und wurde während einer Begegnung mit Leo Szilard dazu ermutigt. »Man kam überein«, schrieb Szilard, »daß Beveridge, sobald er nach England zurückkam . . ., versuchen sollte, ein Komitee zu gründen, das sich an die Aufgabe machte, Plätze für diejenigen zu finden, die deutsche Universitäten verlassen müssen . . .«

Nach England zurückgekehrt, gründete Beveridge den Akademischen Freiheitsfonds. Im Mai hatte er erfahren, daß Rutherford bereit war, an die Spitze einer Organisation zur Unterstützung von Flüchtlingen von deutschen Universitäten zu treten. Als Rutherford erstmals von Einsteins Konflikt mit der Preußischen Akademie gehört hatte, hatte er an de Hevesy geschrieben: »Ich verstehe, daß Einstein seine Stellung in Berlin gekündigt hat, aber ich nehme an, daß er wegen der besonderen Vergütung dort in den USA finanziell gesehen gut aufgehoben ist[27].« Jetzt dagegen setzte er seine Energien vorbehaltlos für das Academic Assistance Council ein.

Die Versammlung in der Albert Hall am 3. Oktober war der erste größere Versuch des Councils, der nicht-akademischen Öffentlichkeit den Umfang der Entlassungsaktion vor Augen zu führen, die nun so viele Männer aus Deutschland vertrieb. Eine Versammlung irgendeiner Art war die Idee von Walter Adams gewesen, dem Sekretär des Councils. Adams fuhr wenige Tage nach Einsteins Ankunft nach Cromer. »Zuerst sahen wir uns einem schönen Mädchen mit einem Gewehr gegenüber«, sagte er. »Dann tauchte ein zweites auf, ebenfalls mit einem Gewehr. Endlich sahen wir Einstein . . .«

Er kam schnell zur Sache. Einstein stimmte ebenso schnell zu, für das Council zu sprechen. Aber anscheinend begriff er weder damals noch einige Zeit später ganz, worauf er sich einließ. So wie er es verstand, sollte eine kleine Konferenz stattfinden, auf der bekannte Personen gebeten wurden, zu sprechen und zu Stiftungen aufzurufen. Aber, wie Adams formulierte, »als er einmal zugestimmt hatte, entfernte sich Locker, griff zum Telefon und mietete die Albert Hall.« Die Organisation wurde vom »Commander« vorangetrieben und vom Flüchtlingshilfsfonds getragen.

Am Abend des 3. Oktober führte Lord Rutherford den Vorsitz[28]. Neben Einstein saßen unter anderem auf dem Podium Sir James Jeans, gerade auf der Höhe seines Ruhmes, Sir William Beveridge und Sir Austen Chamberlain. Der Saal war überfüllt, seine 10000 Sitze waren besetzt und Hunderte saßen oder standen in den Gängen. Nicht nur die berühmten Namen hatten sie angezogen. Locker-Lampsons gezielte Indiskretion, daß ein Anschlag auf Einsteins Leben drohte, hatte diejenigen auf die Beine gebracht, die auf der Suche nach etwas Dramatischem waren. Auf der Rückseite der Eintrittskarte mußte jeder Besucher eine Erklärung unterzeichnen, bevor man ihn einließ: »Ich verpflichte mich hiermit, keine Störungen zu verursachen, noch in irgendeiner Weise die ordnungsgemäße Durchführung der Veranstaltung zu verhindern.« Polizei in großer Zahl war vor dem Saal postiert, um sich der Proteste seitens der Britischen Faschisten-Union anzunehmen. Mehr als 1000 Studenten, viele von der Universität London, fungierten als Platzanweiser – hauptsächlich um mit den erwarteten Protesten im Saal von seiten der Nazi-Sympathisanten fertigzuwerden. Aber es gab keine.

Trotz der großen Namen auf dem Podium wollten die meisten Einstein hören. Es gibt keine Übereinstimmung darüber, was er sagte, und die veröffentlichten Fassungen unterscheiden sich beträchtlich voneinander. Er sprach auf Englisch, doch alle Versionen stimmten darüber überein, daß er die deutsche Drohung mit Erfolg umriß, ohne dabei Deutschland namentlich zu erwähnen. Dies geschah hauptsächlich auf Veranlassung des Councils selbst, in dessen Manifest es hieß, daß es sich »bei der vorliegenden Angelegenheit nicht allein um eine jüdische handelt; viele, die gelitten haben oder bedroht worden sind, haben keine Verbindung zum jüdischen Glauben. Die Angelegenheit ist zwar augenblicklich in Deutschland akut, aber nicht bloß auf dieses Land beschränkt.« Einstein hielt es für falsch, wie er später anmerkte, das Land gezielt zu verdammen, als dessen Bürger man ihn bis vor kurzem betrachtet hatte, und er sprach deshalb »als ein Mensch, als ein guter Europäer und als Jude«. In seinem vorbereiteten Manuskript ließ er eine Stelle aus über »die Machtergreifung, die davon kommt, daß man in einem großen Land die Doktrin des Hasses und der Rache predigt« und er ließ auch eine Stelle über die »Erzählungen von der heimlichen deutschen Wiederbewaffnung« weg.

Die deutsche Säuberungsaktion zu beschreiben, ohne Deutschland zu nennen, hielten diejenigen für richtig, die nicht Zorn erregen, sondern, wenn es noch möglich war, besänftigen wollten. Sir William Bragg sagte zu Rutherford, als man ihn gebeten hatte, Schatzmeister des Academic Assistance Council zu werden, »daß es, wie ich vermute, möglich ist, mehr Böses als Gutes zu verursachen, indem man die Leute, die in Deutschland an der Macht sind, zornig macht[29].« Sir Austen Chamberlain meinte, es sei zwar in Ordnung, zu protestieren, aber falsch, zu scharf zu protestieren.

Gegen Ende seiner Rede sprach Einstein aus dem Stegreif und erinnerte sich an die jüngstvergangenen Tage in Norfolk. »Ich lebte in der Einsamkeit des Landes und stellte fest, wie die Monotonie eines ruhigen Lebens den schöpferischen Geist beflügelt«, sagte er. »Es gibt bestimmte Berufe innerhalb unserer modernen Gesellschaft, die einem ein solch isoliertes Leben auferlegen, ohne besondere Anforderungen an das Körperliche oder Geistige zu stellen. Ich denke an solche Tätigkeiten wie die Bedienung von Leuchttürmen oder Leuchtschiffen. Wäre es nicht möglich, solche Posten mit jungen Leuten zu besetzen, die wissenschaftliche Probleme durchdenken wollen, besonders mathematischer oder philosophischer Natur? Auf diese Weise könnte man vielleicht einer größeren Anzahl schöpferischer Individuen die Möglichkeit zu geistiger Entwicklung einräumen als gegenwärtig möglich ist. In diesen Zeiten wirtschaftlicher Depression und politischen Aufruhrs scheinen derartige Überlegungen Aufmerksamkeit zu verdienen.«

Einsteins Auftritt war direkt, einfach und bewegend. Er hatte die magnetische Ausstrahlung, die den geborenen Schauspieler und den natürlichen Politiker auszeichnet. Wie diese glaubte er, was er sagte, in dem Moment, wo er es sagte, und er gewann im Vergleich zu den Gemeinplätzen der anderen Redner. Die Versammlung festigte bestimmt die Position derjenigen, die Hilfe für akademische Flüchtlinge suchten, und sie brachte nicht nur Bargeld, sondern Hilfsangebote von Universitäten im ganzen Land.

Aber es gab sicher auch andere in England, die mit Einsteins altem Kollegen Dufour-Feronce übereingestimmt hätten, dem früheren deutschen Sekretär im Völkerbund, dem er seinen Rücktritt im Jahr 1932 auseinandergesetzt hatte. »Ich bin überzeugt davon, daß sich die Dinge mit der Zeit selbst einspielen, und Versammlungen von der Art wie die Versammlung für Einstein in der Albert Hall tragen nur dazu bei, die Situation brenzlig zu machen und nicht, sie zu verbessern . . .«, schrieb er an den Sekretär von Lloyd George. »Es ist bedauernswert, daß so ein großer Wissenschaftler seinen Namen für Propaganda gegen sein Geburtsland hergibt. Aber obwohl er in Bayern geboren wurde, hat er sich nie richtig als Deutscher gefühlt[30].«

Nach der Versammlung vervollständigte Einstein seine Vorbereitungen für die Abreise aus Europa. Eine von Einsteins letzten Begegnungen in England fand mit dem Reverend M. L. Perizweig statt, dem Vorsitzenden des Weltbundes Jüdischer Studenten, deren Ehrenpräsident Einstein war. Nach dem Treffen gab Einstein eine Erklärung ab, die einen leicht ominösen Ton hatte. »Der Wert des Judentums«, hieß es, »liegt ausschließlich in seinem geistigen und ethischen Gehalt und in der Art, wie er seinen Ausdruck im Leben einzelner Juden gefunden hat. Studieren ist von uns deshalb mit Recht immer als eine geheiligte Beschäftigung betrachtet worden. Damit soll jedoch nicht gesagt sein, daß wir danach streben sollen, den Lebensunterhalt in den akademischen Berufen zu verdienen, wie es jetzt unglücklicherweise zu oft der Fall ist. In diesen schwierigen Zeiten müssen wir jede Möglichkeit ausschöpfen, uns auf die praktischen Bedürfnisse einzurichten, ohne dabei unsere Liebe zu den Dingen des Geistes aufzugeben oder das Recht, unsere Studien zu betreiben[31].« Er deutete damit an, daß nicht alle Flüchtlinge aus Deutschland wie geplant ihre akademische Laufbahn verfolgen konnten.

Ein anderes Treffen vor Einsteins Abreise aus England kam nicht zustande. Am 4. Oktober fuhr Lindemann von Oxford nach London, rief Locker-Lampson an und erklärte, daß er hoffe, Einstein am folgenden Tag sprechen zu können. In der festen Absicht, mit Hilfe von geflohenen Wissenschaftlern die Naturwissenschaft in Oxford im allgemeinen und des Clarendon-Instituts im besonderen auszubauen, hoffte er nun, die bestehenden Bindungen mit Einstein zu stärken.

Was als nächstes passierte, ist nicht klar. Aber am 5. Oktober schrieb Einstein an Lindemann und sagte, er hätte von seinem Versuch erfahren, ihn am Telefon zu sprechen, aber er hätte nichts mehr gehört, er hoffe auf eine nächste Begegnung; und es ist offenkundig, daß er erwartete, im Sommer 1934 wie geplant nach Oxford zurückzukehren[32].

Am 7. Oktober betonte er vor Reportern, daß er nun für sechs Monate in die

Vereinigten Staaten gehe, obwohl er nicht wisse, was er nach seiner Rückkehr tun werde. Erst vor ein paar Monaten hatte er seine Herbert Spencer-Vorlesung mit der Versicherung eingeleitet, daß die Bindungen zwischen ihm und der Universität Oxford »ständig stärker werden«. Lindemann selbst soll der Lesart des Christ Church College zufolge noch jahrelang behauptet haben, daß »Locker-Lampson Einstein aus Europa verjagt hat«.

Diese Reise verlief ohne besondere Ereignisse. Gegen Ende machte man die Pläne für die Landung perfekt. In den Monaten, seit die »Belgenland« New York verlassen hatte, hatte Einstein viel dazugelernt, wie man der Publicity aus dem Weg ging. Es sollte keine Wiederholung früherer Gelegenheiten geben, bei denen man ihn in die Ecke getrieben hatte. Diesmal war er fest entschlossen, Interviews zu meiden, die, wie die *Times* schrieb, »1930 die Relativitätstheorie sogar noch unverständlicher erscheinen ließen, als sie bereits ist«. Als sich die »Westernland« dem New Yorker Hafen näherte, trafen Einstein, seine Frau, Dr. Mayer und Miss Dukas ihre letzten Vorbereitungen. An der Battery kam ein Schlepper längsschiffs. An Bord waren zwei Kuratoriumsmitglieder vom Institute for Advanced Study, die nun ihren Besuchern von Bord halfen. Die »Westernland« setzte ihren Weg fort, und lange, ehe sie anlegte, waren Einstein und seine Begleitung in ein Auto umgestiegen und wurden nach Princeton gefahren, was diejenigen nicht wissen konnten, die am Pier an der 23. Straße von Manhattan auf ihn warteten[33].

5. Teil

Der berühmte Einwanderer

19. KAPITEL

MIT DER LEGENDE LEBEN

Als Einstein nach Princeton kam, war er immer noch ein Stipendiat des Christ Church College, der 1934, 1935 und 1936 für einige Wochen Oxford besuchen sollte. Eine private Gesetzesvorlage lag immer noch auf dem Tisch des Unterhauses, die es ihm ermöglicht hätte, die britische Staatsbürgerschaft zu erwerben. Die Anziehungskraft von Europa war immer noch groß. Vor Jahren hatte Rutherford zu einem Freund gesagt, der von England nach Kanada ging, nachdem er drei Jahre mit J. J. Thomson am Cavendish-Institut gearbeitet hatte, er hätte »die physikalische Welt« verlassen, womit er die Welt der Physik meinte[1]. Und als Einstein erstmals Janos Plesch seine Pläne anvertraute, nach Princeton zu gehen, hatte dieser gefragt: »Wollen Sie Selbstmord verüben[2]?«

Zunächst ließ er sich keineswegs für ständig nieder. Viel mehr war im Herbst 1933 nicht sicher. Ihm stand es frei, besuchsweise nach Europa zurückzukehren, für längere oder kürzere Zeit, selbst wenn er dort nicht regelmäßig einen Teil des Jahres verbringen würde.

Daß er letztlich beschließen sollte, sich endgültig in New Jersey niederzulassen, spricht sehr für die Behandlung, die man ihm in Princeton angedeihen ließ, und für die Art des Lebens, die man dort in den dreißiger Jahren führte. Die Stadt, die sich längs ihrer einzigen Hauptstraße entlangzieht, ist von New York und von Philadelphia aus bequem zu erreichen. In dem welligen Gelände liegen weißgetünchte Schindelhäuser. Die pseudo-englischen Gebäude der Universität bieten denjenigen Trost, die den Atlantik mehr aus Notwendigkeit denn aus freiem Willen überquert haben. Einstein hatte einen Sinn für Örtlichkeiten, er schätzte die ruhigeren Demonstrationen der Natur, hatte die Hügel lieber als die hohen Gipfel, und zog die Gebiete vor, in denen der Wechsel der Jahreszeiten regelmäßig und ohne große Sprünge vor sich ging. Princeton befriedigte dieses Verlangen, und er richtete sich für die Wintermonate ein, so zufrieden, wie man es eben von einem Flüchtling erwarten kann.

Princeton war damals noch mehr als heute von einem »grünen Gürtel« von Anwesen umgeben, die ehemaligen Universitätsabsolventen gehörten. Diese wiederum schufen die Atmosphäre, die in der Stadt vorherrschte, eine Atmosphäre reicher, konservativer republikanischer Geschäftsleute, von denen einige leicht antisemitisch waren. Als Gruppen waren sie kaum davon angetan, daß in ihre Stadt plötzlich prominente Flüchtlinge einbrachen, denn das konnte ihre eigene soziale Stellung überschatten. Mit ein paar bemerkenswerten Ausnahmen knüpften sie keine Beziehungen zu den Neuankömmlingen. Das war Einstein nur angenehm.

Die Veränderung gegenüber Europa war für ihn nicht so groß wie für die meisten anderen Leute. Später, nachdem er zwei Jahrzehnte lang in Princeton gelebt hatte, empfand er, daß es mit seinen Alleen und stillen Häusern, jedes einzelne eine Insel im eigenen Garten, fast einer Heimat gleichkam.

Zusätzlich war die Atmosphäre am Institut selbst sehr anziehend. Es gab keine Anfangssemester, keine Burschenschaften, keine Fußballmannschaften, keine Stiftungen, keine Examen. Statt dessen herrschte ein intellektuelles Mönchstum, das es ihm und anderen Kollegen gestattete, ihre Gedanken ohne Unterbrechung voranzutreiben. Die Münze hatte jedoch eine Kehrseite. In Berlin hatte Einstein die Freiheit von allen Verpflichtungen genossen, sich aber gleichermaßen der Freiheit erfreut, Seminare abzuhalten, wenn er dies wünschte. In Princeton waren die einzigen »Studenten« Männer, die bereits ihren Doktortitel hatten. Er neigte dazu, den fehlenden Kontakt mit jungen Leuten zu bedauern.

Im Winter des Jahres 1933 war das Institut der Arbeitsplatz für 18 Akademiker, deren einzige nominelle Verpflichtung darin bestand, von Oktober bis Ende April anwesend zu sein. Fuld Hall, der elegante Bau, der einmal das Institut am Rande der Stadt beherbergen sollte, wurde erst 1938 gebaut, und das neue Unternehmen war teils in dem großen Fachwerkbau an der Alexander Street nahe dem Stadtzentrum, teils in den Universitätsgebäuden untergebracht, wo man auch Einstein eingewiesen hatte.

Einstein und Elsa richteten sich in der Nähe ein, am Library Place Nr. 2, in einem kleinen gemieteten Haus, nur ein paar hundert Meter von der Universität entfernt. Um Einstein begann sich eine neue Sammlung von Legenden zu entwickeln. Binnen weniger Monate wurde ihm ein besonderer Platz im Mythos Amerikas zugewiesen, ein Platz, der nicht vom Meister der unverständlichen Relativitätstheorie eingenommen wurde, sondern vom tapferen David, der seine Faust gegen den Goliath Hitler schüttelte. Als der junge

Politologe David Mitrany in den Vereinigten Staaten eintraf, um sich dem Institut anzuschließen, stellte der Zollbeamte seine Fragen ein, als er seinen Bestimmungsort nannte. »Oh, Sie meinen das *Einstein*-Institut«, sagte der Beamte und deutete auf seine Bücherpakete. »Geht in Ordnung, Bruder, nimm sie weg.«

Einstein wurde auch zu dem großen Mann, dem das kleine Mädchen des Nachbarn regelmäßig die Rechenaufgaben brachte. Er war der Mann, zu dem der Busfahrer am Ort verzweifelt sagte »Kopfrechnen schwach«, als der Fremde in seinem neuen Geld kramte. Solche Geschichten sind enthüllend, nicht wegen ihres Wahrheitsgehalts, sondern weil sie zeigen, was man von Einstein erwartete. Mit seiner Freundlichkeit war man ebenso vertraut wie mit seiner äußeren Erscheinung, und wenn es das kleine Mädchen mit seinen Rechenaufgaben nicht gegeben hätte, wäre es sicher erfunden worden. Er war ein zutiefst bescheidener Mensch und es war nur natürlich, daß die frühere »Can't you count«- (»Können Sie nicht zählen«)-Geschichte ihren Weg über den Atlantik nahm.

Manchmal äfft die Natur die Kunst nach, manchmal ist der wirkliche Mensch mehr als jede Legende zu behaupten wagte. Churchill Eisenhart, der Sohn des ehemaligen Dekans der Princeton Graduate School erzählt, wie kurz nach Einsteins Ankunft ein Telefonanruf im Büro des Dekans abgenommen wurde. »Kann ich bitte Dekan Eisenhart sprechen«, sagte der Sprecher. Nachdem man ihm gesagt hatte, daß der Dekan nicht da sei, sagte der Anrufer: »Vielleicht können *Sie* mir sagen, wo Dr. Einstein wohnt.« Aber man hatte vereinbart, alles zu tun, ihn vor neugierigen Anrufern zu beschützen, und so wurde die Beantwortung der Frage höflich abgelehnt. »Die Stimme am Telefon verfiel beinahe ins Flüstern«, schreibt Eisenhart, »und fuhr fort: ›Bitte sagen Sie es niemandem, aber *ich bin* Dr. Einstein. Ich bin auf dem Heimweg und habe vergessen, wo mein Haus ist[3].‹«

Die Zerstreutheit war ebensowenig gestellt, wie die Unordentlichkeit. Was nach Karikatur aussah, war der Mann selbst. Einstein war eben ein Mann, der einfach so handeln mußte; weil er seinen Geist und seine Zeit dem für ihn Wesentlichen widmete. »Wir sind die Sklaven von Badezimmern, Kühlschränken, Autos, Radios und Millionen anderer Dinge«, sagte Infeld, der 1936 zu Einstein nach Princeton kam und bald ein enger Freund von ihm wurde. »Einstein versuchte, sie auf das unbedingt Notwendige zu reduzieren. Lange Haare vermindern den Bedarf an Friseuren. Es geht auch ohne Socken. Eine Lederjacke löst die Rockfrage für viele Jahre. Hosenträger sind ebenso überflüssig wie Nachthemden und Pyjamas[4].«

Das war der Einstein, ohne Socken und Hosenträger, der sich bald eingewöhnte, unter dem Schutz der Vereinbarung, daß man ihn in Frieden lassen sollte, um sich akklimatisieren zu können. Er und Elsa wurden nach und nach akzeptiert, nicht zuletzt, weil er immer ein guter Gesellschafter war, während Elsa, trotz ihrer Vorliebe für Princetons High Society, eine Natürlichkeit hatte, die ihr bald Vertrauen einbrachte.

Ein Hinweis auf den neuen Status, den man ihnen zugestand, kam Anfang November, als Roosevelt ihn zum Essen ins Weiße Haus einlud. Die Art, wie das Institut reagierte, war ein Anzeichen für kommende Dinge und die Auseinandersetzung mit Abraham Flexner, die erst enden sollte, als Dr. Frank Aydelotte neuer Direktor wurde.

Anfang November rief Oberst MacIntyre, Präsident Roosevelts Sekretär, das Institut an, wo Einsteins Sekretärin die Einladung des Präsidenten in seinem Namen annahm[5]. Wenig später erhielt MacIntyre einen überraschenden Telefonanruf von Flexner. Nach den Worten eines Memorandums des Protokollamts des Weißen Hauses »erklärte er sehr bestimmt, daß Termine mit Professor Einstein nur über ihn festgelegt werden könnten«. Flexner ließ dem Anruf einen Brief an den Präsidenten folgen. »Mit echtem und tiefempfundenen Widerstreben fühlte ich mich heute nachmittag gezwungen, Ihrem Sekretär, Herrn MacIntyre zu erklären, daß Professor Einstein nach Princeton gekommen ist, um seine wissenschaftliche Arbeit in Abgeschlossenheit fortzuführen und daß es absolut unmöglich ist, eine Ausnahme zu machen, wenn diese unvermeidlich die öffentliche Aufmerksamkeit auf ihn zieht.

Sie sind sich der Tatsache bewußt, daß es in New York eine unverantwortliche Gruppe von Nazis gibt. Außerdem, wenn die Zeitungen Zugang zu ihm hätten oder wenn er eine einzige Verpflichtung oder Einladung annehmen würde, die an die Öffentlichkeit kommt, wäre es praktisch unmöglich für ihn, in der Stellung zu verbleiben, die er an diesem Institut angenommen hat. Mit seiner Zustimmung und auf seinen Wunsch hin habe ich in seinem Namen Einladungen von hohen Beamten und von wissenschaftlichen Vereinigungen abgelehnt, an deren Arbeit er wirklich interessiert ist[6].«

Einstein war weit davon entfernt, nur »eine einzige Verpflichtung« zu erfüllen. So zum Beispiel gab er bei einem öffentlichen Konzert sein amerikanisches Debut als Geiger, er nahm als Ehrengast an einem von Gouverneur Lehmann gegebenen Abendessen teil, und er wurde als Einwohner von New Jersey offiziell willkommen geheißen – all das binnen weniger Monate nach seiner Ankunft. Aber die Angelegenheit vermittelt einen Begriff von Flexners Besitzansprüchen gegenüber den Gelehrten und Wissenschaftlern, die er angekauft hatte, und läßt vermuten, daß die »unverantwortliche Gruppe von Nazis« nur eine Ausrede war, um Einstein vom Präsidenten fernzuhalten, der vielleicht von ihm erwartete, seine Kräfte den Vereinigten Staaten überhaupt zur Verfügung zu stellen – möglicherweise sogar dem California Institute of Technology. Flexners Brief ließ als gewiß erscheinen, daß die Ablehnung der Einladung des Präsidenten mit persönlicher Zustimmung Einsteins erfolgt war.

Roosevelt wäre wahrscheinlich auch in dem Glauben belassen worden, hätte nicht Henry Morgenthau, seinerzeit Unterstaatssekretär im Finanzministerium, an Einstein geschrieben, wobei er beiläufig die abgelehnte Einladung erwähnte[7].

Eine zweite Einladung ins Weiße Haus folgte Einsteins Brief auf dem Fuße, und er und Elsa trafen am 24. Januar in Washington ein. Sie speisten mit dem Präsidenten und seiner Frau und blieben die Nacht über. Ihre lange Unterhaltung nach Tisch wurde auf Deutsch geführt, das, wie sich Einstein später erinnert, der Präsident sehr gut sprach. Es gibt keine direkten Aufzeichnungen über die Gesprächsthemen. Indirekte Hinweise finden sich in dem achtzeiligen Knittelvers, den Einstein vor seiner Abreise verfaßte. Eine Kopie davon wird in den Archiven des Weißen Hauses aufbewahrt[8].

Sie gibt keinen Hinweis auf das »Ihrer«. Aber es wird klar aus den ursprünglichen Versen, die auf einer kleinen Postkarte stehen. Die Karte, die jetzt in den Königlichen Archiven in Brüssel liegt, war an die Königin Elisabeth von Belgien adressiert.

Die Lage in Europa war wahrscheinlich nicht das einzige an diesem Abend diskutierte Thema und anscheinend wurde die Frage nach der amerikanischen Staatsbürgerschaft angeschnitten. Das kann gut der Fall gewesen sein, denn wenige Wochen zuvor hatte Roosevelt einen Brief von dem Abgeordneten F. H. Shoemaker erhalten, worin vorgeschlagen wurde, er solle »durch Regierungsverordnung Professor Einstein die amerikanische Staatsbürgerschaft verleihen«[9]. Der Sekretär Roosevelts antwortete, daß vom Kongreß nie vorgesehen war, die amerikanische Staatsbürgerschaft per Regierungsverordnung zu gewähren, daß aber ohne Zweifel der Arbeitsminister Einstein schreiben würde, wie er die Naturalisationspapiere erhalten könne, wenn er dies wünsche. Einstein war zu diesem Zeitpunkt ganz zufrieden damit, nur die Schweizer Staatsbürgerschaft zu besitzen – er lebte bis zum Sommer 1936 nur mit einem zeitlich begrenzten Besuchervisum in den Vereinigten Staaten.

Die Frage nach der Nationalität wurde zwei Monate später in der Öffentlichkeit gestellt. Am 28. März beantragte der Abgeordnete Kenney aus New Jersey im Repräsentantenhaus eine gemeinsame Entschließung mit dem Inhalt, Einstein die amerikanische Staatsbürgerschaft zu verleihen. Am nächsten Tag, vermutlich ein Zufall, wurde in Berlin offiziell bekanntgegeben, daß Einstein zusammen mit 37 anderen auf Anordnung von Innenminister Wilhelm Frick formell die deutsche Staatsbürgerschaft verloren hatte.

Einstein gab keine öffentliche Erklärung ab. Was die Aktion des Abgeordneten anbetraf, so war er ganz zufrieden mit seiner Schweizer Staatsbürgerschaft, was er Kenney in einem Brief am 11. April auch klarmachte mit der Bitte, den Antrag zurückzunehmen.

Einsteins Pläne für die unmittelbare Zukunft waren immer noch in der Schwebe. Am Freitag, den 30. März fuhr er mit Elsa nach New York und traf sich mit einer Reihe von Elsas Verwandten, die auf der »Albert Ballin« von Europa herüberkamen. Am Sonntag besuchte er ein Konzert in der Carnegie Hall, wo man ihm eine Ehrenurkunde überreichte, ehe er zu einem Abendessen des »National Labor Committee for the Jewish Worker in Palestine« (»Nationalen Gewerkschaftsausschusses für den jüdischen Arbeiter in Palästina«) ging. Beides war als Abschiedsveranstaltung deklariert und Einstein sollte eigentlich am Dienstag, den 3. April mit dem Schiff nach Antwerpen fahren. Aber am Montag, den 2. April verkündete die Jüdische Telegraphen-Agentur, er hätte seine Pläne geändert und würde für unbegrenzte Zeit in den Vereinigten Staaten bleiben. Die Agentur zitierte eine Erklärung seiner Sekretärin, in der es hieß: »Viele verschiedene Umstände haben zu dieser Entscheidung beigetragen[10].«

Tatsächlich hatte Einstein einige Monate lang hin- und her überlegt. Die Pläne für seinen Besuch in Oxford, der im Frühjahr oder im Sommer 1934 fällig war, wurden mit Lindemann seit November 1933 diskutiert[11]. Aber er war mehr und mehr darauf aus, abzusagen, und am 17. Dezember schrieb er, die Bedingungen in den USA seien so günstig, daß er auf die 400 £ vom Christ Church College verzichten könne. Ob sie nicht anderweitig verwendet werden könnten, fragte er. Eine Anregung, die sich schließlich zu dem Vorschlag verdichtete, daß damit jüdische Flüchtlinge aus Deutschland unterstützt werden sollten. Doch Lindemann war ein entschlossener Kämpfer, und Anfang 1934 erhielt Einstein eine Einladung von Locker-Lampson, die mit großer Wahrscheinlichkeit auf Lindemanns Veranlassung zurückging und in der er gedrängt wurde, nach England zu kommen.

Es widerstrebte ihm immer noch, Amerika zu verlassen. Aber er hatte früher an Mrs. Roosevelt geschrieben, daß er nur bis Ende März 1934 in Princeton sein werde[12]. Noch am 22. März 1934 schrieb er an Max Born, daß er, wenn möglich, den Sommer irgendwo in Amerika verbringen wolle, in Ruhe[13]. Nach einem Brief Erwin Schrödingers an Lindemann zu urteilen, fiel die Entscheidung am 28. März.

Schrödinger besuchte Amerika und hatte Einstein teils aus Freundschaft, teils als Abgesandter Lindemanns aufgesucht. Jetzt, am 29. März, berichtete er nach Hause: ». . . Leider hat er mich gebeten, Ihnen ein definitives *Nein* zu schreiben . . . Der Grund für seine Entscheidung ist tatsächlich, daß er vor dem Aufwand, dem Trubel und den daraus resultierenden Verpflichtungen zurückschreckt, die ihm auferlegt werden, wenn er erst nach Europa zurückkommt. Er glaubt, der einzige Weg, dem zu entgehen, besteht darin, diesen Sommer in Amerika zu bleiben. Ich richtete ihm auch aus, daß seine Vorstellung sozusagen von einer Übertragung des Stipendiums, das für diesen Zweck zur Verfügung stand, auf einen anderen oder andere Flüchtlinge, die es brauchen können, nicht durchführbar ist. Er versteht es natürlich, obwohl er es bedauert[14].«

Einstein bedauerte es nicht nur. Er weigerte sich, ein Nein als Antwort zu akzeptieren. Er schrieb jetzt selbst an das Christ Church College und stellte fest, daß er nicht vorhatte, Oxford in diesem Jahr zu besuchen. Deshalb fühle er sich nicht berechtigt, die 400 £ anzunehmen, die mit dem Stipendium verbunden waren, aber er hoffte, daß der Senat[15] einen Teil oder die ganze Summe dazu verwenden würde, geflohenen Wissenschaftlern zu helfen. Diese Bitte wiederholte er 1935 und 1936. Denn er fürchtete, auch nach Paris und Madrid gehen zu müssen, wenn er erst einmal nach Oxford zurückgekehrt war[16].

Wäre er nach Europa zurückgekehrt, wäre er als öffentliches Symbol der Opposition gegen Hitler gezwungen gewesen, Reden zu halten und sich kopfüber ins politische Leben zu stürzen. Außerdem gab es persönliche Verpflichtungen, die unvermeidbar seine Zeit und seine Energie in Anspruch genommen hätten. Seine erste Frau und seine beiden Söhne lebten sicher in der Schweiz. Seine älteste Stieftochter Ilse war mit ihrem Mann nach Amsterdam gegangen, während Margot in Belgien geblieben war. Es gab noch andere Verwandte in ganz Europa, entweder seine eigenen oder die von Elsa. Hätte er den Atlantik überquert, wäre er unvermeidlich und unmittelbar in die Diskussion über ihre Zukunft hineingezogen worden.

Die Entscheidung, in Schrödingers Worten, »diesen Sommer in Amerika zu bleiben«, brachte die Suche nach einem Landhaus mit sich, vorzugsweise in einer Gegend, wo man segeln konnte. Elsa kümmerte sich darum und wandte sich an Leon Watters um Hilfe, den sie erstmals im Januar 1933 in Pasadena getroffen hatten. Watters hinterließ eine umfangreiche Sammlung von Briefen und Erinnerungen, die viel Licht auf die beiden letzten Lebensjahrzehnte Einsteins werfen. Anfang 1933 bestanden Pläne, den 50. Geburtstag des Hebräischen Technischen Instituts für Knaben, das Watters in New York leitete, zu feiern. Er hoffte, Einstein dazu veranlassen zu können, daran teilzunehmen. »Nachdem ich Einsteins Haus in Princeton erreicht hatte«, schrieb Watters später, »bat ich meinen Chauffeur, Martin Flattery, zur Tür zu gehen, zu läuten und zu fragen, ob ich den Professor sprechen kann. Er kam gleich darauf zum Wagen zurück und erzählte, daß ihm eine Dame gesagt hätte, die Einsteins seien nicht daheim. Ich schrieb eine kurze Mitteilung und bat den Chauffeur, sie am Haus zu hinterlegen ... Während ich damit beschäftigt war, glaubte ich zu bemerken, wie jemand durch die Fenstervorhänge des Hauses blickte und Martin zuwinkte. Er ging wieder zur Tür, kam mit einem breiten Grinsen auf dem Gesicht wieder zurückgelaufen und sagte, ich solle hereinkommen. Als ich über die Schwelle trat, ergriff Frau Einstein mit Wärme meine Hand und entschuldigte sich unterwürfig, daß sie hatte ausrichten lassen, sie seien nicht zu Hause. Sie sagte, sie hätte meinen Namen nicht erkannt und erklärte, gezwungen zu sein, sich so zu verstecken, um sich vor der unaufhörlichen Belästigung durch Besucher zu schützen. Ich entschuldigte mich meinerseits, unangemeldet gekommen zu sein. Nach einer kurzen Plauderei rief sie »Albert!«, und einen Augenblick später kam Einstein die Treppe herunter. Er trug einen abgetragenen grauen Sweater, ein Paar verbeulte Hosen und Pantoffeln, er hielt eine Pfeife in der Hand und begrüßte mich herzlich[17].«

Über Einstein war inzwischen eine Sintflut von Aufforderungen hereingebrochen, für wohltätige Zwecke zu sprechen, an Wohltätigkeitsveranstaltungen teilzunehmen, seinen Namen einer Vielzahl von edlen Unternehmungen zu leihen. Er lehnte gewöhnlich ab; die Ausnahmen bezogen sich entweder auf die Unterstützung für den wachsenden Strom von jüdischen Flüchtlingen aus Europa oder die Juden in Palästina. »Für eine Sache wie die Ihre komme ich gerne«, sagte er Watters.

Diese Begegnung begründete eine Freundschaft, die sich rasch entwickelte. Ehe drei Wochen um waren, hatten die Einsteins das Institut von Watters besichtigt, einige Zeit mit ihm in seiner New Yorker Wohnung verbracht und sein Angebot akzeptiert, bei ihrer Suche nach einem Landhaus behilflich zu sein.

Sie trafen sich wieder, und immer wieder. Im April 1934 begann eine lange und aufschlußreiche Korrespondenz zwischen Elsa und dem reichen Biochemiker. Auch Einstein schrieb, aber es sind die Briefe seiner Frau, die das vertraute Bild des großen Mannes zeichnen. Er war stets darauf bedacht, ein Auftreten in der Öffentlichkeit zu vermeiden. Er hatte die Absicht, mit seiner Arbeit voranzukommen. »Zum erstenmal seit seiner Volljährigkeit« wurde er dazu verleitet, eine Synagoge aufzusuchen. Und er erholte sich einzig in seinem kleinen Boot, das er mit einer wilden Entschlossenheit segelte, die Bewunderung bei den Experten und Angst bei seinen Freunden erzeugte.

Watters zeichnete einige Jahre lang Einstein in seinem Verhältnis zur Außenwelt nach. Das ist Einstein, wie er mit einem Freund auf ein New Yorker

Wohltätigkeitsfest kommt und über die Blumenarrangements seines Gastgebers bemerkt: »Eine Blume ist schön, ein Übermaß an Blumen ist vulgär[18].« Das ist Einstein, wie er den chauffeurgefahrenen Wagen von Watters anhalten läßt, herausspringt und seine eigenen Briefe aufgibt und auf die naheliegende Frage antwortet, er »wolle uns keine Umstände machen«. Das ist auch Einstein, der nicht sehen will oder kann, wie seine eigene Vorstellung von Gleichheit Verlegenheit erzeugen kann. »Eben als wir uns alle an den Tisch gesetzt hatten, erhob sich Einstein von seinem Stuhl, ging hinaus, kam mit meinem Chauffeur zurück und plazierte ihn am Tisch neben sich. Flattery, ein bescheidener Mann, fühlte sich unwohl, und sobald das Mahl beendet war, entschuldigte er sich damit, am Wagen etwas richten zu müssen und entschwand[19].«

Eines Abends sagte Einstein mit einer Spur von Bedauern und Sehnsucht in der Stimme, er habe nie Wurzeln geschlagen. »Als Junge«, sagt Watters, »hätte er nie die Gesellschaft anderer Jungen genossen, als Student war er nie mit seinen Kommilitonen vertraut geworden und hätte niemals Anteil an ihren Aktivitäten genommen[20]. Dem berühmten Wissenschaftler begegneten die Leute mit Ehrerbietung; er begegnete ihnen nie auf einer gleichen Basis, die zu dauernder Freundschaft führt.« Diese Bemerkung tut Einsteins engen persönlichen Freundschaften ein wenig unrecht – mit Ehrenfest, die mehr als 20 Jahre dauerte, oder mit Besso, die mehr als doppelt so lange hielt. Sie spiegelt das einsame Exil in seinen Fünfzigern viel stärker wider als den jungen Mann im Zentrum der Dinge.

Elsa versicherte sich Watters Hilfe bei der Auswahl eines Sommerdomizils zum Segeln. Zuerst wählten sie Maine. Wenige Wochen später existierte ein neuer Plan, der sich für Greenport aussprach, das zum Segeln ideal geeignet war.

Bevor über die Angelegenheit endgültig entschieden werden konnte, kam aus Europa die Nachricht, daß Ilse Einstein in Paris ernsthaft erkrankt war. Elsa erklärte, sie müsse sofort zu ihrer Tochter. Was sollte mit Einstein geschehen? 17 Jahre lang hatte ihn Elsa durch den Alltag geleitet. Nun sollte er ohne Elsa in einem Land zurückbleiben, in dem er immer noch wie ein Fremder war. Er wollte nicht in Princeton bleiben, und es wurde schließlich so eingerichtet, daß er nach der Abreise seiner Frau in »Das Studio« in Watch Hill im Staate Rhode Island ging. Hier sollte er im Frühsommer das gemietete Landhaus mit Dr. Bucky und dessen Frau und ihren zwei Söhnen teilen, sowie mit Miss Dukas, die den Haushalt und dringende Korrespondenz erledigte.

Am 19. Mai reiste Elsa auf dem französischen Dampfer »Paris« von New York ab. Ihr Mann, der sie verabschiedet hatte, wurde von Watters mit in die Wohnung genommen, wo er ihm sagte, er solle sich vor dem Mittagessen hinlegen. »Ich bin nicht müde, aber ich möchte nicht ungehorsam sein«, sagte er und ruhte sich aus, während Liszts »Lorelei« erklang. »War es erfrischend?«, fragte Watters, als sie sich zum Mittagessen hinsetzten. »Das Sofa ja, die Musik nicht sehr – zu süßlich[21]«, antwortete Einstein. Er wurde zu einem kurzen Gespräch mit seinem alten Freund Dr. Schwarz gefahren, dem früheren deutschen Konsul, der inzwischen entlassen worden war; dann zurück nach Princeton, um den Umzug nach Watch Hill zu den Buckys vorzubereiten. Dr. Bucky war nicht nur Röntgenologe und Arzt, sondern auch ein Erfinder, und die Korrespondenz beweist, daß Einsteins Gabe, die Stärke oder die Schwäche einer guten Idee zu erkennen, in den dreißig Jahren, seit er das Patentamt verlassen hatte, noch nicht verlorengegangen war. Die beiden Männer ließen eine Kamera patentieren, diskutierten Möglichkeiten, die Gravitation zur Höhenmessung zu benutzen, und vielleicht auch um »eine proportionale Beschreibung von Schallwellen durch magnetische Mittel zu erhalten«.

Watters besuchte den Haushalt in Rhode Island Anfang Juli. Er erfuhr viel über Einsteins Gewohnheiten. »Wenn keine Besucher da waren, wurde ihm zuerst und allein aufgetragen. Die Buckys speisten später für sich. Miss Dukas erledigte in der Hauptsache das Kochen. Die Mahlzeiten bestanden gewöhnlich aus Makkaroni, Nudeln, anderen leichten Speisen und wenig Fleisch.«

In Watch Hill verbrachte Einstein den größten Teil seiner Zeit in dem Boot, das er sich an einem Steg hielt, der vom Landhaus aus zu Fuß zu erreichen war. Sein Boot auf dem Havelsee außerhalb Berlins war, schrieb Plesch, »vielleicht der einzige Gegenstand, den zurückzulassen ihn schmerzlich berührte, als die Zeit kam, sich den Staub Deutschlands von den Füßen zu schütteln«[22]; und bis ins hohe Alter hinein segelte er, nicht bloß am Carnegie Lake von Princeton, sondern die ganzen Sommerferien hindurch. Manchmal wählte er ein Dorf an der Ostküste, manchmal eines an den Binnenseen. Einmal, nach einer Operation, überredete ihn sein Freund, doch einmal nach Florida zu gehen. Sie fühlten sich dort aber nicht wohl. Florida war Einstein »zu versnobt«[23].

Segeln war bei Einstein wie Musik weniger ein Hobby als eine Erweiterung seines Ichs, wobei sich die Grundzüge seines Charakters und seines Temperaments zeigten. So war es unvermeidlich, daß er mit höflichen Worten einen Außenbordmotor zurückgab, den man ihm geschenkt hatte. Er fuhr niemals einen Wagen – »der Herr Professor fährt nicht. Es ist zu kompliziert«[24], erklärte Elsa einem Besucher. Er war über 50, als er zum erstenmal eine Kamera bediente und mit nur mäßigem Erfolg lernte, auf der Schreibmaschine zu schreiben. Jede Art von Motor war ein mechanisches Hindernis. »Das natürliche Gegenspiel von Wind und Wasser entzückte ihn am meisten«, sagt Bucky, der oft mit ihm segelte. »Geschwindigkeit, Rekorde und vor allem Wettbewerbe waren gegen seine Natur. Er empfand ein kindliches Vergnügen, wenn eine Windstille eintrat und das Boot zum Stehen kam oder wenn das Boot auf Grund lief.[25]« Seine Leidenschaft, nur die wesentlichsten Dinge zu benützen, führte dazu, daß er keine Schwimmwesten und keine Schwimmgürtel an Bord hatte – obwohl er nicht schwimmen konnte. »Ich segle gern«, sagte er, »weil es der Sport ist, der am wenigsten Energie fordert«. Er beschäftigte sich nie mit Navigation und sah nie auf einen Kompaß, wenn er im Boot saß. Das glich er mit seinem guten Orientierungssinn aus – den er an Land kaum zeigte. Die Elementarregeln der Physik vermittelten ihm das Wissen, wie man mit einem Boot umging. Dies wurde auch von dem Designer W. Sterling Burgess gewürdigt, der ihn einige Jahre später aufsuchte, als Einstein gerade Ferien in Newport machte. »Burgess hatte eine Anzahl von Entwürfen gemacht, nach denen die beste Form des Rumpfes der neuen amerikanischen Yacht festgelegt werden sollte, und er hatte mehrere Seiten voll Berechnungen und Gleichungen[26]«, sagt Watters. »Einstein hörte geduldig zu, während Burgess seine Notizen vorlas; dann saß er für einige Minuten in Gedanken versunken da, nahm Papier und Bleistift und gab Burgess seine Antwort.«

Ein anderes Phänomen war seine Indifferenz gegenüber tödlicher Gefahr, die sich in einer derartigen Furchtlosigkeit vor rauhem Wetter zeigte, daß man ihn mehr als einmal heimschleppen mußte, nachdem sein Mast gebrochen war. Etwas anderes war das merkwürdige Vergnügen, das er darin fand, das Unerwartete zu tun. »Als ich einmal mit ihm draußen segelte«, schreibt Watters, »und während wir in eine interessante Unterhaltung verwickelt waren, rief ich plötzlich ›Achtung‹, weil wir beinahe auf ein anderes Boot auffuhren[27]. Er wich mit ausgezeichneter Beherrschung aus und als ich bemerkte, wie dicht wir einem Zusammenstoß waren, fing er an zu lachen und segelte direkt auf ein Boot nach dem anderen zu, sehr zu meinem Entsetzen; aber er scherte immer rechtzeitig aus, und dann lachte er wie ein böser Bub.«

Die Nachrichten von seiner Frau aus Frankreich und von Freunden, denen es gelungen war, Deutschland zu verlassen, wurden immer schlimmer. Nach ihrer Ankunft in Paris mußte Elsa feststellen, daß ihre jüngere Tochter Margot die Schwester pflegte, die im Sterben lag. Nach wenigen Wochen kehrte sie mit der Asche ihrer Tochter über den Atlantik zurück.

Ilses Witwer war Rudolf Kayser, der nach der nationalsozialistischen Machtergreifung nach Holland emigrierte, wo er vermischte Schriften seines Schwiegervaters unter dem Titel *Mein Weltbild* herausgab. Kayser überquerte nun den Atlantik und gesellte sich zu den Einsteins in Princeton, ehe er einen Lehrstuhl für deutsche Philosophie an der Brandeis-Universität übernahm. Auch Margot kam mit ihrem Mann, von dem sie sich später scheiden ließ. Schließlich kam auch noch Hans Albert, Einsteins ältester Sohn. Er hatte Mileva in Zürich zurückgelassen, die sich um seinen jüngeren Bruder sorgte, bei dem man eine Form von Schizophrenie festgestellt hatte. Zwei Jahre später, nur ein paar Monate vor dem Ausbruch des Zweiten Weltkriegs, sah Einstein seine Schwester Maja wieder, die aus Italien nach Amerika kam. Von den Verwandten, die in Europa blieben, waren die engsten Onkel Cäsar und seine beiden Kinder.

Die Emigranten kennzeichneten den anwachsenden Strom von Juden aus Deutschland – und später aus Österreich und der Tschechoslowakei –, die während der zweiten Hälfte der dreißiger Jahre den Atlantik überquerten. Einstein konnte sich von ihrem Schicksal nicht isolieren. Deshalb umspannte seine Arbeit seit seiner Ankunft in den USA bis zum Eintritt Amerikas in den Krieg gegen Deutschland im Jahre 1941 nicht nur die Forschung, sondern sehr viele außeruniversitäre Bemühungen. Dies reichte von Aufrufen, Geld zu spenden, bis zum vertraulichen Rat über die Besetzung von Stellungen. Er schrieb Briefe, ließ Beziehungen spielen und gebrauchte schamlos die beträchtliche Macht des winzig kleinen *A. Einstein* am Fuß der Seite.

Er verabscheute es, heucheln zu müssen, und brachte dies zum Ausdruck, als er einen Freund bat, an seiner Stelle eine Rede zu halten. »Sie wissen, daß ich keine Reden halten kann, ich kann nicht lügen.« Aber das hieß nicht, daß sein Kollege es konnte. »O nein, Sie wissen, wie man liebenswürdig ist[28].«

Er haßte es, seine Zeit zu verschwenden und seine Gesundheit verursachte eine Beschränkung seiner Aktivitäten, so daß er 1937 eine Einladung nach London ausschlagen mußte. Er war nun zufrieden mit der Hebräischen Universität, im Stadium *nach* Magnes – doch es gab immer noch Gelegenheiten, wo seine unterschiedliche Auffassung zur offiziellen hebräischen Politik zum Ausdruck kam.

Zu alledem bewegte ihn die Unterteilung der Physik in eine richtige arische und eine falsche jüdische. An einem Ende des deutschen akademischen Spektrums stand Professor Müller von der Technischen Hochschule Aachen, der Einstein und sein Werk als Teil eines jüdischen Komplotts ansah, die Naturwissenschaften zu verseuchen. Auf etwa der gleichen Ebene bewegte sich Professor Tomaschek, der Direktor des Physikalischen Instituts in Dresden: Die moderne Physik, erklärte er, sei für das Judentum ein Werkzeug zur Zerstörung der nordischen Wissenschaft. Die wahre Physik sei eine Schöpfung deutschen Geistes ... ja die gesamte europäische Wissenschaft die Frucht arischen, oder besser, deutschen Denkens[29].

Auf einer höheren Ebene standen die Männer, deren Ruf ihnen automatisch Gehör verschaffte. Professor J. Stark, der 1922 seinen Lehrstuhl an der Universität Würzburg aufgegeben hatte, kam nun mit der Behauptung wieder an die Oberfläche, daß »die Begründer der Forschung in der Physik und die großen Entdecker von Galilei und Newton bis zu den modernen Pionieren unserer Zeit fast ausschließlich der arischen, vorwiegend der nordischen Rasse angehörten[30].« Da war auch der unvermeidliche Lenard, der anordnete, daß auf den Instrumenten seines Heidelberger Labors das Wort »Ampère« durch das Wort »Weber« (nach Wilhelm Weber) ersetzt wurde. Seine vierbändige *Deutsche Physik* wurde in Fraktur gedruckt, um »den deutschen Geist« zum Ausdruck zu bringen. [Albert Einsteins] »Relativitätstheorien‹ wollten die ganze Physik umgestalten und beherrschen; gegenüber der Wirklichkeit haben sie aber nun schon vollständig ausgespielt. Sie wollten wohl auch gar nie wahr sein«[31]. Diese Art des Angriffs fand ihren Ausdruck in den einleitenden Worten zu Lenards viertem Band. »›Deutsche Physik?‹ wird man fragen; ich hätte auch arische Physik oder Physik der nordisch gearteten Menschen sagen können, Physik der Wirklichkeitsergründer, der Wahrheitsuchenden, Physik derjenigen, die Naturforschung begründet haben. – ›Die Wissenschaft ist und bleibt international!‹ wird man mir einwenden wollen. Dem liegt aber ein Irrtum zugrunde. In Wirklichkeit ist die Wissenschaft, wie alles, was Menschen hervorbringen, rassisch, blutmäßig bedingt.[32]« Bruno Thüring wies auf dasselbe Argument hin. Einstein, behauptete er, ist nicht der Schüler von Kopernikus, Galilei, Kepler und Newton, sondern ihr entschlossener Gegner. »Einstein ist nicht der Schüler dieser Männer, sondern ihr absoluter Gegner, seine Theorie ist nicht Schlußstein einer Entwicklung, sondern radikale Kampfansage mit dem Ziele der Vernichtung dessen, was dieser Entwicklung zugrunde liegt, nämlich der Weltauffassung des germanischen Menschen[33].«

Wäre diese Negierung wissenschaftlicher Forschung auf ein paar Vereinzelte an den Universitäten beschränkt geblieben, dann hätten sich weniger Menschen entschlossen, das Land heimlich zu verlassen und eine unbekannte Zukunft anzutreten. Aber ihre Wirkung erstreckte sich auf weite Kreise. Einige entschieden sich, in Deutschland selbst weiterzukämpfen. Von Laue, der Einstein kurz vor Ausbruch des Krieges in Princeton besucht hatte, erklärte, warum er zurückkehren mußte: »Ich hasse sie so sehr, daß ich ihnen nahe sein muß. Ich muß zurückgehen[34].« Andere kamen zu dem Schluß, daß es ihre Pflicht war, Ruhe zu halten, andere legten sich nicht fest; wieder andere kamen zu dem Entschluß, daß es ihre Pflicht sei, die Koffer zu packen und zu gehen. Unter Einsteins Kollegen, die Deutschland verließen, war der berühmte Max Born. In Hamburg erklärte Einsteins alter Kollege Otto Stern bei Hitlers Machtergreifung, er würde von seinem Lehrstuhl zurücktreten. Seine Mitarbeiter redeten es ihm aus, aber er wiederholte, daß er gehen würde, sobald das erste Anzeichen eines Eingriffs in sein Institut käme. Es kam im Juni. Stern verließ sein Labor und kam nie mehr zurück. Wenig später ging er von Deutschland in die Vereinigten Staaten, wo man ihm am Carnegie Institute of Technology den Nobelpreis verlieh. Erwin Freundlich verließ den »Einstein-Turm« in Potsdam, ging zuerst nach Istanbul, dann nach Prag und nach St. Andrews in Schottland. Leo Szilard kam über Österreich nach England und überquerte später den Atlantik. Einstein, Szilard, Teller, Wigner, Peierls und Frisch, Otto Stern, Hans Bethe und Victor Weisskopf – dies sind nur einige der Männer, die Europa verließen und die ihren Teil zu der Arbeit beitrugen, die zu Hiroshima und Nagasaki führte; und die, wäre die Politik der NSDAP nicht gewesen, ein ganz anderes Einleitungskapitel zur Geschichte des Atomzeitalters hätten schreiben können.

Einstein richtete sich am Institute for Advanced Study für seine Arbeit ein. Er war ein gefragter Mann. Aber die Nachfrage nach ihm war nicht nur deshalb so besonders stark, weil er der berühmteste Naturwissenschaftler der Welt war. Er war nun Mitte fünfzig, eher ungesellig, und jemand, der den anderen entweder absichtlich oder zufällig auf die Zehen trat. Doch sein Fluidum machte ihn nicht nur zu etwas Außergewöhnlichem, es machte auch beinahe jede Begegnung mit ihm zu einer denkwürdigen Angelegenheit. Es gab immer irgendeine Einstellung, einen Satz, an den man sich noch lange erinnerte und den man nur mit ihm in Verbindung bringen konnte.

Als Harvard ihm eine akademische Würde verleihen wollte, nahm sich bei dieser Gelegenheit Harlow Shapley seiner an. Er veranstaltete einen privaten Kammermusikabend in seinem Haus[35]. Elsa, die nicht kommen konnte, gab wie gewöhnlich eine Reihe von Anweisungen. »Er ist eine empfindliche Pflanze«, schrieb sie. »Er soll keine Zigarre rauchen. Er kann Kaffee zum Frühstück haben, aber abends soll er Sanka bekommen, sonst schläft er nicht gut.« Einstein befolgte diese Anweisungen, sagt Shapley. »Als er vom Abendbrottisch aufstand und die Männer in die Bibliothek gingen, sagte er ›nein‹ zu der angebotenen Zigarre. Traurig holte er seine Pfeife hervor. Später führte ich ihn noch einmal in Versuchung. Diesmal nahm er die Zigarre und sagte sanft, ›Ach, mein Weib‹.«

Einmal wurde er dazu verleitet, das Rockefeller Medical Centre in New York zu besuchen, das damals von Abraham Flexners Bruder geleitet wurde. Hier arbeitete Dr. Alexis Carrel – dessen außerberufliche Interessen Spiritualismus und außersinnliche Wahrnehmung waren – zusammen mit Lindbergh an einem Apparat zur Perfusion menschlicher Organe. Carrel hatte Einstein eingeladen, den Apparat mit seinen pulsierenden Versuchsstücken zu inspizieren. Lindbergh erinnerte sich noch dreißig Jahre später daran, wie Einstein mit Carrel in den Raum trat. Carrel setzte seinen Spiritualismus auseinander und sagte: »Aber Doktor, was würden Sie sagen, wenn Sie diese Erscheinung selbst beobachten würden?« »Ich würde es immer noch nicht glauben«, erwiderte Einstein[36].

Anfang 1935 hatte er sich mit der Tatsache abgefunden, daß Europa nie wieder seine Heimat sein würde. Sogar ein Besuch mußte Probleme mit sich bringen. Drei Monate später reiste er mit seiner Familie und Miss Dukas nach Hamilton auf den Bermudas. Er spielte das übliche Versteckspiel mit den Reportern, blieb lange genug, um beim amerikanischen Konsul formelle Visaanträge zu stellen, die nach amerikanischem Gesetz notwendig waren, da er immer noch bloß ein Besuchervisum hatte, und kehrte nach einer Woche nach Princeton zurück. Nun konnten sie die Formulare erhalten, die zur Einbürgerung berechtigten.

Im August 1935 kaufte er das geräumige zweistöckige Haus in 112 Mercer Street. Es sollte mit der Zeit eines der berühmtesten Häuser der Welt werden – das »sehr alte und schöne Haus mit einem tiefen Garten«, wie Elsa es in einem Brief an Onkel Cäsar in Belgien beschrieb. Das Haus Nr. 112, 120 Jahre alt, war innen, hinter der Veranda und den grünen Fensterläden, ruhig und komfortabel. Es unterschied sich von den vielen, ebenso weiß gestrichenen Häusern nur wenig. Eine niedrige Hecke, ein hübscher Rasen, fünf Stufen zur Veranda und eine breite Treppe im Innern, die zu den Schlafzimmern hinaufführte – das alles waren Kennzeichen der Anonymität, ebenso wie die Bäume, die hinten und vorne das Haus umgaben.

Die erste Veränderung wurde bei der Einrichtung von Einsteins Arbeitszimmer vorgenommen, das im ersten Stock lag und den Blick auf den hinteren Garten freigab. Die Hälfte der Wand wurde durch ein riesiges Fenster ersetzt, das die Bäume in den Raum hineinzubringen schien, so daß Einstein sagen konnte, man fühle sich kaum wie im Innern des Hauses. Die zwei übrigen Wände wurden mit Bücherregalen verstellt, die vom Fußboden bis zur Decke reichten. Die Mitte des Raumes füllte ein großer niedriger Tisch aus, der gewöhnlich mit einer Ansammlung von Bleistiften, Schreibblöcken und Pfeifen bedeckt war. Vor dem Fenster stand ein Schreibtisch. Einziges schmückendes Beiwerk waren Bilder von Faraday, Maxwell und wenig später auch Gandhi. An der Wand hing eine schlichte Urkunde über seine Ehrenmitgliedschaft der Berner Naturforschenden Gesellschaft. In den Räumen darunter standen die schweren und altmodischen Möbel aus der Haberlandstraße 5, ein krasser Widerspruch zu der Umgebung im Kolonialstil. Überraschenderweise waren sie von den Nazis freigegeben und schließlich auf Elsas Anweisungen hin in die Vereinigten Staaten gebracht worden. Allem Anschein nach haßte Einstein diese Möbel.

Mit diesem Heim als seinem Hauptsitz wurde Einstein eine bekannte Figur der Princetoner Szene.

Eine anfängliche Frostigkeit zwischen Einstein und den Einwohnern der kleinen Stadt in New Jersey ist leicht verständlich. Er fühlte eine scheue, europäische Zurückhaltung gegenüber dieser Nation von extrovertierten Menschen. Andererseits wurden auch die umgänglichsten Amerikaner durch den isolierenden Hauch von Genie, der diesen exzentrisch aussehenden, ruhigen Zeitgenossen umgab, auf Distanz gehalten.

Dieses Stadium ging vorüber. Lange vor Ausbruch des Kriegs hatte Einstein seinen besonderen Platz innerhalb der Gemeinschaft Princetons eingenommen. Man hatte immer noch das Gefühl, daß er sich von allen abhob, und das wurde als unangenehm empfunden. Viele hatten ihre Vorbehalte, was seine kompromißlosen politischen Meinungen betraf oder seine unkonventionellen Ansichten über die Religion. Doch kam man stillschweigend überein, diese Punkte zu übersehen und Einstein trotz dieser Dinge zu akzeptieren. So scheu und zurückgezogen er auch leben mochte, er war doch ein ganz netter Nachbar. Als sich die Meinungen beruhigten, begannen die Bürger von Princeton ihr Genie endlich auch als einen Menschen aus Fleisch und Blut zu betrachten, der wie sie von menschlichen Sorgen und Nöten geplagt war.

Die tragische Entwicklung, die ihren Anfang nahm, als er und Elsa in das neue Heim zogen, stellte schon eine hinlängliche menschliche Verbindung zu dem Leben der anderen her. Sie lebten erst ein paar Monate in dem Haus, als Elsa eine Schwellung am Auge bekam. Spezialisten bestätigten, was sie schon befürchtet hatte: es war das Symptom für eine Herz- und Nierenstörung. Eine Krankenhausbehandlung in New York wurde ihr angeraten. Bald kam sie jedoch wieder in die Mercer Street zurück und mußte eine drastische Heilbehandlung in vollständiger Ruhelage über sich ergehen lassen.

Einsteins restlose Hingabe an die Physik in all diesen schwierigen Monaten war kein Zeichen von Gefühllosigkeit. Verglichen mit den Problemen des Weltalls waren Familienangelegenheiten »kleine Fische«. Als er sich eines Abends noch spät mit Watters unterhielt, blickte er angespannt auf ein Bild von Watters' erst kürzlich verstorbener Frau. »Der einzelne«, sagte er nachdenklich, »zählt kaum; die individuellen Nöte des Menschen sind unwichtig; wir legen den Trivialitäten des Lebens zu viel Bedeutung bei[87].«

Zu Beginn ihrer zwanzigjährigen Ehe hatten sie eine Übereinkunft getroffen. In einem Ausmaß, das die matriarchalische Gesellschaft der Vereinigten Staaten beleidigte, war er für das Denken zuständig und sie für die tägliche mühevolle Arbeit. Diese Einteilung wurde einmal durch einen Vorfall besonders deutlich, als sie an einem Sommerabend mit zwei Freunden zusammen im Freien speisten. Als es kühler wurde, bat die Gastgeberin ihren Mann, ihr einen Mantel zu holen. Elsa war entsetzt: »Ich würde den Professor nie darum bitten, das zu tun[38].«

Der Professor seinerseits unterstützte die Familie und ließ sein Genie aus seiner eigenen, privaten Welt über ihr erstrahlen. »Ihre Frau scheint absolut alles für Sie zu tun«, sagte Mrs. Eisenhart, die Frau des Dekans der Princeton University Graduate School kurz nach seiner Ankunft zu ihm. »Was tun *Sie* nun eigentlich für sie?« Einstein erwiderte: »Ich gebe ihr mein Verständnis[39].«

Das Verständnis wurde 1936 auf die Probe gestellt. Zuerst schien Elsa zu genesen. Als der Sommer kam, reisten sie beide zum Saranac Lake, 300 Meilen nördlich von New York, hoch oben in den Adirondacks.

Als sie wieder in Princeton waren, verschlechterte sich ihr Zustand zusehends. Das Erdgeschoß des Hauses in der Mercer Street glich allmählich einer Krankenstation. Einstein ging nicht mehr in das Institut, sondern arbeitete in seinem Zimmer im ersten Stock. Doch es war nichts mehr zu helfen: Elsa starb Ende Dezember. Sie war bis zuletzt stolz darauf, was Albert erreicht hatte.

Nach ihrem Tod ging Einstein mit noch viel größerer Konzentration ans Werk. Von Anfang 1937 an widmete er sich wieder ohne jede Ablenkung dem Institut. Er war schon seit den ersten Tagen in Princeton ganz von ihm beansprucht worden. Als die Buckys ihn einmal einluden, ein langes Wochenende mit ihnen zu verbringen, hatte er aus diesem Grund abgelehnt. Als Leon Watters ihm eine kurze Verschnaufpause vorschlug, lehnte er mit ähnlicher Begründung ab. Sogar im Sommer 1935, als er während der Augustferien in Old Lyme, Connecticut, hart arbeitete, lehnte er eine Einladung mit derselben Begründung ab.

So war er immer darauf bedacht, wieder in seinen geistigen Arbeitsbereich in Princeton zurückzukehren – sogar von seinem geliebten Segelboot weg. Er konnte natürlich überall arbeiten, trotzdem war der Raum im Institut oder sein Arbeitszimmer in der Mercer Street die beste Umgebung. Hier konnte er am besten sein Hauptwerk vorantreiben und sein eigensinniges Rückzugsgefecht fortsetzen, das er gegen die neuen Anschauungen in der Physik führte.

Einsteins Einstellung zur Quantenmechanik entfremdete ihn immer mehr vom Hauptstrom der theoretischen Physik. Er selbst war sich dessen wohl bewußt. Seinem alten Freund Infeld erzählte er, daß sie ihn in Princeton als einen alten Trottel betrachten. Infeld war davon nicht überzeugt, stimmte aber später zu.

»Einstein wurde während meines Aufenthalts in Princeton von den meisten Professoren mehr wie ein historisches Relikt betrachtet als wie ein aktiver Wissenschaftler[40]«, schrieb er. Das ging nicht nur den Professoren in Princeton so; Max Born, der feststellen mußte, daß es Einstein nicht gelang, für ihn eine Einladung an das Institut in Princeton zu erwirken, sah dafür eine offensichtliche Erklärung: »Ich galt wohl dort, wie er selbst, als Petrefakt, und zwei solche Überbleibsel aus vergangener Zeit waren den modernen Herren in Princeton zu viel[41].« Diese Ansicht wurde nach Einsteins Tod von Robert Oppenheimer wiedergegeben, der 1947 Direktor des Instituts wurde. Seine Beurteilung geht dahin, daß Einstein in den letzten 25 Jahren seines Lebens in gewissem Sinne an seiner Tradition scheiterte. ». . . Er verbrachte diese Jahre zunächst damit, zu beweisen, daß die Quantentheorie innere Widersprüche aufwies. Niemand hätte genialer dabei vorgehen können, sich verblüffende Beispiele auszudenken; es stellte sich aber heraus, daß es keine Widersprüche gab, und oft konnte ihre Auflösung in früheren Arbeiten von Einstein selbst gefunden werden. Als dies nach wiederholten Bemühungen nichts fruchtete, konnte Einstein nur noch sagen, daß er die Theorie ablehnte. Er lehnte das Element des Indeterminismus ab. Er lehnte die Aufgabe der Kontinuität oder der Kausalität ab . . .«[42]

So hielt sich das Fluidum seiner Größe eher trotz als wegen seines derzeitigen Standpunktes in der theoretischen Physik. 15 Jahre zuvor hatte seine Vorstellung davon, wie man die Probleme der Physik angehen mußte, hatte seine Fähigkeit, »die Physik im Munde zergehen zu lassen«, einen überwältigenden Eindruck auf seine Zuhörer gemacht. Diese magische Ausstrahlung war geblieben.

»Wenn ich auf unsere Arbeit zurückblicke«, sagt Professor Nathan Rosen, der Mayer als Assistent nachfolgte, »dann glaube ich, daß das, was mich am meisten beeindruckt hat, die Einfachheit seines Denkens war und sein Glaube an das menschliche Verstandesvermögen, die Abläufe der Natur zu begreifen. Während seines ganzen Lebens glaubte Einstein daran, daß der menschliche Verstand dazu fähig war, Theorien zu entwickeln, die eine genaue Beschreibung der physikalischen Phänomene geben konnten. Wenn er eine Theorie aufstellte, so hatte sein Vorgehen etwas mit dem eines Künstlers gemeinsam; er strebte dabei nach Einfachheit und Schönheit (und Schönheit war für ihn schließlich im wesentlichen Einfachheit). Die entscheidende Frage, die er stellte, wenn er den Baustein einer Theorie abwägte, lautete: ›Ist es vernünftig?‹ Gleichgültig wie erfolgreich eine Theorie zu sein schien, wenn sie ihm nicht vernünftig erschien . . . war er davon überzeugt, daß die Theorie kein wirklich fundamentales Verständnis der Natur liefern konnte[43].«

Ein sehr ähnliches Bild von Einstein in den späten dreißiger Jahren wird von einem anderen Assistenten, Banesh Hoffmann, gezeichnet. Er betonte, daß Einsteins methodisches Vorgehen »im wesentlichen ästhetisch und intuitiv war. Als ich ihn beobachtete und mit ihm sprach«, sagt er, »kam ich zu einem Verständnis vom Wesen der Wissenschaft, wie ich sie keinesfalls nur vom Lesen seiner Schriften und der Schriften anderer großer Physiker oder Philosophen und Wissenschaftshistoriker verstanden haben könnte. Abgesehen davon, daß er der größte Physiker seit Newton war, könnte man fast sagen, daß er nicht so sehr ein Wissenschaftler als vielmehr ein Künstler der Wissenschaft war[44].«

Als Elsa starb, stand Einstein nur wenige Monate vor seinem 58. Geburtstag. Nach den Spielregeln war seine kreative Schaffensperiode nun vorbei. Er hatte jetzt einen einträglichen Ruheposten. Das Außergewöhnliche war jedoch, daß Einstein nun mit der wilden Entschlossenheit des Meisters seine letzte Aufgabe verfolgte, und dabei keine Minute des Tages verschwenden wollte.

Im Institut bis zu seiner Pensionierung und in der Mercer Street bis zu seinem Tod zehn Jahre später, arbeitete er mit einer Reihe von Kollegen und Assistenten an drei Forschungsaufgaben. Die erste und seiner Meinung nach wichtigste war die Suche nach einer einheitlichen Feldtheorie. Er fand sie nie. Er arbeitete an ganz verschiedenen Lösungen. Jede erschien hoffnungsvoll, und jede mußte schließlich aufgegeben werden. Wie er selbst sagte, konnte es sich nur ein Mann wie er, der sich schon einen Namen gemacht hatte, leisten, eine solche Arbeit in Angriff zu nehmen.

Seine Einstellung gegenüber einer solch undankbaren Aufgabe wird an zwei Anekdoten deutlich. Eines Tages fragte ihn sein Freund Leo Mattersdorf, ob er das Gefühl habe, sich dem Ziel zu nähern. »›Nein‹, antwortete er«, schreibt Mattersdorf, »und er fügte hinzu: ›Der Herrgott sagt uns nie im voraus, ob der Kurs, den wir verfolgen, der richtige ist.‹ Er hätte mindestens 99 Lösungen ausprobiert und keine funktionierte, aber er hätte eine Menge gelernt. ›Zumindest‹, sagte er, ›kenne ich 99 Wege, die nicht funktionieren.‹«[45]

Dann gibt es noch seine Bemerkung gegenüber David Mitrany, einem der wenigen Menschen in Princeton, der sein echter Freund wurde. Diesem Mann aus den alten glücklichen Tagen in Europa – Mitrany hatte als junger Journalist 1921 über Einsteins ersten Vortrag in England im *Manchester Guardian* berichtet – vertraute Einstein eine ganze Menge an. Einmal dachte er, daß er zumindest einer befriedigenden einheitlichen Feldtheorie auf der Spur sei. Sechs Monate später erwähnte er fast nebenbei, daß der Weg in eine Sackgasse geführt habe; aber er würde sie, so ließ er fallen, dennoch publizieren. Mitrany fragte, weshalb er das tun wolle. »Um einen anderen Narren davor zu bewahren, sechs Monate an dieselbe Idee zu verschwenden[46].«

An zweiter Stelle, nach den Problemen der einheitlichen Feldtheorie, stand die Weiterentwicklung der allgemeinen Relativitätstheorie, und zwar dergestalt, daß sie die neuen Entdeckungen und Spekulationen der Kosmologie einschließen konnte. Hier bewegte sich Einstein vom Rand seines eigenen Gebietes in einen Bereich, der sich schon durch die technologischen Fortschritte zu wandeln begann. Hier, mit seiner Konzeption des Universums, wie er sie schon 1917 vorgelegt und später korrigiert hatte, konnte Einstein einiges bieten. Doch war er jetzt nur einer unter vielen.

Der dritte Forschungsgegenstand war die Quantentheorie, wie sie vor einem Jahrzehnt entwickelt worden war. Die Theorie schien der offensichtlichen Dualität der Natur Genüge zu tun, hatte jedoch im Verlauf ihrer Entwicklung dazu geführt, daß der Indeterminismus über das Universum dominierte. Hier biß sich Einstein eigensinnig fest. Er weigerte sich zu akzeptieren, daß die neue Ordnung durchaus zufriedenstellend sein konnte, und unternahm mit den Jahren immer neue Anstrengungen, sie einzureißen.

Gemeinsam mit zwei Kollegen, B. Podolsky und N. Rosen, schien er zunächst zu einem tödlichen Schlag gegen Heisenbergs Unbestimmtheitsrelation auszuholen, die, wenn nicht Rückgrat, so doch ein wichtiger Bestandteil der gesamten Quantenmechanik war. Die Arbeit, die Einstein mit seinen zwei Mitarbeitern schrieb, stellte die Frage: »Kann die quantenmechanische Beschreibung der physikalischen Realität als vollständig betrachtet werden[47]?« Wenn man den wesentlichen Teil der Mathematik in dieser Abhandlung außer acht läßt, ist leicht erkennbar, daß die darin enthaltenen klaren Aussagen einen ernsten Angriff auf die neuen Ideen bedeuteten.

Heisenberg hatte die Behauptung aufgestellt, daß bei der Untersuchung sehr kleiner Objekte, z. B. subatomarer Partikel, es unmöglich ist, gleichzeitig und mit beliebiger Genauigkeit zwei einander zugeordnete Größen anzugeben: wird die Messung des Ortes schärfer, wird die Messung des Impulses ungenauer.

Einstein und seine Kollegen wiesen zunächst darauf hin, daß man bei der Beurteilung der Hauptpunkte einer Theorie erstens ihre Übereinstimmung mit der menschlichen Erfahrung berücksichtigen muß, und zweitens den Grad der Vollständigkeit, die die Darstellung von der physikalischen Welt vermittelt. Nach dieser einleitenden Feststellung nahmen sie einen Fall an, der sich in der Quantenmechanik bei zwei sich gegenseitig beeinflussenden Systemen ergeben konnte, der Einfachheit halber System A und System B genannt. Die Wechselwirkung wird nach einiger Zeit »ausgeschaltet«. Mißt man nun eine Größe in System A, dann ist es immer noch möglich, ihren Wert in System B anzugeben; und mißt man eine zugeordnete Größe in System A, ist es möglich, ihren Wert in System B zu erhalten. Heisenbergs Unbestimmtheitsprinzip zufolge war das aber unmöglich. Darum, so folgerten sie, war die Beschreibung, die die Quantenmechanik gab, unzulänglich.

Diese Probleme nahmen die meiste Zeit von Einsteins Arbeitstagen im Institut in Anspruch. Doch hielt er in demselben Maß wie in Berlin nach neuen Ideen und jungen Talenten Ausschau. Das Institut war bis 1940 der Universität angegliedert, und Einstein saß oft in Studentenseminaren. Manchmal bemerkte er mit Überraschung, wie sein eigenes theoretisches Werk der Vorkriegszeit zu einem selbstverständlichen Bestandteil der praktischen Arbeit geworden war. Das traf auch auf seine berühmte Formel $E = mc^2$ zu. In seiner ursprünglichen Abhandlung hatte er erklärt, es sei »nicht ausgeschlossen, daß bei Körpern, deren Energieinhalt in hohem Maße veränderlich ist (z. B. bei den Radiumsalzen), eine Prüfung der Theorie gelingen wird«. Ihm war kaum bekannt, daß viele Physiker in den 1930er Jahren solche Tests durchführten. »Eine meiner lebhaftesten Erinnerungen«, schreibt Professor A. E. Condon, »ist an ein Seminar in Princeton (1934), als ein Student über Forschungen dieser Art berichtete und Einstein unter den Zuhörern saß. Einstein war so sehr mit anderen Untersuchungen beschäftigt gewesen, daß er nicht gemerkt hatte, daß eine solche Bestätigung seiner früheren Theorien in den physikalischen Laboratorien eine alltägliche Sache geworden war. Er grinste wie ein kleiner Junge und wiederholte ein übers andere Mal, ›Ist das wirklich so?‹ . . .«[48]

Einstein war nicht nur Zuhörer, sondern dozierte manchmal auch und bewies dabei, wie gut er das Thema immer noch beherrschte. Churchill Eisenhart erinnerte sich an eine solche Begebenheit. »Als er zu Ende gesprochen hatte, ging einer der anderen anwesenden Mathematiker daran, Professor Einsteins Hauptergebnis in knapper Form von gewissen Resultaten anderer Autoren der damals vorhandenen wissenschaftlichen Literatur abzuleiten. Die Zuhörer warteten atemlos auf Professor Einsteins Erwiderung. Er erhob sich, dankte seinem Kollegen für die sehr knappe und elegante Herleitung seines eigenen Hauptresultats, erinnerte alle Anwesenden daran, daß die Annahmen, die den Resultaten zugrunde lagen, auf welchen der kurze Beweis des Diskussionsredners aufgebaut war, sich von denen etwas unterschieden, von denen er selbst ausgegangen war, und schloß damit, seinem Kollegen dafür zu danken, daß er ihm gezeigt hatte, daß sein Ergebnis eine etwas breitere Gültigkeitsbasis besaß, als er selbst angenommen hatte . . .«[49]

Seine Fähigkeiten als Dozent und sein Ruf als der berühmteste Wissenschaftler des Jahrhunderts veranlaßten die American Association for the Advancement of Science, ihn als Gastvortragenden für ihr Jahrestreffen in Pittsburgh zu gewinnen. Leon Watters organisierte die ganze Sache und sorgte dafür, daß Einstein bei gemeinsamen Freunden in der Stadt unterkommen konnte.

Das Treffen zeichnete sich aus durch Einsteins Willard Gibbs-Vorlesung über »Elementary derivation of the equivalence of mass and energy« (»Ein Elementarbeweis des Lehrsatzes betreffs der Äquivalenz von Masse und Energie«)[50]. Nach vielen Überredungsversuchen hatte er eingewilligt, die Vorlesung auf Englisch zu halten. Man erzählt sich, daß am Morgen dieses großen Tages in der Spalte für persönliche Nachrichten eine Anzeige erschien, die von einem ihm wohlgesonnenen Freund aufgegeben war und lautete: »Habe keine Angst, Albert, ich bin sicher, daß Du es schaffst.« Das war auch der Fall. Einstein sprach vor zwei großen Tafeln, die fast die ganze Bühne einnahmen. Watters und ein Kollege saßen in der ersten Reihe, bereit, einzuspringen, wenn er über sein Englisch stolpern sollte. Das war jedoch nicht nötig. Die einzige Störung erfolgte, als er äußerte, daß seine Beweisführung ganz einfach sei. Aus dem Saal ertönten Nein-Rufe.

Vor der Vorlesung fand eine Pressekonferenz statt. Ungefähr 30 bis 40 Journalisten waren dazu eingeladen worden. Als die Reporter ihr übliches Sperrfeuer von Fragen losließen, kam es zu einer historischen Antwort, die mit den Jahren mehr oder weniger verändert wiedergegeben und ein Jahrzehnt später oft zitiert wurde. »Glauben Sie, daß es möglich ist, den enorm hohen Betrag von Energie, der in Ihrer Gleichung enthalten ist, durch die Beschießung des Atoms freizusetzen?« lautete die Frage. »Ich glaube, daß es in der Praxis nicht möglich ist«, erwiderte er. »Das Atom durch Beschießen zu spalten, heißt soviel, wie in der Dunkelheit auf Vögel schießen, in einem Gebiet, wo es wenig Vögel gibt.«

Die meisten Physiker stimmten dem zu. Einer der wenigen, die anders darüber dachten, war Leo Szilard, Einsteins früherer Mitarbeiter in Berlin. Zu dem Zeitpunkt hatte er sein geheimes Patent schon bei der britischen Admiralität eingereicht. Die meisten teilten jedoch die Ansicht von Lord Rutherford aus dem Jahr 1933, ». . . für diejenigen, die in atomaren Umwandlungen eine Quelle der Macht sehen – solche Erwartungen sind der reinste Unsinn . . .«[51] Einsteins Fähigkeit, in bezug auf die Physik einfach zu denken und das Wesentliche so zu beschreiben, daß es ein gewöhnlicher Mensch verstehen konnte, zeigte sich erneut in seinem Buch *Die Evolution der Physik*[52], das er 1937 zusammen mit Leopold Infeld schrieb. 1935, gegen Ende der einjährigen Vertragszeit seines Assistenten Nathan Rosen, erhielt er einen Brief von Infeld, der zu jener Zeit Dozent an der polnischen Universität von Lemberg war. Polens kürzlich abgeschlossener Nichtangriffspakt mit Deutschland verhieß nichts Gutes für Männer mit linksorientierten Ansichten, und Infeld befürchtete, daß er bald gehen müsse. Auf Einsteins Bemühung hin wurde ihm ein kleines Stipendium bewilligt, das es ihm ermöglichte, in Princeton zu arbeiten. Anfang 1936 traf er dort ein.

Das Stipendium, das Infeld vom Institut bekam, war auf ein Jahr befristet und wurde nicht verlängert, obgleich Einstein sich für seinen Freund bemüht hatte. Infeld lief deshalb Gefahr, finanziell völlig mittellos dazustehen. Er sah, daß es für ihn nur einen Ausweg gab. Er hatte nun ein Jahr lang mit Einstein zusammengearbeitet. Warum sollten sie das nicht fortführen, indem sie beide ein gemeinverständliches Buch über die Physik schrieben? Ein Verleger würde sich sicher leicht finden. Infeld trug seine Idee vor und setzte hinzu, daß es möglicherweise ein dummer Vorschlag sei. Einstein wußte, daß sich sein Kollege in einer verzweifelten Lage befand. »Das ist überhaupt keine dumme Idee. Überhaupt nicht dumm«, erwiderte er. Dann stand er auf, streckte Infeld die Hand entgegen und sagte: »Wir werden es machen[53].«

Die beiden Männer produzierten, was sie unter sich bescheiden »ein zwangloses Geplauder zwischen dir und mir« nannten. Doch ist das Buch, das das Entstehen und Vergehen der mechanischen Naturvorstellung beschreibt, den Feldbegriff, die Idee der Relativität und die Entwicklung der Quantentheorie, sehr viel mehr als nur ein Überblick über die Physik. Einstein und Infeld beschrieben »die Zusammenhänge zwischen Ideen- und Erscheinungswelt«. Sie hatten, so schrieben sie, »die Kräfte vorzuführen gesucht, aus deren Wirken die Wissenschaft ihre Impulse zur Ausbildung neuer Ideen bezieht, die sich mit den tatsächlichen Gegebenheiten in unserer Welt vereinbaren lassen.« Ihr Ziel schien ihnen erreicht, wenn das Buch dem Leser einen Begriff gab »von dem ewigen Ringen des schöpferischen Menschengeistes um ein tieferes Verständnis der die physikalischen Phänomene beherrschenden Gesetze[54].«

Der Erfolg von »Die Evolution der Physik« war 1938 ein Lichtstrahl in einer dunklen Zeit. Im März 1938 sah sich Österreich eingekeilt zwischen dem Nazideutschland im Norden und dem faschistischen Italien im Süden, und die deutsche Armee bekam den Befehl, einzumarschieren – umjubelt von der Mehrheit der Bevölkerung. Im Oktober wurden die Randgebiete der Tschechoslowakei besetzt.

Für Einstein waren diese zunehmenden Berichte, gefolgt von der Aufgabe Prags im März 1939, besonders schmerzlich. Er hatte zuguterletzt aus der Erfahrung gelernt, wenn auch spät. Einstein hatte die Erfahrung gemacht, daß der Pazifismus gegenüber Diktatoren keine geeignete Haltung war, wogegen England und Frankreich immer noch so schamlos wie nur je den Rückzug anzutreten schienen.

Zur Vorahnung kommenden Schreckens trat, als sein 60. Geburtstag kam und vorüberging, ein Gefühl persönlichen Unvermögens. Dies vertraute er Watters an. »Ich merke, wie meine physischen Kräfte mit zunehmendem Alter schwinden«, soll Einstein Watters Erinnerungen zufolge gesagt haben. »Ich merke, daß ich jetzt mehr Schlaf brauche. Ich zweifle, ob mein geistiges Auffassungsvermögen geringer geworden ist. Ich begreife die Dinge genauso schnell wie früher, als ich jung war. Meine Kraft, meine besondere Fähigkeit liegt darin, die Auswirkungen, Konsequenzen und Möglichkeiten und den Zusammenhang der Entdeckungen anderer mit der heutigen Gedankenwelt zu sehen. Ich begreife Dinge im großen und ganzen leicht. Mathematische Berechnungen fallen mir schwer. Ich mache sie nicht gern und nicht schnell. Andere führen diese Details besser aus . . .«[55]

Trotzdem setzte er seine Arbeit fort. Er half weiterhin allen und jedem: fremden jüdischen Flüchtlingen, abgesetzten Professoren und Verwandten wie zum Beispiel seiner Schwester Maja. Als der Sommer 1939 heranrückte, schienen auch wenig andere Aussichten zu bestehen.

20. KAPITEL

EINSTEIN, DIE BOMBE UND DAS BESCHAFFUNGSAMT

Zu Beginn des Jahres 1939 hatte Einstein schon über fünf Jahre in den Vereinigten Staaten zugebracht. Er hatte sich ganz gut eingelebt. Zuweilen vermißte er, der dem Herzen nach Europäer war, die gewohnten Eindrücke von Leiden, von den Berliner Instituten und von den grauen Gebäuden der E.T.H. in Zürich. Trotzdem gefiel es Einstein in Amerika. Ihm gefielen die Aufgeschlossenheit und die natürliche Großzügigkeit der Menschen und ihre Bereitschaft, in bezug auf die Forschung freigebig zu sein. Zuweilen fühlte er sich fast wohl, ein Flüchtling in einer Nation von Flüchtlingen.

Als die Deutschen darangingen, auf den Sieg von München weitere folgen zu lassen, verschlechterte sich die Lage zum Schlimmsten. Eine Konsequenz daraus war, daß Einsteins alter Freund und Kollege aus Prag, Philipp Frank nun ganz zu ihm kam. Ende 1938 war Frank als Gastdozent nach Harvard eingeladen worden. Er hatte mit einer ganzen Reihe von Vorlesungen begonnen, als die Deutschen in die Tschechoslowakei einmarschierten. Frank blieb den Rest seines Lebens in den Vereinigten Staaten.

Inzwischen bereitete sich die Wehrmacht auf ihren Marsch im Spätsommer quer durch das polnische Flachland vor. Und inzwischen debattierten auch die Wissenschaftler der ganzen Welt über die Implikationen eines Ereignisses, das in den letzten Wochen des Jahres 1938 im Kaiser Wilhelm-Institut für Chemie stattgefunden hatte. Hier war es nämlich Einsteins altem Freund Otto Hahn gelungen, den Kern des Uranatoms in zwei Teile zu spalten. Dieses Ereignis kündigte nicht nur das nukleare Zeitalter an, es zog Einstein auch mit einer unheilvollen Unvermeidlichkeit mitten in die Weltereignisse hinein.

Die Bedeutung von Hahns Entdeckung der Kernspaltung ist wohlbekannt, ebenso Einsteins spätere Verwicklung in diese Sache. Die theoretische Forschung eröffnete die Aussicht auf eine allerletzte Waffe, gerade in dem Augenblick, als sich die Welt auf einen Krieg vorzubereiten begann.

Um beurteilen zu können, welche Haltung Einstein in den entscheidenden Jahren von 1939 bis 1941 und 1944 bis 1945 einnahm und was er in dieser Zeit tat oder auch unterließ, ist es nötig, sich noch einmal die Ereignisse zu vergegenwärtigen und ihre Bedeutung zu erklären. Die Interpretation von Hahns Experimenten Anfang 1939 durch Lise Meitner und ihren Neffen Otto R. Frisch führte zu Anwendungsmöglichkeiten, die sehr viel weittragender waren als jene, die sich bis jetzt aus den Forschungen der Generation der Curies, von J. J. Thomson, Planck, Rutherford, Bohr und Einstein ergeben hatten. Zwar hatte wissenschaftliche Arbeit die Welt schon in vieler Hinsicht verändert. Das Elektron von Lorentz und Thomson begann bereits Grundlage für große Industriezweige zu werden. Die elektro-magnetischen Wellen, von Maxwell vorausgesagt und von Hertz entdeckt, hatten eine Kommunikation fast ohne Zeitverlust über die ganze Erdkugel möglich gemacht. Die von Röntgen entdeckten Strahlen ermöglichten es, Krankheiten frühzeitig zu erkennen. Die Wirkung des Radium, die von den Curies in mühevoller Arbeit erforscht worden war, gab Patienten neue Lebenshoffnung, die vorher unheilbar krank gewesen waren. Einsteins Erklärung des photoelektrischen Effekts hatte dem Fernsehen den Weg vom Experiment zur Realität geebnet.

Doch erst jetzt tastete die Physik sich an die Möglichkeiten heran, wie die im Atomkern eingeschlossene Energie genutzt werden konnte. Nicht, daß dieser furchtbare Ausblick vorher fern jeder Vorstellung gewesen wäre. Schon 1903 machte Rutherford in den Worten von Sir William Dampier-Whetham die »beiläufige Andeutung, falls ein richtiger Zündkörper gefunden werden könnte, es denkbar wäre, eine Welle atomaren Zerfalls durch die Materie hindurch in Gang zu setzen, die diese alte Welt tatsächlich in Rauch aufgehen lassen würde«[1]. Planck, der über Einsteins Gleichung $E = mc^2$ nachgrübelte, erklärte 1908 bezüglich der »gespeicherten Energie« eines Atoms: »So gering die Aussicht auf die Realisierung eines derartigen radikalen Vorganges noch vor einem Dezennium erscheinen mochte, so ist sie doch jetzt durch die Entdeckung der radioaktiven Elemente und deren Umwandlungen in unmittelbare Nähe gerückt . . .«[2]. Doch bildete in den ersten Jahrzehnten des Jahrhunderts die Unkenntnis der subnuklearen Welt eine Schranke, die stark genug war, solche Projekte in den Bereich der Science Fiction zu verweisen.

Mit zunehmendem Wissen änderte sich die Problemstellung: es war nicht länger ein theoretisches Rätsel, sondern wurde zu einem Problem der praktischen Durchführung. Wie konnte man es bewerkstelligen, fragte man sich jetzt, die Mitte des Atomkerns mit einem Geschoß, das ihn spaltete, zu durchdringen und die Energie, die ihn zusammenhielt, freizusetzen? Und was mußte man tun, damit dieser Vorgang nicht nur ein- oder zweimal stattfand, sondern unzählige Male, so daß die immense Zahl von Atomen, welche die in Angriff genommene Materie zusammensetzten, ihre Energie in einem Minimum an Zeit freigaben? Die großen Fortschritte, die in der experimentellen Physik von Rutherford 1919 in Manchester und von Cockcroft und Walton 1932 erzielt wurden, waren von geringem direkten Einfluß auf dieses Problem. Rutherford beschoß Stickstoff mit den Teilchen, die ständig von Radium auf natürlichem Weg ausgesandt werden. Von diesen ausgeschleuderten Teilchen durchdrang etwa eines von einer Million einen Stickstoffkern und wandelte ihn in den Kern eines Sauerstoffatoms um. Obgleich die bei dieser Umwandlung freiwerdende Energie größer war als die des abgeschossenen Teilchens, verfehlten die meisten Teilchen ihr Ziel und gingen zwischen den Wolken von Elektronen, die den Kern umkreisen, hindurch. Ähnliches spielte sich in Cambridge ab, als Cockcroft und Walton Ströme von Protonen benutzten, mittels hoher Spannungen künstlich beschleunigt, um Lithiumkerne zu beschießen. Die »Geschoße« wurden nicht natürlich, sondern künstlich erzeugt, und die »Treffer« waren sehr viel zahlreicher als die von Rutherford erzielten; doch war das Resultat immer noch ein Gesamtverlust an Energie. Nach wie vor mußte in den nuklearen Suppentopf mehr hineingegeben werden als man herausholen konnte.

In der Öffentlichkeit tat Rutherford die Verwendung nuklearer Energie als »Unsinn« ab; privat hatte er jedoch seine Zweifel. Er informierte Lord Hankey darüber, daß die Arbeit, die am Cavendish-Institut auf die nukleare Umwandlung verwandt wurde, eines Tages für die Verteidigung von großem Gewicht sein konnte und daß jemand »die Sache im Auge behalten« sollte[3]. Rutherfords Skepsis entsprach etwa Einsteins Einstellung gegenüber dem Indeterminismus. Beide Männer hatten die Naturwissenschaft in einer ganz bestimmten Richtung weitergetrieben; beiden widerstrebte es mit den Jahren immer mehr, diesen Weg konsequent bis zum Ende zu verfolgen.

1933 erhielt die Physik einen neuen Anstoß durch Leo Szilard. In England stieß er auf einen Zeitungsbericht über Rutherfords Äußerung, es sei barer Unsinn, anzunehmen, daß Atomenergie freigesetzt werden könnte. Ein paar Tage später, so gibt er an, »ging mir plötzlich auf, daß, könnten wir ein Element finden, das von Neutronen gespalten wird und *zwei* Neutronen emittiert, wenn es *ein* Neutron absorbiert, daß ein solches Element in genügend großer Masse bereitgestellt eine nukleare Kettenreaktion auslösen könnte«[4].

Szilards Geistesblitz sollte Folgen haben. Eine davon war, daß er 1934 ein Patentgesuch einreichte, das die Gesetze beschrieb, die eine solche Kettenreaktion regieren. »Ich übertrug dieses Patent dem britischen Marineamt, weil in England zu jener Zeit ein Patent nur eingereicht werden konnte, wenn es der Regierung übertragen wurde«[5], schreibt er. »Der Grund für die Geheimhaltung war meine Überzeugung, wenn eine nukleare Reaktion zum Ablauf gebracht werden kann, dann kann sie dazu benützt werden, heftige Explosionen auszulösen.« Das waren seine Überlegungen, mit denen er kurz zuvor das britische Kriegsministerium aufgesucht hatte. Doch das Kriegsministerium zeigte sich nicht interessiert. Auch das Marineamt hatte kein Interesse.

Ebenso wichtig wie Szilard war Enrico Fermi, ein Flüchtling aus dem faschistischen Italien. Szilard hatte die Spaltung eines Kerns postuliert, doch war es ihm nicht gelungen, in England ein experimentelles Instrumentarium zu finden, um festzustellen, ob die Spaltung tatsächlich durchgeführt werden konnte. Fermi war durch eine ähnliche Erfahrung hindurchgegangen. In Italien hatte er die ungeladenen Neutronen, die von Chadwick entdeckt worden waren, dazu benutzt, das schwerste Element, das man kannte, nämlich Uran zu beschießen. Das Ergebnis war eine Umwandlung des Urans; doch fand diese nur bei einem winzigen Prozentsatz der beteiligten Atome statt und Fermi entging, welcher Art diese Umwandlung tatsächlich war. Er war der Meinung, es seien ein paar neue Atome entstanden, nämlich Transurane, die auf der Erde in natürlicher Form nicht anzutreffen waren.

Lise Meitner war unter denjenigen Physikern, die hinsichtlich dieser Interpretation ihre Zweifel hatten, ebenso Otto Hahn und Fritz Straßmann, die mit ihr zusammen am Kaiser Wilhelm-Institut für Chemie arbeiteten. Alle drei wiederholten nun die Experimente von Fermi, die auch schon von Irene und Frédéric Joliot-Curie in Paris durchgeführt worden waren, mit offenbar entsprechenden Resultaten. Groteskerweise wurde diese Unternehmung durch die deutsche Invasion in Österreich unterbrochen, denn der Anschluß Österreichs bedeutete, daß Lise Meitner automatisch deutsche Staatsbürgerin wurde. Da sie aber Jüdin war, beschwor das für sie die Gefahr, ins Konzentrationslager zu kommen, herauf. Sie siedelte zunächst nach Holland über und dann nach Schweden[6].

Inzwischen wurde die Arbeit von Hahn und Straßmann in Berlin fortgeführt. Kurz vor Weihnachten 1938 war sie abgeschlossen, und Hahn übersandte Lise Meitner sofort eine Kopie seiner Abhandlung, in der die Ergebnisse dargestellt waren.

Meitner und ihr Neffe Otto Robert Frisch diskutierten Hahns Arbeit. Hahn hatte den Kern des Uranatoms in zwei ungefähr gleich große Bruchstücke gespalten, wobei eine überraschend hohe Energiemenge freigesetzt wurde. »Es war ein Bild von zwei einigermaßen großen Kernen«, schreibt Frisch, »die mit einer Energie von fast 200 Millionen Elektronenvolt auseinanderflogen, mehr als das zehnfache der Energie, die bei jeder anderen nuklearen Reaktion bis jetzt beteiligt war«[7]. Bohr, der gerade im Begriff stand, aus Europa abzureisen, um an der Fifth Washington Conference on Theoretical Physics (5. Washington-Konferenz über theoretische Physik) teilzunehmen, wurde sofort telefonisch benachrichtigt und nahm die Neuigkeiten über den Atlantik mit. Innerhalb weniger Stunden wurden Hahns Experimente wiederholt, vor allem von Szilard und Fermi, die beide in den USA eingetroffen waren.

Es gab noch einen wichtigen Unsicherheitsfaktor. Die Spaltung eines Urankerns setzte mit Sicherheit eine enorme Energiemenge frei. Um diesen Prozeß jedoch für eine Waffe nutzbar zu machen, mußten wägbare Mengen des Uranmetalls gespalten werden. Die Spaltung war im Kaiser Wilhelm-Institut mit Neutronen herbeigeführt worden. Es stellte sich nun die entscheidende Frage, ob der Prozeß andere Neutronen freisetzen würde, die ihrerseits neue Spaltungen hervorriefen.

Wenige Wochen, nachdem Bohr auf der Konferenz in Washington gesprochen hatte, wurde diese Frage von einem Team des Collège de France unter Leitung von Joliot-Curie beantwortet. In Paris wurde nun bestätigt, daß die Spaltung des Urankerns mit der daraus resultierenden ungeheuer großen Abgabe von Energie tatsächlich Neutronen freisetzte, die bis dahin im Innern des Kerns eingeschlossen waren. Die Zahl dieser Neutronen stand auch noch nicht fest; doch schien es offenkundig zu sein, daß sie unter den richtigen Bedingungen ausreichten, um weitere Spaltungen hervorzurufen. Diese würden wieder zu neuen führen und so weiter.

In den Vereinigten Staaten schrieb George B. Pegram von der Columbia-Universität auf Drängen von Szilard und Fermi an Admiral Hooper von der U.S.-Marine und warnte ihn vor »der Möglichkeit, daß Uran als Sprengstoff benützt werden könnte, der millionenfach soviel Energie freisetzen würde wie alle anderen bekannten Sprengstoffe.« In Frankreich reichte das Team des Collège de France fünf Patente ein, die die Anwendungsmöglichkeit der nuklearen Energie betrafen. In Holland unterrichtete der Physiker Uhlenbeck seine Regierung über die Lage, und der Finanzminister bestellte daraufhin bei der belgischen Union Minière 50 Tonnen Uranerz. Und in England, wo die Erforschung einer nuklearen Waffe Sir Henry Tizard unterstellt wurde, wandte sich der »Ausschuß zur Verteidigung des Empire« (Committee of Imperial Defence) mit einem Anliegen sowohl an das Finanz- als auch an das Außenministerium: die Sicherstellung des nötigen Urans für die Forschung und die Gewährleistung, soweit möglich, daß die Vorräte den Deutschen vorenthalten wurden. 1939 lag das größte bekannte Uranlager in Belgisch-Kongo, wo es von der Union Minière als Erz gefördert wurde, und am 10. Mai 1939 traf sich Tizard mit deren Präsident Edgar Sengier, der ihm gewisse Zusicherungen gab[8].

In Deutschland schrieb Dr. Siegfried Flügge, einer von Hahns Mitarbeitern, einen Aufsatz für die Zeitschrift *Die Naturwissenschaften*, worin der Bau einer »Uranmaschine« erwogen wurde: »Alles in allem sei noch einmal betont, daß unsere gegenwärtigen Kenntnisse die Möglichkeit einer »Uranmaschine« der beschriebenen Art wahrscheinlich machen, daß aber das vorliegende quantitative Zahlenmaterial noch mit zu hohen Fehlergrenzen behaftet ist, um diese Möglichkeit zur Gewißheit zu verdichten. Wie dem auch sei, bedeutet es doch einen wichtigen Fortschritt, daß derzeitige Möglichkeiten überhaupt diskutierbar geworden sind, einen Fortschritt, der auch, wenn sich die Hoffnung nicht verwirklichen sollte, die eingehende Diskussion in diesem Aufsatze wohl berechtigt erscheinen läßt[9].« Und am 24. April schrieb Paul Harteck in Hamburg mit seinem Kollegen W. Groth ans Deutsche Reichswehrministerium, daß man nukleare Sprengstoffe erforschen sollte. Kurz darauf begannen in Deutschland zwei Gruppen unabhängig voneinander, am »Uranproblem« zu arbeiten. Die eine wurde von Professor Erich Schumann geleitet, dem Direktor einer Forschungsabteilung im deutschen Heer, die andere von Professor Abraham Esau, einem Beamten, dem die Abteilung »Physik« im Deutschen Reichsministerium für Wissenschaft, Erziehung und Volksbildung unterstand.

All das fand monatelang vor Einsteins Unterzeichnung des berühmten Briefes an Roosevelt statt. Vannevar Bush, der Direktor des U.S. Office of Scientific Research and Development faßte die Situation eindeutig zusammen: »Der Zug war abgefahren, als der Brief noch gar nicht geschrieben war[10].« Und doch sollte Einsteins Einmischung aus Gründen bedeutsam sein, die nichts mit dem Chauvinismus von Prioritäten zu tun haben.

Die Rolle, die Einstein spielen sollte, war von einzigartiger Dramatik. Mit seiner Hilfe sollten Waffen entwickelt und eingesetzt werden, die mehr als 120000 Frauen, Männer und Kinder innerhalb weniger Sekunden töteten. Doch dies ist nur ein Teil der Geschichte. Die Wahrheit wurde ein Vierteljahrhundert lang verschleiert, weil man romantischen Fehlkonzeptionen nachhing und es versäumte, die Dokumente zu prüfen und eine ganze Menge speziellen Materials.

Neues Material[11], einschließlich der umfangreichen Szilard-Archive in San Diego und neuer Unterlagen, die in Washington und anderswo zutage gefördert worden sind, zeigen, daß Einstein seinen ursprünglichen Brief an Roosevelt in dem Glauben schrieb, daß die Aussicht auf Entwicklung von Atomwaffen gering sei. Da hatte man aber die ersten Schritte in dieser Richtung bereits anderen Orts getan. Das neue Material beweist, daß Charles Lindbergh als Mittelsperson zwischen ihm und dem Präsidenten eine wichtige Rolle spielte. Es zeigt, daß Einstein nicht bloß einen, sondern drei Briefe unterzeichnete, wovon der dritte, der die Schaffung des Manhattan-Projekts in Gang setzte, sich als der wirkungsvollste erwies. Es beweist auch, daß er eine theoretische Studie für die spätere Gasdiffusionsfabrik des Manhattan-Projekts anfertigte. Und außerdem geht daraus hervor, daß Einstein sich im Dezember 1944 darüber im klaren sein mußte, welche Fortschritte das Manhattan-Projekt allgemein gesprochen gemacht hatte, und daß er nur von Niels Bohr davon abgehalten wurde, einen möglicherweise verheerenden politischen Schritt zu tun. Ein zweites Memorandum, das er im März 1945 Roosevelt zur Kenntnis bringen wollte, enthielt nicht nur den Vorschlag, die Bombe nicht auf Japan abzuwerfen, sondern auch den Vorschlag, daß die USA eine »überwältigende Überlegenheit« gegenüber den Russen aufbauen könnten. All das waren Meilensteine auf dem Weg, den Leo Szilard im Juli 1939 zuerst begangen hatte.

Nach Bohrs ursprünglicher Beschreibung der Kernspaltung war Szilard an der Columbia-Universität fast ununterbrochen an der Arbeit gewesen. Schließlich war er mehr denn je davon überzeugt, daß eine atomare Kettenreaktion möglich war. Wie Tizard in England, war er sich der Gefahr bewußt, die bestand, wenn Deutschland Uranvorräte anlegte, und wie Tizard wußte er, daß die Union Minière praktisch das Weltvorkommen an Uranerzen kontrollierte. An diesem Punkt diskutierte er die Lage mit Eugene Wigner von der Princeton-Universität. »Sowohl Wigner als ich machen uns Sorgen, was geschehen würde, wenn sich die Deutschen der großen Mengen Uran bemächtigten, das die Belgier im Kongo hatten«, schrieb Szilard[12]. »Darum begannen wir zu überlegen, durch welche Kanäle wir uns an die belgische Regierung wenden und sie davor warnen konnten, Uran an Deutschland zu verkaufen. Mir fiel ein, daß Einstein die Königin von Belgien kannte, und ich schlug Wigner vor, Einstein zu besuchen, um die Lage zu erklären und ihn zu fragen, ob er nicht an die Königin schreiben wolle. Wir wußten, daß Einstein irgendwo auf Long Island war, aber wir wußten nicht genau wo. Deshalb rief ich in seinem Büro in Princeton an, wo man mir sagte, er wohne im Haus von Dr. Moore in Peconic auf Long Island.«

Es ist bezeichnend, daß Szilard glaubte, ein harmloser Privatbrief Einsteins an die Königin könne Deutschland daran hindern, sich das Rohmaterial vom verheerendsten Sprengstoff der Welt zu verschaffen.

Im Haus Dr. Moores legten die beiden Besucher ihre Ängste und Hoffnungen dar, und Szilard gab eine Beschreibung dessen, was Einstein später »ein spezifisches System« nannte, das er »entworfen (hatte) und das es seiner Meinung nach ermöglichte, eine Kettenreaktion zustandezubringen.« Einem Brief zufolge, den Szilard 1952 an Carl Seelig schrieb, sagte Einstein, er »sei sich der Möglichkeit einer Ketten-Reaktion bei Uran nicht bewußt gewesen[13].« Ein paar Jahre später gab Szilard Einsteins Äußerung als »Daran habe ich gar nicht gedacht« wieder[14].

Eugene Wigner erinnert sich tatsächlich nicht an Szilards Bemerkung, obwohl er meint, er hätte Kettenreaktionen mit Einstein einige Wochen vorher diskutiert[15]. Immerhin waren diese Phänomene seit Bohrs dramatischer Ankündigung ein Hauptdiskussionsgegenstand unter Physikern. Bohr hatte in Princeton selbst mit Einstein gesprochen und man möchte annehmen, daß es ziemlich unwahrscheinlich ist, daß sie dabei nicht auch über Kettenreaktionen sprachen. Außerdem waren bis zum Juli 1939 zahlreiche Artikel, Kommentare und Abhandlungen zu diesem Thema in den Fachzeitschriften erschienen, mehr als 20 allein in *Nature*.

Wenn man all das in Betracht zieht, erscheint Einsteins Bemerkung auf den ersten Blick ziemlich außergewöhnlich. Ist es wirklich möglich, daß er im Sommer 1939 niemals an die Möglichkeit einer Kettenreaktion dachte? Die Antwort lautet, daß es nicht nur möglich, sondern auch wahrscheinlich ist. Erinnern wir uns doch daran, in welchem Ausmaß sich Einstein inzwischen von den Hauptströmungen der Physik abgesondert hatte. Die wöchentlichen Exemplare von *Nature* und *Science* trafen zwar regelmäßig in der Mercer Street 112 ein, wurden aber gewöhnlich ungelesen abgelegt. Es sei denn, sie enthielten eine Abhandlung, die man Einstein besonders zum Lesen empfohlen hatte. Er nahm nicht mehr an Seminaren und Diskussionen teil, die seine Kollegen abhielten. Seine weiterhin vorrangige Beschäftigung mit einer einheitlichen Feldtheorie machten ihn wieder einmal zu einem Mann, dessen Leben vor allem »Zeit für ruhige Gedanken und Reflektion« forderte. Professor Aage Bohr, der Sohn von Niels Bohr, sagt, Einstein »steckte tief in seiner eigenen Arbeit und ich glaube kaum, daß er die laufenden Entwicklungen in der Atomphysik verfolgte«[16]. Professor Rosenfeld, der im Frühjahr 1939 mit Bohr in Princeton zusammenarbeitete, glaubt, daß »während dieses Besuches Bohr und Einstein wohl kaum über mögliche militärische Implikationen der nuklearen Entwicklungen« sprachen.

Und selbst wenn sie darüber sprachen, hätte sich Einstein wahrscheinlich ausgesprochen skeptisch hinsichtlich der praktischen Durchführbarkeit atomarer Waffen verhalten. Denn bereits am 15. Februar hatte Bohr in der *Physical Review* die ernüchternde Hypothese aufgestellt, daß nur die Atomkerne U 235 leicht spaltbar seien und daß die Atome von Uran 238 – aus dem das Element hauptsächlich bestand – gewöhnlich alle Neutronen absorbierten, die auf sie trafen. Der experimentelle Beweis für diese Theorie sollte erst nach einem Jahr erbracht werden. Das war, sagte Frisch, »ein überraschender Schluß, der auf ziemlich subtilen Argumenten beruhte[17].« Nicht alle Naturwissenschaftler stimmten Bohr zu, und selbst unter denen, die zustimmten, glaubten viele, es sei möglich, eine atomare Explosion zu erzeugen, indem man einen Block des Elements verwendete, der die verschiedenen Isotopen in den Proportionen enthielt, wie sie in der Natur vorkommen. Aber wenn Bohr recht hatte, mußte man eine beträchtliche Menge von U 235 absondern, bevor man ein »atomares Feuer« erzeugen konnte. Eine solche Absonderung von Isotopen schien 1939 noch praktisch undurchführbar, und auch Jahre später war man noch der Meinung – selbst Bohr –, das Problem sei unlösbar. Als Bohr im Frühjahr 1943 von James Chadwick aus dem von den Deutschen besetzten Dänemark nach England eingeladen wurde, sandte er über den Nachrichtendienst eine geheime Botschaft nach Hause: »Ich bin nach meinem besten Wissen zu der Überzeugung gekommen, daß trotz aller Zukunftsaussichten eine sofortige Anwendung der letzten erstaunlichen Entdeckungen der Atomphysik praktisch unmöglich ist[18].«

Wie groß Einsteins Skepsis war, als er an jenem Sommernachmittag mit Szilard und Wigner in seinem Haus in Long Island saß, ist nicht bekannt. Doch gab er selbst einen aufschlußreichen Kommentar zum Thema der Kernenergie: »Ich habe tatsächlich nicht vorausgesehen, daß sie noch zu meiner Zeit freigesetzt würde. Ich glaubte, das sei nur theoretisch möglich[19].« Seinem alten Freund Lindemann graute es vor der Vorstellung einer solch zerstörenden Macht dermaßen, daß »er kaum glauben konnte, daß das Universum so aufgebaut sei«[20]. Sir Henry Tizard, der in England Vorsichtsmaßnahmen in die Wege geleitet hatte, drückte es in einer Frage an einen Kollegen ganz ähnlich aus: »Glauben Sie wirklich, daß das Universum in dieser Weise erschaffen wurde[21]?«

Es gibt nichts, was darauf hindeutet, daß Einstein im Sommer 1939 hinsichtlich der Möglichkeit nuklearer Waffen weniger skeptisch war; doch selbst wenn er den wissenschaftlichen Vorstellungen seiner Besucher nicht aus vollem Herzen zustimmen konnte, ihre Befürchtungen teilte er. Es bestand eine Chance von eins zu einer Million, daß sich eine Bombe herstellen ließ. In Anbetracht dessen, daß die Kernspaltung im Kaiser Wilhelm-Institut für Chemie entdeckt worden war, schienen Vorsichtsmaßnahmen geraten. Wenn auch nur die geringste Chance bestand, daß nukleare Waffen entwickelt wurden, dann sollten die Amerikaner nicht hinter den Deutschen zurückbleiben.

Hier schieden sich die Ansichten von Einstein und seinem alten Freund Max Born. Born arbeitete den ganzen Krieg über in Edinburgh und nahm an den nuklearen Anstrengungen der Alliierten nicht teil, da, wie er sagte, »meine Kollegen wußten, daß ich dagegen war, am Kriegsdienst dieser Art beteiligt zu sein, die so grauenhaft erschien«[22]. Eines Tages wurde einem jungen Deutschen, der in seinem Laboratorium arbeitete, angeboten, im britischen nuklearen Team mitzuarbeiten. »Er war nicht abgeneigt, zu akzeptieren«, erzählte Born. »Ich teilte ihm meine Ansicht über diese Art Arbeit mit und versuchte, ihn davor zu warnen, sich in solche Dinge einzulassen. Aber er war von einem fürchterlichen Haß gegen die Nazis erfüllt und nahm an[23].« So verließ Klaus Fuchs Edinburgh zugunsten von Birmingham und Los Alamos. Er sollte den Russen noch wichtige Details über die H-Bombe liefern.

Im Nachhinein gab Einstein Born recht. »Ich beging einen großen Fehler in meinem Leben – als ich den Brief an Präsident Roosevelt unterschrieb, in dem ich die Herstellung von Atombomben empfahl«[24], sagte er in hohem Alter zu Linus Pauling. »Doch bestand eine gewisse Rechtfertigung – die Gefahr, daß die Deutschen sie herstellen würden.«

Auf diesem ersten Treffen mit Szilard und Wigner im Juli 1939 war Einstein auch der Meinung, man müsse verhindern, daß die belgischen Uranbestände in die Hände der Deutschen fielen. Doch war die Lage problematisch, selbst für gebürtige Amerikaner, ganz zu schweigen von zwei Ungarn und einem aus Deutschland gebürtigen Schweizer. Szilard schlug deshalb vor, schrittweise vorzugehen. »Vor der Kontaktnahme mit Belgien«, schreibt er, »schien es ratsam, das Außenministerium von dem Schritt zu unterrichten, den wir unternehmen wollten. Wigner schlug vor, an die belgische Regierung einen Brief aufzusetzen, dem Außenministerium eine Kopie zuzuschicken und dem Außenministerium dann zwei Wochen Zeit zu geben, in der es Einspruch erheben konnte, falls es dagegen war, daß Professor Einstein einen solchen Brief abschickte«[25]. Damit wurde die Königinmutter zunächst einmal übergangen. Statt dessen diktierte Einstein einen Brief an einen belgischen Staatsminister, in dem er auf »die Gefahr für den belgischen Staat«[26] zu sprechen kam. Sie kamen dann überein, dem belgischen Botschafter in Washington eine Kopie zugehen zu lassen.

Bei seiner Rückkehr an die Columbia-Universität tippte Szilard einen Entwurf und schickte ihn zusammen mit einem Brief, der für das Außenministerium bestimmt war, an Einstein.

Hier hätte die Unternehmung stecken bleiben können. »Irgendwie schien dieses Vorgehen etwas ungeschickt«, schreibt Szilard im Hinblick auf die Abmachungen, die sie getroffen hatten, bevor er Einsteins Haus verließ, »und

*Albert Einstein an seinem 70. Geburtstag
im Kreis junger Gratulanten.*

Albert Einstein (1879–1955).

deshalb beschloß ich, Freunde zu konsultieren, die mehr Erfahrung in solchen Dingen besaßen und praktischer waren als wir. Ich suchte in New York Dr. Gustav Stolper auf und sagte ihm, wie nötig es für uns sei, mit der U.S.-Regierung in dieser Sache in Kontakt zu treten. Er empfahl mir, mit Dr. Alexander Sachs zu sprechen. Dr. Sachs schien sehr interessiert und sagte, er sei bereit, Präsident Roosevelt persönlich einen Brief zu überbringen, wenn Einstein einen solchen Brief schreiben würde.«

Alexander Sachs, ein bekannter Wirtschaftswissenschaftler und enger Freund des Präsidenten, zeigte sich hilfreich[27]. Szilard witterte eine nützliche Verbindung und schrieb am 19. Juli erneut an Einstein, daß Sachs eine direkte Kontaktnahme mit Roosevelt empfohlen habe und bereit sei, dabei persönlich behilflich zu sein. Er lege, so fügte Szilard hinzu, den Entwurf eines Briefes bei, der seiner Meinung nach an das Weiße Haus geschickt werden sollte. Ob Einstein etwaige Vorschläge einer Korrektur über das Telefon machen wolle oder ob er glaube, daß ein erneutes Treffen notwendig sei?

Einstein zog eine Zusammenkunft vor, und wenige Tage später war Szilard wieder in Peconic. Diesmal begleitete ihn Edward Teller von der George Washington Universität, da Wigner inzwischen an die Westküste gefahren war. Teller war ein anderer gescheiter Ungar, der in den Vereinigten Staaten Zuflucht gesucht hatte; er sollte später als »der Vater der H-Bombe« berühmt und zugleich berüchtigt werden.

Die Erinnerungen an dieses zweite Treffen gehen in den Details etwas auseinander. Laut Teller »hatte Szilard zu der Zeit (des Besuches) eine endgültige Fassung des Briefes[28] bei sich. Wir tranken Tee mit Einstein. Einstein las den Brief, sagte sehr wenig dazu und unterschrieb.« Später schrieb Szilard: »Wie ich mich erinnere, diktierte Einstein einen Brief auf Deutsch, den Teller zu Papier brachte, und ich benützte diesen deutschen Text als Vorlage für zwei Entwürfe eines Briefes an den Präsidenten, einen kürzeren und einen längeren, und überließ Einstein die Wahl, welcher ihm besser gefiel. Ich überlegte mir, wie viele Worte man dem Präsidenten zu lesen zumuten konnte . . .«

Diese Erinnerungen Szilards scheinen richtig zu sein. Doch enthüllen seine Schriftstücke noch mehr. Als er nämlich die kurze und die lange Version des Briefes Einstein am 2. August schickte, fügte er die Mitteilung bei, Sachs sei nun der Ansicht, Bernard Baruch oder A. H. Compton seien die geeignetsten Männer[29], um den Brief zu Roosevelt zu bringen, er selbst bevorzuge aber Oberst Lindbergh.

Der letzte Vorschlag war überraschend, da man in bestimmten Kreisen Lindbergh für einen Mann hielt, der nicht allzu allergisch gegen die Nazis war.

Einstein fügte sich aber pflichtbewußt. Er schickte Szilard nicht nur den von ihm bevorzugten Brief, sondern beide, und beide unterschrieben. Szilard konnte selbst entscheiden, welchen er nehmen wollte. In einem Begleitschreiben forderte Einstein ihn jedoch auf, seinen inneren Widerwillen zu bekämpfen und nicht »übergescheit zu sein«[30] – ein weiteres Zeichen, daß Einsteins Ansichten über die Realisierung einer Bombe von denen Szilards verschieden waren. Gleichzeitig sandte er, wie abgemacht, einen Brief an Lindbergh, den er zuletzt im Rockefeller Centre getroffen hatte.

Szilard bestätigte Einsteins Brief am 9. August; fünf Tage später schrieb er an Lindbergh, und gleichzeitig schickte er den längeren der zwei von Einstein unterschriebenen Briefe an Sachs.

Es ist klar, daß dieser Brief das Werk Szilards war. Doch Einstein hatte seine Unterschrift daruntergesetzt und damit »den größten Fehler« seines Lebens begangen.

Szilard hatte nun zwei Eisen im Feuer – die bevorstehende Bekanntschaft mit Lindbergh und den Brief, der im Büro von Sachs lag. Doch beides funktionierte nicht. Lindbergh kann sich heute an den Brief von Einstein nicht mehr erinnern. »Wenn eine solche Mitteilung geschrieben und abgeschickt wurde, dann ging sie möglicherweise in dem starken Posteingang in jenem Jahr verloren[31].« Dasselbe passierte vermutlich mit dem Schreiben, das Szilard ihm am 13. September zusandte, um ihn an die Angelegenheit zu erinnern. Es ist nichts darüber erhalten, was nun geschah. Aber am 27. September schrieb Szilard an Einstein: »Lindbergh ist nicht unser Mann[32].« Zu diesem Zeitpunkt waren die Deutschen in Polen eingefallen und Szilard fügte düster hinzu, daß die Amerikaner angesichts der voraussehbaren Invasion Belgiens zusehen sollten, so schnell wie möglich 50 Tonnen Uran aufzukaufen.

Sechs Tage später schrieb er, daß »Sachs gestand, daß er immer noch auf dem Brief sitzt«; es sei »möglich, daß Sachs unbrauchbar ist«[33].

Das traf jedoch nicht zu. Sachs wußte nur, wie ein Behördenapparat arbeitet. »Unser System ist so, daß Persönlichkeiten der staatlichen Öffentlichkeit ... sozusagen bis obenhin voll von Druckerschwärze sind«[34], sagte er. »Deshalb sah ich keinen Sinn darin, Unterlagen zu übermitteln, die dann an irgendeinen Untergebenen weitergereicht würden.« Der Ausbruch des Kriegs und die darauf folgende Beschäftigung Roosevelts mit der Neutralitätsgesetzgebung verursachten eine anfängliche Verzögerung. Sachs traf erst am 11. Oktober mit Roosevelt zusammen und übergab ihm Einsteins Brief mit einem von Szilard angefertigten Memorandum. Darin wurde erstmalig die Möglichkeit aufgezeigt, daß die Kernspaltung zur Erzeugung von Strom genutzt werden konnte. Anschließend wurden potentielle Anwendungsmöglichkeiten in der

Medizin erwähnt und erst zum Schluß wurde festgestellt, daß sie für eine Waffe nutzbar gemacht werden konnte.

Auf diesem Treffen mit Roosevelt »las (Sachs) sein Begleitschreiben laut vor, das auf dieselben Vorstellungen wie Einsteins Mitteilung hinwies, doch stärker auf die Notwendigkeit bereitzustellender Gelder abzielte. Als das Interview dem Ende zuging, bemerkte Roosevelt, ›Alex, worauf Du hinauswillst ist, daß die Nazis uns nicht in die Luft sprengen.‹ Dann ließ er ›Pa Watson‹ kommen« – General Edwin M. Watson, den Sekretär des Präsidenten – »und verkündete: ›Das erfordert Handeln‹.«[35] Sachs verließ mit Watson zusammen den Raum, und bis zum Abend war die Briggs-Kommission gebildet, eine kleine Gruppe unter dem Vorsitz von Dr. Lyman J. Briggs, dem Direktor des U.S. Bureau of Standards. Sie hatte die Aufgabe, die Möglichkeiten einer Kernspaltung zu untersuchen.

Die erste Sitzung der Kommission fand zehn Tage später statt; Szilard, Teller und Wigner nahmen daran teil. Einstein glänzte durch Abwesenheit. Aus Szilards Aufzeichnungen scheint klar hervorzugehen, daß an Einstein keine Einladung ergangen war. Auf der Sitzung wurde beschlossen, die Gruppe zu erweitern, um die Forschung an den amerikanischen Universitäten zu koordinieren. Einstein wurde offiziell eingeladen, Mitglied dieser erweiterten Gruppe zu werden. Ebenso offiziell lehnte er ab.

Doch wird der Annahme, Einstein habe, nachdem er die offizielle Maschinerie einmal in Betrieb gesetzt hatte, sie ihrer eigenen mäßigen Gangart überlassen wollen, durch die Ereignisse der nächsten Monate widersprochen. Einstein, weit davon entfernt, nur einen einzigen Brief an Roosevelt zu schreiben, tat weit mehr.

Sachs sagte nach dem Krieg vor dem Senat aus, im Neuen Jahr sei »von Einstein und dem Sprecher – auf einen neuen Rahmen und ein beschleunigtes Tempo des Projekts gedrängt (worden) ... Dr. Einstein und ich waren mit dem Umfang und dem Gang der Arbeit und ihrem Fortschreiten nicht zufrieden«[36]. Der Druck begann, nachdem Sachs Einstein im Februar in Princeton besucht hatte. Das wichtigste Ergebnis dieser Zusammenkunft war eben dieser erneute Rippenstoß, den sie der U.S. Arbeit versetzten. »Dr. Einstein sagte, seiner Ansicht nach sei die Arbeit an der Columbia-Universität die wichtigere«, schreibt Sachs[37]. »Er sagte weiterhin, daß Bedingungen für ihre Erweiterung und Beschleunigung geschaffen werden sollten.« Die zwei Männer kamen während der nächsten Wochen mehrmals zusammen und Einstein willigte dann ein, noch einen Brief zu schreiben, der die gegenwärtige Situation umriß. »Ich war damals der Meinung«, schreibt Sachs, »daß Dr. Einsteins Autorität sowie sein Einblick und Engagement das Tempo der Arbeit beeinflussen würden.«

Der Brief, den Sachs zur Weiterreichung an Roosevelt erhielt, trug das Datum des 7. März 1940[38].

Dieser Brief zeigt deutlich, daß die Furcht vor einer deutschen Atombombe die hauptsächliche Triebfeder für die anfängliche Arbeit an der Kernspaltung war, sowohl bei den Amerikanern wie auch bei den Briten. Daraus resultierend empfahl Einstein auch die Geheimhaltung einer wissenschaftlichen Entdeckung im nuklearen Bereich; Szilard hatte diesen Vorschlag schon vor fast genau einem Jahr dem Team des Collège de France gemacht, war aber auf brüske Ablehnung gestoßen.

Was Szilard und Einstein sagen wollten, war offensichtlich: entweder war die »Uran-Frage« von Wichtigkeit, in diesem Fall sollte die Regierung sie ernster nehmen; oder sie war von geringerer Bedeutung, dann würde Szilard Informationen publizieren, die für die Zukunft von einiger Konsequenz waren.

Die erste Reaktion auf Einsteins Brief vom 7. März war ziemlich lau. Die Briggs-Kommission schlug vor, daß »die Sache in der Schwebe bleiben sollte«[39], bis ein Bericht über die gerade durchgeführte Arbeit an der Columbia-Universität eingetroffen war. Sachs war damit nicht einverstanden und überredete Roosevelt schließlich dazu, eine neue Konferenz zwischen Vertretern der Briggs-Kommission, des Heeres und der Marine anzuberaumen, auf der die Frage der Ausweitung des Projekts diskutiert werden sollte. Roosevelt hielt es für selbstverständlich, daß Einstein Mitglied der Organisation sein würde, Watson anscheinend ebenfalls.

Sachs suchte Einstein erneut in Princeton auf. »Es wurde klar«, berichtete Sachs dem Senat, »daß eine Indisposition auf Grund einer Erkältung und die große Schüchternheit und Bescheidenheit dieses wahrhaft heiligen Wissenschaftlers Dr. Einstein davon abhielten, sich an großen Gruppen zu beteiligen, und seine Teilnahme verhinderten«[40]. Wie gewöhnlich hatte Szilard die Situation gut in der Hand. »Falls Sie ablehnen wollen«, hatte er Einstein am 19. April geschrieben, »werden wir einen höflichen Brief des Bedauerns in Englisch abfassen, den Sie benützen können, wenn Sie es für angeraten halten«[41]. Szilard erscheint als eine Kombination von Regisseur und Produzent; er managte nicht nur Sachs, Briggs und Watson auf die richtigen Plätze, sondern auch Albert Einstein.

In dem Brief, dem dritten, den Einstein unterzeichnet hatte, schlug er die Einsetzung eines Kuratoriums vor für eine gemeinnützige Organisation zur Beschaffung der nötigen Mittel.

Die Ratschläge dieses Briefes wurden kaum zwei Monate später beherzigt. Dann wurde nämlich die drastisch reorganisierte Briggs-Kommission dem National Defence Research Committee (Bundesverteidigungsausschuß für

Forschung) unterstellt, der von Roosevelt ins Leben gerufen wurde, und einer Sonderkommission, der National Academy of Sciences, die gebildet worden war, um die Regierung über alle Entwicklungen in der Kernspaltung zu unterrichten, welche auf die Verteidigung von Einfluß sein könnten.

Auf zwei Punkte sollte hingewiesen werden. Einmal bedeutete Einsteins Aufforderung zu »Experimenten großen Stils und Untersuchung praktischer Anwendungsmöglichkeiten« nicht, daß er notwendigerweise der Ansicht war, die Bombe liege nun im Bereich der Wahrscheinlichkeit. Er war nur daran interessiert, einmal Tatsachen zu bekommen.

Zum zweiten ist dieser Brief, der schon auf das Manhattan-Projekt 1942 hindeutet, vielleicht noch wichtiger als der erste Brief an Roosevelt. Der Brief, wie auch seine übrigen Bemühungen seit dem Sommer 1939, einen Druck auszuüben, steht in starkem Widerspruch zu seiner späteren Behauptung, daß seine Beteiligung an der Produktion der Atombombe nur in dem Brief an Präsident Roosevelt besteht.

Die erste Kontaktnahme mit Roosevelt führte zur Bildung der Briggs-Kommission, die wiederum die neue Organisation unter dem National Defence Research Committee hervorbrachte; diese führte zum Manhattan-Projekt und den Bomben auf Japan. Wenn man das bedenkt, erhebt sich die Frage nach der Bedeutung von Oppenheimers Behauptung – er war der wissenschaftliche Leiter des Projekts –, Einsteins Brief habe »sehr wenig Einfluß gehabt«; und nach der Bedeutung von Arthur Comptons Urteil – eine Schlüsselperson in diesem Arbeitsgebiet –, das Resultat von Einsteins Brief »sollte die Entwicklung der amerikanischen Uranforschung eher behindern als beschleunigen«[43].

Die Erklärung liegt teils in der Bedeutung, die die Erforschung der Kernspaltung auf der ganzen Welt schon gewonnen hatte, teils in den Forschungsergebnissen der britischen Wissenschaftler auf diesem Gebiet, die überzeugend nachwiesen, daß eine Kernwaffe möglich war. Im Sommer 1940, als die Briggs-Kommission reorganisiert wurde, trafen Halban und Kowarski, zwei wichtige Mitarbeiter des französischen Teams, das erst vor einem Jahr gezeigt hatte, daß eine Kettenreaktion hervorgerufen werden konnte, in England ein; sie trugen sich mit der Absicht, nach Amerika zu gehen. In den Vereinigten Staaten selbst waren Szilard und Fermi nur zwei Mitarbeiter an der Spitze von Forschungsteams, die im Hinblick auf ihre Arbeit einer Hilfe von staatlicher Seite eigentlich relativ wenig verdankten. Es war bekannt, daß die Forschung in Deutschland vorangetrieben wurde. In England, wo Frisch und Peierls die erstaunliche Entdeckung gemacht hatten, daß das für eine Bombe benötigte Uran eher in der Größenordnung von *Pfunden* als von *Tonnen* lag, waren zahlreiche Physiker an der Arbeit. Das alles hätte die Welt so oder so in das Atomzeitalter geführt, egal ob Einstein den Brief an Roosevelt unterzeichnet hätte oder nicht.

Außerdem gab es noch die spezielle Wirkung des »Maud-Report«, eines Berichts über die britischen Pläne für die Herstellung einer Bombe, der im Sommer 1941 abgeschlossen war. Am 3. Oktober gingen Dr. Vannevar Bush Kopien davon zu. James Baxter zufolge, dem offiziellen Historiker des Office of Scientific Research and Development (Amt für Naturwissenschaftliche Forschung und Entwicklung), »hatte (Bush) eine lange Unterredung[44] mit dem Präsidenten und Vizepräsidenten, in der er die britische Ansicht darlegte, daß eine Bombe aus U 235 vermittels einer Diffusionsanlage gebaut werden konnte«. Zwei Tage später machte Roosevelt Churchill den Vorschlag, die Briten und Amerikaner sollten zusammenarbeiten. »Obgleich sich die Amerikaner dieser Waffe als einer Möglichkeit bewußt waren«, schrieb Arthur Compton, »wurde sie für uns erst über ein Jahr später zum Mittelpunkt der Aufmerksamkeit. 1940 fiel es uns in Amerika immer noch schwer, unsere Gedanken auf den Krieg zu konzentrieren, während er für die Briten die Hauptsorge darstellte«[45]. Die offiziellen Historiker der amerikanischen Anstrengung schrieben in *The New World* folgendes über den Maud-Report: »(Er) gab Bush und Conant das, wonach sie gesucht hatten: das Versprechen, daß eine berechtigte Chance auf etwas militärisch Nutzbares während des fortschreitenden Krieges bestand. Die Briten gaben mehr als nur ein Versprechen, sie zeigten ein konkretes Programm vor. Weder die von Briggs gemachten Empfehlungen noch die zwei National Academy-Berichte hatten so viel zustandegebracht[46].«

Dies alles bestätigt Bushs simple Feststellung, daß »die Sache schon lange vor Einsteins Brief angelaufen war«. Das heißt jedoch nicht, daß dem besagten Brief keinerlei Bedeutung zukommt. Donald Fleming, der in *An American Primer* über die britischen Wissenschaftler geschrieben hat, die im Maud-Komitee saßen, rückt die Situation in die richtige Perspektive. »Ihr optimistischer Bericht vom Juli 1941 und ihre detaillierte Darstellung der Sachlage den amerikanischen Wissenschaftlern gegenüber, die England im Herbst besuchten, spielte eine wesentliche, vielleicht entscheidende Rolle bei der Entscheidung der Amerikaner, am Abend von Pearl Harbour eher als später zum großen Schlag auszuholen. Daraus folgt nicht, daß Einsteins Brief vom August 1939 von keinem Nutzen war. Die Entscheidung am 6. Dezember 1941 wäre relativ leer gewesen, wenn die Amerikaner keine Grundlage gehabt hätten, auf der sie aufbauen konnten.«[47] Mit anderen Worten: Amerika hätte die Bombe auch ohne Einsteins Eingreifen gebaut. Doch hätten die Amerikaner sie vielleicht noch nicht einsatzbereit für den Krieg gegen Japan gehabt.

Mit Einsteins Brief vom April 1940 ging die erste Phase seiner Verwicklung in

Fragen der Kernwaffen während des Kriegs zu Ende. Die zweite begann anderthalb Jahre später.

Am 6. Dezember 1941, wenige Stunden vor dem japanischen Angriff auf Pearl Harbour, startete das Office of Scientific Research and Development (Amt für Naturwissenschaftliche Forschung und Entwicklung) ein sehr umfangreiches Arbeitsprogramm zur Erforschung der Kernwaffen. Das zentrale technische Problem war dabei die Absonderung des Uran 235 von seinen Isotopen. Eine mögliche Methode war die Gasdiffusion, derzufolge Uran in Gasform durch eine sehr große Anzahl von Trennwänden mit extrem kleinen Löchern geschickt wird. U 235, das drei Neutronen weniger besitzt als U 238, geht schneller hindurch, und das leichtere Isotop kann allmählich konzentriert werden. Es tauchten nun viele theoretische Probleme bezüglich der Trennwände auf. Sie mußten sofort gelöst werden, und Anfang Dezember wandte sich Bush an Einstein um Hilfe[48].

Das Anliegen wurde über Dr. Frank Aydelotte vorgetragen, den damaligen Direktor des Institute for Advanced Study. Einstein arbeitete an dem Problem, das Bush ihm gestellt hatte, und am 19. Dezember 1941 schickte Aydelotte die handschriftliche Lösung an Bush in das Amt für Naturwissenschaftliche Forschung und Entwicklung in Washington. »Wie ich Ihnen am Telefon gesagt habe«, stand in seinem Begleitschreiben, »war Einstein an Ihrem Problem sehr interessiert, hat ein paar Tage daran gearbeitet und eine Lösung gefunden, die ich hiermit beilege. Einstein bittet mich, Ihnen zu sagen, daß, sollte es andere Aspekte des Problems geben, die er für Sie entwickeln soll, oder sollten Sie den Wunsch haben, daß er bestimmte Teile ausführlicher darstellt, Sie ihm das nur mitzuteilen brauchen. Er ist gern bereit, alles zu tun, was in seiner Macht steht. Ich hoffe sehr, daß Sie bei allem, was Ihnen einfällt, von seinem Angebot Gebrauch machen, weil ich weiß, welch tiefe Befriedigung er empfindet, etwas zu tun, das der nationalen Anstrengung zugute kommen könnte . . .«[49]

Bush gab Einsteins Berechnungen an Dr. Harold Urey weiter, den Leiter des amerikanischen Gasdiffusions-Projektes, und dieser diskutierte sie dann wieder mit Bush. Eines wurde dabei klar: Wenn Einsteins Arbeit wirklich von Nutzen sein sollte, mußte man ihm das Problem sehr viel detaillierter präsentieren. Das war jedoch unmöglich aus Gründen, die Bush in einem Brief an Aydelotte vom 30. Dezember anführte. »Ich werde ihm nicht mehr sagen, als ich ihm schon gesagt habe, aus einer ganzen Anzahl von Gründen«, schrieb er. ». . . Der Grund, warum ich nicht weiter gehe, ist der, daß ich mir nicht sicher bin, ob Einstein, wenn ich ihn mit dem Problem voll vertraut mache, dieses nicht so diskutieren würde, wie man es nicht diskutieren sollte. Mit diesen Zweifeln im Kopf halte ich es nicht für angebracht, ihn in bezug auf den Gegenstand der

Untersuchung soweit ins Vertrauen zu ziehen, daß ich ihm aufzeige, wie diese ganze Angelegenheit in das Verteidigungsbild paßt und welche militärischen Aspekte die Sache haben kann. Ich bin sicher, wenn ich mehr erkläre als ich schon getan habe, würde die übrige Geschichte auf dem Fuße folgen. Ich würde ihm die ganze Sache gern vortragen und ihn voll ins Vertrauen ziehen, das ist jedoch völlig ausgeschlossen in Anbetracht von Leuten hier in Washington, die seine ganze Lebensgeschichte durchforscht haben[50].«

Bush versuchte nun, von Einstein eine Antwort zu bekommen, ohne ihm allzu viel mitzuteilen, und bat ihn – von Einsteins früherem Eingreifen wußte er nichts – um Hilfe bei einem akademischen Problem. Darum ist nicht absolut gewiß, daß Einstein, als er die Lösung präsentierte und die »tiefe Befriedigung« zeigte, »etwas zu tun, das der nationalen Anstrengung zugute kommen könnte«, wußte, daß er an einer Kernwaffe arbeitete. Doch muß man es annehmen. Er wäre in jedem Falle »gern bereit« gewesen, »alles zu tun, was in seiner Macht steht«, jetzt, wo sich auch die Vereinigten Staaten mit Deutschland im Krieg befanden.

Einsteins Ausschluß aus dem inneren Kreis der Wissenschaftler, die das Manhattan-Projekt zum Abschluß brachten, sollte 1945 ein wichtiges Ergebnis zeitigen. Denn es hinderte ihn tatsächlich daran, sein enormes Prestige einzusetzen, als die Zukunft der Bombe diskutiert wurde. Zu jener Zeit war er schon der Außenseiter, der nicht einmal offen zugeben durfte, daß er von der Existenz der Bombe wußte, ohne das zu verraten, was seine Freunde und Bekannten ihm wissentlich oder unwissentlich darüber mitgeteilt hatten. Damit wußte er theoretisch so lange nichts über die Existenz der Bombe, bis sie abgeworfen wurde. Das konnten die Geschichtsschreiber manchmal nicht verdauen. Ein Bericht erwähnt Dr. Einstein in Los Alamos – wo er nie war. Auf dem Buchumschlag einer Biographie ist eine Zeichnung von Einstein zu sehen »beim ersten Test der Atombombe«; dabei wird ihm allen Ernstes ein Mischmasch an Unsinn in den Mund gelegt. Tatsächlich blieb Einstein die Kenntnis über Amerikas nukleare Anstrengungen offiziell – nicht inoffiziell – verborgen, bis er am 6. August 1945 in Saranac Lake die Radiomeldung über die Bombardierung Hiroshimas hörte.

Jener Zeitabschnitt von Einsteins Beteiligung an der Entwicklung der Kernwaffen, über den am meisten publiziert wurde, erstreckt sich vom Juli 1939 bis zum amerikanischen Kriegseintritt im Dezember 1941. Bevor er zu Ende ging, hatte Einstein die amerikanische Staatsbürgerschaft angenommen. Nicht alle Amerikaner waren darüber erfreut. Ein Leserbrief in The Tablet schimpfte über »Einstein, den jüdischen Flüchtling und Kommunisten, der auf die U.S. Regierung den Treueid schwört«, während ein langer Artikel in The Fifth Column *in Our Schools* Einstein überhaupt das Recht absprach, U.S.-Bürger zu werden. »Wenn Albert Einstein recht hat, und ein persönlicher Gott nicht existiert, dann ist Amerika auf Lug und Trug aufgebaut«, hieß es darin. »Wenn es keinen Gott gibt, dann hat der Bürger auch keine gottgegebenen Rechte. Dann sind alle in der Verfassung festgehaltenen Rechte nur Schwindel und Verblendung. Wenn der Mensch keinen Schöpfer hat, dann haben unsere Väter für eine Lüge gekämpft; dann sind die Bürgerrechte auf einer Lüge begründet. Dann hat Professor Einstein sich einer Lüge verschrieben, indem er nämlich einer Form von Regierung die Treue gelobt hat, die – gemäß seiner Philosophie – auf einer Lüge begründet ist.«

Die Beweisführung war etwas gewaltsam; sie war aber gar nicht so selten, und der Kritik wurde neue Nahrung gegeben, als Einstein Bertrand Russell unterstützte, dem zuerst eine Professur am City College in New York verliehen werden sollte, die ihm dann wieder entzogen wurde. Russells »Marriage and Morals« diente als Prügel, der in einer wilden Attacke auf ihn niederprasselte. Der hervorragende Philosoph wurde dabei als »geil, libidinös, wollüstig, sexuell, erotomanisch, aphrodisisch, respektlos, engherzig, unwahr und bar jeder moralischen Regung« beschrieben. Einstein wunderte sich über diese Ausfälle des »Christenmobs« nicht mehr. Die prekäre Situation verschaffte Russell zahlreiche Einladungen, und er verbrachte einige Zeit in Princeton, wo er seine Freundschaft mit Einstein vertiefte.

Die Institutsgebäude waren 1940 endlich bezugsfertig, und Einstein übersiedelte noch vor Ende des Jahres aus seinen Räumen in der Universität in die neue und ziemlich luxuriöse Unterkunft an der Peripherie der Stadt.

In Princeton war seine Anwesenheit selbstverständlich. Doch überall sonst in den Vereinigten Staaten machte Einsteins Name immer noch Schlagzeilen. 1944 ging eine Welle der Aufregung durch das Land, als eine Biographie erschien, die sein früherer Schwiegersohn, Dmitri Marianoff, mit Hilfe eines anderen Schriftstellers geschrieben hatte. Marianoff hatte sich im Sommer 1934, kurz nach der Ankunft in Amerika, von Margot getrennt. »Es wird behauptet, er habe acht Jahre mit der Familie Einstein zusammen verbracht«, sagte Einstein in einer öffentlichen Verurteilung des Buches. »Er hat in meinem Haus nicht einmal ein Jahr lang gewohnt, ununterbrochen nur ein paar Monate lang[51].« Das Buch war populär geschrieben und ziemlich harmlos. Doch es sei, so behauptete Einstein, »im allgemeinen unzuverlässig« und das wenige, das er gelesen habe, sei »überhaupt nicht wahr«.

Einstein war in bezug auf seinen Namen empfindlich. Schließlich war es tatsächlich oft genug sein Name, der etwas bewirkte; so zum Beispiel, wie er Roosevelt eine Grußbotschaft an den American Fund for Palestinian Institutions (Amerikanischer Fonds für Palästinensische Institutionen) abhandelte, als dieser im Sommer 1944 ihm zu Ehren ein Essen gab. Roosevelt lehnte es auf die erste Bitte hin ab, eine Botschaft zu schicken, in der er »die wichtige Arbeit der wohltätigen Institutionen im Leben der Gegenwart und in den Kriegsanstrengungen Palästinas hervorhob«[52]. Auf eine nochmalige Bitte hin erstreckte sich dann Roosevelts Botschaft auf »herzliche Grüße an alle, die sich auf dem Essen zu Ehren von Professor Einstein einfinden.« Dies war laut einem Memorandum aus dem White House »ein Kompromiß – ein kleines Kompliment für Professor Einstein – und Schweigen über die Spenden-Aktion«[53].

Einstein war unvermeidlich der vielbegehrte, vornehme Gast für alle Arten von wissenschaftlichen Zusammenkünften. So wurde er aus der Oase von Princeton weggeholt, um an einer Feier zum 400. Todestag von Kopernikus in der Carnegie Hall teilzunehmen. Einstein hielt eine kurze Ansprache.

»Sie war in gebrochenem Englisch gehalten, und Einsteins Englisch war sehr gebrochen«, schreibt Harlow Shapley, der dieses Ereignis mit organisieren half. »Er wies darauf hin, daß es für ihn nicht unangemessen sei, zu erscheinen, ›weil Kopernikus der große Führer der Wissenschaftler und unser Lehrer war‹ . . . Es war eine bescheidene Rede in englischem Kauderwelsch, und die Zuhörer brüllten nur so. Die Carnegie Hall dröhnte vor Applaus . . .«[54]

Einstein war der berühmteste lebende Jude. Es ist bezeichnend für seine Haltung gegenüber nicht-wissenschaftlichen Angelegenheiten, daß er während der ersten Kriegsjahre seine Verwandten im deutschbesetzten Belgien durch seine Briefe einem beträchtlichen Risiko aussetzte. Sie existieren noch heute, voller lokaler Klatschgeschichten, und sie stecken noch in denselben Briefumschlägen, die zur Prüfung des Inhalts zweimal aufgeschlitzt waren: einmal von den amerikanischen, dann von den deutschen Zensoren. Um die Identität des wahren Schreibers zu verschleiern, wurde als Absender Marianoff, der Familienname Margots angegeben; doch stand als Adresse: »112 Mercer Street, Princeton.«

Während dieser Kriegsjahre war Einstein für viele Wissenschaftler die allerletzte Berufungsinstanz, was ihn in ein paar unangenehme Streitereien verwickelte. Eine richtete sich gegen die Anhänger Felix Ehrenhafts, der aus Wien vertrieben worden war, als die Nazis an die Macht kamen, und der gezwungen wurde, den großen Elektromagneten aufzugeben, dessen Konstruktion der Höhepunkt seiner Arbeit war. Dieses Erlebnis raubte ihm möglicherweise den Verstand. Seine Fähigkeit der rationalen Argumentation nahm jedenfalls ab, und er beharrte bei allem und jedem darauf, daß die Elektronenladung nicht konstant sei. Einstein hielt einige von Ehrenhafts Behauptungen für Unsinn und sagte das auch offen. Daraufhin wurde er von einigen Seiten aufgefordert, »die große Ungerechtigkeit wieder gutzumachen, die Felix Ehrenhaft durch Ihre Haltung ihm gegenüber zugefügt worden ist und durch die unbegründeten und diffamierenden Berichte über seine Entdeckungen, die Sie nicht nur unter seinen Kollegen, sondern auch in Finanzkreisen verbreitet haben, bei Bankiers, die ihm helfen wollten, seine Forschung weiterzuführen.« Einstein hatte für solche Beschwerden wenig Zeit. Er ignorierte sie, soweit er konnte.

Er versuchte auch zu ignorieren, daß er sich mit Wilhelm Reich eingelassen hatte. Diese exzentrische Figur war anscheinend schon der Scharlatanerie verfallen oder übergeschnappt, als er Einstein bat, seine Entdeckung zu prüfen, nämlich eine »spezifische, biologisch wirksame Energie, die sich in vieler Hinsicht anders verhält als alles, was über elektromagnetische Energie bekannt ist.« Reich schrieb Einstein zum erstenmal am 30. Dezember 1940. Er teilte ihm mit, daß er von 1922 bis 1930 Freuds Assistent an der Poliklinik in Wien gewesen sei und nun »experimentelle und klinische Bio-Psychologie« in New York unterrichte. Jeder andere außer Einstein wäre durch den Brief gewarnt worden, in dem noch das Eingeständnis folgte, er habe seine Entdeckung der Academy of Physics nicht angezeigt, auf Grund »äußerst schlechter Erfahrungen«. Reich fügte jedoch hinzu, daß die Entdeckung möglicherweise »im Kampf gegen die faschistische Pest eingesetzt werden«[55] könnte. Einstein war der letzte, der einem solchen Köder widerstehen konnte.

Reich suchte Einstein am 13. Januar 1941 in seinem Haus in der Mercer Street auf. »Er erzählte mir«, schrieb seine Frau später, »daß das Gespräch mit Einstein äußerst freundlich und herzlich gewesen war, daß man mit Einstein gut reden konnte und daß ihre Unterhaltung fast fünf Stunden gedauert hatte[56]. Einstein war bereit, das Phänomen zu untersuchen, das Reich ihm beschrieben hatte, es mußte nur ein spezieller kleiner Akkumulator gebaut und zu ihm gebracht werden.« Ein neuer Besuch erfolgte und Einstein testete auch den Apparat.

Er fand eine ganz simple Erklärung für die Erscheinung, die Reich beobachtet hatte, und teilte ihm das in höflichen Worten mit. Reich zweifelte Einsteins Befund an, und dieser war in Sorge, daß sein Name unerlaubterweise dazu benutzt werden würde, Reichs Theorie zu unterstützen.

1943 wurde Einstein vom »Book and Author Committee of the Fourth War Loan« (»Buch- und Autorenausschuß der Organisation ›Vierte Kriegsanleihe‹«) gebeten, sein Originalmanuskript von 1905 zum Verkauf zur Verfügung zu stellen. Wie viele andere war es vernichtet worden, als er die Druckexemplare erhielt. Einstein willigte jedoch ein, es noch einmal handschriftlich abzuschreiben und fügte oben die Anmerkung hinzu: »Die folgenden Seiten sind eine Kopie meines ersten Manuskripts, die Relativitätstheorie betreffend. Ich fertigte diese Kopie im November 1943 an. Das Originalmanuskript ist nicht mehr vorhanden, da es nach seiner Publikation von mir vernichtet worden ist. Die Publikation trägt den Titel ›Elektrodynamik bewegter Körper‹ (Annalen der Physik; vierte Folge, Bd. 17, 1905). A. Einstein 21. XI. 1943.« Er händigte ebenfalls ein unveröffentlichtes Manuskript über »Bivector field« aus. Die zwei Manuskripte wurden am 4. Februar 1944 in Kansas City versteigert, wobei die Kansas City Insurance Company 6,5 Millionen Dollar Kriegsschuldverschreibungen für die Arbeit über die Relativitätstheorie investierte – und sie anschließend der Library of Congress (Kongreßbibliothek) übergab –, während W. T. Kemper jr. 5 Millionen Dollar für das zweite Manuskript anlegte.

Zu diesem Zeitpunkt war Einstein wieder mit Aufgaben direkt für die Verteidigung tätig und im August 1943 hatte er Verbindungen zu der Marine und dem »Office of Scientific Research and Development« (Amt für Naturwissenschaftliche Forschung und Entwicklung) in Washington[57]. Vannevar Bush, der Direktor dieser Abteilung, schreibt: »Ein paar Freunde von Einstein besuchten mich und erzählten mir, daß es ihn störe, an den Kriegsanstrengungen nicht aktiv teilzunehmen. Ich ernannte ihn daraufhin zum Mitglied eines Komitees, von dem ich annahm, daß seine besonderen Fähigkeiten hier am meisten von Nutzen sein würden[58].« Welches Komitee das war, wurde nie bekannt, doch ist es unwahrscheinlich, daß es mit Kernforschung zu tun hatte.

Kein Zweifel besteht jedoch über Einsteins Verbindung mit dem U.S. Navy's Bureau of Ordnance (Beschaffungsamt der U.S. Marine). Nach den Protokollen der General Services Administration, St. Louis, Missouri war Einstein »mit Spezial-Service-Contract of the Department of the Navy, Washington, D.C. vom 31. Mai 1943 bis 30. Juni 1944 als Wissenschaftler angeworben; vom 1. Juli 1944 bis 30. Juni 1945 als Techniker; und vom 1. Juli 1945 bis 30. Juni 1946 als Berater für Sprengstofforschung«. In diesem Zeitraum arbeitete er an »der Theorie von Explosionen und suchte zu bestimmen, welche Gesetze die etwas obskuren Detonationswellen regieren, warum gewisse Explosionsstoffe einen deutlichen Richtungseffekt aufweisen, und anderen in hohem Grade technischen Theorien«[59].

Als er die beratende Funktion übernahm, wies er darauf hin, daß es ihm unmöglich sei, regelmäßig nach Washington zu reisen und daß jemand zu ihm nach Princeton kommen mußte. »Da ich Einstein zufällig von früher her kannte, auf nicht-militärischer Basis, wurde ich für die Aufgabe ausgewählt«, schreibt George Gamow. »So nahm ich also alle 14 Tage freitagmorgens den Zug nach Princeton, mit einer Aktenmappe voller vertraulicher und geheimer

Projekte der Kriegsmarine. Es gab sehr viele Vorschläge, zum Beispiel die Sprengung einer Reihe von Unterwasserminen, einen parabolischen Weg entlang plaziert, der zum Eingang eines japanischen Flottenstützpunktes führen würde, mit ›nachstoßendem‹ Bombenabwurf aus der Luft auf die Flugdecks der japanischen Flugzeugträger. Einstein empfing mich immer zu Hause in seinem Arbeitszimmer, in einem seiner bekannten Strickpullover, und ging alle Vorschläge einzeln durch. Er fand sie praktisch alle gut, sagte immer ›O ja, sehr interessant, sehr sehr genial‹, und am nächsten Tag war der Admiral, dem die Abteilung unterstand, sehr glücklich, wenn ich ihm über Einsteins Kommentare berichtete[60].«

Eine andere Idee war, einen ganz speziellen Effekt hervorzurufen, indem man eine konvergierende Detonationswelle benutzte, die durch die Kombination zweier Sprengstoffe mit verschiedenen Ausbreitungsgeschwindigkeiten erzeugt wurde. Nachdem Einstein den Plan gutgeheißen hatte, wurden Pläne für einen Versuchstest in Indian Head ausgearbeitet, dem Testgelände der U.S. Marine am Potomac River. Gamows Erinnerungen zufolge scheute dann aber die Sprengstoff-Fabrik in Pittsburgh, die den Auftrag erhalten hatte, davor zurück. »Am nächsten Tag wurde mein Projekt vom ersten Platz der Prioritätenliste auf den letzten gesetzt«, schreibt er, »und mir wurde plötzlich klar, woran an einem geheimnisvollen Ort in New Mexico mit der Adresse: P. O. Box 1663, Santa Fé, gearbeitet wurde. Jahre später, als ich für die Arbeit an der A-Bombe eine Unbedenklichkeitsbestätigung erhalten hatte und nach Los Alamos ging, sah ich, daß meine Vermutung richtig gewesen war«[61]. Gamow machte keine Andeutung, ob er Einstein gegenüber den Vorfall oder seine Vermutung erwähnte. Es ist jedoch anzunehmen.

Man glaubt allgemein, daß Einstein von der Entwicklung des Manhattan-Projekts überhaupt nichts wußte, bis die Meldung kam, daß die erste Bombe über Hiroshima abgeworfen war. Einstein selbst legte nie großen Wert auf diese Behauptung. Es kann ihm nicht verborgen geblieben sein, daß Männer wie Szilard, Fermi, Compton, Teller, Wigner und eine ganze Reihe anderer, die zwischen 1939 und 1940 in der Uranforschung arbeiteten, ganz von der akademischen Bildfläche verschwunden waren. Es muß ihm auch aufgefallen sein, daß alle Neuigkeiten über die Kernspaltung aus der akademischen Diskussion plötzlich ausgeklammert wurden.

Im Oktober 1943 unternahm Niels Bohr einen der spektakulärsten Fluchtversuche dieses Krieges. In einem kleinen Boot segelte er mit seinem Sohn über die Kattegat-Meerenge nach Schweden, von wo er zunächst nach England und dann in die Vereinigten Staaten gebracht wurde. Den größten Teil des Sommers 1944 verbrachte Bohr in Los Alamos.

Er besuchte auch Einstein in Princeton. Er kam an, als andere Freunde schon anwesend waren; erst als sich diese verabschiedeten, eilte Einstein hinter ihnen her und warnte sie, auf keinen Fall verlauten zu lassen, daß Bohr sich in den Vereinigten Staaten befand. Seine Anwesenheit in Amerika wurde in der Öffentlichkeit geheim gehalten; er reiste unter dem Namen John Baker und war zu diesem Zweck sogar mit einem britischen Reisepaß versehen.

Bohr behielt vertrauliche Tatsachen für sich. Er versagte sich zweifellos das Vergnügen, Einstein die technologischen Erfolge zu beschreiben, mit denen er in Los Alamos konfrontiert worden war. Nun hatte er aber auch erfahren, daß es Fermi vor zwei Jahren in Chicago gelungen war, die erste selbständige Kettenreaktion zu erzeugen. Er wußte, daß die Voraussage, die er ein Jahr zuvor in seiner geheimen Botschaft an Chadwick geschickt hatte, falsch gewesen war. Und es geht deutlich aus der nachfolgenden Korrespondenz hervor, in der er mit Einstein über die Nachkriegskontrolle neuer und weitaus zerstörerischer Waffen diskutierte – womit dem Kontext ihrer Gespräche nach nur die Atombomben gemeint sein konnten.

Es ist unwahrscheinlich, daß Einstein viel über die technischen Einzelheiten des Manhattan-Projekts wußte. Einmal machte es General Groves' Politik der Aufspaltung in viele Abteilungen jedermann schwer, mehr zu wissen als das nötige Minimum – oder sein Wissen weiterzugeben, selbst wenn er es wollte. Wichtiger aber ist, daß Einstein kaum an rein technischen Details interessiert gewesen wäre. Doch hatte er bis zum Winter 1944 schon mehrmals mit einem Berater des Manhattan-Projekts gesprochen, hatte mit ihm die Notwendigkeit diskutiert, nach dem Krieg ein Wettrüsten zu verhindern, und verzweifelt an Bohr geschrieben und um seine Hilfe gebeten. Das beweist nicht, daß Einstein wußte, wie oder ob die neuen Waffen eingesetzt würden, um den Krieg zu beenden; es impliziert jedoch ganz eindeutig, daß er Ende 1944 wußte, daß sie kurz vor der Fertigstellung standen.

Jener Berater war Otto Stern. Nach Beginn des Manhattan-Projekts war er in beratender Funktion dem Metallurgischen Laboratorium der Universität von Chicago zugewiesen worden, wo 1942 der erste Kernreaktor in Betrieb gesetzt wurde. Er blieb weiterhin in Pittsburgh als Ratgeber der anderen Berater des Manhattan-Projekts im Carnegie Institute of Technology. Was vielleicht noch bedeutsamer ist, er fuhr zu den Informationstreffen nach Chicago, die dort ungefähr alle sechs Wochen abgehalten wurden. Wieviel ihm im Detail über den Fortschritt der Bombe bekannt war, steht nicht fest; doch weist alles darauf hin, daß es sehr viel gewesen sein muß.

Stern machte eine ganze Reihe von Besuchen bei Einstein, der einmal äußerte, wie schrecklich besorgt er über die Entwicklung neuer Waffen nach Beendigung des Krieges sei. Über ihre Diskussionen ist wahrscheinlich nichts Schriftliches festgehalten; doch kann auf den Inhalt dieser Gespräche aus der kritischen Zuspitzung geschlossen werden, zu der es Mitte Dezember 1944 kam. Stern besuchte Einstein am Montag, den 11. Dezember. Wieder diskutierten sie Kernwaffen. Diesmal schien Einstein ernsthaft alarmiert. Am nächsten Tag setzte er sich hin und schrieb an Bohr in Washington.

Er schrieb über die Nachrichten, die ihn so tief beunruhigt hatten und setzte hinzu, daß einflußreiche Wissenschaftler wie Compton in den USA, Lindemann in England, Kapitza und Joffé in Rußland usw. auf die politischen Führer ihrer Länder gemeinsamen Druck ausüben sollen, um eine Internationalisierung der Militärmacht zuwege zu bringen . . .[62].

Dieser Brief hätte sich kaum ungünstiger auswirken können. Im April hatte Bohr in London von Kapitza einen Brief erhalten[63], in dem ihm nahegelegt wurde, sich mit seiner Familie in Rußland niederzulassen. Bohr hatte den Brief dem Geheimdienst gezeigt. Im Mai konnte er ein Zusammentreffen mit Churchill arrangieren, und bei dieser Gelegenheit versuchte er, dem britischen Premierminister die Notwendigkeit klarzumachen, die Russen in einen Plan zur Kontrolle von Kernwaffen nach dem Krieg miteinzubeziehen. Die Unterhaltung war ein Mißerfolg; Bohr war nicht fähig, sein Anliegen zu erklären, und Churchill war nicht gewillt, darauf einzugehen. Im August fand Bohr bei Roosevelt eine bessere Aufnahme. Dieser hörte ihm eine Stunde lang freundlich zu, teilte seine Ansicht, daß man mit Rußland eine Verständigung suchen müsse, und versprach, die Sache mit Churchill zu erörtern, den er im folgenden Monat in Hyde Park treffen sollte. Doch im September schlossen Roosevelt und Churchill nicht nur jeden Gedanken an eine Verständigung mit den Russen aus, sondern unterzeichneten auch ein Aide mémoire mit folgendem Schlußsatz: »Es sollten Nachforschungen über die Aktivitäten von Professor Bohr angestellt und Schritte unternommen werden, sicherzustellen, daß er sich keiner Weitergabe von Informationen an die Russen schuldig gemacht hat.« Bohrs treue Freunde traten zu seiner Verteidigung an, doch er war »sehr betrübt, daß die ganze Sache sich nun im Gestrüpp der amerikanischen Politik verfangen hatte . . .«.

Bohr befand sich in einer unangenehmen Lage. Er kannte Einstein nur zu gut. Er wußte, daß einem Mann von solch vertrauensvollem Idealismus die Feinheiten des diplomatischen Protokolls wenig bedeuteten. Ob er befürchtete, Einstein könnte versuchen, selbst an Kapitza oder Joffé zu schreiben, ist nicht gewiß; sollte es jedoch zutreffen, so muß diese Befürchtung angesichts seiner ganzen Kenntnis, wie »das Geheimnis« der Bombe vor den Russen gehütet wurde, ihn wirklich gequält haben. Fest steht jedenfalls, daß Bohr, als er

Einsteins Brief von der Botschaft erhielt, sofort nach Princeton eilte und Einstein in einem langen Gespräch dazu überredete, Stillschweigen zu bewahren; und daß er die Alliierten in einem privaten Schreiben von dem Vorfall in Kenntnis setzte.

Er traf am Freitag, den 22. Dezember in der Mercer Street ein. Sein Bericht über das, was nun folgte, datiert bloß »Dezember 1944«[64], ist offensichtlich von ihm selbst getippt; er selbst wird darin »B«, Einstein wird »X« genannt. Bohr erklärt zunächst, daß er Einstein besucht und ihm dargelegt habe, »daß es ziemlich ungesetzlich wäre und höchst beklagenswerte Folgen haben könnte, wenn irgend jemand, der über die betreffende Sache ins Vertrauen gezogen sei, eigenmächtig Schritte, wie vorgeschlagen, unternehmen würde.«

Der Bericht ging folgendermaßen weiter: »B konnte jedoch X vertraulich mitteilen, daß die verantwortlichen Staatsmänner in Amerika und England sich über den Umfang der technischen Entwicklung im klaren sind, und daß sie auf die Gefahren aufmerksam gemacht worden sind, die dem Weltfrieden drohen, sowie auf die einmalige Gelegenheit, ein harmonisches Verhältnis zwischen den Nationen zu fördern, das der große wissenschaftliche Fortschritt mit sich bringt.

X versicherte daraufhin B, daß er sich über die Lage ziemlich im klaren sei und nicht nur, was seine Person betraf, von jeder Aktion Abstand nehmen würde, sondern auch – ohne jede Bezugnahme auf seine vertrauliche Unterredung mit B – seinen Freunden, mit denen er über die Angelegenheit gesprochen hatte, einschärfen würde, daß alle Diskussionen darüber nicht wünschenswert seien und die delikate Aufgabe der Staatsmänner nur komplizieren würden.«

Es gibt keinen Grund, die Richtigkeit von Bohrs Angaben zu bezweifeln. Und es gibt keinen Grund anzunehmen, Einstein habe in dieser Sache nicht zu seinem Wort gestanden. Daraus ergibt sich der unvermeidliche Schluß, daß Einstein vom Dezember 1944 an bis zum Abwurf der Bombe auf Japan acht Monate später nicht nur sehr viel mehr über die Entwicklung der nuklearen Situation wußte als seine wissenschaftlichen Freunde ahnten, sondern daß er auch die vertrauliche und geheimzuhaltende Information von Bohr zum Anlaß nahm, ihnen einzuschärfen, »daß alle Diskussionen darüber nicht wünschenswert seien und die delikate Aufgabe der Staatsmänner nur komplizieren würden«.

Zuerst mußte er Otto Stern angehen. Er setzte sich also nach Weihnachten hin und schrieb am 26. Dezember einen Brief, der selbst Einstein außerordentlich schwerfiel, denn er mußte Stern einerseits von unbesonnenen Schritten abhalten, ohne Bohrs Besuch zu erwähnen; andererseits mußte der Brief harmlos erscheinen für den Fall, daß er in unrechte Hände fiel.

Einsteins Handlungsfreiheit, die schon dadurch beeinträchtigt war, daß es ihm an offiziellem Wissen über das Manhattan-Projekt mangelte, wurde nun weiter eingeschränkt durch das, was ihm nur im Vertrauen mitgeteilt worden war. Das sollte in mehr als einer Hinsicht bedeutsam sein. Diese Erörterungen – und die früheren Diskussionen zwischen Einstein und Otto Stern – drehten sich darum, was nach dem Krieg geschehen sollte. Tatsächlich machten sie es Einstein auch viel schwerer, sich in den Diskussionen Gehör zu verschaffen, die über den Einsatz der Atombombe im Pazifik oder gar in Europa entstanden.

Im März 1945 stellte Leo Szilard zum erstenmal die Frage nach dem Einsatz der Bombe. Man erwartete, daß Deutschland in den nächsten Wochen geschlagen würde, und es war ein paar Männern, mit größter Wahrscheinlichkeit auch Szilard, schon bekannt, daß das Dritte Reich bei weitem nicht so weit war, eine Kernwaffe herstellen zu können.

In Deutschland hatte es eine Bewegung gegeben, die dazu neigte, die so vielgeschmähte »jüdische Physik« zu rehabilitieren, die Einstein verkörperte. Jedenfalls hielt eine Anzahl von Physikern, die befürchteten, die damalige Verunglimpfung der theoretischen Physik könnte ihr Land ernsthaft ins Hintertreffen bringen, im November 1940 eine Konferenz in München ab, auf der öffentlich beschlossen wurde: »1. Die theoretische Physik ist ein unentbehrlicher Teil der gesamten Physik; 2. Die spezielle Relativitätstheorie gehört zu den experimentell bewiesenen Fakten der Physik. Ihre Bedeutung für kosmische Probleme ist jedoch noch ungewiß; 3. Die Relativitätstheorie hat nichts mit einer allgemeinen relativistischen Philosophie zu tun. Es sind keine neuen Zeit- und Raumbegriffe eingeführt worden, und 4. Die moderne Quantentheorie ist die einzig bekannte Methode, die Eigenschaften eines Atoms quantitativ zu beschreiben. Bis jetzt war niemand in der Lage, über diesen mathematischen Formalismus hinauszugehen und zu einem tieferen Verständnis der Atomstruktur zu gelangen[65].« Zwei Jahre später wurde erneut eine Konferenz einberufen, diesmal im österreichischen Seefeld in Tirol. Hier wurde ein ähnlicher Kompromiß erzielt, wobei der Beschluß, die Relativitätstheorie müsse akzeptiert werden, durch den kleinen Trost gemildert wurde, daß »vor Einstein arische Wissenschaftler wie Lorentz, Hasenöhrl, Poincaré etc. die Grundlagen der Relativitätstheorie geschaffen hätten und Einstein die schon bestehenden Ideen nur konsequent weiterverfolgt hätte«[66].

Die Notwendigkeit, die Relativitätstheorie und die »jüdische Physik« mit einem Mantel der Respektabilität zu umgeben, damit sie von den deutschen Physikern ohne Vorwurf benutzt werden konnten, war ein wesentlicher Bestandteil der Kernforschung in Deutschland, die der Arbeit in den Vereinigten Staaten und in England entsprach. Alle drei Länder standen 1942 vor der Entscheidung, ob man auf die Arbeit im Laboratorium die industrielle Auswertung folgen lassen sollte. In England kam man zu dem Schluß, daß das industrielle Potential nicht ausreichend war; die britischen Anstrengungen verlagerten sich deshalb über den Atlantik. In den Vereinigten Staaten nahm man das mehrere Milliarden verschlingende Manhattan-Projekt in Angriff. In Deutschland wurde anders entschieden. Heisenberg und seine Kollegen waren bei der theoretischen Arbeit nicht so erfolgreich gewesen wie die Alliierten. Doch hatten sie die theoretische Möglichkeit einer Waffe demonstriert. Sie unternahmen aber keinen ernsthaften Versuch, jetzt zur industriellen Auswertung überzugehen. In den ersten zwei Jahren hatten die Deutschen militärisch so viel Erfolg, daß sie die Notwendigkeit von Kernwaffen nicht in Betracht zogen. Nun hatte sich die Situation aber sehr zu ihren Ungunsten verändert. »In Wirklichkeit«, sagt Heisenberg, »war die Entscheidung der deutschen Führung im Sommer 1942... durchaus begreiflich und folgerichtig. Die Kriegslage war damals bereits so angespannt, daß für langfristige technische Entwicklungen kein Spielraum mehr bestand. Es soll einen Führerbefehl gegeben haben, der technische Entwicklungen, die bis zum Einsatz mehr als ½ Jahr brauchten, nicht mehr zuließ. Diese Situation ersparte den deutschen Physikern die Entscheidung, ob sie für einen Versuch zur Herstellung von Atombomben plädieren sollten; denn sie wußten auf Grund ihrer technischen Erfahrungen genau, daß ein solcher Versuch vor 3 bis 4 Jahren auf keinen Fall zum Erfolg führen konnte. Ein derartiger Versuch hätte zweifellos die Niederlage Deutschlands noch beschleunigt, da ja die für den Versuch notwendigen umfangreichen Arbeitskräfte und Materialien an anderen Stellen, etwa bei der Produktion von Panzern und Flugzeugen hätten fehlen müssen. Tatsächlich sind ja auch in Amerika, mit seinem viel größeren wissenschaftlichen und technischen Potential, in einem Land, in dem die Rüstungsindustrie ohne jede Störung durch feindliche Luftangriffe arbeiten konnte, die Atombomben erst nach Beendigung des Krieges mit Deutschland fertig geworden«[67]. Zwei weitere Gründe kamen noch hinzu: Hitler konnte für die Kernspaltung nicht interessiert werden, und die antijüdischen Säuberungsaktionen des vergangenen Jahrzehnts hatten einen wesentlichen Teil der wissenschaftlichen Elite Deutschlands vertrieben.

Heisenberg und seine Kollegen arbeiteten weiter. In den letzten Monaten des Kriegs wurde er mitsamt dem Kaiser Wilhelm-Institut für Physik, dessen Direktor er 1941 geworden war, nach Hechingen evakuiert. Doch befanden sie sich immer noch im Stadium der theoretischen Forschung – eine Tatsache, die einer amerikanischen Sonderabteilung 1944 klar wurde. Unter dem Codenamen »Alsos« war sie den vordringenden Alliierten quer durch Europa gefolgt. In Straßburg waren ihr die Unterlagen Weizsäckers in die Hände gefallen, aus denen eindeutig hervorging, daß die Alliierten keine deutschen Kernwaffen zu befürchten hatten.

Nach Deutschlands Zusammenbruch im Mai 1945 wurden die führenden deutschen Physiker, die an der Kernforschung beteiligt waren – Heisenberg, Hahn und noch ungefähr ein Dutzend andere – nach Frankreich überführt und dann überraschend in ein Haus außerhalb von Cambridge gebracht. Professor R. V. Jones, der Direktor der Wissenschaftlichen Nachrichtenabteilung im britischen Luftfahrtministerium, zeichnete dafür verantwortlich. »Ich ließ sie nach Farm Hall bringen«, schrieb er, »um sie vor einer Bedrohung zu schützen, von der sie nie erfuhren – mir war nämlich berichtet worden, daß ein amerikanischer General beabsichtigte, das Problem der Kernenergie im Nachkriegsdeutschland dadurch zu lösen, daß er die Wissenschaftler erschießen ließ, während sie sich noch in ›Dustbin‹ aufhielten, dem Sonderdurchgangslager in Frankreich«[68]. In England wurden in ihren Räumen geheime Mikrophone installiert. Ihre Unterhaltungen wurden auf Band aufgenommen, auch ihre Reaktion auf die Nachricht von Hiroshima, die sie über das Radio hören konnten. Kleine Ausschnitte der Transkriptionen wurden auf Englisch in General Groves' Reminiszenzen abgedruckt. Die Originalaufnahmen wurden nie veröffentlicht – hauptsächlich wohl auf Grund des britischen Widerwillens, zuzugeben, daß der Vorfall tatsächlich stattgefunden hatte.

In den letzten Monaten des Jahres 1944 gingen einigen Mitgliedern des Manhattan-Projekts in Washington Informationen über den Stand der deutschen Kernforschung zu. Laut Goudsmid, dem Leiter der Alsos-Gruppe, ist es sehr wahrscheinlich, daß Einstein erst geraume Zeit nach dem Krieg davon erfuhr. Doch Szilard war zweifellos informiert. Im Frühjahr 1945, so berichtet er, begann er sich zu fragen: »Welchem Zweck dient die Fortsetzung der Entwicklung der Bombe, und wie sollte die Bombe eingesetzt werden, wenn der Krieg mit Japan dann noch nicht zu Ende ist, wenn wir die erste Bombe haben[69]?« Wie schon 1939, wollte er die Angelegenheit dem Präsidenten zur Kenntnis bringen. Und wie 1939 sprach er Einstein daraufhin an und besuchte ihn in Princeton.

In Princeton schrieb Einstein bereitwillig ein weiteres Empfehlungsschreiben an den Präsidenten.

Wieviel Einstein darüber hinaus zu diesem Zeitpunkt wußte, ist nicht klar. Doch gibt es eine bedeutsame Aussage von ihm, die in der Juni-Ausgabe des Jahres 1945 im *Contemporary Jewish Record* enthalten ist. Darin ist ein Interview mit Einstein abgedruckt, das »kurz vor« seiner Pensionierung vom Institut im April 1945 stattfand, also vier Monate vor der Bombardierung Japans. Der

Interviewer fragte, »ob der Zerfall von Atomen nicht in Kürze die ungeheuren Atomenergien für die Kriegführung freisetzen könnte.« »Unglücklicherweise«, antwortete Einstein, »liegt eine solche Möglichkeit nicht völlig im Bereich der Utopie. Wenn die Militärkunst es zuwege bringt, die Atomkernenergie in Anwendung zu bringen, werden es nicht Häuser oder Häuserblocks sein, die in wenigen Sekunden« zerstört werden – es werden ganze Städte sein«[70].

Das bedeutet jedoch nicht, daß Einstein die Einzelheiten von Szilards Vorschlägen bekannt waren. Das ist sogar ganz unwahrscheinlich. Denn das Memorandum stellte zwar den Einsatz der Bombe im Krieg gegen Japan in Frage, doch aus Gründen, mit denen Einstein nicht unbedingt einverstanden gewesen wäre. Szilard stellte zur Diskussion, ob die Chance einer rechtzeitigen internationalen Kontrolle von Kernwaffen nicht gegeben wäre »dadurch, daß in den nächsten zwei Jahren moderne Produktionsverfahren entwickelt werden, die uns eine ungeheure Überlegenheit auf diesem Gebiet verleihen, zu welchem Zeitpunkt dann eine Verständigung mit Rußland gesucht werden könnte«[71].

Vier Monate später sollte Szilard einer von denen sein, die aus moralischen Gründen klar und unmißverständlich ihre Opposition gegenüber dem Einsatz dieser Bomben »im gegenwärtigen Stadium des Krieges« bezeugten. Doch war das Memorandum, das Einstein unterstützte, etwas anderes. Die offiziellen U.S. Historiker berichten darüber: »Szilard teilte die atomare Entwicklung in zwei Stadien ein. Das erste führte gerade zum ersehnten Erfolg. Erzielten die Vereinigten Staaten bei dem zweiten gute Fortschritte, wenn sie mit Rußland in Verbindung traten, dann mußten die Aussichten auf Erfolg um so besser sein. Sollte sich die internationale Kontrolle als eine vergebliche Hoffnung erweisen, dann wäre das Schlechteste, was man tun konnte, die Entwicklung des zweiten Stadiums aufzuhalten.[72]« Das war nicht gerade das, was Einstein sich vorstellte, als Szilard im März mit seinem Brief an den Präsidenten das Haus in der Mercer Street verließ.

Doch war diese Anstrengung hinsichtlich Roosevelts umsonst. Einsteins Brief trug das Datum des 25. März. »Ich beschloß, das Memorandum und den Brief dem Präsidenten durch Mrs. Roosevelt zu übergeben, die schon einmal Nachrichten über das Projekt an den Präsidenten weitergeleitet hatte«[73], berichtet Szilard.

Mrs. Roosevelt machte mit Szilard für den 8. Mai einen Termin aus. Kurz danach zeigte Szilard sein Memorandum A. H. Compton, dem Direktor des Metallurgischen Laboratoriums. »Ich hoffe, Sie werden dieses Memorandum dem Präsidenten zur Kenntnis bringen«[74], sagte dieser. Szilard schreibt darüber: »Ich ging zurück in mein Büro, froh, dort keinen Widerstand verspürt zu haben, wo ich welchen erwartet hätte, als es an die Tür klopfte und Comptons Assistent hereinkam. Er teilte mir mit, daß er gerade im Radio gehört habe, daß Präsident Roosevelt gestorben sei.«

Einige Wochen später nahm Szilard das Memorandum mit zu Präsident Truman. Einsteins Brief war dabei, doch gibt es keinen Hinweis, daß Präsident Truman irgendwie beeindruckt worden wäre. Er las Szilards Dokument und sagte: »Ich sehe nun, dies ist eine ernste Angelegenheit.« Dann reichte er es an Staatssekretär Byrnes weiter. »Präsident Truman beauftragte mich, mit Szilard eine Verabredung zu treffen; dieser kam nach Spartanburg (South Carolina) herunter und brachte Dr. H. C. Urey und noch einen anderen Wissenschaftler mit«, schreibt Byrnes. »Wie der Brief von Einstein schon angedeutet hatte, beschwerte sich Szilard darüber, daß er und einige seiner Kollegen nicht genügend informiert würden über die Politik der Regierung im Hinblick auf den Einsatz der Bombe. Er war der Ansicht, daß Wissenschaftler, er selbst eingeschlossen, die Sache mit dem Kabinett diskutieren sollten, was mir nicht wünschenswert erschien. Sein gesamtes Auftreten und sein Wunsch, an politischen Entscheidungen mitzuwirken, machten einen ungünstigen Eindruck auf mich . . .«[75]

Szilard hatte wie so viele andere Wissenschaftler, die in den nächsten Monaten versuchten, auf die U.S. Politik Einfluß zu nehmen, keinen Erfolg. Nach dem 16. Juli, als die Kernwaffe in der Wüste Neu-Mexicos erfolgreich getestet wurde, gingen die Politiker daran, Pläne für den Einsatz in Japan auszuarbeiten.

Einstein verließ Princeton und fuhr wie üblich in die Sommerferien. Am 6. August hörte er im Radio die Nachricht, daß eine Kettenreaktion seine Gleichung $E = mc^2$ sehr viel spektakulärer bewiesen hatte als alle Nachweise, die im Laboratorium erzielt worden waren. Zu einem *New York Times*-Reporter, der ihn aufsuchte, um ihm die Nachricht zu überbringen, sagte er: »Die Welt ist dafür noch nicht reif[76].« Von den Herausgebern von »Einstein on Peace« wird behauptet, er habe ausgerufen: »O weh[77].« Zuerst weigerte er sich, einen öffentlichen Kommentar abzugeben. Dafür gab Miss Dukas eine Erklärung in seinem Namen ab. »Obgleich man sagen kann, daß der Professor den grundlegenden wissenschaftlichen Aufbau der Atombombe gründlich versteht«, hieß es, »lassen die militärischen Erfordernisse es ratsam erscheinen, daß er zu diesem Thema so lange nichts sagt, bis die Behörden Einzelheiten freigeben«[78].

Am 11. August gab Einstein in einem Interview mit Richard Lewis den ersten öffentlichen Kommentar über die Bombe ab. Er begann damit, die Hysterie zu dämpfen, die die Welt ergriffen hatte. »Indem sie die Atom- oder Kernenergie entwickelte, hat die Wissenschaft sich nicht übernatürlicher Kräfte bedient, sondern einfach das Wirken der Sonnenstrahlen imitiert«, sagte er.[79] »Die

Atomkraft ist ebenso natürlich, wie wenn ich mit einem Boot auf dem Saranac Lake segle.« Er wurde über Berichte befragt, denen zufolge Sekundärstrahlungen Unfruchtbarkeit oder Leukämie erzeugen könnten. Er antwortete: »Das möchte ich nicht diskutieren.« Dann fuhr er fort: »Ich habe an dem Gegenstand nicht gearbeitet, überhaupt nicht gearbeitet. Ich interessiere mich für die Bombe wie jede andere Person; vielleicht ein bißchen mehr. Doch fühle ich mich nicht berechtigt, irgend etwas darüber zu sagen.« Er fügte hinzu, er sei der Ansicht, daß es Jahre brauche, bis die Atomenergie für kommerzielle Zwecke genutzt werden könnte, daß aber neben Uran 235 noch andere Stoffe gefunden werden könnten »und wahrscheinlich gefunden würden«, um die kommerzielle Nutzbarmachung zu beschleunigen. »Sie werden jedermann einen Gefallen tun, wenn Sie nicht irgendeine Story schreiben. Ich glaube nicht, daß jemand dafür Interesse hätte«, schloß er.

Mit dieser Ermahnung und in diesem Glauben sah er der Zukunft entgegen, nicht ahnend, daß innerhalb der nächsten Tage der Smyth-Report, in Washington verfaßt, den Beginn der amerikanischen nuklearen Anstrengungen beschreiben und der Welt zumindest einen Teil der Rolle offenbaren würde, die Einstein darin gespielt hatte.

Einsteins Haltung gegenüber der Bombe während des Kriegs wurde von manchen als unklar und ambivalent bezeichnet. Sie war im Gegenteil sehr logisch. Als noch die Möglichkeit bestand, daß die Deutschen eine neue Waffe schrecklichen Ausmaßes einsetzten, lag es nahe, daß er die Vereinigten Staaten aufforderte, dem entgegenzuwirken – auch wenn er persönlich diese Gefahr für sehr gering hielt. Als im Sommer 1940 immer noch die Aussicht bestand, daß das nukleare Projekt entstand, war es einleuchtend, daß er die entsprechenden Stellen zu der Aktion drängte, die das Manhattan-Projekt hervorbrachte. Als er dann im Winter 1944 erfuhr, daß die neue Waffe tatsächlich möglich war, konnte das sein früheres Eingreifen nur rechtfertigen: denn was in den Vereinigten Staaten möglich war, konnte auch im Dritten Reich möglich sein.

Später, als die Hintergründe der Bombardierung Hiroshimas und Nagasakis bekannt wurden, stellte sich Einstein auf die Seite der Wissenschaftler, die die Meinung vertraten, daß man die Bombe nicht hätte einsetzen dürfen. Er war der Ansicht, daß Gewalt mit Gewalt begegnet werden muß, und er unterstützte die Bombardierung der deutschen Zivilbevölkerung durch die Alliierten als moralisch gerechtfertigt. Doch glaubte er auch, daß eine gerechtfertigte Anwendung von Gewalt sich auf ein Minimum von Gewalt erstrecke, beschränkt sein mußte, nämlich gerade so viel, um die gewünschten moralischen Ziele zu erreichen. Nach allem, was man weiß, gehörte die Bombardierung Japans nicht dazu.

21. KAPITEL

DAS GEWISSEN DER WELT

Als der Krieg gegen Japan im August 1945 mit der Zerstörung von Hiroshima und Nagasaki durch Atombomben zu Ende ging, war Einstein 66 Jahre alt. Offiziell war er aus dem »Institute for Advanced Study« im April ausgeschieden, aber seine Stellung hatte sich mehr formell als tatsächlich geändert. Er behielt seinen Arbeitsraum. Er betrieb weiterhin seine Suche nach der schwer zu fassenden Feldtheorie. In gewisser Weise wurde er wieder zu dem Einstein der Tage vor 1914, der aus seiner eigenen privaten Welt den Kindern von Princeton zulächelte und nur mit seiner Wissenschaft beschäftigt war und mit den Formen, zu denen sich die Naturgesetze ordneten.

Er war immer noch das Symbol der Relativitätstheorie, aber diese war ein »Klang aus ferner Zeit« und weit entfernt von der Welt der Vereinten Nationen und den Problemen der Nachkriegszeit. 1933 war er ein Symbol gewesen für den Abscheu der Welt vor den Geschehnissen in Deutschland; eine zentrale Figur inmitten der jüdischen Anstrengungen, als politische Flüchtlinge mit den praktischen Problemen fertigzuwerden. Aber all das war nun auch ein Teil der Vergangenheit. Die Welt hatte schließlich zu den Waffen gegriffen, erfolgreich gekämpft, und sah sich jetzt den Problemen gegenüber, das entstandene Chaos zu entwirren. Man sah sich einem besiegten Deutschland und einem besiegten Japan konfrontiert. Italien mußte ermutigt werden, sich um die Wiederaufnahme in die Gemeinschaft der Völker zu bemühen. In Palästina wurde immer deutlicher, daß die Briten Juden und Araber nicht länger auf Distanz halten konnten. All dies wurde überschattet von den rätselhaften russischen Absichten und dem düsteren Gedanken, daß die schlimmsten Befürchtungen der Engländer und Amerikaner vielleicht zu Recht bestanden. Nichts davon schien der Welt des Albert Einstein zuzugehören.

Die Situation änderte sich am 11. August mit der Veröffentlichung des Smyth-Reports über »Atomic Energy for Military Purposes«. Der Einsiedler von der Mercer Street wurde zu dem Mann, der die moderne Kriegführung revolutioniert hatte. Die Formel $E = mc^2$ von 1905 und der Brief an Präsident Roosevelt 1939 stammten von einem Mann, an dessen wissenschaftlichen Ruf nur seine Stellung als betonter Pazifist heranreichte. Den Wissenschaftlern, die für den Tod von 120000 Zivilisten eigentlich nicht verantwortlich sein wollten, bot dies einen gewissen Trost, ebenso wie dem Rest der Bevölkerung, die froh war, daß sie mit der Entscheidung, die Bomben zu werfen, nichts zu tun hatte. Es kam, wie es kommen mußte. Fast über Nacht wurde Einstein zum Gewissen der ganzen Welt.

In dieser Eigenschaft schrieb und sprach er während der verbleibenden zehn Jahre seines Lebens. Seine Einstellung zu allem, was sich vor dem 6. August 1945 ereignete, beschränkte sich praktisch auf zwei Punkte: der Anspruch, daß seine einzige Handlung die Unterzeichnung eines einzigen Briefes an Roosevelt gewesen sei, und seine Behauptung, daß er den Franck Report unterstützt hätte, würde er dessen zum Ausdruck gebrachte Meinung gekannt haben, die Bombe gegen Japan nicht ohne Vorwarnung einzusetzen.

Ende August 1945 hatte er einen lobenden Brief an Raymond Gram Swing von der American Broadcasting Company geschrieben. Das führte zu einer Begegnung der beiden Männer. Das Ergebnis bestand in Einsteins erster größerer öffentlicher Äußerung zu nuklearen Angelegenheiten – »Atomic War or Peace, by Albert Einstein as told to Raymond Swing«[1]. Einsteins Ansichten, wie er sie Swing gegenüber darstellte, blieben die gleichen bis zum Ende seines Lebens. Sie sind außergewöhnlich enthüllend, nicht zuletzt, weil sie eine Parallele aufzeigen zwischen seiner Einstellung zur UNO und zum Völkerbund zwanzig Jahre vorher.

»Ich bin nicht der Ansicht, daß man das Atomgeheimnis der Sowjetunion überlassen sollte ... Das Atomgeheimnis sollte man einer Weltregierung anvertrauen, und die Vereinigten Staaten sollten unverzüglich ihre Bereitschaft erklären, so zu handeln. Eine derartige Weltregierung sollte von den Vereinigten Staaten, der Sowjetunion und Großbritannien etabliert werden, den drei Mächten, die militärisch am stärksten sind.« Alles weitere war nur Konsequenz: die Einladung an die Russen, den ersten Entwurf einer Weltregierung vorzulegen, »da die Vereinigten Staaten und Großbritannien das Atomgeheimnis besitzen, die Sowjetunion dagegen nicht.«

Einstein gab selbst zu, daß »wir das Atomgeheimnis nicht sehr lange besitzen werden«. Und er gab zu, daß man sich mit den Zuständen in Spanien und Argentinien »beschäftigen« müsse, »weil ein Eingreifen unter bestimmten

Bedingungen Teil der Friedensbemühungen ist.« Jede dieser beiden Einschränkungen machte sein Hauptargument völlig zunichte: Besaß Rußland »das Geheimnis« bald, dann gab es keinen Grund, warum es seine Souveränität zugunsten einer Weltregierung aufgeben sollte. Und sich mit Spanien oder Argentinien zu »beschäftigen«, kam einem Angriffskrieg gleich, der wohl kaum von einer Weltregierung unterstützt würde.

Einstein gab seinen Feinden selbst die Waffe in die Hand. Kurz vor der Veröffentlichung des Artikels im *Atlantic Monthly* griff John Rankin, ein ultrakonservativer Politiker aus Mississippi, Einstein im Repräsentantenhaus scharf an, weil er angeblich eine gegen Franco gerichtete Organisation unterstützte. »Dieser ausländische Agitator will uns in einen weiteren europäischen Krieg stürzen, um den Kommunismus über die ganze Welt zu verbreiten.«[2] Der Angriff war ungerechtfertigt, da Einstein alle Anstrengungen unternommen hatte, die betreffende Organisation an der Benutzung seines Namens zu hindern.

Doch dies war eine Nebensache im Vergleich zu Einsteins Annahme, daß die Sowjetunion zu einer Zusammenarbeit innerhalb einer Weltregierung bereit sei. In den Vorkriegsjahren hatte er die Sowjetunion verurteilt, weil es diejenigen Freiheiten verweigerte, die man in einer Demokratie voraussetzt. Jetzt machten ihn die heroischen Taten der Roten Armee gegenüber den Tatsachen des politischen Lebens blind. Rußland hatte den Völkerbund unterstützt. Er beschwerte sich, daß die Vereinigten Staaten in der Frage einer internationalen Kontrolle der Atomenergie nur solche Vorschläge gemacht hätten, die die Sowjetunion zu einer Ablehnung veranlassen mußten. Er kritisierte die Sowjetunion immer noch; er beklagte ihre Weigerung, akademische und wissenschaftliche Freiheit zu gewährleisten. Aber er war nicht bereit, der unerfreulichen Wahrheit ins Auge zu sehen, daß die Sowjetunion entschlossen war, die Bombe selbst zu besitzen.

Szilard zeigte in seinem Brief an Roosevelt vom März 1945, daß er sich praktischer Erfordernisse sehr wohl bewußt war. Sogar Bohr war auf unsanfte Weise nahegebracht worden, was in der Realität der unmittelbaren Nachkriegszeit erreicht werden konnte und was nicht. Auch Bertrand Russell besaß einen Weitblick, der Einstein abging. »Ich setze keine Hoffnungen in die Vernunft der Sowjetregierung«, schrieb ihm Russell am 24. November 1947, nachdem Einstein Änderungen in einer Erklärung über Kernwaffen vorschlug, die Russell vorbereitete. »Ich glaube, die einzige Hoffnung für den Frieden (und das ist eine sehr schwache), liegt darin, Rußland abzuschrecken. Ich bin vor 1939 für die Befriedungspolitik eingetreten, fälschlicherweise, wie ich jetzt glaube. Ich glaube, daß es allgemein gesprochen, nutzlos ist, Rußland versöhnlich gegenüberzutreten. Die Hoffnung, auf diese Weise irgend etwas zu erreichen, ist meines Erachtens ›Wunschdenken‹. Ich gelangte zu meiner gegenwärtigen Anschauung über die Sowjetregierung, als ich 1920 in Rußland war. Alles, was seither geschah, hat mich darin bestärkt[3].«

Einsteins Haltung unterschied sich sehr davon. Wie stark, zeigte sich in einem Interview, das er im Sommer 1946 dem Sozialistenführer Norman Thomas gab. Bei der Diskussion über eine internationale Streitkraft schlug er vor, »daß es gut wäre, Russen im Dienst der Weltorganisation in Amerika zu stationieren und Amerikaner in Rußland«[4].

Einsteins Vertrauen, daß die Russen kooperieren würden, ist umso überraschender, als er erst kürzlich eine Illustration des Gegenteils erlebt hatte. Er war mit einer Anzahl anderer Wissenschaftler und Intellektueller übereingekommen, einen Beitrag zu »Eine Welt oder keine« zu leisten, ein Buch, das die amerikanische Öffentlichkeit über die durch die Bombe neugeschaffene Situation informieren sollte. In seinem Namen schrieb man an den Präsidenten der Akademie der Wissenschaften in Moskau mit der Bitte, daß sich russische Wissenschaftler daran beteiligen sollten. Das wurde abgelehnt. Alle Zweifel über die russische Haltung wurden im November 1947 ausgeräumt, nachdem Einstein einen »Offenen Brief an die Vollversammlung der Vereinten Nationen« für *United Nations World* geschrieben hatte[5]. Er forderte eine Stärkung der UNO, kritisierte das Veto, mit dem die Russen alle Aktionen unterbanden und trat noch einmal für eine Weltregierung ein. Die russische Reaktion kam im folgenden Monat in einem offenen Brief über »Dr. Einsteins irrtümliche Auffassungen . . .«[6] zum Ausdruck, der von vier führenden russischen Wissenschaftlern unterzeichnet war, einschließlich der Unterschrift von A. F. Joffé, Einsteins altem Freund aus seiner Berliner Zeit. Der Brief rekapitulierte den russischen Kampf gegen die alliierte Intervention nach dem Ersten Weltkrieg und den Kampf gegen Deutschland im Zweiten Weltkrieg. »Und jetzt«, fährt der Brief fort, »bitten uns die Befürworter eines ›Weltsuperstaates‹, diese Unabhängigkeit um einer ›Weltregierung‹ willen freiwillig aufzugeben, die nichts als ein glänzendes Aushängeschild für die Weltherrschaft des Monopolkapitals ist.«

Diese Antwort hätte die meisten Menschen eines besseren belehrt, doch Einstein blieb bei seiner Ansicht. Im April 1948 akzeptierte das Emergency Committee of Atomic Scientists (Notausschuß der Atomwissenschaftler) die Idee einer Weltregierung, stellte aber fest, daß »dies nicht über Nacht bewerkstelligt werden kann«.

Auf den »Notausschuß« scheint Einstein zunächst erheblichen Einfluß ausgeübt zu haben. Er war sehr früh Mitglied des National Committee on Atomic

Information (Bundesausschusses für atomare Information) geworden. 1946 befriedigte dieser Ausschuß den stetig wachsenden Bedarf an Informationen über die wahren Konsequenzen der Atombombe. Bald wurde klar, daß dies eine akademische Aufgabe war, die nach einer neuen Organisation verlangte. An deren Spitze mußte ein eindrucksvoller Name stehen, der ihr moralisches und wissenschaftliches Ansehen verlieh. Harold Oram aus New York glaubte, für diesen Zweck monatlich 20 000 Dollar auftreiben zu können und war bald in Princeton, um Einstein aufzusuchen. Das Resultat des Besuchs war der »Notausschuß der Atomwissenschaftler« mit Einstein als dem Präsidenten und Vorsitzenden des Kuratoriums und Harold Urey als dem Vizepräsidenten und stellvertretenden Vorsitzenden, sowie Szilard, Weisskopf, Linus Pauling und Hans Bethe unter den übrigen Kuratoriumsmitgliedern.

Die Zentrale war in Princeton; in Chicago und an der Madison Avenue in New York befanden sich Niederlassungen. Am 23. Mai 1946 wurde der Ausschuß aktiv und erließ im Namen Einsteins einen Spendenaufruf über 200 000 Dollar. Im Juni legte Einstein seine Ansichten in einem Interview mit der *New York Times* dar. Er betonte die Notwendigkeit »einer großen Kettenreaktion des Bewußtseins und der Verständigung« und stellte heraus, daß das »Festhalten an der Drohung durch militärische Macht« bedeutet, »sich in einer Welt, die sich für immer geändert hat, an die alten Methoden zu klammern«[7]. Wenig später, im November, fand eine Konferenz in Princeton statt, und Anfang 1947 erging in Einsteins Namen ein weiterer Aufruf, diesmal über eine Million Dollar, um die Kuratoriumsmitglieder in die Lage zu versetzen, »unseren Mitbürgern ein Verständnis der einfachen Tatsachen der Atomenergie und ihrer Konsequenzen für die Gesellschaft nahezubringen.« Aber in dem Aufruf hieß es auch, daß »diese grundlegende Macht des Universums nicht in das veraltete Konzept eines engen Nationalismus paßt«. Wahr oder falsch, dies brachte unverzüglich politische Obertöne in einen Appell, der sich grundsätzlich auf Erziehungsmittel bezog, und erzeugte eine kritische Reaktion bei denen, die nicht glaubten, daß man den Frieden dauerhafter machen kann, indem man für eine Weltregierung eintritt. Dr. Charles G. Abbot von der Smithsonian Institution schrieb an Einstein und sagte: »Ein langes Leben hat mich zur Genüge davon überzeugt, daß Versprechen in Verträgen und Bündnissen und Versprechen durch die öffentliche Meinung keine Macht haben, skrupellose Führer von aggressiven Handlungen abzuhalten. Was eine Weltregierung angeht, so halte ich selbst die bloße Idee für eine Schimäre künftiger Jahrhunderte. Zudem liegt ein Land, jetzt und für viele Jahre, durch Spionagemethoden mit uns im Kriegszustand.

Ich erkenne die Wahrheit ihrer beiden Vorschläge a) keine Geheimhaltung,

b) keine Verteidigung (die materiell ist), und denke, daß unsere einzige Chance in T. Roosevelts berühmtem Ausspruch liegt ›Geh leise, aber trage einen großen Stock‹. Das hat eine psychologische Macht . . .

Mit diesen Überzeugungen wird der Notausschuß dieser Nation einen schlechten Dienst erweisen. Denn Sie werden die Leute dahin bringen, sich auf Abkommen zu verlassen, die nichts als schwankende Rohre sind, aber nicht mehr[8].«

Trotz der Kritik verlief die Arbeit erfolgreich bis zu dem Zeitpunkt, als das unmittelbare Nachkriegsbedürfnis gestillt war. Der Ausschuß gab erzieherischer Arbeit großangelegte Unterstützung und erhielt das *Bulletin of the Atomic Scientists* während einer stürmischen finanziellen Periode am Leben. Einstein erhielt als Ausschußvorsitzender im November 1947 den Jahrespreis des Verbands der Auslandspresse »in Anerkennung seiner wertvollen Verdienste, bei den Nationen der Welt Verständnis für das Bedürfnis zu wecken, die Atomenergie als Mittel zum Krieg für ungesetzlich zu erklären und sie als Instrument des Friedens zu entwickeln.« Er schrieb, sprach und gab Interviews. Seine Energieleistung wird in »Einstein on Peace« treffend dargestellt.

Doch es wird aus den schriftlichen Unterlagen des Ausschusses gleichzeitig klar, daß die Wirkung von Einsteins Worten und Taten während dieser Periode äußerst begrenzt war. Weisskopf, ein Mitglied des Ausschusses, drückte es so aus: »Ich entsinne mich nicht, daß Einstein überhaupt Einfluß in unseren Gesprächen hatte. Er nahm sehr selten daran teil. Seine einzige Hilfe war der Einfluß seines Namens. Über die Einzelheiten unserer Probleme war er nicht sehr informiert und er versuchte sich von Diskussionen, in denen Entscheidungen fielen, fernzuhalten[9].«

Abgesehen davon war Einsteins Rolle von zwei anderen Faktoren bestimmt. Der eine war seine Unkenntnis des militärwissenschaftlichen Apparates, der im Zusammenhang mit dem Manhattan-Projekt im Jahre 1942 ins Spiel kam. Szilard, Weisskopf, Bethe sowie Compton und viele andere wußten, wie der Apparat arbeitet. Einstein kannte kaum die Teile. Diese Unkenntnis ging einher mit seiner instinktiven Abneigung, sich zu den Männern an der Spitze zu gesellen. Wie Robert Oppenheimer einmal sagte: »Er hatte nicht diese leichte und natürliche Art, mit Staatsmännern und Machtpersonen umzugehen, die Rutherford und Bohr ganz selbstverständlich war[10].«

Einsteins Stärke lag weniger im diplomatischen Feilschen und Kompromisseschließen als in der kühnen, einfallsreichen Geste außerhalb der normalen Runde. Unter diesem Aspekt kann es nur verbittern, daß er um Haaresbreite die Chance verpaßte, entscheidenden Einfluß auf die Atomdebatte der Nachkriegszeit zu nehmen. Die Chance hätte sich beinahe durch Weizmann ergeben, der im Dezember 1945 die ehrgeizige Idee entwickelte, Einstein nach Palästina zu bringen. Zu ihrer Durchführung brauchte er die Hilfe von Alexander Sachs und erklärte seinen Plan in einem »Briefentwurf an Professor Einstein«. ». . . Man hat mich veranlaßt, unseren guten Freund Alex zu bitten, wieder einmal eine Vermittlerrolle zu spielen und Ihnen einige meiner Gedanken bezüglich eines einzigartigen Dienstes zu übermitteln, den Sie, wie ich dringend hoffe, in der Lage sind, dem Yishur (Hauptniederlassung) in Palästina und der Förderung der Wissenschaft zu erweisen[11].« Der Dienst sollte in einem Besuch des Landes im Frühjahr 1946 bestehen, und Weizmann versuchte eilig, möglichen naheliegenden Einwänden zuvorzukommen. »Ein solcher Besuch kann so arrangiert werden, daß er genau den Forderungen Ihres Hausarztes entspricht, indem die Reise direkt von hier nach Haifa geht, das heißt, ohne das Verkehrsmittel zu wechseln, mit der allerbequemsten Unterbringung für Sie und Ihre Betreuer, nicht nur auf der Reise, sondern auch in Palästina. In allem würden wir uns an die Empfehlungen Ihres Arztes halten.«

Der Grundstein eines neuen Naturwissenschaftlichen Instituts sollte in diesem Frühjahr gelegt werden. »In Verbindung mit der Einweihung dieses Instituts«, fuhr er fort, »kam mir der Gedanke, eine ausgewählte Gruppe jener, die so wesentlich zu der ins Auge gefaßten Nutzung der atomaren Forschung und ihrer Anwendung beigetragen haben, gemeinsam durch die Hebräische Universität und das Institut einzuladen und zu einem Symposium über die Bedeutung dieser Forschung für den menschlichen Fortschritt und den Frieden zu versammeln. Eine solche Gruppe könnte mit Ihrer Hilfe ausgewählt werden und repräsentativ sein für die ökumenische Gemeinschaft der Wissenschaft und nicht bloß für die Nationen, die an der Atombombenherstellung beteiligt sind – und könnte auf diese Weise von Palästina aus nicht nur eine Synthese der gegenwärtigen wissenschaftlichen Anschauung liefern, sondern auch eine Botschaft zu Nutz und Frommen der Staaten und der Menschheit.«

Dies war der große Plan, den Weizmann im Auge hatte. Er schrieb am 28. Dezember, und wenig später war der Brief in den Händen von Sachs[12]. Sachs fuhr nach Princeton, händigte den Brief aus und begab sich mit Einstein auf einen kurzen Spaziergang. Während des Spaziergangs diskutierten sie den Vorschlag, und als sie zur Mercer Street zurückkehrten, sagte Einstein, er würde sich die Reise überlegen, wenn Sachs auch fahren würde. »Aber dann«, sagt Sachs, »hatte er plötzlich ein Stechen, das sich auch in seinem Gesicht zeigte, und er sagte: ›Aber meine schlechte Gesundheit erlaubt es nicht.‹ Der Brief wurde mir zurückgegeben[13].«

Aber die abgelehnte Einladung enthielt nur eine Hälfte von Weizmanns ursprünglicher Idee. Die Atomforschung, ein Symposium über die Bedeutung der nuklearen Forschung oder eine Botschaft »zu Nutz und Frommen der Staaten und der Menschheit« war darin nicht erwähnt. Einstein lehnte also nur einen normalen Besuch ab, wobei er zweifellos »die Umstände und den ganzen Wirrwarr und die resultierenden Verpflichtungen« im Sinn hatte. Ob er den bedeutsameren Appell abgelehnt hätte, ist eine andere Frage.

Einsteins Einfluß auf die Entwicklung der Haltung gegenüber der Atombombe in der Nachkriegszeit war also auf den ersten Blick viel geringer, als es nach der Legende den Anschein hat. Seine Idee einer Weltregierung wurde von denen als äußerst unpraktikabel angesehen, die Erfahrung in den täglichen internationalen Beziehungen besaßen, während jene, die mit dieser Vorstellung sympathisierten, selten zugaben, daß auch sie auf Macht beruhen müßte wie etwa die Politik des Pentagon oder des Kreml. Das Verzögern der Verabschiedung des May-Johnson-Gesetzes, das die Kernenergie in die Hände der Militärs gelegt hätte, war größtenteils das Werk von Männern des Manhattan-Projekts unter der Führung von Szilard. Es ist schwierig, auf irgendeine Handlung der Regierung zu deuten, auf einen entscheidenden Umschwung in der öffentlichen Meinung, und ohne Zögern zu erklären: »Ohne Einstein wären die Dinge anders gelaufen.«

Noch war Einstein die Vaterfigur, die zwangsläufig mit der Bombe in Verbindung gebracht wurde, der Mann, der aufrichtig bedauerte, wie sie eingesetzt worden war. Sein Name besaß immer noch Zugkraft. Er hatte immer noch etwas von einem Guru an sich. Einfache Menschen hörten auf ihn ebenso wie die Männer, die nach dem Krieg beim Kampf um die Kernenergie in der vordersten Reihe standen. Es war kein populärer Kampf, den sie führten, und ihre Gegner konnten darin ihren ganzen Mut zusammennehmen, mit einem unterschiedlichen Maß an Rechtfertigung, Patriotismus, gesundem Menschenverstand und Volkswillen. Es war deshalb ermutigend, die moralische Unterstützung eines Mannes wie Einstein hinter sich zu wissen. Er war ein Mann, bei dem die meisten Leute das Gefühl hatten – gewöhnlich zu Recht –, er könne Gut und Böse mit einem fast unfehlbaren Instinkt auseinanderhalten. Deshalb wäre es falsch, den nicht direkt nachweisbaren Einfluß Einsteins auf andere zu unterschätzen, den er sehr wohl ausgeübt haben mag. Obwohl man ihm keinen großartigen Sieg zuschreiben kann, stärkte seine bloße Anwesenheit die Moral derjenigen, die die Meinung vertraten, die wichtigen Streitfragen über die nuklearen Waffen sollten eher mit Vernunft als emotional gelöst werden.

So gibt es zwei durchaus vertretbare Ansichten über Einsteins Beeinflussung des nuklearen Denkens im Jahrzehnt nach dem Krieg. Er tat mehr, als seine

Gegner ihm zugestanden, wenn es auch weniger war, als seine Freunde sich manchmal einbildeten.

Einsteins Engagement in der nuklearen Debatte zog ihn logischerweise in zwei andere Diskussionen hinein, die in ganz Amerika aufflammten, als die Wissenschaftler sich plötzlich im Getriebe der Macht fanden, und die Nation aus der neuen Situation ihre Folgerungen zog. Die eine drehte sich um die soziale Verantwortung von Wissenschaft und Wissenschaftlern; die andere um bürgerliche Freiheiten und akademische Freiheit, ein Thema, das an Gewicht zunahm, als das Für und Wider einer nuklearen Aufrüstung sich unentwirrbar in die nationale wie auch internationale Politik verstrickte.

Was die Wissenschaft betraf, so wurde Einstein durch die Art seiner Arbeit von Anfang an mehr oder weniger davon abgehalten, die Wissenschaft für gute oder böse Zwecke auszunutzen. Für ihn war Wissenschaft die Erforschung der Naturgesetze. Gewiß hatte sein Freund Haber diese Gesetze für die Gas-Kriegführung ausgeschlachtet, war das aber nicht nur eine vorübergehende Verirrung? Ganz sicherlich war die »kleine Gruppe von Gelehrten und Intellektuellen«, über die er 1915 Ehrenfest berichtet hatte, sie würde »das einzige ›Vaterland‹ (darstellen), das eines ernsthaften Interesses von Leuten wie uns wert ist«, eine Gruppe, die sich aus den Auseinandersetzungen heraushalten mußte.

Diese Einstellung begann sich in den Jahren, die dem ersten Weltkrieg folgten, zu wandeln, ein Prozess, den der hochkommende Nationalsozialismus noch beschleunigte, und der sich weiter fortsetzte. Hatte Einstein früher die Wissenschaftler als eine Gruppe betrachtet, fernab von der übrigen Welt, so glaubte er nun, daß sie dieselben Verpflichtungen und Rechte besaß wie die übrigen Menschen, und daß sie als eine Gruppe in außergewöhnlicher Position auch außergewöhnliche Verantwortung tragen müsse.

»Die Bombe« war der Kern des Problems. Doch war sich Einstein sehr wohl bewußt, daß sich die Position des Wissenschaftlers in der Gesellschaft durch andere Entwicklungen radikal geändert hatte, und daß für viele Bereiche außerhalb der Kernphysik neue Richtlinien aufgestellt werden mußten. Hier war seine Haltung realistisch. Genau wie er Wissenschaft und Religion als komplementär ansah – die eine forscht nach dem »Was«, die andere fragt nach dem »Warum« – erachtete er Verständnis für die Wissenschaft als notwendig für eine gute Regierung. Doch wollte er dem Kaiser nur geben, was des Kaisers war. Er selbst bietet keinen Anhaltspunkt, welchen Platz ein Wissenschaftler außerhalb seines eigenen Faches einnehmen soll oder nicht. Einsteins Genie umfaßte gleichzeitig die Eigenschaften eines Heiligen wie die eines Elefanten im Porzellanladen, und Wissenschaftler in der Regierung, gleichgültig auf welcher Ebene sie operieren oder beraten, müssen alltäglichere Eigenschaften aufweisen. Wie Rutherford zeigte, müssen ihnen die Funken eines großen, erfinderischen Geistes nicht abgehen. Und wie Szilard zeigte, kann ihnen eine Wesensart eigen sein, die ans Exzentrische grenzt. Wenn sie aber ohne Desaster tätig sein wollen, dürfen sie nicht diesen glühenden Fanatismus Einsteins besitzen und müssen mehr Zeit, als er üblicherweise aufbrachte, auf ganz gewöhnliche Menschen verwenden.

Was die akademische Freiheit betraf, das Recht der Minderheit, anderer Meinung zu sein, und die in seinen Augen fast heilige Pflicht, Nonkonformist zu sein, da trafen sich Gefühl und Verstand; denn sein Leben kennzeichnet eine lange Reihe von Rückzugsgefechten, zur Unterstützung vorübergehend aussichtslos erscheinender Angelegenheiten. Nach 1945 stand er aus ganzem Herzen hinter denen, die sich dem Wehrdienst aus Gewissensgründen entzogen, und später hinter denen, die sich weigerten, sich vor dem »Un-American Activities Committee« (Ausschuß für unamerikanische Umtriebe) selbst zu belasten. Doch hoben die Herausgeber von »Einstein on Peace« hervor, daß »Einstein, der die geistige und moralische Freiheit des einzelnen leidenschaftlich verteidigte, häufig mit derselben Überzeugungskraft auf die Pflichten hingewiesen hat, die ein wirklich freies Individuum in der Gemeinschaft übernehmen muß, deren integrierter Bestandteil er ist[14].« Damit fördert die lange Liste von Fällen und Briefen, die sie aufführen, eine deutliche Einschränkung zutage. Einstein achtete sorgfältig darauf, zwischen dem individuellen und dem öffentlichen Interesse das Gleichgewicht zu wahren.

Erst 1953 geriet er doch einmal aus der Fassung. Es handelte sich damals um den Fall eines Lehrers aus Brooklyn, William Frauenglass; dieser sollte vor einem der Regierungsausschüsse aussagen, die Nachforschungen über politische Gesinnung und Verbindungen anstellten. Frauenglass wandte sich an Einstein, der in einem Brief seine Meinung darlegte, Intellektuelle sollten es ablehnen, vor solchen Ausschüssen Zeugnis abzulegen. Der Brief wurde am 12. Juni in der *New York Times*[15] abgedruckt.

Das sammelte, wie zu erwarten war, feurige Kohlen auf Einsteins Haupt. *The New York Times* stellte in einem Leitartikel fest, daß »zu unnatürlichen und illegalen Mitteln des zivilen Ungehorsams zu greifen, wie Professor Einstein rät, in diesem Fall bedeutet, ein Übel mit dem anderen auszutreiben[16].« Von akademischen Kreisen kam weniger Unterstützung als Einstein erwartet haben mochte.

Am 13. März 1954 kamen etwa 200 Erzieher, Geistliche und Schriftsteller zu einer Konferenz über »Die Bedeutung der akademischen Freiheit« in Princeton zusammen, die vom Emergency Civil Liberties Committee (Notausschuß für

Bürgerliche Freiheiten) anläßlich Einsteins 75. Geburtstag abgehalten wurde. Einstein beantwortete schriftlich eine Anzahl von Fragen, die ihm vorgelegt worden waren. An der Konferenz selbst nahm er nicht teil. Von Norman Thomas stammt ein Hinweis für die Ursache. Thomas hatte seinen Angaben zufolge in die Feierlichkeiten eingegriffen, und zwar auf Bitten des American Committee for Cultural Freedom (Amerikanisches Komitee für kulturelle Freiheit) und des American Jewish Committee (Amerikanisch-Jüdisches Komitee), und mit der Billigung von Robert Oppenheimer, dem Direktor des Institute for Advanced Study. Man befürchtete, so gibt Thomas an, daß in jenem kritischen Augenblick der amerikanischen Sache Dr. Einsteins Name benützt werden sollte, nicht zur Verteidigung bürgerlicher Freiheiten, sondern zur Förderung eines Komitees, von dem »einige Mitglieder und Sprecher zumindest ziemlich kritiklose Verteidiger des Kommunismus gewesen waren[17].«

Einstein war auch der Deutsche, der sich zweimal von seinem Land abgewandt hatte, ein deutscher Jude, der entsetzt darüber war, wie die Deutschen die Juden behandelt hatten. Hier, wenn überhaupt, lag der Prüfstein, was er wirklich über die menschliche Rasse dachte. Sein erster Impuls war gewesen, seit dem Luitpold-Gymnasium die Preußen und den preußischen Geist zu verabscheuen, wobei er während des Ersten Weltkriegs das Wort »deutsch« für »preußisch« ausgetauscht hatte. Durch Weimar war es dann zu einer Wandlung gekommen, die durch die Ereignisse der unmittelbaren Nachkriegsjahre verstärkt wurde. Bald betonte er, wie falsch es sei, die Menschen danach zu beurteilen, wo sie geboren wurden. »Der Nationalismus ist eine Kinderkrankheit«, sagte er zu einem Interviewer, »sozusagen die Masern der Menschheit.« Während der 1920er Jahre wurde Einstein zum Symbol des internationalen Mannes, für den die Verurteilung einer Nation als Nation ebensosehr ein Fehler wie ein Verbrechen war.

Mit dem Aufstieg Hitlers begann Einstein das Problem erneut schwarz und weiß ohne Schattierungen zu sehen. »Die Deutschen sind grausam«, äußerte er 1935 einem Besucher gegenüber, der ihn nach seinen Ansichten befragte. »Kein Volk der Welt findet so viel Vergnügen an der Grausamkeit wie sie. Ich dachte, ich kenne die Deutschen, aber in den zwei letzten Jahren bin ich über die Grausamkeit, zu der sie fähig sind, eines Besseren belehrt worden[18].« Später, als Hitler von einer Eroberung zur anderen schritt, schien Einstein sein eigenes Verhältnis zu Weimar zu vergessen, und Jahr für Jahr veröffentlichte er Erklärungen, die nicht nur Hitler und seine Anhänger verdammten, sondern praktisch genommen das ganze deutsche Volk. Auf die Frage, welche erzieherischen Maßnahmen nach dem Krieg in Deutschland ergriffen werden sollten, hatte er eine simple Antwort parat: »Die Deutschen kann man töten oder zwingen: nur zu einer demokratischen Denk- und Handlungsweise können sie innerhalb einer absehbaren Zeit nicht erzogen werden[19].«

Zwei Jahrzehnte zuvor war »Versöhnung« für Einstein etwas Erstrebenswertes. Doch nun im Frieden machte sich die finstere Abneigung gegenüber allem, was deutsch war, wieder bemerkbar. Er lehnte nicht nur die Wiederaufrüstung Deutschlands ab, die man als Waffe gegen Rußland ansehen konnte. Einsteins Abneigung ging tiefer, war irrationaler und sie ignorierte die Tatsache, daß sowohl Juden wie Deutsche verzeihen konnten, die weit mehr gelitten hatten als er.

Er war der Ansicht, es sei äußerst wichtig, die Deutschen an der Wiedergewinnung politischer Macht zu hindern. Und genau der gleiche Einstein, der bei der französischen Besetzung des Rheinlandes vom Völkerbundkomitee zurückgetreten war, glaubte jetzt, daß der Krieg umsonst gewesen sei, wenn man das Ruhrgebiet den Deutschen überlasse[20]. Einstein wäre – wie Morgenthau – glücklich darüber gewesen, wenn das Reich von einer Industrienation in einen Agrarstaat umgewandelt worden wäre und sein alter Freund James Franck, der sich für eine Lockerung der Restriktionen im Nachkriegsdeutschland aussprach, erhielt zur Antwort, daß Einstein solche Bestrebungen in jedem Fall bekämpfen werde.

Im persönlichen Bereich war Einsteins Haltung Deutschland gegenüber noch aufschlußreicher. Seine Tonart wurde in einer kompromißlosen Antwort an Arnold Sommerfeld deutlich, der ihm im Oktober 1946 antrug, wieder Mitglied der Bayerischen Akademie zu werden. Einstein gab ihm zu verstehen, daß er mit den Deutschen nie mehr etwas zu tun haben wolle, auch nicht mit einer relativ harmlosen Akademie. Ausgenommen seien lediglich einige wenige standhaft gebliebene Personen wie Sommerfeld[21].

Otto Hahn fragte persönlich bei Einstein an, ob er Mitglied der neuen Max Planck-Gesellschaft werden wollte. Die Antwort war ein deutliches »Nein«. Einstein lehnte auch ab, Ehrenbürger der Stadt Ulm oder Westberlins zu werden. Und als Präsident Heuss ihm von Plänen erzählte, den Friedensparagraphen des früheren preußischen Ordens »Pour le mérite« zu ändern, bekam er von Einstein zu hören, daß das wegen der deutschen Massenmorde an Juden nicht möglich sei[22].

Derselbe unversöhnliche Geist zeigte sich in einem Brief an seinen alten Freund Max Born im September 1950. Als Born seinen Posten in Edinburgh aufgab und nach Bad Pyrmont im nördlichen Deutschland zog, wurde er wegen der Übersiedlung in das Land der Massenmörder[23] zur Rede gestellt. Born stellte in einem Antwortschreiben vor Augen, daß die deutschen Quäker ihren

Hauptsitz in Bad Pyrmont hatten. »Sie sind keine ›Massenmörder‹«, sagte er, »und manche unserer Freunde dort haben viel Schlimmeres unter den Nazis erlitten als Du und ich.« Dann setzte er hinzu: »Die Amerikaner haben in Dresden, Hiroshima und Nagasaki gezeigt, daß sie an Schnelligkeit des Vertilgens den Nazis noch über sind[24].« Einige von Einsteins Freunden, die dafür plädierten, wegen seiner Haltung Nachsicht zu üben, sind der Ansicht, daß in ein paar Jahren vielleicht ein Unterschied eingetreten wäre. Spätere Ereignisse hätten – vielleicht – verhindert, was bereits einer Herrenvolk-Doktrin mit umgekehrten Vorzeichen gefährlich nahekam, die sich auf die Rasse ebensosehr berief wie auf die Geschichte der letzten hundert Jahre.

Einstein lehnte es Ende des Zweiten Weltkrieges ab, Hitler als den Sündenbock anzusehen, als den ihn die Massenblätter hinstellten. Schlimm war nicht ein einzelner Verrückter, sondern daß diese Figur den Willen eines Volkes ausdrücken konnte, das so leidenschaftlich entflammt war. Was er am Luitpold-Gymnasium miterlebt hatte, war nicht die Ausnahme, sondern die Regel. Wenn er ernsthaft an die Tage von Weimar zurückdachte, als es ein paar Jahre lang so ausgesehen hatte, als entstünde ein neues Deutschland aus dem alten, dachte er auch an das alte Sprichwort »Ein gebranntes Kind scheut das Feuer«. Auch wenn er von Zweifeln befallen worden wäre, auch wenn Borns Argumente auf ihn einzuwirken begonnen hätten, wenn der gesunde Menschenverstand sich gemeldet hätte und ihm deutlich geworden wäre – was sich in zunehmendem Maß zeigte –, daß der deutsche Geist der Nachkriegszeit sich sehr von dem früheren unterschied – selbst dann hätte er es vielleicht noch für falsch gehalten, seinen Standpunkt zu ändern.

Dies war seine Geistesverfassung, als er im Herbst 1947 vom Tod Max Plancks erfuhr. Einsteins Haltung stand nun in seltsamem Widerspruch zu der Borns. Der Physiker, der zurückgekehrt war, um »in dem Land der Massenmörder zu leben«, schrieb recht kritisch über Planck, als von einem Mann, in dem »die preußische Tradition des Dienstes am Staat und der Untertanentreue zur Regierung tief verwurzelt war . . .« Einstein rief sich eine andere Seite von Planck ins Gedächtnis. Er hatte ihm seit Kriegsende nicht mehr geschrieben. Nun schrieb der Mann, der den preußischen Geist haßte, an die Witwe des Mannes, der zumindest einige Elemente dieses Geistes verkörperte.

Einstein schrieb voll Mitgefühl und ohne Bitterkeit. Er beschwor jene fruchtbare Epoche der Physik, während der er und Planck so vieles gemeinsam erarbeitet und erlebt hätten. Planck sei jener kleinen Zahl von Männern zuzurechnen, deren Blick auf die ewigen Wahrheiten des Lebens gerichtet gewesen sei[25].

Einstein, für den eine Aussöhnung zwischen Deutschland und dem Rest der

Welt nicht in Betracht kam, geschweige denn zwischen Deutschland und den Juden, erhoffte sich aber immer noch eine solche zwischen Juden und Arabern. Aus diesem Grund war er gegen die Schaffung eines neuen Nationalstaates zu Felde gezogen. Doch in der Welt der Nachkriegszeit versuchten noch andere ethnische und religiöse Gruppen sich den Schutz politischer Unabhängigkeit zu verschaffen. Es stand nun fest, daß ein jüdischer Staat sich aus den Ruinen des Mandats erheben würde.

Während die Briten in den letzten Monaten ihrer Verwaltungszeit verzweifelt versuchten, die Einwanderung einzuschränken, rissen die Extremisten in zunehmendem Maß das Gesetz des Handelns an sich. Die Situation artete bald in einen Guerillakrieg aus. Nun beschloß Einstein, seinen Pazifismus wieder einmal aufzugeben. Auf die Bitten von Lina Kocherthaler, seiner Verwandten in Montevideo, um Hilfe für die Haganah, antwortete er in einem am 4. Mai 1948 geschriebenen Brief – zehn Tage vor Ende des Palästina-Mandats – mit einer Deklaration »An meine jüdischen Brüder in Montevideo«.

Das meiste Geld für die Unterstützung der jüdischen Sache, fast 5000 Dollar, kam aus der Versteigerung des Einstein-Briefes in Montevideo[26].

So wurde Einstein, von Natur aus Pazifist, wieder einmal dazu getrieben, einzugestehen, daß Gewalt notwendig ist. Überdies sollten die Waffen, die er verabscheute, nun einen Nationalstaat schaffen, den er für das Gegenteil dessen hielt, was die Juden wirklich brauchten.

Diesen Kummer trug er für den Rest seines Lebens mit sich herum. Zusammen mit der Tatsache, daß es ihm nicht gelang, die Meinungen auch nur einen Zoll in Richtung auf eine nukleare Kontrolle durch eine Weltregierung zu verschieben, und seiner Weigerung, von seiner Einstellung à la Vansittart gegenüber Deutschland abzurücken, bildete er eine Trilogie. Nur die Wissenschaft vermochte diese Tragödie zu lindern. Sie war der Bereich, in dem er gleichzeitig bescheiden genug war, sein Leben als ein Glied in einer langen Kette zu sehen, und zuversichtlich genug, um zu wissen, daß er Wesentliches geleistet hatte.

22. KAPITEL

EINSTEINS TOD

Einsteins Interessen, von den wissenschaftlichen abgesehen, glichen nach dem Zweiten Weltkrieg denen, die auf den Krieg von 1914–18 gefolgt waren. Damals hatte er den Wunsch, alle Waffen abzuschaffen, Deutschland in den Kreis der europäischen Mächte zurückzuführen und mitzuhelfen bei der Schaffung einer jüdischen Heimat, die kein Nationalstaat sein würde. Jetzt waren seine Ziele auf eine Kontrolle der Atomwaffen gerichtet, auf ein Deutschland, das fest in einer wirtschaftlichen Zwangsjacke steckte, und auf das Überleben Israels. Es gab noch andere Entsprechungen, nicht zuletzt die, daß Amerika in den späten 1940er Jahren ihn durch die gleichen Bindungen an sich knüpfte, die er in den 1920er Jahren für Deutschland gefühlt hatte. Das Land seiner Wahl schien denselben Weg zu beschreiten wie sein Geburtsland.

Bezüglich Amerikas entwickelte sich bei Einstein früher als bei seinen amerikanischen Kollegen ein gewisser Pessimismus. Er hörte sich die verzerrten Darstellungen seiner Rolle bei der Entwicklung der Atombomben genauso an, wie er sich damals die Beschreibungen über die allgemeine Relativitätstheorie als Teil einer internationalen Verschwörung angehört hatte. Und als McCarthy ans Ruder kam, erinnerte er sich zweifellos daran, daß »die große Masse des Volkes ... einer großen Lüge leichter zum Opfer fällt als einer kleinen«[1].

Seine Reaktion auf den durch den kalten Krieg hervorgerufenen Druck machte ihn neuerlich zur Zielscheibe von Angriffen. Nach dem, was seine Verwandten in Südamerika berichteten, dachte er daran, die Vereinigten Staaten zu verlassen[2].

Er entschied sich zu bleiben. Man weiß nicht genau, wie ernst es ihm mit dem Gedanken an eine Emigration war. Er hegte immer noch die schwache Hoffnung, daß das Land sich allmählich aus seinem Dilemma befreien könnte. Er war entschlossen, in Princeton durchzuhalten; langsam begann ein Anflug von Resignation sich in seinen Briefen auszubreiten.

Man versuchte ihn zu überreden, nach Israel zu gehen. »Er sagte, er sei zu alt«, berichtet Brodetsky, der ihn 1948 besuchte. »Ich sagte ihm, daß er, da er erst neunundsechzig war, der jüdischen Tradition zufolge noch einundfünfzig Jahre zu leben hätte, um das Alter von Moses zu erreichen. Er wiederholte, daß er zu alt sei . . .«[3]

Was ihn am meisten an Princeton fesselte, war sein schlechter Gesundheitszustand. Seit dem Kollaps im Jahr 1928 hatte er sich immer schonen müssen. Er mußte das Rauchen aufgeben. Er schloß einen Kompromiß, indem er in seiner Schreibtischschublade Tabak und eine kleine Pfeife versteckt hielt, die er ab und zu halb stopfte. Bei dieser Gelegenheit ging er dann hinaus und lieh sich ein Streichholz – keine ganze Schachtel, denn das wäre zu verlockend und sündig gewesen, sondern nur ein einziges Streichholz, mit dem er vielleicht, vielleicht auch nicht, seine Pfeife anzünden konnte. Dr. Ehrmann, sein Berliner Hausarzt, der vor dem Krieg nach New York ausgewandert war, setzte ihn auch auf Diät, zuerst fettfrei, dann salzlos. Einstein haßte das alles; doch zeigt sich seine gutmütige Resignation an zwei Begebenheiten.

Als eines Abends nach dem Essen in der Mercer Street eine Pralinenschachtel herumgereicht wurde, roch er nur einmal tief daran. »Wissen Sie, das ist alles, was mein Doktor mir erlaubt«, sagte er. »Der Teufel hat alle Dinge, die wir im Leben genießen, mit einer Strafe versehen. Entweder leidet unsere Gesundheit, oder es leidet unsere Seele, oder wir werden fett.« Bei anderer Gelegenheit kam Dr. Ehrmann einmal in die Mercer Street und brachte Medizin mit, in Pillenform und in Tropfen, weil er nicht wußte, was sein Patient vorzog. »Ich erinnere mich immer noch, wie er dastand und die Tropfen in ein Wasserglas zählte und es dann Einstein reichte«, erzählt ein Kollege. »Er schluckte das ganze Zeug hinunter, dann wurde er etwas grün im Gesicht und begann es wieder hochzuwürgen. Danach wandte er sich an Ehrmann und fragte ihn: ›Fühlen Sie sich jetzt besser?‹«

Seit seiner schweren Krankheit 1917 hatte Einstein zeitweilig an Magenkrämpfen, Schwindel und Erbrechen gelitten. 1945 wurde entschieden, daß eine Operation geboten war. Er erholte sich normal, war aber sehr geschwächt. 1948 brachte eine zweite Operation im Brooklyn Jewish Hospital eine Pulsadergeschwulst zum Vorschein, und zwei Jahre später zeigte eine Untersuchung, daß sich der Zustand verschlimmert hatte. Von 1950 an wußte Einstein, daß seine Tage gezählt waren.

Diese Drohung änderte wenig. Solange er seine Arbeit fortsetzen konnte, war ihm alles andere einerlei. Er machte weiter mit einer inneren Entschlossenheit, die in starkem Kontrast zu seiner äußeren Erscheinung, der eines gebrechlichen alten Mannes, stand. Diejenigen, die ihn in seiner Umgebung sahen, waren beeindruckt. »Eine unvergeßliche Erinnerung«, sagte ein Besucher in diesen letzten Jahren, »ist die an Einstein, der leicht erkrankt war und das Bett hüten mußte. Es nahm fast den ganzen Raum ein. Die Fensterjalousien waren heruntergezogen. Das Licht, das auf das Kopfende seines Bettes fiel, beleuchtete seinen Hinterkopf und das Brett, auf dem die Blätter Papier lagen, die er mit regelmäßigen Schriftzügen bedeckte. Er war mit einer Daunendecke zugedeckt, aus der sein nackter Oberkörper am einen Ende und seine Füße am anderen Ende herausschauten . . .«[4]

Einsteins Hauptsorge galt immer noch dem Determinismus, der der Physik als das hauptsächliche Resultat der Quantenmechanik entzogen worden war. Bis ans Ende seines Lebens hielt er dieses Resultat nur für vorläufig. Er wußte, daß er ein Rückzugsgefecht gegen seine Kollegen führte, und er war sich darüber im klaren, was sie über ihn dachten[5].

Mit Max Born begann er sehr ausführlich und mit einem fast pathetischen Versuch, das Unvereinbare zu vereinen, über die Kluft zu diskutieren, die sich zwischen ihm und so vielen seiner Zeitgenossen aufgetan hatte. Die beiden Männer waren schon seit 1916 Freunde. Born gegenüber betonte Einstein seine feste Überzeugung, daß die Physik von Wahrscheinlichkeiten zu realen Tatbeständen zurückfinden würde[6].

Es gab Zeiten, wo Einstein eine humorvolle Skepsis gegenüber den Vorgängen in der Physik zeigte. So saß er bei den Feiern anläßlich seines 70. Geburtstages den ganzen Tag über im Vortragssaal des Instituts und hörte eine Reihe von Gastvorträgen an. Als er am Ende gefragt wurde, ob er sie langweilig gefunden habe, antwortete er: »Sie wären langweilig gewesen, wenn ich sie verstanden hätte[7].«

Dennoch wurde allgemein anerkannt, daß wenige Männer so viel über das Wesen der physikalischen Welt wußten wie Einstein. Wenige konnten für sich in Anspruch nehmen, daß eines der neuen, künstlich erzeugten Elemente nach ihnen benannt wurde, wie das *Einsteinium*. Als der Direktor des Instituts, Aydelotte, 1947 in Pension ging, fragte Lewis Strauss, ein Vorstandsmitglied Einstein um Rat bezüglich des Nachfolgers. Einstein sagte weder etwas zu den Namen, die ihm vorgelegt wurden, noch machte er selbst Vorschläge. »Ich bat ihn dringend, mir doch wenigstens zu sagen, nach welchen idealen Eigenschaften die Mitglieder des Vorstands bei einem Direktor des Instituts suchen sollten«, schrieb Strauss. ›Ach, das ist leicht gesagt‹, antwortete er mit einem Lächeln. ›Sie sollten nach einem sehr ruhigen Mann Ausschau halten, der die Leute nicht stört, die zu denken versuchen.‹«[8]

Einstein schlug dann doch mit Erfolg einen ruhigen Mann vor: Robert Oppenheimer. Sein Einfluß reichte aber nicht aus, um das Institut zu überreden, Max Born nach Princeton einzuladen. Bohr wiederum, ein auswärtiges Mitglied des Instituts, konnte Princeton so oft besuchen wie er wollte. Er kam einmal 1946, zur 200-Jahr-Feier der Princeton-Universität, und dann noch einmal 1948 für das Frühjahrssemester des Instituts. Bei beiden Gelegenheiten kam es zu einem langen Gedankenaustausch zwischen ihm und Einstein. Es waren keine ausgesprochen glücklichen Gespräche, und Abraham Pais, damals vorübergehend Mitglied des Instituts, hat beschrieben, wie Bohr eines Tages »in einem Zustand ärgerlicher Verzweiflung« in sein Zimmer kam und sagte: »Ich kann mich selbst nicht mehr sehen.« Pais fragte ihn, was passiert sei. »Er erzählte mir«, schrieb er, »er sei gerade unten gewesen, um Einstein zu besuchen. Wie immer, waren sie über die Bedeutung der Quantenmechanik in Streit geraten. Und, was bis zum Schluß so blieb, Bohr hatte Einstein nicht von seinen Ansichten überzeugen können. Es kann kein Zweifel darüber bestehen, daß Einsteins fehlende Zustimmung Bohr zutiefst frustriert hat«[9].

Diejenigen, die das Glück hatten, bei diesen Zusammenkünften anwesend zu sein, konnten ein wechselseitiges Spiel zwischen zwei Meistern ihres Fachs beobachten. Zu einer solchen Auseinandersetzung kam es einmal, als Bohr im Mathematik-Hauptgebäude des Instituts einen größeren Vortrag hielt. Dr. Mitrany holte Einstein in der Mercer Street ab und war erstaunt, ihn in schwarzem Anzug, Kragen und Krawatte zu sehen. Alle ließen sich nieder, um einem zwei Stunden langen Vortrag auf höchstem Niveau zuzuhören, dem nur Einstein und eine Handvoll anderer mit mehr als nur höflichem Interesse folgen konnten. Bohr kam auf den Kern seiner Erkenntnistheorie zu sprechen. Einstein hörte von Anfang an aufmerksam zu, dann immer aufmerksamer und schließlich mit offensichtlich wachsender Ungeduld. Endlich war die Anspannung zu groß. Er erhob sich von seinem Sitz und ging vor zur langen schwarzen Tafel, die die ganze Wand einnahm. Dann unterbrach er mit der Kreide in der Hand den Redner. Was ein Monolog gewesen war, wurde nun zum Dialog[10]. Bohr verstand. Nur ein Einstein konnte angemessen gegen etwas Einwände erheben, das er für falsch hielt, selbst wenn er nicht beweisen konnte, daß es falsch war.

Während seines Besuches 1946 wurde Bohr gebeten, einen Beitrag für *Albert Einstein – Philosopher – Scientist* zu liefern. Dieser Band wurde zu Ehren von Einsteins 70. Geburtstag in drei Jahren vorbereitet. Er willigte ein, über die Geschichte ihrer Auseinandersetzungen zu schreiben und brachte den Aufsatz während seines Aufenthalts am Institut 1949 zum Abschluß.

Bohr und Einstein kamen überein, weiterhin verschiedener Meinung zu sein.

Bohr in der Zuversicht, daß er auf Grund gestoßen war; Einstein in der Meinung, daß es sich immer noch um die niedrigeren Bodenschichten in der Physik handle. Darunter, so glaubte er auch weiterhin, lagen die Ideen, welche die Welt zurückbringen würden, die er vor einem halben Jahrhundert gekannt hatte. War dies mehr als nur der Optimismus eines alten Mannes? Die Hoffnung, daß die Gedankenwelt wiederkehren würde, die er während seiner Sturm- und Drangzeit zu zerstören mitgeholfen hatte, gründete er auf sein Programm, eine befriedigende einheitliche Feldtheorie aufzustellen. Er glaubte immer noch, daß durch sie die Gesetze der Quantenmechanik von nicht-statistischen Gesetzen abgeleitet werden konnten, die nicht Möglichkeiten, sondern Tatsachen bestimmen; und so war er unermüdlich auf der Suche nach den geeigneten Gleichungen.

Er arbeitete weiter, auch nach seinem 70. Geburtstag noch, und sah endlich so etwas wie Licht am Ende eines Tunnels. Im Herbst war er mit seiner *Verallgemeinerten Theorie der Gravitation* fertig. Eine getippte Kopie wurde auf dem Weihnachtstreffen der »American Association for the Advancement of Science« (Amerikanische Gesellschaft zur Förderung der Wissenschaft) vorgestellt; die Theorie mit ihren 28 mathematischen Formeln erschien zwei Monate später in dem 14 Seiten umfassenden Anhang zur 4. Auflage von *The Meaning of Relativity*.

Eine neue Theorie von Einstein, mit der er im Alter von 70 Jahren einen neuen Schlüssel zum Rätsel des Universums lieferte, der den alten, den er mit fünfzig angeboten hatte, ersetzen sollte, rief in der Welt große Aufregung hervor.

Es gab zahlreiche und große Schlagzeilen. Worte wie »Welttheorie« waren in aller Leute Munde. Einige der wichtigeren Zeitschriften begannen zu zeigen, was Einsteins dreißigjährige Gedankenarbeit eingebracht hatte: ein neues und besseres Instrument, mit dem man die Gesetze der Natur beschreiben zu können hoffte.

Niemand versuchte jedoch zu erklären, wie dieses Instrument benutzt werden konnte. Es gab einen einfachen Grund dafür. Infeld meinte, daß er ein Jahr brauchen werde, um die Theorie zu verstehen und fügte hinzu: »Wie Chinesisch, man muß es zuerst einmal lernen[11].« Harold Urey hatte sie gar nicht gelesen. »Hätte ich es getan«, sagte er, »hätte ich sie wahrscheinlich nicht verstanden.«

Es war aber nicht nur die Unzugänglichkeit der Theorie, die ein Hindernis für ihre Aufnahme bildete. Im Gegensatz zur Relativitätstheorie von 1915 konnte sie offensichtlich nicht getestet werden.

Dennoch verbrachte er seine letzten Jahre mit einer Arbeit, die nur von einer Handvoll Menschen in der ganzen Welt in Angriff genommen werden konnte. So wurde Einstein immer noch von einer inneren Gewißheit angetrieben, die ebensowenig besiegbar war, wie die in den Tagen von Bern und Zürich. Damals war er ein ruhiger, unbekannter Mann gewesen, zufrieden, daß er allein für sich arbeiten konnte, und voller Vertrauen auf sich selbst. Derselbe Mann, nur älter jetzt, war sich ebenso sicher über die Arbeit, die getan werden mußte, und glücklich, daß er ignorieren konnte, was der Rest der Welt von ihm hielt.

Sein Alltag war gewöhnlich der folgende[12]: Zwischen 9 und 10 Uhr frühstückte er, nahm seine »Adrenalin-Kur« und las die neuesten Nachrichten über die politische Situation in der Zeitung. Im Winter wurde er gegen 10.30 Uhr von dem grünen Kombiwagen des Instituts in der Mercer Street abgeholt. Gewöhnlich ging er zu Fuß nach Hause. Im Sommer ging er zu Fuß ins Institut und fuhr in der Mittagshitze zurück. Auf dem Weg ins Institut, so erzählt Ernst Strauss, sein Assistent von 1944 bis 1947, sprach ihn manchmal ein Fremder an und sagte ihm, wie sehr er sich schon immer gewünscht habe, ihn einmal zu treffen. Einstein stellte sich dann mit der Frau eines solchen Passanten, dessen Kindern oder Enkelkindern wie gewünscht in Pose und tauschte ein paar freundliche Worte mit ihnen aus. Dann ging er kopfschüttelnd weiter und sagte: »Na, jetzt hat der alte Elefant wieder alle seine Kunststücke gezeigt.«

Im Institut arbeitete er im allgemeinen bis 13 Uhr, manchmal allein, manchmal auch mit seinem Assistenten. Kurz nach 13 Uhr steckte er dann seine Notizen in eine abgetragene Mappe und machte sich auf den Weg zur Mercer Street, wobei er ab und zu anhielt, um mit den zwei Kindern von Oppenheimer zu plaudern. Gelegentlich wurde er von einem jüngeren Fakultätsmitglied oder einem der Gastprofessoren begleitet; meist ging er jedoch allein.

Um 13.30 Uhr gab es Mittagessen. Danach ruhte er bis zum späten Nachmittag und arbeitete dann nach einer Tasse Tee weiter, empfing Besucher oder kümmerte sich, was häufiger vorkam, um die Korrespondenz. Kurz nach 18.30 Uhr wurde das Abendessen aufgetragen, dann ging es wieder an die Arbeit oder an die Erledigung von Briefen. Manchmal hörte er Radio, gelegentlich bekam er privaten Besuch. Er hatte das Geigespielen aufgegeben, weil er meinte, er sei nicht mehr gut genug, doch spielte er weiterhin Bach oder Mozart auf seinem Bechstein-Flügel. Sonntags holten ihn meist Freunde für eine Fahrt aufs Land oder zur Küste ab, die nur eine Stunde entfernt war. Er haßte es noch immer, sich in der Öffentlichkeit zu zeigen.

Das war das Leben, das sich hinter der Barriere abspielte, die für neugierige Anrufer, Besucher und Reporter aufgerichtet worden war. Als ihn IBM einmal zur Einweihungsfeier eines neuen Computers einlud, bekam sie keine Antwort. Dekan Eisenhart von der Graduate School der Princeton-Universität wurde gebeten, der Sache nachzugehen, nachdem auch eine nochmalige Einladung

– wieder wie die erste auf einer elektrischen IBM-Exekutive-Schreibmaschine makellos getippt – unbeantwortet geblieben war. »Er erklärte«, schreibt sein Sohn, Churchill Eisenhart, »daß irgend etwas falsch gelaufen sein müsse, weil Dr. Einstein mit der Beantwortung solcher Einladungen sonst sehr genau sei. Er ging zu Dr. Einsteins Haus hinüber und erklärte den Fall. Dr. Einstein kippte den Inhalt eines sehr großen Papierkorbs auf den Boden und prüfte hier und da ein Stück. Endlich hellte sich sein Gesicht auf. Er reichte meinem Vater eine von den Einladungen und sagte: ›Sie sieht aus, als ob sie gedruckt wäre. Drucksachen lese ich nicht‹[13].«

Das Leben in der Mercer Street war ruhig und bescheiden. Einstein war in seinem Haus der Mittelpunkt von drei Frauen. Miss Dukas stand, seit Elsas Tod, dem Trio vor; sie kümmerte sich um den Haushalt, kaufte ein, kochte, war die Sekretärin und legte seine Briefe ab. Dann gab es Margot, Einsteins Stieftochter. Und schließlich Maja, zwei Jahre jünger als ihr Bruder, der für sie wohl mehr Zuneigung als für irgend jemand anderen empfand.

Von 1946 an, als sie durch Arterienverkalkung gelähmt war, las er ihr jeden Abend vor. Margot pflegte sie, aber Maja starb schon 1951.

1952 wurde dem Bild des alten Exzentrikers, der gemächlich in seine 70er Jahre trat, ein gewaltiger Stoß versetzt. Albert Einstein wurde angetragen, Präsident von Israel zu werden, dieser Verkörperung der zionistischen Hoffnungen.

Der Vorschlag – unerhört oder ergreifend, je nach dem Standpunkt, großartig in seiner Kühnheit, wenn auch grotesk in den Implikationen – erfolgte nach dem Tod Chaim Weizmanns, der kurz nach der Ausrufung der Unabhängigkeit Israels im Mai 1948 der erste Präsident geworden war. Weizmann starb am 9. November 1952. Wenige Tage darauf wurde Einstein als möglicher Nachfolger in der Tel Aviver Zeitung *Maariv* genannt. Es kann gut sein, daß dies einen Versuchsballon darstellte, um die Reaktion der Öffentlichkeit zu testen. Wenn das zutrifft, dann stammt er von David Ben Gurion, dem Premierminister. »Die Präsidentschaft in Israel ist ein Symbol«, sagte er später. »Sie bringt keine Macht mit sich. Ich habe mir gedacht: wenn wir nach einem Symbol Ausschau halten, warum nehmen wir dann nicht den berühmtesten Juden der Welt, und wahrscheinlich den größten lebenden Mann – Einstein? Das war alles . . .«[14]

Einstein, wie die meisten seiner Freunde, lehnte ab, die Idee ernst zu nehmen, und als die *New York Times* ihn nach seiner Reaktion darauf fragte, weigerte er sich, einen Kommentar abzugeben. Kurz darauf läutete das Telefon erneut und die Vermittlung sagte, Washington sei am Apparat. »Herrgott«, rief Miss Dukas aus, die das Telefon abgenommen hatte. »Washington. Was ist denn nun passiert[15]?« Diesmal war es Abba Eban, der israelische Botschafter in den Vereinigten Staaten, der informell anfragte. Würde Einstein das Amt des Präsidenten annehmen, wenn es ihm durch eine Abstimmung der Knesset angetragen würde?

»Einstein war von der Großartigkeit und Kühnheit des Gedankens sichtlich bewegt«, sagte Eban, »aber seine Ablehnung war entschlossen und vehement: ›Ich verstehe ein bißchen von der Natur‹, sagte er, ›und kaum etwas von den Menschen.‹ Er beschwor mich, seine negative Entscheidung als endgültig anzusehen und alles zu tun, was möglich war, um die Presse abzuhalten und zu vertreiben, deren Vertreter sein Haus in der Mercer Street belagerten«[16].

Doch Eban hatte seine Instruktionen direkt vom Premierminister erhalten. Er überzeugte Einstein schließlich, daß es nicht richtig sei, den Vorschlag am Telefon abzulehnen, und ersuchte ihn am folgenden Tag formell per Telegramm, seinen Bevollmächtigten zu empfangen, um seine »Reaktion in einer Sache von äußerster Dringlichkeit und Wichtigkeit« zu erkunden.

Einstein telefonierte mit Eban und lehnte das Angebot erneut ab. Doch am Dienstag, dem 18., wurde ein formeller Brief vom israelischen Minister David Goiten nach Princeton gebracht. »Eine Annahme hätte zur Folge, daß Sie nach Israel ziehen und seine Staatsbürgerschaft annehmen müßten«, hieß es in dem Brief. »Der Premierminister hat mir versichert, daß Ihnen unter diesen Umständen von der Regierung und dem Volk, die sich der überragenden Bedeutung Ihrer Arbeiten voll bewußt sind, vollkommene Gelegenheit und Freiheit geboten würde, Ihre große wissenschaftliche Arbeit weiter zu verfolgen[17].«

Das klang verlockend für einen Mann, für den die Gründung Israels ein politischer Akt von ganz wesentlichem moralischem Gewicht war. Trotzdem fühlte sich Einstein verpflichtet, abzulehnen[18].

Weizmann war von Beruf Biochemiker gewesen. Deshalb durfte man annehmen, daß die Vorstellung, ein theoretischer Physiker bekleidete dieses Amt, die Welt nicht in Erstaunen setzen würde. Doch war das einzige, was die beiden Männer gemeinsam hatten, ihre Verbindung zur Wissenschaft und ihre Unterstützung des Zionismus. Die Eigenschaften, die Weizmann befähigt hatten, den Zionismus sicher in den Hafen zu bringen, nämlich eine eiserne Entschlossenheit und Rücksichtslosigkeit, fehlten Einstein, außer es ging um die Wissenschaft. Es ist gut möglich, daß seine Unerfahrenheit in öffentlichen Angelegenheiten ihn zu einer leichten Beute für die Wölfe der internationalen Bühne gemacht hätten. Der Vorschlag war jedenfalls von vornherein aussichtslos.

Als sein 75. Geburtstag näherrückte, schien es immer noch, als hätte das Alter ihn in vieler Hinsicht kaum verändert. Er verwandte immer noch ebenso viel Zeit auf Briefe an ein paar enge Freunde, wie auf seine Arbeit.

Bezüglich des Problems der Gewalt und der Kluft zwischen Mitteln und Zielen kehrte er offenbar zu seinem instinktiven Pazifismus zurück. Er betrachtete nun die Notwendigkeit, Hitler mit Waffengewalt zu bekämpfen und Israel mit Waffengewalt zu erhalten, als Ausnahmen, die die Regel bestätigten. Doch waren dies die beiden einzigen Fälle, mit denen er sich persönlich auseinandersetzen mußte.

Was sein eigenes Leben betraf, so schien eines ziemlich klar zu sein. »Ich beging einen großen Fehler in meinem Leben«, sagte Einstein zu Linus Pauling, der am Morgen des 11. November 1954 eine Stunde mit ihm verbrachte »–, als ich den Brief an Präsident Roosevelt unterschrieb, in dem ich die Herstellung von Atombomben empfahl; doch bestand eine gewisse Rechtfertigung – die Gefahr, daß die Deutschen sie herstellen würden«[19].

Einige von Einsteins letzten wissenschaftlichen Ansichten hielt die kanadische Astronomin Dr. A. Vibert Douglas fest, die eine Biographie über Eddington schrieb. Im Januar 1954 reiste sie nach Princeton, um Einstein aufzusuchen. Einstein begann das Gespräch, indem er Eddington großes Lob zollte, dessen Buch *The Mathematical Theory of Relativity* er für die beste Darstellung des Themas überhaupt hielt. Dr. Douglas berichtete über die Unterhaltung: »Er sprach von dem literarischen Wert, der Schönheit und Brillanz von Eddingtons Stil und von jenen Büchern, die darauf abzielten, dem intelligenten laienhaften Leser zumindest ein gewisses Verständnis zu vermitteln, eine gewisse Einsicht bezüglich der Bedeutung der neuen wissenschaftlichen Idee – doch fügte er mit einem Lächeln hinzu, daß ein Wissenschaftler irrt, wenn er glaubt, er könne dem Laien Verständnis beibringen: ein Wissenschaftler sollte nicht versuchen, seine Theorien allgemein verständlich zu machen; tut er es, dann ›ist er ein Fakir – die Pflicht eines Wissenschaftlers ist es, dunkel zu bleiben[20]‹.« Diese Äußerung steht in starkem Widerspruch zu Einsteins früheren Versuchen, die Relativitätstheorie so einfach wie möglich darzustellen. Man kann sich schwer des Eindrucks erwehren, daß sich in ihr die Enttäuschung über die Masse, die in seinem späteren Leben zutagetrat, widerspiegelte.

».. . die Kommentare Dr. Einsteins waren kurz und kritisch«, schreibt Vibert Douglas. »Er lehnte die Hypothese einer kontinuierlichen Schöpfung entschieden ab, für ihn war ein ›Anfang‹ notwendig; er fand, daß es Milnes brillantem mathematischem Geist an kritischem Urteil fehle; er war von Lemaîtres Vorstellung eines Uratoms nicht beeindruckt; und er sagte abschließend über seine eigene Theorie und die aller anderen: ›Jeder Mensch hat seine eigene Kosmologie, und wer kann sagen, daß seine eigene Theorie richtig ist?‹«

»Es blieb noch eine besondere Frage übrig, die ich ihm stellen wollte – wer waren die größten Männer, die einflußreichsten Denker, die er gekannt hatte?« schreibt Mrs. Douglas. »Die Antwort kam ohne Zögern: ›Lorentz‹.«

Einstein ging auch auf seine eigenen religiösen Überzeugungen ein. So sagte er zu Dr. Vibert Douglas: »Wenn ich kein Jude wäre, dann wäre ich Quäker.« Und in einem Interview mit Professor William Hermanns meinte er: »Ich kann keine Vorstellung von Gott akzeptieren, die auf Furcht vor dem Leben oder Furcht vor dem Tode oder blindem Glauben beruht. Ich kann Ihnen nicht beweisen, daß es keinen persönlichen Gott gibt, doch wenn ich von ihm sprechen sollte, wäre ich ein Lügner[21].«

Auf die Frage, an was man denn glauben könne, hatte er eine einfache Antwort. »Ich glaube an die Bruderschaft der Menschen und an die Einzigartigkeit des Individuums. Aber wenn Sie mir sagen, ich soll beweisen, was ich glaube, kann ich es nicht . . . Der Geist kann nur zu dem fortschreiten, was er weiß und was er beweisen kann. Dann kommt ein Punkt, wo der Geist auf eine höhere Bewußtseinsstufe gelangt, aber nie beweisen kann, wie er dahin gelangt ist . . .«

Was die Antriebskraft angeht, die alle Menschen vorwärts treibt, so konnte auch sie recht einfach erklärt werden. »Wichtig ist, nie mit dem Fragen aufzuhören«, sagte er. »Die Neugierde hat ihre eigene Existenzberechtigung. Man kann wirklich nur von Ehrfurcht erfüllt sein, wenn man die Geheimnisse der Ewigkeit, des Lebens und die herrliche Struktur der Wirklichkeit betrachtet. Es ist genug, wenn man jeden Tag versucht, bloß ein wenig von diesem Geheimnis zu begreifen . . .«

Einstein selbst hatte versucht, zu begreifen. Wenn er 1954 zurückblickte, dann konnte er mit Recht behaupten, er habe bei zwei der größten Errungenschaften der Menschheit eine Hauptrolle gespielt. Er hatte gezeigt, daß Raum und Zeit nicht so unveränderlich waren, wie man gedacht hatte. Damit hatte er die Bedeutung, die man dem Wort »Realität« beigelegt hatte, verändert. Ebenso hatte er die Physiker dazu ermutigt, die duale Natur der Materie anzuerkennen.

Das waren bedeutende Leistungen auf einer intellektuellen Ebene, auf der sich nur wenige zu bewegen wagten. Einstein hatte diese Ebene erreicht, ohne sehr viel Gefühlsballast mitzuschleppen. Sein Unvermögen, die menschliche Tragödie wahrzunehmen, weder gefühlsmäßig noch mit dem Verstand, hatte dazu beigetragen, daß seine erste Ehe in die Brüche ging. Diese persönlichen Schwierigkeiten wurden durch die Heirat mit Elsa überwunden, die von 1919 an ohne Klagen half, den Weg zum Ruhm zu ebnen. In dieser Hinsicht wurden die Schwierigkeiten, die aus seiner gefühlsmäßigen Isolierung entstanden, aus dem Weg geräumt. Er konnte mit seiner Arbeit fortfahren, ohne sich allzuviel um andere zu kümmern. Außerhalb seines Arbeitsbereichs hatte die Isolierung jedoch eines zur Folge: er, der ehrlich bemüht war, Gutes zu tun, sah all seine guten Absichten regelmäßig zuschanden werden.

Anfang 1955 wurde er zu Konferenzen nach Bern und Berlin eingeladen, um den 50. Jahrestag seiner berühmtesten Arbeit zu feiern. Er lehnte ab. Seine Begründung war charakteristisch für ihn: sein hohes Alter, sein schlechter Gesundheitszustand und seine Abneigung gegen jede Art von Personenkult.

Er hätte das Berner Treffen bestimmt genossen, obgleich der Anerkennung, die seiner allgemeinen Theorie dabei gezollt wurde, die ursprüngliche wissenschaftliche Begeisterung des Jahres 1919 fehlte. Denn die experimentelle Bestätigung, die die spezielle Relativitätstheorie schon vor langer Zeit außer Zweifel gesetzt hatte, war hier immer noch nicht endgültig erbracht worden. Zwar stand außer Frage, daß die Gravitation das Licht tatsächlich beeinflußte. Doch wie groß der Grad der Beeinflussung war, wurde immer fraglicher, je besser und genauer die experimentellen Methoden wurden. »Eine Menge Arbeit muß geleistet werden, bevor die Astronomen wirklich sagen können, welchen Wert die beobachtete Lichtablenkung hat und ob die Rotverschiebung überhaupt vorhanden ist«, stellte Freundlich auf der Konferenz fest[22]. Born brachte Einwände vor, die immer noch gültig sind. »Von den drei wahrnehmbaren Konsequenzen der Theorie wird nur die rein makroskopische, die Anomalität des Perihels der Umlaufbahn Merkurs von Einsteins Theorie ohne Zweifel erklärt; die zwei anderen Effekte, die Ablenkung der Lichtstrahlen durch die Sonne und die Rotverschiebung der Spektrallinien (die Mikroerscheinungen sind), sind immer noch umstritten, zumindest im Hinblick auf die Quantität. Ich bin der Ansicht, daß die allgemeine Relativitätstheorie, wie wir sie kennen, in diesem Bereich vielleicht unzureichend ist.«[23]

Einstein wurde fast in der letzten Minute der letzten Stunde in den Wirbel der öffentlichen Angelegenheiten hineingezogen, freiwillig und fast begeistert, als ob er die Vorstellung zurückweisen wollte, sein Leben ende nicht mit einem Knall, sondern nur mit einem Flüstern.

Mitte Februar erhielt er einen Brief von Bertrand Russell. Dieser suchte seine Hilfe. Er sei, so schrieb er am 11. des Monats, über das nukleare Wettrüsten stark beunruhigt. »Ich finde, daß hervorragende Männer der Wissenschaft einen dramatischen Schritt tun sollten, um der Öffentlichkeit und den Regierungen das Unheil klarzumachen, das hereinbrechen kann. Glauben Sie, daß es möglich ist, sagen wir, sechs Männer von allergrößtem wissenschaftlichem Ansehen zu gewinnen, Sie an der Spitze, die eine sehr ernste Erklärung abgeben über die dringende Notwendigkeit der Vermeidung eines Kriegs[24]?« Die Erklärung sollte am besten von Männern entgegengesetzter politischer Auffassungen unterzeichnet werden und nicht nur auf die Gefahren der Wasserstoffbombe hinweisen, sondern auch auf die der bakteriologischen Kriegsführung, und sie sollte damit »die Behauptung, daß Krieg und Wissenschaft nicht länger koexistieren können« deutlich unterstreichen. Weiter wurde in dem Brief ein Vorschlag gemacht, daß in der Erklärung auch an die neutralen Staaten appelliert werden könnte, eigene Kommissionen zu bilden, die die Auswirkungen eines dritten Weltkrieges auf sie selbst untersuchen sollten.

Einstein antwortete am 16. Februar 1955. Er ging in seinem Brief einen Schritt über Russells Vorschlag hinaus. Was er nämlich vorschlug, war ein öffentliches Manifest, von einer kleinen Gruppe von international anerkannten Wissenschaftlern unterschrieben[25]. Es könnten sogar Männer wie Joliot-Curie dabei sein, ein führender Kommunist, vorausgesetzt, daß Männer aus dem anderen Lager ein Gegengewicht zu ihnen bilden. Bohr bot sich als Kandidat aus den neutralen Ländern an, die, so hoffte Einstein, die Hälfte der Unterschriften ausmachen würden.

Es folgte ein zweiter Brief von Russell und eine weitere Antwort von Einstein, der inzwischen an Bohr geschrieben hatte. So wurde Russells ursprüngliche Idee von Einstein wesentlich beeinflußt. Das Ergebnis wurde zu Recht als Russell-Einstein-Manifest bekannt. Russell schickte es Einstein am 5. April zu. In ihm waren die Gefahren eines gegenwärtigen Krieges aufgezählt mit einem besonderen Hinweis auf die Wasserstoffbombe. Am Ende stand eine Resolution, die einem Weltkonvent von Wissenschaftlern vorgelegt werden sollte. »In Anbetracht der Tatsache, daß in einem zukünftigen Weltkrieg mit Gewißheit Kernwaffen eingesetzt werden und daß derartige Waffen die weitere Existenz der Menschheit bedrohen, ersuchen wir die Regierungen der Welt dringend, sich darüber klarzuwerden und dies öffentlich bekanntzugeben, daß ihre Ziele durch einen Weltkrieg nicht gefördert werden können. Wir ersuchen sie darum, friedliche Mittel zur Beilegung aller Streitfragen zwischen ihnen zu finden[26].«

Während Russells Manifest zusammen mit einem Begleitbrief noch per Post unterwegs war, ging Einstein eigene Wege. Er schrieb an Nehru und bat ihn um Intervention in einem Gebiet, in dem ein Ost-West-Krieg am wahrscheinlichsten erschien. Dies war China, wo die Tatsache, daß die Nationalregierung sich auf Quemoy und Matsu festsetzte, die Vereinigten Staaten in ein asiatisches Desaster zu führen drohte. Er legte seinem Brief einen Plan zur Evakuierung der zwei Inseln für einen begrenzten Zeitraum bei. Szilard hatte ihn ausgearbeitet. Vermutlich war Einstein der Ansicht, daß eine Intervention Nehrus nur Gutes bringen konnte.

Zufällig wandten sich nun drei Beamte der »Society for Social Responsibility in Science« (Gesellschaft für Soziale Verantwortung in der Wissenschaft) mit dem Entwurf eines offenen Briefs an ihn, von dem sie hofften, daß Einstein ihn unterzeichnen würde. Er erklärte ihnen, daß etwas Ähnliches gerade unterwegs sei, daß Russell hinter dieser Unternehmung stünde, und daß er Russell soeben geschrieben habe[27]. Doch scheint er geahnt zu haben, daß ihm nur wenig Zeit blieb.

Russells Brief hatte Einstein aufgerüttelt und er beschloß nun, daß die Zeit gekommen war, eine größere Erklärung zur Lage Israels abzugeben, dessen Unabhängigkeitstag im Mai begangen werden sollte. Die Bedrohung durch seine arabischen Nachbarn wuchs ständig und die Meldung, daß Rußland und die Tschechoslowakei beabsichtigten, Ägypten mit Waffen zu beliefern, stellte eine zusätzliche und noch größere Gefahr dar. Tatsächlich waren schon Gegenmaßnahmen getroffen. Dulles hatte den Israelis die Lieferung von 12 Mystère-Jägern sowie 24 Sabre-Jets zugesagt. Doch waren diese Abmachungen der Öffentlichkeit noch nicht bekannt, auch Einstein nicht.

Er war deshalb besonders ansprechbar, als die israelischen Behörden in Washington Anfang April bei ihm anfragten, ob er anläßlich des Unabhängigkeitstages eine Erklärung abgeben würde, die auf die wissenschaftlichen und kulturellen Aktivitäten des Landes hinweisen und die friedliche Nutzung der Atomenergie besonders hervorheben sollte. Er würde gern helfen[28], erwiderte er am 4. April. Doch seien kulturelle und wissenschaftliche Entwicklungen unter den gegebenen Umständen kaum relevant. Einstein hielt eine Analyse der Politik der westlichen Nationen im Hinblick auf Israel und die arabischen Staaten für am wirkungsvollsten.

Dies war eine einmalige Gelegenheit. Der israelische Botschafter Abba Eban ergriff sie mit beiden Händen und traf am 11. April zusammen mit dem israelischen Konsul Reuven Dafni in der Mercer Street ein. »Professor Einstein sagte mir«, schrieb er später, »daß er die Wiedergeburt Israels als einen der wenigen politischen Akte in seinem Leben betrachte, die einen wesentlichen moralischen Gehalt besaßen ... Er zeigte mir den Entwurf, den er ausgearbeitet hatte. Er war am Ende einer langen Präambel über den kalten Krieg angelangt und wollte meine Ansichten ausführlicher hören, bevor er daran ging, die politischen Aspekte der Situation im Mittleren Osten zu diskutieren«[29].

Eban und sein Kollege unterhielten sich eine Weile mit Einstein, und man kam überein, daß Dafni in wenigen Tagen wiederkommen sollte, wenn Einstein den Entwurf der vorherigen Erklärung in eine endgültige Form gebracht hatte.

Am selben Tag, dem 11. April, erhielt er das erwartete Manifest von Russell mit einer Liste von Wissenschaftlern, die man um ihre Unterschrift ersuchen wollte. Einstein war mit den ausgewählten Namen einverstanden und unterzeichnete das Dokument[30]. Damit half er jenes Manifest zu veröffentlichen, das zu einer Konferenz über die Gefahren eines Kriegs aufrief, und direkt zu den zahlreichen wichtigen Pugwash-Konferenzen führte, an denen prominente Wissenschaftler aus den Vereinigten Staaten, Großbritannien, der Sowjetunion und mehr als einem Dutzend anderer Länder teilnahmen.

Am nächsten Tag spürte Einstein große Schmerzen. Doch weigerte er sich, den Arzt rufen zu lassen. Miss Dukas telefonierte aber ohne Einsteins Wissen mit Margot, die gerade im Krankenhaus von Princeton lag, und sagte ihr, daß Einsteins Hausarzt benachrichtigt werden müßte.

Trotz seiner Schmerzen arbeitete Einstein an seiner Rundfunkansprache zum Unabhängigkeitstag, die am nächsten Tag mit dem israelischen Konsul besprochen werden sollte.

Am 13. ging es ihm immer noch schlecht. Dennoch empfing er morgens sowohl den israelischen Botschafter als auch Janos Plesch, der aus New York gekommen war. Mit Dafni ging er den Entwurf durch und machte zusätzliche Anmerkungen. Was aus ihnen geworden ist, bleibt im dunkeln. Die Herausgeber von *Einstein on Peace* – einer davon war Einsteins literarischer Nachlaßverwalter – beschreiben sie als »nicht vorhanden«, doch konnten sie nichts finden, was das spätere Gerücht bestätigt hätte, daß die Notizen aus dem Krankenhaus von Princeton gestohlen wurden. Sie kritisierten eine »Rekonstruktion« von Einsteins geplanter Ansprache, die auf Informationen von Dafni beruhte und später in der *New York Times* abgedruckt wurde. Am wahrscheinlichsten ist, daß diese zusätzlichen Aufzeichnungen, was immer mit ihnen passiert sein mag, zu kritisch gegen »Ost« oder »West« oder gegen beide Seiten des Kräftespiels waren, als daß man öffentlich zugegeben hätte, daß sie von Einstein stammten.

Dafni verließ das Haus in der Mercer Street gegen Mittag. Wenig später klagte Einstein über große Müdigkeit und Appetitmangel. Nach einer leichten Mahlzeit legte er sich hin, um etwas zu schlafen. Am Nachmittag erlitt er dann einen Kreislaufkollaps. Miss Dukas rief den Arzt an, der kurz darauf mit zwei Kollegen eintraf. Sie half mit, als ein Kardiogramm gemacht wurde, machte das Bett im Arbeitszimmer zurecht und bereitete sich auf eine lange Nachtwache vor. Der Patient hatte Morphiumspritzen bekommen und verbrachte eine ruhige Nacht.

Dr. Dean hatte ein kleines Blutgerinsel aus einer verhärteten Aorta festgestellt. Am Morgen des 14. April trafen der Chirurg Dr. Frank Glenn aus

New York, sowie Dr. Ehrmann und Dr. Bucky ein. Eine Frage mußte sehr schnell entschieden werden: sollte man operieren oder nicht? Die Überlebenschancen bei einer solchen Operation waren aber immer noch gering.

Jahre zuvor, als Einstein zum erstenmal von seinem Zustand erfuhr und hören mußte, daß die Aorta platzen konnte, wenn er nicht aufpaßte, hatte er brüsk geantwortet: »Dann soll sie platzen.« Nun zeigte er sich ebenso kompromißlos. Er fragte Dean, wie lange der Tod dauern würde und bekam zur Antwort, es könne sofort geschehen, Stunden dauern oder Tage. Einstein war, so berichtet sein Arzt, »heftig gegen« eine Operation. Miss Dukas gegenüber protestierte er später: »Einmal kommt das Ende; spielt es da eine Rolle, wann?«

Die Nacht zum Samstag ging ruhig vorüber, und am Samstagmorgen schien es Einstein besser zu gehen. Doch dann kamen wieder starke Schmerzen, und er konnte sich nicht bewegen. Bei der Ankunft des Arztes, den Miss Dukas eilig gerufen hatte, weigerte er sich zunächst immer noch, nachzugeben. Schließlich ließ er sich überreden, daß das Krankenhaus die beste Lösung war. Bezeichnend war das Argument, das den Ausschlag gab: es sei für Miss Dukas zu anstrengend, ihn zu pflegen.

Auf dem Weg ins Krankenhaus unterhielt er sich angeregt mit einem der freiwilligen Ambulanzmänner. Nach seiner Ankunft begann er sich besser zu fühlen und telefonierte bald mit der Mercer Street. Zuerst verlangte er nach seiner Brille, dann nach Schreibutensilien.

Am Sonntag wurde Margot zu ihm hingefahren, aber sie erkannte ihn zuerst nicht[31].

Auf einem bestand er: »Laßt das Haus nicht zum Museum werden.« Er hatte schon darum gebeten, daß sein Büro im Institut nicht so erhalten bleiben sollte, wie er es verlassen hatte, sondern anderen zur Benutzung übergeben wurde. Er wollte nicht, daß das Haus in der Mercer Street zu einem Wallfahrtsort wurde, und er hätte für die Leute wenig Verständnis aufgebracht, die in späteren Jahren bei Nr. 112 klingelten und fragten, ob sie sein Arbeitszimmer sehen durften.

Er hatte darauf bestanden, daß sein Gehirn für die Forschung verwendet und er im Krematorium verbrannt wurde; seine Asche sollte an einem unbekannten Ort verstreut werden. Er hätte seinem literarischen Nachlaßverwalter, Dr. Otto Nathan, zugestimmt, der später schrieb, daß es um so besser sei, je weniger über Einsteins Krankheit und die Ursachen, die zu seinem Tod führten, geschrieben würde. Nathan sah nicht ein, warum sich die Öffentlichkeit für die Einzelheiten interessierte und warum er und andere die Neugierde befriedigen sollten.

Hans Albert und Nathan trafen am Sonntag in Princeton ein. Mit ersterem diskutierte Einstein über die Wissenschaft; mit letzterem über Politik und die Gefahr einer deutschen Wiederaufrüstung. Sein Zustand war nun gleichbleibend, und spät am Nachmittag hatte Dr. Dean sogar das Gefühl, daß die Geschwulst vielleicht von selbst wieder zurückging. Mit wiederkehrenden Schmerzen wurde Einstein am Abend noch einmal eine Spritze gegeben. Er schlief friedlich, als Dean um 11 Uhr noch ein letztes Mal nach ihm schaute.

Kurz nach Mitternacht bemerkte die Krankenschwester Alberta Roszel, daß er verändert atmete. Sie war beunruhigt, rief eine andere Schwester zu Hilfe und richtete mit dieser zusammen das Kopfende des Bettes auf.

Einstein murmelte etwas auf Deutsch, in der Sprache seiner verachteten Landsleute. Es war die einzige Sprache, in der er sich zu Hause fühlte. Als er nach zwei tiefen letzten Atemzügen sanft entschlief, schien es unwahrscheinlich, daß er sehr viel bereute, wenn er überhaupt etwas bereute.

ANMERKUNGEN

1. KAPITEL

[1] Einstein-Plesch, 3. Februar 1944 (das Material ist im Besitz der Familie Plesch, später als »Plesch-Korrespondenz« bezeichnet).

[2] »Der Stammbaum Prof. Albert Einsteins« von Dr. A. Tanzer, in: *Jüdische Familienforschung*, Jahrgang VII, Dezember 1931 und *Israelitische Kultusvereinigung Württemberg und Hohenzollern*. Stammbäume der Familie Einstein und der Familie Koch sind im Einstein-Archiv in Princeton zu finden. Später nur als *Princeton* angegeben.

[3] G. K. A. Bell, *Randall Davidson*, S. 1052.

[4] Philipp Frank: *Einstein, sein Leben und seine Zeit*, List Verlag, München 1949, S. 19; engl. Ausgabe *Einstein: His Life and Times*, p. 15. Später zu finden als *Frank*.

[5] Einstein an Bela Kornitzer, in: *Gazette & Daily*, York, Pennsylvania, 20. September 1948. Später als *Kornitzer* zitiert.

[6] Siehe Carl Seelig: *Albert Einstein*, Europa-Verlag, Zürich 1954, S. 13. Später als *Seelig* zitiert.

[7] Details über den Geburtsort: Stadtarchiv Ulm, mit dessen freundlicher Unterstützung.

[8] John Plesch in: *Janos*, S. 200. Später zitiert als *Plesch*.

[9] Einstein zu James Franck, lt. Zitat bei Carl Seelig, *Albert Einstein*, S. 84.

[10] Kornitzer.

[11] Fragebogen zum 74. Geburtstag, Seelig, S. 249 ff.

[12] Frank, S. 26.

[13] Antonina Vallentin: *Das Drama Albert Einsteins*. Stuttgart 1955, S. 16. Später zitiert als *Vallentin*.

[14] Kornitzer.

[15] Max Talmey, *The Relativity Theory Simplified and the Formative Period of Its Inventor*. New York 1932, S. 161.

[16] Talmey, S. 164.

[17] Einstein – Hedwig Born, 15. Januar 1927; *Born-Einstein-Briefe*, RoRoRo Hbg. 1972, S. 102. Später zitiert als *Born-Briefe*.

[18] *Helle Zeit – Dunkle Zeit*, hrsg. von Carl Seelig, S. 64. Später zitiert als *Helle Zeit*.

[19] Abba Eban in: *The Jewish Chronicle*, 2. Oktober 1959, S. 33.

[20] Buber, *The Knowledge of Man*, S. 156.

[21] Esther Salaman, »A Talk with Einstein«, in: *The Listener* vom 8. September 1955. Später zitiert als *Salaman*.

[22] Siehe S. 278 und 301.

[23] Einstein in einem Brief an Max Born v. 4. 12. 1926, in: *Briefe*, 1972, Seite 97 ff.

[24] Gurion, *Ben Gurion Looks Back*, S. 217.

[25] Kornitzer zitiert Hans Einstein in: *Ladies Home Journal*, April 1951, S. 136.

[26] Undatierter Brief und Manuskript, Einstein-Caesar Koch, ca. 1950 von Einstein als echt anerkannt, im Besitz von Familie Suzanne Gottschalk-Jean Ferrard, Brüssel, Vorabdruck »Albert Einsteins ›First‹ Paper« durch Dr. Jagdish Mehra, CPT-82: AEC-31, 8. Januar 1971; ferner briefl. Mitteilung Prof. Dr. Armin Hermann, Univ. Stuttgart v. 10. 5. 1972 an den Verlag (Dr. Niebling): »die von Ihnen erwähnte Arbeit Einsteins ist betitelt ›Über die Untersuchung des Aetherzustandes im magnetischen Felde‹ und stammt aus dem Jahre 1894 oder 1895. Sie ist tatsächlich in keiner Einstein-Bibliographie verzeichnet, weil erst kürzlich aufgefunden. Genaueres darüber finden Sie in den *Physikalischen Blättern* Jg. 27, 1971, S. 385–391 (Heft 9).«

2. KAPITEL

[1] Plesch, S. 219.

[2] Kornitzer.

[3] Seelig, S. 22.

[4] Seelig, S. 16.

[5] G. J. Whitrow (Hrsg.), *Einstein: The Man and His Achievement*, BBC, 3. Programm. Später zitiert als *Whitrow.*

[6] Walter Jens: Albert Einstein, in: *Universitas*, 24. Jahrg., Heft 2, 1969, S. 151.

[7] Stadtarchiv Ulm; Schreiben Stadtarchiv Ulm vom 3. 5. 1972 an den Verlag, »daß Hermann und Pauline Einstein, die Eltern von Albert Einstein, im Jahre 1879 – dem Geburtsjahr des großen Physikers – in Ulm im Gebäude Lit. B 135 gewohnt haben; bei der Umbenennung aller Ulmer Gebäude nach Straßennamen erhielt dieses Haus die Bezeichnung Bahnhofstraße 20. Nach uns vorliegenden Fotos war dieses Gebäude – den Dachstock eingerechnet – vierstöckig. Das Gebäude Bahnhofstraße 20 fiel dem Luftangriff am 17. 12. 1944 völlig zum Opfer. Der Bebauungsplan sieht an dieser Stelle einen kleinen Platz vor«. Der Verlag setzt sich dafür ein, ihn »Albert-Einstein-Platz« zu benennen.

[8] Watters, S. 26.

[9] Siehe ausführlich Seelig, S. 18.

[10] Vallentin, S. 9.

[11] Vera Weizmann, S. 102–103.

[12] *Observer*, London, 24. April 1955.

[13] Dr. Thomas Lee Bucky, »Einstein: an intimate memoir«, *Harper's Magazine*, September 1964.

[14] »Jubilee of Relativity Theory«, *Helvetica Physica Acta, Supplementum* IV, Basel 1956, S. 19. Später zitiert als *Physica Acta.*

[15] Morris Cohen, »Einstein and His World«. In: *The Menorah Journal*, Vol. 24, Frühjahr 1936, S. 107. Später zitiert als *Menorah.*

[16] Carl Seelig, S. 29 f.

[17] Schilpp, S 15.

[18] Schilpp, S. 15.

[19] Anton Reiser: *Albert Einstein*, S. 53. Später zitiert als *Reiser.*

[20] Schilpp, S. 15.

[21] Pierre-Simon Laplace, *Philosophischer Versuch über die Wahrscheinlichkeit (Essai philosophique sur les probabilités)*. Ostwalds Klassiker Nr. 233. Leipzig 1932, S. 1 f.

[22] Max Born: »Physics in the Last 50 Years«. In: *Nature*, Bd. 168, 1951, S. 625.

[23] Siehe Näheres bei Schilpp, S. 15.

[24] Eric T. Bell: *Die großen Mathematiker*. Düsseldorf 1967, S. 492.

[25] Vorlesung King's College, London 1921, siehe *The Nation*, London, 18. Juni 1921.

[26] Gerald Holton: »Mach, Einstein and the Search for Reality«. In: *Daedalus*, Frühjahr 1967, S. 59.

[27] Seelig, S. 47, siehe auch »Erinnerungen an Einstein«, v. Margareta Nieuwenhuis von Uexkuell, *Frankfurter Allgemeine Zeitung*, 10. April 1956, und »Albert Einstein nach meiner Erinnerung« von L. Uexkuell, ETH; in der FAZ v. 10. 4. 1956 heißt es ausführlicher: »Tun Sie, was Sie für gut finden. Sie haben aber keine Ahnung, wie schwierig die Physik ist; ich wollte Sie nur in Ihrem eigenen Interesse warnen«.

[28] Schilpp, S. 17.

[29] Seelig, S. 57 ff.

[30] Infeld: *Albert Einstein*, S. 119.

[31] Stadtarchiv Zürich.

[32] Reiser, S. 65.

[33] Einstein-Wisseler; 24. August 1948, Schweiz. Landesbibliothek, Bern.

[34] Einstein-Kamerlingh Onnes, 12. April 1901. Rijksmuseum voor de Geschiedenis der Naturwetenschappen Leiden. Später zitiert als *Leiden*.

[35] Carl Seelig, S. 58.

[36] Reiser, S. 65.

[37] Eidgenössisches Amt für Geistiges Eigentum, Bern.

3. KAPITEL

[1] Eidgenössisches Amt für Geistiges Eigentum, Bern.

[2] Berichte ETH.

[3] Berichte ETH.

[4] Talmey, S. 167.

[5] »Folgerungen aus den Capillaritätserscheinungen«, *Annalen der Physik*, Bd. 4, 1901, S. 513 bis 523 und »Über die thermodynamische Theorie der Potentialdifferenz zwischen Metallen und vollständig dissociierten Lösungen ihrer Salze, und eine elektrische Methode zur Erforschung der Molekularkräfte«, *Annalen der Physik*, Bd. 8, 1902, S. 798–814.

[6] Siehe Seelig, S. 62; über die Rolle, die die Thermodynamik bei Einsteins Suche nach einer einigenden Basis physikalischer Erscheinungen spielt, siehe: Martin J. Klein, in: »Thermodynamics in Einstein's Thought", *Science* Bd. 157 (August 4, 1967), S. 509–516.

[7] »Kinetische Theorie des Wärmegleichgewichtes und des zweiten Hauptsatzes der Thermodynamik«, *Annalen der Physik*, Bd. 9, 1902, S. 417–433. – »Eine Theorie der Grundlagen der Thermodynamik«, *Annalen der Physik*, Bd. 11, 1903, S. 170–187 und »Zur allgemeinen molekularen Theorie der Wärme«, *Annalen der Physik*, Bd. 14, 1904, S. 354–362.

[8] Einstein: *Lettres à Maurice Solovine*. S. VI. Später zitiert als *Solovine*.

[9] Siehe ausführlich Seelig, S. 70 ff.

[10] Solovine, a. a. O. S. X

[11] Princeton.

[12] Seelig, S. 53.

[13] Seelig, S. 71.

[14] Dr. Hans Tanner-Seelig; siehe Seelig S. 123 ff.

[15] David Reichinstein: *Albert Einstein. Sein Lebensbild und seine Weltanschauung.* Prag 1935, S. 26 f.

[16] Carl Seelig, S. 81 ff.

[17] Phil. Mag. (4), 1828.

[18] »Über die von der molekularkinetischen Theorie der Wärme geforderte Bewegung von in ruhenden Flüssigkeiten suspendierten Teilchen«, *Annalen der Physik*, Bd. 17, 1905, S. 549 bis 560.

[19] Max Born: *Natural Philosophy of Cause and Chance,* S. 63. Später zitiert als Born: *Cause and Chance.*

[20] Max Born: *Cause and Chance,* S. 63.

[21] De Broglie: *New Perspectives in Physics,* S. X.

[22] »Über einen die Erzeugung und Verwandlung des Lichtes betreffenden heuristischen Gesichtspunkt«, *Annalen der Physik,* Serie 4, XVII, S. 132–148. Auch in: Albert Einstein, *Die Hypothese der Lichtquanten.* Stuttgart 1965, S. 26–42.

[23] Man vergleiche Armin Hermann: *Frühgeschichte der Quantentheorie.* Mosbach 1969, S. 21.

[24] Max Planck, Die Entstehung und bisherige Entwicklung der Quantentheorie. In: *Vorträge und Erinnerungen.* [7]Darmstadt 1969, S. 129.

[25] *Frühgeschichte der Quantentheorie,* S. 31 f. Man vergleiche zu Planck: Armin Hermann, *Max Planck in Selbstzeugnissen und Bilddokumenten.* Rowohlt Monographie Nr. 198. Reinbek 1973.

[26] Niels Bohr: »The Solvay Meetings and The Development of Quantum Physics«. In: *Essays 1958–62 on Atomic Physics and Human Knowledge,* New York 1963, S. 80; dt. Niels Bohr: Die Solvay-Konferenzen und die Entwicklung der Atomphysik. In: *Atomphysik und menschliche Erkenntnis* II. Braunschweig 1966, S. 81.

[27] R. A. Millikan: *Autobiography,* S. 83.

4. KAPITEL

[1] Zur Elektrodynamik bewegter Körper. *Annalen der Physik,* Serie 4, Bd. XVII, 1905, S. 891–921. Der berühmte Aufsatz wurde vielfach nachgedruckt, z. B. in: H. A. Lorentz, A. Einstein, H. Menkowski, *Das Relativitätsprinzip.* 6. Aufl. Darmstadt 1958, S. 26–50.

[2] Isaac Newton: *Mathematische Prinzipien der Naturlehre.* Mit Bemerkungen und Erläuterung [in deutscher Sprache] herausgegeben von J. Ph. Wolfers. Berlin 1872 [Photostatischer Nachdruck Darmstadt 1963], S. 25/26.

[3] Ebda. S. 26/27.

[4] Ernst Mach: *Die Mechanik in ihrer Entwicklung, historisch-kritisch dargestellt.* Leipzig 1933, S. 222 f.

[5] Eric T. Bell: *Die großen Mathematiker.* Düsseldorf 1967, S. 492.

[6] Viscount Samuel und Herbert Dingle: *A Threefold Cord,* S. 52 f.

[7] *Philosophical Transactions.* Ser. A. Bd. 202, 1903, S. 165.

[8] *Philosophical Magazine.* Dez. 1902, S. 678 und April 1904, S. 317.

[9] Einstein in Haas-Lorentz, *H. A. Lorentz,* S. 8.

[10] Philipp Frank: *Interpretations and Misinterpretations of Modern Physics,* S. 39.

[11] Schilpp, S. 53.

[12] Alexander Moszkowski: *Einstein. Einblicke in seine Gedankenwelt.* Berlin 1921/22, S. 18.

[13] Carl Seelig: *Albert Einstein. Eine dokumentarische Biographie.* Zürich 1954, S. 87 f.

[14] »Erinnerungen«. Eidg. Amt für geistiges Eigentum, Bern.

[15] Carl Seelig, S. 85.

[16] Bondi, S. IV.

[17] Max Born: Physik und Relativität. In: Max Born, *Physik im Wandel meiner Zeit*. Braunschweig 1959, S. 194.

[18] Bertrand Russell: *The ABC of Relativity*, S. 28.

[19] Max Born: *Die Relativitätstheorie Einsteins*. ⁴Berlin 1964, S. 219.

[20] »A. Lorentz at Mount Wilson Observatory«, In: *Contributions from the Mount Wilson Observatory*, Bd. XVII, Carnegie Institute of Washington, April 1928, Nov. 1929, S. 27.

[21] Eddington, Zitat: H. L. Brose, *The Foundations of Einsteins Theory of Gravitation* durch Erwin Freundlich, S. VIII.

[22] Voigt: »Über das Dopplersche Prinzip«. In: *Nachr. Ges. Wiss. Göttingen* 1887, S. 41.

[23] Lindemann: »Einsteins Theory: A Revolution in Thought«. In: *The Times Educational Supplement*, 29. Januar 1920.

[24] Oppenheimer: *Flying Trapeze*, S. 22.

[25] Eddington, Romanes Lectures, 1922.

[26] Einstein: *Fundamental concepts of physics and their most recent changes*. Davoser Hochschulkurse, abgedruckt in: *St. Louis Post Despatch*, 29. Dezember 1928.

[27] Reichenbach, in: Vallentin, S. 106.

[28] Rede in der Nat. Acad. Science, Washington am 26. April 1921, abgedruckt in: *New York Times* vom 27. April 1921.

[29] Vorlesung, gehalten am King's College, London, abgedruckt in: *The Nation*, London 18. Juni 1921.

[30] Shankland.

[31] Polanyi: *The Art of Knowing*, S. 11.

[32] *Jewish Observer*, 22. Februar 1955.

[33] *Technische Rundschau* Nr. 20, 47. Jahrg., Bern 6. 5. 1955.

[34] Whittaker, Biog. Memoirs of Fellows of Royal Society, 1955, Bd. 1, S. 42.

[35] August Föppl: *Einführung in die Maxwellsche Theorie der Elektrizität*. Leipzig 1894, S. 309.

[36] »Ist die Trägheit eines Körpers von seinem Energieinhalt abhängig?« *Annalen der Physik*, Bd. 18, 1906, S. 639–641.

[37] Isaac Newton: *Optik*. Ostwalds Klassiker Nr. 97. Leipzig 1898, S. 124f.

[38] Hans Thirring: *Die Idee der Relativitätstheorie*. Berlin 1921, S. 97.

[39] Frank, S. 87.

[40] Oppenheimer: *Flying Trapeze*, S. 20.

[41] Jeans: *The New Background of Science*, S. 98.

[42] *The Tablet*, London, 23. April 1955.

5. KAPITEL

[1] Stuart: *Within the Fringe*, S. 96.

[2] Whitrow, S. 21.

[3] Max von Laue: Mein physikalischer Werdegang. In: *Gesammelte Schriften und Vorträge*, Bd. III. Braunschweig 1961, S. XIX.

[4] Infeld: *Albert Einstein*, S. 44.

[5] Max Born: *Physik im Wandel meiner Zeit*. ⁴Braunschweig 1966, S. 189.

[6] Kaufmann in: *Annalen der Physik*, Bd. 19, 1906, S. 495.

[7] Einstein: »Über das Relativitätsprinzip und die aus demselben gezogenen Folgerungen«. In: *Jahrbuch der Radioaktivität und Elektronik*, Bd. 4, S. 411–462 und Bd. 5, S. 98–99 (Berichtigungen), 1907.

[8] Seelig, S. 86.

[9] Albert Einstein: »Die Plancksche Theorie der Strahlung und die Theorie der spezifischen Wärme«. In: *Annalen der Physik*, Bd. 22, 1907, S. 180–190.

[10] Frank: »Kausalgesetz und Erfahrung«. In: *Ostwalds Annalen der Naturphilosophie* 6, 443 Leipzig 1907.

[11] Frank: *Modern Science and its Philosophy*, S. 10.

[12] Einstein-Plesch, 3. Februar 1944, Plesch-Korrespondenz.

[13] Einstein: *Über spezielle und allgemeine Relativitätstheorie*. 21. Aufl. Berlin 1969, S. 51 f.

[14] Gibson, S. 8.

[15] Isaac Newton, *Mathematische Prinzipien der Naturlehre*, S. 32.

[16] E. Cunningham in: *Nature* vom 17. Februar 1921.

[17] Einstein: *Über spezielle und allgemeine Relativitätstheorie*, S. 48.

[18] Einstein: *Über spezielle und allgemeine Relativitätstheorie*, S. 46.

[19] Einstein: *Über spezielle und allgemeine Relativitätstheorie*, S. 121.

[20] James Jeans, zitiert Leon Watters, S. 30, Bd. 4 *The Universal Jewish Encyclopaedia*, New York 1941.

[21] Frank, S. 335.

[22] Lorentz, Einstein, Minkowski: *Das Relativitätsprinzip*. Darmstadt 1958, S. 54.

[23] So wiedergegeben von Carl Seelig, S. 109.

[24] Planck, *Where is Science going?*, London 1933, S. 16.

[25] Max Born: *Physik im Wandel meiner Zeit*, S. 193.

[26] Wolfgang Pauli: *Aufsätze und Vorträge über Physik und Erkenntnistheorie*: Braunschweig 1961, S. 58.

[27] Einstein: »Über die Entwicklung unserer Anschauungen über das Wesen und die Konstitution der Strahlung«. In: *Physikalische Zeitschrift*, Bd. 10, 1909, S. 817–825.

[28] *Physikalische Zeitschrift*. Bd. 10, 1909, S. 825.

[29] Meitner »As I Remember«. In: *Bull. Atomic Scientist*, November 1964, S. 4.

[30] Frank, S. 129.

[31] C. Seelig, S. 146–196; Frank, S. 129/130.

[32] Fritz Adler an Viktor Adler, 16. April 1909, Adler-Archiv.

[33] Friedrich Haller an den Schweizerischen Bundesrat, 12. Juli 1909. Eidgenöss. Amt für geistiges Eigentum.

6. KAPITEL

[1] Einstein an Michele Besso, 19. November 1909. In der von Pierre Speziali besorgten Edition der Einstein-Besso-Korrespondenz fehlen die sich auf rein persönliche Belange beziehenden Briefe bzw. Briefstellen.

[2] Fritz Adler an Viktor Adler, 28. Oktober 1910, Adler-Archiv.

[3] Seelig, S. 119.

[4] Fritz Adler an Viktor Adler, 5. Oktober 1909, Adler-Archiv.

[5] Siehe dazu Seelig, S. 121.

[6] Seelig, S. 138.

[7] Frank, S. 172.

[8] Frank, S. 136.

[9] Seelig, S. 154.

[10] Siehe Einstein-Pick-Korrespondenz: Princeton.

[11] Frank, S. 149/150.

[12] Frank, S. 152.

[13] Frank, S. 153/154.

[14] Marianoff and Wayne, *Einstein: An Intimate Study of a Great Man*, S. 49.

[15] Marianoff, a.a.O.

[16] »Über den Einfluß der Schwerkraft auf die Ausbreitung des Lichtes«, *Annalen der Physik*, Bd. 35, 1911, S. 898–908.

[17] Sir Isaac Newtons *Optik*. Ostwalds Klassiker der exakten Wissenschaften. Nr. 97. Leipzig 1898, S. 100.

[18] *Astronomisches Jahrbuch*, Berlin 1804, S. 161.

[19] *Annalen der Physik*, Bd. 35, 1911, S. 898–908.

[20] Vgl. Armin Hermann, *Frühgeschichte der Quantentheorie*. Mosbach 1969, S. 156 ff.

[21] Weizmann, *Trial and Error*, S. 153.

[22] Eve, S. 193.

[23] *Daily Telegraph* vom 22. April 1955, Cherwell-Archiv, Nuffield College, Oxford. Später zitiert als Cherwell-Archiv.

[24] Birkenhead, S. 52.

[25] Birkenhead, S. 37.

[26] Zum gegenwärtigen Stande des Problems der spezifischen Wärme. In: *Die Theorie der Strahlung und der Quanten*. Halle 1913, S. 330–364.

[27] Curie-ETH, 17. November 1911, ETH.

[28] Frank an Carl Seelig, 13. Mai 1952, ETH; vgl. Frank, S. 169.

[29] Äußerung Hans Einsteins gegenüber dem Autor.

[30] Und zum folgenden: Briefwechsel zwischen Einstein und Utrecht, Universität Utrecht; Slg. Julius papers, Korrespondenz Julius, Univ.-Museum, Utrecht.

[31] Einstein-Grossmann, 18. November 1911; Seelig, S. 154, 165 ff.

[32] Lorentz-Einstein, 6. Dezember 1911, Leiden.

[33] Klein, *Paul Ehrenfest*, S. 183/184.

[34] Mme. Curie – Professor Weiss, 17. November 1911, ETH.

[35] Pegram-Einstein, 9. Januar 1912, Columbia University.

[36] Pegram-Einstein, 9. Januar 1912, Columbia University.

[37] Von Laue-Seelig, 13. März 1952, ETH.

[38] Einstein-Curie, 3. April 1913, Bibliothèque Nationale, Paris.

[39] Siehe »*The Journal of Philosophy, Psychology and Scientific Methods*«, Bd. IX Nr. 16. 1. August 1912, S. 419.

[40] *Zeitschrift für Mathematik und Physik*, Bd. 62 (1931), S. 225–261, 1931.

[41] Gibson, S. 11.

[42] *Nature*, Bd. 175, 28. Mai 1955, S. 926–927.

[43] Felix Ehrenhaft, *My Experiences with Einstein*, unveröffentlichtes Manuskript. Später zitiert als *Ehrenhaft*.

[44] Bohr, S. 84.

[45] Hevesy-Rutherford, 14. Oktober 1913, Rutherford Papers, University of Cambridge.

[46] Bohr in: *Nauka i Zhzn (Science and Life)*, 1961, Nr. 8, S. 77, Kuznetzov, S. 271.

[47] Max Planck, Die Entstehung und bisherige Entwicklung der Quantentheorie. In: *Physikalische Abhandlungen und Vorträge*, Bd. III. Braunschweig 1958, S. 129 f.

[48] Bernard I. Cohen: »An Interview with Einstein«. In: *Scientific American*, Bd. 193, 1955, S. 73.

[49] Mach, *Prinzipien der physikalischen Optik*, 1921, S. VIII/IX (Vorwort).

[50] *Bull. Soc. Phil.*, Bd. 22, S. 111.

[51] *Forschungen und Fortschritte*, Bd. 37, 1963, zitiert in: »Mach, Einstein and the Search for Reality«, Gerald Holton, *Daedalus*, Frühjahr 1968, S. 645.

[52] Man vergleiche hier und im folgenden die Briefe Einsteins an Freundlich. Kopien im Besitz des Lehrstuhles für Geschichte der Naturwissenschaften und Technik an der Universität Stuttgart.

[53] Einstein an Freundlich, 1. September 1911.

[54] Einstein an Freundlich, August 1913.

[55] Einstein an Freundlich, 26. August 1913.

[56] Hale an Einstein, 8. November 1913. Hale-Papers, California Institute of Technology.

[57] Einstein an Freundlich, 7. Dezember 1913.

7. KAPITEL

[1] Armin Hermann, »Einstein in Berlin«. *Jahrbuch Preußischer Kulturbesitz*, Bd. VIII, 1970, S. 93.

[2] Kopie im Archiv der ETH Zürich.

[3] Frank, S. 182.

[4] Reichinstein, S. 30.

[5] G. B. Shaw, *Major Barbara*.

[6] Zitiert in Albert Einstein: *Mein Weltbild*. Frankfurt 1959, S. 82.

[7] Über die deutsche Reichsangehörigkeit Albert Einsteins. In: *Forschungen und Fortschritte*. Jg. 37, 1963, S. 137–140.

[8] Gibson, S. 11.

[9] Albert Einstein/Michele Besso: Correspondance, S. 50.

[10] Kollros in: *Helle Zeit – Dunkle Zeit*. In memoriam Albert Einstein. Zürich 1956, S. 30.

[11] *Sitzungsberichte der Königlich Preußischen Akademie der Wissenschaften*. Jg. 28, 1914, S. 739.

[12] Ebd. S. 742.

[13] Einstein an Plesch, 3. Februar 1944. Plesch-Korrespondenz.

[14] Einstein an Besso, März 1914. In: Einstein/Besso: Correspondance, S. 53.

[15] Einstein an Born, 1. September 1919. In: *Albert Einstein/Hedwig und Max Born: Briefwechsel*. S. 31.

[16] Hans Wehberg, *Wider den Aufruf der 93*! Berlin-Charlottenburg 1920, S. 17.

[17] George Nicolai an Einstein, 18. Mai 1918. Vgl. Nathan and Norden: *Einstein on Peace*, S. 7.

[18] Kurt R. Grossmann: »Peace Movements in Germany«, *South Atlantic Quaterly*, Juli 1950, S. 294. Über die Tätigkeit des Bundes siehe auch Otto Lehmann-Rußbüldt: *Der Kampf der Deutschen Liga für Menschenrechte, vormals Bund Neues Vaterland, für den Weltfrieden, 1914–1927*. Berlin 1927 und Kurt R. Grossmann, *Ossietzky. Ein deutscher Patriot*, München 1963, S. 52–56.

[19] Einstein-Ehrenfest, 19. August 1914, Princeton; Einstein-Ehrenfest, Dezember 1914, Princeton; Einstein-Lorentz, 2. August 1915, Den Haag; Einstein-Ehrenfest, 23. August 1915, Princeton.

[20] Rolland, Tagebucheintrag 16. September 1915, Romain Rolland, Das Gewissen Europas,

Tagebuch der Kriegsjahre 1914–1919, Bd. I (Juli 1914 bis Nov. 1915), Bln. 1963, S. 696ff.; siehe auch *Journal des Années de Guerre 1914–1919*, Romain Rolland, Paris 1952, S. 510–515, später zitiert als Rolland.

[21] Rolland, S. 696 ff.;

[22] »Das Land Goethes 1914–1916«, Berliner Goethebund 1916, Dokumentensammlung der Preuß. Staatsbibliothek, Berlin-Dahlem.

[23] *Interavia* Bd. X, Nr. 9, 1955, S. 684–685, Einstein an Erhardt 7. September 1954.

[25] Adler-Einstein Briefwechsel: Princeton.

[26] Frank S. 289.

[27] Plesch S. 206.

[28] Hedwig Born, Albert Einstein ganz privat. In: *Helle Zeit – Dunkle Zeit*, S. 36 f. Auch in: Hedwig Born, Max Born, *Der Luxus des Gewissens*. München 1969, S. 118 f.

[29] Gustav Bucky: *Helle Zeit*, S. 65.

[30] Oder anders ausgedrückt: Elsas Vater war ein Vetter von Albert Einsteins Vater und Elsas Mutter eine Schwester von Einsteins Mutter.

[31] Salaman.

[32] Frank, S. 220.

[33] Einstein-Rolland, 22. August 1917, Rolland, *Journal des Années de Guerre 1914–1919*, Paris 1952, S. 1285 (datiert als Mittwoch, den 21., aber am Mittwoch war der 22.).

[34] Rolland, S. 1303.

[35] Einstein-Besso, 3. September 1917, Besso-Briefwechsel.

[36] *Manchester Guardian*, 14. Juni 1921.

[37] Chaim Tschernowitz: »A Day with Albert Einstein«. In: *Jewish Sentinel*, September 1931.

[38] Einstein an Besso, 12. Dezember 1919. Im edierten Briefwechsel ist die betreffende Stelle unterdrückt.

[39] Max Born: *Physik im Wandel meiner Zeit*, S. 241.

[40] Born/Einstein: *Briefwechsel*, S. 206.

8. KAPITEL

[1] Albert Einstein/Arnold Sommerfeld: *Briefwechsel. Sechzig Briefe aus dem goldenen Zeitalter der modernen Physik*. Basel und Stuttgart 1968, S. 32.

[2] Ebd., S. 41.

[3] Max Born: *Physik im Wandel meiner Zeit*, S. 195.

[4] Wolfgang Yourgrau: »On Invariance Principles«. In: *Entstehung, Entwicklung und Perspektiven der Einsteinschen Gravitationstheorie*, Berlin 1966 (Bericht vom Einstein-Symposium 2.–5. November 1965).

[5] Seelig, S. 94.

[6] Whittaker: *From Euclid to Eddington*, S. 39.

[7] Talmey: »Einsteins Theory and Rational Language«. In: *Scientific Monthly*, Bd. XXXV, S. 254, 1932.

[8] Einstein: *Über spezielle und allgemeine Relativitätstheorie*, S. 82.

[9] Seelig, S. 91; Einstein an Habicht, 24. Dezember 1907.

[10] Einstein an Mrs. Whitney, 15. Juli 1926, Stanford University.

[11] Seelig, S. 186 und 189.

[12] Moszkowski, S. 10.

[13] Siehe *J. Phys.* VI (1897), 84.

[14] Originaltitel: »Stellar Movements and the Structure of the Universe«.

[15] Douglas, The Life of Arthur Stanley Eddington, S. 39.

[16] De Sitter, Wilhelm: »Einsteins Theory of Relativity«. In: *Monthly Notices*, Royal Astr. Soc., Bd. LXXVII, 2. Dezember 1916.

[17] F. A. Lindemann and A. F. Lindemann: »Daylight Photography of stars as a means of Testing the Equivalence Postulate in the Theory of Relativity«. In: *Monthly Notices*, Royal Astr. Soc., Bd. LXXVII, 2. Dezember 1916.

[18] Eddington: *Space, Time and Gravitation*, S. 113.

[19] *Monthly Notices*, Royal Astronomical Society, Bd. LXXVII, Greenwich, 2. März 1917.

[20] »Zur Quantentheorie der Strahlung« in: *Physikalische Zeitschrift*, Jg. 18, 1917, S. 121–128 und »Kosmologische Betrachtungen zur allgemeinen Relativitätstheorie«. *Preussische Akademie der Wissenschaften, Sitzungsberichte*, 1917, T. 1, S. 142–152.

[20a] *Physikalische Zeitschrift*. Jg. 18, 1917, S. 128.

[21] Hubble: »The Observational Approach to Cosmology«. In: *The Rhodes Memorial Lectures*, 1936, S. 53. Später zitiert als *Hubble*.

[22] Moszkowski, S. 131.

[23] Gamow, S. 149–150.

9. KAPITEL

[1] Einstein an Lorentz, 1. August 1919, Den Haag.

[2] Einstein an Ehrenfest, 6. Dezember 1918, American Philosophical Society.

[3] Lorentz an Einstein, 4. Mai 1919, Den Haag.

[4] Lorentz an Einstein, 26. Juli 1919, Leiden

[5] Brillouin an Tassel, 1. Juni 1919, Solvay Institute Documents.

[6] Tassel an M. Huisman, 23. März 1921, Solvay Institute Documents.

[7] Rutherford an Boltwood, 28. Februar 1921, zitiert in Badash, S. 342.

[8] Einstein an Lorentz, 15. Juni 1920, Den Haag.

[9] Lorentz an Rutherford, 16. Dezember 1920, Rutherford Papers.

[10] Einstein an Lorentz, 16. August 1920, Den Haag.

[11] Report Lorentz-Solvay, Pelseneer, S. 41.

[12] Einstein an Lorentz, 21. September 1919, Den Haag.

[13] Einstein an Ehrenfest, 12. September 1919, Klein, »*Paul Ehrenfest*«, S. 311.

[14] Lorentz an Einstein, 22. September 1919, Leiden.

[15] *Monthly Notices*, Bd. LXXVII, Februar 1917, S. 377.

[16] A. S. Eddington, Lt. Obit. Notices, Fellows of the Royal Society, Nr. 8, Bd. 3, Januar 1940, S. 167.

[17] Douglas, S. 40.

[18] Douglas, S. 40.

[19] Wilson, S. 193.

[20] Einstein an Hartmann, 2. September 1919, Leiden.

[21] Einstein an Pauline Einstein, 27. September 1919, Faksimile reproduziert in Nathan und Norden, S. 28.

[22] Lorentz an Einstein, 7. Oktober 1919, Den Haag.

[23] Whitehead: *Science and the Modern World*, S. 13.

[24] *The Times*, 8. November 1919.

[25] Eddington, 8th Annual Haldane Lecture, 26. Mai 1937.

10. KAPITEL

[1] Siehe Einstein-Born, *Briefwechsel 1916–1955*, Brief vom 9. Dezember 1919, Rowohlt 1972.

[2] *Daily Chronicle*, 15. Januar 1920.

[3] Lawson an Berliner, November 1919, Nathan and Norden, S. 27.

[4] Einstein: *Mein Weltbild*, S. 127.

[5] *Einstein anekdotisch. Ein Genie – zum Lachen*. München 1970, S. 43.

[6] Dyson an Hale, 29. Dezember 1919, Hale Papers.

[7] Hale an Dyson, 19. Februar 1920, Hale Papers.

[8] Rutherford an Hale, 13. Januar 1920, Hale Papers.

[9] Rutherford Presidential Address, British Association, 1923, Eve, S. 296.

[10] Rutherford: Royal Society of Arts, 1932, Eve, S. 353.

[11] Rayleigh, S. 202.

[12] Thomson, S. 431.

[13] Robb: *A Theory of Time and Space*, 1914, S. 1.

[14] Robb, Rutherford Papers.

[15] Eddington an Einstein, 1. Dezember 1919, Princeton.

[16] Einstein an Born, 27. Januar 1920; siehe Einstein-Born – *Briefwechsel 1916–1955*.

[17] Moszkowski, *Einstein. Einblicke in seine Gedankenwelt*. Berlin-Hamburg 1920, S. 26.

[18] *Nature*, Bd. 106, S. 337, 11. November 1920.

[19] Infeld, »Einstein«, *The American Scholar*, Bd. 16, 1946–1947.

[20] Infeld: *Quest*, S. 264.

[21] Schrödinger: *Geist und Materie*. Braunschweig 1959, S. 62.

[22] Stadtarchiv Ulm.

[23] Einstein an Ehrenfest, Seelig, S. 221.

[24] Niels Bohr, Diskussion mit Einstein über erkenntnistheoretische Probleme in der Atomphysik. In: *Atomphysik und menschliche Erkenntnis* I, S. 36.

[25] Bohr an Rutherford, 27. Juli 1920, Rutherford Archives.

[26] Wiedergegeben in *Nauka i Zhzn* (Science in Life) 1961, No 8, S. 73, lt. Kuznetzov, S. 279 bis 280.

[27] Niels Bohr, *Diskussionen mit Einstein*, S. 36.

[28] Bohr an Einstein, 29. Juni 1920, American Institute of Physics.

[29] Die Daten stammen von Herneck.

[30] Einstein an Ehrenfest, 4. Dezember 1919, Nathan and Norden, S. 37.

[31] Leopold Infeld, *Leben mit Einstein*. Wien 1970, S. 48.

[32] *Berliner Tageblatt*. 25. August 1920.

[33] Sommerfeld-Einstein, 3. September 1920, Sommerfeld, S. 68.

[34] Von Laue an Sommerfeld, 25. August 1920, Sommerfeld, S. 65.

[35] Wiedergegeben in Reichinstein: *Einstein*, S. 66.

[36] Sommerfeld an Einstein, 3. September 1920, Sommerfeld, S. 65.

[37] Jeans an Rutherford, 1. September 1920, Rutherford Papers.

[38] Vgl. Sommerfeld, S. 69.

[39] Einstein/Born, Brief vom 9. September 1920, siehe Einstein-Born-*Briefwechsel 1916–55*

⁴⁰ Planck an Einstein, 5. September 1920, Princeton.
⁴¹ Haenisch an Einstein, lt. *New York Times,* September 1920.
⁴² Ehrenhaft, S. 3.
⁴³ Friedr. Dessauer an Seelig, 9. September 1953, ETH.
⁴⁴ Lenard, *Physikalische Zeitschrift,* Bd. XXI, 1920, S. 666.
⁴⁵ Lenard, a.a.O.
⁴⁶ Einstein-Born, *Briefwechsel* 1916–1955, Brief Einsteins ohne Datum. Rowohlt, Hamburg 1972, S. 50.
⁴⁷ *Physikalische Zeitschrift,* Bd. XXI, 1920, S. 666–668.
⁴⁸ *Physikalische Zeitschrift,* a.a.O.
⁴⁹ Frank, S. 275.
⁵⁰ Frank, S. 281.
⁵¹ Frank, S. 281.
⁵² *New York Times,* 9. Januar 1921.

11. KAPITEL

¹ Frank, S. 286.
² Frank, S. 287.
³ Ehrenhaft, S. 5; siehe auch Frank, S. 289.
⁴ Manchester University Archives.
⁵ *The Manchester Guardian,* 10. Juni 1921.
⁶ *The Manchester Guardian,* 10. Juni 1921.
⁷ Eddington an Lindemann, 24. April 1932, Cherwell Archives.
⁸ Haldane an John Murray, 12. Mai 1921, John Murray Archives.
⁹ Haldane an Einstein, Princeton.
¹⁰ Haldanes Bemerkungen zu Einsteins Besuch seiner Mutter gegenüber wurden der Haldane-Korrespondenz aus der National Library of Scotland entnommen. Über das Essen am 10. gibt es auch Hinweise bei G. K. A. Bell und Sommer. Einen ausführlichen Bericht muß auch Randall Davidson gemacht haben.
¹¹ G. K. A. Bell, S. 1052.
¹² *Saturday Evening Post,* 26. Oktober 1929, S. 17 ff.
¹³ G. K. A. Bell, S. 1052.
¹⁴ Eddington, 8. Haldane-Vorlesung, 1937.
¹⁵ Sir Almeric Fitzroy *Memoirs,* Bd. 2, London o. J., S. 756.
¹⁶ Barker, S. 136.
¹⁷ *The Nation,* 18. Juni 1921.
¹⁸ *The Nation,* 18. Juni 1921.
¹⁹ *The Nation,* 18. Juni 1921.
²⁰ Haldane an Lindemann, 15. Juni 1921, Cherwell Archives.
²¹ *New York Times,* 2. Juli 1921.
²² Charles Nordmann: *L'Illustration,* 15. April 1922; siehe ferner Nordmanns Bericht in *Revue des Deux Mondes,* Bd. 8 (7. Ser.), 1922.
²³ Jaffe: *Michelson and the Speed of Light,* S. 101.
²⁴ *Einstein anekdotisch,* S. 64.
²⁵ *The Times,* 3. April 1922.

[26] Nordmann: *L'Illustration*, a.a.O.

[27] Einstein: *The Fight Against War* (Ed. Alfred Lief), S. 13, siehe auch Frank, S. 329.

[28] Armin Hermann, *Max Planck in Selbstzeugnissen und Bilddokumenten*. Reinbek 1973, S. 66 f.

[29] Curie an Einstein, 7. Juli 1922, Curie-Laboratoriums-Archiv.

[30] Frank, S. 309.

[31] Die beste Quelle ist Friedrich Herneck in *Forschungen und Fortschritte*. Jg. 37, 1963, S. 137 bis 140.

[32] Nach Herneck.

[33] Nobel-Stiftung.

[34] Princeton.

[35] Herneck.

[36] Herneck.

[37] 7. Februar 1924, bei Herneck.

[38] Lorentz an Einstein, 1. Mai 1923, Leiden.

[39] Einstein an Plesch, 3. Februar 1944, Plesch-Korrespondenz.

[40] Douglas, S. 44.

[41] Born: *Physik im Wandel*, S. 196.

[42] Frank, S. 320/321.

[43] Frank, S. 320.

[44] Frank, S. 320.

[45] Blumenfeld hat Einsteins Stellungnahme zur Judenfrage in seiner Autobiographie *Erlebte Judenfrage* beschrieben, außerdem ist sie der belgischen Judenzeitschrift *La Tribune Sioniste* zu entnehmen, die Unterlagen befinden sich jetzt in der ETH. Die Aussagen stimmen nicht immer wörtlich, wohl aber sinngemäß überein.

[46] *Max Planck in Selbstzeugnissen und Bilddokumenten*, S. 67.

12. KAPITEL

[1] Plesch, S. 235.

[2] Plesch, S. 201.

[3] Siehe dazu Frank, S. 353.

[4] *New Leader*, 6. Oktober 1922.

[5] *Oxford Magazine*, Bd. XXXVIII, Nr. 23, 11. Juni 1920.

[6] *Nature*, Bd. 109, 17. Juni 1922, S. 770–772.

[7] Reiser, S. 202.

[8] Brief an den Autor, 22. Oktober 1968.

[9] Infeld: *American Scholar*. Vgl. Infeld: *Leben mit Einstein*, S. 47.

[10] Ehrenhaft, S. 11; siehe dazu auch Frank, S. 289 f.

[11] Marianoff, S. 85.

[12] George Sylvester Viereck: »What Life Means to Einstein«. In: *Saturday Evening Post* vom 26. Oktober 1929, S. 17 ff.

[13] Frau Freundlich an den Autor.

[14] Tatiana Ehrenfest-Afanasjewa an Seelig, 4. Juni 1952.

[15] Erwin Finlay-Freundlich, Wie es dazu kam, daß ich den Einsteinturm errichtete. In: *Physikalische Blätter*. Jg. 25, 1969, S. 538–541.

[16] Salaman.

[17] Herzberger an den Autor, 22. Januar 1970.

[18] Gabor an den Autor, 15. November 1969.

[19] Szilard, *Reminiscenses*, S. 102.

[20] Einstein an Professor Donnan, 16. August 1933, Szilard Papers.

[21] *Max Planck in Selbstzeugnissen und Bilddokumenten* S. 74.

[22] *Review of Modern Physics*, Bd. 21, Nr. 3, Juli 1949, S. 344.

[23] A. H. Compton, *Journal of the Franklin Institute*, Bd. 198, 1924, S. 70.

[24] Einstein an Millikan, 13. Juli 1925, Millikan Papers, California Institute of Technology.

[25] Born in Schilpp, S. 163.

[26] Einstein/Born: *Briefwechsel*. Brief Einsteins vom 27. Januar 1920.

[27] de Broglie, *New Perspectives in Physics*, S. 80.

[28] Polanyi: *Personal Knowledge*, S. 148.

[29] de Broglie: *New Perspectives*, S. 139.

[30] »Quantentheorie des einatomigen idealen Gases«, in: *Preuss. Akad. der Wiss. Phys.-math. Klasse*, Sitz. 1925, S. 3–14 und S. 18–25.

[31] de Broglie: *New Perspectives*, S. 140.

[32] de Broglie.

[33] Schonland, S. 188.

[34] Max Born, *Physik im Wandel*, S. 110.

[35] Oppenheimer: *The Flying Trapeze*, S. 5–6.

[36] Einstein-Born, 4. Dezember 1926, siehe Einstein-Born-*Briefwechsel 1916–1955*, Rowohlt, Hamburg 1972; siehe ferner Seelig, S. 98, 248.

[37] Bohr: *Atomphysik und menschliche Erkenntnis I*, S. 41.

[38] Bohr: *Atomphysik und menschliche Erkenntnis I*, S. 39.

[39] Bohr: *Atomphysik und menschliche Erkenntnis I*, S. 47.

[40] de Broglie: *New Perspectives*, S. 182.

[41] Cline, S. 240.

[42] Sir William Bragg: *Electrons and Other Waves, 23. Robert Boyle-Vorlesung*, Oxford 1921, S. 11.

[43] Lawrence Bragg an den Autor, 30. Mai 1970.

[44] *Nature*, Bd. 119, 1927, S. 467.

[45] Born: *Physik im Wandel*, S. 199.

[46] *Saturday Evening Post*, 26. Oktober 1929, S. 17 ff.

[47] »Fundamental Concepts of Physics and Their Most Recent Changes, Vorlesung der Hochschule von Davos«, veröffentlicht in: *St. Louis Post Despatch*, 29. Dezember 1928. Vgl. dazu Einstein: *Mein Weltbild*, S. 25–27 und S. 177 f.

[48] Plesch, S. 216.

[49] Einstein an Plesch, 3. Februar 1944, Plesch-Korrespondenz.

13. KAPITEL

[1] Friedrich Herneck: »Albert Einsteins gesprochenes Glaubensbekenntnis«. In: *Die Naturwissenschaften*. Jg. 53, 1966, S. 198.

[2] *The Christian Century*, Paul Hutchinson, Juli/August 1929.

[3] Lief in: *Die Wahrheit*, 1929, S. 26.

[4] Akten des Völkerbundes.

[5] Curie an Einstein, Juli 1922 (Datum unleserlich), Institut de Physique Nucleaire, Paris.

[6] Bergson an Nitobe, Archiv des Völkerbundes.

[7] Comert an Einstein, 10. April 1923, Archiv des Völkerbundes.

[8] Einstein an den Völkerbund, 21. März 1923, Archiv des Völkerbundes.

[9] Comert an Einstein, 10. April 1923, Archiv des Völkerbundes.

[10] Siehe Einstein an Drummond, 25. Juni 1924, Archiv des Völkerbundes.

[11] Rede zur Einweihung des Instituts für geistige Zusammenarbeit, 26. Juni 1926.

[12] Vgl. *Mein Weltbild*, S. 67.

[13] Smith and Toynbee, S. 202.

[14] Steinig an M. Bonnet, 29. Oktober 1931, Archiv des Völkerbundes.

[15] Albert Einstein/Sigmund Freud: *Warum Krieg?*, Zürich 1972, S. 18 f.

[16] Ebd. S. 40 f.

[17] Ebd. S. 47.

[18] Einstein – Women's International League for Peace and Freedom, 4. Januar 1928, in: Nathan and Norden, S. 90.

[19] *War Resistance*, Bd. 2, Nr. 23, 4. Vierteljahr, S. 11.

[20] *War Resistance*, Bd. 2, Nr. 23, 4. Vierteljahr, S. 11.

[21] Rede im Ritz-Carlton Hotel, New York, 14. Dezember 1930, lt. Lief, S. 35.

[22] *The New World*, Juli 1931.

[23] Montenach-Dufour Feronce, Archiv des Völkerbundes.

[24] Lt. Kingsley Martin, S. 94.

[25] The Comedy of Peace. In: *Pictorial Review*, Februar 1933.

[26] Lt. Nathan and Norden, S. 168–170.

[27] Einstein zitiert von Konrad Bercovici in: *Pictorial Review*, Februar 1933.

14. KAPITEL

[1] Blumenfeld an Weizmann, 15. März 1921, ETH.

[2] Leonard Stein, *Zionism*, S. 98.

[3] Stein, S. 82.

[4] Fisher, S. 1147.

[5] Scott, Eintrag 28. September 1917, S. 306.

[6] Isaiah Berlin, in: Weisgal and Carmichael, S. 41.

[7] Weizmann, S. 331.

[8] Blumenfeld.

[9] Weizmann, S. 435.

[10] Blumenfeld.

[11] 15. März 1921, ETH.

[12] Vera Weizmann, S. 102–103.

[13] Die meisten Einzelheiten über Einsteins Ankunft und die täglichen Unternehmungen in New York sind der *New York Times* entnommen.

[14] Lt. Frank, S. 296 f.

[15] Frank, S. 297.

[16] Frank, S. 294.

[17] Frank, S. 294.

[18] Morris R. Cohen, S. 187.

[19] Shapley, S. 78.

[20] Der berühmte Ausspruch, der später im Gemeinschaftsraum der Princeton University zu lesen war, wurde lt. Miss Dukas zufällig von Professor Veblen gehört, der sich auch später noch daran erinnerte; siehe Seelig, S. 219.

[21] F. H. Kisch, S. 29.

[22] *Palestine Weekly*, 9. Februar 1923.

[23] *Palestine Weekly*, 9. Februar 1923.

[24] Kisch, S. 30.

[25] Bentwich: *Mandate Memories*, S. 88–89.

[26] Samuel: *Memoirs*, S. 253.

[27] Einstein-Weizmann, 11. Februar 1923, Weizmann Archiv.

[28] *Palestine Weekly*, 23. Februar 1923.

[29] Bentwich: *Wanderer Between Two Worlds*, S. 133.

[30] Kisch, S. 30.

[31] Bentwich: *My Seventy-Seven Years, An Account of My Life and Times*, S. 99.

[32] Einstein an Magnes, 29. Dezember 1925, Weizmann-Archiv.

[33] Einstein an Magnes, 6. März 1926, Weizmann-Archiv.

[34] Weizmann an Einstein, 9. Juli 1926, Weizmann-Archiv.

[35] Einstein an Weizmann, 8. Januar 1928, Weizmann-Archiv.

[36] Weizmann an Einstein, 8. Juni 1933, Weizmann-Archiv.

[37] Einsteins Rücktritt: Einstein an Weizmann, 8. Januar 1928; Einstein an Weizmann, 14. Juni 1928; Einstein an Weizmann, 20. Juni 1928; Sämtlich Weizmann-Archiv.

[38] Bericht an Simon; Besuch bei Markwalder; persönliche Information.

[39] Brodetsky, S. 137.

15. KAPITEL

[1] *Nature*, 23. März 1929, Bd. 123, S. 464.

[2] Mercier, »Sur L'Identification des Theories Physiques«. In: *Entstehung, Entwicklung und Perspektiven der Einsteinschen Gravitationstheorie*, Berlin 1966 (Bericht des Einstein Symposiums 2. –5. November 1965).

[3] Taub, zitiert in Whitrow XII.

[4] »Neue Möglichkeit für eine einheitliche Feldtheorie von Gravitation und Elektrizität«, *Sitzungsberichte, Preußische Akademie der Wissenschaften, Phys.-math. Klasse*, 1928, S. 224–227.

[5] »Einheitliche Feldtheorie«, in: *Sitzungsberichte der Preußischen Akademie der Wissenschaften Phys.-math. Klasse*, 1929, S. 2–7.

[6] *Nature*, Bd. 123, 23. Februar 1929.

[7] *Nature*, Bd. 123, 23. Februar 1929, S. 281.

[8] Reiser, S. 11.

[9] Reichinstein, S. 251.

[10] Siehe Frank, S. 356.

[11] Plesch, S. 224.

[12] Vgl. Friedrich Herneck: *Albert Einstein*, S. 192.

[13] Frank, S. 359.

[14] *New York Times*, 25. April 1929.

[15] *The American Hebrew*, 11. September 1931.

[16] Tschernowitz.

[17] *Die Wahrheit*, Berlin 15./16. März 1969.

[18] Plesch, S. 210.

[19] Whyte, S. 99.

[20] Bentwich, *My 77 Years*, S. 95.

[21] Rosentiel-Autor, 2. Dezember 1968.

[22] Einstein an Planck, 17. Juli 1931, Princeton.

[23] Royal Archives, Brüssel.

[24] Einstein an Elsa, lt. Nathan and Norden, S. 662.

[25] Vallentin, S. 112 f.

[26] Samuel Papers.

[27] Vera Weizmann, S. 113.

[28] Ernst G. Strauss: *Encyclopaedia Americana*, New York 1969, Bd. 10, S. 42a.

[29] Zitiert bei Pearlman, S. 217.

[30] *Mein Weltbild*, S. 15.

[31] Sheen, Krass, *New York Times* 16. November 1930.

[32] William Kent: »Einstein's Reflections on Life and Religion«. In: *The Western Humanities Review*, Bd. IX, Sommer 1955, Nr. 3, S. 189.

[33] *New York Times*, 3. Dezember 1930.

[34] *New York Times*, 17. Dezember 1930.

[35] *New York Times*, 12. Dezember 1930.

[36] Einzelheiten: *New York Times*.

[37] Upton Sinclair: »As I Remember him«. In: *Saturday Review*, 14. April 1956.

[38] *New York Times*, 3. Januar 1931.

[39] Inge: *God and the Astronomers*, S. 50.

[40] Telegramm Weizmann an Einstein, 4. Februar 1931, *Weizmann-Archiv*.

[41] Quellen: Princeton Archives, Cherwell Papers, Rhodes Trust.

[42] Einstein-Haldane, 8. Juni 1927, Rhodes Trust.

[43] Einstein-Lindemann, 8. August 1927, Cherwell Archives.

[44] Lindemann-Lord Lothian, 4. und 13. Oktober 1930, Cherwell Archives.

[45] Lindemann an Mrs. Einstein, 24. Februar 1931, Cherwell Archives.

[46] Mrs. Haldane: *Manchester Guardian*, 28. April 1955.

[47] Einstein's Rhodes-Vorlesungen wurden nie gedruckt. Es gibt eine Zusammenfassung in: *Nature*, Bd. 127, S. 765, 790, 826.

[48] Whitrow, S. 58.

[49] Einstein-Lindemann, 9. Juni 1931, Cherwell Archives.

[50] Lindemann-Lord Lothian, 27. Juni 1931, Cherwell Archives.

[51] Einzelheiten über Christ Church bei Sir Roy Harrod, C. H. Collie, Cherwell Archives.

[52] *Times*, 17. Mai 1955.

[53] Lindemann-Einstein, 29. Juni 1931, Cherwell Archives.

[54] Einstein-Lindemann, 15. Juli 1931, Cherwell Archives.

[55] Noyes-Hale, 8. Oktober 1931, Hale Papers.

[56] Millikan-Einstein, 11. Oktober 1931, Millikan Papers.

[57] Einstein-Millikan, 19. Oktober 1931, Millikan Papers.

[58] Mrs. Einstein-Millikan, 14. November 1931, Millikan Papers.

[59] Flexner, S. 381.

[60] Flexner, S. 382.

[61] Lief, S. 56.

[62] Harrod, S. 47.

[63] Harrod, S. 48.

[64] Einstein-Lindemann, 19. Juni 1944, Cherwell Archives.

[65] Flexner, S. 383.

[66] Mowrer, »Germany Puts the Clock Back«, 1933, S. 238.

[67] Frank, S. 363.

[68] Flexner, S. 384.

[69] Flexner in: *New York Times*, 19. April 1955.

[70] Millikan-Flexner, 25. Juli 1932, Millikan Papers.

[71] Flexner-Millikan, 29. Juli 1932, Millikan Papers.

[72] *New York Times*, 16. Oktober 1932.

[73] Weizmann-Einstein, 8. November 1932, Weizmann-Archiv.

[74] Einstein-Weizmann, 20. November 1932, Weizmann-Archiv.

[75] Frank, S. 363/64.

16. KAPITEL

[1] Wilber K. Thomas, Oberlaender Trust – Millikan, 14. Januar 1932, Millikan Papers.

[2] Fried-Millikan, 4. März 1932, Millikan Papers.

[3] Millikan-Fried, 8. März 1932, Millikan Papers.

[4] Millikan-Thomas, 16. Januar 1933, Millikan Papers.

[5] Millikan-Thomas, 24. Januar 1933, Millikan Papers.

[6] *»Bulletin«* of the California Institute of Technology, Bd. XLII, Nr. 138, Februar 1933, S. 4–12.

[7] Earl C. Bloss-Millikan, 18. Februar 1933, Millikan Papers.

[8] Millikan-Oberlaender Trust, 16. Januar 1933, Millikan Papers.

[9] *Mein Weltbild*, S. 81.

[10] Lola Maverick Lloyd in: *Unity*, 27. März 1933, S. 59.

[11] Einstein-Nahon, 20. Juli 1933, *La Patrie Humaine*, 18. August 1933.

[12] Edwin Wolf II mit John F. Fleming, »*Rosenbach*«, S. 380.

[13] Einzelheiten aus der *New York Times* und *Jewish Telegraphic Agency*.

17. KAPITEL

[1] Locker-Lampson an Einstein, 25. März 1933, Princeton.

[2] Armin Hermann: *Max Planck*, S. 78.

[3] *Mein Weltbild*, S. 81 f.

[4] *Mein Weltbild*, S. 84.

[5] Wise an Einstein, 9. Mai 1933, Wise: *Servant of the People*, S. 187.

[6] Fermi in: *Illustrious Immigrants (The Intellectual Migration from Europe 1930–41)*, S. 51.

[7] William L. Shirer: *Aufstieg und Fall des Dritten Reiches*. München 1963, Bd. I, S. 274.

[8] Professor Ernst Krieck in: *Science*, 23. Mai 1933.

[9] *Science*, Bd. 77, Nr. 2005, 2. Juni 1933, S. 529.

[10] Private Information.

[11] Lenard: *Völkischer Beobachter*; Zitat lt. Frank, S. 376.

[12] Brief an den Autor.

[13] Einstein an Langevin, 5. Mai 1933; Nathan and Norden, S. 221.

[14] Einstein an Szilard, 25. April 1933, Szilard Papers.

[15] Szilard an Unbekannt, 14. Mai 1933, Szilard Papers.

[16] Frank, S. 433/34.

[17] Weizmann an Einstein, 3. Mai 1933, Weizmann-Archiv.

[18] Einstein an Samuel, 4. April 1933, Samuel Papers.

[19] J. T. A. Bulletins.

[20] *Jewish Chronicle*, 8. April 1933.

[21] Weizmann an Einstein, 3. Mai 1933, Weizmann-Archiv.

[22] Einstein-Weizmann, 7. Mai 1933, Weizmann-Archiv.

[23] Einstein an Lindemann, 1. Mai 1933, Cherwell Archives.

[24] Lindemann an Einstein, 4. Mai 1933, Cherwell Papers.

[25] Dr. M. Gottschalk, *Bull. de la Centrale d'Oeuvres Sociales Juives*, Juni 1955, S. 4.

[26] C. H. Arnold an den Autor, 8. Oktober 1968.

[27] Weizmann an Einstein, 4. Juni 1933, Weizmann-Archiv.

[28] Weizmann an Einstein, 8. Juni 1933, Weizmann-Archiv.

[29] Einstein an Weizmann, 9. Juni 1933, Weizmann-Archiv.

[30] *New York Times*, 30. Juni 1933.

[31] Einstein, Jewish Telegraphic Agency, 3. Juli 1933.

[32] Weizmann, *New York Times*, 5. Juli 1933.

[33] Bentwich: *Judah L. Magnes*, S. 168.

[34] Voss, S. 206–207.

[35] Magnes: *Reply to the Report of the Hebrew University Survey Committee.*

[36] Menorah.

18. KAPITEL

[1] Hewlett-Johnson-Einstein, 3. Juni 1933, Cherwell Archives.

[2] Gottschalk, *Bull. de la Centrale d'Oeuvres Sociales Juives*, Juni 1955.

[3] Lord Ponsonby-Runham Brown, 6. Februar 1933, lt. Nathan and Norden, S. 225.

[4] Einstein an Hugenholtz, 1. Juli 1933, Nathan and Norden, S. 226.

[5] Lt. Nathan and Norden, S. 227.

[6] Einstein an H. M. King Albert, 14. Juli 1933, Royal Archives, Brüssel.

[7] H. M. King Albert an Einstein, 24. Juli 1933, Royal Archives Brüssel.

[8] Einstein: *Ideas and Opinions*, S. 10.

[9] Einstein an Nahon, 20. Juli 1933; *La Patrie Humaine*, 18. August 1933.

[10] Press Service der »International Antimilitaristic Commission«.

[11] Einstein in Le Coq, lt. Nathan and Norden, S. 234.

[12] Wilfred Trotter: »Has the Intellect a Function?«. In: *The Lancet*, 24. Juni 1939, S. 1419.

[13] Locker-Lampson-Lindemann, 20. Juli 1933, Cherwell Archives.

[14] Locker-Lampson, House of Commons, 26. Juli 1933.

[15] Presseberichte in England und USA.

[16] Ellen Wilkinson, in: *Daily Express*, 12. September 1953.

[17] *Jewish Telegraphic Agency.*

[18] *Jewish Telegraphic Agency*, 8. September 1933.

[19] Informationen über Einsteins dritte und letzte Reise nach England erhielten wir von Lok-

ker-Lampsons Witwe, von Sir Walter Adams, dem Sekretär des Academic Assistance Council, aus den Rutherford Papers, Tageszeitungen und anderen bereits angegebenen Quellen.

[20] *Daily Express*, 11. September 1933.
[21] Epstein, S. 77–78.
[22] *New Statesman,* Bd. VI, 21. Oktober 1933, S. 481.
[23] 50 Jahre Kaiser-Wilhelm-Gesellschaft ... *Beiträge und Dokumente*. Göttingen 1961, S. 190.
[24] Ebd. S. 191.
[25] Zitat lt. Frank, S. 388.
[26] Born, in: *Universitas*, Vol. 8, No. 2, 1966, S. 104 (engl. Ausgabe).
[27] Rutherford an de Hevesy, 3. April 1933, Eve, S. 371.
[28] Einzelheiten aus Pressenotizen und von Sir Walter Adams an den Autor.
[29] Bragg an Rutherford, 4. Mai 1933, Rutherford Papers.
[30] Dufour an Feronce-Sylvestor, 27. September 1933, Beaverbrook Library.
[31] *New York Times*, Oktober 1933.
[32] Einstein an Lindemann, 5. Oktober 1933, Cherwell Archives.
[33] Rev. John Lampe, 7. Juli 1956.

19. KAPITEL

[1] Cline, S. 15.
[2] Plesch-Einstein, 22. September 1947, Plesch-Korrespondenz.
[3] Eisenhart.
[4] Infeld: *Leben mit Einstein*, S. 76.
[5] Bericht an das White House Social Bureau, 7. Dezember 1933, Roosevelt Library.
[6] Flexner-Roosevelt, 3. November 1933, Roosevelt Library.
[7] Einstein-Mrs. Roosevelt, 21. November 1933, Roosevelt Library.
[8] Die Kopie in der Roosevelt Library in Elsa's Handschrift ist vom Department of State Translating Bureau übersetzt worden; es existiert eine sehr wörtliche und eine gereimte Version. Auf die handgeschriebenen Zeilen wurde große Sorgfalt verwendet. Die Karte, die Einstein an Königin Elizabeth geschrieben hat, befindet sich in der Royal Library, Brüssel.
[9] Shoemaker-Roosevelt, 1. Dezember 1933, Roosevelt Library.
[10] Jewish Telegraphic Agency.
[11] Princeton and Cherwell Archives.
[12] Einstein-Mrs. Roosevelt, 21. Dezember 1933, Roosevelt Library.
[13] Einstein an Born, 22. März 1934, Einstein-Born-*Briefwechsel* 1916–1955.
[14] Schrödinger an Lindemann, 29. März 1934, Cherwell Archives.
[15] Christ Church Records.
[16] Einstein an Lindemann, 22. Januar 1935, Cherwell Archives.
[17] Watters, S. 5 f.
[18] Watters, S. 20.
[19] Watters, S. 10.
[20] Watters, S. 26.
[21] Watters, S. 20.
[22] Plesch, S. 224.

[23] Bucky, in: Carl Seelig, *Helle Zeit*, S. 60–65.

[24] Harry A. Cohen.

[25] Bucky, in: Carl Seelig, *Helle Zeit*, S. 60–65.

[26] Watters, S. 21.

[27] Watters, S. 21.

[28] *New York Times*, 12. März 1944, VI, S. 16.

[29] Shirer, S. 284.

[30] *Nature*, April 1938, Bd. 141, S. 772.

[31] Lenard, *Deutsche Physik*, Bd. I, 1936, S. IX–X.

[32] Lenard, *Deutsche Physik*, Bd. IV, 1936, S. IX.

[33] Bruno Thüring, Nachdruck in *Deutsche Mathematik*, herausgegeben von Theodor Vahlen, Leipzig 1936, Jg. 1, Heft 6, S. 710.

[34] Persönliche Information.

[35] Shapley, S. 111.

[36] Lindbergh an Autor, 12. Dezember 1969.

[37] Watters, S. 27.

[38] Mayer an Autor, 4. Dezember 1968.

[39] Eisenhart.

[40] Infeld: *As I See It*, Bull. At. Sc., Februar 1965, S. 9.

[41] Born: *Physik im Wandel meiner Zeit*, S. 299.

[42] Referat vor der UNESCO, Paris am 13. Dezember 1965, gedruckt in: *New York Review*, 17. März 1966.

[43] Rosen an den Autor, 26. Januar 1970.

[44] Hoffmann an den Autor, 24. März 1970.

[45] Mattersdorf an den Autor, 7. Mai 1969.

[46] Mitrany zum Autor.

[47] »Can Quantum-Mechanical Description of Physical Reality be Considered Complete?« in: *Physical Review*, Ser. 2, Bd. 47, S. 777–780.

[48] A. E. Condon, in: Samuel Rapport, and Helen Wright, *Mathematics*, New York 1963, S. 90.

[49] Eisenhart.

[50] American Mathematical Society, *Bulletin*, Bd. 41, S. 223–230 (1935).

[51] Infeld: *Quest*, S. 311.

[52] Albert Einstein-Leopold Infeld, *Die Evolution der Physik von Newton bis zur Quantentheorie*, Rowohlt Taschenbuch, Hbg. 1956.

[53] Infeld: *Quest*, S. 311.

[54] *Die Evolution der Physik*, S. 8.

[55] Watters, S. 39.

20. KAPITEL

[1] Sir William Dampier-Whetham-Rutherford, 26. Juli 1903, lt. Eve, S. 102.

[2] Max Planck: *Physikalische Abhandlungen und Vorträge*. Bd. II. Braunschweig 1958, S. 206.

[3] Clark: *The Birth of the Bomb*, S. 153.

[4] Szilard: *Reminiscences*, S. 100.

[5] Szilard: *Reminiscences*, S. 102.

[6] Lise Meitners Flucht aus Deutschland findet sich in Otto Hahns Autobiographien ge-

schildert, siehe zuletzt *Mein Leben*, München 1968.

[7] Clark: *The Birth of the Bomb*, S. 15.

[8] Clark: *The Birth of the Bomb*, S. 23.

[9] *Die Naturwissenschaften*, Jg. 27, 1939, Heft 23/24 vom 9. Juni 1939, S. 410.

[10] Dr. Vannevar Bush: *Boston Globe*, 2. Dezember 1962.

[11] Leo Szilards Archiv gibt die beste Auskunft über den Roosevelt-Brief. Auch Alexander Sachs ist eine weitere Quelle.

[12] Szilard, S. 111–112.

[13] Szilard-Seelig, 19. August 1955, ETH.

[14] Szilard an die Autoren von *Einstein on Peace*, S. 291.

[15] Mitteilung Wigners an Autor.

[16] Professor Aage Bohr an Autor, 23. September 1970.

[17] Clark: *The Birth of the Bomb*, S. 39.

[18] Mitteilung Bohr-Chadwick, lt. Cockcroft, *Obit. Notices, Fellows of the Royal Society*, Bd. 9, S. 45.

[19] Einstein: »Atomic War or Peace«. In: *Atlantic Monthly*, November 1945.

[20] Clark, *Tizard*, S. 301.

[21] Clark, *Tizard*, S. 301.

[22] Born an den Autor, 1960, lt. Clark: *The Birth of the Bomb*, S. 83.

[23] Clark, *The Birth of the Bomb*, S. 83.

[24] Einstein zu Pauling, auf Grund von Paulings Tagebuch, Pauling an den Autor, 28. Juli 1969.

[25] Szilard-Seelig, 19. August 1955, ETH.

[26] Szilard Papers.

[27] Sachs vor dem Special Committee on Atomic Energy, US-Senat, 27. November 1945. »*Background to Early History, Atomic Bomb Project in Relation to President Roosevelt*«, Washington D. C. 1945, S. 553–573 (später zitiert als *Senat*).

[28] Teller an Autor, 19. Mai 1969.

[29] Szilard-Einstein, 2. August 1939, Szilard Papers.

[30] Einstein-Szilard, nicht datiert, aber wahrscheinlich vom 9. August 1939, Szilard Papers.

[31] Lindbergh an Autor, 12. Dezember 1969.

[32] Szilard-Einstein, 27. September 1939, Szilard Papers.

[33] Szilard-Einstein, 3. Oktober 1939, Szilard Papers.

[34] Senat.

[35] Hewlett and Anderson, S. 17.

[36] Senat.

[37] Senat.

[38] Einstein-Sachs, 7. März 1940, Senat.

[39] Senat.

[40] Senat.

[41] Szilard-Einstein, 19. April 1940, Szilard Papers.

[42] Einstein-Briggs, 25. April 1940, Senat.

[43] Compton, S. 29.

[44] Baxter, S. 427.

[45] Compton, S. 60.

[46] Hewlett and Anderson, S. 43.

[47] Boorstin, S. 862.

[48] Aydelotte-Bush, 19. Dezember 1941; Bush-Aydelotte, 22. Dezember 1941; Bush-Urey, 22. Dezember 1941; Urey-Bush, 29. Dezember 1941; Bush-Aydelotte, 30. Dezember 1941; U. S. Atomic Energy Commission, Documents Nr. 327–331.

[49] A. a. O., siehe Anm. 48.

[50] A. a. O., siehe Anm. 48.

[51] *New York Times*, 5. August 1944.

[52] Julius-Loeb-Roosevelt, 15. Mai 1944, Roosevelt Library.

[53] Notiz W. D. H. – Judge Roseman, 27. Mai 1944, Roosevelt Library.

[54] Shapley, S. 132.

[55] Reich-Einstein, 30. Dezember 1940, Reich (nicht paginiert).

[56] Ilse Ollendorff-Reich, S. 58.

[57] Einstein-Bucky, 26. Juli 1943 und 13. August 1943, Bucky-Korrespondenz.

[58] Bush-Autor, 27. Dezember 1968.

[59] Daten und Details vom National Personnel Records Center, General Services Administration.

[60] Gamow, S. 151.

[61] Gamow, S. 151.

[62] Einstein-Bohr, 12. Dezember 1944, diplomatische Unterlagen.

[63] Gowing, S. 350–360.

[64] Bohr Memorandum Dezember 1944, diplomatische Unterlagen.

[65] Goudsmit, S. 152.

[66] Goudsmit, S. 153.

[67] Heisenberg, Das Dritte Reich versuchte nicht, die Atombombe zu bauen. *Frankfurter Allgemeine Zeitung*, 9. Dezember 1967, wieder abgedruckt unter dem Titel »The Third Reich and the Atomic Bomb«, *Bull. At. Sc.* Juni 1968.

[68] R. V. Jones: »Thicker Than Heavy Water«, In: *Chemistry and Industry*, 26. August 1967, S. 1419.

[69] Szilard, S. 123.

[70] *Contemporary Jewish Record*, VIII. Juni 1945.

[71] Szilard, S. 147.

[72] Hewlett and Anderson, S. 342.

[73] Szilard, S. 124.

[74] Szilard, S. 124.

[75] Byrnes, S. 284.

[76] *New York Times*, 7. August 1945.

[77] Nathan and Norden, S. 308.

[78] Miss Dukas in: *New York Times*, 8. August 1945.

[79] Einstein interviewt von Richard Lewis. In: *New York Times*, 12. August 1945.

21. KAPITEL

[1] *Atlantic Monthly*, 176. Bd., November 1945, S. 43–45.

[2] Kongreßmitglied John Rankin, 5. Oktober 1945; Russell-Einstein, 24. November 1947, Russell Archives, McMaster University.

[3] Russell an Einstein, 24. November 1947, Russell Archives, McMaster University.

[4] Interview vom 22. Juni 1946, Thomas-Einstein, 26. Juni 1946, Einstein-Thomas, 27. Juni

1946, Perkins Library, Duke University.

[5] Einstein, *United Nations World*, Oktober 1947.
[6] *New Times*, 26. November 1947.
[7] Michael Amrine: »The Real Problem is in the Hearts of Men«. In: *New York Times*, 23. Juni 1946.
[8] Abbot an Einstein, 3. Mai 1947, Emergency Committee.
[9] Weisskopf an den Autor, 14. Mai 1970.
[10] Oppenheimer: *Albert Einstein.*
[11] Nicht datiert (mit Bleistift: Dezember 1945), Weizmann Archives.
[12] Weizmann an Einstein, Alexander Sachs.
[13] Sachs an den Autor, 7. Mai 1970.
[14] Nathan and Norden, S. 541; siehe auch Sir Thomas Merton, »Science and Invention«, *The New Scientist*, Bd. 25, S. 377.
[15] *New York Times*, 12. Juni 1953.
[16] *New York Times*, 12. Juni 1953.
[17] Thomas-Seelig, 28. Juli 1955, ETH.
[18] Harry Cohen.
[19] *Free World*, VIII, 1944, S. 370–371.
[20] Einstein an den Council for German Democracy, 1. Oktober 1945.
[21] Einstein an Sommerfeld, 14. Dezember 1946, Sommerfeld, S. 121.
[22] Einstein an Heuss, 16. Januar 1951, Nathan and Norden, S. 578.
[23] Einstein an Born, 12. Oktober 1953, Born-*Briefe*, S. 266.
[24] Born an Einstein, 8. November 1953, Born-*Briefe*, S. 273.
[25] Einstein an Frau Planck, Princeton, 10. November 1947, siehe auch Armin Hermann: *Max Planck*, S. 128.
[26] Einstein an Kocherthaler, 4. Mai 1948, Kocherthaler-Korrespondenz.

22. KAPITEL

[1] Adolf Hitler, *Mein Kampf.*
[2] Kocherthaler im Rundfunk 1968, deutsche Rundfunksendung, Montevideo/Uruguay.
[3] Brodetsky, S. 289.
[4] Max Gottschalk, *Bulletin de la Centrale d'Oeuvres Socialist Juives*, Juni 1955.
[5] Einstein an Habicht, Sommer 1948, siehe Seelig, *Albert Einstein*, London 1956, S. 209.
[6] Einstein an Born, 3. März 1947, Born-*Briefe*, S. 161 ff.
[7] Private Information.
[8] Strauss, S. 271.
[9] Abraham Pais, »Reminiscences of the Post-War Years«, in Rosental, S. 224.
[10] Mitteilung Dr. Mitrany an den Autor.
[11] Infeld, in: *New York Herald Tribune*, 1. Januar 1950.
[12] Einzelheiten aus Einsteins Leben nach dem Kriege wurden Unterhaltungen mit Miss Helen Dukas und ihren Briefen an Seelig (ETH) entnommen. Außerdem erfuhr man sehr zuverlässig alles von den Korrespondenten, die ihn besuchten.
[13] Eisenhart.
[14] Pearlman, S. 203.
[15] Mitrany.

[16] Eban, in: *The Jewish Chronicle*, 2. Oktober 1959.
[17] Eban an Einstein, 17. November 1952; Nathan and Norden, S. 572.
[18] Einstein an Eban, 18. November 1952; Nathan and Norden, S. 572.
[19] Einstein an Pauling, in: Paulings Tagebuch.
[20] Douglas, *Forty Minutes with Einstein*.
[21] Einstein an Hermanns, Interview von William Miller in: *Life*, 2. Mai 1955.
[22] Freundlich, *Physica Acta*, S. 112.
[23] Born, *Physica Acta*, S. 225.
[24] Russell an Einstein, 11. Februar 1955, Russell-Archiv.
[25] Einstein an Russell, 16. Februar 1955, Russell-Archiv.
[26] Russell an Einstein, 5. April 1955, Russell-Archiv.
[27] Paschkis an den Autor, 5. Januar 1969.
[28] Einstein an Israeli Consul, 4. April 1955, Nathan and Norden, S. 639.
[29] Abba Eban: *The Jewish Chronicle*, 2. Oktober 1959.
[30] Einstein an Russell, 11. April 1955, Russell-Archiv.
[31] Margot Einstein an Hedwig Born, Born-Einstein *Briefe*, S. 310.

Quellennachweis und Bibliographie

Das Quellenmaterial ist in den Bibliotheken und Archiven von ganz Europa, den Vereinigten Staaten und dem Mittleren Osten verstreut. Die beiden größten Spezialsammlungen sind einmal das Einstein-Archiv in Princeton, zur Zeit im »Institute for Advanced Study« untergebracht, und die Einstein-Sammlung der E.T.H.-Bibliothek in Zürich. Im Princeton-Archiv sind besonders viele Aufzeichnungen über seine späteren Jahre vorhanden; doch wie sein Nachlaßverwalter Dr. Otto Nathan geschrieben hat: »Einstein selbst kümmerte sich nicht sehr um eine systematische Sammlung seiner Schriften und Briefe; erst in den paar letzten Jahrzehnten seines Lebens wurde der Aufbewahrung der vielen wichtigen Dokumente und Briefe aus seiner Feder genügend Aufmerksamkeit gezollt«. Die Eidgenössische Technische Hochschule in Zürich (E.T.H.), wo Einstein studiert und gelehrt hat, besitzt natürlich vor allem Dokumente über seine Jahre in der Schweiz. Dies sind aber nur zwei der Quellen für Originalunterlagen.

Viele Briefe aus seiner langen Korrespondenz mit Lorentz sind aufgeteilt zwischen dem »Algemeen Rijksarchiv« in Den Haag und dem »Rijksmuseum voor de Geschiedenis der Natuurwetenschappen« in Leiden. Seine Bekanntschaft und Zusammenarbeit mit Erwin Freundlich ist in den Briefen dokumentiert, die bis vor kurzem im Besitz von Frau Freundlich waren. Seine Freundschaft mit Professor Lindemann – später Lord Cherwell –, die auf dem Solvay-Kongreß 1911 begann und sich bis wenige Jahre vor seinem Tod fortsetzte, spiegelt sich in den Cherwell-Papieren, die sich im Nuffield-College in Oxford befinden. Über seine Verbindung mit dem Solvay-Institut geben die Dokumente Aufschluß, die gerade von Professor Jagdish Mehra für eine Geschichte des Kongresses benutzt werden, über seinen Umzug nach Prag die Adler-Archive in Wien. Die Schriftstücke von Hale und Millikan gehören zu dem wichtigen Material des »California Institute of Technology«, das Einsteins erste Besuche in den Vereinigten Staaten betrifft.

Die Archive der Völkerbunds-Bibliothek in Genf enthalten sehr viel neue Informationen über Einsteins Mitgliedschaft im »Internationalen Komitee für

Intellektuelle Zusammenarbeit«. Die 190 Seiten Korrespondenz im Weizmann-Archiv in Jerusalem und die Samuel-Dokumente im Staatsarchiv des Oberhauses in London beschreiben Einsteins Beziehungen zum Zionismus von 1918 bis zu seinem Todesjahr. Das Stadtarchiv Ulm, die Israelitische Kultusvereinigung Württemberg und Hohenzollern, das Geheime Staatsarchiv Berlin und viele andere deutsche Quellen verfügen über Urkunden hinsichtlich Geburt, Herkunft und Staatsbürgerschaft Einsteins.

Weiteres Material über Leben und Werk Albert Einsteins findet sich im Rutherford-Nachlaß der Universität Cambridge; den Haldane-Schriften in der National Library of Scotland; der Bibliothèque Nationale, Paris; den Archiven des Curie-Laboratoriums, Paris; dem Russell-Archiv der McMaster Universität, Hamilton, Ontario; der Roosevelt Library, New York; und den Archiven der Universität Utrecht. Zwei wichtige unveröffentlichte Manuskripte sind einmal Ehrenhafts »Meine Erlebnisse mit Einstein«, die in der Burndy Library Norwalk, Connecticut aufbewahrt werden; und »Comments on the letters of Professor and Mrs. Albert Einstein to Dr. Leon L. Watters«, von denen Kopien in den American Jewish Archives und im California Institute of Technology aufbewahrt werden.

Zu den brauchbaren Sammlungen von Privatbriefen gehört die Korrespondenz von Elsa und Albert Einstein mit Leon L. Watters, die im Besitz der American Jewish Archives ist; die Bucky-Briefe der Universität Texas, die Koch-Briefe, die Einstein an seine Verwandten in Belgien schrieb und die jetzt in der Université Libre in Brüssel aufbewahrt werden; die Kocherthaler-Briefe, die er an seine Verwandten in Südamerika schrieb, jetzt in Privatbesitz in Montevideo; die Korrespondenz mit Dr. Janos Plesch, im Besitz der Familie Plesch; und der lange Briefwechsel – in gewissem Sinn der aufschlußreichste – mit Michele Besso, der kürzlich von Pierre Speziali ediert worden ist.

Die Szilard-Archive in San Diego geben Aufschluß über den Hintergrund des berühmten Briefes an Roosevelt. Die U.S. Atomic Energy Commission, das Office of the Chief of Naval Operations und der National Archives and Records Service sind einige der amtlichen Stellen, die Material über Einsteins Arbeit während des Zweiten Weltkriegs besitzen.

Alle aufgezählten Quellen sind benützt worden, wie auch die folgenden: Allgemeines Staatsarchiv, München; American Institute of Physics; Auswärtiges Amt, Bonn; Eidgenössisches Amt für geistiges Eigentum, Bern; University of Chicago; Christ Church Library, Oxford; Library of Congress, Washington; Deutsche Staatsbibliothek, Berlin; Deutsches Zentralarchiv, Potsdam; Perkins Library; Duke University, Durham, North Carolina; University of Edinburgh; Geheimes Staatsarchiv, Berlin; Universität Göttingen; Landesarchiv Berlin; MacArthur Memorial Archives, Norfolk, Virginia; University of Manchester, England; Max-Planck-Gesellschaft, Berlin und München; John Murray Archives, London; National Personnel Records Centre, St. Louis, Missouri; Rhodes Trust, Oxford; Royal Netherlands Academy of Sciences and Letters, Amsterdam; Schweizer Schule, Mailand; Senatsverwaltung der Stadt Berlin; University of Sheffield; Staatsbibliothek Stiftung Preußischer Kulturbesitz, Berlin; Stanford University, Palo Alto, California; Akten des Schweizerischen Bundesrates, Bern; Schweizerische Nationalbibliothek, Bern; University of Syracuse; Unesco Archives, Paris.

Gedrucktes Material

Der Großteil der wissenschaftlichen Arbeiten Einsteins ist in dem Verzeichnis *Albert Einstein. A Bibliography of his Scientific Papers, 1901–1954 (London 1960)* von E. Weil enthalten. Unter den weiteren Bibliographien befinden sich *Albert Einstein : Philosopher – Scientist, edited by Paul A. Schilpp (Evanston, Ill. 1949)*, dort S. 689–758, und *A Biographical Checklist and Index to the Published Writings of Albert Einstein (Paterson, N. J. 1960)*, zusammengestellt von Nell Boni, Monique Russ und Dan H. Laurence; beide führen auch die nicht-wissenschaftlichen Schriften und bibliographische Details von vielen Interviews an. Eine Bibliographie gibt auch Johannes Wickert in seiner Biographie *Albert Einstein : In Selbstzeugnissen und Bilddokumenten* (Reinbek, 1972).

Einsteins wichtigste Abhandlungen über die Relativitätstheorie sind nachgedruckt, zusammen mit einschlägigen Arbeiten von H. A. Lorentz, H. Minkowski und H. Weyl in *Das Relativitätsprinzip (Stuttgart 1913, 6. Aufl. Darmstadt 1958)* ; eigenständige Werke sind *Über die spezielle und die allgemeine Relativitätstheorie* (Braunschweig 1917, 17. Aufl. 1956) und die *Grundzüge der Relativitätstheorie* (2. Aufl. Braunschweig 1960), die ursprünglich unter dem Titel *Vier Vorlesungen über Relativitätstheorie* (Braunschweig 1922) erschienen. Die wichtigsten Abhandlungen über die Brownsche Molekularbewegung sind gesammelt von R. Fürth herausgegeben in der Reihe Ostwalds Klassiker der exakten Wissenschaften Nr. 199: *Untersuchungen über die Theorie der Brownschen Bewegung*, Leipzig 1922.

Die frühen Arbeiten Einsteins zur Quantentheorie sind herausgegeben von Armin Hermann in der Reihe Dokumente der Naturwissenschaft, Band 7 unter dem Titel *Albert Einstein : Die Hypothese der Lichtquanten*, Stuttgart 1965 und Band 8 unter *Einstein, Debye, Born, Kármán : Die Quantentheorie der spezifischen Wärme*, München 1967. Wichtiges Material über das Entstehen der Quantentheorie findet sich in *Schrödinger, Planck, Einstein, Lorentz : Briefe zur Wellenmechanik* (Wien 1963), herausgegeben von K. Przibram. An weiteren

Briefeditionen sind zu nennen *Albert Einstein/Arnold Sommerfeld : Briefwechsel. Sechzig Briefe aus dem goldenen Zeitalter der modernen Physik* (Basel/Stuttgart 1968), herausgegeben von Armin Hermann; *Albert Einstein, Hedwig und Max Born : Briefwechsel 1916–1955* (München 1969), kommentiert von Max Born; *Albert Einstein : Lettres à Maurice Solovine* (Paris 1956); *Albert Einstein, Michele Besso : Correspondance 1903–1955* (Paris 1972), herausgegeben von Pierre Speziali.

Bücher, die Darstellungen der Relativitätstheorie enthalten und Einsteins Leistung in größeren wissenschaftlichen Zusammenhang stellen, sind so zahlreich wie an Qualität verschieden. Unter den besten in deutscher Sprache sind *Lincoln Barnett : Einstein und das Universum* (Amsterdam 1950); *Max Born : Die Relativitätstheorie Einsteins und ihre physikalischen Grundlagen* (Berlin 1921, 4. Aufl. Berlin 1964); *Wolfgang Pauli : Relativitätstheorie.* Sonderabdruck aus der Encyklopädie der mathematischen Wissenschaften (Leipzig und Berlin 1921); *Erwin Freundlich : Grundlagen der Einsteinschen Gravitationstheorie* (4. Aufl. Berlin 1920); *Lew D. Landau und J. B. Rumor : Was ist Relativität?* (Mosbach/Baden 1962); *Max von Laue : Die Relativitätstheorie.* 2 Bde. (Braunschweig 1952/1965); *Bertrand Russell : Das ABC der Relativitätstheorie* (München 1928); *Moritz Schlick, Raum und Zeit in der gegenwärtigen Physik. Zur Einführung in das Verständnis der Relativitäts- und Gravitationstheorie* (4. Aufl. Berlin 1922) und *Wilhelm H. Westphal : Die Relativitätstheorie. Ihre Grundtatsachen und ihre Bewährung als Wegweiser der Forschung* (Stuttgart 1955).

Eine Anzahl vermischter Schriften Einsteins sind enthalten in *Mein Weltbild* (Berlin 1959), herausgegeben von Carl Seelig, und in *Aus meinen späten Jahren* (Stuttgart 1953), eine Zahl von Reden und Briefen in *About Zionism* (London 1930). Viele der frühen pazifistischen Schriften findet man in *The Fight against War* (New York 1933), herausgegeben von Alfred Lief, und den Großteil in *Einstein on Peace (London 1963)*, herausgegeben von Otto Nathan und Heinz Norden.

An autobiographischen Aufzeichnungen gibt es nur den ausschließlich die wissenschaftliche Entwicklung behandelnden Abschnitt in Schilpps *Albert Einstein : Philosopher – Scientist* (Evanston, Ill. 1949) und die kurzen Notizen in *Helle Zeit – Dunkle Zeit. In memoriam Albert Einstein* (Zürich 1956), herausgegeben von Carl Seelig. Der erste Versuch einer Biographie stammt von *Alexander Moszkowski : Einstein. Einblicke in seine Gedankenwelt (Berlin 1920)*, ein Buch, dessen Erscheinen Einsteins Freunde vergeblich zu verhindern suchten. Es war das erste von vielen. Der Ehemann der Stieftochter Ilse, Dr. Rudolf Kayser, schrieb unter Pseudonym *Anton Reiser : Albert Einstein (New York 1930)*, ein Buch, das Einstein billigte; ein entfernter Verwandter schrieb, zusammen mit einem Journalisten, ein Buch *Einstein (New York 1944)*, dem er seine Zustimmung versagte. Sein Arzt und Freund, Janos Plesch, widmete Einstein zwei Kapitel seines autobiographischen Werkes *Janos (London 1947)*; eine Schriftstellerin und Freundin seiner zweiten Frau, Antonina Vallentin, schrieb *Das Drama Albert Einsteins. Eine Biographie* (Stuttgart 1955), während ein Berliner Bekannter, David Reichinstein, ein Werk mit dem Titel verfaßte *Albert Einstein. Sein Lebensbild und seine Weltanschauung* (Prag 1935), welches der Dargestellte vergeblich zu unterdrücken versuchte. Drei Lebensbilder, unterschiedlich geschätzt von Einstein, sind *Philipp Frank : Einstein. Sein Leben und seine Zeit* (München 1949), *Carl Seelig: Albert Einstein. Eine dokumentarische Biographie* (Zürich 1954) und *Leopold Infeld: Albert Einstein. Sein Werk und sein Einfluß auf unsere Welt* (Wien 1953).

Die einschlägigen Jahrgänge der »Annalen der Physik«, »Nature«, »Science«, »The Times« und »The New York Times« sind wie viele andere Zeitschriften und Zeitungen weitgehend ausgewertet worden; in den Anmerkungen auf den S. 453–477 werden die einzelnen angezogenen Stellen jeweils genau bezeichnet. Im folgenden geben wir in einer ausgewählten Bibliographie die besonders wichtigen Bücher und Zeitschriftenaufsätze. Zur Bequemlichkeit des Lesers fügen wir auch die bibliographischen Angaben über die wichtigsten Abhandlungen Einsteins hinzu; die vollständige Liste, die an die 40 Seiten ausmacht, kann, falls notwendig, in einer der angeführten Bibliographien nachgeschlagen werden.

BIBLIOGRAPHIE

I. Ergänzende Bibliographie zur deutschen Ausgabe

BARNETT, Lincoln, *Einstein und das Universum*. Amsterdam 1950.

BOHR, Niels, *Atomphysik und menschliche Erkenntnis*. 2 Bde. Braunschweig 1958 und 1962.

BONDI, Hermann, *Mythen und Annahmen in der Physik*. Göttingen 1971.

BORN, Max, *Die Relativitätstheorie Einsteins*. [4]Berlin 1962.

BORN, Max, *Physik im Wandel meiner Zeit*. [4] Braunschweig 1966.

BORN, Max (Hrsg.), *Albert Einstein, Hedwig und Max Born. Briefwechsel 1916–1955*. München 1969.

BORN, Max, *Von der Verantwortung des Naturwissenschaftlers. Gesammelte Vorträge*. München 1965.

BORN, Max und Hedwig BORN, *Der Luxus des Gewissens. Erlebnisse und Einsichten im Atomzeitalter*. München 1969.

EDDINGTON, Arthur Stanley, *Raum, Zeit und Schwere. Ein Umriß*. Braunschweig 1923.

EINSTEIN, Albert, *Über die spezielle und allgemeine Relativitätstheorie*. [17]Braunschweig 1956.

EINSTEIN, Albert, *Grundzüge der Relativitätstheorie*. [2]Braunschweig 1960.

EINSTEIN, Albert, *Aus meinen späten Jahren*. [2]Stuttgart 1953.

EINSTEIN, Albert, *Mein Weltbild*. Berlin 1959.

EINSTEIN, Albert, Hedwig und Max BORN, *Briefwechsel 1916–1955, kommentiert von Max Born*. München 1969.

EINSTEIN, Albert und Leopold INFELD, *Die Evolution der Physik*. Reinbek 1956.

EINSTEIN, Albert und Arnold SOMMERFELD, *Briefwechsel. Sechzig Briefe aus dem goldenen Zeitalter der modernen Physik*. Herausgegeben und kommentiert von Armin Hermann. Basel und Stuttgart 1968.

EINSTEIN, Albert, Erwin SCHRÖDINGER, Max PLANCK und H. A. LORENTZ,
Briefe zur Wellenmechanik. Herausgegeben von K. Przibram. Wien 1963.

Einsteins bekanntere wissenschaftliche Aufsätze

1905: »Über einen die Erzeugung und Verwandlung des Lichtes betreffenden
heuristischen Gesichtspunkt«, »Annalen der Physik«, Reihe 4, Bd. 17,
1905, S. 132–148.
(Der ›photoelektrische Aufsatz‹)

1905: »Die von der molekularkinetischen Theorie der Wärme geforderte
Bewegung von in ruhenden Flüssigkeiten suspendierten Teilchen«,
»Annalen der Physik«, Reihe 4, Bd. 17, 1905, S. 549–560.
(Aufsatz über die Brownsche Molekularbewegung)

1905: »Zur Elektrodynamik bewegter Körper«, »Annalen der Physik«, Reihe
4, Bd. 17, 1905, S. 891–921.
(Erster Aufsatz über die spezielle Relativitätstheorie)

1905: »Ist die Trägheit eines Körpers von seinem Energieinhalt abhängig?«
»Annalen der Physik«, Reihe 4, Bd. 18, 1905, S. 639–641.
(Aufsatz über die Masse–Energie-Äquivalenz)

1907: »Die Plancksche Theorie der Strahlung und die Theorie der spezifischen
Wärme«, »Annalen der Physik«, Reihe 4, Bd. 22, 1907, S. 180–190 und
S. 800 (Berichtigung).
*(Aufsatz, in dem Plancks Energieformel benützt wird, um die spezifische
Wärme von Festkörpern zu erklären)*

1907: »Über das Relativitätsprinzip und die aus demselben gezogenen Folge-
rungen«, »Jahrbuch der Radioaktivität«, Bd. 4, 1907, S. 411–462 und
Bd. 5, 1908, S. 98–99 (Berichtigung).
(Aufsatz über die Äquivalenz von träger und schwerer Masse)

1909: »Über die Entwicklung unserer Anschauungen über das Wesen und die
Konstitution der Strahlung«, »Physikalische Zeitschrift«, Bd. 10, 1909,
S. 817–825.
(Der Vortrag in Salzburg)

1911: »Über den Einfluß der Schwerkraft auf die Ausbreitung des Lichtes«,
»Annalen der Physik«, Reihe 4, 1911, Bd. 35, S. 898–908.
*(Folgerung, daß Licht abgelenkt wird, wenn es durch das Gravitationsfeld der
Sonne hindurchgeht)*

1913: »Entwurf einer verallgemeinerten Relativitätstheorie und eine Theorie
der Gravitation«, I. Physikalischer Teil von A. Einstein. II. Mathematischer Teil von M. Grossmann. Leipzig, 1913, Teubner, 38 S.

Sonderdruck aus »Zeitschrift für Mathematik und Physik«, Bd. 62, 1913, S. 225–261 (Physikalischer Teil, S. 225–244).
(Gemeinsam mit Grossmann verfaßte Arbeit)

1915: »Erklärung der Perihelbewegung des Merkur aus der allgemeinen Relativitätstheorie«, »Preußische Akademie der Wissenschaften, Sitzungsberichte«, 1915, T. 2, S. 831–839.
(Die Perihelbewegung des Merkur)

1916: »Die Grundlagen der allgemeinen Relativitätstheorie«, »Annalen der Physik«, Reihe 4, 1916, Bd. 49, S. 769–822.
(Aufsatz über die allgemeine Relativitätstheorie)

1917: »Zur Quantentheorie der Strahlung«, »Physikalische Zeitschrift«, Bd. 18, 1917, S. 121–128.
(Aufsatz über induzierte Emission)

1917: »Kosmologische Betrachtungen zur allgemeinen Relativitätstheorie«, »Preußische Akademie der Wissenschaften, Sitzungsberichte«, 1917, T. 1, S. 142–152.
(Aufsatz über die kosmologischen Folgerungen aus der allgemeinen Relativitätstheorie)

1923: »Zur affinen Feldtheorie«, »Preußische Akademie der Wissenschaften, Phys.-math. Klasse, Sitzungsberichte«, 1923, S. 137–140.
(Die erste einheitliche Feldtheorie)

1924: »Quantentheorie des einatomigen idealen Gases«, »Preußische Akademie der Wissenschaften, Phys.-math. Klasse, Sitzungsberichte«, 1924, S. 261–267 und

1925: »Quantentheorie des einatomigen idealen Gases. Zweite Abhandlung«, »Preußische Akademie der Wissenschaften, Phys.-math. Klasse, Sitzungsberichte«, 1925, S. 3–14.
(Aufsatz über Bose-Einstein-Statistik)

1929: »Zur einheitlichen Feldtheorie«, »Preußische Akademie der Wissenschaften, Phys.-math. Klasse, Sitzungsberichte«, 1929, S. 2–7.
(Aufsatz über die einheitliche Feldtheorie von 1929)

1933: »On the Method of Theoretical Physics«: The Herbert Spencer lecture delivered at Oxford, 10. Juni 1933. Oxford, Clarendon Press. 15 pp.

1933: »Origins of the General Theory of Relativity«: Lecture on the George A. Gibson foundation in the University of Glasgow, 20. Juni 1933. Glasgow, Jackson, 11 pp. (Glasgow university publications, No. 30).

1935: »Can quantum-mechanical description of physical reality be considered complete?« mit B. Podolsky und N. Rosen. »Physical Review«, ser. 2, 1935, vol. 47, pp. 777–780.

FLÜCKIGER, Max, *Albert Einstein in Bern*. Privatdruck Peter Haupt. Bern 1961.

FRANK, Philipp, *Einstein. Sein Leben und seine Zeit*. München 1949.

FREUNDLICH, Erwin, *Grundlagen der Einsteinschen Gravitationstheorie* (4Berlin 1920).

FREUNDLICH, Erwin, *Wie es dazu kam, daß ich den Einsteinturm errichtete*. Physikalische Blätter. Jg. 25, 1969, S. 538–541.

GEIGER, Moritz, *Die philosophische Bedeutung der Relativitätstheorie*. Halle 1921.

HEISENBERG, Werner, *Physik und Philosophie*. Frankfurt 1959.

HERNECK, Friedrich, *Über die deutsche Reichsangehörigkeit Albert Einsteins*. Forschungen und Fortschritte. Jg. 37, 1963. S. 137–160.

HERNECK, Friedrich, *Albert Einstein. Ein Leben für Wahrheit, Menschlichkeit und Frieden*. (Ost-)Berlin 1967.

HERMANN, Armin, *Einstein in Berlin*. Jahrbuch Preußischer Kulturbesitz. Bd. VIII, 1970, S. 90–114.

HERMANN, Armin (Hrsg.), *Albert Einstein/Arnold Sommerfeld. Briefwechsel*. Basel und Stuttgart 1968.

HERMANN, Armin, *Max Planck. In Selbstzeugnissen und Bilddokumenten*. Reinbek 1973.

INFELD, Leopold, *Albert Einstein. Sein Werk und sein Einfluß auf unsere Welt*. Wien 1953.

INFELD, Leopold, *Leben mit Einstein*. Wien 1969.

JORDAN, Pascual, *Albert Einstein. Sein Lebenswerk und die Zukunft der Physik*. Frauenfeld und Stuttgart 1969.

LORENTZ, H. A., A. EINSTEIN, H. MINKOWSKI, *Das Relativitätsprinzip. Eine Sammlung von Abhandlungen*. 6. Aufl. Darmstadt 1958.

MACH, Ernst, *Die Mechanik in ihrer Entwicklung, historisch-kritisch dargestellt*. 9. Aufl. Leipzig 1933.

MOORE, Ruth, *Niels Bohr. Ein Mann und sein Werk verändern die Welt*. München 1970.

MOSZKOWSKI, Alexander, *Einstein. Einblicke in seine Gedankenwelt*. Berlin 1920.

NATHAN, Otto und Heinz NORDEN (Hrsg.), *Einstein on Peace*, London 1963.

NEWTON, Isaac, *Optik*. Übersetzt und herausgegeben von William Abendroth. Ostwalds Klassiker Nr. 96 und 97. Leipzig 1898.

NEWTON, Isaac, *Mathematische Prinzipien der Naturlehre*. Mit Bemerkungen und Erläuterungen herausgegeben von Jacob Philipp Wolfers. Berlin 1872. Nachdruck Darmstadt 1963.

OPPENHEIMER, J. Robert, *Drei Krisen der Physiker*. Olten und Freiburg 1966.

PAULI, Wolfgang, *Albert Einstein in der Entwicklung der Physik*. In: Aufsätze und Vorträge über Physik und Erkenntnistheorie. Braunschweig 1961, S. 85–90.

PAULI, Wolfgang, *Relativitätstheorie. Sonderabdruck aus der Encyklopädie der mathematischen Wissenschaften.* Leipzig und Berlin 1921.

PLANCK, Max, *Vorträge und Erinnerungen.* 7. Aufl. Darmstadt 1969.

PLESCH, Janos, *Janos erzählt von Berlin.* München 1958.

REICHINSTEIN, David, *Albert Einstein. Sein Lebensbild und seine Weltanschauung.* Prag 1935.

RUSSELL, Bertrand, *Das ABC der Relativitätstheorie.* München 1928.

SCHILPP, Paul Arthur, *Albert Einstein als Philosoph und Naturforscher.* Stuttgart 1965.

SCHRÖDINGER, Erwin, *Geist und Materie.* Braunschweig 1959.

SEELIG, Carl, *Albert Einstein. Eine dokumentarische Biographie.* Zürich 1954.

SEELIG, Carl, *Helle Zeit – Dunkle Zeit. In memoriam Albert Einstein.* Zürich 1956.

THIRRING, Hans, *Die Idee der Relativitätstheorie.* Berlin 1921.

VALLENTIN, Antonina, *Das Drama Albert Einsteins. Eine Biographie.* Stuttgart 1955.

WAGNER, Josef, *Was Einstein wirklich sagte.* Wien 1970.

WICKERT, Johannes, *Albert Einstein. In Selbstzeugnissen und Bilddokumenten.* Reinbek 1972.

WIEN, Wilhelm, *Die Relativitätstheorie vom Standpunkt der Physik und Erkenntnislehre.* Leipzig 1921.

II. Bibliographie nach der englischen Original-Ausgabe

ADAMS, Walter S., "George Ellery Hale", abgedruckt aus *Astrophysical Journal* Vol. 87, 1938.

BADASH, L. (ed.), *Rutherford and Boltwood: Letters on Radioactivity,* New Haven, 1969.

BARKER, Sir Ernest, *Age and Youth,* Oxford, 1953.

BARNETT, Lincoln, *The Universe and Dr. Einstein,* London, 1949.

BAXTER, James Phinney, *Scientists Against Time,* Boston, 1946.

BELL, E. T., *Men of Mathematics,* London, 1965.

BELL, G. K. A., *Randall Davidson, Archbishop of Canterbury,* London, 1935.

BEN-GURION, David, *Ben-Gurion Looks Back in Talks with Moshe Pearlman,* London, 1965.

BENTWICH, Norman, *The Hebrew University of Jerusalem 1918–60,* London, 1961.

BENTWICH, Norman, *Judah L. Magnes,* Philadelphia, 1954.

BENTWICH, Norman, *My Seventy-Seven Years: An Account of My Life and Times 1881–1960,* London, 1962.

BENTWICH, Norman, *The Rescue and Achievement of Refugee Scholars,* Den Haag, 1953.

BENTWICH, Norman, *Wanderer Between Two Worlds,* London, 1941.

BENTWICH, Norman und Helen, *Mandate Memories 1918–1948,* London, 1965.

BIRKENHEAD, Earl of, *The Prof in Two Worlds,* London, 1961.

BLUMENFELD, Kurt, *Erlebte Judenfrage,* Stuttgart, 1962.

BOHR, Niels, *Essays 1958–1962 on Atomic Physics and Human Knowledge,* New York, 1963.

BONDI, Hermann, *Assumption and Myth in Physical Theory,* Cambridge, 1965.

BONDI, Hermann, *Relativity and Commonsense,* London 1964.

BOORSTIN, Daniel (ed.), *An American Primer,* Chicago, 1966.

BORK, Alfred H., "The Fitzgerald Contraction", *Isis,* Vol. 57 (1966), pp. 199 bis 207.

BORN, Max, *Born-Einstein Letters, 1916–1955,* London, 1971.

BORN, Max, *Einstein's Theory of Relativity,* New York, 1962.

BORN, Max, *Natural Philosophy of Cause and Chance* (Die Waynflete-Vorlesungen, 1948), Oxford, 1949.

BORN, Max, *Physics in My Generation,* London, 1956 und New York, 1969.

BRAUNTHAL Julius, *In Search of the Millennium,* London, 1945.

BRODETSKY, Professor Selig, *Memoirs: From Ghetto to Israel,* London, 1960.

BUBER, Martin, *The Knowledge of Man,* London, 1965.

BUCKY, Thomas Lee, "Einstein: An Intimate Memoir", *Harper's Magazine,* September 1964.

BYRNES, James F., *All in One Lifetime,* New York, 1958.

CAMPBELL, Lewis, und W. Garnet, *James Clerk Maxwell,* London, 1884.

CLARK, Ronald W., *The Birth of the Bomb,* London, 1961.

CLARK, Ronald W., *Tizard,* London, 1965.

CLINE, Barbara Lovett, *The Questioners: Physicists and the Quantum Theory,* New York, 1965.

COHEN, Harry A., "An Afternoon with Einstein", *Jewish Spectator,* Januar 1969, p. 13.

COHEN, I. Bernard, "An Interview with Einstein", *Scientific American,* Vol. 193 (1955), p. 69.

COHEN, Morris Raphael, *A Dreamer's Journey,* Boston, 1949.

COHEN, Morris Raphael, "Einstein and His World", *The Menorah Journal,* Vol. 24 (Frühjahr 1936), p. 107.

COHEN, Morris Raphael, *The Faith of a Liberal,* New York, 1946.

COMPTON, Arthur H., "The Scattering of X-Rays", *Journal of the Franklin Institute,* Vol. 198 (1924).

DAMPIER, Sir William, *A Shorter History of Science,* London, 1945.

DE BROGLIE, Louis, *New Perspectives in Physics,* Edinburgh, 1962.

DE BROGLIE, Louis, *The Revolution in Physics: A Non-Mathematical Survey of Quanta,* London, 1954.

DE SITTER, Professor W., "Einstein's Theory of Gravitation" from: *Monthly Notices* of the Royal Astronomical Society, Vol. LXXVI, p. 702, 1916.

DE SITTER, W., "From Newton to Einstein," *Kosmos: A Course of Six Lectures on the Development of Our Insight into the Structure of the Universe,* Cambridge und Harvard, 1932.

DEUEL, Wallace, *People Under Hitler,* London, 1942.

DOUGLAS, A. Vibert, "Forty Minutes with Einstein", *Journal of the Royal Astronomical Society of Canada,* Vol. 50, No. 3, p. 99.

DOUGLAS, A. Vibert, *The Life of Arthur Stanley Eddington,* London, 1956.

DURRELL, Clement V., *Readable Relativity,* London, 1966.

EDDINGTON, Sir Arthur, *Relativity* (Achte Haldane Jahres-Vorlesung, 26. Mai 1937), London, 1937.

EDDINGTON, Sir Arthur, *Report on the Relativity Theory of Gravitation,* London, 1918.

EDDINGTON, Sir Arthur, *Space, Time and Gravitation,* London, 1920.

EDDINGTON, Sir Arthur, *The Theory of Relativity and its Influence on Scientific Thought* (Romanes Lecture, 24. Mai 1922), Oxford, 1922.

EHRENHAFT, Felix, "My Experiences with Einstein" (unveröffentlicht).

EINSTEIN, Albert, *About Zionism: Speeches and Letters by Professor Albert Einstein* (Ed. & Trans: Leon Simon) London, 1930.

EINSTEIN, Albert, *The Fight Against War,* Alfred Lief, ed. New York, 1933.

EINSTEIN, Albert, *Ideas and Opinions,* London, 1964.

EINSTEIN, Albert, *Investigations on the Theory of the Brownian Movement,* Methuen, 1926.

EINSTEIN, Albert, *Lettres à Maurice Solovine,* Paris, 1956.

EINSTEIN, Albert, *Out of My Later Years,* London, 1950.

EINSTEIN, Albert, *The Theory of Relativity,* London, 1924.

EINSTEIN, Albert, *On the Method of Theoretical Physics* (Die Herbert Spencer-Vorlesung 10. Juni 1933), Oxford, 1933.

EINSTEIN, Albert, *"The Origins of the General Theory of Relativity"* (Erste Vorlesung der George A. Gibson Foundation in der Universität Glasgow, 20. Juni 1933), Glasgow, 1933.

EINSTEIN, Albert, *Why War?,* London, 1934.

EINSTEIN, Albert, *The World As I See It,* London, 1935.

EINSTEIN, Albert, und Max Born, *Briefwechsel 1916–1955,* München, 1969. (*Born-Einstein Letters,* London, 1971)

Einstein, Albert, und Leopold Infeld, *The Evolution of Physics*, Cambridge, 1938.

Einstein, Albert, Erwin Schrödinger, Max Planck, H. A. Lorentz, *Letters on Wave Mechanics*, ed. K. Przibram, London und New York, 1967.

Einstein, Albert, und Arnold Sommerfeld, *Briefwechsel*, Basel und Stuttgart, 1968.

Einsteins bekanntere wissenschaftliche Aufsätze:

1905: "Über einen die Erzeugung und Verwandlung des Lichtes betreffenden heuristischen Gesichtspunkt", *Annalen der Physik* Ser. 4, Vol. 17, 1905, pp. 132–148.

1905: "Über die von der molekularkinetischen Theorie der Wärme geforderte Bewegung von in ruhenden Flüssigkeiten suspendierten Teilchen", *Annalen der Physik*, Ser. 4, Vol. 17, 1905, pp. 549–560.

1905: "Zur Elektrodynamik bewegter Körper", *Annalen der Physik*, Ser. 4, Vol. 17, 1905, pp. 891–921.

1905: "Ist die Trägheit eines Körpers von seinem Energieinhalt abhängig?" *Annalen der Physik*, Ser. 4, Vol. 18, 1905, pp. 639–641.

1907: "Die Plancksche Theorie der Strahlung und die Theorie der spezifischen Wärme", *Annalen der Physik*, Ser. 4, Vol. 22, 1907, pp. 180–190 und p. 800 (Berichtigung).

1907: "Über das Relativitätsprinzip und die aus demselben gezogenen Folgerungen", *Jahrbuch der Radioaktivität und Elektronik*, Vol. 4, 1907, pp. 411 bis 462, und Vol. 5, 1908, pp. 98–99 (Berichtigungen).

1909: "Über die Entwicklung unserer Anschauungen über das Wesen und die Konstitution der Strahlung", *Physikalische Zeitschrift*, Vol. 10, 1909, pp. 817–825.

1911: "Über den Einfluß der Schwerkraft auf die Ausbreitung des Lichtes", *Annalen der Physik*, Ser. 4, Vol. 35, 1911, pp. 898–908.

1913: "Entwurf einer verallgemeinerten Relativitätstheorie und eine Theorie der Gravitation" I. Physikalischer Teil von A. Einstein. II. Mathematischer Teil von M. Grossmann. Leipzig, 1913, Teubner, 38 pp. Sonderdruck aus *Zeitschrift für Mathematik und Physik*, Vol. 62, 1913, pp. 225 bis 262 (Physikalischer Teil, pp. 225–244).

1915: "Erklärung der Perihelbewegung des Merkur aus der allgemeinen Relativitätstheorie", *Preussische Akademie der Wissenschaften, Sitzungsberichte*, 1915, Pt. 2, pp. 831–839.

1916: "Die Grundlagen der allgemeinen Relativitätstheorie", *Annalen der Physik*, Ser. 4, Vol. 49, 1916, pp. 769–822.

1917: "Zur Quantentheorie der Strahlung", *Physikalische Zeitschrift*, Vol. 18, 1917, pp. 121–128.

1917: "Kosmologische Betrachtungen zur allgemeinen Relativitätstheorie", *Preussische Akademie der Wissenschaften, Sitzungsberichte*, 1917, Pt. 1, pp.142 bis 152.

1923: "Zur affinen Feldtheorie", *Preussische Akademie der Wissenschaften, Phys.-math. Klasse, Sitzungsberichte*, 1923, pp. 137–140.

1924: "Quantentheorie des einatomigen idealen Gases", *Preussische Akademie der Wissenschaften, Phys.-math. Klasse, Sitzungsberichte*, 1924, pp. 261–267. und

1925: "Quantentheorie des einatomigen idealen Gases. 2. Abhandlung", *Preussische Akademie der Wissenschaften, Phys.-math. Klasse, Sitzungsberichte*, 1925, pp. 3–14.

1928: "Fundamental Concepts of Physics and Their Most Recent Changes", *St. Louis Post-Dispatch*, 29. Dezember 1928.

1929: "Zur einheitlichen Feldtheorie", *Preussische Akademie der Wissenschaften, Phys.-math. Klasse, Sitzungsberichte*, 1929, pp. 2–7.

1933: *On the Method of Theoretical Physics*. The Herbert Spencer Lecture delivered at Oxford, 10. Juni 1933. Oxford, 1933.

1933: *Origins of the General Theory of Relativity*. Lecture on the George A. Gibson Foundation in the University of Glasgow, 20. Juni 1933. Glasgow, (Glasgow University Publications, No. 30) 1933.

1935: "Can Quantum-Mechanical Description of Physical Reality Be Considered Complete?" mit B. Podolsky und N. Rosen. *Physical Review*, Ser. 2, Vol. 47, 1935, pp. 777–780.

EISENHART, Churchill, "Albert Einstein As I Remember Him", *Journal of the Washington Academy of Sciences*, Vol. 54 (1964) pp. 325–328.

EPSTEIN, Jacob, *Let There Be Sculpture*, London, 1940.

EVE, A. S., *Rutherford*, Cambridge, 1939.

FERMI, Laura, *Illustrious Immigrants: The Intellectual Migration from Europe 1930 to 1941*, Chicago, 1968.

FIERZ, M., und V. F. Weisskopf, *Theoretical Physics in the Twentieth Century: A Memorial Volume to Wolfgang Pauli*, New York und London, 1960.

FISHER, H. A. L., *The History of Europe*, London, 1936.

FITZROY, Sir Almeric, *Memoirs, Vol. II*, London, o. D.

FLAMMARION, Camille, *Lumen*, Paris, 1873.

FLEXNER, Abraham, *I Remember*, New York, 1940.

FLUCKIGER, Max, *A. E. in Bern*, Bern.

FRANK, Philipp, *Einstein: His Life and Times*, London, 1948.

FRANK, Philipp, *Interpretations and Misinterpretations of Modern Physics*, Paris, 1938.

FRANK, Philipp, *Modern Science and Its Philosophy*, Cambridge, Mass., 1949.

FRANK, Philipp, *Relativity – A Richer Truth*, London, 1951.

FREUD, Sigmund, *Letters of Sigmund Freud, 1873–1939*, London, 1961.

FREUNDLICH, Erwin, *The Foundations of Einstein's Theory of Gravitation*, Cambridge, 1920.

FURER, Admiral, *Administration of the Navy Department in World War Two*, Washington, D. C., 1959.

GAMOW, George, *My World Line*, New York, 1970.

GEORGE, Hereford, *The Oberland and Its Glaciers, Explored and Illustrated with Ice-Axe and Camera*, London, 1866.

GILPIN, Robert, *American Scientists and Nuclear Weapons Policy*, Princeton, N. J., 1926.

GOLDMAN, Nahum, *Memories*, London, 1970.

GORAN, Morris, *The Story of Fritz Haber*, Norman, Okla., 1967.

GOUDSMIT, Samuel A., *Alsos*, New York, 1947.

GOWING, Margaret, *Britain and Atomic Energy 1939–1945*, London, 1964.

GROSSMANN, Kurt R., "Peace Movements in Germany", *South Atlantic Quarterly* (Juli 1950), Durham, N. C.

HAAS-LORENTZ, G. J. de (ed.), *H. A. Lorentz: Impressions of His Life and Work*, Amsterdam, 1957.

HADAMARD, Jacques, *An Essay on the Psychology of Invention in the Mathematical Field*, Princeton, N. J., 1945.

HAHN, Otto, *My Life*, London, 1970.

HALDANE, R. B., *The Reign of Relativity*, London, 1921.

HANNAK, Dr. J., *Emanuel Lasker: The Life of a Chess Master*, London, 1959.

HARROD, R. F., *The Prof*, London, 1959.

HARTSHORNE, Edward Yarnall Jr., *The German Universities and National Socialism*, London, 1937.

HEISENBERG, Werner, *Physics and Philosophy: The Revolution in Modern Science*, New York, 1962.

Helvetica Physica Acta, Supplementum IV, Basel, 1956.

HERNECK, Friedrich, "Über die deutsche Reichsangehörigkeit Albert Einsteins", *Die Naturwissenschaften*, Heft 2, S. 33, 1961.

HEWLETT, G., und E. D. Anderson, Jr., *The New World, 1939–1946*, University Park, Penn., 1962.

HOFFMAN, Banesh, *The Strange Story of the Quantum*, New York, 1959.

HOLTON, Gerald, "Mach, Einstein and the Search for Reality". (abgedruckt aus *Daedalus*, Journal of the American Academy of Arts and Sciences), Frühjahr 1968. Richmond, Virginia.

HOLTON, Gerald, "Einstein, Michelson and the Crucial Experiment", *Isis*, Vol. 60, Part 2, No. 202, 1969.

HOLTON, Gerald, "On the Origin of the Special Theory of Relativity", *American Journal of Physics*, Vol. 28, 1960.

HUBBLE, Edwin, *The Observational Approach to Cosmology* (Die Rhodes Gedenk-Vorlesungen, 1936) Oxford, 1937.

INFELD, Leopold, *Albert Einstein: His Work and Its Influence on Our World*, New York und London, 1950.

INFELD, Leopold, "As I See It", *Bulletin of the Atomic Scientists*, Februar 1965.

INFELD, Leopold, *Quest: The Evolution of a Scientist*, New York, 1941.

INGE, The Very Rev. W. R., *Diary of a Dean: St. Pauls 1911–1934*, London, 1949.

INGE, William Ralph, *God and the Astronomers*, London, 1933.

JAFFE, Bernard, *Michelson and the Speed of Light*, London, 1961.

JEANS, Sir James, *The New Background of Science*, Ann Arbor, Mich., 1959.

JEANS, Sir James, *The Universe Around Us*, Cambridge, 1930.

JONES, R. V., "Thicker than Heavy Water", *Chemistry and Industry*, 26. August 1967.

KARMAN, Theodore von, *The Wind and Beyond*, Toronto, 1967.

KISCH, F. H., *Palestine Diary*, London, 1938.

KLEIN, Martin J., "Einstein's First Paper on Quanta", *The Natural Philosopher*, Vol. 2., New York, 1963.

KLEIN, Martin J., "Einstein and the Wave-Particle Duality", *The Natural Philosopher*, Vol. 3, New York, 1964.

KLEIN, Martin J., *Paul Ehrenfest*, Vol. I., *The Making of a Theoretical Physicist*, Amsterdam, 1970.

KUZNETSOV, B., *Einstein*, Moskau, 1965.

LEMAITRE, Georges, "The Beginning of the World from the Point of View of the Quantum Theory", *Nature*, Vol. 127 (1931), p. 706.

LEMAITRE, Georges, *The Primeval Atom: An Essay on Cosmogony*, New York, 1950.

LIEF, Alfred (ed.), *The Fight Against War*, New York, 1933.

LINDEMANN, F. A., "Einstein's Theory: A Revolution in Thought", *Times Educational Supplement*, 29. Januar 1920.

LINDEMANN, A. F. und F. A., "Daylight Photography of Stars as a Means of Testing Equivalence Postulate in the Theory of Relativity" *Monthly Notices* of the Royal Astronomical Society. Vol: LXXII, 2. Dezember 1916.

LODGE, Sir Oliver, "Einstein's Real Achievement", *Fortnightly Review*, DCLVII, new series, September, 1921.

LORENTZ, H. A., *H. A. Lorentz: Impressions of his Life and Work* (ed. G. J. de Haas-Lorentz) Amsterdam, 1957.

LORENTZ, H. A., Albert Einstein, H. Weyl und A. Minkowski, *The Principle of Relativity, A Collection of Original Memoirs on the Special and General Theory of Relativity*, New York, 1952.

LOVELL, Sir Bernard, *Our Present Knowledge of the Universe*, Manchester, 1967.

LOEWENSTEIN, Prinz Hubertus zu, *Towards the Farther Shore*, London, 1968.

MACH, Ernst, *The Science of Mechanics*, Chicago und London, 1907.

MARIANOFF, Dimitri, und Palm Wayne, *Einstein: An Intimate Study of a Great Man*, New York, 1944.

MARTIN, Kingsley, *Editor; a Second Volume of Autobiography, 1931–45*, London, 1968.

MEITNER, Lise, "As I Remember", *Bulletin of the Atomic Scientists*, November, 1964.

MICHELMORE, Peter, *Einstein: Profile of the Man*, London, 1963.

MILLIKAN, Robert A., *The Autobiography of Robert A. Millikan*, London, 1951.

MILLIKAN, Robert A., *The Electron*, Chicago, 1917.

MILLIKAN, Robert, A., *Time, Matter and Values*, Chapel Hill, N. C., 1932.

MILNE, E. A., *The Aims of Mathematical Physics*, Oxford, 1930.

MILNE, E. A., *Modern Cosmology and the Christian Idea of God*, Oxford, 1952.

MILNE, E. A., *Sir James Jeans: A Biography*, Cambridge, 1952.

MOORE, Ruth, *Niels Bohr: the Man and the Scientist*, London, 1967.

MOSSE, George L., *Nazi Culture: Intellectual, Cultural and Social-Life in the Third Reich*, London, 1966.

MOSZKOWSKI, Alexander, *Einstein the Searcher: His Work Explained from Dialogues with Einstein*, Berlin, 1921.

MOWRER, Edgar Ansel, *Germany Puts the Clock Back*, London, 1933.

NATHAN, Otto, und Heinz Norden (eds.), *Einstein on Peace*, London, 1963.

NEWTON, Sir Isaac, *Opticks*, New York, 1952 (nach der 4. Auflage, London, 1730).

NOBEL FOUNDATION, (ed.) *Nobel: The Man and His Prizes*, Stockholm, 1950.

NORDMANN, Charles, "Einstein à Paris" in *Revue des Deux Mondes*, Vol. 8, 7th series, Paris, 1922.

NORDMANN, Charles, "Einstein à Paris" in: *L'Illustration*, 15. April 1922.

NORDMANN, Charles, *The Tyranny of Time: Einstein or Bergson*, London, 1925.

NORTH, J. D., *The Measure of the Universe*, Oxford, 1965.

OBSERVATORY, The *A Monthly Review of Astronomy*, London.

OLLENDORF, Ilse, *Wilhelm Reich*, London, 1969.

OPPENHEIMER, J. ROBERT, "On Albert Einstein" (Vorlesung im UNESCO-Gebäude, 13. Dezember 1965), abgedruckt in *The New York Review*, 17. März 1966.

OPPENHEIMER, J. Robert, *The Flying Trapeze: Three Crises for Physicists*, (Die Whidden-Vorlesungen von 1962), Oxford, 1964.

PAULI, W., *Theory of Relativity*, London, 1958.

PEARLMAN, Moshe, *Ben-Gurion Looks Back in Talks with Moshe Pearlman*, London, 1965.

PLANCK, Max, *The Origin and Development of the Quantum Theory*, (Nobel-Preis-Rede, 2. Juni 1920) Oxford, 1922.

PLANCK, Max, *Scientific Biography and Other Papers*, London, 1950.

PLANCK, Max, *Where is Science Going?*, London, 1933.

PLESCH, John, *Janos: The Story of a Doctor*, London, 1947.

POLANYI, Michael, *The Logic of Liberty: Reflections and Rejoiners*, London, 1951.

POLANYI, Michael, *Personal Knowledge*, London, 1958.

PRZIBRAM, K. (ed.), *Letters on Wave Mechanics: Schrödinger, Planck, Einstein, Lorentz*, übersetzt und mit einer Einleitung von Martin J. Klein, New York, 1967.

RAYLEIGH, Lord, *The Life of Sir J. J. Thomson, O. M.*, Cambridge, 1942.

REICH, Ilse Ollendorff, *Wilhelm Reich*, London 1969.

REICH, Wilhelm, *Biographical Material: History of the Discovery of the Life Energy – the Einstein Affair*, Orgonon, Rangeley, Maine, 1953.

REICHINSTEIN, David, *Albert Einstein: A Picture of his Life and his Conception of the World*, Prag, 1934.

REISER, Anton, *Albert Einstein: A Biographical Portrait*, London, 1931.

RINGER, Fritz K., *The Decline of the German Mandarins,* Cambridge, Mass., 1969

ROBB, Alfred A., *The Absolute Relations of Time and Space,* Cambridge, 1921.

ROBB, Alfred A., *A Theory of Time and Space,* Cambridge, 1914.

ROLLAND, Romain, *Le Bund Neues Vaterland (1914–1916)*, Lyon und Paris, 1952.

ROLLAND, Romain, *Journal des Années de Guerre 1914–1919*, Paris, 1952.

ROSENFELD, L., *Niels Bohr: An Essay*, Amsterdam, 1961.

ROSENFELD, Leonora Cohen, *Portrait of a Philosopher: Morris R. Cohen in Life and Letters*, New York, 1948.

ROTBLAT, J., *Pugwash*, Prag, 1967.

ROZENTAL, S. (ed.), *Niels Bohr*, Amsterdam, 1967.

RUSSELL, Bertrand, *The ABC of Relativity*, London, 1925.

RUTHERFORD OF NELSON, Lord, "The Transformation of Energy", (Watt Jahres-Gedenkvorlesung 1936, gehalten vor der Greenock Philosophical Society, 17. Januar 1936).

SACHS, Alexander, *Background and Early History, Atomic Bomb Project in Relation to President Roosevelt*, Washington D. C., 1945.

SAMUEL, Viscount, *Belief and Action: An Everyday Philosophy*, London, 1937.

SAMUEL, Viscount, *Essay in Physics*, Oxford, 1951.

SAMUEL, Viscount, *Memoirs*, London, 1945.

SAMUEL, Viscount, und Herbert Dingle, "*A Threefold Cord: Philosophy, Science and Religion.*" *A Discussion Between Viscount Samuel and Professor Herbert Dingle*, London 1961.

SCHILPP, Paul Arthur (ed.), *Albert Einstein: Philosopher-Scientist*, Evanston, Ill., 1949.

SCHONLAND, Sir Basil, *The Atomists*, Oxford, 1968.

SCHRÖDINGER, Erwin, *Mind and Matter*, (Die Tarner-Vorlesungen, 1956), Cambridge, 1958.

SCOTT, C. P., *The Political Diaries of C. P. Scott, 1911–1928*, London, 1970.

SEELIG, Carl, *Albert Einstein: A Documentary Biography*, London 1956.

SEELIG, Carl (ed.), *Helle Zeit; Dunkle Zeit*, Zürich, 1956.

SHANKLAND, R. S., "Conversations with Albert Einstein", *American Journal of Physics*, Vol. 31 (1963), pp. 47–57.

SHAPLEY, A., *Through Rugged Ways to the Stars*, New York, 1969.

SHIRER, William, *The Rise and Fall of the Third Reich*, New York, 1960.

SMITH, Alice Kimball, *A Peril and a Hope: the Scientists' Movement in America, 1945–47*, Chicago, 1965.

SMITH, Jean, und Arthur Toynbee, (eds.), *Gilbert Murray: An Unfinished Autobiography*, London, 1960.

SMYTH, H. D., *Atomic Energy for Military Purposes*, Washington, D. C., 1945.

SOMMER, Dudley, *Haldane of Cloan: His Life and Times 1856–1928*, London, 1960.

SPEIGHT-HUMBERTSON, Clara E., *Spiritism: The Hidden Secret in Einstein's Theory of Relativity*, Kitchener, Ontario, o. D.

STEIN, Leonard, *Zionism*, London, 1925.

STERN, Alfred, "An Interview with Einstein", *Contemporary Jewish Record* VIII (Juni 1945), pp. 245–249.

STRAUSS, Lewis, *Men and Decisions*, London, 1963.

STUART, James, *Within the Fringe*, London, 1967.

SZILARD, Leo, "Reminiscences", *Perspectives in American History*, Vol II, Cambridge, Mass. 1968.

TALMEY, Max, *The Relativity Theory Simplified and the Formative Period of Its Inventor*, New York, 1932.

TEMPLEWOOD, Viscount, *Nine Troubled Years*, London, 1954.

THIRRING, J. H., *The Ideas of Einstein's Theory*, London, 1921.

THOMSON, Sir J. J., *Recollections and Reflections*, London, 1936.

TOYNBEE, Arnold J., *Acquaintances*, Oxford, 1967.

TSCHERNOWITZ, Dr. Chaim, "A Day With Albert Einstein", *Jewish Sentinel*, Vol. I (September 1931).

ULITZUR, A., *Two Decades of Keren Hayesod*, Jerusalem, 1940.

VALLENTIN, Antonina, *Einstein: A Biography*, London, 1954.

Voss, Carl Hermann, (ed.), *Servant of the People* (die Briefe von Stephen Wise), Philadelphia, 1969.

WATTERS, Dr. Leon L., "Comments on the Letters of Professor and Mrs. Albert Einstein to Dr. Leon L. Watters" (unveröffentlicht).

WEIL, E., *Albert Einstein: A Bibliography of His Scientific Papers, 1901–1930*, London, 1937.

WEISGAL, Meyer W., und Joel Carmichael, (eds.) *Chaim Weizmann: A Biography by Several Hands*, New York, 1963.

WEIZMANN, Chaim, *Trial and Error*, London, 1950.

WEIZMANN, Vera, *The Impossible Takes Longer*, London, 1967.

WEYL, Dr. Hermann, *The Open World* (3 Vorlesungen über die metaphysischen Zusammenhänge der Wissenschaft), New Haven, Conn., 1932.

WHITEHEAD, A. N., *Science and the Modern World*, London, 1926.

WHITROW, G. J., (ed.), *Einstein: The Man and His Achievement*, London, 1967.

WHITTAKER, Sir Edmund, *Albert Einstein, Biographical Memoirs of Fellows of the Royal Society*, Vol. 1, 1955.

WHITTAKER, Sir Edmund, *From Euclid to Eddington*, New York, 1958.

WHITTAKER, Sir Edmund, *History of the Theories of the Aether and Electricity*, 2 vols.: London, 1951 und 1953.

WHYTE, L. L., *Focus and Diversions*, London, 1963.

WILSON, Margaret, *Ninth Astronomer Royal: The Life of Frank Watson Dyson*, Cambridge, 1951.

WOLF, Edwin, II (mit John F. Fleming), *Rosenbach: A Biography*, London, 1960.

PERSONENREGISTER

ZEITTAFEL

1879   14. März. Albert Einstein in Ulm geboren

1880   Übersiedlung der Familie nach München

1881   18. November. Geburt der Schwester Maja

1889   Eintritt ins Luitpoldgymnasium in München

1894   Aus dem Luitpoldgymnasium ohne Abschluß freiwillig ausgetreten

1895   Ende Oktober. Aufnahme in die Aargauische Kantonsschule

1896   Oktober. Immatrikulation an der Eidgenössischen Polytechnischen Schule, der späteren ETH, in Zürich

1900   Juni. Studienabschluß mit dem Diplom eines Fachlehrers für Mathematik und Physik

1900   14. Dezember. Vortrag Plancks vor der Deutschen Physikalischen Gesellschaft in Berlin, später als „Geburtstag der Quantentheorie" erkannt

1902   23. Juni. Dienstantritt am »Eidgenössischen Amt für geistiges Eigentum« in Bern als »Experte III. Klasse«

1902   September. Tod des Vaters Hermann Einstein in Mailand

1903   6. Januar. Heirat mit Mileva Maric

1904   14. Mai. Geburt des ersten Sohnes Hans-Albert

1905   18. März. Zweiter Schritt in der Entwicklung der Quantentheorie: Einsteins Abhandlung »Über einen die Erzeugung und Verwandlung des Lichtes betreffenden heuristischen Gesichtspunkt« bei den *Annalen der Physik* eingegangen (abgedruckt Band 17, S. 132–148)

1905   30. Juni. Begründung der Speziellen Relativitätstheorie: Einsteins Abhandlung »Zur Elektrodynamik bewegter Körper« bei den *Annalen* eingegangen (abgedruckt Band 17, S. 891–921)

1905   27. September. Begründung der Formel $E = mc^2$: Einsteins Abhandlung »Ist die Trägheit eines Körpers von seinem Energieinhalt abhängig?« bei den *Annalen* eingegangen (abgedruckt Band 18, S. 639–641)

1909   21. September. Vortrag Einsteins »Über die Entwicklung unserer Anschauungen über das Wesen und die Konstitution der Strahlung« auf der 81. Versammlung der Deutschen Naturforscher und Ärzte in Salzburg

1909   15. Oktober. Eintritt in die akademische Laufbahn: Einstein wird außerordentlicher Professor für theoretische Physik an der Universität Zürich.

1910   28. Juli. Geburt des zweiten Sohnes Eduard.

1911   15. April. Amtsantritt als ordentlicher Professor an der deutschen Universität Prag

1911   30. Oktober bis 3. November. Erster Solvay-Kongreß in Brüssel

1912   1. Oktober. Berufung an die ETH Zürich

1914   1. April. Albert Einstein tritt sein neues Amt in Berlin an als ordentliches, hauptamtliches Mitglied der Preußischen Akademie und zugleich als Direktor des (allerdings nur auf dem Papier existierenden) Kaiser-Wilhelm-Institutes für Physik

1914   1. August. Deutsche Kriegserklärung an Rußland; Beginn des Ersten Weltkrieges

1915   28. November. Erstmalig die (bis auf das kosmologische Glied) richtige Formel der Allgemeinen Relativitätstheorie in einem Brief an Arnold Sommerfeld mitgeteilt

1916   5. Mai. Einstein zum Vorsitzenden der Deutschen Physikalischen Gesellschaft gewählt (Amtszeit zwei Jahre)

1918   9. November. Revolution in Deutschland. Ausrufung der Republik

1919   14. Februar. Scheidung von der ersten Frau Mileva

1919   29. Mai. Sonnenfinsternis in den Tropen

1919   6. November. Feierliche Sitzung der Royal Society und der Royal Astronomical Society in London. Bestätigung der Allgemeinen Relativitätstheorie bekanntgegeben. Beginn des »Relativitätsrummels« um Einstein

1919   2. Juni. Heirat mit Elsa Einstein (einer Cousine)

1920   24. August. Großkundgebung der »Arbeitsgemeinschaft deutscher Naturforscher zur Erhaltung reiner Wissenschaft« in der Berliner Philharmonie gegen Einstein und die Relativitätstheorie

1920   Februar. Tod der Mutter Pauline Einstein, geb. Koch

1922	11. Dezember. Verleihung des Nobelpreises für Physik (des Jahres 1921) in Stockholm (in Abwesenheit Einsteins entgegengenommen vom deutschen Botschafter in Schweden)
1929	28. Juni. Stiftung der Max-Planck-Medaille der Deutschen Physikalischen Gesellschaft und erste Verleihung an Albert Einstein
1932	10. Dezember. Abreise in die Vereinigten Staaten
1933	Januar. Aufenthalt in Pasadena am California Institute of Technology
1933	30. Januar. Adolf Hitler zum Reichskanzler ernannt
1933	27. Februar. Brand des Reichstages
1933	Ende März. Einstein nimmt Aufenthalt in dem belgischen Badeort Le Coq-sur-mer, wo er (mit Unterbrechungen) einige Monate bleibt
1933	30. März. Plenarsitzung der Preußischen Akademie. Verlesung der Austrittserklärung Einsteins
1933	1. April. »Tag des Juden-Boykotts«
1933	7. Oktober. Abreise von Southampton in die Vereinigten Staaten mit dem Schiff »Westernland«
1933	November. Beginn der Arbeit am Institute for Advanced Study in Princeton, New Jersey
1936	Ende Dezember. Tod von Elsa Einstein
1939	2. August. Einstein unterschreibt einen Brief an Präsident Roosevelt, der den Anstoß zur Entwicklung der amerikanischen Atombombe gibt
1939	1. September. Angriff der deutschen Truppen auf Polen. Beginn des Zweiten Weltkrieges
1941	1. Oktober. Einstein erwirbt die amerikanische Staatsbürgerschaft; Vereidigung in Trenton, New Jersey
1941	7. Dezember. Überfall der Japaner auf die amerikanische Flotte in Pearl Harbor
1941	11. Dezember. Kriegserklärung Deutschlands und Italiens an die USA
1945	9. Mai. Waffenstillstand für Europa durch bedingungslose Kapitulation der deutschen Truppen
1945	16. Juli. Versuchsexplosion einer Atombombe in der Wüste von Nevada
1945	6. August. Abwurf einer Atombombe auf Hiroshima (am 9. August auf Nagasaki). Ende des Pazifikkrieges
1955	18. April. Tod Einsteins im Krankenhaus von Princeton, N. J.

HEYNE GESCHICHTE

Die Reihe Heyne Geschichte hat die Aufgabe, sowohl die großen Epochen als auch wesentliche Marksteine bis hin zu entscheidenden Tagesereignissen in der Geschichte aller Völker und Zeiten im Taschenbuch darzustellen. Dabei ist der Begriff »Geschichte« nicht auf das politische Geschehen beschränkt; die Geschichte aller Wissensgebiete, ja auch die einflußreicher Institutionen wird erfaßt. Jeder Band ist – analog zur verwandten Reihe Heyne Biographien – mit einem wissenschaftlichen Anhang versehen und somit auch für den Historiker bedeutsam. Jeden Monat erscheint ein neuer Titel.

Wilhelm Heyne Verlag · Türkenstraße 5–7 · 8000 München 2

HEYNE BIOGRAPHIEN

**Eine systematische Sammlung großer
Biographien in einer preiswerten Taschenbuch-Reihe.
Jeder Band ergänzt durch Chronologie und Register.**

44 / DM 7,80

45 / DM 10,80

46 / DM 9,80

47 / DM 9,80

48 / DM 11,80

49 / DM 7,80

50 / DM 7,80

51 / DM 7,80

52 / DM 6,80

Sachbuch-Bestseller als Heyne-Taschenbücher

Hannsferdinand Döbler
Die Germanen
2 Bände
7036 / DM 17,60

Thor Heyerdahl
Fatu Hiva
7037 / DM 7,80

Laslo Havas
Die Ägypter
7038 / DM 5,80

Hannes Lindemann
Anti-Stress-Programm
7039 / DM 5,80

Friedrich L. Boschke
Das Unerforschte
7040 / DM 7,80

Dr. S. Smith
Astrale PSI-Geheimnisse
7041 / DM 5,80

F. Courtade /
P. Cadars
Geschichte des Films im Dritten Reich
7042 / DM 10,80

Martin Ebon
Das Rätsel des Bermuda-Dreiecks
7043 / DM 4,80

Helga Vollmer
Die Krise in den mittleren Jahren
7044 / DM 4,80

Hammond Innes
Die Konquistadoren
7045 / DM 9,80

Wolfgang Leonhard
Am Vorabend einer neuen Revolution
7046 / DM 8,80

Richard Frye
Die Perser
7047 / DM 8,80

Joe Hembus
Western-Lexikon
7048 / DM 12,80

Michael Carter
Tut-ench-Amun
7049 / DM 5,80

Rolf Bossi
Ich fordere Recht
7050 / DM 7,80

Dieter Zimmerling
Die Hanse
7051 / DM 8,80

Rudolf Pörtner
Alte Kulturen ans Licht gebracht
7052 / DM 12,80

Hermann Schreiber
Die Hunnen
7053 / DM 8,80

Martin Ebon
Erfahrungen mit dem Leben nach dem Tod
7054 / DM 5,80

Adi-Kent
Thomas Jeffrey
Die Wahrheit über das Bermuda-Dreieck
7055 / DM 4,80

Paris Flammonde
Ufos – Es gibt sie wirklich
7056 / DM 5,80

Johannes Lehmann
Die Hethiter
7057 / DM 7,80

E. L. Abel
Die geheimnisvollen Kräfte des Mondes
7058 / DM 4,80

Günter Paul
Unsere Nachbarn im Weltall
7059 / DM 6,80

Hans D. Disselhoff
Das Imperium der Inka
7060 / DM 9,80

HEYNE

DIE GROSSEN KULTUREN DER WELT

ARCHAEOLOGIA MUNDI

In der Heyne-Taschenbuchreihe ARCHAEOLOGIA MUNDI werden die großen Kulturepochen der Menschheit mit wissenschaftlicher Sorgfalt und einzigartigem Bildmaterial dargestellt. Kenner, Fachleute und Gelehrte von internationalem Rang geben in dieser schön ausgestatteten, gleichwohl preiswerten Taschenbuchedition einen authentischen Einblick in die erregende Wirklichkeit der Archäologie und ihrer Geschichte nach dem neuesten Stand der Forschung. – Jeden Monat erscheint ein Band.

Nikolas Platon **Kreta** 1 / DM 9,80	Maurizio Taddei **Indien** 4 / DM 9,80	V. Karageorghis **Zypern** 7 / DM 10,80
Raymond Bloch **Die Etrusker** 2 / DM 8,80	Rolf Hachmann **Die Germanen** 5 / DM 9,80	J.-C. Margueron **Mesopotamien** 8 / DM 9,80
Jacques Soustelle **Mexiko** 3 / DM 9,80	Jean-Louis Huot **Persien I** 6 / DM 9,80	U. Badahir Alkim **Anatolien I** 9 / DM 9,80

<u>In Vorbereitung:</u> **Peru – Zentralasien – Persien II – Byzanz**

Wilhelm Heyne Verlag · Türkenstraße 5–7 · 8000 München 2

HEYNE BÜCHER

Jeden Monat mehr als dreißig neue Heyne-Taschenbücher

... ein vielseitiges und wohldurchdachtes Programm, gegliedert in sorgfältig aufgebaute Reihen aller Literaturgebiete: Große Romane internationaler Spitzenautoren, leichte, heitere und anspruchsvolle Unterhaltung auch aus vergangenen Literaturepochen. Aktuelle Sachbuch-Bestseller, lebendige Geschichtsschreibung in den anspruchsvollen „Heyne Biographien", Lehr- und Trainingsbücher für modernes Allgemein- und Fachwissen, die beliebten Heyne-Kochbücher und praxisnahen Ratgeber. Spannende Kriminalromane, Romantic Thriller, Kommissar-Maigret-Romane und Psychos von Simenon, die bedeutendste deutschsprachige Science-Fiction-Edition und Western-Romane der bekanntesten klassischen und modernen Autoren.

Ausführlich informiert Sie das Gesamtverzeichnis der Heyne-Taschenbücher. Bitte mit nebenstehendem Coupon anfordern!

Senden Sie mir bitte kostenlos das neue Gesamtverzeichnis

Name

PLZ/Ort

Straße

An den
Wilhelm Heyne Verlag
8000 München 2
Postfach 201 204